U0908328

“十二五”国家重点图书出版规划项目

河北省国民经济和社会发展“十二五”规划项目

燕赵文库

王余佑集

上册

[清]王余佑 著/张京华 整理点校

燕赵文库编辑出版委员会
燕山大学出版社

图书在版编目（CIP）数据

王余佑集：全2册 /（清）王余佑著；张京华整理点校．—秦皇岛：燕山大学出版社，2017.5
（燕赵文库）
ISBN 978-7-81142-390-7

Ⅰ．①王… Ⅱ．①王… ②张… Ⅲ．①王余佑（1615-1684）-文集 Ⅳ．①Z429.49

中国版本图书馆CIP数据核字（2017）第038729号

丛 书 名　燕赵文库
丛书编者　燕赵文库编辑出版委员会
书　　名　王余佑集（上下册）
著　　者　［清］王余佑
整理点校　张京华

责任编辑　柯亚莉
美术编辑　吴　波
封面设计　李　欣

出版发行　燕山大学出版社（秦皇岛市河北大街438号）
排　　版　保定市万方数据处理有限公司
印　　刷　河北新华第一印刷有限责任公司
开　　本　787毫米×1092毫米　1/16
印　　张　58
字　　数　850 000
版　　次　2017年5月第1版　2017年5月第1次印刷
印　　数　1-1 000
书　　号　ISBN 978-7-81142-390-7
定　　价　271.00元（上下册）

《燕赵文库》编辑出版领导小组

《燕赵文库》编辑出版委员会

清代卷主编　苑书义　陈旭霞

出 版 说 明

一、燕赵大地，历史悠久，人杰地灵，孕育了一批又一批名人大家。燕赵文化，源远流长，博大精深，是中华民族优秀文化的重要脉系。中共河北省委、河北省人民政府决定编纂出版《燕赵文库》大型丛书，对于保存燕赵文化元素、挖掘其当代价值、构建传承体系、推动当代经济社会发展，都具有重要的意义。

二、本着“整理、传承、研究”和“存史、资政、育人”的宗旨，《燕赵文库》选取具有较高历史价值和深远影响，在思想文化发展史上占有一定地位，并具有借鉴作用的前人著述，以及现当代学者研究河北文化的著述，分为《文献编》和《研究编》两部分。

《文献编》选收现今河北区域，或历史上属于燕赵地域，或长期客居燕赵且著述内容多反映河北文化的名人佳作。时限自古代至民国，按历史时期分为5卷，另有方志档案卷。预计收440余种，490余册。

《研究编》选收现当代学者研究燕赵文化各领域的著述。研究时限自古代至1949年，按研究的内容分为历史、人物、文物、风物、艺术、综合等6卷。预计收260余种，210余册。

为保存和查阅之便，两编各自按卷次编号，以罗马数字和阿拉伯数字分别标明卷次和册次。

三、《燕赵文库》除个别影印的图书外，一律采用简化字横排加新式标点的方式出版。简化字的使用，以2013年6月15日经国务院同意，由教育部、国家语言文字工作委员会组织制定并予以公布的《通用规范汉字表》为准。标点符号的使用，以2011年经国务院同意，由国家语言文字工作委员会、新闻出版总署修订并重新予以公布的《标点符号用法》为准。

四、为保证数字使用的规范和统一，《燕赵文库》的《文献编》一律使用汉字数字。《研究编》中的现当代人的著述，其文字、标点、格式等均按现行出版有关规定使用和处理。

五、凡《燕赵文库》所收图书，均由校勘者、研究者撰写前言一篇。《文献编》的前言主要介绍该书作者生平、版本、内容及其学术价值等；《研究编》的前言主要介绍该书的研究视角、基本观点及在学术界的影响等。

《燕赵文库》编辑出版委员会

前　言

王余佑（1615—1684），一名去晦，字申之，一字介祺，号二字居士、十峰山人、五公山人[①]。先世为小兴州人，宓姓，明初迁保定新城，改王姓。诸生，明末同父兄收复河南鲁山、宝丰二县，又举义兵攻夺河北雄县、新城、容城三县，实为鼎革之际最早起兵抗捍保国的人。明亡，先侍父避居易州五公山双峰，后定居河间府献县，子孙遂为献县人。不仕清，不入城市垂三十年。王余佑业儒，擅诗，工书，习武。所著《甲申集》《五公山人集》《乾坤大略》《兵策略》《通鉴独观》《太极连环刀法》《万胜车营图说》《兵民经络图说》《皇舆志略》《焚余集》《居诸编》约十一种传世。其余如《认理说》《涌幢草》《前箸集》《诸葛八阵图》《天文豹班》等，多不传。

王余佑事迹，见于《北学编》诸学案、诸家文集、诸方志人物志等。诸家传记，最重要者有颜元《祭庄誉王义士文》、王源《五公山人传》以及魏坤《五公山人传》。近年因为献县王氏后裔所藏清至民国递抄本《王氏家谱》的整理，还发现有王建善《鲁阳纪略》、王余佑《先叔行状》等，以及孙奇逢《王鲁山兄弟二难小传》、李塨《五公山人王先生行略》、刘炳《五公山人墓表》和献县儒学李锺蔚、张兆鹏呈送的《王五公先生实迹册》等。这些传记最初都是王氏家族编纂的行状，经过士君子与当世名儒的认同，得以确认，成为可信的实录。王余佑与北学中人有着十分广泛的交往，为鹿善继、孙奇逢、杜越弟子，颜元、李塨师事之，实为清初北学的先驱与中坚人物。王氏父子的事迹大多可以在诸人诗文中相互印证。

关于王余佑，笔者于二十年前出版《燕赵文化》时，曾写《余音遗响，

---

① 王五公之名，文献多作“馀佑”。按传世《王介祺墨宝》长卷，内有王余佑草书七律、五律及抄录唐诗，钤印作“王馀祐印”。兹据寻常所见，全书统一定为“余佑”。

不绝如缕——明末清初的北方学者》一节作为全书的殿后，十年前又改写成《明末清初北学的先驱——〈乾坤大略〉及其作者王余佑》一文单独发表。实际上，关于王余佑以及当日北方之局尚有不少具体问题有待仔细考证。北学在民国间曾经引起很大关注，其在往古学术史中所标志的方向，在今日犹具有特殊意义，尚有待于阐发。关于王余佑个人的传记、年谱、诗文笺注，也还需要编撰。

王余佑一生著述丰厚，在他卒后，其晚年弟子李兴祖说道："先生编纂甚富，几重压牛腰，今藏于家，未及行世。"

刘炳，任丘人，乾隆进士，官至九江知府，他所作的《五公山人墓表》论及王余佑的著述编年，说道："戊戌，偕魏刺史一鳌修双峰书院，听征君讲学其中……因汇古人经济为《居诸编》，又搜辑廿一史军国经世奥义，次第之，皆从来谈史家所未及，名曰《此书》，凡十卷。甲辰，出山设帐高阳……是年著《通鉴独观》。己酉，于进士腾海为设虹涧讲堂，教门人郝谦等，著《前箸集》。壬子，河间王郡守奂重其道，延修郡志。"戊戌为顺治十五年（1658），甲辰为康熙三年（1664），己酉为康熙八年（1669），壬子为康熙十一年（1672）。文中编年的著述共有五种，即《居诸编》《乾坤大略》《通鉴独观》《前箸集》和《河间府志》。其他著述，大约刘炳也不能编年，因此只是说："先生所遗著作，复有《涌幢草》三十余卷，《万胜车》一卷，《兵民经络图》一卷，《诸葛八阵图》一卷，《文集》三十二卷，《十三刀法》一纸。"

兹将王余佑一生著述略加梳理，考述如下：

一、《居诸编》与《囊书》，是王余佑一生著作的总名。

王余佑《甲申集・杂志》说道："去晦甲申后自著书数种，题其上曰《居诸编》。作二布囊盛之，置怀带间。一囊纯朱，取'怀朱'之意。一囊上缀一日一月，盖'日''月'合而成'明'也。"详辨王余佑此语，"著书数种"云云，表明《居诸编》是他若干著作的统称。在王余佑卒后，学者论及《居诸编》，或称十卷，或称数卷，由于未曾亲见，总不能著录确切。现在由于《甲申集》的整理，得见王余佑本人的记述，《居诸编》作为全书的总名是可以确定的。

王余佑"作二布囊盛之"云云，布囊为储书之物，古人所常用，但王余佑这两个布囊却与众不同，被赋予了专门的寓意，即“怀朱”和“明”。这个寓意，通过布囊上的颜色和绣字暗示出来。

而《居诸编》的书名也有代指。“居诸”代指“日月”，“日月”代指“明”字。《诗经·邶风·柏舟》：“日居月诸，照临下土。”唐韩愈《符读书城南》诗：“岂不旦夕念，为尔惜居诸。”宋魏仲举《五百家注昌黎文集》引孙氏注：“居诸，谓日月。《诗》：‘日居月诸。’”是为以“居诸”代指“日月”之始。

由此可见，《居诸编》之书名和《囊书》之称一样，都是一种隐语。二名虽然不同，寓意却是一个，即“大明”。王余佑一生的著述，是以“居诸”和“囊书”作为隐语的，如果揭示出来，不啻有一个总名，乃“大明之书”。

至于其书的内容、数量，当然随时日而有所变化。除了“二布囊”之外，王余佑说：“又作一白布囊，盛其诗稿，囊上缀一红日，又缀一红天，曰：‘此自是朱天日也。’”如此便有二囊、三囊之数。李培《灰画集序》有言，“五公《皇舆志略》与《补遗》，并大地人文《四囊书》中《焚余集》”。冯辰《李恕谷先生年谱》卷二戊辰条载：“六月，王曙光病，请先生至献县，以五公《五囊书》及《文集》付之，谓先生能任其父学也。”如此又有四囊、五囊之数。李培又具体说到《囊书》的分类，即天、地、人、文。天之类如《天文豹班》当是，地之类如《皇舆志略》等当是，人之类如《乾坤大略》等当是，文之类如诗文集等当是，即王余佑所云“又作一白布囊盛其诗稿”也。

但是《囊书》这一书名似乎并没有流行起来，而《居诸编》之书名也另有其复杂性。其书名乃是统名，学者多不了解，原书又见不到，而其实在王余佑著作中又别有一种地理书《居诸编》存在。事实上，《居诸编》既是统名，又是一种地理书的专名。学者对此往往未加区别，致使书名混称，导致误解。

作为地理书的《居诸编》久佚，学者多未见，幸而被收入李培《灰画集》中。《灰画集》中的《居诸编》被分为十八个部分，从《北直全说》《南直全说》到《云南全说》《贵州全说》，重在舆地广狭，道里远近，体系完整，但原书卷数已不清楚，析为十卷亦可，合为一卷亦可。并且，《灰画集》中还有二处标题以《居诸编》《皇舆志略》连称，另有注云："《志略》，王五公《居诸编》一种。"说明这二书的题名也曾有分合。

同样，光绪宝兴堂刻本《乾坤大略》附《四囊书》一册，军事科学院《中国古代兵法选辑》即以《乾坤大略四囊书》连称，李冠卿序亦以《兵策略四囊书》连称，而《兵民经络图说》又被称为"《四囊书》一则"，可知《四囊书》之名与其他著作也互有分合。

二、《甲申集》，为王余佑早年的诗文集，存清抄本，原本共四册四卷。是书在王余佑生前，由其本人顾视眷定，卷首有王余佑亲笔草书序文三篇。现已整理点校，收入本书。

三、《五公山人集》，为王余佑卒后其晚年弟子李兴祖编定的诗文集，原书共十六卷，《四库全书》列入存目。曾由笔者整理点校，2011 年由华东师范大学出版社出版，列入《明代别集丛刊》，繁体本。现改为简体，编入本书时又订正了原来的若干讹误。

四、《乾坤大略》，又名《此书》《茅檐款议》，也有学者称为《廿一史兵略》。十卷，补遗一卷。存抄本、刻本多种，清抄本题"二字居士著"，为王余佑早期著作。

中国国家图书馆普通古籍著录有"《居诸编》十卷，《补遗》一卷，二字居士撰，清抄本四册，有朱笔圈点"。所称《居诸编》，内容实《乾坤大略》，则《乾坤大略》亦曾冠以《居诸编》之名。现据刻本整理，收入本书。

五、《兵策略》，又称《策略》，问答体，共十三问，署名"五公山人著"。其书在光绪宝兴堂刻本《乾坤大略》所附《四囊书》一册中，本为王氏后裔王松林之家藏抄本，清末始问世，故学者罕有论及。现收入本书。

六、《太极连环刀法》，本名《十三刀法》，一卷，存抄本，末有残缺。有民国蟫隐庐石印影印本、唐豪点校铅印本。现收入本书。

七、《万胜车营图说》一卷，有图，收入陈龙昌《中西兵略指掌》中，光绪末石印出版。署名误作"高阳王余祐著"，作者亦误作"王武功山人"。是书名称，学者多误作《万胜车》《万胜车图说》《万乘车春秋》。现由《中西兵略指掌》中辑出，收入本书。

八、《兵民经络图说》一卷，图已佚，文字部分收入李培《灰画集》卷一，及光绪宝兴堂刻本《乾坤大略》附《四囊书》中。是书名称，学者多误作《兵民经络图》《兵民经略图》。现由《灰画集》中辑出。

九、《皇舆志略》一种，原书不载卷数。有图，已佚。文字部分被分为十五篇，收入李培《灰画集》中，另有王余佑自作《序》一篇。

《甲申初集》中有“皇舆志略”一条云：“因《居诸编》成，乃取古舆图，胪其郡县，配以山川，间以名胜，参以人物，手录一卷，名曰《皇舆志略》。”是书为王余佑早年著作，现由《灰画集》中辑出。

十、《焚余集》，其名见于李培《灰画集序》“五公《皇舆志略》与《补遗》，并天地人文《四囊书》中《焚余集》”。其书被分为十六个部分加上《序文》一篇，收入《灰画集》中。《皇舆志略》与《焚余集》均论地理形势，用兵利弊，《皇舆志略》较多王余佑心得，《焚余集》则杂抄群言，要皆精赅实用。现由《灰画集》中辑出。

十一、作为全集的《居诸编》之名，详见上文。作为地理书的《居诸编》，收入李培《灰画集》中。其书被分为十六个部分，首为“《居诸编》论大明”一篇，实为全书之总序。后为“北直全说”“南直全说”等，详列州府郡县及道里远近，重在记录大明版图。现由《灰画集》中辑出。

十二、《通鉴独观》，存稿本四册，南开大学图书馆收藏。是书未获见，暂付阙如。

按王余佑兵家诸书，虽别称为《廿一史兵略》等，其实间接得自《资治通鉴》。《资治通鉴》全书不易得，故又间接得自《通鉴纲目》之类。如王余佑屡次盛称李大兰《纲鉴新意》一书，《甲申集·杂志》称：“李大兰先生《纲鉴新意》一篇，议论正而有本，足见此公学术志节。使生今之世，必有益于名教，学者何可不熟读而详讲也。此学不明，万古长夜。”《答管济美》称：“李大兰先生《纲鉴新意》一编，开万古之卓识，昭千秋之大义，百年暗室，煌然一烛也。”《答潜室刁先生》称：“他文不多得，唯李大兰《纲鉴新意》一篇，及茅鹿门《全集》中数作耳。”又《赠李式文将军》云：“至于所读之书，虽多多益善，其要者如李大兰先生《纲鉴新意》。”将此书列于《武经正解》《百将传》《纪效新书》诸书之首。李大兰即李槃，《纲鉴新意》盖即《新刻纲鉴世史类编》。

十三、《认理说》，其名见于《王氏家谱事迹纪略》所载《王介祺先生实迹册》，又见徐世昌《大清畿辅先哲传·师儒传》《清儒学案小传·孙奇逢夏峰学案》及《颜李师承记》。其书未见。

按王余佑为北方之儒者，世代读经，及书院讲学，并非全无义理著述。魏坤《五公山人传》称："其学以明体达用为宗，闲邪存诚为要"，乃是定评。其早年从鹿善继学，鹿善继曾撰《四书说约》，首即《认理提纲》九条。《五公山人集》卷八有《约言》一篇云："读书莫先于明理。理者天理，当然之极则，具足于人心。"《认理说》内容大约与此宗旨接近，要之当为王余佑最具代表性的儒学著作。

十四、《前箸集》，此书未见。书名又作《前著集》。

《前箸集》之名，见于《王氏家谱事迹纪略》所载《王介祺先生实迹册》，徐世昌《大清畿辅先哲传·师儒传》《清儒学案小传·孙奇逢夏峰学案》及《颜李师承记》。冯辰《李恕谷先生年谱》卷一"甲子"条王余佑小传称"又著《前箸集》《通鉴独观》"。

是书内容不详。按刘炳《五公山人墓表》云："己酉，于进士腾海为设虹涧讲堂，教门人郝谦等，著《前箸集》。"似以为王余佑于此时著《前箸集》，未明言《前箸集》即为门人郝谦而著。而李塨《五公山人王先生行略》则云："己酉，易州于进士腾海敦请于家，设虹涧讲堂，为门人郝谦著《前箸集》。"

《五公山人集》卷十六题跋"碎墨卷跋"条载王余厚（字若谷）精翰墨，"门人郝谦集其手书若干粘为卷"。《王氏家谱事迹纪略》载康熙八年王余佑之父王建善卒，弟子于腾海、郝谦均作挽联及祭文。

又按李塨《恕谷后集》卷一《赠黎生序》载："己丑六月抵长安，陈尚孚、张潜夫、蔡瑞生闻颜先生之学，来问欢，相得也。已而寄信其友人黎生长举，自镇原千里来予富平寓，气度端凝，志向不凡，抠衣趋，请礼乐兵农诸学。"李塨称善，然嘱以"学勿骛广"，"凡事入矩因渐"。而《恕谷后集》卷十《答长举问》又载："昨聚富平，见足下有意于兵，予因以《前箸集》与之，曰：'理事有间，每日阅一二则来商。'而子持去，竟连月未商及一则也。"此《前箸集》应当为王余佑所著，李塨以之作为传布北学的代表性著作，同时也是一部入门的浅近著作。

十五、《诸葛八阵图》，此书未见，内容不详。似当与《万胜车营图说》《兵民经络图说》为一类。

王余佑《先叔行状》载，王延善“所读宋儒《性理》、邵子《皇极》诸书，及《参同》《悟真》《六壬》《遁甲》，皆通其大意。喜谈兵，颇泛览武家言，所著有《武侯八阵图说》”。则王余佑著作此书，颇承家学。

由《万胜车营图说》《兵民经络图说》《武侯八阵图说》推论，《诸葛八阵图》似当作《诸葛八阵图说》。

十六、《涌幢草》，此书未见。书名又称《涌幢小草》，三十卷。

书名见于王源《五公山人传》、温睿临《南疆逸史》、李塨《五公山人王先生行略》、刘炳《五公山人墓表》、李元度《国朝先正事略》、唐鉴《国朝学案小识》、孙静庵《明遗民录》，及徐世昌《大清畿辅先哲传·师儒传》《清儒学案小传·孙奇逢夏峰学案》《颜李师承记》。

是书内容不详。按明朱国祯有《涌幢小品》三十二卷，王余佑曾言及之，称为《涌幢草》，《五公山人集》卷十六《〈通俗劝善书〉跋》称“朱国祯《涌幢草》所载水利一款”云云。《四库提要》云：“是书杂记见闻，亦间有考证，其是非不甚失真，在明季说部之中，犹为质实。”“其曰‘涌幢’者，国桢尝构木为亭，六角如石幢，其制略如穹庐，可以择地而移，随意而张，忽如涌出，故以为名云。”推测王余佑之书为仿朱国祯之作，而书名不应与朱氏相同，当作《涌幢小草》为是。

十七、《天文豹班》，是书未见。《天文豹班》之名仅见于《甲申集》，似为简要的天文著作。

《甲申初集》中“天文豹班”一条云：“因《居诸编》成，《皇舆志略》亦既附之于后矣，俗论‘地理’‘天文’必并称之，余又何必不掇拾以足其观耶？……《步天歌》《天元玉历》，此有用而近实者也，录为一卷，题曰《天文豹班》。”

《步天歌》为唐时隐者丹元子王希明所撰，《四库提要》称：“其书以紫微、太微、天市分上中下三垣宫，仍以四方之星分属二十八舍，皆以七字为句，条理详明，历代传为倖本。”《天元玉历》又称《天元玉历祥异赋》，明仁宗撰。推测王余佑是书以天文祥异论王朝兴亡。

十八、《衲卷》，是书未见。王余佑《衲卷》八卷，见《甲申集》中“衲卷二号”“衲卷后语”二条。是书为诗集、诗抄、诗评之作，“或吟旧诗，或自为之”，“卷各有说，说各不同”。

十九、《读书大意》，是书未见。《读书大意》七卷，见《甲申集》中“读书大意”“大意卷注”“大意别解”三条。“前四卷录开国时人物”，“后三卷录亡国时人物”，似为读史及人物评论之书。“大意卷注”共七条，即是书之凡例。

按此书兼论读书法，《五公山人集》卷九《赠李式文将军序》：“昔孙权劝吕蒙读书，蒙辞以军中多务，不暇展卷，权曰：‘岂教尔寻章摘句，治经作博士耶？不过涉猎见往事耳！’斯言最为得法。”《甲申集》“读书大意”条亦引此典，且点明书名之来历。

二十、《伴腊谣》，此书未见。书名见《甲申集》中“《伴腊谣》小引”条，又见《五公山人集》卷十五。是书为王余佑早年的诗集，顺治三年（1646）在山西祁县时所作。“‘伴腊’者，余与腊差相似，腊是冷日，余是冷人也”，当是一时感兴之语。其中诗篇大约已汇编入《甲申集》中。

二十一、《文体适用》，是书未见。书名见于李兴祖《课慎堂文集》卷一《五公先生〈文体适用〉序》。是书为王余佑所编文选，文体分为六十类，“检历代古圣贤遗编”，“而别为六十种，以启后学”。

二十二、《河间府志》，王余佑因编纂《河间府志》而落籍献县，时为康熙十一年。

《河北通志稿》载：“康熙《河间府志》二十二卷，清王奂等纂修，存。王奂，江南南陵拔贡，康熙九年知府事。是志王奂主修未成，继任徐可先终其事，康熙十六年成书。前有徐可先自序，又吴国对、胡应麟、孙际昌序，周从谦后序，末有华秦沚跋。”

检康熙《河间府志》二十二卷，中国国家图书馆馆藏刻本，记事至康熙二十四年（1685），书首有康熙十六年（1677）徐可先序，称“升任王守草创垂成，愚因其成稿，删繁芜，补挂漏，正讹舛，续缺略”云云。

其修志姓氏，署山东盐法道、原任河间府知府王奂“辑略”，河间府知府徐可先及同知、通判三人“纂定”，知州、知县多人“参集”，以下又有“校阅”“协理”“督刊”三项，有河间府儒学教授等人，并无王余佑之名。仅于卷二十一《艺文志·文翰下》载王余佑《爱竹轩先生记》，作者名下小字注“五公山人”。又卷二十二《艺文志·诗词》载王余佑《左园诗》并序。是为王余佑入于方志之始。

王奂号千峰，江南南陵人，又作江南宁国人。康熙《河间府志》载其《缩高冯唐里居辩》（又名《安陵辨》）和《任丘沿革辩》《渤海辩》《柳城辩》《伯奇辩》等多篇，指摘旧志之舛讹，历按二十一史为据，正其纰谬，《古今图书集成·方舆汇编》合称之为《河间府部杂录》，可知王奂素好方志、史地之学。又有《重修河间府儒学明伦堂记》等文，知其在任以兴学为务。大约王余佑仅是作为王奂的私人助手，参与了《河间府志》的编纂。

张京华

2015 年 2 月 20 日于湖南科技学院国学院

总　目

甲申集

前　　言

王余佑《甲申集》其书，有清一代，除了张罗喆之外，无人道及。张罗喆，字石卿，又作十卿，清苑人，明诸生，与王余佑为学友。王源《五公山人传》称："山人学无不究，与太原傅山、同郡张罗喆、吕申诸子，日相切劘。"王余佑卒后，张罗喆作《五公山人纪略》一篇，保存在王氏家传旧抄本《王氏家谱事迹纪略》中，署款"丁酉春清苑张罗喆十卿父撰"。文中说道："所著有《甲申集》数卷、《居诸编》十卷、《茅檐款议》十卷，颇示己志。"而明亡以后，题名《甲申》的诗文集不少，同名相混，也有可能，因此笔者早先也曾怀疑王余佑是否有这部著作。

而在现代馆藏著录之中，确有王余佑《甲申集》一种，可惜记载极为简略，仅言"王余佑《甲申集》不分卷，清抄本"而已。至于其书原貌如何，大约一直未经学者寓目。2010年广西大学段红梅的硕士学位论文《〈五公山人集〉校注》，称《甲申集》为三卷、三册，似亦未见其全。

辽宁省图书馆藏王余佑《甲申集》共计四册。第一册卷首为王余佑草书《甲申集引》三叶，署款"丙戌二字居士题于昭余署内"，正文纸端题"甲申笔余"，筒子叶共四十六叶。第二册卷首为王余佑草书《甲申二集引》二叶，署款"二字居士申之"，正文纸端题"甲申二集"，筒子叶三十六叶。第三册卷首为王余佑草书《甲申三集引》二叶，署款"戊子腊月十峰山人书"，正文筒子叶五十一叶。第四册卷首无王余佑草书序跋，正文纸端题"甲申诗集"，筒子叶三十九叶。四册均为无格无框白纸誊抄，敬语提行顶格，每叶十行，无目录。《甲申二集引》及《甲申三集》正文中别称《甲申笔余》为《初集》。兹将抄本以《甲申初集》《甲申二集》《甲申三集》《甲申诗集》排序。四册均未标卷数，今则合为四卷，统名为《甲申集》。

崇祯十七年（1644）甲申，北京陷落，思宗烈皇帝殉国。《甲申集》是王余佑在明亡之后最初一段时间里的诗文集，即从随父任职山西祁县到奉父归隐易县双峰，并非作于甲申这一年。四卷中所记录的年月，为乙酉、丙戌、丁亥、戊子，而统以“甲申”为名，为的是纪念故国丧亡，寓意是很明显的。关于本书的得名，王余佑在《甲申集引》中说得很明白：“《甲申集》者，予甲申以后之集也。甲申为本朝失祚之年”，“此集类多予丙戌在晋时作、家居时作者……即以此为甲申之始耳”。

王余佑在明亡之后，由于事业上的压抑，诗文独多，著述也最勤。他的早期著述除了《居诸编》《乾坤大略》《皇舆志略》《通鉴独观》等以外，现在由《甲申集》中可以知道，还有《衲卷》八卷、《读书大意》七卷、《天文豹班》一卷、《伴腊谣》等等，可惜大都失传了。王余佑还为自己取了不少字号，如“去晦”“二字居士”“十峰山人”。集中王余佑还说到，他自甲申以后只作草书，不再写正书，这当然也是出于故国已亡的寓意。即如作者的诗中所说，“无思不故国，有策是中兴”，“能以伤今意，图为怀古诗”，《甲申集》这四册四卷比较突出地反映了王余佑在明亡之后心意跌宕的状况。

《甲申集》的誊写，字迹工整端秀，四册整齐划一，应当出于一人之手、一时所为。而王余佑的三篇草书序引，虽然篇目署款年月不同，但也似是一时追补。正文的正书与卷首的草书同纸连写，合订成册，表明《甲申集》的誊抄是在作者的顾视之下完成的。《甲申集》与《五公山人集》二书内容多不重复，后者是在王余佑卒后由其弟子李兴祖编定刊刻，而《甲申集》则是在王余佑生前由他亲自安排的誊定本，迄今所知也只有辽宁省图书馆收藏的这一部。

王余佑草书之著名，在当世已有定评，但传世者极鲜，因此《甲申集》卷首这三篇草书真迹，亦极珍罕。因之此书非普通的传抄本可比，其文献价值之珍贵难以估量。

至于本书何以传抄不广，以及当世学者何故罕有言及，则可能与诗文内容的“殊多关系语”有关了。

本书据辽宁省图书馆藏清抄本整理点校。

张京华

2015 年 1 月 21 日

目　　录

甲申二集

甲申三集

甲申诗集

甲申初集

甲 申 集 引[①]

《甲申集》者，予甲申以后之集也。甲申为本朝失祚之年。予甲申以前，固功名士；甲申以后，非复功名士矣。前后心迹若两截然，故因以命集。其中一言一咏，一札一作，夫固随年义具矣。又此集类多予丙戌在晋时作、家居时作者，率以无宁宇，未得存录，是以两年之间略而不载，即以此为甲申之始耳。嗣后或有作，续为二集，前所缺者当汇入其中。

丙戌二字居士题于昭余署内

杂　著[②]

消 睡 三 编

三编者，老子《道德经》、《武子》十三篇、长卿《上林赋》也。予幼时盖喜泛览，以为《道德》者，道家之宗；十三篇，兵家之祖；《上林》者，词赋之腴也。故各录一册，以资暇玩。予曾有句云：“午窗几阵雷鸣起，更染霜毫写道经。”盖因以为消睡之具，亦偶兴耳。崇祯末年，家君有鲁山之命，于时戎马匆匆，临之任，简笥中书数种携之。余进十三篇一册，家君曰：“此可也。”遂披荆棘，犯霜露，转战至鲁，孤城抗贼，擒伪保境。及京师有甲申

① 原文为王余佑草书手迹，居于卷首。正文题作《甲申集说》，文字全同，而无署款。今按：《甲申集引》者，犹《甲申集》之自序。

② “杂著”上，原本有“甲申笔余”四字标题，在抄本正文第一页上端，疑即《甲申初集》之别名。

之变，而鲁之城之印如故也。家君闻变，始谢众怀印而归，行李萧然，而笥中旧册犹存。余见之，恻然动前朝之感。是时余在家，亦以义愤破产，兵火之余，藏书万余卷散亡殆尽，箱底尘土中仅压《道德经》册数叶耳。盖剑戟铮鸣时，意已不复省拣矣。既而家人复得《上林赋》一册于民妇手，持以献。时日已略静，因叹此三册者，笔底遗迹耳，散而复聚，亡而复存，流行于数千里之外，收拾于再易世之间。帝阙丘墟，典章灰烬，鼎沦龙逝，其大者莫能为钟虡留一线之统，而区区残篇犹存先代之思，虽无关于世务，余重感焉。丙戌春，同余兄弟辈随家君客晋，开笥话故，因合此三册汇为一帙，手裁定之，题曰《消睡三编》。或者岑寂之中，偶一展卷，则亦有起倦之功，而余意固不止于消睡已也。“独爱曹瞒台上瓦，至今犹是建安年”，天下故物之当存，岂特此一编而已哉！

鸡社八约

约者，即社中之所志所事而约略言之也。为目有八。缕而悉[①]之，固不止于八也，俟面谈日，讲之可也。

一曰力耕。向来所以不事生产者，恃吾操左券可以取世资也。今既无意于当世之富贵矣，八口之计，岂可使养亲乏菽水之奉乎？《诗》云：“稼穑为宝，代食为好”[②]，良不虚也。今而后吾友其务自食其力哉！耕之不给，即商贾焉可也。

一曰读书。吾人精神向半耗于八股，遂使古学荒残。繇今而后，可畅然肆志于此矣。虽然，不可泛也。昔武侯读书，独观大意；渊明读书，不求甚解。皆得其深意之所存。夫读书，所以鉴往事、砺躬行也。文文山云：“读圣贤书，所学何事？”古人亦有处今之时、行今之志者矣。千载上下，此心此理耳。吾友其务讲明之。

---

① 悉，疑当作“析”。

② 二“为”字，《诗经·大雅·桑柔》作“维”。

一曰著书。韩文公云：“今之世，料无有知我者矣，后世必有知我者。”夫传后者，言也。古人不得于时，而立言以诏来兹。昔孔子悯天下之无王而作《春秋》，屈原悲宗国之沦亡而作《离骚》，寓旨广远，今何敢拟！然志之所在，则言传焉。或见之于吟咏，或存之于志林，或专之于撰著，或散之于品藻。一字一言，苦心斯在。其人其世，并足不磨。噫，亦盛事也！

一曰育材。世衰道微，文物凋丧，沦胥以败，伊於胡底？后生末学，将来为吾道之羽仪，其有志气开拔、可与上达者，急宜开导，以成其材。指归宗之路，示返正之因。庞士元奖过其人，雅有深意。至于千里比肩，百世接踵，则又闻声附骥，不俟终日而盟之肺腑者也。

一曰约己。奢侈从来宜戒，于今更急。虽然，有说焉。夫约于己者，将以济人也。昔晏平仲相齐，豚肩不掩豆，而齐之士待以举火者七十余家。此虽非儒素所拟，然存此志也。节无用以适于有用，薄于声色衣食而厚于谊士贤人，不亦可乎！守钱虏为伏波所鄙，可憬然矣。

一曰重诺。吾友固素非寡信者也，然太平无事之日，优为耳。今将有患难生死之事焉，或气阻于畏难，或情忘于阔绝，天涯南北，运命升沉，不觉向之期许者，以参商而改面易心矣。况吾侪之所许者，名教至重，而可忽之耶！臧洪之不负心于张超，田畴之不易节于刘虞，义固高也。

一曰精艺。古人六艺，皆治世之具也。宋儒注《论语》言：“志道、据德、依仁者，体也；游艺者，用也。今取礼、乐、射、御六者一一考之，有一非关世教者乎？”可谓独得大原。但学者不能兼工，因其有切于时务者而致力焉。如武家战阵之书、技击之法，皆可附之射、御之例，以时讲求，文能附众，武能威敌，真将相事。昔唐荆川一枪手法，费工十年，不可想其精心乎。吾友有志，不可废也。

一曰远游。昔司马子长足迹遍天下，作史独奇。一文事耳，尚且得山川之助，况更有大焉者乎。天下名山胜水，雄关大都，人情险易，壤性肥浇，道里纡直，形势得失，器用饶乏，男子志在四方，何可不罗胸目间耶？矧光武不遇马援，则不知入蜀之形；魏武不遇田畴，则不知卢龙之道。二公之涉历熟也。既见楚山，又遇宋玉，吾诚有盛心矣，愿与吾党志之。

入官六品

仕路至今日，恶容论乎！然其中岂无仁人君子，不得已而受羁縻者？约而论之，其心迹可知也。大抵有六端，其上流者三，下流者三，执此以程，百不失一矣。吾犹冀未与于此者，见吾言而发深省焉，不失为能补过也。若夫见而非之笑之、妒之恨之，此人也，良心天理灭绝矣，不令之见可也。虽然，令之见亦可也。请论之。

其有未经声色，繇来质素，不在此例，当别论者矣。

若夫先朝故老，本国贤书，当檄命之频加，捧征书之迭至，义不二心，志甘一死，田君之泣对使者，龚公之伏床推绶。此其争光日月，毕命君亲，遐乎邈矣，不可企儿，上之上也。亦有亲老垂堂，阖族显祸，宗祀孤危，俯焉就驾，暂尔息疑，未及数月，相机勇退，不顾洁身之名，终脱门户之厄。兔之投林，鱼之于渊，万牛不可挽者，上之次也。

至于初仕既非得已，转念遂不能决，顺流而东，莫知所止。利害杂然，徒有愤叹。此其心之未昧，智之不及。庸庸于常流，或见原于识者，犹不失为上之下也。

下此则有不可言者矣，然亦未能一律齐也。若夫自分原无傲骨，处心甘为常人，不以新旧异观，惟取妻孥无恙。然尚宅心恬淡，不敢傲人，匹夫匹妇皆若胜予，容身而已，无矜名誉。此其可哀可怜而不可恨，下之上也。

迨其钻营万态，狐媚百端，苟图荣利，不顾廉耻。此特毁一己之节，隅穿窬之流耳，未尝肆其毒以厉世，犹不失为下之次也。

至若庆千载之一时，希一日之九迁，专宠怙势，居然得意。自以为置身云霄之上，敢于为非而不顾。甚乃诋毁先朝，戮没忠义，为毒有难缕述者，吾不知天下何以容此人一日在世间也，斯下之下者矣。

虽然，此六者，道其常也。尚有其变，则权在焉。语云："权非圣人不能用"，非迂儒所敢道也。噫！嘿已。

唐贤四体

古诗尚矣。五七言近体，学士家好以之酬应，故尤工焉。唐人之妙，不尽于近体，而唐人之近体则今人罕及焉。余年来无功名之累，稍寄兴于诗，乃取锺、谭所录，分为四体，各得五十首，令侄子桐书成此卷，以讽咏之。虽不尽唐贤之妙，就此卷中，其妙固不可量矣。优游卒岁，非此诚何以堪，亦嗅梅摘菊意也。

衲卷二号

年来世上用不着我做甚，诗酒自废而已，往日又恒不能得酒，又书无纸笔，诗来咄咄，口自哦之辄已，是以笔札多不存。今随家君在祁，酒价差贱，纸虽恶亦贱，两者足供目前。撮猪毛挥之，又何必问所从来乎？笑陈仲子多事矣。于是或吟旧诗，或自为之，时时涂抹，又略想昔人笔法，为之亦不能工，见意而止。亦或不能见意，积其片段，叱平头奴粘之成卷，不愈①月间得八卷，此卷是第二卷也。余随手为之，奴子随手粘之，予不知其中是何诗、是何语，是真、是草，而固已枵然一卷矣。卷各有说，说各不同。其一卷寄离石樊衍泗，一卷为鲁阳贺伯龙持去，其余数卷则余尽粘祁署间矣，题其上曰“龙蛇壁”。要之，此物在世间一日，是我一日痕迹，而我之痕迹不为世所秽，则是世不可无我；世既不可无我，则我又何必不有此卷乎？我不能为世所遍见，则世之欲见我者，见吾卷可也。吾卷自一、自二以至于千百卷，固无穷也。

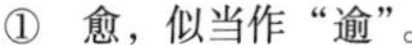

① 愈，似当作“逾”。

衲卷后语

昔人云：所耻者没而无称，所贵者存而不朽。一枝之上，可以栖身；百年之内，为生有几？果系达人君子，普精华于人间，留姓名于百世。金谷园中，花木成墟，而《思归》之引犹传；兰亭宴上，诸英何在，而右军之迹独著。笔墨小道，足以寿人；风雅微词，尚堪永世。况今世于我而相遗，虽荣华之靡愿。游神翰素，寄意缃编，匪朝伊夕，亦云适兴。恒苦法不足传，传不能久，此乃吾道之未精，非人嗜好之无据也。余晋中多暇，眷焉乐此。想春蚓秋蛇之势，翔鸾翥凤之仪，或如屋漏痕，或如折钗股，或以健矫为宗，或以游扬见妙，或像昂低于大娘，或总群情于逸少，怀素之书芭蕉，元常之画腹被，诚有志焉。每一意所至，寝食不忘，恍然之间，略有解悟，横手所挥，辄成卷轴。间一披阅，有慊心目，付之童子，贮以囊箱，拟流呈于词林，或寄怀于契友，想亦不无好之者在，余则何敢知焉。今墨迹俱在，倘其不即投水火，百世之下，千里之遥，其亦有慕余而存之者乎？

读书大意

孙仲谋劝吕蒙读书，谓涉猎见往事耳，岂教尔治经作博士耶？载籍浩繁，士人当芸窗静暇，尚苦不能周其始末，则往事涉猎，犹几几乎难之。今何时也？牛角马鞍上，而欲考衷古哲，开扩今识，非约而又约，奚以有当也？余客馆中，晨暮之间，思欲镜心古人，存之掌握，为时无几，为绪百端，不能遍搜也。括其有裨时务者，略而笔之，谬以臆杂论其间，别为七目，各成一卷。至其时之所不得为，则又因以见志焉。断自汉高，以及宋元。薄载略纪，书有不必尽其人，人有不必尽其事。因取昔贤“独观大意”之旨，题曰《读书大意》。非敢妄比南阳，要亦道在东周。设筌取鱼，志固不在筌也，观者幸勿指盘为日焉，则庶几矣。

大意卷注

一治一乱，较若日夜。士不幸而生于抢攘之际，思欲转否而为泰，起危而为安，是焉可无务所挟持乎？大抵不出数端，可以知所处矣。设使其遇大有为之主，如高如光，敻乎遐矣。虽无高、光之德，而有高、光之才；虽无高、光之才，而有高、光之志。是亦能驱除祸乱者也。所谓天下大乱，非高、光之才不能定也。卷居一。

于时则有应运而兴，望标而赴，抒良策以佐时，号称豪杰。人君无我不足以共功名，甚急需也，所谓“识时务者，在乎俊杰”。卷居二。

然揆势度务，以劳于外，而国之根本不立，百姓何恃安堵？而数十万甲兵，将何所资以济也？萧相之守关中，寇君之守河内，又胡可缓哉？所谓“镇国家，抚百姓”。卷居三。

有此然后可以长驱而御宇内矣。攻城略地，削平盗乱，如虎如熊，诚哉爪牙之任也。所谓“战必胜，攻必取”。卷居四。

此得意于时之所为也。若夫运际式微，痛宗国之沦亡，矢臣心之无二，忠义淋漓，奋不顾身，以图君父之仇。无论事之成与不成，足贯天日矣。所谓“始终为韩”。卷居五。

至于中国既以多故，天心或未厌乱，日纷沓于沸鼎中，不可一朝居也，则有择地而蹈，抱道而潜，方以类聚，盛德为邻，存先代之礼乐，为吾党之羽仪。嗟哉，亦不寥落也！所谓“其次避地”。卷居六。

不然者，则议不返顾，计不旋踵，散发逃名，绝意人间，与富贵乎何有？逢梅之徒，皆高士也，而又奚羡乎？噫，止矣！所谓“不仕王侯，高尚其志”。卷居七。

大意别解

《读书大意》一书，共七卷。前四卷录开国时人物，言欲中兴大业，须得是人也。后三卷录亡国时人物，以其为今日之所志也。世乱则思治，国亡则思兴。穷则变，变则通，天之道也。故此书循环观之，终则复始之意也。其终之以文中子者，取其教授以开来学也。始之以陈胜者，取其首难以灭秦也。其末复有郑思肖公传者，以其书成之后，友人携此以示余，与今日志同事同，存之以为慕也。

皇舆志略[①]

所称博雅君子，此太平盛德事耳，非今所急，尤非余所急。虽然，博之不能也，略之不能乎？舆地一书，夙称浩瀚。求其综核明辩者，未可多得。然余有因略而求详之法。如某省某郡之为某地，某地某时之属某人，此可知者也，余知之矣。至于其中得失兴废之故，险易纡直之理，如均一形胜也，何以谈王业者必首关中？均一偏安也，何以言天堑者独称江左？上流之扼要控制中夏，何以必数荆襄？控弦之骑士驰骋平原，何以不遗燕赵？不可以细而求乎？余素存此意，未能迨也。因《居诸编》成，乃取古舆图，胪其郡县，配以山川，间以名胜，参以人物，手录一卷，名曰《皇舆志略》。其于所谓失得[②]兴亡之故，险易纡直之理，亦未能悉举。而使读之者因其地而考其由，或得之于传闻，或得之于躬历，口询目览，手拐足蹈，登八公而怀摧秦之略，过井陉而想下赵之功，昔之如彼者，今何如耶？按籍而稽，因时以审，夫固将以动吾大计而开吾深识，则此卷不可谓非提纲挈领之一助也。若夫一山一水之奇，一言一事之迹，不嫌并存一二者，染翰之资，谓为不急则有之，或亦多财长袖之意与？

天文豹班

“玄象岂吾所测？吾当勤尽人事耳。”[③] 斯言要矣，然《史记》天官、《春

---

① 此条类《皇舆志略》之序跋，但王余佑《皇舆志略》一书别有自序，在李塨《灰画集》第一卷中，其言曰“王五公先生《序》有曰”云云，文字与此条不同。

② 失得，似当作“得失”。

③ 此语出《晋书·庾冰传》，第二个“吾”，《晋书》作“正”。

秋》灾异，概不废焉。即孙吴谈兵，亦言天时，是之不可不讲也。余固素不事此，因《居诸编》成，《皇舆志略》亦既附之于后矣，俗论地理、天文必并称之，余又何必不掇拾以足其观耶？虽然，不存之则已，存之必于其有用而近实者。《步天歌》《天元玉历》，此有用而近实者也，录为一卷，题曰《天文豹班》。若求其精通，余则不能，然此不可谓非天文之一班也。至于《孤虚》《遁甲》诸书，世多艳称，余虽不能，亦所不道矣。

沉碑记后

世界之大，何所不有？然亦有不宜在世界中者，贤人君子必力扫除之，世界始干净。如望武居主人龙门沉至正碑一事，正为打扫干净世界计，具有贤人君子力量者，然而迂矣。世界之不干净不止此，又不能尽除，忽其大者，察其小者，乌乎可？余曰："非也。贵其渐也，贵其志也。志之所至，山可移，海可涸，况此区区人为之世界哉！其志不去尽，天地间不干净物不止，特俟以渐而图之，不必骤也。今观其龙门之游，偶耳，而见恶必除，如鹰鹯之逐鸟雀，如此则凡天下之大不干净于此者，有不尽在其一沉中耶！"或曰："河在中土，沉之于河，不秽河乎？"余曰："非也。河自积石，经中国，东入海。吾闻海底有尾闾一穴，泄天下之水，复入地中，北流出沙漠外。此物一到河，河伯必遣诸水神怪之有力者，疾推至漠北，不复留在中土也，何伤？"或曰："如此则可。"

伯龙诗草

贺伯龙，鲁山世家，幼擅美誉，声满洛阳。与家君有桐乡之谊，偶游并州，因得晤于昭余署中，一披金玉，令我有形秽之叹。其所为诗词，援笔立就，曾不脱草即成，体裁声调，直逼盛唐。与予唱和数日，遂以成帙，乃并集其途次旅舍诸咏，勒为小册，自题曰《并州游草》，临别示余。伯龙已据鞍矣，仆人持草匆匆求序。余披阅之，琳琅珠玉，不减庾、谢当年。聊数语记其上，更计此去长途，柳色莺声，不知复有几许。曾有余赠别伯龙诗云：“别路诗骚君满眼，留怀珠玉我盈驼”，信不误也。春明伯龙约复过我，定复携锦囊来，余欣欣读大集矣！

和光杂咏

余非世上人也，然尚未能出世。既不能出世，则不能不与世人接。不能不与世人接，则不能不与世人语。既与世人语，吾又岂得复以吾所欲语语之？就世语世而已。既谓之世上语，则又何所不至哉。吾诗即吾语也，其无所不至也，无足怪者，所以杂也。杂者，不专一意之谓也，但冀人之欲与吾语者识吾指，不止求之此语可也。

纪　略

鲁阳纪略[1]

家君鲁阳一政，实极朴忠，当时耳目共击，文案犹在，多属实录。在祁之暇，家君叙次其事，以告同志。因录之集焉，示不忘也。

《纪略》者何？纪余任鲁山之事也。鲁[2]事往矣，何纪焉？然余之在鲁，余实不敢负朝廷，余实不敢畏艰难，故其事至今不忘，犹思纪之，以告同志也。

---

① 此文又见传世抄本《王氏家谱事迹纪略》，题下署名“督亢王建善恢婴甫述”。

② “鲁”字下，《王氏家谱事迹纪略》有“山”字。

余占籍直隶新城，攻苦于灯窗者三十余年，繇拣[①]贡蒙先帝特恩钦授，于崇祯十四年，除山西汾州府临县知县。自以为臣子受主上隆遇[②]，踵顶靡爱，夙夜奉职，无忝为念耳。莅临未周岁，亦未尝[③]敢得罪于百姓士人，第[④]自茹蔬饮水，革去[⑤]供应里甲，岁省民钱不下万余金。然竟以失于营托，为当事所忌，不满期，辄调繁河南汝州鲁山。名曰调繁，其实弃之也。盖是时，中州当逆闯盘据数年之后，十室九墟，荆榛[⑥]塞路，土寇蜂聚，刹人而食，邑里无复人声，鲁邑犹甚，仕宦者指为畏途，朝廷之上亦委为弃[⑦]地久矣。彼时奉命守土之官，鳞次河干者不下几百[⑧]余人，逡巡摇足，望汝洛而销魂，谁敢复[⑨]临大河而问渡哉！

自余得是命，闻者莫不为余戚之，以为必无可过之河，必无可任之鲁也。余独曰："人臣受职而畏难，岂义乎！即有不测，我固甘之，况天下无不可为之事耶？吾计决矣！"遂遣子余佑入都，请凭赴任。都门士夫人[⑩]争笑其迂，言："既无凭，正宜借口以图观望，乃请之耶？"余不顾，既得凭，乃率侄余严、甥高云路及家人三人，挺身单骑而南。比至怀庆，遇鲁快二名，脱身至河北，言鲁城新陷，道路梗塞状，极言止河上，万不可渡。余曰："我至此，岂复中止？但以速赴任为是！"于是不避艰险，命舟渡河。是时崇祯十六年二月廿[⑪]日也。

及登岸南望，一路白骨如山，蓬刺如树，鬼哭狐鸣，惨然惊目。余披荆斩棘而行，所至招抚土寇，奖谕忠义。诸寨山贼豪杰闻有朝廷命官至，于是群相响应，争率其所部相迎焉。盖是时中州久乱，与河北隔绝，朝廷恩信不至其地，居民豪右自相蚕食杀伤，坏乱无纪，诸县城寨多土人代署，无复正

① 拣，《王氏家谱事迹纪略》作"岁"。
② 遇，《王氏家谱事迹纪略》作"恩"。
③ "亦未尝"上，《王氏家谱事迹纪略》有"其他政"三字。
④ 第，《王氏家谱事迹纪略》作"躬"。
⑤ 去，《王氏家谱事迹纪略》作"其"。
⑥ 榛，《王氏家谱事迹纪略》作"棘"。
⑦ 弃，《王氏家谱事迹纪略》作"赘"。
⑧ 几百，《王氏家谱事迹纪略》作"千"。
⑨ 敢复，《王氏家谱事迹纪略》作"复敢"。
⑩ "夫人"误，《王氏家谱事迹纪略》作"大夫"。
⑪ 廿，《王氏家谱事迹纪略》作"二十"。

官，人皆苦之。而河北官从有事以来，迄无一人一骑渡河者，人情觖望，一闻余至，真有如“不图今日复见汉官威仪者”。余推心抚之，无不鼓舞效用。于是以其附者击其未附者，躬冒矢石，蒙犯霜露，转战至鲁，尝一日而数接敌兵，每连朝而不遑栉沐，遂于三月初九日到任治鲁矣。

先是，鲁城被逆闯残破，县丞郭之科殉难，印亦失亡，城堞堕坏，人民散戮殆尽，仓库焚劫，官衙同烬，栖止无舍。余宵旦拮据，亲督残役孑遗，筑城浚濠，置火器守具，示人以有所恃。然后设法招徕，平其积罔，拯其孤弱，谕以同舟御患之义[1]。于是流移渐复，数郡之民咸以鲁为归焉。不旬月，城中熙攘，其城所不能容者，城外濠壕皆满，缘城而居者数万余人。余又劝课桑麻，设给牛种，鲁境之内始一望青苗矣。俄又获县印于衙井中，民愈重朝廷威德。

至四月间，逆闯忽遣郝、刘二营兵数万，送伪令刘彰德、王自禹入境。余闻警，即躬御鞍马，率都司李一鸣，纠合乡勇，檄各寨民兵，力战三日夜，却走之[2]。及至七月间，贼乃大举入寇，合巢贼数万，自荆襄而上，蜂屯城下，急攻四昼夜不去。余以为贼众兵寡，兼之粮少，欲破之，非计不可。于是乘夜开门，移兵溃围，直奔西山元[3]垛寨，而密令壮[4]卒潜伏寨外山谷间，又传令各寨乡勇四面犄角。贼闻余入寨，果移营围寨。寨险，既不能下，而四面伏发，抄绝其后，拚命扑杀。余复督李都司从中奋击，贼仓卒失措，当阵杀死及溺水死者无数，斩级二百余颗。贼乃丧气，并伪令奔汝州。自是鲁境始无贼矣。本境土贼刘凤梧者，亦就招安。而鲁斗大一城，当群贼星罗棋布之中，终不为伪令窃据者，职此之由也。是盖七月二十五日事也。

彼时余即申文河北按台苏公讳京者，蒙批牒云：“本官到任，加意料理，以成厥功，自应特荐。有便来见，面商机宜更妥。”此苏公原牒俱在也。

是时复有宝丰伪令熊一鹏者，带贼徒数千，公然行事，剽掠四境。余思宝丰距鲁四十里耳，岂可令其狂逞如此？唇亡齿寒，祸将滋蔓。于是密谋，

---

① 义，《王氏家谱事迹纪略》作“意”。

② “却走之”下，《王氏家谱事迹纪略》有“至六月，贼复送伪官，御之如初，又却走之”。

③ 元，《王氏家谱事迹纪略》作“员”。

④ 壮，《王氏家谱事迹纪略》作“健”。

俟其兵众回大营，止余一官率衙役理县事，若将安常者，余乃移兵密至宝丰城外潜扎，而用间者宝丰人一人入城，谓伪令[①]曰："今某自鲁山来，见鲁山人整兵数千，定于某日攻宝丰，擒官[②]献功。某此县人，与公相爱，特先告知。"一鹏愕曰："为之奈何？"对曰："不如及今乘其未来而逃之，再请兵恢城未晚也。"一鹏然其计，遂出城，鲁兵已在城下矣。乃并其胁从四名擒之，获其印，兵遂入城，挂示城中，安慰百姓。委人署县事，一城复翕然奉王化焉。时已玖月拾贰日矣。

余复具文申解一鹏等于两台，有蒙批"该县文武协力，督率乡勇，擒获伪官，可嘉也。事平一体优叙"等语，原详俱在。

当斯时也，大河以南无坚城矣。间有为我国家保一块土，留一片铜，孤立于干戈纷攘之内者，仅仅余只影耳。余欲效颜平原，为一十七郡之倡，孰知天心不肯悔祸，而逆闯大众西行，陷潼关，躏晋魏，逼幽燕，遂没我神京，而我高皇三百年声名天下，我先帝十七载圣明天子，竟无一矢一镞以血溅敌轮者，而遂一旦运尽于眇贼之手耶！嗟乎！孤臣远隔，挥戈之泪徒殷，返日之期难再，大厦已倾，一木何支！不得已而泣谢士众，独怀铜章，脱然远游，终此骸骨。又孰知卧病穷途，奄忽七月，遑遑何之，才得一望丘墓，而家门惨祸，逼予[③]入都，又不觉至今日矣。嗟乎！天下难平者事也，可原者心也。余之不敢负前朝，余可自信也，又安[④]知天下后世之信余，亦如余所自信乎？愿以示之同志而已。[⑤]

① "伪令"下，《王氏家谱事迹纪略》有"一鹏"二字。

② 擒官，《王氏家谱事迹纪略》作"擒伪官"。

③ 予，《王氏家谱事迹纪略》作"余"。

④ "安"字下，《王氏家谱事迹纪略》有"敢"字。

⑤ 文末，《王氏家谱事迹纪略》有一节云："临县旧例，有供应里老十名，每岁括阖县社甲金钱，以备县官私费，每日除送小菜银一两外，凡内宅衣饰及上司馈送奇珍异物，发单即备，不以额限。前此县官岁费逾二万金，余下车之日即询知其故，立刻将十名里老革除回家，永不许供应。敢有私敛民一钱者，以赃罪处之，遍示阖县，立石县厅，以杜后患，老幼称快。"又有王余佑跋云："家君以先朝乡贡，蒙先帝特用，授临县知县，调繁鲁山知县。清初因缴鲁山县印，授祁县知县。以先迎大人罢任。入山二十年，足迹不出山矣。今年八十一岁，诞辰在十月十七日。"

行　状

先叔行状[1]

先叔讳延善，号维婴，祖居直隶保定府新城，为明诸生员。性慷慨，负义气，以利世济人为己任，孝弟纯良。幼好服食道家之术，极有文慧，而薄举子业，轻功名，两举宾兴不第。所读宋儒《性理》、邵子《皇极》诸书，及《参同》《悟真》《六壬》《遁甲》，皆通其大意。喜谈兵，颇泛览武家言，所著有《武侯八阵图说》，能骑射。尤精医，尝施药二十年，所活百里内外，不下几千余人。其方名“如意丹”，公自制，随症改饮，投之辄效。有新安名士赵完玉者，一症奄奄逾岁，诸方名医四至，不能痊，闻公名，遣弟求方。完玉亦知医，公手札数百言开喻之，完玉始服药，竟起沉疴，由是愈重公婆心焉。似此类者不可胜述也。好施舍修置，所居乡有桥圮坏，公慨然捐金，复募诸缘，费数百金，躬自督理，焦劳数月，卒成功，涉者便之，今《重修距马[2]桥碑记》是也。

公多义愤。万历末年边警，陷辽沈，公毅然欲出身为国，制策数千言，谋诣阙捐躯，亲识苦谏而止。公于山水名胜处辄好游眺，尝游易州西山太宁寺，其山有寨名“双塔”，有洞名“云蒙”，皆深幽险峭。公谓此地宜栖真避乱[3]，遂于山[4]结庵数处，且言后日有乱必用此。及崇祯朝北兵时入，果得携家避其上，就庵而居，相券盖二十年后也。又尝游井陉，客许、李二名族，其乡诸俊听其言论，争留居之，愿奉为表帅焉。公好谈气数，尝言天下将大乱，北方不可居，宜远徙避之，时时向亲识言及于此，不胜扼腕。时皆无知

---

① 此文又见传世抄本《王氏家谱事迹纪略》。

② 距马，水名，通作“拒马”。

③ “避乱”下，《王氏家谱事迹纪略》有“地”字及删削标记。

④ 山，《王氏家谱事迹纪略》作“上”。

者，公遂步游齐鲁间，寻避难地，至濒海还。后其言果验，而竟以身家之累，亲朋无同志者，不得遂公雅志云。崇祯年间，知县事陈公督修县志，学诸生重公行品，举入《人物》中。

公晚年遭室不幸，颇不事交游，惟自闲逸而已，是以未尝亲近名流，而少时故旧率皆散落，后起诸俊无知公者，因此名不大著，平生声望末益衰云。

甲申之难，逆闯破京师，先帝晏驾。公闻信，父子相对而泣，每一言及，辄愤不自胜。又闻侄祺与雄州[①]马于有倡义之谋，且公胞兄方尹鲁山，即祺父也，亦擒宝丰伪官。家书适至，公慨然招守备胡斌、参谋赵文钤及子侄辈曰："吾兄弟受国厚恩，忝为名族，一旦朝廷当大难，岂可复以身家为念哉？吾兄擒伪于汝南，吾今起义于河北，即殒首碎身，誓不俱生。吾不再计！"言迄痛哭，观者感动。遂破万金家产，牛羊数百头，粟数百石，草数万束，置酒招乡党少年为坛而盟，为先帝发丧，誓告天地，竖"誓忠讨贼"旗一面，作檄文，遍谕忠义。檄中数李自成十大罪，感扬祖宗先帝厚泽，激砺士众，有"生成佐命功勋，生当尊显；死附大明忠孝，死亦芬芳"等语，又有"黄巾裹首，谁非汉室遗黎？青犊当前，尽作神京营卫"等语。辞气慷慨，见者争奋。于是遣马于率士二十余骑，先入雄城为内应，然后约众乘夜直至雄县城下，炮响门开，擒其伪令郝丕绩，并伪教谕、伪典史三人。安慰百姓，纵遣囚徒，推明故韩训导署县事。远近城池闻风响应，各持其伪官以待兵至焉。

先是，公堂侄余慎者，亦以义复国仇为号，聚众二百余人，独专号令，不由公统制，入雄城时亦集城下。公恐其兵肆掠，意不欲令入城。其所领健卒率多豪暴子弟，闻不得入城，遂哗，不但不听公指挥，且不听余慎令矣。不得已，公与余慎再三谕之乃定。及至入城，城中马于闻余慎兵来，亦令门者止不令入。余慎遂怒，拥入焉，城内稍不统一。公闻兵扰，即起号移兵出城，止取其器械、盔甲、火药，故明官军骡马收在官者，以益军实。复有伪官科敛民钱数万，悉散以犒军，百姓实无秋毫犯也。公乃回兵于城外三十里

① 州，《王氏家谱事迹纪略》作"县"。

马头村住扎，余慎亦回至沙口村住扎。是日，马于亦率本部人至马头，察其有兵误收马者，悉给本主人，无不感悦者。自是，沙口之义兵与马头之义兵始不相通，而马于又率兵东行略地，至文安，势始分矣。是时，任丘乡兵亦拘留其县伪官，请命于公。公以势弱，不果发，而清兵已大下矣。

余慎为清势所压，弃众遁去。有本地土贼王养和、王养度者，遂起而焚劫余慎屋舍百余间，烧杀[①]二命，产一空焉。公闻清兵下，乃北如涿州谒吴平西，欲白其事，而养和等贼又乘虚袭马头，焚烧至惨，并夺放伪官郝丕绩。公急回，率守备胡斌子嘉等，追斩养和等六名，悬首于市，仍逐捕余党，久不获。是时伪官已轶去无验，而清朝疑其迟延，似归款不诚，又为贼家乘机上变，诉其专杀，又牵引入雄时擅散库钱，遂执公就狱。

公愤然不服，言："我本明朝士子，受国厚恩，发愤讨仇，恨不食贼之肉。今既擒伪官，而土贼劫放，是杀土贼即杀逆贼也，何罪之有？且吾不惜万金之产以报国家，岂利库之钱乎？今既当死，死得见先帝于地下，固所愿也，吾初意原不求生。"于是遂坐法遇害，闻者莫不哀痛焉。

其长子余恪，字翼之，明增广生员也。闻父就狱，慨然讼冤，时偕弟嘉并马北上，至中途乃令嘉回，与诀曰："此去吾父生，我亦生，父[②]死，我不独生也。本图义举以报先帝，我岂知清法哉！生为大明人，死为忠孝鬼，足矣！"遂去不顾。及公遇害，竟不避，亦遇害。亲识老幼为之流涕。公遇害后，县官籍其家，先婶母毛氏饮药死。

呜呼！天道竟何居哉？方国难之痛心，何家难之至惨也！先叔本以纯忠纯义，无所为而为，而破产捐躯，生抱不共之愤，死无牧竖之名，父子骈首，夫妻委骸，号天誓地，谁为昭雪？悠悠长夜，不几令忠孝气尽耶！祺孑影穷途，幸保残息，先人有心而不能白，有美而不能传，死有余恨。敢用撰述其平生行状，恭求名贤传志，冀以垂之竹帛，庶谢罪悔于万一，岂敢一字不衷以干天殛之戾耶？

---

① 杀，《王氏家谱事迹纪略》作"死"。

② "父"字上，《王氏家谱事迹纪略》有"我"字。

记

祁堂记

余某年至祁，见其县堂毁，问左右曰："此何也?"左右曰："此土寇之余烬耳。"余问曰："何时何人?"曰："闯兵入晋，安官于此，有文水乡官胡某者，率众擒官，执典史而杀之，遂焚其堂，掠其城焉。"予曰："此义师也，而土寇乎哉？何尔等所称之谬也？今试问尔曰：使当日逆闯得长据京师，不遽摧败，则此晋土属之谁乎？其为伪顺之土无疑也。"曰："然。"曰："晋土既属之伪顺矣，则此一祁之城，其不能反顺而另有所属也明矣。既不能反顺而另有所属，则何论百姓、士人，何论仓库、屋室，何论地土、草木、牛马、蓄积，吾知有一不谓之伪顺之物不可。既谓之伪顺之物，则凡祁之百姓、士人，皆伪顺之羽翼也；祁之城池、屋室，皆伪顺之营卫壁垒也；祁之草木、地土、牛马、仓库、蓄积，皆伪顺之辎重粮储，不时之需也。如是，则有一人焉，欲伸大义于天下，愤然与伪顺为仇敌，则凡可以败坏敌人者，宜无所不用其心，无所不用其力。如两人相搏于衢，目瞪手张，头摇足奋，思所以相中，或啮其指臂，或挤其腰腹，或碎其衣袭，身之所当，无不期加之以为快。故是时虽不能刃逆闯之颈，举凡戮其一民，是剪敌人之一羽翼也；夷其一池，毁其一城，焚其一屋，是坏敌人之一营卫壁垒也；掠其一畜，发其一藏，捋其一衣一器，是夺敌人之一辎重、粮储、财货也。何有于一堂?"

或曰："未至是。民犹吾民也，土犹吾土也，生产犹吾人之生产也，特逼于一时威强耳。今尽目之为贼，太苛。"余曰："不然。尔总不欲为贼也！今贼早下一令曰征粮，尔能不输纳乎？暮下一令曰征丁，尔能不赴役乎？东遣一人焉榷银，尔能不计家以献乎？西遣一使焉搜马，尔能不空厩以出乎？吾知必不能。夫粮则为贼食，丁则为贼兵，银钱车马则为贼应用。贼方且因吾粮，籍吾兵，资吾金银、畜马，以横行[illegible]轹于天下，而曰吾非为贼，谁其信之？然则贼之强，此望风之百姓助之也，而何恨于义士之鞣躏乎？且胡公之为此，极难耳。所幸者，清兵扫荡，遗孽全消，得以至今日。所不幸者，前朝圣祚，遂尔式微，忠义之举，竟无毫发之济。诚使当年神京不即失守，即失守而皇躬不即晏驾，太子亲王、大臣将相，有一邀天地祖宗之灵，若唐之灵武故事，其时天下之效忠宣力者，守一城则得一城之用，收一民则获一民之助，或血战而获疆场，或荷戈而从行在，戮力王室，克复神州，共成大业，以奖中兴，公真李、郭之勋，颜、张之烈矣！岂暇为数十家愚氓惜利害哉？即縻数百万之性命，以争朝廷一日之血食，计犹且为之，矧一祁民乎？况当日驱市人以战，约束难一，焚掠之情，公非得已，其本心固昭然天日者哉！夫愚民不可与虑始，而可与乐成，胡公之所为只缘未见其成耳。举大事者不谋于俗，成大功者不合于众，而又何喋喋为？尔等何其所称之谬也！”

于是左右泚然汗下，曰：“祁民固陋，不知大义，今始受命，闻所未闻矣。鄙人闻昔朱云折槛以旌直，稽[①]绍染血而表忠，请即以祁堂为纪义堂，不必修也。”余喜其改过，因并余说存之，以示祁人之好义者。胡公讳全才，号韬颖。

甲申集说

《甲申集》者，予甲申以后之集也。甲申为本朝失祚之年。予甲申以前，固功名士；甲申以后，非复功名士矣。前后心迹若两截然，故因以命集。其中一言一咏，一札一作，夫固随年义具矣。又此集类多予丙戌在晋时作、家居时作者，率以无宁宇，未得存录，是以两年之间略而不载，即以此为甲申之始耳。嗣后或有作，续为二集，前所缺者当汇入其中。

---

① 姓氏之“嵇”原本均作“稽”。

《伴腊谣》小引[1]

半载以来，所得吟咏，已勒为《甲申》[2] 一集，复余白纸二三十片，韦为[3]小册。时已入腊矣，计及年而止[4]，二十许[5]日中，凡所咄嗟之余，略成音节者，并与载之，得若干首，题曰《伴腊谣》。余闲署憔悴，非是将无以度日。“伴腊”者，余与腊差[6]相似，腊是冷日，余是冷人也。丙戌岁题于昭余寄寄轩[7]。

书　札

与无营先生

习仲来，恭述起居，又接手字，喜慰万分。晋中人物，平定孝廉苗九符、茂才张拱垣，近得其手札，极仰高山，想连六已细致之也。祁中茂才马九如，讳而龙，文武材干，虽未离世法，而志切云霄，山斗之名，已景行矣。某与之缔交，称知契焉。更有太原傅青主讳山者，世宦裔也，文行久魁三晋，当逆闯之难，弃万金之产，披发入山，再不一豫世事。某思一通声气，犹恐其不屑矣。故乡诸友，别来遂成隔越，然清问已达晋中，见时叱意。国镇、是经处，不识曾占去否？是经处昨得信矣。高荐馨在水乡，一字致之，外不腆

① 此文又见《五公山人集》卷第十五，文字略有不同。
② “甲申”二字，《五公山人集》无。
③ “韦为”二字，《五公山人集》作“装成”。
④ “计及年而止”一句，《五公山人集》在“二十许日中”之下，无“计”字。
⑤ 许，《五公山人集》作“余”。
⑥ “差”字下，《五公山人集》有“可”字。
⑦ 署款　句，《五公山人集》无。

微忱，聊当一候，希笑存。《行状》《社约》三册呈览。

与君建

别来清恙浃旬，千里关心，未能躬候，思之如何！况当此际，所谓“心之忧矣，我歌且谣”而已。祁署无所事事，惟以写字著书遣兴。有《读书大意》一书，手录成编，共七目，千余纸，他日归可呈览也。三台诗社诸友，及吾党同志者，姓氏有全册否？晋中友人欲一览，手录付之，尚未全也，或可以示之乎？清闻已噪晋人之耳矣。拙诗颇多，未及誊览，他日全帙求政。

冬日邀友

日近早春，梅开寒腊。金卮酒暖，雪里之句偏工；玉树风高，暇时之会允洽。况怀夙悃，未遂谢私；肃布芹筵，用扳玄雅。伏冀乔舄速贲，载色载笑以来临；则见蕃榻解悬，一觞一咏而乐作。无任拥彗，伫听锵銮。

刻楮印

裁兹竹末，名曰楮孙。体以小而愈珍，道缘简而益贵。寄深情于只字，我有功焉；题佳句于五言，斯为美矣。出函灼烁，不数安石之碎金；入掌琳琅，允是昆山之片玉。

与骏笔

骨肉至谊，患难生死，每一念至，泪万行下矣。时时遥讯福履，稍慰万一。恨执手无期，又曷禁其黯然销魂也！弟羁旅晋中，实无佳况，把臂入林之想，一日九回，近敝乡，又复作毡裘矣。进退维谷，仁兄深识远见，何以教我？幸赐指南车，出迷雾中也。舍弟居乡，望仁兄大赐诲导，曲图保终之计，想仁兄已久在怀抱间矣。临风附便草勒，以候兴居，渴衷万缕，非楮能悉，统似面布。拙诗见意，冀博一粲。去秋一字托胡兄致意，达台览否？

与九如

文水胡公当日举事之意，亦自有关名教，惜其残掠百姓，遂使祁人之口著其秽声，想其中尚有说在，弟恨未闻其详。又未闻士君子之论，区区衙口，岂可为定论？足下必有高明越俗之见，幸以教我。此系千百年是非大案，不可不一核实者也。

与拱垣

侧从余友久饮鸿名，榆关血战，单骑英风，张睢阳、郭令公真再世矣。真正英雄之品题，余友断非阿所好者。弟草野鄙人，碌碌一无所长，为今世所弃，又自弃于世。然所不死者，一点心头热血，欲洒向海内贤豪，即蒙贤豪之推拒挥斥，所不顾也。今有贤豪如台下，岂敢复惜赧颜而不一暴肝胆于前耶！执鞭秣马，所欣慕焉。俚句数言，敬书呈笑，谅兄台必不以为不情而挥之也。谋面未能，玉音专候。

与九符

敝友入贵邑，不肖弟即走一字，问其地之贤人高士。敝友即欣然手数百言相示，举台下为首，娓娓言之不倦。弟执札，一夜不寐，已魂驰于碧涛楼下，与髯苏弟子垂首至地，长跪而焚顶之矣。不止喜台下之高风，良以吾友之所谓高必真高也，三百年士气，今生幸得见其人，死何恨焉！此意非止自一人起见，害之可为于邑，又何敢竟言之也！台下与吾友为忘形交，定知吾友有本来面目，非区区尘寰中人物。弟不日当跨瘦蹇，过西阳，□□□□□[①]，拉他耘十亩田也。非风□□[②]，拜面未能，俚句见意，幸勿弃我。

与于翁舅

接来札，知大事以毕，且悲且慰。尊台平生纯孝，苦衷于斯完矣，余事固可徐图也。世间两字题目，多人做去，几见能完满无缺欠者？今两事并于一时，一完俱完，止留此一片清虚，与圣贤相对视。尘俗中人物蚁芥耳，因叹保身之难也。未到末一着，岂敢夸口哉！自此以往，夫固得以疾风不折、险夷任运矣，惟高识定不异意也。某坐见流俗中纷纷扰扰，竟无一人带本来面目者，不但不知，且不欲知，是真可怜。使非此身有不了之事，蹈东海而死，岂俟今日乎！晋中颇有佳士，近得二三人，高谊已达知之。某归期在秋冬间矣，余不赘。外寄征君一字，验发，其中有候仪一分，勿使浮沉。《社约》并《行状》另封，乞阅过，同字寄去。其《行状》即当年实录也。

与静观

习仲旋里，一字相闻，未得达而返。弟归想在秋冬之交可卜矣。足下雄名，弟已传之晋中。祁邑有马兄，讳而龙，号九如者，义侠士也。弟与谈交，他日可为西道主人。弟近有《社约》八款，大抵言吾辈今日之所志，颇非虚

---

① 此处原本空五格。

② 此处原各为一点“、”，疑为脱字。

谈。今一纸录在征君案头，不日即刻以览，然亦非可为不知己者道也。知足下在易水，想日与顾云老浩谈世事，弟一字候云老，露函乞验致之，不识嫌其草率否？弟意则实至真也。拙著数编，统俟归时请教。

与云门

龙门执手，未及一抒胸臆，遂为俗冗促别，然向往之怀，何日不在梦寐间也。草庐高卧中，定多雄筹伟略，不识可示之故人否？近闻鹿静老在贵州，想益复讲求精密，恨弟远在晋中，不得朝夕侍侧，饱窃隆中高画耳。如何如何！便鸿草勒一字，以候兴居，聊表相思之雅，幸勿罪其草率也。别时一绝，附求政。

与梦周年伯

老伯人群山斗，高卧林泉，与五柳先生竞爽矣。别后匆匆，未能旋里，一躬候福绥，梦魂为歉。近日世事风波，红尘中急宜回辔，而未得其权，侄不啻鳃鳃然惧之。昨阅邸报，关中多事，袁鹤峤年伯已遇害矣，可为太息！但故乡不可托足，敝乡一望毡裘，所谓进退维谷者也。侄秋冬间将还，捧袂有期，凡所迷误，当驰阶前拜明教也。太夫人及伯母前并驰候福履，不悉。

与连六

得家信，征君避地新安，故乡诸友落落。君建病疮，经旬未愈，想亦有音问也。习仲昨过祁甚忙，惟说足下英才挥霍，游刃有余，政声啧啧。兼读手札，留心人物，具见夙心。吾党中有君，仕途中有君，均足不负，可谓在山而山辉，在川而川媚矣。弟愚何知，惟冀永勒初心，始终不渝耳。然此非足下所难也，鄙意谓红尘中不可久留，近颇劝家君拂袖，而未得其便，何异坐针毡中也。足下高明，幸有以教之。张、苗二君，令人远想，弟不揣已，作二书达之，露函乞验致意，想不谬于吾兄，亦不谬于弟也。葛、朱二先生，弟有挽诗二首，呈上裁酌，不识可致之两先生之门否？弟近更旧社曰“鸡社”，有约八款呈览，可以达之同志。祁中有马生，讳而龙，义侠之士，弟与之结盟。更闻太原傅青主者，当大难之际，捐万金之产，披发入山，今如故也，弟心依之，未能得晤，足下可以问之苗君。外拙诗一纸呈笑。弟且不能东归，临风驰想，曷能已已！何日一对张、苗二君，与足下为四友之游耶？

与郝茂才

久慕雅谊，未能晤面，徒有怀如结而已。承借邺架名集，久留署中，恐误披览，暂且无事于此，请俟他日奉璧可也。特此问。外有拙书二册，谨呈案头，为喷饭之具。草草不庄，容图会谈，不悉。

与保和

别来在颠倒世界中，许多头绪不暇覼缕。弟自入晋，闻两次家兄语仁兄素志，及见翰札无意出山之语，不啻焚拜跪诵足下高谊矣。且闻足下在西河，不甚理县事，惟·味使气傲物而已，此大有意思。举动八十日陶彭泽，令人想见其风，但恐此心犹未真耳。若果真是如此，愿终身长跪，请教受命，不敢复以等辈视之。附便敬候。足下过祁时，千万有欲语者，必一见王申之也。若复不屑，则弟仍以平日之梁保老视之耳，不敢强献谀词也。足下之不朽处在此，人未必知，弟独知之，幸珍重！

家　书

故庐占去，益复无家可归，飘萍千里，于谁屋而止居耶？残书数种，不识曾收拾否？子桐南去，令我怅然，然亦男子事也。此中近益萧疏，老董能悉余事，俟另人去再商，大抵不能变动八九分，任命而已。家间栖止何所？殊关心也。秋冬交尚能一西行否？卜居一事，老父且不商矣。近日秦中颇扰，袁鹤峤已被难矣。弟著书已完，他日呈览。有《社约》八款，在孔家马头封[①]中，欲看亦可取阅。二伯去世，为一泫然。离家未逾岁，顿有此感。二兄东游回未？

与连六

前札拜教，已感殷殷。张、苗二兄谊问，谨肺腑铭之。他日当订陈雷之契，匆冗未及作字，见时致意可也。昨闻中马兄得沐光风，深感公瑾醇醪。弟有怀青主诗一纸，录呈笑政。卜居一事，此心如灼，而家君尚以为缓图，弟亦不能急之也。榆关之游，梦魂中亦作苦思，奈缩地无术何？习仲东旋，草草数言，不尽所怀，临风但有惆怅。

与荐馨

别来世变纷更，言之可为痛心。弟去年在君建斋头，时得聆起居，倏忽隔岁，又杳不知所之矣。弟随家君客晋，琐琐世局，岂能一日忘故人于长林丰草间耶？偶闻舍弟在水乡，获晤芝眉，兼承注念，不胜金玉之思。又知仁

---

① 封，疑当作“村”。

兄健养，喜慰倍于寻常，想孤踪在水云间悠悠自得，何异登仙也，尘土中岂复有佳人哉？何日制一纶竿，与吾兄披裘把钓，遂此幽居情耶？欲语神飞，不尽颙望。弟近有约[①]八事，俟归时呈电，兹不具悉。拙诗见意，张元老动定，乞代致意，祝祝。

与习仲

足下想仍在龙门耶？或欲一西游不？道远思深，实难为怀。舍弟昨回家矣！弟在昭余，近自就一书，名曰《读书大意》，专候足下过我时一裁教之。二季兄过祁，愧简亵之甚。黄翁兄台前不及另作书，恐公务不暇泛览耳，统此候。

尊兄车骑遥临，行台夜话，自属欢宴，恨弟不敢出陪。弟意欲先屈足下入宅，阔谈今夜，效严子陵故事，何如？此大事也，不得不商。我辈相聚，自是有关千古名教，非可泛然置之也。

与郝茂材

接尊札，知台下正在哀惶，仓卒琐渎，愧歉实甚。功令不能赴吊，谅恕为祝。兹有舍弟在署中，复欲一读藏书，乞赐下是祝。外有别传小说，借一二种，为消闷之具，何如？《通鉴》璧上，附谢不一。

答程瑞徵

黄口后学，幸趾名邦，仰慕大贤，有如饥渴。虽迫于功令，谋面未能，

① 约，疑当作“社约”。

然经心则已素矣。窃庆台下峥嵘雁塔，自此晋登华要，弟一介泥涂中，叨借世庇，岂有量哉？所愧弟鄙性甚僻，自甲申后，遂埋文艺，不复以功名为事矣。尊札过期，污颜实甚。今秋特典，坐看兰玉飞鸣，拟作贺诗数幅耳，承命佳箑，即以俚句三十首涂之，聊用求教。若谓以书为重，则是蒙西子之面以求妍，不令观者掩目乎？然夙闻台下风雅之宗，而辄敢献此，此又楚客之蹑珠于孟尝，其亦可愿也已。

与伯龙

一披高风，欣如良璧。自顾形秽，不觉爽然。以千里名贤，停骖如许日，而今始一面。又徒以宦况拘人，复未得抵掌欢笑，浮白谈玄，追踪河朔，古人有知，应笑我鄙也。足下雅谊名才，翰墨拟锺王，新词凌鲍谢，岂敢酬和以诔续貂之诮？然欲求教，遂不护丑矣。敬请尊表，以书扇头。不尽，再宣。

读《名媛集》，常讶古今内人之才，其清婉颖秀，浮于我辈，然目中未见其人也。不意吾党中乃有此淑慧，非足下博览，弟几不知大章之内美矣，是真奇事，亦甚快事。其辞之佳妙，可与李易安、阮逸女诸人相颉颃，杨升庵夫人难独传矣。吾大章清识雅尚，拔处人群，得此可为双璧，读罢谨秘藏之。赐来珠玉，如剑光霞色，奕奕动人，足见吾兄旷怀豪兴，赋骨骚情。鼎之一脔，豹之一班，然已令人香生齿腹，光夺眉目矣。若弟之闻弦窃抃，赏音则未，何足与论钧天之奏乎？

家君久有一诗达意，而簿书匆冗，敕弟代涂以献，并书佳箑，伏乞笑电。外二首，并涂扇头请政。足下旅舍闷闷，无以解颜，弟有自书唐诗五十首一卷呈上，明日长途，驴子背上亦可以助哦一二也，笑留之。足下高吟，肯多书以示我耶？与李老者四诗，清妙绝伦，读之芬芳齿颊，快事快事！七才子以后，当推独步矣。齿录壁上。酒一尊，聊助诗魔。余面肉三种，从者加一餐耳，叱存是荷。不尽，再宣。

方读大句，正使小巫无处走，而足下又以生兵临之。大将军旗鼓一出，令人何处敢贾其余勇耶？十绝琤琤戛玉，瓦缶息响，又似光弼入军，旌旗变色。方信武库中无所不有，此后弟不复谈兵矣。擒伪纪略，所谕自佳。外有南时申文呈上，余不悉。

兵燹频仍后，管城子几绝种矣！昨有黄氏货此于祁，殊大不堪，谨以一枝试之。昔虞世南作书，不择纸笔，皆能如意，正可为足下道耳。

怅别中又得手札，喜不自持。此心皇皇，捉笔不知所云。小册聊题数语呈上，外兔颖二枝，为长途挥洒之助。临岐之情，惟有故人一片心耳。

与祁庠师

久切雅谊，未遂瞻晤。兹有雄城敝友过昭余吊旧，邑侯许观所先生一诗，敬书呈览。许公祁人，讳台儁，当时流泽遗爱极不能忘。敝友，其门人也，欲将此诗传之祁人，乞即去纸贴贵斋壁间，以便祁士广览，庶不没昔人芳徽云。外拙诗一首，亦呈笑。不尽欲言，容图面悉。

示友

处乱世，是非不得自明，没而无称，亦甚无谓。不得不以保身为主，然身既重，则名义轻矣。眼前许多牵缠，许多苦恼，都只为身耳。有身则有家，有家则不得不徇人情，不得不顾世面。一入人情、世面，种种不能明白之事无所不至矣。无怪乎素负刚肠、著称名教者，一堕机阱中，遂随波逐流而莫知止也，又何言乎其下者哉？果系真正豪杰，于猛风急浪中见得真、立得定，划然分明，不为人情、世面所汩没，名教场中固坦坦有余地矣。纵横如意，万古馨香，究其所以，不过受些清苦耳。清苦何难一受，而必恋恋荣华？况荣华不可必得，既得不可常保，迨其后与清苦同，而不如清苦之久远馨香，则何益矣！

与是经

弟自入晋，两次手札候起居，皆以来人匆冗，未及得讨玉音，愧歉实甚。然遥知近况平安，已不胜慰藉矣。如今宦途狼狈，乡园骚扰，两者无一可，虽有旷怀，不能不动瞻乌之叹。仁兄何以教我？昨役自故乡来，闻令弟以文得意，亦见成人之义，此自是学问中事，非关进取事也。不腆修贺，伏冀笑存。外《社约》数册，兼分达同志。弟近仍有二议与知己相商，一曰备荒，一曰传后，尚未就绪，容归时呈教也。老伯母万安，乞叱名叩祝。拙剧一折，附笑。

与习仲

跪读别札，字字箴铭，弟当韦弦佩之。足下去，谁复肯教我者？消魂之况，惟有晋阳一片山色秋声，伴我寂寥耳。佳句琳琅，即榜书黉宫，祁人共仰，他日定载入艺文，足为许老传矣。仁兄近得有可教示者，舍弟来，可以便致。临楮神驰，不尽欲吐，前鞍带去，附上。

与连六

足下以骯髒之骨，随俗曲折，年余于此能已。见于天下万姓口碑，便是千秋事业。非分见谪，何足诧异！高怀定一笑付之。但目下无家可归，不知作何计画？或者卜居已有方耶？便鸿示我，以慰悬悬，他日好作把臂游也。晋中地震异尝，不久将有大难，去者未必非福。家君羁縻于此，日非一日，殊无佳况。弟非敢谬为不情之语也。前习仲过榆关，曾计议去就否？弟屡欲图晤，特以冗未得脱，竟难登榻为连夜话。不意足下复翩翩去晋，寂寥之感，诚何以堪！然千里不隔者，恃此心之共照耳。张、苗二兄，见时为弟致意，后此之约非敢忘也。

与 九 如

弟前此两札候教，不识达台览否？属在风波之际，思欲晤谈，未得其便。弟久欲去祁，所歉者，未曾与仁兄数日谈耳。何日订一便期，聚首把臂，一吐襟腑？弟可以浩然而别矣。不尽之怀，则他日事也，纷纷者如何可言！

与 九 如

前翰惠教，正作穆然遐想，故未辄复。《沉碑铭》古致琳琅，弟极服膺，即质之习仲矣。薛汾阳令人慨慕，此去祁稍近，不识可向往之否？佳艺精绝，自是《广陵散》，非恒音也。弟弃笔砚，于今三年，自分于此等再不涉目，一见瑶篇，不觉又作临博之竦。文之能动人如此！挽诗珠玉，跪披增悚，存没之感，深沧海矣。其中一二轶字，容弟僭注以呈，谢谢！近颇欲求晤，俟弟议妥再报。习仲八月间来此，已解鞍欲留矣，复为乃兄驰骑促去，令[1]相别遂远。扫榻之意，弟当代致之。足下平日留心韬钤之书，何者为最？或有心得，可相示否？弟近有《祁堂》一记，为胡文水解嘲也，尚未脱草，他日呈览。胡公既属知契，他日亦当求一通声气。草复，不尽欲言。前此一绝，呈笑。习仲诗亦附，杂诗亦附。

① 令，疑当作“今”。

与 连 六

征君正在渥城，足下复片帆归去，德星聚会，别有人间。弟捧来教，不胜欣然，庶几遇之，今亦议定从足下于青蒲白水间矣。足下先归，乞于贵寓左右预觅茅屋数间，大约寒家主仆二十口以内可得处，内室四五间，外室二三间，粗足茧栖蜗隐。旦夕携一壶酒，荷一纶竿，纵一只棹，得一尾鱼，吟一首诗，此际乃吾辈青眼高歌时耳。言及于此，两腋风生矣。足下幸留意图之。征君前不及作书，即致此意。

谕 妻 帖

吾有一儿一侄，足慰目前。乱世处身无定，提携为艰，寄语细君，勿太生育为也。吾见尔在床蓐间，辗转痛苦，母子之情，实非易事。吾闻昔隐流多无妻子者，诚便，况吾已有乎？此足承祧，何复妄想。尧之大圣，尚曰多男多累，矧今乎？矧女乎？

杂 志

人既有一日在世，不可一日虚过。虽绝意世事，而经纶自在。陶朱公三致千金，是即富国足民作用。苏云卿菜畦果陇，皆有条理，土锉竹几，地无纤尘，此比寻常枯槁辈不同。人须具此一段意思，方无愧十年藜藿耳。

张承业以黄门宦官独识大义，更有才干。对庄宗数言，凛然义昭鼎吕，虽刘越石《劝进表》无以过。人固可以类拘哉？

张、许大节，义重今古。二公自是交欢地下，无容拟议。后张公之子讼许公失城之故，碎冗可厌。此以小人之心，测君子之腹，大不必尔。卓吾仍存其说，此可删也。

图大事者，不顾细谨。古来多少豪杰，不能解庸人之嘲，甚可叹也。甲申一案，几费苦心，竟无以喻匹夫之众口。予因有《祁堂记》一作，昭宣颠委，言似激而实正，义似畸而实平，然尚未敢示人，不知亦有深许其必然者否也？

去晦自甲申后，绝意文翰，每作书、词，或题跋、诸小说，辄不起草，以意之所至，萧萧数语，或完篇，或不完篇，任其所止存之，改窜涂抹，即在纸上，不更书也。常曰：苟其人之足传，虽无文可也。若扬子云之文，赵孟頫之书，非不工也，粪土耳。吾苟立身无愧一字，重于金石，鬼神护之，在人自处耳。

眼前富贵、贫穷，人都看作大事，生平事遂无大于此者乎？忠孝节义之林，侧名其内，万古馨香，较之富贵终身者，何啻宵壤！而人多不以彼易此者，只缘见识短耳。齐景公，伯夷、叔齐，今竟何如？圣人立言，岂有误人之理！而世人纷纷，都不及察，只道若夫离却世局，何以过日月？何能安身家妻子？吾不识身家何物，必何如而后安。夷、齐当日岂不见及于此？而顾乃脱然遗弃国土若浮云，至于寥落荒山，甘于没齿。以世情论之，岂不无谓？而当时不以为非，后代争高其德。自古及今多少显达，留得下一遗念否？何如西山片石，千载常青也。人人不知自立，何哉？真可泣也！

余初意不敢言隐，诚以隐是绝迹自了事耳。吾身有多少事，而可以自了为意，不忠不孝之大者，莫过于此。至于计无复之矣，虽欲不隐，又不足以行吾志。此乃徒取辱身之羞，不隐复何待哉？所以浩然长往，不复存世想耳。总有太平无事之福，享之非我心也。曾记吾友望武居主人有诗云："世果清明拟挂瓢。"世亦有为世界不得清明、欲挂瓢以图观望者矣，岂知挂瓢之意正为清明耶？若夫尚不清明，何必挂瓢？此又不可与俗人言也。一夜与吾友语及于此，可称一日千秋。

去晦雅不能画，甲申后，忽作墨竹一本，老干枯枝，止十八个叶，从中一笋耸然而上，直参天际。笔法不甚佳妙，而自珍重之。一日醉后，指示人曰："此十八叶，中兴之意。"盖亦寓本朝之思云。观始愕然。

去晦甲申后自著书数种，题其上曰《居诸编》。作二布囊盛之，置怀带间。一囊纯朱，取"怀朱"之意。一囊上缀一日一月，盖"日""月"合而成"明"也。又以生丝作一麈尾，名曰"丝麈"，时时拂之，其音即"思主"也。又作一白布囊，盛其诗稿，囊上缀一红日，又缀一红天，曰："此自是朱天日也。"其《居诸编》亦取"日居月诸"之意，"日月"皆"明"也。又家人朔望焚拜，置几向北，去晦辄引之向南。人言朝廷在北，去晦曰："北是朝廷，南乃是天也，大不更尊乎？"竟引而南拜，不言其所以。

一日，去晦故庐被占，家人言可以乞讨还之。去晦曰："南北有两所大宅，今亦被占，有力者能讨回，还之故主，方是男子。区区数瓦，似不足图也。"人莫解其意。

去晦甲申后尝欲作一戏子，人不知其故，因作一绝以晓之曰："傲骨年来谁与欢，欲随优孟强登坛。情知歌笑非吾事，图戴叔敖旧日冠。"盖时人不许衣冠，戏子演剧犹得袭古人衣冠也。

去晦见义勇为，往往致愤。其先达以"耐心"二字教之，去晦首肯其旨，即自号曰"二字居士"。语人曰："'耐心'二字。"其实是"大明"二字也。

去晦素好作忌讳语，往往见之诗翰，因自悔，恐招尤。甲申后，专工草书，满纸糊涂，一字皆可两三解，令人不能识定。语人云："吾书不减右军草帖，不忍复楷书也。若写楷书之赵孟頫，正不足贵。"其言之颠肆皆此类。

梁保和尹汾阳归，途次遇去晦，问："有解闷之书，寻一二种。"意谓远路劳倦，借此醒目。去晦持自所著《鸡社约》《入官论》数叶与之，曰："解闷再莫有过于此者矣。"盖保和素工宦情，极避是非。《入官论》言仕路剌谬，《鸡社约》言隐逸高风。必不乐观，意嘲之也。保和唯而受之。

汉武帝庚辰四年，因伐宛之威以困胡，因下诏曰："高帝遗朕平城之忧，高后时单于书绝悖逆。昔齐襄公复九世之仇，《春秋》大之。"去晦曰：复仇之义大矣哉，齐襄、汉武皆知此义，况圣人之徒欤。

汉魏相当新失大将军之际，首荐张安世，又谏封霍氏，而白去副封，皆大有忠益之举。张南辕病其因许伯以进，其说为诡遇获禽之心，是真刻舟之智耳。人臣果有益于国，何求洁一己之名耶？若不因许伯，是为己名而妨公事也，私莫大焉。

汉宣置廷尉平，而郑昌疏言，宜删定律令，不必置廷平。此大有主见。文庄公不甚然，其说非是。盖决讼既有郡守吏，则添官不如明法，固定论也。法之不明，招权而为乱首者，岂一日哉？人君但置法察吏，则安民之本也。不务此而纷纷监制，徒益扰耳，此不易理也。

黄霸为相，威名损于治郡。方正学言："宣帝善任守令，不善任相"，盖相多掣肘，守令得专制故也。此真有理，掣肘之害如此。

李大兰先生《纲鉴新意》一篇，议论正而有本，足见此公学术志节，使生今之世，必有益于名教。学者何可不熟读而详讲也。此学不明，万古长夜，能不悲哉！

"梦里君王近，宫中河汉高。秋风能再热，团扇不辞劳。"此诗意极恳挚，忠臣义士心事，毕见之矣。石斋先生当前朝时，欲杀之者屡矣，岂特团扇之弃捐而已哉？而运当焚灼，先生不惜匣底余纨，匍匐而起，投诸炎火。

事即不竟，志则昭昭乎揭日月矣。噫，使无今日，乌知孤臣之苦节哉！

余家素积书数千卷，概未有不经手目者，甲申之难，付之一烬。邻人故老有悯而收之者，犹存十一于千百。余丙戌客晋，东人就余居而逼处之，所遗存想亦散落略尽矣。余尚未能归一理之，所惜者，旧时笔札诗草，茫无可寻。回想二十年来心事，真同一梦。乾坤沧桑，人情仰俯，客路风尘，乌能不三叹哉！

往见履公斋头，凡与人书稿，皆笔之于册存之。余初不以为意，往往随手裁答，颇觉爽快。及数年来，手札中殊多关系语，亦复随手散去，又不起草，兼之当零落患难，心血耗败，渐若[①]健忘，始忆年来故事，恍惚如云天不可记识。即求向时笔札，了不可得。因叹履公之见远也。

郑思肖公高志苦节，杳然难追矣。即其诗亦奇，如题菊诗云："宁可枝头抱香死，不曾吹落北风中。"虽命意高远，至于"抱香死"三字，新峭古洁，从来咏菊花者刻画不到。惜未得其全集读之，令人怅然，远怀我友矣。

太原周党墓，在祁县城东南十余里小韩村。余入晋读《祁志》，慨然有怀其人，因念先生当莽乱，义不仕莽，非不仕世祖也。人多不察，作二诗吊之。又思太原古胜地，多隐君子。明末有傅处士讳山者，当逆闯之难，悲愤慨恻，弃万金之产，披发入山，绝意世事。其高节独行，与伯况先生媲美。去晦思之未得见，作《十望歌》以怀之。因成一联，为太原标美云："汉家处士推周党，明代高人想傅山。"

余夜梦友人在田舍，自负盆盎之具以馌耕者。此友固素豪士，一旦善自勤苦。余梦中甚喜，重之，因赠一联云："几年回泰运，十亩见英雄。"醒而记之，以见吾素心云。

---

① 若，疑当作"苦"。

秋禾蔽野，一望靡涯，执梃[①]而邀人于路者，杀人如麻，当事曾不理论。消御之术，是自危也。燕雀处堂，一旦突火出矣，嘻嘻乌能保哉？可为长太息者也。

离乡八九个月，故人厚友，思之不能见。此心忽忽，若有所忘。每一念至，如在羁笼中，脱去不得。千头万绪，愈想愈切，只缘有心事未了耳。儿女情何曾到丈夫胸中？今乃如是。

去晦不喜录旧诗，甲申后，惟王摩诘《凝碧池》一绝，频书不倦，往往数十纸，不厌重复。人问之，曰："吾笔法素熟此耳。"

《祁县志》载八景，俱不足录。独有"沙城断碑"一景甚奇，据《志》：昔有人罗一雁者，其偶雁见之，哀鸣不肯生去。道旁有一石碑，其雁触碑而死，碑为之断焉。知县事刘公讳锐，有诗吊之云："沙暖荒城日，孤鸿失偶时。矢心直效死，引颈苦投碑。鸿力微，碑为折。鬼神监鸿泣，天地悲鸿节。君不见投崖与断臂，皎皎蒙贞洁。又不见剖心与断舌，耿耿秉义烈。忠臣烈女无常见，惟有孤鸿死节堪奇绝。呜呼！衰草起寒烟，子规泪啼血。空山秋风吹残月，高楼夜雨鸣胡笳。落日沙城惨暮云，年年惟有北乡群雁，相与招忠魂。"

祁士阎绳芳者，于嘉靖癸丑，掘地得一髑髅骨，藉一琉璃枕，枕上书一《剔银灯》词云："小院烟深雨细，正好厌厌春睡。蓦被金枝，连推绣枕，报到皇都书至。良人得意。集英殿，首攀丹桂。陡帐重襟惊起，斜倚屏山偷喜。宝髻慵梳，香笺拆破，果见中、高高名第。秦楼十二，知他向、谁家沉醉。"词尾题："宣和次岁蕤宾月吉旦子东仲美书。"更写"固"花押。绳芳仍移葬于园外，原枕仍殉之，谨录此词传之。余观此词佳妙，世刻无见之者。宋去今五百余年，不终埋没，尚得传于世，天地之不隐美如此。因念郑思肖文集，

① 梃，原作"挺"，今录正。

亦系宋朝著作，在一井中，明时始出。殊尤之物，鬼神护之，良不虚也。

米元章谓悬笔书大得力，即作蝇头细字亦复如是。吾间一为之，差觉笔蜿蜒如龙，不可捉想，是悬笔之得力处。然无此工候，不能励精以至于成，是可叹也。

学书初患不熟，熟患不健，健患不得笔，得笔患不高古。数层工夫到矣，然后可以为绰约美女，可以为差池老树，可以盘旋自如，可以羁勒不得骋，纵横皆妙，迟速从心。难矣！

书法固多端，惟以健婉为主。而熟则能健，生则能婉。此中又自有说，惟时时岁岁为之，兼玩名迹，则自得之。不可强摹形骸，徒为观美。盖貌肖而工夫不到，骨干处终不结实。毫厘千里之差，正在此。余费工数年，方识此意。学者宜细思之，非谬也。

论书之工，惟董玄宰《容台集》中诸品为博恰，邢子愿集中议论似不及也。然子愿书大佳。

“小字无过《遗教经》，大字无过《瘗鹤铭》”，古有此语。今之《遗教》却未尽瑜，楷则粗具，而神骨未优。

大字难于小字，正谓小字不费结构耳。使小字亦如大字结构，则小字亦非易矣。学者须得其同原之妙，方可草书，则能大未有不能小者。楷书则异是，盖大书悬笔，而小书不能悬笔故也。吾小书亦悬笔，但能行而不能楷，此又有说也。

虞世南书如美女绰约，真卿书如端人正士，昔人定论。须知绰约中有筋骨，严正中有韵致，方为佳妙。二公书非不备美，特论者就其多处言耳。

甲申二集

甲申二集引[①]

始自丁亥春，余自昭余归金容，又自金容抵马头，凡及秋初而止，各有诗，然不甚条理，历历落落，备载之，傲雪亭则余容城寓，寄食楼与三借堂则马头寓也。世人有日记诗，日之所履，则诗以纪之，因以记日。余性疏，混沌过去，不知某日是某日，即有知日之客，指余曰某日，然客去则又忘之，因总而名之曰《甲申》而已。曰《二集》，以别《初集》也。余虽不能记日，至于“甲申”二字，则终身记之矣，子子孙孙记之矣。

二字居士申之

杂　志

书法以笔底洁净为主，而游云惊蛇之意，拔起行间，初观易喜，久而不厌，乃为佳妙。若夫糊涂满纸，以积墨为古，纵笔为艳，世亦有好之者，然而非其至也。吾故为之语曰：宁使笔胜于墨，勿使墨胜于笔。

郭林宗当党锢之难，独全其身，说者少之。余谓一时党锢，天下贤人相剷以尽，徒增天心之惨，诚不必身蹈危机。孔孟曾有家法，但举世溷浊之时，大经大义尽遭沉晦，则不可无一二人焉，为万古留日月。如扣马西山，尚不可少于圣武之朝，况其余乎？若仍执全身之说，借口林宗，殊为少思耳。

---

① 原文为王余佑草书手迹，居于卷首。“引”字原脱，据《甲申集引》《甲申三集引》之例补。正文作《甲申二集序》，文字全同，而无署款。

苏子瞻买鸽放生，放其生者，食其死者，山谷嘲之。余谓果是佛心佛骨，即食其生者，无害慈悲。楚伯王、白起坑卒四十万，非关手毒，只是心狠。若心果仁和，放开手也无妨。武王血流漂橹，正是菩萨手段。

弥正平傲物杀身，人惜其才，而不怜其志，甚可笑也。夫论人者，当观其时。正平之时何时？纷纷袁、曹诸儿，正平所不欲一盼，何待明言！且彼何以独重孔文举？文举终于为汉，其意可知也。然则人不存文举之意于正平之时者，皆见痛恶于正平者也。恶得不裸而骂之乎？极其力之所不能诛，恶得不死之乎？是天下之大，四海之广，亿兆人之众，而无一人知正平者，恶得复以生为乎？生讵愈于死乎？

唐人诗初、盛、中极醇丽，后乃趋于婉雅，浸以纤薄巉削，今人多效之为新响。始，锺、谭持论木铎，其旨天下宗之，何、李诸子之诗不见赏于世，而袁中郎之诗盛传焉。近人复取唐贤皮、陆、卢、李诸诗以坚其说，吾不识将置李、杜、王、孟诸大家于何地？无乃非嫡统乎？抑世风之变不可止也？力宗古道，谁是同心？

古诗极难工，而今人反以为常谈。不能声律，则逃之于古以为便，是果可为古乎哉？譬之兵然，必须步伍整，刀斗明，然后出奇无穷，因敌致胜。未有不晓进退之节，全迷旌鼓之变，而能成兵临阵者也。诗之先律而后古，犹兵之先正而后奇也。律而不古，不失为学古，而不律不可为诗矣。后学慎勿借口学古而自贻人笑也。

去晦甲申后惟务容忍韬晦。一日，有人需索不遂，为所备极诮让，去晦徐以言笑谕之，了无怍色。次日，仍作书与之曰："朋友尚有箴规之益，何况至亲？昨日贤亲见教之言，字字直谅，我所乐闻，不敢以为怨也，望勿介意。"其人仍不解。去晦家贫，止一驴，遭啮股，蹇生蛆，命一童子守护逐蝇。去晦常手调治之，深虑其不起。其人闻知，乃驱一车，使二人扶掖上车载去。去晦不以为愠，仍代之挽车焉。

古人言，学、思不可偏废，所该自广。今即以作诗言之，亦莫不然。读书是学，作诗是思，今人不读书而惟务作诗，便觉无生新之想，渐入油滑一路，反复可厌。是即殆之一机。惟时时读名书、名诗，精神爽溢，浮于口头意表，然后以时选韵发声，自然卓越。然有此机捩而竟不一收拾，置之不问，则意思亦随起随灭，如幻影过空，未尝捉摸住，究亦犹夷阅去，不着实得，是即罔也。

昔人有临阵读兵书者，世传以为笑柄。余谓此但嘲其不豫耳，若果是素善读兵书人，即偶一看之无妨。阿瞒在军三十年，手不释书，未必不是老猾胜人处，但看其平日是何如领略。常有极胜着数，临事遗忘，一提醒便跃然者。何可以形迹拘？如作文捡书，作诗看诗，此皆细心领略人方能为之，一以备遗忘，一以求昔人之胜着，其得力处不浅，但不可为门外人道耳。苏东坡老仆谀辞，何必据为定论！

去晦曰：学是体，思是用。

傲雪亭小集，静观于箑端见余臆画墨竹，欣然意契，醉中援笔，跋云："昔文与可写寒梢万丈于《鹅溪》一幅之中，亦只为筼筜谷中生色，岂若吾友申之于笔墨之外别有深情？若以'汉家之厄十世，宜光武之中兴；献公之子九人，惟重耳之尚在'，或可比之。""以灯取影"，盖余墨竹是十八叶，中兴之意也。

杂　著

借闲斋诗序

忆昔余在郡头，与荐馨杯酒论文，时虽金鼓倥偬，不废陶然嗒然之致，余甚服其有远神逸韵。落落十余年来，形骸隔越，江山改色，曾日月之几何，而故人踪迹不可复识矣。去年秋，余客晋中，始知荐馨在水乡，因有赠诗“蹈海几人天下士，藏名终古白蘋蓑”之句，然竟未遂褰裳之约。今春暮，余甫来寓客，窃谓差便访戴，而荐馨以警故，复翩翩去鄚矣。居无何，荐馨乃集其水乡诸咏，自题曰《借闲斋草》，遥属余叙。余欣然许诺，而《借闲》之诗固未得一哦也。友人方讶未见其诗，何以叙诗？

余曰：不然。荐馨之诗余固尝熟诵之、熟识之，《借闲》之诗虽未尝熟诵之、熟识之，而其意则余已深契之也。荐馨三十年名士，学问源渊，藻思富赡。昔与燕台诸俊唾手竞青紫，今虽迟暮，犹陡健，举使充其才具，尽可以作世上忙人，而顾独耽闲于青蒲白水间，是其胸中当别有兴会，其远神逸韵较昔当更有超焉者。余虽不读其诗，而诗之源本皆从此出，极其所至，几乎“水流心不竞，云在意俱迟”矣。天下诗人，有真[①]于此境者乎？世人读靖节诗，想见靖节之为人，余谓体荐馨之志，亦可以悟荐馨诗也。因作偈云：“风柔雨润媚湖天，湖水涟波湖柳烟。不信此中景色好，隔溪亲去唤渔船。”

甲申二集序

始自丁亥春，余自昭余归金容，又自金容抵马头，凡及秋初而止，各有诗，然不甚条理，历历落落，备载之，傲雪亭则余容城寓，寄食楼与三借堂则马头寓也。世人有日记诗，日之所履，则诗以纪之，因以记日。余性疏，混沌过去，不知某日是某日，即有知日之客，指余曰某日，然客去则又忘之，因总而名之曰《甲申》而已。曰《二集》，以别《初集》也。余虽不能记日，至于“甲申”二字，则终身记之矣，子子孙孙记之矣。

---

① 真，疑当作“臻”。

石经遗册跋

石经文为唐贤名迹，余先兄翼之曾蓄此本，甲申大难，遂付灰烬。今得遗册《曾子问》《文王世子》数叶于故乡张氏家，盖先兄旧藏也。睹物思人，不忍弃之，又为公叙。弟若求临摹，爰令收置，勿使失坠。因题数语其末，庶几石金足以寿人也。

书　札

回　九　如

牢骚客舍，两度春风，今年三十二，不觉潘安仁鬓已星星矣。所不寂寞者，有仁兄一益友，差不负在昭余十四五个日月，然竟不能抵掌晤言如比邻交，则又愧周公瑾与孙大郎对门矣。渴思中忽接翰贶，雅意清裁，令人作尘外想，琼玖屡锡，何以当之？铭谢！晤面之期，还祝乘暇过署中一叙。弟他日归时，仍欲一订登堂之谊，但不定何日耳。余怀继札再述。

寄　九　符

一羽拜教后，辄起千里命驾之思，奈以朝夕北堂，未遑独出，遂使雪夜之情，郁焉自止。仰慕羲皇上人，曷啻仙凡之隔也。近不意连六[1]复以谪去，此自不足为此兄介意，然而失我辈欢聚之缘，亦一欠事也。正当新春，兄台

[1] 六，原作“亦”，按连六即魏一鳌，字莲陆，又作连六。

定多福祉，敬因便使聊一字代躬叩。弟落落世法，内殊少晤语，惟借一杯酒读倚楼吟，差可作寒山一片石耳。临风之怀，非楮所悉，他日便道再图握手，定不敢冷泉石之盟也。外拙诗草册呈览，作者之意自可不言而喻耳。

寄拱垣

昔鲁子敬一见周公瑾，便结登堂之契。古人倾盖抵掌，真足千秋。窃以吾兄英雄豪迈，超世无俦，弟日夜想一续古人之谊，而冗未得遂此志，春风远道，思之如何！兼以连六去榆关，聚首之缘既遥，而别离之感愈深矣。所恃者，此心共照，千里一堂，则又不在形骸之间也。前札所云碧水丹山，另立脚根者，真俊杰本色，弟敢不铭心刻骨，从足下于伐檀之盟乎！俟便定图登龙，断不敢作泛交情也。新正福祉，聊此叩候。外拙诗一册呈览，大抵亦黍离麦秀之感耳。前刻三种，具见韩彭伟略，谨与同志传之，自当垂丹青也。

别九如

天涯知契，义重丘山，分袂今夕，怆焉出涕。然离合之缘暂耳，金石之盟，范张之谊，固不在此区区也。凌晨即欲北上，中藏万缕，言之意塞。我辈气节当使著称侠传，垂名丹青，勿使古人擅誉。前途万里，共宜勉旃！畴昔期许，日星不灭，率尔命毫，伏惟照之。

柬玄生

孙征君一见高怀，便深投契，且嘱弟为方亭索题。名贤驻足，后当传为佳话。征君不阿所好，亦先生之德气侠情有以动之也。行期有定乎？敬问尾琐，得把臂于俊杰，殊惭不伦，然忘形之交，正可为知者道耳。佳什若成，乞即示我。

答如含

弟寒似范叔，足下亦复萧条客，况捐粟之赐，何以克当？古人推食高风，想如是耶！敬登以旌明德，中藏非言所悉也。

柬玄生

方亭炙玉，遂醉醇醪。握手月明，更深情愫。一席千载，今昔罕期。尔我忘形，乃欣斯遇。眷焉好德，乐之如何。兼以归咏佳吟，珍贶铭腑，感愧交集矣。聊成数语，用志高会。率尔敷笺，可甚潦倒。

慰君协

日来未面，不识郁怀何似？想台度必能坚忍以消悔吝，英雄本色，正当于此处见之。鄙尝有句云："侠骨贫犹在，丹心死不灰。"盖畴昔自誓之语，今可持赠。伏惟深加磨砺，益笃初服，幸勿冷壮心也。明晨欲一北游，约有数日别，草勒以代加餐之祝。余忱再缕，不宣。拙诗并教。

寄习仲

患难以来，深感至谊。弟寓金容，日与静观把臂，每对爽风皓月，朗吟高论，可称至快。所少者，独足下耳。兼之弟近况索然，鲁公举家食粥之感，一峰瓶粟既竭之虞，未免心力为劳，殊觉跨驴兴减也。近闻足下欲偕同志，卜居玉城。入林不厌深，亦属胜算，但未知彼中光景果何如耳？倘山灵不拒野客，则箕颍[1]之上，二豪在焉，又岂可少一申之哉！今静观有濡阳之游，弟愧不能联镳，临风一字，聊讯兴居。便鸿时望金玉，言念之思，不禁泫然。贤侄无恙，附问。

与　静　观

连日在乡，悲故人之零落，失于感慨。昨抵容，又怅习仲之别，不觉内损神思，忽忽若有所忘者。一概文心，尽从减省，帝臣卷或可勉强一书，其余则绝笔不为之矣。今晨欲往北城，尚有小冗。谨遣价取卷来，定精一题。差甚，便祈检点。付之浩谈，当俟之异日也。

答　静　观

百年有几？水绿山青，悼亡哀散，倏觉愁思之殢人，英雄泣都作儿女情。向秀山阳之悲，孔圣及门之感，能无动心？再接温谕，顿启旷怀。窃欲仿达生于庄叟，消遗恨于江郎矣。午日之期，白酒红花，酡颜秃鬓，准拟傲雪亭下，饮一斗、吟百篇也。谨检数韵以待。卷已书完，腕弱心慵，殊不备美，一览便知耳。

与君建昆玉

卜居之议，久而益懈矣，似难望梅。今某欲为鬻身糊口之举，乞诸博谋于新、容、安定之间，若得为童子师，计月有粟麦五六斗，薪水称之，钱在

① 颍，原作“颖”，今改。《甲申三集》中《得习仲诗札》“箕颍”与此同。

有无多少之间，可以不较，亦足为寒家一半之资，其他则以纺、沽佐之。如此犹不大困，不然，秋冬间索我于枯鱼之肆矣。丈夫当此际，能浩然长往，下与孤竹君二子相揖让，固佳，其如老亲何？诸友固知我者，速为我谋之。静老贵恙大愈否？一问。

与王士会

与足下别，几逾岁矣，每一相思，未尝不欲千里命驾，其如道路修阻何？今弟借居马头将近两月，颇想一晤芝颜，特以贫病不能出门，甚可愧也。兹有岳翁津门手字，为不赴考事，托我二人周旋。弟意以为，人各有志，似不可强，况岳翁老病衰残者乎？岳翁与弟字云："仆决意不赴考矣。"此亦实情，想不难向老师细细力陈也。此时弟亦以病废，尚未一面老师。足下见时，且不必言弟在家居也。草草不尽。

答江老师

署中捧袂，月下飞觥，饮公瑾之醪，不觉自醉矣。所惭才匪邹、枚，未能对景成吟，殊令庾楼兴浅耳。大厦初成，惭无以贺，纸帐铜瓶，聊充清供。公余永昼，冀以添华胥梦、贮河阳花也。莫挥旧物，续俟新题。

答于度舅

借蹇停车，兼夺忙中之力。恩绸意厚，感愧何能言喻。"骨肉贫相倚"，此调不当于今人中觅之。斯昔人所以遇叔度而流连也。

与 君 协

一蹇跨入乡，忽逢啮踶之害，坐守遂至许久，犹自蹒跚而返。穷人命薄，真可掀髯一大笑也。昨晤张大舅，言台下欲一望肖老，可便早行。其礼用何色？或不能办者，彼中可代办一二。某近亦有此举，临期可联辔往也。鄙意仍欲携蔚应老，何如？

与 君 建

父子承佳诏，此如陈太丘诣荀朗陵，贫无仆役，某正好将车以随，而忽值采薪，蒙被而汗，体怯风寒。明晨潭府叔慈应门，慈明行酒，六龙下食。时德星亦称，欢聚座次，正不必有陈元方也。谨辞。

与泰邻师

积日疏叩兴居，瞻恋切切。时方暑燠，伏愿顺序调摄为慰。跽捧高吟，飘飘远意，兼披手札，殷殷雅谊。陈思之于应、刘，梁王之于庄、马，未逾斯好，所愧才非其人耳。承询近况，小诗二绝，可以见意。“明日城头市，小奴卖线回。握中何所有，沽取一杯来。”又云：“晨炊忽以饱，访君意且迟。傲倚东轩下，留待晚饥时。”此近况也。白沟有一张翁，讳某，号某，孙征君家婿，牧斋门人，家甚贫，道甚高。某有暇，辄策蹇过之，市黄粱[1]，贯白酒，宴言终少，或数日留。瓶粟既竭，则典衣给之。此翁亦久慕高义矣。此客游之所也，缘在欢洽，述此以当一段佳话，伏祈笑览。本欲躬叩，奈采薪

---

① “黄粱”之“粱”，原本均作“梁”。

未愈，谨此禀复。临毫无任依依。

与拱垣

弟过榆关，得晤长公，言论风采，令人起敬。松下清风，非虚语耳。所歉匆匆问途，未能停车半日，一踞足下于清泉白石间，怅然之怀，又不禁殷殷矣。弟今寓上谷之金容，暂寄萍踪，终思远遁。他日足迹之便，一过名庄，图为十日留，或遂终身营菟裘焉，亦未可知。大约连六在晋阳，吾兄弟未有不得一晤面者也。屈指卜暇，以果此段奇缘。琐琐寒温，概不覼缕。

与九符

前此未及面候之故，曾托张拱老长公致意，想兄台定知而谅之也。弟今在敝府之容城暂住，图密迩征君，尚未卜迁何所，不识榆关山中有一片地，可容老一申之否？恐臭骨不为山灵所纳，则恃足下幽兰秋菊之气为一薰香之。晤面可期，姑不琐陈。

与静观

别时未及相面，怆恍何似！弟寄食于乡，意甚寥寥，不久当图握手，亦将旋轸也。迩来仁兄进城否？老亲缺养，前者巾袜之物，聊以易粟，或不曾用，亦代为之一处，亦甚便也。所恃知己，遂尔屑屑，不尽欲言。

寄北城友人

别来秋禾茂密，炎日薰炙，无仆无驴，遂难频访。依依聚首之意，殆无刻忘。古人一日三秋之思，或为此际设也。是经兄来否？东行又复有定期乎？公谐自津门来，言东境小蠢行时，亦宜斟酌。今禾黍萑苻窃，须戒之。《借闲斋诗序》粗完，呈上，并祈笔削。《三老诗》一纸，寄渥城，望验政。不尽欲言，惟有翘企。

与孔岳翁

隔越之远，不能脱身一省津门，瞻恋何极！近闻海口既不可度，则津门非久居之乡，冬春间当有变计矣。岳翁当此流离之际，旧业十去八九，兼之内外烦费，正约食减口之时，而婿不速而来，又以数口相累，所谓不近人情。薪米诸需，坐享逾月，诚不自安。每一中夜猛省，未尝不饮泣呜咽。丈夫不能自食，而寄食于人，虽庸夫笑之，然卒隐忍而就于此者，恃岳翁之知我也。语云："士屈于不知己，而伸于知己。"今此之意，正欲向岳翁而求伸耳。不然，以如此困苦之秋，一餐动色，而不谋而至，举口待餔，此岂寻常之度量所能容哉？设使其为寻尝翁婿之分，恐婿又不肯腼颜而为此矣。士固有沦落不偶时耳，然感恩末也，所贵知己，惟岳翁察之。目今欲谋于友人，求为训蒙，聊冀升斗，以济残息。鬻身之贱，古人所甘，吾何病焉？但不识有此否？此又不可必者也。五叔、六兄、七弟、十弟，并候福祉，不尽所言。

接来谕，知尊体违和，殊疏闻问。衣巾一事，言及素志，恻然增感。此不可为俗人道也。婿得书，即与士会商之，兼恳周师，彼意云尔，似再难向之启齿矣。伏冀岳翁斟酌，或者堕甑置乎？恐有葛藤，不得已，仍勉一赴州耶？家间秋熟，禾颇丰茂，而管者不谨，甚可虞也。婿向来蒙庇高厚，前曾有一札述此意，以去人不果，遂浮沉。而岳翁远途悬念，感曷可言！古人之谊，乃于此际见之。所可笑者，二老伯颇不便婿居此，婿欲候岳翁来，一面而别，而辄再三谢遣，每日及门一督之。虽依依岳翁顾复之意，不忍恝然，然婿之乡居亦不安妥，此亦适然事也，望岳翁不必以此介怀。此老之喜怒，不足为婿轻重久矣，斯笑而谢之耳。

答钱历城

老叔挂冠陇亩，读礼桑梓，冥鸿不下，白兔守庐，忠孝大节，古人为侣。不才小子，敬而慕之，爱莫能助，眷焉好德，终身以为归而已。顷者寓居马头，闻老叔蓝舆有相过之意，欣然扫径，惠邀高谈，从前约结，冀一开释。方且喜不自胜，岂意琅玕珠玉，猥及鄙陋，跪披增恧，古道照人，鸣跃之思，曷其已已！所惭年来迂朽，为世弃人，绝心外荣，教言所勖，实不克副。惟留一片野心，从老叔于白云清泉之间，差不禁其热中而已。草草奉复，依依临楮。

五言古

挽朱忠烈

悲风号不已，哀君忠烈魂。一身为国死，慷慨复谁论。孤城不可守，孤臣岂能存。嗟哉井水碧，凄其白日昏。张许丹青在，千秋荣帝恩。

寓容十九咏

容固多贤之区，忠愍、静修而后，有我征君，海内山斗，我所师事者，不敢夷之友人之例，故不述也。十九咏者，亦不独容人，以丁亥余同耿、鹿二兄寓容，因相与游处合志之人也。其间去余，盖十八人耳。此虽不曾尽余之友，亦不必尽容之奇。然皆一时隐君子，古道落穆，不期而集，乐数晨夕，不愧昔贤之风。虽江夏、竹林，何以过焉！言笑之暇，遂各为品目，人具一咏，而余亦附之。体则仿于匡山，而义则归于鸡杜，聊以记一时之胜云。

一　鹤　超鸡群而独举，故曰鹤。

侯　仲　嘉

仲嘉物外人，矫矫空尘累。烟霞痼已深，翻然成掉臂。去去北山陲，怆薇聊衣荔。荣利岂不美，而我甘遐弃。啸歌川谷鸣，独往龙蛇悸。

三　逸　淡然挂冠，不求荣进，故曰逸。

孙　玉　屏

倜傥雄俦伍，夙昔志新硎。一自谢荣华，托兴在林垌。眼前一尊酒，愿醉不愿醒。室无担石储，心无终日经。独留诗书泽，可以训家庭。

孙　锦　屏

我有赠君句，君亦乐相崇。十亩间闲闲，自号曰醉翁。须眉带怪气，词藻凌松风。不随贵者游，时兴野夫融。此心脉脉间，僵然遂高翀。

胡　信　山

君家五老裔，林尖表劲节。落落十一代，乌衣存修洁。君怀济世略，片言堪解结。少小富文彩，郢调矜白雪。一旦厌声名，夷然乃不屑。

三　德　才全德备，故曰德。

耿是经

是经天下士，负奇兼载醇。有酒辄宴客，无钱不忧贫。丧偶耻再娶，奉母良独辛。入尘贵不染，万物供陶甄。知君得水镜，近许已归仁。

崔映华

浊世自翩翩，映华佳公子。意气如丹霞，襟怀澄秋水。恬淡物无竞，冲容绪自理。雅慕贤豪间，谈论足文史。所重在高堂，囊中常药饵。

孙君孚

温恭思君子，君孚金玉人。抗怀能论列，从容各有伦。纯白既不雕，意言阔且驯。多病妙养晦，药饵扶天真。秋风当健起，词翰骋绝尘。

一　标　丰仪真静，文物修举，可以表俗，故曰标。

孙君建

入户寂不闻，披怀君斯在。素琴时一弹，泠然澄俗秽。濯濯白璧姿，静气淡凝霭。既赡菁藻性，复结幽兰佩。师表可相尚，高朋慕良诲。

二　通　胸蓄经纬，遇事周通，故曰通。

孙 君 协

君协饶长略，警敏有余锐。所遇无全牛，砉然释胶戾。季良自侠骨，物议焉能曀。年来务潜踪，养亲甘末艺。大音贵希声，岂复徒嘒嘒。

蔚 应 昌

应昌伟男子，为龙复为蛇。排难拟仲连，好侠走朱家。腹中有珠玉，宝树不轻花。抱技竟何施，生计付桑麻。瑰材夙所仰，瞩目赤城霞。

二　迈　砥志古人，少年英迈，故曰迈。

孙君侨 讳博雅

山巅产松柏，枝叶已凌汉。众草多细芜，谁如此劲干。十郎美少年，琅琅称玉冠。读书志邃古，不与时流漫。灼灼初霞姿，丘壑为君灿。

鹿 旷 观

旷观有奇气，轩然意不群。博读究五经，挺节傲前闻。耻随草木腐，言共兰茝芬。得奇辄忘食，见贤斯载欣。岂无少年士，畏友独属君。

一　秀　文彩蔚发，风姿爽秀，故曰秀。

鹿 洞 观

藻思羡绮合，风致复琳琅。穷经甘溽暑，披襟吟晚觞。既作席上珍，仍为松下凉。咏歌可忘倦，砥砺成珪璋。悠悠世间语，一笑付相羊。

四　友　蔼然之意，穆如之风，可亲可友，故曰友。

孙　君　咸

家风自真素，和气蔼薰人。良友敦夙契，朴怀近古民。词锋亦森楚，不与众竞新。养生参内经，拣方济偶薪。萧萧环堵里，班班耕具陈。

孙　君　持

武城长公子，清风众所闻。架书多手泽，家乘富高文。有堂开孝友，客至披白云。言笑但四壁，终年长苔纹。昨见城东市，持筹染缯裙。

鹿　密　观

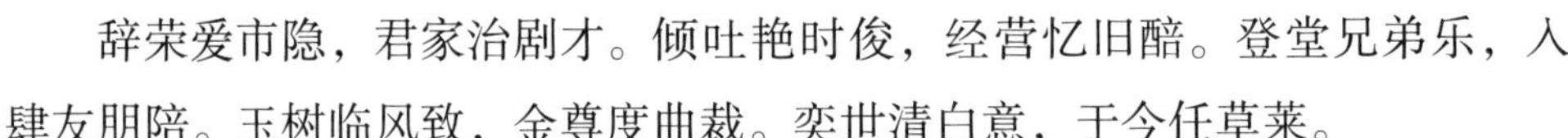

辞荣爱市隐，君家治剧才。倾吐艳时俊，经营忆旧醅。登堂兄弟乐，入肆友朋陪。玉树临风致，金尊度曲裁。奕世清白意，于今任草莱。

耿　友　竹

羡君少年场，器识自弘足。学琴发清响，爱尽披古箓。毅气能兼工，涉怀亦独躅。或着可喜棋，间煮市来粟。庭阴夕照闲，书声闻陆续。

二　狂　放言甘废，时自矜许，故曰狂。

鹿　静　观

斯人谁其匹，昔有陈元龙。亭亭百尺楼，平吞五岳峰。搦笔捎云汉，挥手摩苍穹。比肩招二士，下床拜一翁。雄才逢日宴，豪兴寄杯中。

王申之

人言申之谨，如何自谓狂。我牛更我马，谁虎复谁狼。棱棱七尺影，萧萧二字囊。闭户常无历，出游不姓王。瓶粟足一斗，数日可徜徉。

五言绝[①]

重过恒阳

古道题诗处，年来凡几过。恒阳山色在，时事欲如何。

清风店

旧店名犹在，今来迥不同。眼看白日黯，无处觅清风。

偶占

醉墨堪销忧，闲亭好问奇。余酣方未醒，又得数行诗。

偶兴

明日城头市，小奴卖线回。握中何所有，沽取一杯来。

① 原本“五言绝”三字上有“哀郢”二字。

奠公弼公参墓有感

摩社当时俊，于今半说仙。那堪青草里，重忆赠君篇。

寄食楼 十首

借闲阁，余岳家故居，昔年盛时，余尝啸咏于此。甲申以来，余田园占尽，生计萧条，盖不足于饔飧之需，彷徨无所。因复分口来依岳家，寄食此阁，日给米二三升，薪量取之，数口之众，粗足聊生。然而乱离之余，大家俱困，恒恐不能常给。追维昔日山高水深之意，大不侔矣。兼之西望余旧庐，咫尺地耳，林水依然，竟非我有。一夕沉吟阁上，四顾伤怀，因诵杜甫“妻子寄他食，园林非昔游”之句，不觉欷歔泪下，未免有情，亦复谁能遣此？遂更命此阁曰“寄食楼”，即以杜句为韵，赋成十绝。非敢言诗，聊以志感云尔。

曾记当时地，水树与云齐[①]。那堪摇落后，重登携缕妻。

今曩岂殊观，风景忽复尔。渺渺予心孤，悲来似季子。

有兴莫登高，登高为感易。不见此中人，恍恍反若寄。

乾坤尚摇荡，何处是吾家。婚姻倘可就，慎莫欲言他。

① 齐，原本作“斋”，形近而讹，今改。

对景强能赋，忧心已似织。丈夫七尺躯，居然此寄食。

咫尺吾庐隔，含愁那可言。犹悲西来水，曾经绕故园。

鸣蝉尚噪耳，知是故乡音。长怀方未已，萧瑟风入林。

河朔载酒处，落日照朱扉。谁知瞬息里，大半已成非。

微雨自南至，林端烟雾积。山气岂不佳，人情异夙昔。

沉吟凝望久，辗转复下楼。有书怀上古，无钱愧旧游。

左　　图

闭户无余事，探奇兴不孤。明窗品清供，旋披博古图。

右　　史

四壁寂无人，深院雀声喜。枕余发浩歌，垂帘读古史。

白沟市逢张玄甫兄弟沽饮

逢君燕市里，浊酒照颜红。歌泣无人问，萧萧起墓风。

漂　母

进饭非为德，难君至竟漂。千金岂足报，聊此发萧条。

有蛇在墙角，刃以断之

吾之卧榻侧，岂容尔盘据。虽非断虎兕，一挥亦快意。

蚓　作　饵

夫蚓，上食膏壤，下饮黄泉，无患无争，莫与比数矣。往见钓鱼者取以为饵，盆蓄数百条，用时粒粒而断之，县钩上，刳肠烧壳之惨，何以过焉？然则天下伏倚之机，跖寿而颜夭，出于意料之外者，岂趋避之所能豫哉？大樗之木，匠石不顾，安知不可摧为薪乎？所贵有道者，质任自然，勿为几幸焉，则庶几矣。漆身吞炭，何必为免祸之因？扣马运椎，岂遂为杀身之藉乎？

祸福岂有因，趋避亦徒尔。蠢者未必全，灵者未必死。

暗约友人戏作，时重阳前一日

来日是重阳，看花过草堂。天风休落帽，文酒自盈觞。

七言绝句

回文诗赠九如

怀君淡水素风高，好句吟来染锦毫。斋上月明春暖夜，谐缘何日醉醇醪。

灯 节 口 号

童叟欢娱岁岁同，后庭歌唱暮烟中。何人独抱东风恨，愁对寒灯数点红。

十五光明月有辉，家家灯火趁宵飞。山城独有思乡客，两度春风未得归。

芍 药 诗

倚槛一枝红粉妆，牡丹开后更天香。于今富贵何须羡，又有浓华向草堂。

共泰邻师杞菊园六月赏菊

赏花偏向无花日，此意此情谁得知。相士失贫马失瘦，多因错认未开时。

萧 颖 士 仆

十年棰楚甘不去，为爱文元博奥回。多少主君轻弃士，何如佣仆解怜才。

忆习仲

欲效无功近子光，登山邪许水沧浪。怀人眼看秋风起，争奈白云无定乡。

中元日诗 有序

自余寓三借堂，寂无一人，惟终日踞床闭门而已。忽中元日，有馈白酒一壶者，无与共饮。余乃入斋，取床头书，任手翻之，得《阮嗣宗传》，大喜曰："得此一位嘉客，足了此一壶酒矣!"乃置芥根一块、盐一匙于庭，与相劝酬，极欢而罢。时复有杜子美在旁，余曰："此客昔为白酒醉死，恐其忌此，不敢强之饮。"令之听诗而已。

对酒当歌豪兴新，与君相值自相亲。从今再莫开白眼，此际差无世上人。

一代诗名竟若何，闻余豪饮应狂歌。牛炙白酒不须忌，毕竟如君得味多。

五言律

丁亥人日署中登楼怀榆关友人

今春犹作客，此日复登楼。乍觉光风转，还看霁雪留。余寒飕望眼，新柏泛香瓯。空满草堂句，谁为寄邺侯。

九如兄过署中置酒

开府闲相访，公衙作草堂。金尊堪话故，玉树喜邻芳。吾道谁青眼，春风但醉乡。意中多少语，怅未卜宵长。

赠贾广文署祁篆

玉署谈经客，琴堂弄鹤年。车声堪渡虎，尘影欲生莲。潘掾风流在，陶君诗酒传。愧无王粲誉，深感蔡邕贤。

赋 别 九 如

一载风尘内，结交独有君。谈天常把臂，异地忽离群。恋恋绨袍赠，悠悠落叶分。嘤鸣如可念，千里自声闻。

榆关道中赠孝子吕器之，时见州守连六扁字

逆旅榆关道，言过孝子家。营生怀淡水，诵德忆寒花。扁字长官迹，士行邻里嗟。真情与实事，百姓亦重华。

北 还 遇 乱

四野哀鸿满，怆惶动客愁。谁悲岐路泣，空作望门投。奉母无安枕，还

乡异昔游。眼前凋落意，都在大刀头。

故乡感怀

七尺身同影，千秋是与非。心从亡国愤，泪为故人挥。书剑飘零尽，山川梦寐依。许多辛苦恨，空逐雨烟归。

晚过滹沱

飘泊来千里，归鞍古渡头。乡心流水急，望眼片云浮。尚想滹沱迹，谁怀主簿忧。山城逢日暮，揽辔一兴讴。

都门赠客

好侠长安道，青霜鹛鹈花。开尊邀郭解，倾盖友朱家。展骥知千里，论文富五车。闻名思附尾，意气重如霞。

夜集孝友堂，同孙君建、耿是经、鹿静观、孙君咸、孙君协、鹿旷观、鹿洞观，共于一东韵中各分四字，因得东、涷、蛛、同

高斋今夜话，幽兴寄墙东。分韵诗成帖，传觞酒似涷。谈锋飞激电，烛影动长蛛。胜事称星聚，千秋此会同。

赴应昌社兄约，过北城步中偶成

晨起出门去，到来即北城。围村春树绿，拂面午风轻。小憩为听鸟，闲游不问程。此中真意在，非但饥驱情。

赠锦屏隐居

古道今谁尚，如君信所稀。青尊生计足，白眼世情违。时得寻幽句，或扃近市扉。毵毵五柳树，朝慕醉乡归。

晚晤玄生于方亭，因留酌，时将言别

逢君因命酌，爱我更论诗。佳话十年胜，高踪千载期。漏深人语静，坐久月华移。留得方亭醉，他乡雪夜思。

席上赠俞伯抡

玉树临风彦，翩翩美少年。闲谈惊四座，抵掌妙群贤。盘马工庾小，吟诗忆谢连。若逢平子见，绝倒绿尊边。

赠 武 家

将种是才郎，风流远擅场。雄威连紫塞，侠气绕青霜。霹雳惊弦响，星云走檄章。识荆虽未遇，好德自笙簧。

久怀投漆意，何幸托兰芬。盛德春风座，高名细柳军。青山开榻迥，绿酒乐宾殷。弟辈瞻先密，能忘感遇文。

祝宋清斯 时夏仲三日

华祝当朱夏，金尊艳季方。酒浮菖叶绿，丹变荔枝黄。荷瓮薰风细，松亭兰气芳。如川独有祜，骈集年少场。

偶　题

谁家破镜台，墙角任尘埋。自分曾邻玉，何堪但委苔。窗中红袖影，架上绿云堆。想像依然在，愁时明月来。

赋赠江使君，公厅小筑种花结社

出岫本无心，公厅作竹林。开墀邀韵客，筑屋发高吟。花得河阳种，尊倾北海金。登堂不厌数，明府是知音。

朱忠烈挽歌

风鸣枯草摇，寒雨洒空霄。犹以重泉血，还沾彼黍苗。啾啾哭厉鬼，郁郁亘前朝。何处无腔笛，吹声起大招。

柬　九　符

梦里关山阻，愁中涕泪遥。思君惟见月，怀古但悬瓢。杳杳鱼书隔，翩翩鸿羽飘。世林松柏志，犹得问同招。

赠　　友

知君燕赵士，慷慨遂论交。季诺百金重，黄波千顷包。引杯看剑气，下榻结鷦巢。独感陈雷意，能令贱漆胶。

代　　作

才子试专城，篠骖夹道迎。山光逼赋兴，雨意润花荣。歌暮儿童诵，怀人松竹情。跻堂无限思，安得遂称觥。

雁塔题名日，欣披珠玉姿。岂知琴鹤意，偏与水山期。落落疏鲕网，优优见素丝。瞻依那可别，尺牍慰相思。

夏日雨中集崔映华斋头小酌即席赋

霏霏窗雨湿，小酌看庭芳。榴实红垂树，苔痕绿荫墙。酒深觞政缓，炉沸茗杯香。幽兴恣清赏，蝉声送夕凉。

村　　居

萧然村舍寂，林水伴闲居。怀往因临景，销忧惟对书。粟艰炊任减，计拙口偏余。王惠无田意，谁能便得如。

中　　秋

终古今宵月，愁人几度看。幸留尊共影，尚忆水连天。照凝杯盘寂，凉生襟袖单。未知归去好，空此恧婵娟。

五言排律

傲　雪　亭

四其宋君清名擅俗，雅好高人，乃开傲雪之亭，其时盖多贤人趾迹焉。今四其已没，嗣君清斯不堕箕裘。余卜居其斋，因得把臂斯亭，遂怀四其君逸致，并炙清斯雅谊，为诗以记，庶几斯亭之不朽也。

主人昔好客，对堞乃开亭。翠柏森成列，奇花种满庭。架书皆古目，袖石有新铭。眉得马良白，眼逢阮籍青。伊人不可见，胜迹乃犹馨。近与慈明友，忽为伯玉停。林泉非偶坐，诗酒异偏醒。开字来玄彦，登堂聚德星。求羊分径草，崔孟访厨经。琴韵松风爽，茶声水味令。惊人敲谢句，博说耀扬铃。聊作鷦鹩借，或思鸿鹄冥。卜邻常遇翰，避地已忘宁。既似墙东隐，还为壶内屏。砌芳间可嗅，枝鸟卧堪听。傲咏消清昼，暇觞沽绿醽。居深心自远，人杰地仍灵。佳话谁能记，微吟好共聆。

七言律

丁亥春日偶题

春雪春晴看不定，闲愁闲闷坐常烦。卢生富贵堪深省，冯妇功名可罢论。对影强能留半臂，观空咄欲发狂言。从头屈指谁成事，北海先生有酒尊。

杂　　兴

不为无钱欲送穷，苍黄生事惹忧忡。春来已觉心先热，闷里谁知句转工。灯火居民仍乐岁，烟霞何地可藏躬。千秋怀抱楼头月，处处笙歌咽暮风。

杂　　兴 一韵四首

杂兴诗成漫自书，青尊白帢坐观虚。千番未肯驯龙性，一辆长教随鹿车。羊假虎皮堪浩叹，人投蛾焰亦欷歔。翩翩影逐冥鸿远，归卧东山有敝庐。

前　　韵

寂寞春闲强作书，挥毫直欲染空虚。飞云时送幽人句，僻署谁逢长者车。白水尚能浇傀儡，青衫且可罢欷歔。风尘不碍光天色，旋拭双瞳认故庐。

前　　韵

客心迢递问乡书，满眼春愁付子虚。乍覆乍翻人似掌，倏来倏往日如车。蹉跎未冷桑榆志，慷慨谁怜豪士歔。曹弱袁强何足论，南阳高卧自田庐。

前　　韵

挂角曾闻读汉书，揭天豪气未全虚。吟成梁甫还看剑，貌出齐臣肯御车。不定风霜摧瘦影，难消骯髒任长歔。陈蕃扫室心犹壮，岂恋蓬蒿是旧庐。

有事都门，过樊延昌仪部留酌

半生自分托蓬蒿，岂意龙门醉瑾醪。仪凤君堪辉盛世，登楼我却愧词曹。冯驩有铗弹应易，缇女工书上更劳。此日故人情倍好，高怀非止为绨袍。

借居宋清斯傲雪亭，其中藏鹿静观书甚富，颇便就读，而余冗不暇此，感而赋之，兼怀静观

一椽借榻类鹪鹛，岂意中藏万卷余。已叹虞卿愁载笔，何堪扬子老工书。成龙且漫寻仙字，把酒还期过草庐。亭畔油油春树影，月明高卧忆君初。

偶寓金容，读江泰邻使君德政卷，因题赠

为爱君侯是孔融，敢随刘左托麻蓬。千秋意气尊前榻，百里讴歌膝下风。

大度自能容国士，高名岂但震时雄。相依欲问澄清志，却愧登楼赋未工。

赠冯玄生

结客容阳久倦游，春风长铗醉金瓯。师平鲁仲仍高蹈，事去田横自不侯。辽落新亭满眼泪，激昂海国半天愁。思君倾盖难分袂，下里聊为十日留。

别玄生还瑕丘

柳花飞尽绿阴天，有客归与隐兴翩。卖赋不堪燕市醉，登楼还忆任城仙。向来肝胆深潭水，此后勋名托赠鞭。东鲁斯文如未坠，漫将生事付驴肩。

赋赠江泰邻使君

文通词赋旧风流，爱客琴堂消宦愁。有兴漫劳著谢屐，无心时一就庾楼。道存鲁饩名尤左，意薄陶粳种未收。莫怪幽人常慕义，此情原在白云头。

傲雪亭看花，因眠亭中

主人亭榭好林泉，为爱看花伴月眠。贳酒但能留客醉，得诗差不费囊钱。松风入槛凉生袂，槐影笼窗晚散烟。有兴莫辞连日赏，繇来此地尚称偏。

归依亲故，寄别静观，兼述怀焉

一剑深藏夜吐霞，壮心销尽鬓边华。未能包胥存亡国，空自陈平依外家。

浊酒不堪愁里醉，悲歌犹向众中哗。赠君独有鷓鴣赋，风雨连枝尾共遮。

挽公弼公参

自信如兄未可死，如何一病顿双隤。生花彩梦迷黄土，射虎雄心冷碧苔。稚子绕床终古恸，老亲挥泪万人哀。素车莫遂凭棺哭，肠断坟头绩酒杯。

秋初寄食楼读《楚词》有感

开窗坐对水限幽，绿树烟深已罥愁。汩汩波声疑哀郢，萧萧风响更悲秋。楚狂自昔文章古，心绪逢今感慨尤。名士几人耽此意，可知美酒泛香瓯。

泰邻江老师雅怀，倒屣坐中，烹鱼对酌，兼及避地之方，赋赠见志焉

孝然火外并无庐，岂意重逢载后车。下榻敢矜孺子义，拜床深羡德公居。心期问字还沽酒，遇未闻歌已食鱼。近日桃源新得路，钓竿荷去涧边书。

寄王金粟

漂泊年来疏旧游，青蓑何地把渔钩。空悲对月思玄度，却愧观鸢忆少游。王谢才名昔胜事，马牛踪迹此虚舟。故人零落君犹健，尺牍遥题无限愁。

夏日有怀钱历城昆玉读礼

昔游无处寄新篇，况是闻君庐墓年。鸡骨王戎应自惜，葛巾陶令共谁传。于今松菊荒三径，何地渔樵老一椽。潦倒心期愁正剧，临风清泪洒冰弦。

赋赠公亮

猿臂曾经射石回，棱棱豪气剑花开。只因地僻修瓜圃，未信时平展骥才。跨蹇看山余傀儡，引尊结客遍埏垓。萧萧十亩白云屋，数卷函编手自裁。

寄候南之嗣裔二社丈

二仲分襟一载余，关山千里断乡书。春风每忆加餐句，秋水难寻尺素鱼。严乐笔情君定妙，曹刘赋骨我应疏。今来旧社浑凋散，一雁凭将问索居。

夏日过马头故居有感 二首

层林依旧覆吾庐，策蹇今过迥异初。雀噪空楼余断垒，马嘶废圃长荒芦。攀枝实下征西泪，去国宁殊华表歔。父老牵裳遗恋在，晚烟回首重踌躇。

犹记枌榆结社新，柴门夜犬吠归人。碧流近绕读书地，绿树深围卖酒邻。北墅种花惊逝梦，南园分韵忆沾巾。唯余墙外萧萧棘，日暮群儿牧马屯。

病中得泰邻师《病余种竹诗》，赋答

不堪抱病似休文，况复多愁遇使君。有句思莼秋尚早，无心种竹日常曛。共悲出处还同调，却羡栽培独异群。何夕萧萧明月下，一般瘦影对清芬。

赋送连六补官晋阳，意在过榆关旧游山中也

旧陌萧萧野草班，一官强补岫云间。怜余刻凤还题凤，羡尔出山却就山。未冷桐乡堪结社，重过晋水好听潺。当年诗稿囊犹满，此去清斋仔细删。

堂上三老诗

予小子未能广交天下士也，生不出闾里，而所师事、父事者乃有三翁。以其长也，故谓之“老”；以其遇之亲也，故谓之“堂上”。至其中征君先生，则又为张、孔二翁所师者。余小子并以“老”称之，想遂质之海内，当亦不殊余“堂上”之意也。

征君孙太翁

漫将巢许比先生，道大不妨更去名。子自非鱼焉知乐，蕉原无鹿尚须评。富藏川谷虚王意，达彷沧浪任濯情。笑拂松枝青眼便，杖头指点数峰晴。

于度张内舅

久随李郭共仙舟，白璧声名最上头。不是卅年存铁骨，那能两代卓清流。

食贫风味惟藜藿，怀古情悰但壑丘。剩有羲皇遗侣在，竹溪啸傲镇相求。

养遂孔岳翁

读书击剑旧襟期，落落桑榆照鬓丝。同甫经权曾抵掌，子春风节久兴悲。世年裘敝恤贫火，三等食陈待士资。近买扁舟思泛海，不知何路逐鸱夷。

赋赠征君

羊裘未肯易玄纁，门下康成半刺文。不将鼓钟还太守，何人师友继河汾。清琴浊酒高朋兴，碧水丹山处士勋。老矣乾坤吾道在，看成松竹自捎云。

秋初三借堂偶兴

庭院秋声渐觉凉，披蒿早晚耐书窗。直教倚杜贪成字，可不脱裤恁作狂。柳遍虫文时叶落，羹依法煮自销香。游云莫送催诗雨，一日题诗有几章。

三借堂闲咏

縰縰清歌起甑尘，梧床狂踞数鱼鳞。自从尝胆颇知味，若再无诗真是贫。婢褥应嘲为酒卷，室山雅可与琴亲。阶前流水洋洋尔，闻说衡门乐想真。

雨夜过张四维居，杯酒话故

鸡埘豚阱半纷更，夜雨冲蒙访旧朋。话到奇贫恰欲笑，语侵时事宴堪惊。

怜余久买邵平圃，羡尔犹耽仲蔚名。珍重乡园剪韭意，此心深共酒杯倾。

九日醉中偶咏

世事何须借箸筹，生来惟愿醉乡侯。但教青眼窥邻瓮，遮莫黄花笑客头。蹑屐登高谁是主，问天觅句我为俦。蹉跎岁月从如此，一锸相随到处留。

甲申三集

甲申三集引[1]

此戊子岁集也，是年予在山矣，足迹亦无旁及，然家君尚寓白沟，征君尚在渥城，时复出山。今计定卜居双峰，买田而耕，迎家君于山，则足迹遂与世人疏矣。所不能遂恝然者，二三同道，殷殷古欢，散落各方，或不能不问闻，然而几几乎罕矣。自此与清泉白石为契，吟啸之间，当无杂响，借书栽竹而外，谁复之为意中事耶！一路溪山，准拟十年寒暑有共，予将岭上白云拭目予后集，观之此卷，其嚆矢矣。

戊子腊月卜峰山人书

杂　著

马德称字说

语云："同声相应，同气相求。"不必谈道德、讲文章也，随其心之所志，事之偶值，则皆足以当之。余久抱入山之志已，拚鹿豕木石为我友，况人更有灵于鹿豕木石者乎？马君骥祯，居易城西之县底村，去双峰咫尺，为余入山便道，其人敦洽可近。丁亥冬，适逢余于易城刘氏家，因叩其字，笑而不言。余曰："他日入山，借君为西道主，无姓字，何以相访乎？"乃字之曰"德称"，虽取义浅近，然亦志之所之、事之偶值。明春，余跨蹇白云岭

① 《甲申三集引》，据卷前草书手迹整理，正文无。

上，人不知余为何许人，或见德称，德称必曰："此王申之，昔曾字我者也。"则余与山中人固非无缘矣。斯不亦声气乎？请于鹿豕木石中存此一友可也。

丁亥冬题薛锦轩《行乐图》

图存于明朝年间，公像犹衣冠伟然，时公自持求题，援笔为之。

望之凝然，端坐松间。庞眉厚体，寿考且闲。余见翁翩翩之袖，与峨峨之冠，令余慨然悲今[①]人之变，而思古道之难。

戏跋范鹿诗后

静观夙负道骨，公彝以东山之兴，援之接榻，以香艳挑之，余未知其禅心果能作沾泥絮否？乃其英词互嘲，机锋颇锐，又酷似老于禅者。"不见可欲，使心不乱"，李老未免虚语。是耶？非耶？请以质之入水知寒者。

为两内弟选时文说

今天下文尚辞矣，余亦尚辞，取其辞之高者；今天下文用古矣，余亦用古，取其古之确者。辞不高，古不确，虽多何为？诚高矣，诚确矣，连篇累牍，犹恐其尽，又安可以方幅限之也！取彼文人之心，以迎我阅文之心，觉有适符而酣畅焉者，意惬致尽，动而无穷也。两孔弟持露文一卷遗余，选文白范子固高手，余又为之略略拔擢，得若干首，藻耀高翔。谓为悉无戾于成

① 今，原作"令"，据文意改。

弘，未敢信；谓为不高不确，则断断无之矣。余曾教两弟以入手，须从先辈规摹而出，然后可以润时藻。如今之文，贯串六经，博洽子集，一字一句，非注脚不可解，何可以易言之？兹集虽非浅近，然亦不甚险涩，犹可读也。余既以受两弟之托，则不得不就两弟喜新之意为选，若云复古，若云诲幼，似当有待，余特不为呼牛而以马应耳。

贺翟君弼举茂才得子序

夫人有力业而不食报者，则庸夫笑之。如耕勿获，如贾勿售，则何用播之种之、埏之埴之乎？抑有毁尔镈，踣尔陶，甘之河之浒，甘之山之陲者，此其人，世不以为佯狂，则以为暴弃。夫夫也，愚而自苦者也，瞢而不可告语者也。生斯世也，居同游，行同术，何可不令乡里称善人乎？盖善人者，举不抗俗，道不惊众，阴骘厚而福利优，家人父子可和乐也，故致祥之兆彰焉。信斯说也，则吾乡翟君是可述已。

翟君号君弼，为吾友立如兄姻亲。其人敦洽可近，蔼乎亲人，沐浴于诗书者久矣。昔年与余杯酒接谈，已识其藻彩翩翩，足以立翔，而顾独颠踬，殊甚惜之。乃数年来，时移势易矣，所谓耕勿获而贾勿售者，且招招而速我矣。余方将毁镈踣陶而从之，而君忽灿然顾我于席门，则头角顿异，昂昂称新贵人。

余曰："噫！古人有言：'美种必植，良器终沽'，殆谓是欤。君躬不为町畦之行，口不与玄白之论，晻晻肫肫，顺时而昌，从风而扬，宜乎乡里之称善人也。岂与拥耒而歌无粟、居肆而叹无庐者，同日语哉？"不特此也。立如谓我曰："君弼游泮之举，更兼获麟之庆。"噫！此有说也。享禄者贵和光，积德者贵悦俗，意所谓阴骘厚而福利优，家人父子和气致祥者，非耶？昔王氏修德，植槐于庭，曰："吾子孙必有为三公者。"厥言果验，阴骘之谓也。翟君何独不然？余固弃人也，不敢与人间嘉会，请立如持此言为君弼道之。

《选诗存珍》说

读书，章句尚在所缓，何况词律？然而精神不可无所寄。以昭烈之雄也，而好结髦；以中散之放也，而好炼铁。坡仙有言，余实不缪。诗亦铁与髦之类也，寄焉而已，不必工焉。虽然，己不工可也，而遂不观诸人之工者，则不可。建安诸子，工于此道者也；昭明，又被服于建安诸子者也，故其《选》中诸子之诗为多，而称诗者以昭明之《选》为盛。山居无事，因取《选》诗原本，自始及终，拔其婉而多风，最可珍贵者，得百七十七首，虽未必尽属诸子，要其气旨相类，题曰《选诗存珍》。若云能作，余则不敢，然置此卷于寻云陟阿之余，朝夕吟讽，或由此而解诗焉，是未可知也。即不其然，而昔人珍句，出诸握中，抱膝一啸，要自有吾投髦而起、倚锻不顾之远神在。

檀挺铭

坎坎伐之，爰得我所。秦楚虽大，莫敢予侮。

石枕铭

有砺者石，不磨不砻。置之榻间，以梦周公。

箸铭

匪玉匪象，尚食所求。无箕子叹，为张良筹。

题王道士募经疏

恭闻紫气遥临，爰阐真人之秘；黄石夜履，仍祠太上之书。从古羽客玄流，炼五色于名崖，转九成于宝鼎，未有不手握丹箓，躬服素编者也。云峰道人，童子洞中，清虚寂士，逍遥仙姿，因芒屩之间，修焚讽之契。欲请道经一二卷，顾乏阿睹，莫致缥缃。萧然蕊珠之囊，缺矣琅玕之架。今敬乞于高明好道诸君子，垂意真诠，发心妙道，薄捐珍帑，遂凑瑶函。观钱雨之自天，允兰香之充帙。庶几《黄庭》写就，无烦白鹅之笼；朱露研来，不虚碧窗之晷。谨疏。

呼月轩诗序

辞诚、著诚两赵兄，余东舍主人也。祖居有草亭一间，为宾从燕集之所，院宇朴净，檐楹虚畅，可以命觞，可以待月。戊子春，余客其家，吉月令晨，同友人高友天辄造此亭，欢笑终日，话古贤之遐踪，究山林之胜事。二兄虽不以慷慨豪侠、燕赵悲歌之致见长，然其雅意亦颇喜客，诸大国有高人君子至斯山者，觞酒豆肉之敬不乏焉，是以余友有知之者。

中秋之夜，二兄招余与友天祝月于此。时阴云满天，嫦娥匿影，似欲相负者。友天曰："此应是去照长安富贵家，向我山人寥落处作缘耳。"余曰："不然。古来风月应属我辈知己，嫦娥有灵，定当分外光明，岂肯掩抑而不相见耶？今之闭秘，想疑山僻中，申之不在此耳。若知吾凭轩相望，决不相违。我请以一杯酒呼之使来，君姑待之。"于是浮白狂叫，大呼素灵。须臾，云散天晴，皓魄当午，明光万里，澄彻如练，一似嫦娥真不相负者。余乃引匏自进，并以属客曰："何如？"众客大笑，洗盏更酌，因命此亭曰"呼月轩"。

二兄曰："此佳兴也，不可无诗以纪之。"其诗曰："把酒问嫦娥，光辉何处多？若知加恋赏，定不易蹉跎。皓魄当空耀，阴云随眼过。敢将邀月盏，一试鲁阳戈。”“我欲留明月，悠然进此觞。不禁生远慨，故尔耐清光。看到重阴尽，方知素景长。中庭吟未就，零露已沾裳。”

十峰山人铭

西五峰有书，东五峰有田。耕之读之，可以忘年。出憩为宝之亭，入坐翠来之轩。读可以消倦，耕可以助餐。散游四五里，闲吟三两篇。说诗说礼，小子听之。不衫不履，先生在焉。彼汲汲之富贵，与戚戚之贫贱，诚于我乎何关？诚于我乎何关？

赠义夫赵挹衷序

尝览轶事，见王摩诘丧妻不娶，孤居三十年，以为适然之事耳。及读《唐史》，当禄山陷京都，唐之大臣受主上殊眷，如陈希烈、张垍等，曾不费拘牵，甘心反面，而维独饮药下利阳喑，即强逼入洛，《凝碧》一绝，呜咽流涕，然后知其三十年中苦心，盖贞性素具，不肯苟合，殊非泛然为此也。彼不忘君父之大恩，岂弃糟糠之遗爱哉？至闻吾友挹衷素尚，则又深有悟焉。

挹衷讳学谦，易城茂才，幼娶史氏女，举三子。氏早卒，君年方少壮，誓不再娶，距今近二十年。丧亲尽礼，抚子皆成室家，淡然一榻，曾无悔容，其义性有过人者。而吾独以为，人亦顾立志何如耳？志存苟且，则无事不苟且。乱臣贼子，其初与人不相远，起于一念之私欲，不能自胜，遂至无所不为。忠臣孝子，非生而异人，初只为此心耿耿处不容昧耳，而坚持不变，则觉鼎镬衽席，古今瞬息矣。挹衷愧不当大任，受殊眷，如昔人耳，操此志也，使其绾尺二之组，膺一命之荣，不幸遇大难。其介气贞性，必不肯辱检污颜，甘心反面，吾知贤于陈希烈、张垍等远矣。人止此心，不忘糟糠，岂背君父？由是而观，苏典属十九年之汉节，洪待制十五载之归身，此物此志也，宁仅与摩诘异代同符耶？

虽然，挹衷，义夫也，更为慈父。方挹衷初鳏，三子尚幼，使早付之少妇手，骊姬幸而申生毙，褒姒宠而宜臼废，从古寒心。即不其然，庶士之家，以加膝牵衣之爱，夺于掌上之巧言，抱李泣芦，可胜为之三叹哉？噫！若挹衷者，真可以为世下云。

鞭　　铭

既赠绕朝，仍先祖逖。何须断流？还用击楫。

蜂腰葫芦铭

曾闻长柄，还看细腰。总歉五石，犹胜一瓢。

杂　志

汉王莽时，齐有栗融，字客卿；北海禽庆，字子夏；苏章，字游卿；山阳曹竟，字子期，皆儒生，去官不仕。当时之重节义如此。人苟存此志，何必高爵厚禄，始为王臣哉！天下儒生多矣，对此能不汗颜？

天官微远，固不可测，然理亦不可废。止生曰："星家之言繁哉！未可悉也。"然亦可得而言。三垣二十八宿，其定列也。五星之合散犯守，陵历斗食，彗孛飞流，乃其变也。岁、荧、填、白、辰，又五星之变也。非常之形，积殃而发，乃其妖也。张衡云："星也者，体生于地，精成于天，列居错峙，各有道属。中外之官，常明者百有二十四，可名者三十二，为星二千五百，而海人之占未属焉。微官之属，盖万有一千五百二十。庶物灵蠢，皆得系命。”此其大较也，学者不可不求其说。

向闻友人为余言所志，云：“读书欲破三千卷，买妾应须一万金。”余性不好铅华，而爱神骏，因以“买马”二字易之，自谓锦鞯霜蹄，颇胜朱唇丹脸，若得此，以副其昂昂千里之志，诚丈夫怀也。由今思之，马虽所好，犹非极致。楚重瞳盖世之烈，拥虞姬，跨乌骓，美人良马，兼而有之，非不可谓风流绝调。然至其喑哑江头，拔山气挫，还顾二十八骑，皆伏而不能仰视。彼时曾无一人焉，出一奇，画一策，脱主于危困之中，一骓何为？设使其时有若张良、陈平其人者，为之谋于其间，则鸿门之厄可免，荥阳之围可解，何况江东虽小，犹可以王乎？揆其所本，皆羽平日恃力孤立，而不好士，以至于此。今请易前题，云：“读书欲破三千卷，结客应须一万金。”则羽翼成，风云生，庶乎豪举矣！

尝论复仇之举，三代以来，武庚最烈，其大义有不可磨灭处。周之顽民，殷之义士，学者读书当置身局外观之。向来为友人言此，未免骇错，只缘识见囿于《周书》耳。试从殷先王先臣观之，国破家亡，身死人手，而尚有不共戴天之冢子，一呼左袒之多士，瞑目而笑可知也。岂不差强人意乎？又何论成败乎？陈龙川序《忠臣传》，首称武庚，自是英雄只眼。

读《吕蒙传》，其设谋用兵，甚合机变。独图羽之着，殊失大略，所谓自剪其援。观鲁子敬与权书云：“霸王之兴，皆有驱除，羽不足忌。”深为合务，而权顾笑之，论者遂不敢指子敬为是。余于《居诸编》中微露其意，批权之论曰：“不然。”批吕蒙图羽方略曰：“布置极佳，惜大主意差耳。”其所以然之故，未尝细剖也。及后读陈龙川《酌古论》，则畅快抵掌而言之矣，如两镜相照，了无疑惑处。乃觉余向来立论非泛泛者，但不知其余尽合于英杰否耳。

苏文忠教人读书之法，如兵、刑、钱、谷等，只就一事求之，如此数过，诸事俱精。此真要言，可与武侯“独观大意”之旨参看。盖大意即胸中欲求之一事也，旋转乾坤之大权大法，宁有多端？俊杰抵掌时务，上下千载，盱衡一世，如淮阴之登坛对，武侯之隆中计，皆平昔精神所寄，确然见其如此，其所诵读大意，实不外此。后来得此意者，推陈龙川一人。三复《中兴策》《酌古论》，思过半矣。学人具眼，能有几人？

幼读《豳风·东山》之篇，有“熠耀宵行”之句，朱传云：“宵行，虫名，如蚕，夜行，喉下有光如萤。”乃《大全》濮氏以为：“旧说熠耀为萤，宵行者夜飞也。”① 余固不能辩。戊子，余在山中，夜有光一点如星，在废壁，婢不敢近。余以手拨之，得一虫，如蚕而小，其光在喉下与尾间，行则见之。又时以头俯于地而竖其尾，则其光全露，可以照一盂远，望之荧然矣。余曰：“此所谓‘宵行’者也。”始知旧说以为萤者非是，而濮氏虽不敢信旧说，但疑“熠耀”二字与下文“熠耀其羽”相戾，遂以“宵行”或是虫名，此亦未尝亲见之言也。可见天地间一名必有一物，博物之家，其不可以臆说类如此。

宗子相《报刘一丈书》，亦真亦谐，可笑可泣，令人绝倒。此人定具傲骨，惜未得其传读之，不然，若犹是笔头豪气耳。悬牛头卖马脯，盗跖行孔子语，世固如牛毛矣。

纣伐有苏氏，获其女妲己，遂因色荒而亡国。人知纣之无道也，未有不兼恨妲己。岂知妲己乃烈女子，为有苏氏复仇，蠹纣使亡天下哉！今观妲己所以诱纣行暴之术，如剖胎、斫胫，此岂人所乐观？而妲己欲之乎？其心曰：“不如是，不足以怒神人，而丧要领也。”及至临刑之时，乃嫣然一笑，若曰：“纣果不出吾手，吾可以下报有苏矣。”此与西子之倾吴同一心事，而后人不察。吁，可胜叹哉！

① 此句胡广《诗传大全》卷八原文作：“濮氏曰：旧说以熠耀即萤，以宵行为夜飞。”

武王之伐纣，为伯邑考复仇也。《礼》曰：“兄弟之仇不反刃。”[①] 伯邑考，文王长子，而纣烹之，毒怨于人甚矣，安得不手刃之乎？故武王之斩纣者，礼也；汤之放桀者，篡也。故汤、武不可同日语。

余一日梦中联句，醒而记有“丈夫一片心，能令金石朽”之语，颇亦警拔，欲续成之，苦未能也。即此可知兴减。

尝闻车武初家贫无油，夏日以练囊盛数萤火照读。余少时乡居，不见此物，至京师乃多闲，于夜间望见绿光如缕，历历飞来。取而照之，不能见物，但飞则有光耳，遂疑史传多虚语。及戊子在山中，始见萤火，其虫比京师差大，而光亦亮，荧然真如一点初生烛矣。童子戏扑数头，夜放屋室中，终宵旋绕而飞。卧而看之，如悬明月珠者，高可以见壁上字画痕，低可以见几上杯盂影，中可以见人头目手足动移。又常于夜间觅物，辄手持一枚照之，虽幽隐处，无不可得。于是以纱囊盛数萤照书，细微毕晰，乃信史传之语不虚也。可知读书有不验者，只缘涉历未广耳。苏子瞻不知菊花之落，《楚词》称“巨蚁如象[②]，玄蜂若壶”，人多以为侈言，今未身至其地耳，安可以隅见而议之也？

书 札

与 征 君

渥城下榻逾旬，殷殷古欢，教爱兼至，从前径塞已觉骤豁。愧尘累未脱，私心有所不尽也。卜居之议，自是不忘。昨家岳亦同有此想，嘱佑云：“渥中

① 刃，《礼记·曲礼上》原文作“兵”。

② 《楚辞·招魂》原文作：“赤蚁若象。”

屋可得数间，须在严密之所。且宅有内外者，或典或赁，预觅一处，春明可来居矣。”此亦快事，乞左右一图之。《邬孝徵传》草呈上，诗一幅亦附览。

答习仲

弟混迹市廛，面目尘土，远想山中，仿佛隔世。乱怀如草，如何芜陈？来诗矜重，敬而听之。勉步二章，略鸣情怀，附上郢削。无任瞻企，春还得暇，当图步驺，一披藜藿也。

与玄甫

久阔之余，未获握手，眷焉旧社，曷胜恤然！今甫稍暇，或可作步游，访同调也。昨闻足下上县，不识旋舍否？贵斋《昭明文选》借一览，《吴骚》亦掷一观，弟书悉付丙丁，无可观览故也。外仍有医书否？今欲觅方，亦拣赐之。不尽。

回孙宅婚启

一言结契，百世同心。读古之书，每欣斯道。亲翁昆玉，清风高节，海内著闻，道之所宗，于焉模楷。弟夙窃声气，敢后应求？兼以令郎伟品妙才，遇物无滞，久在知交，乐极咏宴，所共诸英，美接兰玉矣。顾犬子薄劣少能，知识未练，方之贤俊，非可匹俦。承翰教，不蒙弃嫌，重之婚姻，且愧且慕。旧友新亲，良缘佳话，又何借繁其词说，周旋世情乎！兹谨以侄孙女配令孙，择婿之明，非敢拟于孔门；仰高之情，则深依乎谢树。从兹永好，庶庇鸿托，季诺不渝，冰言可鉴。

与君建

易城分手，遂未朝夕，相晤之期，拟在春初也。太翁华辰，失于叩祝，抱歉何可言！文稿一具，付去渥城，幸勿浮沉。此太翁手拣，嘱速报者，或可开览，一赐郢削。

与洞观

晨起觉余寒未尽，且复坐灶床炙炊焰耳，想足下亦尔耶？此佳况何可无诗也？拙斋近名菜香，又得一诗呈览，且索和章矣。《繁露》之书，暂取一披。

与静观

新春未及叩晤，惟以阖宅福祉为祝。易城欢聚，颇忘寂寥。足下雄谈奥思，奇才侠气，足令人有成朋胜读书之想。一日不见如三秋，何况相越之远耶？习仲前札今始得览，复有一诗见教，弟亦讯足下动定。弟和诗二章并一函，乞足下验收，以俟便鸿，达之山中。

回征君

冬杪复想一捧袂，阻于在外，遂抵年时乃未遑也。春来定图造膝，接翰愈深依依，相晤想在不远。若至二月间，则有小冗，二三十日不能出门之累矣。赁屋一事，且豫谋之，而不必立契。近日津门路梗，恐其来迟也。

回孔岳翁

津门路梗，深为可虞。若可以得便还西，渥城之房，想非难处也。但出门须慎重耳。来谕谨识之。两弟文，年前多冗，未及选。六兄贵体强健，并致问子玉。闻近为当事所知，盛名之下不可居，窃宜戒之。

寄征君

读“目前难过”之语，觉无有不慊心处，独堂中甘旨告缺时，殊难为怀耳。去秋岁试之期，还念寒家惨祸，寝食哽咽，自分永无北面之理，抑郁牢骚，一醉几毙。因此沉病五十余日，盖无人敢告语者。只以区区廪米数斗，不忍固却，以绝朝夕澳洗之望，遂隐忍而就于此，兴言及兹，含笑饮泣已。春来此事已过，嗒焉相忘，精神颇王。所思卜暇侍侧，酣畅今古，问迹幽人。山中事业，一经理之，而数十日间珠桂劳心，卒卒无宁晷，是以迟相从也。近山中人有谋以五斗招我者，闻之即欣然担书而往，不胜捧檄而喜之意。来时当在春夏之交，彼期方可过云宿耳。洞观传语毕悉，不识可携入山中否？须面订之。君侨、君藻二亲文，近得想更幽胜，何夕把臂一谈？言之悒悒！渥城诸友，想深梦寐，缕缕之怀，纸不能悉也。

寄济生

冬杪把袂高斋，引杯话故，一席千载，宴焉咏啸，追踪古贤，忭快何如！霎尔分襟，道辽路远，闻问疏旷，每一兴思，能无罔然？弟近避地馆于辞诚赵兄之家，去易城一日程耳。他日山阴兴发，可以雪夜命舟也。临风附便，聊候兴居。《沧溟集》向冗未阅，此后山日悠长，乃议朱黄耳。匆匆数字，未尽所怀，倘遇便鸿，望勿吝玉音为祷。

寄云宿舍

山中静暇，颇得肆力远业，俟其成，当出以质之有心者，但归期未可卜耳。近读《龙川集》，甚觉符合。此年来第一部书，何意从前并未寓目？不觉愧汗。其集想案头素有佳本，同志者不可不一讲求也。

《大难殉义录》呈览。国难不止一端，故以“大难”总之也。其目有“闯难”者，以别又女之难也。凡殉闯难者，既胪列若干，而其后之一难者当阙之。盖南中诸公非为闯难而死，不可概以南中殉义混称，必当述其始末，而始末此时尚未可述也。今姑以南中原稿缴上，存而裁酌之，余稿则登录无遗，留之山中可也。

慰誉之

闻令媛萎伤，衋然增感，即欲踵门一慰，想足下神襟正烦，恐应接滋搅。伏冀任运忘怀，千万珍重，勿损和平，为福为祷。

寄复济生

尝读《容城县志》，诗有“燕山五丈夫，杨李毛椒胡”之句。闻此五公者，义不仕宦，隐于易之林尖山。其中胡公，容城人，为吾友胡蓊生之十一代祖，蓊生尝求所谓“林尖”者，不得其处。足下所闻五大夫城，想即五丈夫遗踪耶？或另有姓氏，足下得之何人，并详其地否？翰到，招土人问之，茫无一知者。想此地无好奇怀古之人，岁久湮没。或别在一村，非此乡之趾，亦未可知。他日足下有暇过我，当扶瘦竹，披荆棘，庶几遇之，一发浩歌耳。

别绪丝丝，言不尽意，临楮但有慨叹。

书麻叶与倬父

此地未闻有赋三都者，遂令纸贵如许。昔怀素好书，于庭前种芭蕉万余株，以供挥洒。余斋前有自生麻数十本，叶大如手，摘以供书，可容细字百余，足当一小札之用。后此欲相语者，山仆不能通其意，则以此将之，一以省亲往之烦，一以订山童之讹，今具为式呈览。山公启何必过让，伏乞如约为便。

答 倬 父

日来瓶粟告竭，有麦数升，山人教婢舂以作饭，颇有佳味。乃忆汉光武当滹沱河时，得冯将军进此，未为缺口腹也。俟此已毕，倘馈不给，方议冉子之请于足下耳。二扇书完呈去，草书犹可，其细书乃弟不肯轻为者，直当什袭之。数百年后，数千里遥，以俟知者，非可以握中弊坏者也。

与 倬 父

一雨连宵，山流新涨，波声澎湃。远而听之，如万壑松风，谡谡来人①几席间。计绝迹穷山，他再无赏心处，所可恋者赖有此耳。足下能沽一杯杏子酒，与我踞大树磐石上，婆娑然枕漱之，作醉吟先生乎？果尔，则我请简点囊钱，可减家人一餐之需，足以易一壶相继。昔李元忠拥被对壶，犹使婢卷两褥质酒，此物岂我今所乏耶？乞即旷怀，勿徒为古人所笑。

---

① 人，似当作“入”。

论书帖

作字，执笔欲高、欲正、欲紧，用墨欲和，此余向来要诀也。“高”者，谓手把管不可太低，又腕去纸，令不相摩，即米南宫“不可令腕着纸”之意。“正”者，谓笔锋正直，下垂如悬针，不可向四面欹斜，柳公权言“心正笔正”是其遗法。至于“紧”之一字，觉与时论不合。时人固有以松圆为尚者，余谓紧未尝不松圆，但初以指抱笔向内，不使浮架外游，则字画自挺拔。盖其用力处在指臂间，斤斤凝聚，而笔亦不曾胶固，昔贤所谓“撑急流中船，费尽气力，不离其处”，正可相悟。善乎，陶通明与梁武论书也，曰：“运笔邪则无芒角，执笔宽则书缓弱。点画短则法臃肿，点擎长则法离澌。画促则字横，画疏则形慢。拘则乏势，放又少则。纯骨无媚，纯肉无力。少墨浮涩，多墨笨钝。”斯言知要，可以三复矣。

寄翰明

去冬抵掌名斋，剑光烛影，寒气凛人须眉。窃快荆、高之意，旁矣无人。所惜众中未获握手，一披夙心，至今思之，殊惘然也。足下近况何似？弟局影空岩，依稀与世人绝矣。所未冷者，一片热肠，尚欲倾向诸英耳。足下能无西望长怀乎？双峰偶得便鸿，聊一札候兴居，翘首。

与誉之

山家秋晚，久拟欲以钻篱菜一品，迟足下为草庐之欢，所少者杯中物耳。今得佳贶，白衣人从天而至，拾凑其美，敢即扳足下惠然肯来，引匏尊共挥，直至“倒着白接䍦”时，方可听山简一曲醉歌耳。昔人以只鸡、尊酒不能具，消紫阳山居之俭，今弟可胜渠一筹矣。牛刀已试，榾柮正红，幸勿负也。

足下以萧然之橐，又当众应弟，方为足下难之。而一见弟清贫，遂慨然捐金相赠，且念及我高堂，殷殷雅谊，绝非世人门面语。此道岂宜于管、鲍以下求之耶？有友如此，兄富，弟定不独贫，何忧于寂寞无托也！沧海之谊，虽厚贶，不敢领，然黄金白璧已见君心矣。千秋玄赏，我二人共之，足令一世人无颜色，又何不可相视而笑乎？区区寸忱，因此再布，余俟足下郡头回时细话也。

与于度内舅

接来翰，为之恤然。天时、人事至此，虽贤豪，可奈何？然不历疾风，安知劲草哉？易城头绪纷纷，俯首与鸡鹜争餐，已属可笑，尚不能得，岂非饮啄皆前定耶？

与 洞 观

弟绝迹空山，故人远隔，每每一相思，头须为白矣。屡讯动定，临风长怀。足下应亦增西望之慨。何日握手，细谈契阔也。见诸友人，一一致之。

四言古

丘 中 谣

溽暑未几，一叶已秋。听寒蝉之吟，望砌花之笑。新苔依壁而逗绿，野蔓缘屋而敷英。白云忽往忽来，青山若远若近。户鲜履迹，座惟水声。燕污玄篇，蠹深籀[1]篆。咿唔童子，突兀先生。盼一介之少通，隔二亲而不见。举目则乱石磼磼，倾耳则澍雨淋漓。故家故国乱云边，秋草秋风山色里。贯江淹之彩笔，写恨何年；握宋玉之骚情，悲来独绝。况且长松一树，未是孙绰之庭；幽兰数丛，尚异罗含之宅。飘然几口，卓尔十峰。命有在天，虽乐庄周之齐物；足不及地，谁能范粲之坐车？诚难为怀，何以遣此？所贵南阳抱膝，不辍梁父之谣；圯下受书，赖有黄石之录。丘中半卷，固无事于鸣琴；岭上数章，但相从乎搦管。是所志也，聊遣兴云。

一章，章四句

有菁者蔓，于彼邻墙。不朝而暮，秋风已凉。

二章，章四句

有黄者英，于此古瓦。采而掇之，可以盈把。

三章，章四句

矻矻一庐，闭门造车。谁其试之，于彼康衢。

四章，章四句

悠悠一室，其捶一尺。谁其能竭，利在万世。

① 籀，原作“籒”，今录正。下《山居》“籀”同。

五言古

题仇异渥第一乐卷

异渥诚孝养，能得二人欢。椿萱俱八旬，无营梦亦安。鸠杖赴十老，古色照琅玕。浊世虽非昔，此乐庭除宽。爰有孙夫子，觌谊嘉臭兰。奕奕蝌蚪书，辉煌载卷端。一时孝友士，闻风竞咏观。至性本同有，谁无乌哺丹。我亦欲思齐，殊惭色养难。羡兹至乐懿，怡怡快肺肝。搦笔切登堂，万寿献如磐。

山　　居

大地如洪炉，炎蒸不可憩。此山虽匪深，与外略亦闭。自从移居来，食力在讲说。童稚从我游，修脯代租税。当其优暇时，放情较六艺。礼乐本周孔，射御鄙稷羿。学书祖颉籀，九章宗黄帝。班班俱可考，观巨亦综细。经纬韫一身，期之在用世。或值晨暮间，拉朋坐薜荔。所话无近今，洗幢兼濯袂。鸟噪深林幽，天晴远云髻。归来卧草堂，绿芜纷覆砌。豆花开参差，蜗涎走胶戾。床头一卷书，丹香细点缀。问是何许人，上有渊明系。时复吟数篇，颇觉醒心眦。淡然漾天和，适与万物际。如此可无求，终老亦何系。致语路旁人，莫将尘事嘒。

翰鸠下榻茅斋，即事赋赠

山坞孟冬候，荒涂来远人。入室毕寒燠，笑歌扬素尘。愿留十日住，诗书横披陈。得意时忘言，偃仰恣所亲。幼子捧盘盂，拙婢职炊薪。日餐不及饱，悠然乐天真。寻僧朝入寺，贳酒夜呼邻。所话管葛志，尚希无怀民。辛勤而美好，岂复计冬春。但使秋租完，可以沽清醇。

买田双峰，尚缺一园，托誉之过东邻为我营之

巢父买山隐，汉阴抱瓮灌。岂不惮辛勤，所志在游散。我意寄南亩，愿言终逋逭。买田双峰下，可以给宵旦。昨又市耕牛，人力已省半。朝出北山樵，夕归东厨爨。所少数武园，春韭及秋蒜。村东一掌地，流水相周涣。绿坡数株林，午锄可消汗。得之种蔬茹，岁馑可无叹。主人是同侪，不难相助赞。言合岂吝财，事佳当染翰。君去道东邻，好须毕长算。

七言古

戊子腊前一日雪，王年伯携尊邀游玉泉寺题壁

山居已过三时半，独余一臈天犹早。一朝忽值雪纷纷，不觉山川顷刻换。远岗近巘失青青，万里晶明光始旦。狂生喜作雪中诗，据案横聦[①]挥素腕。散盐飞絮何足论，直爱乾坤通入幔。岩前松柏久凌霜，此日方知如玉冠。浩然先生招我游，玉泉高与[②]恣萧散。携榼提壶趁岁寒，一尊赏遍群峰粲。酡颜醉

① 聦，疑当作“牕（窗）”。

② 与（與），疑当作“興（兴）”。下诗中“高与”同。

眼傲朔风，袁安老子真痴汉。我歌我笑天地宽，焉能草木同枯烂。不见玉龙鳞甲正纷飞，磨冻方看予染翰。

久许以醉歌赠含华，时未得暇，含华督索之，因取唐诗“眼前一尊又常满”“心中万事如等闲”为起末成篇

眼前一尊又常满，先生高与正衎衎。四坐风生气盈堂，飞兕流羽休教缓。焦遂五斗髡一石，当场相遇应纳款。伯伦树帜阮征兵，振臂一呼君左袒。床头一壶醒复斟，出门已醉人莫管。田园荡尽为陶宾，室如悬磬因稽懒。蜣螂转粪鸱吓雏，此辈营营何足算。与我相逢结贫交，丈夫襟怀常坦坦。君但能饮我能狂，诗酒由来称胜伴。昨许作诗偶未成，君试阳怒谓我诞。我笑磨墨戏作歌，挥毫落纸云烟散。我诗不轻君酒香，一篇会须直千益[①]。诗魔横发酒兵伏，此语古来良其亶。持此与君君莫悭，心中万事如等闲。

白沟诗 有序

白沟之为孔道也，非一日矣。车尘马足，日夜輘輷，繁华之胜，继踵新、涿。我内舅于度张先生以东林翘望，祖居中店。公雅意贤豪，日开北海之尊，四方君子闻声慕义而经斯地者，无不欢然乐交，推食下榻，殆无虚晷。于时声气几半天下，而白沟中店之名益著。嗟哉，诚胜事也！暨自甲申，乾坤倾仄，人心既异于曩时，物象顿殊乎前玩。忽忽尔，萧萧尔，欲复睹昔日华繁之盛，岂能得乎？所可幸者，运厄道泰，事谢人存。于度数椽茅屋，杜门却扫，曹子期

① 益，疑当作“镒”。

之去功名，邴曼容之甘贫贱，时乎不与，韫矣何忧？丁亥岁，家君甫离宦尘，荒落无所。余奉来相依，赁屋而居，樵薪而爨，与于度朝夕晤言，共乐衡门之饥，不图樊中之蓄。此内复有鹿子洞观，即于度家婿也，清白世裔，诗书道味，契焉成侣，动相招携。于是一室之内，数武之间，话高年，则家君与于度白首交欢，畅幽怀于解组；论少壮，则洞观暨余青眸对史，发逸兴于高歌。相与俯仰一世，无让古人，不可谓非憔悴中之享乐也。枕漱之暇，乃即其足迹之所盘桓，宵旦之所游处，绘而成景，各缀以诗。盖致因人起，物以文名。事取于茅店人迹，不必辋川之筑凿；赏存乎野寺钟声，有似虎溪之啸傲云尔。后之览者，亦将抚之而兴怀乎。

渡头怀古

白沟河，成祖渡兵处，荆、高遗烈在焉。余与洞观尝送客其上。

渺渺一川水，击楫水流紫。莫浪说白沟，幽人欲白头。

北阁题诗

阁在中店南，大明万历年间造。丁亥秋，余病起，题诗其上，感慨系之。

萧萧数行字，莫使风雨磷。得令后来者，知有旧时人。

灯桥阅市

桥在中店，每元宵，居人结灯于阑干两旁，一望如列炬。于度携余顾而乐之，因题曰“灯桥”，遂常名之。后于度与余每入市贸易，辄在此。

昔日悲歌士，今逐贸易者。相逢市桥头，但问柴米贾。

禅院藏经

即十方院也，中有《藏经》一部，余时携客游观焉。

官路闻钟响，不知梵宇深。客来翻贝叶，始觉是禅林。

物表集贤

物表亭，于度书斋也。刘幼孙先生手题“物表亭”三字。东林如左、魏诸君子皆寄声气于此。范阳鹿太常、金容孙征君尝下榻咏歌其上。防风茅止生有《记》并《五君三烈》诗在焉。近日洞观读书其内，余亦有《三老诗》题之。

阶前杖履迹，尽是东林士。不见此中人，尚有鹿门子。

留仙沽醉

留仙斋，郭氏酒垆也，主人亦解饮，每每醉歌其中。曾与高荐馨夜集联句焉。

兴来欲何之，相邀留仙处。主人不论钱，不醉莫言去。

菜香著书

菜香斋，余赁居也，曾著有《居诸编》《甲申初集》《二集》，又搜书七十余种，复事著作。

已无园可窥，下帷奋董子。寥寥半椽居，纶理在经史。

东 井 烹 茶

井在物表亭东数十步，水味为中店第一，尝烹茶，辄汲之。

能甘玄淡味，何必第二泉。东园有新汲，可以煮龙团。

将入山，赋别于度、洞观

非爱尘市好，其中有素心。素心相倚熟，顿使别难禁。

欲去难为欢，怅望西山际。此山云万重，长与红尘戾。

久抱入山志，况逢山草春。知我看竹意，欲往岂由人。

北风急且凉，试语好我者。为君剪荆棘，并耕双峰下。

徐无成胜迹，曾闻田子春。莫道西山僻，羽仪在斯人。

读《周书·多方序》有感

未泯七王泽，能忘三户心。千秋多士意，流泪到于今。

题线拐子

欲试丝纶美，须知欛柄牢。但看随手转，莫问惹心劳。

题石头作枕

松下曾相偶，床头又借君。齁齁几阵过，消尽半山云。

闲　咏

寂寥数椽居，中有读易客。终日常不言，坐对前山碧。

口　号

习静过山家，山中多杏花。时将东舍酒，一玩北川霞。

不须衫履具，相偶过前芜。山市也成哄，村醪自可沽。

赠道士

一杖千峰雪，双凫五岳苔。衣裳云未尽，新自洞中来。

七言绝

丁亥冬日，同孔岳翁、张舅翁、高荐馨及诸友共集云宿舍。时次日是孔岳翁诞辰，征君赋诗相赠，因命荐馨出其所藏仙查古银杯为寿。杯底镂诗一绝，遂即其韵赋之，祝兼和焉

兰芬华祝乐相关，异制银查出汉湾。试问仙翁能载石，查头应载大丹还。

同张、孔二老者自渥城还白沟，途中话得“羡楚囚”三字，孔老命足成其韵，驴背口占戏答

驴背朔风话旧游，河山满眼欲生愁。相看面目真堪愧，却为南冠羡楚囚。

公彝易城寓中贮姬，静观邀余相访未果。忽一日余有命棹之兴，而不知是公彝试期也，戏对静观口占寄笑焉

闻君镇日拥仙娃，未敢偷闲过主家。不是无因愁按剑，恐嫌有意为看花。

赠壮士王大为

英风射虎久知名，把臂茅庐意气横。愧我已深消肉叹，羡君犹有捉刀情。

赠山翁霍双泉

一身无系似焦光，客至春云兴不忙。旋煮山茶拨活火，吹尘向壁示丹方。

咏 罗 虬

罗虬当日太情偏，手刃红儿血尚鲜。总有新词一百首，愁魂怨魄讵堪看。

咏郑畋女 *女爱罗隐诗而嫌其貌陋*

绝世清才古所难，佳人何事太痴顽。江郎自有生花梦，岂必莲花脸上看。

山社栗树下小酌，主人复持烧猪至，索诗戏答

愧余不是子瞻才，却羡烧猪君送来。老树浓阴拚一醉，可胜辛苦独徘徊。

小婢邀倬父午饭

借得一壶好共斟，论文须及午窗深。山家已爨雕胡饭，莫使樵青再费寻。

久闻赵荣阳所居多松，颇欲一游。适逢其来，因赋此意

闻君居在万松边，逸兴飞飞几往还。今日幸逢茅舍里，可无良约订云烟。

题　画 柳下一渔翁系船自眠

一枕清风七里天，柳阴深处系渔船。只因贪着羲皇梦，不肯羊裘伴帝眠。

山中忆习仲、仲嘉、锦屏、君侨、旷观诸散人

耕佣书贩是情甘，每对青山忆所南。澈底冰霜从不染，于今此调有谁谈。

山　农　谣

山农岁计两般收，半在蚕秋半栗秋。才报丝租浇赛罢，又看肩竹上园头。

赠　幕　客

丰姿谁继髯参军，缓尘风飘入幕云。指画已成经野计，衙回留兴欲书裙。

秋日过南旺留示扶阳郭道翁

数年别后歉登堂，每忆林宗兴欲狂。不是此番轻又过，知君种麦正秋忙。

赋寄龙翔

班荆曾晤读书堂，执手颜寒六月霜。却忆当年载酒地，于今同作黍离乡。

赋送翰鸠还舍

连宵寒对草窗风，古话萧萧夜榻中。此去东陲回首望，白云应满两高峰。

观史有感

雄心未必老烟霞，巨浪无风困海槎。二十余床金宝簿，何人便许认为家。

席上题扇头美人

凝眶背手冷双钩，几度柔情忆未休。问许佳期能凑否，尊前狂客尽风流。

题潘生踞妙常图，一手入裙带中

一枝春带露情浓，嫩蕊轻含欲吐红。却怪游蜂狂绕树，玉须先透绿苞中。

倚　傲　斋

听瀑游来未肯眠，闲登小阁坐谈玄。书厨自有白云护，世事何劳青眼看。

药囊茶臼是平生，乐隐何消宰相名。一榻南窗酣卧罢，四围苍翠正分明。

友天有兴欲饮，特访著诚，使具酌，醉中限“蚨瓻敷”为韵，立成

兴来何事问青蚨，自有王弘供绿瓻。醉后欲眠君莫去，高吟还看玉笺敷。

易城怀古 张忠孝

奉天天子失群雄，河北旌旗闪日红。却忆当年张节度，全州归献大唐功。

五言律

寓居白沟偶兴，示鹿洞观

未别烟尘地，蓬门且赁居。贫仍思好客，病不厌摊书。白酒贳恒得，黄粱市有余。此中堪混迹，何必是樵渔。

丁亥仲冬日，云宿舍观石斋诗画，石斋自题有“空山尽日闻啼鸟，林下何曾见一人”之句，感赋其意

孤标迥异时，尺幅写心期。能以伤今意，图为怀古诗。林深人自远，山寂鸟恒悲。不尽兴思处，苍苍烟树枝。

九日醉中同友人展看纱影画屏

正遇登高节，还来展画屏。秋光围处冷，醉眼望中青。人影怜花瘦，松枝欺鬓星。酡颜吾辈在，顿觉忘骸形。

冬日携耿是经、鹿洞观过梁济生柏亭小集偶成，二兄步韵

之子避嚣尘，城隅剪茨新。数株松带雪，半亩壁为邻。小径时来客，清尊欲照人。偶游偕胜侣，觞咏自情真。

重过大牛村，宿任霖苍斋有感

孤村流水地，曾此访荆高。日月风烟黯，乾坤鞍马骚。别来几岁序，嗟去孰英豪。剪烛登床会，犹怜问羽毛。

初晤贾正卿先生，夜话感赠

高山几梦寐，杯酒接清芬。古道风霜历，衰时臭味殷。谁能草莽士，无负圣明君。莫以今宵话，持将问帛缥。

寿　诗

旭彩丽清筵，双鸠拄寿仙。兰葱香昵玉，桃结碧垂烟。共效如山祝，齐歌似椿年。盈盈两斗酒，春为二人旋。

菜　香　斋

扫槿错朱黄，风生古甑香。坐深时静喜，贫彻却清狂。儿读新教句，书成旧贮囊。不知真味淡，试与菜根尝。

春日偶咏

柔欲上杨枝，春烟罥绿池。旋矜风到面，乍觉日禁思。试暖看篱湿，争闲问梦迟。朝来尝闭户，删就数行诗。

山　居

久思离燕处，今始遂山居。童冠生涯乐，林泉高兴余。扪松憩古庙，探杳出烟墟。待话忘机事，寥寥人境疏。

我友曾相问，西山可驻轮。忽闻伐木响，已作采芝人。齿砺石堪漱，诗成兴不贫。自能寻鹿好，无事倩庞邻。

弟子为满人所挞，杜门懊恼，口号戏慰

可能羞夏楚，莫但恨豺狼。飘瓦何曾忌，虚舟任意将。水深石不恕，气厚葛堪尝。虎尚海鸥鸟，况伊未必羊。

偕倬父登山

闻说南峰秀，乘闲一跻登。野花当路发，山色入云层。蹊曲时通牧，庵空不住僧。倚松良话久，处处晚烟蒸。

同倬父教授山中，赋赠之

伯氏饶玄调，携家遁竹林。对门惟流水，有我是知音。共食诗书泽，言存管乐心。时登南岭上，昂首一高吟。

山　居

散步烟扉外，泉流正有声。将余洗耳意，并作娱山情。鸟弄龛前树，人呼岩畔耕。坐深浑未倦，数尽北晴峰。

携霍双泉、郝明还游玉泉寺

携友寻幽去，屣云到玉泉。水声杂梵响，花雾带山烟。犬吠僧迎客，人闲鸟哄禅。无生识得否，已觉道心偏。

春日过王誉之园亭独坐

及此山花烂，园亭好狎过。松将眼色碧，鸟共啸声和。颇有双柑兴，其如斗酒何。吟成看黛润，远意付修娥。

春日群饮，与誉之独携一壶上南山对酌

选胜宜耽僻，提壶上小丘。羽飞知客醉，人静觉山幽。远岫看常润，低花望更稠。莫言归去懒，狂拍欲成讴。

赏花次日，王誉之复载酒见招于北山漱酣台上，为送花之杯

为怜春色好，携手复登台。重将烟霞兴，一倾诗酒杯。相迎花似笑，如识鸟犹猜。莫惜连朝醉，年光去不来。

题王方新先生志

仰止披先范，清风肃简篇。心惟作吏苦，血向坠裘涟。宿草同人睡，馨

椒县谱传。徘徊千古意，握手嗣君贤。

温定懿妃家，家在新安城北六里村。妃，先皇恩母也

翠华何处是，珠钿落荒丘。温定先皇诏，慈宁故国愁。丹心应已化，青草为谁留。满眼蓬蒿泪，无人奠桂瓯[①]。

咏　史

三驷谋仍壮，十年剑尚縢。无思不故国，有策是中兴。龙虎人文价，渔樵山水朋。独余猎猎意，抵掌看秋鹰。

山居有感

众岑何嵬巃，有客此离群。契阔谈天友，凋零炙毂文。悴荣看砌药，晴雨辩峦云。空复一长啸，离披烟雾纷。

柬复济生

借枝安树隐，怀古赖诗征。百里书犹讯，一时兴未能。问樵迷去路，访旧乏高朋。何日双凫并，探奇友老僧。

---

① “满眼蓬蒿泪，无人奠桂瓯”二句，光绪《保定府志》卷四十三引作“愧乏椒浆奠，迟迟过道周”。

山中赠人

久竖鸡坛帜，闲从幕府游。知君甘大隐，愧我乏前修。朗月思玄度，才名忆马周。独余十日想，饥渴万山头。

山　　中

寂历发空心，悠然此境深。茅斋常供易，窟室不闻琴。楚楚看山眼，艰艰濯足吟。无人复往返，静听晓禽音。

秋　　宵

令序当秋夜，澄然露气凉。既宜看月树，渐可试萤囊。切切虫吟砌，泠泠风度窗。静深思苦读，有句记匡床。

漫　　兴

坐卧一窗明，萧萧风物清。秋虫常近户，山草不知名。小步携儿往，闲吟计日成。道人新过访，说尽爱云情。

信　　步

幽意耽来久，秋村信步稀。风高梧堕叶，潦净水生衣。园栗山人稼，墙壶道者薇。更因听牧唱，赢得暮方归。

偶　述

莫讶此身贫，书香幸未沦。无求颇得我，有子差强人。不厌烟岚味，常存风雅伦。床头千百卷，日日课程新。

中　元

过樵聊下榻，餐草到中元。一一询山事，寥寥忘故园。忽因禾黍月，遂感露霜魂。一叶西风里，谁禁秋思繁。

刘卢二友人携尊过话

庑居索莫久，分暇幸君过。尊酒山家味，高谈隐士歌。看题吟壁字，怀古想烟阿。此调堪孤尚[①]，无须和者多。

赠卢肯祥山居为邻

入山缘爱竹，得友始成邻。能以经纶意，潜为稼圃人。过从不必数，心迹自知真。但话羲皇事，休惊木石民。

① 尚，似当作“赏”。

即　事

居违大壑东，每过踏硔礲。表路详高岭，寻庵指密松。坡田无畎亩，山草有雌雄。闻说虎来往，归途恒日中。

上　园　诗

山家重四序，无过栗秋忙。春黍宵炊饷，持竿早上庄。看黄缘曲径，拾落满深筐。成熟须连剥，石鼯日夜苍。

同倬父游八大庵三清祠

习静空山里，分筇道院游。攀藤踏岭峻，扪磴看花幽。龛供玄玄祖，林生淅淅秋。为谈无上理，茶碗一迟留。

秋夜与耿友梧、耿保汝同榻，因忆子美“夜[①]眠秋共被”之句

落落年来迹，殷勤此夜眠。境逢同调洽，话到古人传。吟兴醒兼梦，生涯笑带怜。待将搔首意，起去问青天。

---

① 夜，杜甫《与李十二白同寻范十隐居》诗原文作“醉”。

夜过抱阳，扶阳郭道翁昆玉既翕轩开尊话故，时余入山也

谁解问柴桑，逢君此命觞。重将剪韭意，一洗入山装。素月凉秋夕，寒蛩噪晚窗。离离园畔草，犹似认求羊。

山中赠邻翁

与君称比屋，真不愧庞邻。酒向墙头过，谈逢巷口亲。山情存古朴，雅意想前民。园菜当秋熟，时时相馈频。

十四日豫筹十五中秋

忽忆中秋日，山居已半年。贫家岁事简，僻处客心悬。种麦方看雨，学耕旋买田。厨头无斗酒，何以答婵娟。

谋利到州城，中夜自嘲

莫讶逃名客，重为逐利还。奉亲思负米，求富已持鞭。坌智终难恃，桔心未易圆。劳劳半夜梦，谁教不成眠。

卢肯祥移居小庄，集客暖席，坐中赋赠

高调寄柴桑，温居集小庄。预知能作黍，便许直登堂。水果栽来羡，园

蔬蓄后香。林泉今有约，还往莫辞忙。

赋赠故贺将军中虚山居，以纪梦诗相质

居对数峰幽，邵平久罢侯。都将黄金兴，闲为绿野游。赤松仙可学，霸尉醉无忧。剩有烟霞梦，诗成问子猷。

出山省亲，回宿许氏斋小酌，因留示许佑之 佑之善饮

暂憩赴山装，亲情引话长。酒杯先入面，夜月色疑霜。旅梦鸡声觉，云心鞭影忙。春风幸有句，留示贺知章。

七言律

冬日跨蹇过映华斋头夜话

瘦影凭凭踏冻沙，山城访旧剪灯花。州平自悉隆中语，元直何堪马上嗟。辽落乾坤双鬓发，蹉跎岁序半烟霞。今宵风月平分处，犹慰深更对煮茶。

孙锦屏十亩园著书赋寄

高调如君不可援，萧然数亩结茅轩。元卿没草独留径，子慎听经合在门。但有壶觞供日醉，何劳车马入庐喧。相思拟续高人传，约到松枝带雪繁。

丁亥寿孔岳翁养邃

竹素勋名正此时，谁将远意傲霜枝。崚嶒志壮贞松柏，倜傥高怀纳寿祺。白发几更桑海变，紫光犹与斗牛期。今朝放鸽堂前祝，矜重须眉照酒卮。

送江明府调任新化

曾向荆州乞素盟，瓣香遑计话离情。只欣掷玉乌丝贵，岂意攀辕白发生。冀北关心桃李树，湖南叱驭水山程。魂摇此去风流远，有句应悲断雁声。

赠渥城王五修

萧散奚囊作浪游，逢君侠气订千秋。开尊喜共谈经会，看剑聊为卜屋留。磊落丰姿钦国士，激昂心胆感嘤求。从兹知己如相念，振袂风高渥水头。

病起登白沟阁

一秋卧病倦登高，踏阁今晨野望骚。往事白沟说古渡，寒林黄叶落空濠。举头应见西山爽，何日能回东海涛。瘦骨朔风惆怅处，不堪愁思转劳劳。

赠陈静甫

多君年少自翩翩，书泽犹能世德传。隅坐横经亲益友，分金刻牍寿藏编。

谱中声臭由来久，灯下珠光此日看。良夜故人真胜会，前途勉矣劝加鞭。

重过南望村，晤耿是经及诸友志感

血痕曾此洒飞霜，剑气凝寒暗晓光。一世风烟催鬓白，百年肝胆动星芒。深杯岂意今逢醉，高调犹思昔驻乡。执手诸英欣健在，忍将豪兴付沧浪。

乱后逢梁济生话旧有感

屈指苍黄海欲尘，故交惜别恸沾巾。遥怜匹马挥戈日，谁念穷途泣主人。落叶秋声凡几度，夕阳尊酒倍相亲。只今重续西园醉，犹胜当时访隐沦。

得习仲诗札，见规深，感其意，来韵赋答二首

大隐无须避市尘，随场坎止信车轮。君公墙畔牛堪侩，仲蔚庐边草自蓁。铭背曾闻深古诫，抃弦何事睨旁人。鼠肝虫臂从如此，湖海真惭未忘陈。

箕颍清风远世尘，苏章归去卧樵轮。山中日永宜耽史，林际春深合采蓁。学隐谁甘吴市卒，埋名君自桃源人。玉音愧尔传空谷，琼报何时一就陈。

赠　友

气虹舌电霸词场，拓落蓬茅几十霜。笔阵尚能撑墨垒，谈锋犹欲纵文狂。青蓝庭训阿龙著，源本飏传溯蔓长。匕首淬成常傅药，堤防艺斗刺班扬。

入山口号

行李一肩经半囊，才寻蹊路便疏狂。山花已笑投林晚，野客休嘲策蹇忙。茅屋风光如旧识，岭云生计只亲尝。从今试语峰头老，再有题诗定姓王。

王誉之春日宴客，因携酒南园杏树下，席地尽欢

南园红紫正当春，随意招携尽德邻。席地壶觞看布置，分曹主客自均匀。花枝欲折先须品，酒味将酣更觉醇。爱赏浑忘人意倦，明朝犹拟陟嶙峋。

山中喜仲嘉、蓊生二山人至

春山烟霭正清和，李郭柴门喜见过。按辔不妨松径远，冲云已觉道心多。几人于此开青眼，今日逢君披绿萝。斗酒西邻能供醉，再来犹拟倒层阿。

蓊生约复过我，余先期出门，留诗俟之

元直当来就我谈，我因何事出春岚。闭门敢似苏家傲，作黍惭无庞室餤。倘能高卧独留榻，遇有名题早拭龛。此去及旋不十日，回时往往问饲蚕。

洛汪淀驻跸台，文皇南征，曾有周姓者进壶浆于此，后其人从军有功。今台没于水，在新安城东

一湾菁藻问风余，旧是文皇驻跸墟。鞍马曾闻说麦饭，风云谁忆似巾车。千年胜迹应怀古，十里清波久化鱼。今日重来访逸老，可堪感慨立踌躇。

步　　韵

江畔何人怨落花，东风似惜敛余霞。青骢欲试长堤远，赤乌难回短晷斜。火烈昆岗谁护玉，烟飞榆塞尽听笳[①]。相思南国空魂梦，桃叶畴能更化家。

豪气何须但倚楼，丈夫心事自千秋。南阳尚有伏龙卧，河北谁云海鸟收。濯酒曾闻堪傲物，烹鸡未可误函牛。高鸿志欲凌霄汉，且莫辍耕叹陇头。

无　　题

鸟啼花落鬓霜鲜，忍对春秋巢燕眠。王猛入山原失计，桓温拜墓是何年。钢[②]经百炼方知劲，智不千回莫认圆。从此唾壶击碎后，敢忘纳履师遗编。

---

① 笳，原作“茄”，今改。
② 钢，原作“刚”，今改。

偶　兴

抱瓮衡茅赋索居，十峰苍翠半筇余。因耽幽胜频寻寺，自爱深思日著书。心事岂能沾地絮，世情应有闭门车。向平婚嫁休完早，留着山人细味蔬。

游广福寺题壁

萧索一囊久卧庐，扶筇又得过僧居。心缘地僻山增韵，意为人间水自如。阅世已知空半偈，观生合此悟全车。翳然林涧将归处，鸟奏蝉弦亦太初。

赋赠广福寺定山上人

出尘久羡梵宫幽，况是相逢惠远游。漫道琵琶须妙指，且贪林水颒间愁。虎溪送客曾三笑，莲社成盟自一流。何日重将金磬响，唤来明月上峰头。

爱昔坡仙从佛印，今师有我恰相求。林非甚僻颇能静，空不痴谈自觉幽。覆砌松阴常一日，添茶梅子过三瓯。再来许有烧猪否，学士禅心在箜篌。

赋寄许宗虞

君是王官谷里人，策藤披藿几经旬。只缘有守诸生累，遂觉无驴处士贫。玄度襟怀应见月，子猷风雪漫劳神。西陵南亩工方竣，却拟桃源数问津。

山中怀静观

上床豪气讵能平，咄咄兴怀魂礧生。不是埋名学市隐，何堪掉舌代躬耕。当年我似陈同甫，此日人谁徐介卿。却望濡阳百里外，剑光墨晕一时横。

怀　习　仲

平生管乐几人如，念子潇潇风雨庐。数口应烦十亩计，两年仅得一行书。共传也嗣河汾业，为问谁当将相誉。同在山中相去远，白云青鸟各踌躇。

怀　荐　馨

依依曾向草堂深，醉墨清谈间史林。有坐便能成小咏，无钱不解号书淫。集中兰谱高人传，袖里石兄癖士心。此后相思山坞远，可堪独发听嘤吟。

山中寄怀于度舅，兼呈洞观

罢讲茅亭几月余，谋山谋野并蘧庐。嫠不恤纬谁云妄，鸡止函酸我任疏。莫助清风能勿梦，自知近况可无书。空岩赖有龙川论，恰似尊前抵掌初。

夏日山居即事

漫言鸡黍属山家，到此经春客但茶。除数东岗田种豆，便矜北国栗开花。

猪肝未可行尝贯，菘菜还须秋末嘉。倘遇茅君学道侣，玉杯只好馔胡麻。

寄怀北城诸友

金容贳酒细论文，记是从春到夏分。岂料轻离成远隔，遂令要语只遥闻。愁来松下三秋句，消处峰头数寸云。传致便鸿须寄讯，空山端的少诸君。

寄 怀 君 侨

屐折心谈夜欲鸡，珠光玉气照颜霎。浪仙吟忘公卿贵，亭伯文惊班传齐。性未半驯君野鹤，踪无一定我浮鹭。相思幽梦凭谁取，凉露孤松月正栖。

寄候五修奋学

折节闻君志古儒，怜余落落远难俱。心依白鹿先生业，路阻青毛处士符。观世音经应念熟，一弦琴谱可精无。高怀自会吟风月，光霁还思两地娱。

寄怀渥城诸同志，即呈征君

皎皎扶风帐下贤，犹能此地志歌弦。雨旸不废敦诗会，伏腊常修养老筵。观鲁何曾无季子，存周或者是麟编。思君非作空相忆，古道于今未旷然。

龙村汉寿亭侯祠

泣把丹心问古今，君侯烈烈独堪钦。神驰故主生兼死，义别阿瞒印共金。欲笑忠魂留汉祚，无成天命惜人禽。山民香火年年腊，空谷谁思继足音。

诗寄诸同人，复作长想

一行诗是向时心，寄后翻令思转深。才见孤云随去雁，却愁双鲤滞来禽。夏虫冰自难恒语，野老席当谁共寻。从此奚囊封外草，可胜日日百回吟。

闻山人有欲邀我看山者，诗以讯之

谁可青山作主人，拟将芒屩遍嶙峋。看松闻说生高兴，烧笋何妨及好晨。幽鸟谷中应唤侣，碧莎石上久成茵。酒杯茶碗不须供，一枕溪声已避秦。

初秋过双峰草堂谋居

卜宅青山是夙因，况逢篱落候初新。豆花凭树结成架，瓜蔓缘墙长入邻。灌圃流泉穿巷过，肥牛细草到天匀。生涯十亩非难计，谷口何妨栖子真。

七夕日过许宗虞、许遇之园斋即事

久羡柴桑未得过，褰裳今始晤烟萝。青松有约兼佳节，碧砌无尘况酒螺。

案上试瓜常五色，窗中看岫似双娥。夕阳谈麈归思缓，潦倒山人丛桂歌。

赋赠王将军山居小酌 君号任重

谁向青门问故侯，岚光草色自新秋。居邻修竹山常韵，户绕流泉巷更幽。屐齿苔痕元亮迹，杯唇杏味德公谋。匣中宝剑今何用，却话从前已买牛。

散　述

买瓢市衲办闲身，赖此犹存乌角巾。琴有精心难下指，书无副本未传人。东明峰畔秫堪酿，素女螺中饷不贫。杖履懒从人境处，行踪常及虎踪新。

游　山

寻山整日不辞贪，屐齿云分千岭岚。老衲留宾能作馔，小童拾果惯挑篮。穿林觅路惊岩鸟，登顶呼人恐窟虤。散步归来何所忆，摩空白壁墨光酣。

秋日晨起述怀

良夜愁眠侮起迟，振衣豪梦尚丝丝。半生未似东西水，一世谁为大小儿。抚枕鸡声催舞影，冲星剑气抱寒霓。霜空嘹唳闻新雁，惊动秋风万斛思。

九　日

才过种麦半年忙，又对看花九日觞。帽是孟公容易落，酒逢陶令自然香。

秋山远色宜红叶，旅雁寒声动夕阳。欲遂登高无好伴，强因题句解奚囊。

赠　牛

数年生计在归耕，得尔真谐十亩情。陇上可无辍耒叹，山前准拟挂书行。高冈细草君须力，短笛长歌我自横。宁戚于今轻相国，何愁无伴共柴荆。

秋忙因看麦偶兴，步到洪源宫

看山合是此生缘，兴到何妨杖履便。暂扫松阴消倦汗，旋呼茶碗漱干咽。篱旁高下石泉响，屋角青黄山柿鲜。忙里未遑深眺览，古碑读罢记先年。

赠洪源宫霍炼师

白发黄冠学野仙，餐松煮术不知年。养成文武无烟火，历尽阴晴靡定天。石榻曾留高士憩，云根常伴孤猿眠。重来相访复何事，拟说函关上下篇。

冬日柔之弟自乡来，因同友天表兄过岭南访鹍化、德普二表兄，兼晤贺中虚、夏六飞，并携敬止、尔止二表侄，饭余夜话

日艳峰头不觉寒，趁闲访伴出林端。无多山路双凫便，稀见亲情一饷欢。老幼为朋兼笑谑，弟兄作客更和安。山农家计饶相似，喜话挑灯到夜阑。

山　　情

白云留住顿忘归，尽日摊书坐翠微。一载续成招隐赋，四时裁就在山衣。奚囊萝径樵夫识，麈尾松风羽客围。却笑当年角里老，强为帝子说从违。

绝　　粮

尼父何缘又在陈，儿童久报甑生尘。送穷韩愈因文剧，乞食陶潜为客贫。未事弦歌曾五斗，总谈尧舜也三旬。寄言当日赤松子，此际重来辟谷人。

王鳞之自郡头来见，过陋室，空坐无以为款，书此道意

鸡酒何须嘲紫阳，山人有客恨徒忙。过门并少茅容具，入座空沾荀令香。已分白云不可赠，却疑淡水讵堪尝。独余半卷扬雄草，拟向玄亭一话长。

夏六飞见访，兼赠余以诗，他日赋答

拟续西唐愧未如，幽人何事问清虚。错刀有赠流云句，玉案将酬刻叶书。已爱蓬窗添话麈，空惭芸简觅仙鱼。相逢再莫轻辞醉，预订黄公贯酒垆。

余教授山中，友人司贞百为巡检，夜集倚傲斋饮因赠

山亭雅集话焚枯，吏隐书佣调未孤。愧我久专白鹿洞，羡君新就步兵厨。坐深明烛看频续，兴剧流觞听屡呼。试问德星曾聚否，良朋今夜足欢娱。

寿惠迪王年伯山居炼药 公复精堪舆

弘景年来眼欲方，松园看种药苗长。尊中石髓真人饵，间上芸编世德芳。鸠杖逍遥持绿玉，鹤衫肃爽映黄囊。茯苓白蜜浑常事，好驻丹颜对寿觞。

七言排律

山居即事

丘壑天然兴共生，全凭杖履试颇平。寻松远过崎岖顶，步涧遥闻滴沥声。到处小桥石径转，披来曲磴薜衣轻。峰头黛色千秋赏，洞口白猿一世盟。樵客无心常导引，山翁留话也经营。茆茨赋里歌堪续，种果囊中子旋盛。尝草每能通药性，观云雅可卜天晴。漫游康乐名原横，嘿隐公和啸自铮。柴担市来差佐沽，角书挂去镇娱情。不听梁燕随人语，那管阶蝼出潦争。此日有怀聊独往，何宵见月不同明。桃源诸事皆称羡，更羡从无魏晋名。

诗　余

声声令 秋怀

凉飙徂暑，翠叶惊秋。鹍鸡啁哳草窗幽。山萤何事，星点点，堕墙头。触花稍，欲去还留。

月下萧骚，无限也，凝双眸。望云心计几多愁。高峰无数，终宵里，挂银钩。漫思量，帘卷西楼。

甲申诗集

五言古

驯雀咏 有序

祁署有二鹊，时来近人，童子辄以粒食之，依依无惧色。忽一日，为小婢所得，仍放去，此后再不复近人矣。嗟乎！山梁色举，海畔惊飞，网不可以再罹，心不可以常忖，物固有然，人亦宜尔。彼有知进而不知退，机已发而惘然莫避者，对此可以稍思矣。感而赋之，聊以动识机之戒云。

有鸟来翩翩，亲人了不悸。阶除弄羽毛，呼之立可至。彼此两无猜，岂复谋趋避。谁料事难知，小婢食为饵。虽非妒害心，此意岂堪二。翻然凌青霄，纷纷徒思议。结巢枌榆巅，果腹自鼓翅。无患复无争，弋人何所施。见机贵及早，山梁增叹喟。海鸥忽群翔，达人引其类。涉世岂无方，此鸟可为譬。

晋十一忠八义 有序

余小子入晋，未能得交其地之大贤高士，闻见盖寡。顷阅邸报，见按台黄公疏列先臣殉难者若而人。余观其行事，若真忠义者，又岂敢以闻见未真，没诸公烈气哉！著为诗歌，以见吾景行夙志云。其有真忠义而为余所未悉者阙之，以俟余采访传之，不敢谓已尽于此也。

蔡公懋德 公，昆山县人，巡抚山西，
逆闯渡河，知事不济，自缢身死

生无为，死已足。使天下之人尽如公，何为累累若若而为贼驱辱！

赵公建极 公，永宁县人，山西
布政，抗节骂贼，碎首刃下

与其瓦全，宁为玉碎。刃加于颈，其心不二。呼呼可泣！

蔺公刚中 陵县人，山西督粮道，
矢志守城，城破，从容就义而死

城之不守岂予辜？身之不生我何负？嗟乎哉，碧血凝土！

毛公文炳 郑州人，山西守
宁道，捐身殉国，鼎镬不避

惟知有国，焉知有身！国事去矣，身将何存！烈烈忠赤，在守宁之人。

毕公拱辰 公，掖县人，山西巡
宁道，壮志吞贼，杀身报国

呜呼毕公！与毛公志同而节同。万古之下，想二公之忠。

王公胤懋 公，霸州人，山西宁武道，
竭力守城，炮尽城破，被难而没

是时神京已闻风，战士无斗志。而公苦苦守土而效其力智，不周身节贯天地。

孙公康周 公，安丘县人，太原知府，
城上炮击伤贼至多，城破被难

孤城死斗，谁其云救？呜呼，如此忠赤，而天不祐！城破被戮，此心无咎。使天下万世人知逆闯入晋，而太原重镇未尝束手。

李公之清 公，庐陵县人，太原
同知，分信调度，城陷身死

孙公效忠，李公不二。何忠鲠之并驱，而不能成事，至今春草罢绿。

吴公镕 公，贵州人，中路同知，
竭力堵贼，城破被戮

吴公天下士，不肯庸庸碌碌而偷生苟视。并州千里土，如中路者几？

房公之屏 公，大兴县人，安邑
知县，从容就义，投井身死

为国守土，大势不支，只身何所？呜呼！一井水，房公死处。

周公遇吉 公，辽东人，宁武督都，日夜
血战，杀贼逾万，矢石已穷，被磔而死

呜呼，周公奇男子！不血战城头，战城外。志欲吞贼，贼已挫锐。战士饮血，天地变色。呜呼，矢石穷，身被磔。于今宁武一战，谈者眦裂，张睢阳再世。

葛公凝秀 公，平定州人，原任户部郎中。家居，闻贼破京师，北望四拜，自缢身死

大运不可挽，大义在林泉。北望泣圣明，臣心烈火然。谁适使至此，低回空自咽。身随国祚没，名与日月悬。挥泪端拜去，魂逐暮云绵。千秋青史上，哀叹感遗贤。

杨公进 蒲州人，原任保定抚臣。家居，被贼炮烙非刑，叫骂益烈而死

我非偷生者，炮烙亦何为。臣颈谅可断，臣心岂肯亏。萧萧白草风，矫矫贞松姿。万事良已矣，切齿从逆儿。誓不复视息，长往亦奚疑。

韩公于宣 蒲州人，原任云南知府。家居，贼至州，同妻薛投缳而尽

君臣夙所重，夫妇谊匪轻。贞魂一朝断，义烈与天倾。龙髯不可攀，云日照忠精。万载坟头土，应生连理茎。

王公征俊 阳城人，原任宁前道。被贼禁狱，阖县士民以其居乡多德，泣求保出。至家，从容投缳而死

生抱岁寒节，屈折肯相从？凛凛志怀霜，鼎镬自春容。嗟哉尚德人，涕泣全所宗。谁知名义重，不稍挫英锋。投缳一天毕，芳徽铭景钟。

樊公邦正 公，蒲州人，孝廉。原任德安知府，坚守孤城，贼不能下。及后罢官家居，贼至蒲，被缚。贼曰："此非德安太守也?"欲降之。坚持不屈，贼怒而斩之

德安抗节时，俨若一敌国。气靡百万众，浩然天地塞。谁料角巾归，毒气更相逼。正直宁受辱，中心绝反侧。断头何足惧，惨澹悲风极。

王公倬 泽州人，孝廉。贼兵压境，先遣家属出城，只身入室，口呼君亲，向北四拜，自缢而死

忠孝谁不谈，临难每相违。草茅有逸士，况乃异彤帏。处虑独矫矫，挺操何巍巍。遣家全宗祀，捐躯识所归。君亲呼何苦，遥拜明心依。平生此已足，任作寒灰飞。

相公希尹 蒲州人，原任甘肃总兵。家居，城破，骂贼不屈，曰："逆贼，可早杀我！"遂被害

烈烈一将军，生为国之干。本拟报君恩，胡为当世乱。坐老虎罴威，况敢负国难。头断志不遏，桓桓气凌汉。杀身是所甘，遗恨剑光灿。

张公梦鲤 蒲州人，原任山东副总兵。家居，贼喝之跪，不肯屈。贼割去两膝，旋而杀之

不能灭丑类，壮志几勃勃。空拳当大难，吞仇气徒没。怒发欲冲冠，恨不啮贼骨。直视若电光，凭陵一何艴。天生胫如铁，岂肯屈刃刖。英魂为厉鬼，杀贼护天阙。

吊左公懋第

呜呼左公！颜平原，苏子卿，仿佛公之精忠。水潺潺，云容容，泣公何敢言，吞声万国中。哀哉公二仆，义士从田横。

杂　兴

东林有逸羽，吸露濯清溪。不飞复不鸣，誓远浊水泥。既少弋人慕，又无群雀挤。孤高有如此，鸾鹤会同栖。何日风云生，图南快所跻。

小　阁

积日不登楼，楼空何所见。一带子洪山，苍然横人面。日晚烟蒙蒙，风淅鸟如箭。回首望故乡，故乡不可盼。

歌　行

石头吟，又名十望歌 有序

有美一人，曰傅青主。我不见之，我思大苦。聊以作歌，写我心腑。傅之其人，留兹晋土。冀其见之，勿我遐阻。

一望兮，望石头，望不见兮我幽忧。双眸望断云山远，人在云山顶际头。
二望兮，望石头，山之阿兮河之洲。姓名久噪幽人耳，身在白云何处头？
三望兮，望石头，不见君兮我自尤。凡身愧少通仙骨，罔自縠皮也绡头。
四望兮，望石头，裁新诗兮闷旧游。桃源曾有渔郎人，流出桃花在那头？
五望兮，望石头，我思君兮志未酬。只手欲牵白日返，长绳挂在扶桑头。
六望兮，望石头，不驾车兮不命舟。黄冠布衲从君去，永别红尘不掉头。

七望兮，望石头，君弃我兮我不羞。幽兰为佩荃为带，但得执鞭马尾头。
八望兮，望石头，不见君兮我不休。挥锥击破天门钮，诉与先皇在上头。
九望兮，望石头，得见君兮死不忧。怀中一点思君泪，化作长虹贯日头。
十望兮，望石头，但随君兮我何求。西山一片光明石，与君风雨坐峰头。

杂　兴

秋云阴兮微雨滴，坐清厨兮思不寐。思不寐兮可奈何，西风愁对雁南过。一雁南过悲字断，佳人何心处撩乱。

十月四日

树头风动何披披，心绪逢之如乱丝。山城云影何离离，有客伤怀不忍题，呜呼此日兮悲莫悲。

有所思

云辉兮月明，我思兮不情。虽则不情，万古景行。

风来兮草摇，我思兮寥寥。虽则寥寥，其谊也高。

五言绝

夜　坐

坐久夜寂寥，灯光幌壁上。炉头沸茶声，潇潇如竹响。

杂兴

入晋别无事，还期到晋祠。谁知数月里，空自作相思。

晋祠多佳人，娇语嘲垆者。远道见郎来，看郎到下马。

闺中

绣字频看谱，栽花惯识名。南园隔小巷，希罕杀流莺。

学娇并骂郎，郎怒妾不畏。请郎上象床，郎贵妾亦贵。

斋中

新学研墨法，旧载斗茶书。童子看巢鸟，山人爱木鱼。

角巾惟私着，狂歌时夜闻。预恐邻人讶，起诵观音文。

衲卷随时展，闲轩任意名。雪风逼酒醒，童墨促诗成。

感怀

世事如翻掌，流光似逝波。英雄零落尽，空噫大风歌。

童子懒

不能诵无逸，因制铁茶壶。时常春睡去，任他沸红炉。

志学

抱膝一长啸，闲斋断往来。读书宰相事，作赋大夫才。

偶作

一身同堕叶，千里似飘蓬。莫作无家叹，天涯信不穷。

世路正纷纷，离家何足云。风尘携手意，独有孟尝君。

瓦松

何物花茸茸，秋来生古瓦。独挺贞松姿，北风吹不下。

美女辞

美女诞兰房，春风窈窕妆。故夫虽尚远，肯嫁陌上郎。

得九如札

凝寒凄小署，无雁复无鱼。兀坐若忘闷，故人忽有书。

嘱工制裘

吾非轻薄子，裘马讵翩翩。燕市逢豪饮，图多算酒钱。

五言律

重过土门镇

犹是昔年路，今来时已非。不因风景异，顿觉寸心违。古庙残碑在，荒山落叶稀。踟蹰伤往事，萧飒断云飞。

题萆山 二首

获鹿城西十余里有抱犊寨，古名萆山，为韩淮阴伏兵地。按淮阴下赵时，令士卒人持一赤帜，萆山而望赵军，俟赵军空壁出战，即间道驰入赵壁，拔赵帜，立汉赤帜，即此地。余游鹿泉，见凭吊者多在土门淮阴祠，而此山绝远，登眺者盖少，罕有纪其迹者。余乙酉冬偶登，因二诗以纪之，且以见此山之形胜为不可没云。

带剑攀危蹬，崚嶒叠嶂雄。云迷驰赵路，日冷列旗风。胜迹石泉咽，荒岩遗垒空。传飧人不见，谁念革山功。

英雄千古迹，形胜几人传。东锁恒阳险，西屏故镇坚。风云尝壁垒，虎豹自山川。汉欲封张耳，宁辞霸业偏。

人　日 二首　丙戌

曾闻春似燕，复道日为人。草色逼乡梦，年光阅客身。梅花何所寄，柏叶暂须亲。岁岁无劳数，天涯柳自新。

幸逢今日酒，能忘去年人。世事几尝胆，吾生乃有身。剑花羞欲照，螺影猥相亲。多少东风恨，都惊物候新。

祁署柬王湛露

数年之别，饥渴兴思，他乡之逢，梦魂欲慄，奈关功令，未遂私情。聊数语以当加餐，庶千里无忘道故。

独有临邛客，来向并州游。赋草逢时献，琴心何处投。清霜旅邸夜，尊酒异乡楼。梁苑遭庄忌，论文好共留。

昭余吊温太真

晋运当危覆，英雄愤正深。既思援国难，岂复念家音。裾绝心堪裂，泣挥发欲森。至今怀往恨，犹为血沾襟。

初春效李贺体

春至能何许，韶华渐觉妍。柳条柔见色，晴日暖看烟。逗面风梢软，舒襟体意娟。汉家飞燕在，玉骨倍温然。

读　　史

不为封侯印，常悬带血刀。风霜人易过，家国恨难消。午夜鸡声壮，中流楫击豪。江山犹在望，肯使老吾曹。

新正雪霁登署中小阁

入望山偏秀，登高日倍明。不缘恼积雪，何自快新晴。断白凝遥阁，流云湿近城。署中清绝处，端合酒杯倾。

新霁登署中小阁怀诸友在广陵

小阁当新霁，闲凭宿郁舒。山光青逼槛，霭色嫩沾裾。雪液檐泉响，春温鸟奏纾。那能对好景，不忆广陵书。

走韵赠贺伯龙

近得平生友，汝南贺伯龙。纵挥能百首，豪饮可千钟。白璧连城价，青霜八面锋。翩翩骋骏足，蹀上九云峰。

署中自题

落落谁堪谁，高怀止自嗟。记年惟甲子，注目但云霞。吾道犹存饩，天心未厌华。桃源在何处，卜渡欲移家。

端午日怀伯龙在途次

闲庭当艾节，无计对参军。蒲叶尊中满，榴花何处缥。读骚应有句，竞渡但瞻云。寂寞谁相念，空令日色曛。

赋别习仲

几度劳魂梦，相逢俱客身。风霜悲鬓发，涕泪感乾坤。骨肉尊前话，飘蓬世外人。别离何足问，所重在吾亲。

哭上艾先臣葛公大节

公讳凝秀，闻逆闯陷都，向阙拜而就缢

慷慨捐躯日，孤忠谅可哀。撑天七尺影，恋主一心灰。北阙魂犹拱，西山日已隤。老臣何所慕，常此感风雷。

吊周伯况先生墓 墓在祁县

先生当王莽之乱，散财遁迹。光武正位，不就仕。盖先生之高在不仕新，非不仕汉也。当建武，可以无容仕矣。诗见意焉。

汉祚中衰日，先生耻仕新。散财明夙志，遁迹契高人。社稷间尝恸，烟霞老自亲。既然世祖出，何用更垂绅。

题《祁志》沙城断碑诗

相传有雁丧其偶，其雁触碑而死，碑为之断焉。

贞鸟何年迹，相传此断碑。孤心怜偶丧，烈气感珉披。落落沙城影，哀哀羽族悲。荒苔与蔓草，犹忆啼红诗。

寄赠王宁一

鞍马过君家，相逢意气赊。呼卢尝命酒，好客每停车。百万增场剧，十千供日斜。参商凡度几，流水阅年华。

寄赠友人

儒素自风流，昔年曾旧游。布衣交道古，兰籍友声悠。致以临风树，调高入郢讴。思君尝欲渴，无那又惊秋。

寄怀刘骏华

洒泣登舟日，挥戈返照时。有怀思故国，无雁寄新诗。沧海桑田易，人烟居处移。乡园秋草合，应共感离离。

十月一日有感

荒凉十月候，感慨忽今朝。旷野乡书断，寒风秋草凋。灰飞衣莫寄，魂杳赋难招。谁念天涯里，伤心涕泪消。

寒鸦飞复鸣，岁暮正凄清。白云澹秋日，黄花动古情。飘零怜叶落，潦倒畏樽倾。自是年光促，偏令客思惊。

赠侯允德叔隐居

晏婴非乐市，潘岳且闲居。世事一尊酒，生涯数种书。朔风寒岁早，流水故园余。黑白知谁尚，衡门意自如。

怀是经

登当拜母日，握管忆君情。落落天涯远，萧萧客鬓生。寒温隔岁月，踪迹似浮萍。何计成归隐，山田好并耕。

故　乡

故乡今已矣，何处故人居。井灶纷离旧，朋游散莫书。荒原频入梦，客泪几沾裾。但得扁舟去，无缘恋敝庐。

七言绝

过　土　门

落日天边暮霭愁，中原逐鹿未全收。风烟镇日低秦岭，回首征鞍欲白头。

北城依韵赋别孙君建

入云深处见山扉，话别匆匆马欲飞。挥手故人千里道，风霜应念夜灯辉。

戏代组吏部，嘱太原令，使青目粉儿诗。粉儿即太原妓也

花比精神玉作魂，楚云曾此恋辕门。知君雅意栽桃李，冀共春风一样温。

代太原戏答

殢雨尤云欲断魂，相思无路到辕门。凡心也自怜娇蕊，无那春风已早温。

申之尝言不如作一戏子，时人不解其故，诗以晓之

傲骨年来谁与欢，欲随优孟强登坛。情知歌笑非吾事，图戴叔敖旧日冠。

观贺伯龙醉中草书口号

对君疑见贺知章，染发书成兴欲扬。留得龙蛇君自看，醒书何似醉书长。

读袁雪斋《尹兴记》次沈羽公老师韵

偶因作客罢耕桑，苦恨凭谁话故皇。独有尹兴当日事，为君涌起泪千行。其一

此事何关败与成，壮心耿耿自不平。当时若止图观望，谁肯孤身抗大城。其二

祁妓有从良者，将其鼓乐还官，戏书鼓面

轻雷花貌艳其镗，几度喧阗歌笑场。从此雷神收响了，更无云雨在高唐。

署中旧有巢燕，不固而坠，又复营成。余以纸代为封之，戏题其上

故主已如风后叶，衔泥犹自影梢梢。知君儿女身家重，一纸聊为固小巢。

秋期不赴，因述怀 时丙戌秋也

照眼槐花近小楼，晚凉吟罢更生愁。文章也自堪登第，无那西风非旧秋。

故居被占 二首

满目山河同换主，故家燕子傍谁栖。却怜杨子读书地，都作萧萧胡马嘶。

一囊一剑是平生，常欲乘槎泛斗行。壮志繇来薄治产，何必区区问故衡。

小　院

霞明落照城头影，风断闲云天外飘。小院深深无个事，爱题萱叶当芭蕉。

柬顾云门

相过执手话荆高，易水风寒剑气豪。多少元龙楼上意，马蹄回首更萧骚。

署中重阳 二首

庭院秋风一夜霜，晓来方道是重阳。篱边众草都摇落，却有黄花蕊更香。

景物萧萧岁又阑，黄花剩得客中看。今朝不用登高去，昨夜城头风更寒。

秋 日 祁 城

一上高城望眼舒，金飙寒意动襟裾。祁城不用深怀古，只此踟蹰感有余。

七言律

别斋对酒赋赠钱公，又平时有观画论文之乐

问字风流羡子云，玄亭尊酒对斜曛。谈言兴剧词倾峡，捧腹才高气贯雯。屋里潇湘凭画卷，囊中风雨见龙文。莫嗟胜事昔贤远，只此清评已夜分。

寄怀姚南之钱嗣裔

闭门终日卧穷愁，车马何人问旧游。乘兴有怀期访戴，避居无计欲依刘。匣中剑气应涵斗，世上浮名漫刻舟。屈贾雄才君自富，寄言我已志林丘。

感　兴

坐来何计慰愁肠，秋草蝉声自夕阳。雨涨村沟林际水，苔生深院砌阴凉。枕头书卷余残梦，眼底浮云带晚苍。碌碌世情谁得似，逐风扑火镇朝忙。

卜易志感

已笑行藏似掌翻，那堪运命如泥屯。随人牛马无不可，到处囊锥莫浪扪。欲变楚声谁禁思，若教齐语但专门。蝶周梦里原成幻，倚伏何妨塞老论。

村居秋水

故园一夕水为乡，满目桑麻变荇蒋。河决岂遑悲瓠子，雨沱何必怨商羊。农夫望飓空悬耒，舶客乘涛欲纵樯。生事飘蓬无处问，可能鲈鲙代秋粱。

村　居

荒居无客罢谈玄，判把琴尊付宴眠。满枕清风双眼在，半窗暑雨一藜穿。宅留细草湿沾砌，树结垂条晚聚烟。僻坞正逢秋水涨，樵踪鱼况过流年。

杂　兴 五首

一径蓬高二字居，白云青眼对摊书。拈须句就诗堪帖，折柳樊成馔有蔬。

逸兴漫寻学水约，闲情时扫听琴除。喜无衫履秋风爽，深树石梁便看鱼。

数朵寒花点砌凉，萧然四壁见秋光。虽无旧友来蓬径，却有新诗满草堂。司马家贫能作赋，元龙气傲自登床。衡门从古多佳兴，坐卧西风一水长。

小巷人家计任天，每于水涝卜鱼鲜。秋瓜入馔食难饱，湿柳充薪灶易烟。惯贯酒奴迟应沽，涩还邻老暗羞钱。早[①]眠晚起惟诗伴，越到穷时致越添。

一片心如失猎獐，还资种菜到秋芳。今年种借来年麦，一日食艰数日粮。钱遇典衣橐易尽，身因避祸鬓全光。嗷嗷预作穰穰计，弱婢小僮齐筑场。

入秋莫怪出门迟，圃计农功妨去时。潦下泥田耕怵力，稼伤稗粒课劳思。尝鲜兄弟频赊酒，写蹇妻奴半解诗。笑指炊烟揶饥鬼，朝餐以毕晚烟丝。

送象九、习仲、静观从王节度游维杨

群英壮志嘉遨游，联辔维扬海色秋。词藻风流辉幕府，弓刀侠气照雄州。论兵莫负幽燕老，结客能忘丰沛俦。北地奇书如可问，中宵明月忆登楼。

细　君

欲效伯鸾愧未能，相安勤苦待君承。养儿莫笑蓬头拙，奉母还思兼味增。吴市赁舂宁讳贱，桃源避世自成朋。于今不羡长卿贵，椎髻萝裳信有恒。

---

① 原本字残，仅存下部“十”形，拟补“早”字。

哭兄翼之 四首

兄当甲申大难，父遇害，不肯独生，从亲而死。兄讳余恪，明增广生员，当时有倡义之举。

骨肉知心弟与兄，今于何处问生平。百年徒没勤王志，四海谁怜仗义名。魂返重泉应见帝，丹成野鸟定呼朋。一家剿刃浑闲事，眼泪宁堪哭有声。

岂艰跃马去投吴，只为亲亡不顾躯。万载名存伍氏尚，一腔血洒赵家奴。衔冤未雪目难瞑，赍志无成鬼尚呼。回首刀头辛苦恨，断肠真可惨千夫。

年少场中说长兄，当时谁不羡飞鸣。笑谈入座争扶袂，慷慨论交各倾情。好侠曾传击剑术，学书犹志写经名。可怜满眼风流藉，尽作山阳笛里声。

想像思兄欲见难，只余颜色梦中看。婆娑不似当年貌，恍惚全非旧日欢。岂是游魂迷怅望，多因幽路太弥漫。中宵猛起成悲咽，冷露寒蛩泣月团。

剃发志感

高皇王业已烟销，义士谁为惜一毛。椎结自今成异域，衣冠从此不前朝。顾驼有泪空悲棘，见祭何人早辩妖。文物中华沦没尽，剩将感慨付歌谣。

送若谷家兄入都谒贵

落魄穷途吾道难，侯门此去铗须弹。但令张相舌犹在，肯使虞卿璧久刓。

骯髒人惊侠后骨，风尘我卜故来欢。高楼得意能沽酒，醉拍斜阳旧战鞍。

寄怀永言家兄 二首

休嗟踪迹似飘蓬，王粲依刘计未穷。挥去黄金随客尽，别来彩笔带愁工。既逢狗监深知马，岂虑长扬晚荐雄。犹有当年霜刃剑，好将拂拭倚崆峒。

兄弟天涯音信稀，将经年别未言归。春风有梦谁吟草，秋水怀人空掩扉。谈剑襟期仍浩浩，伤弓心事漫依依。加餐一语遥相祝，多少穷途泪未挥。

喜子桐侄来感赋

一家零落苦相思，见子蓬茅梦亦疑。不为虚弯怯弱羽，岂令壮志泣穷岐。侯门未必工弹铗，梁苑何堪久赋诗。暂此家园聊共慰，萧条生计半荒蓁。

索居中崔生千公过我，问遗文一编示之，因诗寄焉

久拟吾庐如仲蔚，子来端合似裘羊。未论吾道千秋贵，且喜书心一段香。世态我无䃤裧意，时贤尔任歈歈狂。残编未是屠龙技，读罢应还有秘藏。

与满州人翟姓者语往事志感，翟本齐人也

秦容何能变楚声，总来异域也乡情。身原汉裔还思汉，家既清朝却戴清。款曲逢人偷认故，依稀问讯暗含惊。南中欲话北中事，一段凄凉一泪盈。

剃头后见公弼，时公弼有
中流砥柱之意，因赋赠

别来壮志竟蹉跎，得似君怀未可多。一代贤豪堪自负，几番风浪肯同波。闭门书著经天策，养士金挥弹剑歌。少小交游许我共，头颅相顾汗颜酡。

赠许蛟门兼呈公弼

一剑风尘故倦游，丰城紫气欲连牛。谈兵旧著如山略，遁迹深怀破浪筹。囊挟异编传圯上，心悬故国怆神州。新亭当日饶名俊，慷慨谁人第一流。

秋日怀二友人

曾记相逢夜雨中，谁知转眼已秋风。只因时势浑无定，那觉襟期判不同。天下几人还逐鹿，比来诸俊半伤弓。思君意气深如海，何日重为弹剑雄。

秋日寄赠张玄甫兄弟北期，因书予怀

君家兄弟各峥嵘，旧社论文应更精。莫问西风双鬓改，却看北去一枰赢。明珠自合逢时贵，鹏翼宁容借力轻。突兀故吾真有我，酒杯诗卷课秋耕。

中元日邀张振起、张玄甫昆玉泛舟

清兴正当七月望，携尊邀客欲维舟。登临不过黄泥坂，诗酒聊同赤壁游。

鸟踏寒林惊落叶，灯移轻桨照中流。诸君旧有黄山谷，肯负沧浪一段秋。

秋节农祭

西风霜露坠寒林，俎豆桑麻野兴深。著饱盘餐天地德，荐余瓜枣岁时心。农秋禾穗朝悬屋，鬼节灯光晚入浔。却念燕云征战后，谁贻熙穰到而今。

读《大明逊国遗事》，见其时节义名臣，自孝秀以上至诸公卿大夫，不下几千余人无论已，即下至戍卒守卫、贱妾弱女，亦皆比比争鸣，何其忠义之多也

三十年来事已非，鼎湖空对泪沾衣。乾坤否泰归天运，鸡犬生成总主威。开国遽关亡国恨，微臣尽识去臣机。独悲一代忠贞烬，拨却寒灰再不飞。

秋夜忆柔之家弟随诸同志涉淮入楚

入夜秋声雨意凉，遥怜游子在他乡。绨袍欲赠须相好，杯酒将歌莫独狂。楚水吴山开别眼，南金东箭总同堂。家音思寄无鱼雁，念尔临风一断肠。

杂　兴 时欲耕无牛也

山田野老竞秋耕，牛种随缘也乱营。守陇自知人燕雀，拥犁何计亩纵横。私租未补输公税，水患全虚举火情。遥忆四郊荒草垒，眼看荆棘起麌麖。

冬夜细君限韵

烹茗探字笑成诒，欲数星河望转疑。刻烛慢怜迟得句，闻鸡切计早相司。香消鼎篆更犹鼓，寒透窗纱月尚罳。搔首欲吟还命酒，夜深清影倍凄其。

偶　　兴

新沐弹冠浴振衣，劳劳尘土将焉依。钓竿待我开青眼，茅栋逢君话绿薇。庞老作邻谁是客，陶家造饮醉方归。清风自有羲皇世，何苦经年未息机。

卧月轩夜忆玄甫兄弟

何处迷离着此身，梦回幽绝倍伤神。窗间月色寒侵影，城里鸡声乱在邻。卧拥余衾心恅悼，魂劳拙计思逡巡。可怜一夜愁肠结，有子能无意暂亲。

宾兴之期，时已有剃发之令矣。诸士头颅突然，地主仍命是日着衣冠。前一夜，旅宿感赋

胡卢界里谁知是，呓语伧谈到处留。有我尚玄或尚白，从他呼马更呼牛。鱼龙骨格宁容识，优孟衣冠不自由。方朔诙谐聊玩世，屈原悲愤欲何求。

秋夜诸武弁集草亭，戏促余为诗。一人磨墨，两人摊纸，一人督笔，令不及停，一草而就，不易一字。时诸人皆一时之俊，豪歌剑舞，以笑乐焉。其中有自远道北上者

草庐谈笑聚群雄，剑气灯光指顾中。海内何人堪问鼎，尊前诸士尽如熊。风尘辛苦休辞悴，云雨飞腾会见通。巨拍长歌起舞夜，一天星斗闪寒空。

若平钱公新推选，以简见寄赐贶，促余赴秋期。乃余意久灰冷于此矣，诗以寄答

自是承明献赋才，清缄何意促寒灰。苍生有命应登谢，公子无痾漫荐枚。老我久甘工诗卷，思君看欲到兰台。彤帷若未忘玄漠，新句还须问草莱。

时期北试，过琉璃桥感怀。余有不得已之故，盖难言者

龙虎河山王气摧，苍茫云树万家哀。朝天路锁空流水，致士名縻旧冀台。衿佩迥非前代制，诗书犹羡汉时才。鲁连蹈海原高节，一为同尘驱马来。

都　　门

都门依旧水环流，风雨潇潇非旧秋。儿女声中亡国恨，黍离歌里故宫愁。

南还余锐争驰马，北向遗谈欲汗牛。搔首重沽燕市酒，西风倚啸陈云浮。

用分绿轩韵赠主人

疏雨清厨秋意深，禅林爱僦作词林。佛灯光映读书壁，龛磬声飞弹剑音。笑了万缘方入定，酣余五斗正斋心。红尘欲证无生果，胡帽袈裟好共寻。

围中志感题壁上

才俊纷纷冀昔时，此中何意有申之。顽余面目惊还在，废久文章悔自知。残焰梦回闻汉鼓，风檐人语辨新绥。迷离乱影谁相念，挥泪含毫一赋诗。

雨夜围中逢王金粟，得纪孟起昆玉消息，赋题围壁

夜雨棘灯照黯然，倾谈知否是何年。浮名鸡箸惭犹恋，诸少龙头喜共传。服物易惊人貌改，风云谁识霸图偏。扬雄旧日工玄草，却为新朝献美篇。

长安酒肆逢枢管王年伯刑部，持螯笑入，因留饮至醉，座中赋之

长安酒肆笑持螯，邂逅相逢饮兴豪。瓮底无人识毕卓，尊前有客似枚皋。风生醉眼含情远，赋就新篇擢调高。此日金龟聊共解，重来拟典锦宫袍。

随任重过土门述怀

湖海年来气未消，重随车骑陟嶕峣。壮心且为高堂敛，诗兴聊因怀古豪。泜水旌旗人尽没，陉山阨塞路犹轇。谁怜吟罢寒烟里，满眼风尘暗佩刀。

谒 淮 阴 祠

无双国士自奇英，万里全图一战声。荐归萧相原知己，计漏陈豨岂善兵。项灭已分狡兔死，身存未信数雄平。早知震主功不赏，何苦当年拒蒯生。

淮阴祠有感

楚赵兵销知几时，荒村犹此拜侯祠。行人尽话当年事，志士谁存故主思。天下自今仍逐鹿，英雄何地欲争奇。那堪短鬓风烟际，泪洒寒空读断碑。

登抱犊山见郗道人

何年抱犊传名胜，暇日登临兴欲滋。洞古岩深龙卧处，峰高云暗鸟飞时。霞衣未见人间制，石榻犹存异代碑。吟罢夕阳归去晚，尘心顿悔入山迟。

题连珠洞上留云亭

留云亭榭傍山隈，散屐幽寻清兴开。一洞烟霞藏混沌，四围峰岭映尊罍。

因风堕叶飞依砌，过雨残碑断荫苔。莫说林深人不到，时尝啸咏有仙才。

呈魏连六社兄宰平定

三台结社旧词林，出宰名州兴自深。漫说梦刀堪骋骥，繇来携剑暂鸣琴。沾裳莫洒河山泪，济世终怀霖雨心。咫尺思君君念否，好将青眼问知音。

登楼忆魏连六有字见招，兼玩其所遗诗札

征尘未及叩仙衙，远道相思意更赊。隔岭白云迷望眼，亲人绿酒动长嗟。鱼书有字招王粲，流水何时对伯牙。惆怅登楼君不见，却开清帙玩龙蛇。

醉 中 题 壁

相不当侯莫漫猜，幸逢有酒且衔杯。红尘几误屠龙技，班管犹余绣虎才。一醉久拚身是寄，千金自信散还来。眼前苍素同风雨，壮志谁能便顿灰。

人日忆习仲、静观诸友及家弟，并在南中

昔传人日空相忆，无那今朝独忆君。南望柳条应共色，北来雁足讵同群。天涯兄弟堪知己，故国风光不可闻。我亦异乡兼逆旅，每逢佳节倍思纷。

读 史

横腰一剑血犹新，不尽恩仇肯赠人。千里订交寻义侠，两番破产为君亲。

逃余伍子还堪将，浪去韩侯未是贫。白眼世情何见论，安排只手挽金轮。

丙戌元旦雪，用玄宰韵 二首

山城元旦雪漫天，何处江翁泛钓船。玉屑飞融香炬里，琼英斜洒绛笼前。余寒应到椒盘敛，素萼还依梅蕊传。待得日高消释尽，春风喜气向谁偏。

客岁风光一枕过，今年今日听新歌。几家灯火烧元旦，何处兵戎溷太和。晓梦欲醒催起舞，雪花不尽看成哦。年华人面难相似，莫放愁眉入酒波。

赋吊周伯况墓

世祖雄才奋翼鳞，先生高节竟难臣。岂无大略扶明主，终欲闲时老野身。三聘清风推处士，千年优诏想山民。萧条古墓荒村外，感叹何人继后尘。

怀薛处士 讳宗周，汾阳人

所谓伊人汾水隈，溯流难遇更思洄。乾坤道在无终古，日月名悬任草莱。仰躅徒勤黄绮想，问途谁指朱公哀。寒风飒飒心还耿，翘首云山一拂鬒。

春日署中

春阴雪雨暗空斋，小酌频开幽兴谐。草色墙头分细绿，鸟声林外噪轻霾。折来杏蕊添书供，候煮茗铛破酒怀。寂寞个中何所诣，案旁诗卷已如柴。

离石赵大章孝廉，隐君子也，以诗见遗，依韵答之，且以见志焉。时大章客祁，余从署中投诗与之，未能相见也

迢递休悲客路寒，出尘高致本清单。青山入梦孤云远，白眼吟诗夜月残。阮籍猖狂堪纵酒，屈原修洁自纴兰。故人幸有同心者，何日羊裘把钓看。

署中登楼

春云细雨洒青芜，城里登楼趣转孤。连屋看山微见岭，隔墙探杏不成株。鸦喧古木知公署，花映垂帘忆酒垆。镇日徜徉惟此地，满怀清兴与谁俱。

春日用戴工部韵示家兄弟同在祁邸

蹉跎岁月几因循，何事经冬又到春。世路风波且莫问，尊前兄弟但相亲。花开曾记昔年赏，梦断应迷故国津。多少客思来宦邸，愁心日夜想离尘。

祁署送家兄弟还里

兄弟消魂各黯然，明朝千里别离天。马蹄山色应回首，夜月尊空谁问玄。乡信前途堪屈指，客愁永日倍增年。春风花鸟恒阳道，一路吟诗忆惠连。

赠　　友

未到君家便羡君，轩轩高致果超群。贤豪海内皆堪纳，孙子家传总妙文。至德曾登使者牍，清风不愧古人闻。犹思尊酒谈玄会，玉树琳琅日色曛。

赠答贺伯龙诗 有序

伯龙，鲁阳才子也，与家君有桐乡之谊，久客风尘，落落不偶。一日游并州，得相晤于昭余，流连数日，话旧论文，致翩翩焉。又多以诗见遗，因步韵唱酬。时伯龙有捧檄之意。

步 韵 答 赠

玉殿丰姿衬客衣，长途吟倦一囊肥。孔璋才健檄应借，孺子名高榻自依。入座赤城霞片片，开谈玄箸兴飞飞。明朝展骥知千里，莫忘春风便道归。

对 酒 赋 赠

鸣珂旧说鲁阳才，何意风尘接素裁。剪韭愧无茅舍供，倒尊喜有异乡醅。诗经吟后思偏妙，话入心知郁顿开。此日相逢应不偶，敢将新句订陈雷。

走韵赋赠客况

久客风光类长卿，梁园词藻旧知名。枚生友后学逾进，杨监逢时铗漫鸣。赋奏上林天子悦，弩驱前道故人惊。昭余得似临邛未，好把琴心仔细精。

夜置酒话旧，因讯令弟消息

薄寄昭余春色深，鲁阳才子动遥寻。论文不减登楼兴，作客偏优下榻心。佳话十年今夜烛，宦途两代异乡吟。君家二仲知仍健，聊附归骖讯好音。

读伯龙《陌上佳人步》诗，戏次韵

其　一

想像香踪印细尘，玉尖何处透香茵。凤窝从未旁人觅，莲影谁期才子亲。乍出罗敷娇应妒，惯看司马羡还颦。采桑几度空归去，惹得新词席上珍。

其　二

生花自古说风流，散入红尘香更留。不怕使君偷认迹，偏令邻女暗工愁。屧廊响后犹怜媚，仙掌擎余独逞幽。芳径日斜无拘束，休寻濮上作楼头。

吾年三十一矣，忽见白髭一茎，口号自嘲，书呈伯龙

吾年尚未三十二，忽见白髭一缕生。不是青莲尝对镜，多因文叔好征兵。簪花醉里浑难辨，拈句愁中突自惊。方道糊涂无鬓发，谁知此处更分明。

赋别伯龙还寓高都，约秋期有一晤

相逢意气正相和，何事骊驹又唱歌。别路诗骚君满眼，留怀珠玉我盈驼。长平山色家仍客，上党云烟晚更过。此去秋风应不远，临岐无那泪如沱。

寄怀习仲，在龙门令兄署中

作客风流羡马卿，龙门双屐倦游情。座中刘左谁高下，榻畔陈徐是弟兄。别后莺花凡几度，向来诗酒可重盟。芳兰无限思公子，空阻云山数日程。

得习仲札教

醉醒岂必太分明，随俗糟醨意自贞。壮志总饶张德远，高怀何似苏云卿。莫将桧句招时忌，留得冰心鉴世衡。吾道从来宜墨墨，虚舟飘瓦任从横。

读《题尹兴记诗》忆沈羽公老师

不拜先生十六年，遥闻高节倍心悬。田园老抱孤臣泣，云鹤双挥义士篇。故国风烟空麦秀，昌阳保障自林泉。何时得慰登龙望，十亩篮舆捧大贤。

寄赠昭余马茂才九如

知君意气足千秋，俗法偏妨雪夜舟。匕首争高燕市筑，阳春徒羡郢中讴。

平原豪饮堪倾客，太白狂才欲射牛。何日跨驴成独往，风尘局外话同游。

署中寄怀马九如兼达同志

郁陶官署壮心违，侠士如君恨见稀。长剑几回悲夜月，短歌终日对斜晖。元龙豪气因湖海，鲁仲高名在拂衣。寄语昭余同志者，飞鸣莫冷旧渔矶。

寄赠上艾张茂才 血战抗贼拱垣

斗虎英雄豪气森，雷名澈耳已思深。霜搏匕首凌虹色，血洒榆关报主心。圯下授书饶大略，隆中抱膝有高吟。倚云谈剑知何日，一寄鳞鸿到竹林。

寄赠上艾苗孝廉守节不仕，介绝流俗九符

眼底谁人第一流，鼎丝今在碧涛楼。问天有句松风晚，系日无绳山色秋。莲社盟高堪笑隐，鹿车尊满自酣游。苏门何日闻清啸，鸣鸟聊为出谷求。

哭上艾先臣朱公大节，用连六韵 公讳一统

鼎湖龙去水空寒，髯绝谁怜烈日肝。热血九泉应化碧，芳名千载永垂丹。心灰汉祚敷天恨，泪洒秦庭终古澜。欲赋招魂魂已断，穷途惆怅倍艰难。

哭故乡董公作翁外祖

今世有身何足贵，怜翁此去更萧条。田园易主生先恸，坟墓属人魂亦侨。

尊酒当年称义侠，残家今日任飘摇。临风千里伤情泪，梦隔关山赋大招。

闻声怀傅青主

青主世宦家，当甲申之难，披发入山，弃万金之产[1]如芥。吾友九如言之最悉。余未能晤，诗以怀之，用表相从之意云。

帝阙沉沦禾黍高，晋阳血泪洒寒飈。万金产弃留长铗，五世恩深惜凤毛。伯况逃名心自远，嗣宗耽放意犹骚。闻声莫怪急相慕，同是当年旧泽袍。

中元日散题

潦倒闲斋客思横，萧条忽此见秋声。浮云散去知天远，庭叶开残觉序更。七夕才过乞巧夜，中元那复泛舟行。翻澜覆雨浑常事，且向花阴盏数倾。

丙戌入晋题

晋阳形胜旧并州，万里黄河绕塞流。王气何年开统绪，云山终古控燕幽。人逢革鼎仍怀土，地尽桑麻却稔收。回首不堪风景异，晚烟苍树远天秋。

和许鸿程韵，题祁县八景

堆银奇岭插天峞高峰积雪，一带晴波绕堞来涓源春水。穴古幽螭眠未出麓台

① 产，原作“弃”，今改。

龙洞，碣横贞鸟触仍摧沙城断碑。玉轮沉水光摇岸龙舟夜月，金掌翻霞赤满峡帻山晚照。遗垒虬枝鳞甲动故县龙槐，翠阴根下两泉开一柏二井。

得连六诗札赋答

闷锁官衙断远寻，对君尺牍见君深。如云意气平原饮，比月襟期彭泽吟。庞统自非百里宰，陈登依旧上床心。相思重赠琼瑶句，满耳秋声已入林。

余在晋，闻高荐馨在水乡赋寄

旧游零落自何年，坐阅沧桑客恨煎。健在应刘仍问信，当时稽阮半游蝉。甘违合有白云约，避地能无绿水缘。一望秋风知鲙美，此心已逐故人船。

示志荐馨兼呈张元徵

世态奔流岂定波，思君高话在山河。抱阳片石留醒眼，上谷秋声增浩歌。蹈海几人天下士，藏名终古白蘋蓑。西风惆怅乡关杳，旧社同心近若何。

闻四维黄老师乞终养被谪

年来心事已东流，随牒功名岂剑舟。肝胆向从吾党见，升沉宁与世人谋。梦悬白发甘投组，望系苍生未解忧。独有感恩当日士，闻风慷慨仗吴钩。

秋日登楼

摇落悲心一上楼，千家黄叶满城秋。西风砧杵催寒序，斜日人烟起暮愁。篱下霜枝还吐萼，天边云鸟讵登鞲。那堪徙倚栏杆际，不定残鸦晚树头。

杂兴 四首

昂首青天欲放讴，舞鸡笼凤漫惊眸。人豪独数周公瑾，世事何如马少游。留得虬须吟晚照，可无冰鉴当虚舟。星飞电起知谁是，手卷残篇冷月浮。

射虎何曾真虎逢，须臾声吼便亡弓。空矜狙智欺时眼，那见鸿心继古风。博浪运椎术岂幻，芦中乞国计偏工。庄周汗漫难齐物，宝剑冲星气自雄。

种菜修锄更听琴，昏昏梦去到于今。鼠偷残已惊醒卧，月上空窗照苦吟。赖有图书销夜永，恼闻柝鼓搅愁深。何人最得墙东趣，涉水褰裳是所钦。

无风无雨坐青釭，布衲纱巾尚未降。入世漫劳说梦偈，吟诗胜有打油腔。桓文豪举愁看剑，刘戴高名愧渡江。欲买茅庵临洧水，岁闲呼友就徒杠。

夜雪吟诗 二首

寒更灯火坐抽毫，雪意窗前密似毛。乍觉风威凉入鬓，那知霜片乱粘袍。孝然此际应耽卧，道蕴当年好赋骚。安得五湖垂钓侣，扁舟双笠对持螯。

漫夸玉粟助银毫，立见乾坤已不毛。闭户萧萧疑上竹，窥窗飒飒欲侵袍。

鸣鹅入阵功偏著，命棹怀人兴更骚。一望阶除何所似，墙头松尾大如鳌。

诗　余

望　海　潮

冬日感旧

梦回残角，月明故国，黯魂无限思量。寒生珠泪，恨掩余衾，壮心深惜流光。万事镇茫茫，双眼在回首处，总堪伤。瞬夕今古，乾坤何意，顿沧桑。

追思当日激昂，直①手扶日月，身作金汤。烟锁长桥，草横短砌，空余水绕门墙。瘦影寄他乡，此语凭谁诉，鸟②雀斜阳。漫将杯酒，聊供野韵，流愁肠。

满　江　红

和岳武穆

醉倚春风，思量处，雄心漫歇。伤往事，重重遗恨，空惊火烈。百二山河眼底泪，十年怀抱天边月。叹黄金，犹有旧时恩，梦魂切。

腰下剑，光如雪。男儿气，耿不灭。望神州陆沉，汉家宫阙。何人为作西归赋，英雄徒拭东风血。须有时，雷雨遍乾坤，洗帝阙。

---

① 直，疑当作“只”。

② 鸟，疑当作“乌”。

玉　蝴　蝶

立春艳曲

晴日初温庭院，乍惊箫鼓，送入春来。此际韶华，偏宜舞阁歌台。语轻轻，莺声漱玉，光滟滟，宫面妆梅。暗相催。眉稍引杜，句里偷崔。

休猜。幸相逢佳节，椒盘彩胜，肯负香罍。分付东君，小亭屈指数花开。柳丝长，蛮腰学软，桃萼嫩，樊口思煨。更徘徊。红罗先绣，绿袖徐裁。

五公山人集

前　　言

《五公山人集》十六卷，其中诗五卷，文十一卷，康熙三十四年（1695）枕钓斋刊刻，署名“银城李兴祖编”，“庆云邓镂、孙超宗校”，扉页牌记题“康熙乙亥镌，枕钓斋藏板”，书首有李兴祖《序》及魏坤《五公山人传》。

李《序》题下有“栖碧轩”钤印，按栖碧轩为李兴祖在宥戫（即宥戎，安肃之别称）居所的室号。疑枕钓斋为李兴祖任职济南之室号。李兴祖，字广宁，号慎斋，一说字师圣，号广宁。汉军正黄旗人。先世系出江右，因贸易迁居朝鲜，后徙关外，遂为奉天铁岭人，世称铁岭李氏，入清贵盛，家于安肃。历官庆云知县、河间知府，康熙三十一年（1692）任山东盐运使。著有《课慎堂文集》。

李兴祖为王余佑晚年弟子。康熙二十二年（1683），王余佑为李兴祖《课慎堂全集·初编》作序（即《五公山人集》卷九《〈显月斋集〉序》）。至康熙三十四年，李兴祖又为王余佑《五公山人集》作序，且将之刊刻行世。《课慎堂文集》有《五公山人〈文体适用〉序》《清故真隐申之王先生行状》《祭介祺王先生文》《申之王先生从祀乡贤呈文》。《五公山人集》中与李兴祖唱和多首，如《答李广宁次来韵》《候李广宁》《山中久住，同邓公遴先回遂城，李广宁独留，临行有句相送，步韵答之》《广宁下山市书回》《题李广宁庭壁》《答李广宁》等。实际上王余佑在临终之际，即客居在李兴祖家中。李塨《五公山人王先生行略》：“癸亥，安肃李兴祖投贽受业，下榻肃城。至冬底，寝疾。”王九思《五公山人墓碑文》：“后下榻于安肃门人李兴祖家，抱疾归坎下，殁。”

魏坤字禹平，号水村。浙江嘉善人。魏大中侄孙，康熙三十八年（1699）举人，善古文诗词，广交游。著有《倚晴阁诗钞》《水村琴趣》等。魏坤还编有《历山唱酬集》，李兴祖《课慎堂文集》卷一有《历山唱酬诗序》《历亭诗文会编序》，可知魏坤当时似在济南李兴祖幕中。魏《传》称：“山人殁后，门人银城李慎斋先生为之《行状》。诗、古文若干，慎斋手钞录，藏箧衍。乙亥夏，编定付刻。”可知魏坤作《传》，乃是承李兴祖之约。

邓镈，字公遴，庆云人，庠生，著有《古香斋集》。亦为王余佑弟子。王余佑《〈庆云邓氏族谱〉序》称“庆云邓子公遴，以癸亥夏秋间从余于遂城”。

王余佑之孙王超宗，父王孚，字子应，号曙光。王超宗字念祖，邑庠生，康熙四十九年（1710）卒，年三十五。《王氏家谱》有小传。

《五公山人集》其书，只有康熙三十四年枕钓斋刊本，见于国内馆藏者不少。台湾国家图书馆、日本广岛大学图书馆、美国哈佛大学哈佛燕京图书馆亦有收藏。版式均为每叶十行，每行二十一字，双黑口，双黑鱼尾，四周双边。

北京大学图书馆所藏有四部，均无牌记，分别装为二册、四册、六册、八册，其一有“燕京大学图书馆”钤印。台湾国家图书馆收藏有牌记，并有“国立中央图书馆考藏”“管理中英庚款董事会保存文献之章”钤印。广岛大学图书所藏装成四册。山西大学图书馆所藏亦四册，近年《四库全书存目丛书》《清代诗文集汇编》据以影印。

2010年广西大学段红梅有硕士学位论文《〈五公山人集〉校注》及2012年张京华有《五公山人集》点校本。2004年台湾国立云林科技大学翁雅昭的硕士学位论文《清代古书编辑与印刷字体特性之研究》，据台湾国家图书馆藏本对《五公山人集》牌记有专门的描述。

《四库全书》对王余佑之书并不重视，仅将《五公山人集》收入集部存目，并在《提要》中多有批评。特别是对于其书卷数，本为十六卷，误为十四卷。《四库采进书目·直隶省进呈书目》载：“《五公山人集》十四卷，五本。”而馆臣竟未详察。大约受到《四库提要》的影响，《清史稿·艺文志》等均误作十四卷。

此外《河北省志》第八十三卷《出版志》（河北人民出版社1996年版）载：“《五公山人集》十六卷，王余佑撰，康熙三十四年新城王氏雕印。”其书未见，“新城王氏”即王余佑之子孙辈，但似无力雕版。

又据目验者言，山西大学图书馆所藏本，封面有藏家款跋：“《五公山人集》清初列为禁书，流传刊本剜缺甚多，此本独无剜损，不失真面，甚可宝也，毋以寻常本视之。”（段红梅硕士学位论文《〈五公山人集〉校注》第10页。）其所云不知何据，但今本《五公山人集》确有后人因避讳而修改的痕迹。如第十三卷《高阳孙衷渊先生墓志铭》一篇，又见光绪《保定府志》卷四十三、民国《高阳县志》卷十。文中有“君捍敌被矢”一语，《保定府志》作“捍卫”，《高阳县志》作“捍贼”，推测王余佑原文当是“捍贼”，而《五公山人集》改作“捍敌”。但此并非四库馆臣所为，而是出于李兴祖、邓镤、王超宗之手。

兹据《四库全书存目丛书》影印山西大学图书馆藏康熙三十四年枕钓斋刊本整理点校，个别字迹漫漶处以《清代诗文集汇编》影印本补足，若干同出篇目以其他相关篇目核校。

张京华

2015年2月13日

目　　录

卷八 杂著

卷九　序

序①

从来讲理学者，弊在拘方而不适于用；谈经济者，流为功利而不入于纯。二者交失之，斯其人虽有言焉，徒枝叶耳，不足存也。惟本理学为经济，明体达用之道，一以贯之无疑，则其见诸文词者皆性情所寓，粹然盎然归于正直和平。用其身可以福主庇民，即不用其身，存其言亦可藏名山、垂久远已。

吾师五公王先生亲炙鹿忠节，受业孙苏门征君，又从刁非有、杜紫峰诸公游，理日益明，学益邃，天心月窟之旨洞澈无疑。盖信道笃而任道勇，近仁之质得诸刚毅，征君尝亟称之。于书无所不窥，自礼乐兵刑，下至耕桑艺植、医药卜筮，无不穷析端委。极纵横上下之识，数千百年间事如烛照数计。及指陈得失，蒿目时艰，真有坐而言可起而行者。呜呼！先生具有本之学、经纬之才，乃栖岩饮谷以老，老且赍志殁，不得见诸敷施，为可惜也。

余仰止先生，久浮沉宦辙，不获函丈追随。岁癸亥，遭先慈变，归安肃。读礼之暇，间阅简编，念无以牖迪之者，徒步入山中，敦延先生至里门，遂得朝夕侍左右。请业请益，叩以大小，无不鸣也。自恨钝根浅识，于濂洛薪传全未梦见，即经济诸务亦茫然未晓，独声诗一道略娴吟咏，微辨体格，古文不敢妄作，粗识源流，皆受先生之教于万一也。先生尝语及门曰："诗本性情，必以忠孝为根柢。子美入蜀，子瞻海外，忠君爱国之念肫然于中，触景流连，遂咏歌嗟叹不已。学古文，先正心术，心术正则理足气昌，醇如董江都，恺切如陆敬舆，自无牛鬼蛇神之习。"余至今佩服，不敢忘云。

① 序文又见光绪《保定府志》卷四十四《艺文录》、民国《新城县志》卷十《地物篇》。

先生编纂甚富，几重压牛腰，今藏于家，未及行世。生平诗文，每兴酣落笔，顷刻数纸，然随手稿辄散佚。年来搜辑，汇成兹集，特吉光片羽耳，未足尽先生之诗古文。且愿读是集者，知先生此中微尚，更于楮墨外遇之也。

康熙岁次乙亥重九前三日银城受业李兴祖拜题于历下之鹾署

五公山人传[①]

明天启间，阉人魏忠贤窃柄，贼害忠良。余从祖忠节公被逮诏狱，从父子敬公尾缇骑后，徒跣至京师。时逻卒如猬，昼行夜伏[②]，匿定兴鹿太常家，大河以北，相与周旋患难、奋不顾身者，有容城孙苏门征君、范阳张果中布衣、杜紫峰处士、献县高斗南鸿胪、雄县李华五秀才，以及征君之门人，五公山人其一也。

山人名余佑，字申之，一字介祺。其先小兴州人，本姓宓，八世祖某徙居保定之新城马头村，赘于王氏，遂因王姓。山人生而英敏，善读书。年十六，补博士弟子员。桐城左忠毅公视学畿辅，览其文，奇之。随继父恢婴公之任临邑，叹食禄者不能实心任事，条列时弊数千言上之，拂当事意，调鲁山，实困之也。时流寇充斥，山人见时不可为，劝恢婴公解组归。未几，遭本生父维婴公之变，痛不欲生，又念恢婴公老，身死缺侍养，乃奉二亲庐于易州五公山之双峰村。躬耕荦确，给甘旨，暇则述作，不入城市者垂三十年，故世称五公山人云。

当鹿太常忠节公倡道江村，山人年尚少，从之游。自鲁山归，师事孙征君，益阐性命学，征君深器重之。后过范阳，又受学于杜先生。其学以明体达用为宗，闲邪存诚为要，原本忠孝，敦尚气节。凡古今成败治忽，事机得失，以至一名一物、一艺一术，无不留心究析。始则盱衡时事，慕陈同甫之为人。垂老读史，至谢皋羽、郑所南诸君，又未尝不掩卷流涕也。生平慷慨好施予，困者周之，危者拯之，殁者敛之。缩食节衣，无弗于友朋是力，及交游馈遗，介然不屑受，却金之节，世咸重之。晚年应献陵书院之请，为生

① 传文又见陶梁《国朝畿辅诗传》卷九、民国《新城县志》卷十《地物篇》。

② 昼行夜伏，《国朝畿辅诗传》引作“昼伏夜行”，义长。

徒讲解，穿穴经史，剖抉性理，皆别出新义。每教人躬行实践，不愧影衾。数月间，士习文风，翕然丕变，献邑人士争挽留，遂家焉。所著有《居诸编》《乾坤大略》《诸葛阵图》《通鉴独观》诸书，皆山中所手辑也。

子二，长孚，次咸；咸早殇，孚亦寻卒。孙超宗，已弱冠，为诸生。

山人殁后，门人银城李慎斋先生为之《行状》。诗、古文若干，慎斋手钞录，藏箧衍。乙亥夏，编定付刻，嘱余作传。余家与山人为先世患难交，余生也晚，而余父兄尝传述之，故能识山人生平不敢忘。且夫灵均《九辨》《九歌》，宋玉、景差之徒和之；《韩昌黎集》，门人李汉编之。今慎斋拳拳不忘其师如此，山人传矣，慎斋亦当与山人并不朽已。

魏塘后学魏坤禹平氏撰

卷　一

银城李兴祖编　庆云邓鏻、孙超宗校

古　诗

游赵庄石窟

细履出山村，一径随樵牧。溪回古树丛，岩谺峭壁矗。洞穴如珠连，历历相掩覆。金光大士藏，白垩高牖暴。开凿伊谁氏，成此硕人陆。既无鸡犬喧，复与猿鸟熟。惜少高士居，清风振川谷。我来纵俯仰，夙怀遂幽独。绕麓漱澄流，临壑玩珍木。涣然尘累空，往与造化逐。不羡彦方髓，岂念汝阳曲。安能遂长留，褰足谢碌碌。

柏髯岫 在双峰，俗名仙人洞

春晴爱遐瞩，扪萝效支纤。厜㕒历石窟，仙迹云此潜。丹灶已缥缈，古壁余突黔。清流绕缓带，翠柏环修髯。长啸俯众壑，旷焉豁顾瞻。世路尘愈积，磐阿梦方恬。何当追逸叟，斸药收青黏。

述　怀

我本山中人，所食故山草。十年采榛苓，遇樵共倾倒。栖迟半亩宫，槿篱任昏晓。瓠藏一卷书，浪浪写幽抱。闭户谁来观，谷中诸有道。俯仰笑或涕，其意穆以窅。流云远岫明，近渚清波绕。入门拜高堂，扶杖过木杪。熙熙代承欢，遁迹未云槁。不记岁月徂，颜色常美好。聊将一味甘，分作右军饱。磵旁阅乳羊，竹间窥哺鸟。岂无天际思，烟雾空缥缈。安得来远人，一絷白驹皎。

大雪中田治埏见招，跨鞍就之

玉蝶乱飞空，万里洁如素。故人有佳招，抱鞍一快聚。天地混冻云，山川埋蒙雾。吟肩缩若猬，戟髯森于树。何当即入门，暖浆聊灌注。破此十里僵，倾我连朝慕。笑杀王子猷，轻舟自来去。

嘉平日有客以酒饷韩广文者，广文自来蜗庐邀余共酌，约午前即至，涂中口占

有客馈君酒，邀余共酌之。自来茅舍里，谈笑亲致辞。但我饭罢后，是君酒热时。夕阳起独往，残雪冒干池。到门便呼盏，炙砚重哦诗。高情吾辈在，岂让昔人期。当年苏司业，可以等须眉。

雪后寄田治埏[①]

冬深白雪寒，山远乌薪贵。伊人寂不闻，得无折胶畏。冻雀栖僵枝，寒兔蹲苍卉。万物当枯稿[②]，岭梅正[③]香沸。所以天地心，剥尽复当暨。寄语拈花人，笑阅严凝气。

---

① 此诗又见《晚晴簃诗汇》卷十四、《国朝畿辅诗传》卷九。

② “稿”通“槁”。《晚晴簃诗汇》《国朝畿辅诗传》均作“槁”。

③ 正，《晚晴簃诗汇》作“独”。

春日同与三、雷林、肇州小集，以白酒暖酒甚佳，遂定为长约

茅斋春日长，开谈聚良友。因思人治人，遂以酒暖酒。火从杯底燃，醴向壶中吼。斟酌近自然，富贵于何有。落落古今书，泛泛农桑口。只此结素盟，得闲即偕手。

二　士　吟①

人谁无意气，势压辄卷舌。化作绕指柔，未语喉已结。吾党有直者，百摧气不灭。公义在人心，疾风知劲节。毒焰烈于火，傲骨劲如铁。倘令居庙堂，朱云槛可折。倘使临战阵，严颜头可截。嗤彼从流人，空腔本无血。

读　　史

巨源公辅器，韬光在竹林。一饮能八斗，襟量固高深。石鉴徒虚名，贪眠拥旅衾。岂知宴安日，马蹄已骎骎。哲人贵远识，集霰见天心。嗟哉隐身计，可以终云岑。

冬日过永阳怀李伶隐

冻云连黉岭，慨然怀故知。夙昔把臂交，睥睨青霞奇。雅歌当遥夜，挥

① 此诗又见《国朝畿辅诗传》卷九。

墨长淋漓。谁知十年来，参商感路岐。君方困薄游，我亦老山陂。落落思君子，悠悠想埙篪。遽尔芙蓉城，相促题好词。虬螭骖驾速，坟草何离离。无复念高堂，雪鬓已早衰。今过黄公垆，空为向秀悲。笛声咽暮霭，寒飙摇荒萁。恻恻蕴中情，回翔怅何之。惟余絮酒意，哀吟望蕙帷。

东园看菊同魏澹园赋

久不到秋圃，寒英一片开。视彼瓶盎间，犹如燕地梅。羞涩不数朵，包裹愁风摧。何如上庾岭，万树攒崔嵬。冷艳夺目眩，暗香扑鼻来。始信出众姿，离群亦孤哉。终当让林薮，烂熳如云堆。参差傍高树，偃仰披长莱。焕然成大观，凌霜娇仙裁。陶家东篱畔，所以濯金罍。叹息此物理，芳株宜广栽。

九日登文阁有怀山中，用孟浩然南亭韵

忽惊萧候临，暂憩文阁上。愿将郁悒怀，一豁此虚敞。谁知九秋空，但闻霜叶响。非无盈把菊，足供东篱赏。只影落异乡，难禁岁暮想。

读崇我孙先生传

余祖颉颃宾，先生实首座。缥帙睹遗范，恍然起颓惰。至行信足传，芳名已永播。况兼金玉辉，乔岳同砐硪。

乞者疾呼，家人以忙中不应，书此谕之

我是忙中有，彼是闲中无。我忙无已时，彼闲空嗟吁。何不分此心，偷

闲一泃濡。缓急人时有，盈虚道互趋。焉知到头日，贵贱不同途。但使心公平，中田常膏腴。

野　牧　篇[①]

贞白当年画两牛，一牛驱策金笼头。一牛闲散恣水草，牧放田野何优游。中水墟边野牧子，超世适情正如此。十亩为园半亩宫，老守蓬蒿足经史。九载孤居似辋川，半世逃名如栗里。多年足迹不入城，袖诗跨蹇市人惊。非因失税仓皇过，却遇论文仔细评。水墨数枝羞富贵，麻衣几部藐公卿。手持松花索题字，愧余此道无妩媚。闷挥不律草长歌，留与隐居作同志。

滹水泛涨，邀同韩广文驾舟贾庄观打鱼，就暢函宅烹鲜酌酒赋

滹沱水涨秋风亟，崩岸颓堤不可域。中原有菽南亩禾，阳侯一怒成泽国。幽人无计坐望洋，闷呼同人泛野航。随湾逐曲十余里，水树重重过小庄。阡陌微茫排雁阵，丘墟灭没汇凫塘。迤逦渐近大堤口，水力如牛浪如斗。一叶飘摇不敢前，逡巡舍舟上堤走。步循埒脊似蛇行，眼见梁底有龙吼。桥头徐唤长年人，张网撑船捕细鳞。须臾出水鬐鬣动，霜刀作鲙娱嘉宾。君家兄弟多豪旷，青尊紫蟹襟期畅。海阔天空且共欢，南来北往休虚量。起来偕手阅河工，天遣劳人岁不同。自是陈筹须买让，谁能破浪忆终童。漫整兰桡景色暮，烟林鸦噪平波渡。鸡鹊属玉冷不飞，点染残阳皓无数。主人还趁白云归，渔翁遥送鲜鳞肥。柳贯紫腮登苇岸，暝分清影入柴扉。

① 此诗又见《国朝畿辅诗传》卷九。

土室初成漫赋①

当年志和耽枯槁，筑室越州殊草草。片椽不解施斧斤，豹席棕履恣幽讨。时有观察陈少游，访嫌门隘不堪扫。特为买地拓其居，回轩至今人争道。我家僻巷临清漳，自拟十洲浸三岛。垒土为室不设门，日月出入雨亦好。蓬蒿满径护幽栖，经史堆壁富良抱。有客蓬头坐扪虱，哆口纵谈及庄老。高车驷马总不过，牧竖樵夫时一造。明春思结稻香阁，卧督春耕看晴昊。鸠巢三柴足经营，鹤栖独树亦寿考。丈夫适志在隐沦，岂必居处工华藻。淡薄宁静有成模，畎亩之中蕴至宝。四海风尘任喧寂，平地山林长熙皡。

桃　花　行

绥山未实先放花，游客惊看一片霞。却有鸿才宋思礼，兴高携酒访仙家。剪花鬣马出城里，一路吹尘风不起。韩康伯在此林中，披藿掀髯罗经史。幽意闲情仲蔚庐，篱根牖下草不除。春归不问年华晚，宾至方知礼法疏。行厨笑傲复题句，彩毫挥落胭脂雨。胆瓶青眼对红英，明朝不管阳春暮。已辞洞口还逡巡，攘向仙源更问津。君不见不尽沽来村舍酒，何妨长作醉花人。

三　月　三　日

三月令辰有上巳，古闻笼桥祈蚕市。更有岁时禊饮人，东流水上浮巨兕。却怪虞挚尚书郎，诡对徐家恼盥觞。岂知成周卜洛日，因流泛羽波飞光。又

① 此诗又见《国朝畿辅诗传》卷九。

有秦昭宴河曲，金人捧剑制西方。况复采兰饶郑渚，倾都出游尽妇女。曾说新妆水底明，还闻香袂空中举。颇忆当时颜延年，应诏挥毫赋丽篇。引水为渠如环曲，玉杯流转绕芳筵。我今躬耕猷州土，不与时宜衔篓籔。二三知己阮稽伦，诗酒相和如腰鼓。昨日寻僧望东皋，今日修禊到南浦。恰思沽酒不惜钱，讵料出门偏阻雨。垂帘偃蹇又吟诗，欲问同人何所之。浊醪白饭随常有，蹑屣相寻未是迟。

砺石作砚

屋角砺石委尘土，磨镰磨斧咄不数。戛戛铮然如有声，马遇孙阳方骋步。取置几案荡风霄，云蒸霞变龙宾渡。始知奇物会席珍，岂是村儿手中具。能供牙管赋新诗，更借楯鼻草露布。古来几许浪传名，马肝鸲眼何须慕。宁似此石坚且纯，劲质不淄复不磷。疑经女娲炉韛出，光焰万丈张高旻。

偶吟

披发先生遭阳九，种禾数亩半成莠。租入纳粮无多余，□儿贫困学卖酒。瓷缸新注小槽流，高帘摇扬门前柳。翠涛斟与老夫尝，玉液满壶小孙手。一杯一说古典章，廿一史书皆上口。人间富贵须梦蒲，吾生风味只剪韭。架上缥缃列紫霞，双眸炯炯复何有。我醉不眠欲作诗，试看剑气冲牛斗。

招摇山下祝余草，人得食之可长好。不知此山去我几万重，馁腹行行艰远道。不如在家躬自耕，掘渠浚井敌炎精。有时大雨滂沱至，种麦千畦与百塍。

上元前一日孔副戎席上观灯，同孙给谏、白吏部、李颙若分韵

铃署日高闲棋局，兴[①]公乘骢回清瞩。冰茧雄篇飞陆离，正是昨朝分韵曲。将军走使邀嘉宾，乐天谪仙来相属。虎帐剧演铺氍毹，鹦杓酒斟泛醽醁。笙簧唔噰月照堂，屏幛莹煌座闪烛。更有银花火树红，十四先看十五续。人生适意在佳时，相欢岂得相拘束。重整殽核醉羽觞，娇歌急管横眉绿。霜毫昨日洒新笺，锦字今宵翻旧箓。逸兴分题趁月归，马蹄踏碎长街玉。

春日过广荫五柳居，同龙章兄弟小酌至醉

兴来跨马渊明家，五柳门前春日斜。到斋酿具充栋牖，开瓻香气喷云霞。深杯引满不停手，仰天长啸复何有。醉归明月携琴来，重向垆头索美酒。

赋得玉壶美酒清若空

玉壶美酒清若空，披帷把盏幽人同。倾如仙露滴金掌，饮如荷珠吸碧筒。丹丘生与岑夫子，三人促膝春风中。浩谈那顾俗眼白，畅怀不觉酡颜红。一日不见三秋越，今晨开瓻何醽醇。尊前天地任蜉蝣，何必劳生徒矻矻。

① 兴，疑当作“与”。

彭孝女割股疗叔[①]

阿叔事嫂如事母，阿侄事叔如事父。共本庭帏爱未分，生意相关同甘苦。阿叔有恙女心悲，岂惜霜铍劓雪股。德锄谇箕伊何为，只缘一体各肺腑。若使华萼不殊荣，肯教枝叶偏遭腐。使君恩义定超伦，此女顾复不异亲。膝前怙恃真情重，感激繇来等二人。

偶过李颙若斋，新酿正熟醉赋

幽人瓮头新醲熟，有客叩门来不速。持螯留醉话苍黄，万事何劳一注目。寒花斜影耐迟看，朝霭清霜怜初沐。归庐远意静无言，闲检残编廾竹簏。

① 此诗又见《国朝畿辅诗传》卷九。

卷　二

律　诗

春归清河道中

麦绿铺平野，桃红间远村。鞭丝穿柳度，帽影逐风翻。沽酒三家市，计程十里屯。前涂乡语近，刻日一欣奔。

移家过水乡

高调寄沧浪，移家觅小航。五湖烟水宅，八口芰荷乡。溪菜分丝买，罾鱼乞火尝。儿童鸥鸟兴，催棹入前洋。

送荣阳还山因登柏髻

过宿归松坞，云萝一共攀。山高知路险，地僻觉心闲。支杖寻花去，提囊采药还。回看郎岭翠，历历扫烟鬟。

秋　　意

煎沙才几日，凉雨顿成秋。省墓增遐慨，思家动旅愁。水衣当径滑，蜗迹到墙留。偏是中宵梦，牢骚不肯休。

赠椒园一首

古木旧来有，馨椒手自栽。留基缘起榭，补柳为增台。射圃孤亭矗，蔬畦列井开。天然丘壑趣，无事剪蒿莱。

赋赠王致美客任城

拄笏看山倦，归云挂瘦藤。寻人耆社酒，话旧夜窗灯。岁月余妻女，生涯寄友朋。任城南市柳，清影伴鱼罾。

同高荐馨、王五修暨孚儿游隆庆，看松迷路，回过洪源宫题壁

并屐恣幽讨，松林踏碧苔。云迎高士笠，竹覆道人杯。石隐宁成痼，山居亦见才。彭衙书欲縋，犹幸接蓬莱。

偶　　咏

窗曙鸡犹唱，秋风蚤露凉。雨生苔阁绿，云点卯天苍。客梦怜乡远，离怀怅水长。安能凭健足，晨夕到山庄。

客中君式携阿咸、景生见过，景生余婿也，别十余年矣

故国漂流恨，他乡骨肉情。衰容悲鹤发，壮志老龙精。问舍心难定，归田计未成。殷勤儿女泪，相对客窗明。

王致美来自任城，同健庭赋

柳衢沙岸古，春屐几家闲。每忆看云渡，遥思拾橡山。羁栖逢信少，客舍问乡殷。寂寞君能共，愁中一破颜。

漫河道院偶憩

仙宫临驿路，一榻自清幽。既息征人辔，还同野客舟。燎衣丹灶暖，拂麈茗杯浮。帆影催前渡，无因恋壑丘。

与孟调之交旧矣，高平遇伊弟昉公话旧，临岐赋赠

停云怀旧好，炙玉话新交。顾我非王粲，怜君是孟郊。酒浮西渚柳，诗满北窗茆。严署惜分手，春风赋燕巢。

大 士 庵

双林当驿路，行役暂停鞭。漫息浮生扰，聊消倦客眠。午风鸣鸟细，晴日落花偏。小憩仍前去，尘心苦未湔。

寄怀莲峰太守

谷口回清瞩，参商秋复春。坐叨天地德，甘老竹松人。牦犬聊迎户，郊花渐衬茵。不缘贤地主，安得遂樵薪。

寄 怀 衷 渊

从古阳春曲，逢场索和难。握鳣心自壮，谈虎色偏寒。苔绣十年剑，烟迷七里滩。悠悠糠秕业，得不负峨冠。

迟 光 若 至

有约君须过，春斋酒正馨。深杯当案碧，老眼对天青。奇事征难尽，高歌醉不停。人间苍狗意，何苦太丁宁。

春日椒园晚酌

落日逢招饮，园亭正好春。烟轻花面聚，风软柳眉匀。喜听鸣林鹊，酣舒藉卉茵。晚归茆屋里，灯火话情亲。

挽张聚五孝廉

不肯随人舞，为怜着主衣。玉台谁理镜，兰佩自充闱。廿载斯饥苦，千年战胜肥。飘飘泉下去，云鸟护柴扉。

清明日示戬翼主人

客舍清明候，知音阻啸歌。无人工白打，何处踏青莎。插柳羞残鬓，寻花忆远阿。近怜多酒肆，沽醉意如何。

霖生种稻

来晨十里爽，茅屋瘦骡踪。既布琅琊种，还披穲稏风。一沟清历历，百亩绿葱葱。时有采桑客，来谈樾荫浓。

春日山行怀肯祥霖生

来往春风道，深山到处花。寻云思并辔，得句忆披沙。林晓惊新燕，峰高断远霞。何当归僻坞，吟赏及芳华。

秋日塔崖驿山中

寻朋过古驿，觅路入修川。鹰鹞山人业，鸡豚坞社筵。探松频逾岭，洗石自临泉。归辔乘朝爽，穿林破绿烟。

土 室 即 事

风雪一椽屋，朝斯夕更斯。铁衾回燠少，土牖纳暄迟。饘粥分邻火，琴书引旅卮。平生安淡静，耐得岁寒时。

雨后同几青主人游柏林寺夜话

雨后过萧寺，林泉分外清。花迎曲径发，雀聚上檐鸣。茶灶烹新露，蔬盘荐素茎。僧窗无别语，惟有课深耕。

读孙给谏夏日斋中诗步韵

深署人踪少，空知夏日长。乍披新杜律，如摘旧班香。更鼓声疑豹，官槐影似篁。有材非楚晋，无事问赉皇。

醉　　吟

忘却山中卧，沉酣太守堂。论文成密契，说剑亦深旁。万卷资醒眼，三冬企热肠。国门一字易，谁复辨苍黄。

用寄陈蔼公韵示文辅[1]

后世人难问，先忧计总疏。已沦中下策，空负短长书。交自分今古，吾谁任毁誉。壮心看渐冷，且共老江渔。

鄚州题旅壁

古镇千年迹，萧条故垒荒。轮蹄尘陌紫，禾黍野田苍。旅舍沽尊满，乡心引话长。百楼烟水际，感慨在微茫。

田间即事

戴笠出门去，聊为畎亩游。过庄餐餺飥，穿陇走秋俟。远树青如荠，平禾碧似油。隔溪迟近信，归路任夷犹。

张元甫大有庄

流水一湾绕，平畴自结廛。井边开菜陇，篱外展瓜田。种树新成列，藏书旧有编。生涯百亩内，屈指待逢年。

---

① 此诗又见《国朝畿辅诗传》卷九、《晚晴簃诗汇》卷十四。

春日同维月东园看花 时三人俱衰白

连日出门少，不知僻坞春。偶偕载酒侣，同过玩花津。桃艳疑妆女，梨娇譬玉人。独怜衰白老，对景怯芳辰。

候五修不至，因独宿斋中

准拟今宵话，幽人到却迟。都将十载兴，付与五更诗。入壁风声啸，穿窗月影窥。迷离魂梦里，无计慰愁思。

斋中步魏澹园韵

无求即是富，近况逐时新。斋傍烹茶友，篱围乞火邻。送诗常贴壁，买药每呼人。隔户贯樽便，陶然想醉民。

闲　居[①]

不作繁华梦，闲居致尽幽。入门安犬灶，出肆上僧楼。桃食频藏核，书钞旋记筹。近来床架满，方药杂诗篝。

① 此诗又见《国朝畿辅诗传》卷九。

秋　　斋

连雨罢蒸炎，身轻野梦甜。夜寒猫共被，日霁雀争檐。书课分成捆，粮储满入鬵。更无多计较，简谱辨青黏。

步魏澹园打鱼韵

策久冷韩非，生涯问石矶。秋涛崩柳岸，夜雨涨蓑衣。自抱严滩志，谁投渭水机。倦来渔浦卧，闲杀荷锄归。

郡头晤魏莲六，余乃自至其山房，同田治埏代布置爱石斋偶成

君自合扉卧，余来到阒居。扫窗移选石，悬杖挂行裾。落叶纷填砌，寒花笑傍庐。连宵灯火话，指点裹中书。

春日小集魏澹园看花

东皇留胜赏，花事及春朝。绿柳风中袅，红桃雾里娇。傍林飞酒榼，藉草稳诗瓢。尽醉方归去，重来不用邀。

跨蹇同贞予过公翰田庄，因邀前村景阳并沽酒至

策蹇青畦畔，言过故友家。散庄围绿树，远野覆明霞。邀客兼沽酒，为农带种瓜。不辞来往熟，个里是生涯。

赠寂如上人[①]

阅尽沧桑变，江湖一叶身。逢人休说法，入世却离尘。鸥渚看常尽，松风听自真。书窗连夜话，茗碗总经纶。

送樵岚游南粤

别绪经年久，丰标忆到今。转添江海色，未尽雪霜心。游辔依南粤，乡书寄北林。暂时分手去，相访有知音。

秋日旅舍逢张嵩高赋，兼呈陈辰人

乱插黄花后，悠然见酒徒。既能千日饮，可少百瓶沽。秉烛知时宴，临风觉调孤。渊明犹未醉，莫忘过门呼。

---

① 此诗又见《国朝畿辅诗传》卷九。

三秋未到爱竹轩，冬初小集，即席赋[①]

菊月稀来访，相邀及小春。瓶花寒更艳，家酝醉尤醇。琴韵消尘累，吟情羡古人。坐深忘去住，潦倒任天真。

给谏孙先生曾过弹琴，别去有诗见寄，依韵答之

雅集连朝后，清裁寄草堂。尊罍思笑口，药饵慰诗肠。狭室炉围暖，枯枝蕊绽香。扶筇还造膝，竹下一相徉。

同人集彭蕴秀斋醉饮，因邀他日当聚蜗庐也

支藤来献国，兰臭此间同。诗酒随场住，风烟到处通。雪花凋蜡屐，炉焰暖邮筒。他日如相聚，蜗庐剪烛红。

杏花盛开，同人小集分赋

一朝柔杏放，似趁赏花期。娇面迎风笑，芳心映日披。催无须羯鼓，艳却称新词。乘兴聊舒啸，韶光信有时。

---

① 此诗又见《国朝畿辅诗传》卷九。

与朱贞明话旧[①]

四十年前事，依稀昔梦中。相看悲发白，共对羡花红。不作渔樵计，还凭著述功。夜来明月下，细订此心同。

静　　处[②]

静处无余务，随缘事事齐。倩人常送柬，隔舍每寻[③]鸡。种火因蒿㮾，涂房就雨泥。更多乘兴处，打[④]草过前溪。

中元日寿州有感

西郊收黍节，南陌荐瓜辰。颇伴为农乐，还悲作客辛。无资归故垄，有梦忆陈人。断简披残雨，潇潇自怆神。

出城访宋符九

出城访嘉客，一路看桑麻。剥枣南原树，摘棉北陇花。骚情思宋玉，德量愧王嘉。定熟新槽酒，谈心醉晚霞。

---

① 此诗又见《国朝畿辅诗传》卷九。

② 此诗又见《国朝畿辅诗传》卷九。

③ 寻，《国朝畿辅诗传》作“呼”。

④ 打，《国朝畿辅诗传》作“薙”。

失　　驴

几载灞桥东，吟情风雪中。一朝亡蹇足，千里任飘蓬。入厩疑黔地，出门似塞翁。破囊何处挂，只得觅奚童。

冬仲过红兰斋，看残菊，尝新酿，复读近作漫赋

岁暮希携手，寒花似待人。苍颜还傲雪，干叶不沾尘。酒味开新酿，诗怀遇旧邻。挑灯重下榻，老气更相亲。

冬日出城登北阁，遇一醉人，急避之。归逢解殿一，邀饮斋中，尽醉而返，赋此纪兴

果腹游城阙，仓皇避醉人。前车方识戒，覆辙却相因。旋炽炉头炭，还污座下茵。醉归浑失笑，清浊讵能真。

送允升往田

鹿车适野去，暂锁读书斋。社友诗须寄，田家宴好排。诛茅聊补屋，种柳正帮阶。归舍应何日，迎风聚旧侪。

分得茵字

底事过三春，春光似待人。去寻桃径曲，来步菜畦匀。碧霭天垂幕，青芜地作茵。坐深堤柳外，风动落花频。

迎薰亭诗

昔杜少陵营茅屋，王司马送资财助成之。故杜诗云："怜我营茅屋，携钱过野桥。"至今传为佳话。余寓居献陵，欲构一楹为偃仰所，而无其具。徐孚尹送木材一车，解殿一借砖木兼造堑，彭蕴秀乃辇柴以落其成。余废弃闲身，非少陵雅望，而诸公高谊，则远轶王司马矣。时属盛夏，偃仰其中，颇有薰风南来、殿角生凉之意，遂题"迎薰"。以视少陵草堂，广狭不同，虽无桤林碍日、笼竹和烟之概，而一卷一几，婆娑于土锉纸窗之下，三五良朋朝夕谈宴，陶然不知老之将至，或亦有不愧少陵者。聊著荒言以述其志，质之同侪，和而歌之，其亦仿佛草堂诸咏耶。

卷石亦为山，萧然此地闲。巢成人众助，云度友同攀。岁月农时乐，风霜骨相顽。便思遗世事，杜迹向尘寰。

种竹栽花事，不劳关野心。天光帘影透，水色砚池深。问字人携酒，将锄野送吟。栖迟交苇上，鷦鸟是知音。

刘使君过访不遇，留诗志别，依韵

旌节劳荣顾，蓬门应接悭。非耽蔽竹僻，深负造庐闲。古道公偏重，尘踪我久删。酒泉钟鼓义，感愧倦飞还。

偶　　兴

不惜造君饮，为爱此佳时。总然天雨泞，披蓑更杖藜。三杯浇万卷，千载空双眉。若问醉翁意，旁人那得知。

芸香斋阻雨连日

生事阔疏久，相逢此地宽。只因人意洽，遂忘世途难。连雨谈心远，孤灯照夜阑。不辞挥手别，问讯在严滩。

阿武城怀古

汉县何年盛，遗踪阿武城。野翁不记世，残碣尚存名。垫泽随原膴，颓垣与树平。当时高滱水，无复断流横。

秋日德厚赠诗赋答

寻友常嫌暑，吟诗忽到秋。每看垂露笔，辄愧点霜头。赵轨才应显，王弘钓未收。莫忘来荜户，沽酒有羊裘。

深秋自灌艺居过漳滆[1]

吟诗出小坞，瘦蹇阅田园。曲岸高低树，平畴远近村。红黄秋叶色，浓淡野云痕。前去横舟渡，滹沱水欲喷。

赠任我宗兄

萧然半亩宫，草率是家风。入馔无兼味，应门有小童。闲心耕读乐，杂事子孙充。每卧疏窗下，常瞻晓日红。

过魏莲陆斋步韵

使君高卧处，门巷少逢迎。得食雀无语，遮窗竹有名。酌泉思水味，对石忆山盟。何日白云里，垂萝面百城。

偶　兴

飒飒半扉清，隆寒罢史评。但为安枕卧，不作叩门惊。浊酒三杯醉，新诗一叶轻。僧房聊散步，时听木鱼声。

入暑门恒闭，出门偶兴余。过河呼钓艇，赴社倩僧驴。或憩堤边树，时观池上鱼。归来失候客，案积起居书。

---

① 此诗又见《国朝畿辅诗传》卷九。

过庞斗枢别业[①]

昔日经行处，君今忽异居。桑麻仍陇亩，烟火止村墟。故老瞻前客，新丁扫旧庐。迟迟不忍去，按辔动踌躇。

蒿　　径

果是元卿径，萧森一片遮。迎风茎似竹，着露叶如花。没胫人难入，成丛鸟易哗。求羊来往数，植此当桑麻。

闻范野牧携酒候余访菊，竟未得遇

多君饶雅兴，携酒候幽人。元亮踪难料，王弘款未伸。黄花天落莫，青鸟使逡巡。来往山阴棹，新诗满绿筠。

寄　纶　锡

碧树关心久，希逢蘸甲欢。每临分韵席，辄忆引杯湍。宦况车生耳，山情涧有槃。惟余清醒意，异室共芝兰。

① 此诗又见民国《雄县新志·雄县诗钞上》。

步答魏澹园[1]

平生跌[2]宕意，白发作闲人。倚马心犹壮，屠龙技已贫。酒杯妨病眼，诗卷累余身。勖我真良药，踌躇动远神。

赠上人奇观

久慕双林静，扶筇未得过。空闻一指秘，殊觉六尘多。雨润龛前草，风飘塔畔萝。何时偕道伴，禅窟听伽陀。

与三社兄移家

移家近馆舍，朝暮便兴居。既看村东稼，还攻灶北书。冲天思比翼，藏酒待烹鱼。他日承明德，应怜寄食庐。

赠一心上人[3]

铁衣着尽后，撒手入禅林。法水湔腥血，流云淡热心。半龛眠石榻，一衲傍松岑。新遇藏山叟，忘机听鸟音。

---

① 此诗又见《国朝畿辅诗传》卷九、《晚晴簃诗汇》卷十四。《雪桥诗话续集》卷一录“倚马心犹壮，屠龙技已贫”二句。

② 跌，《国朝畿辅诗传》《晚晴簃诗汇》均作“豪”。

③ 此诗又见《国朝畿辅诗传》卷九。

晚山闲眺

科头兼跣足，倚井阅斜晖。岩衲施斋返，村人看赛归。野田逢岭断，倦鸟傍林飞。此际忘机事，无心问采薇。

久游回，及佩韦、刘季箴携尊共话

野怀耽浪迹，岁月怅离群。客路常忘日，归装每带云。老书难上口，文酒易成醺。各为秋农紧，前村影又分。

中秋思皇斋小酌，是日庙赛

一尊开小坐，嘉会正中秋。未阅金轮满，先看玉斝浮。琼楼天上宴，彩帐庙前讴。醉眼观城市，萧萧起暮愁。

读　史

上略筹边事，雄图在筑城。金汤当地险，戈甲映林明。赦罪丁徒壮，开屯陇亩盈。不须充国策，已见可销兵。

会稽陶文治折节从游，诗以示之

南天有逸士，北学见孤诚。糊口资游屐，论心恋故籝。未舒双翮健，先砺一分精。膝下欢须念，休忘白发生。

同宋子留宿范野牧家

昔年李与杜，访范动幽情。今日盘餐会，悠然兴共清。堆床偎稌黍，举瓮藐公卿。布被秋窗下，烟霞契已成。

村　　中

市廛赝战马，来卧小荒村。没胫蒿侵路，拂眉柳映门。为农耕稼苦，备盗柝铃喧。佃客供庖馔，时时煮菜根。

步宋外翰看菊归途韵

幽意方成聚，归途不自禁。晚云低去雁，落日闪遥岑。马踏空林响，堤涵潦水深。回看载酒地，烟霭动长吟。

九　　日

令节频虚度，无如此日怜。既疏尊到手，复少菊盈颠。杜甫诗空古，长房术漫仙。霜庭啜茗罢，话遍旧山川。

春日城中闲游

散步偕幽讨，春城昼工长。风花飞梵宇，烟树锁芳塘。瓦石存陈迹，巾衫趁褒装。归来多韵事，好句在青阳。

步田界城韵

青山依旧好，归计在来春。尚偶看花伴，长偕种竹人。鱼鬐藏水静，鹤步入沙匀。眠食须当共，何言但结邻。

冬日登文阁同尧甫处士野眺

林阁古村外，登临值岁寒。夕烟埋冻树，远水绕危栏。百里堪长啸，一年愧素餐。独余薇蕨伴，相对忆檀栾。

吊 朱 贞 明[①]

一生侠烈气，热血沸重泉。力屈空填海，魂归欲叫天。凄风悲马鬣，苦月冷渔船。芦荻萧萧处，谁凭义士阡。

李小槐谒五台

联辔清凉路，因参古佛场。山留赤帝迹，台现紫金光。五觉心偏悟，三宗法自长。欲知珠藏美，阖室礼鱼王。

---

① 此诗又见《国朝畿辅诗传》卷九、《晚晴簃诗汇》卷十四。

偶　　述

感遇虽难定，情缘逐日生。老怀儿女重，尘世利名轻。邸舍疏山友，牢愁间酒盟。充囊多药饵，问病当书程。

寄竹帛

停云几载怨，一问比南金。知子耽书兴，传余卖药心。韩康生计淡，伯业古怀深。跨犊如相访，还联对月吟。

送刘熙阳归里

一身曾百战，薄宦暂归田。剑气风霜里，乡心云水边。壶觞朋旧别，草木岁华迁。岐路何堪赠，离怀寄素笺。

庚戌十日朔家祭于瀛海旅舍

霜露惊心日，凄凉百感生。亲恩犹惨目，子爱倍伤情。人鬼衣难寄，合离梦不成。一杯浇旅舍，辛苦念坟茔。

初遇云间陆蘧璧

江湖流落客，相见话穷冬。奋迹难投笔，佣身苦赁舂。烟云途里句，襆被旅中容。会应逢知己，人间贵士龙。

上巳有感，兼怀魏澹园

禊饮谁家宴，佳辰转自悲。空怜曲水谶，慵赋羽觞诗。绿醑留春晚，青鞋踏草迟。此情无共语，独有澹园知。

尧台丁香先开赋

众卉芳犹敛，枝头已破春。浓香喷雀舌，浅色淡猩唇。叶短条方嫩，柎繁朵不真。相思凭酒泻，一盏洗蛾颦。

夏日山中

驱驴寻牧去，过市买盐回。夏木阴山径，清泉响石隈。论文登草阁，沽酒泛村杯。潇洒归来晚，烟光凝暮槐。

五　日

幽居逢五日，采药寄山情。灵艾三年药，仙蒲九节茎。骚雄吟可续，酒隐醉难名。茶臼重阴下，鸣蝉和杵声。

牧　犊

牧犊临幽涧，薰风岸草肥。石鳞吹藻动，巢鸟掠丝飞。午困依浓树，夕吟对落晖。终焉丘壑意，蕉鹿总忘机。

冬日访刁处士潜室，云张公仪将过从，久候不至，留别还山

控蹇寻卢植，知君约此过。久瞻檐上月，未见杖头蓑。云气笼虚牖，风音老冻柯。归心怜岁晚，萧飒上烟阿。

山　斋

居深人迹罕，一室自淳庞。时摘瓶花叠，闲看瓦雀双。石封烧药灶，云护读书窗。向外通樵路，归踪听短厖。

九日山中对菊有感

坠叶惊飙日，寒蘖正有华。讲经何处席，把酒此时家。天远遥团露，峰高近冠霞。漫劳思习马，醉眼付秋葩。

山家即事和洪崖韵

看社逢山叟，寻溪到野居。短垣茶灶静，矮屋荜门虚。洗斝追高调，分题阐夙储。兴阑扶醉去，一路话农书。

郊外送春，兼访侯光岵，载酒登釜山

今晨风日好，驱犊送春游。陇外红云断，田间绿浪浮。寻朋来谷口，携具上山头。莫惜林泉暮，壶觞可共留。

送樵岚归维扬

匹马邗沟路，归装带软红。乍阑京邸酒，还饱驿桥风。乡梦梅花馥，吟情月色同。莫嫌分手易，有约大江东。

瀛　城

春事频年窘，纷纭绪不清。行藏难远计，文字负虚声。卖药嫌壶窄，还山讶路生。良朋疏狎晤，贳酒坐荒城。

送袁御仙归谷阳

宇内同声杰，逢迟怅别轻。几时京口酒，还话渭川璜。客路孤帆远，江云返照晴。南中多胜友，此去遍嘤鸣。

纶锡谒选回，复过尧台，时七夕前一日

京国罢归辔，尧台喜再过。看花吟旧句，剪烛听新歌。余暑风吹少，晚

凉月引多。明朝乞巧会，还望鹊填河。

过立节吊袁紫烟将军[①]

一世英雄气，萧条何处归。龙精埋地血，马革绣苔衣。空忆频阳卧，难筹即墨围。遥凭宿草墓，雨泪不胜挥。

斋居偶咏

土屋临衢路，聊为近市人。从无三倍利，只有一囊贫。客少帘时放，题多句日新。不关天下事，消息问庞邻。

栀 子 花

楼石山前种，端因护吏来。黄从占气见，素为斗华开。结夏通禅契，冲炎抱玉胎。休夸红艳赏，偏佐孟园杯。

步魏澹园韵[②]

终日坐林端，闲听鸟雀欢。避喧无乐土，得隐是王官。草树经霜苦，江山入夜寒。所筹不易就，天外举头看。

---

① 此诗又见《国朝畿辅诗传》卷九、《晚晴簃诗汇》卷十四。

② 此诗又见《国朝畿辅诗传》卷九。

中元日山中

农节荒山里，空斋客思骞。简编生计淡，鱼菽野情屯。泉涌涛长壮，居深草独繁。高堂甘旨匮，无处贯余樽。

秋日同崇文登北山

落木秋山下，乘闲一小登。入云才步步，去地已层层。霜树红围寺，川波绿绕塍。何缘得斗酒，醉眼杖枯藤。

冬日赴南半石魏祥符斋头小酌

山客闲招饮，相邀过北溪。日斜峰影倒，冰冻岸流齐。残雪花缘亩，干茆蕞护泥。回看支杖渡，沙径晚烟迷。

冬日过凌九酒舫，欲归矣，复上伴山楼作

连朝诗酒会，复上伴山楼。槛引登高足，窗通望远眸。低云压冻树，残霰点平畴。乘兴看题勒，行踪又漫留。

人日霖九、崇文同淳庵、周祯集衲窗茗瓯小话，时雪中

人日山家会，茶瓯作柏尊。充餐无市味，佐箸有清言。花事偏吟雪，春

风自扫门。草堂成小聚，莫忆旧乡园。

赠　环　原

风雅堪同调，溪山更比邻。时邀出岫月，来晤读书人。细草求羊径，真情怀葛民。登临合有约，猿鹤本相亲。

访道存易城斋头

城居非近市，一径自求羊。巷僻门屏静，园深荠韭香。快书围膝榻，幽卉绕肩墙。莫厌频来往，闲心于此长。

易城半篱居

借得半篱宽，硕人随意安。既忘栖树榻，还饱饮河餐。敝席非旋马，编芦也泛兰。图书如可放，蜗角任盘桓。

卢宅夏日小集

小集临初夏，深厨事事加。酒匀当座面，风袅隔帘花。玉麈霏谈屑，金团散墨沙。清思吟欲就，榴影几枝斜。

秋　　感

霜露惊心日，苍然游了愁。意随黄叶乱，身与白云悠。雁影孤寒月，砧声捣暮秋。乡园何处是，客梦尚淹留。

中秋集登之斋头

岂可无尊酒，寥然过此宵。有君开雅兴，顾我动轻谣。人影光中冷，天心静处遥。数巡杯斝里，洗尽市尘嚣。

冬　雪

寒天将入腊，微雪忽先澌。雀冻巢声漫，云同苍树疑。小炉围冷火，热酒慰僵髭。独有凝霜意，临风忆所思。

漫 兴 赋

堆案书千卷，入山云几层。不须结酒社，恰好作诗僧。柏叶香堪摘，松枝老可凭。无为在尘世，终日困蜗蝇。

爱　旭

爱旭坐檐前，蒲团随日旋。砚池亲试暖，茶灶细看烟。睡未三竿足，阶仍一线悬。腊中春已始，眼望是明年。

偶　成

悲喜宁关世，行藏自问心。几回弹剑意，不尽负薪吟。幽兴饶杯酒，闲情隔竹林。春山总可念，谁为访知音。

卷　三

律　诗

山中九日用苍若韵

云埋山坞护葭墙，脱叶风飘点径荒。高会无心追戏马，近怀有调续柴桑。消闲沽醉怜萸盏，排闷催吟忆草塘。黄独紫芝他日事，一年萧摵过重阳。

偶　兴

澹云疏雨过柴荆，录录尘寰苦代耕。只以生鱼求脍具，休将药草问时名。公荣不饮诚多事，彦道能狂自盛情。近日买山非乐隐，渔樵或不误苍生。

秋日过涿鹿访元朴药肆

瘦蹇盘沙访旧游，西风帘幕正惊秋。寒花何处开陶径，短发于今笑孟头。入塞云鸿声乍接，思家霜月影谁俦。萧萧药裹韩康市，倚灶高吟破旅愁。

赋　怀

淅历秋声报客居，残灯寒焰照缃书。白蟫恋纸缘寻字，香醑盈尊岂赋鱼。

粉墨世情留野史，丹青心事付权舆。□[1]逢结袂成高调，短发萧骚任毁誉。

九日坐还白斋已叹无菊矣，因过访又损得红菊二枝

□爱已分愧陶家，篱落空吟日影斜。敢说叩门缘入社，□嫌投刺为看花。霜英移把香生袂，露蕊凝尊艳浸霞。珍重晚芳矜乍得，可无冷句报秋华。

重过广福寺，旧日留题悉为僧洗去，因示赵一六[2]

重披苔径过双林，旧日留题竟陆沉。洗壁僧嫌名已赘，支筇我与世无心。地偏应有烟霞癖，缘静仍思钟磬音。得子尚羊成狎晤，往来莫厌酒杯深。

寄觉明上人[3]

振衣归去隐幽岚，半壁修篁一勺潭。倚石有时题砚北，拜书偶尔效和南。谷深人语缘樵径，林静经声想佛龛。莫怪丘园清兴剧，远公曾约结高谭。

西园小饮

西园小筑未成厢，消暑开樽坐短廊。双树敲棋披樾荫，□[4]云拖雨送襟

① 此字原文漫漶，《〈五公山人集〉校注》作“恰”。
② 此诗又见《国朝畿辅诗传》卷九。
③ 此诗又见《国朝畿辅诗传》卷九。
④ 此字原文磨泐，《〈五公山人集〉校注》作“淡”。

凉。割鲜近市贫居便，借酒邀朋主兴长。分韵茶瓜归去晚，菜畦深印屐踪香。

无　　题

晼晚何愁秋日低，半床落叶护糟堤。百壶怀抱黄花露，四壁风光白版题。鬼草餐余人浩落，鹿裘披去径萋迷。门前苦竹深如许，未许寻常步履蹊。

偶句足成，有怀山中诸友[①]

云树千层水一湾，幽人此际好闲闲。钓矶坐去携残卷，樵斧腰来耐远山。宁子不离牛口下，石生何事马蹄间。总无长统良田乐，丘壑生涯足闭关。

重过故园得秋字

家乡萧索几经秋，跨蹇重来阅昔畴。禾黍田园非旧主，牛羊坟墓半荒丘。雨余蛙部喧林际，风定花须落陇头。独有烟村临野渡，残霞飞尽起江鸥。

偶　　感[②]

三径荒芜岂邃居，鸟巢鱼窟更安如。逢人只合长缄口，避客终当讳读书。船入竹中聊断问，兰生道上亦妨锄。从今玩世休希阮，一味猖狂计尚疏。

---

① 此诗又见《国朝畿辅诗传》卷九、《晚晴簃诗汇》卷十四。

② 此诗又见《国朝畿辅诗传》卷九、《晚晴簃诗汇》卷十四。《雪桥诗话续集》卷一录“逢人只合长缄口，避客终当讳读书”二句。

雨　夜

黑蜈朝眠忽夜惊，淙淙急雨响南荣。暗添蓬霤疑云聚，凉逼絺衣觉簟清。滴枕愁多消蝶梦，洒窗风骤乱鸡声。萧骚倚榻吟难就，几度支帘盼晓晴。

赠雷林

俊异神襟自可人，衔杯高致澹然亲。久无妙句题佳士，可少良游趁好春。松砌温经应闭户，茅棂课字漫劳薪。谁家酒瓮常临壁，携手相将一结邻。

步答椒园秋雨韵

荒村野水溢秋寒，淋雨颓唐比屋残。几部鸣蛙真产灶，无端泛梗不充餐。销忧耐简幽人笔，逃世虚裁处士冠。欲过东园舒啸咏，平田漠漠蹇蹄难。

蔡山人

中郎谁道后无人，柳市于今有隐沦。松菊不妨三径蔚，琴尊恰合四时亲。猥当迢递分襟日，却忆菰芦对客辰。安得鷦鷯栖正好，一枝容我作庞邻。

寄候邢竹帛孝廉

勃窣张凭久阒居，孝廉船远玉音疏。西唐我试餐松法，北渚君耽种术书。

惊眼绿熊休过艳，纵心白帢尚堪娱。相思一叶秋风里，百里襟期订遂初。

偶兴寄示魏澹园[①]

春来杨柳几枝枝，尽日关门懒赋诗。客为厨贫相过少，家因山远去看迟。闲中避疫怜残喘，卧内书符赚小儿。料得渡头学[②]圃伴，杏花春雨足相思。

赠　又　邺

曲部骚坛旧作家，风霜几度染颠华。衔杯尚可吞糟垒，摇笔犹堪吐梦花。别墅招寻频接袂，仙居造访未登车。安能缩地从君住，日醉兵厨紫玉洼。

荐馨自秦中登太华归，先在峰头曾有信见寄，诗以讯之

落落高峰勒赋回，幽人屐齿挂云堆。缒书曾接青鸾信，尝藕应披玉井苔。驴背烟霞收险塞，杖头风雨老吟才。归囊定满惊人句，何日挑灯话绿醅。

得容斋赠别句，依韵赋答

远山春路柳眉舒，已有高人为买居。支杖西峰听瀑布，分襟东渡注丹书。廿年古道存栽菊，半世闲情老荷锄。咫尺烟霞非远隔，跨牛应过武侯庐。

---

① 此诗又见《国朝畿辅诗传》卷九。

② 学，《国朝畿辅诗传》作“为”。

柬容斋

雷水新巢乍定居，鷦栖犹忆买山初。未能话雨重联袂，偶为移花暂寄书。种果右军应见待，吟诗开府可相於。思君不负藤窗月，竹树烟深兴有余。

山中偶感

偈僁通疏抱膝吟，无端归兴过前林。行踪渐觉田园近，老况偏于儿女深。几树山花开倦眼，一湾溪水涤尘襟。闲中不耐思闲事，掩卷枝头听野禽。

春暮于霖生携酌邀家严鲁山公稻亭小集，同卢肯祥、郝献之

青山如黛四围匀，喜得中林有主人。莲埠井开新筑凿，稻湾棋布小经纶。一樽倾倒依斜日，二美逍遥送暮春。少长俱欢成盛事，烟霞高调倍精神。

冬日即事

暖卧饥餐信有缘，琴书环堵任萧然。强瞠病目看文课，豫借修金补药钱。窗外冻鸡栖解语，灶前寒婢爨生烟。来春弟子名场近，灯火兼工不问年。

雨窗阅牡丹谱漫题

细雨秋阶滴沥声，摊芸鹿韭汇分明。曾闻司马坡边贵，还问潜溪寺里名。

赏到四香真可啰，面开一尺亦堪惊。繁华自昔非佳玩，羡尔幽兰只数茎。

柬耀寰

咄嗟心事与谁言，留得猖狂类漆园。岂惮捐裳居裸国，幸无鼓瑟向齐门。博逢瓦注偏成巧，膏遇明生却自烦。万绪劳劳何日静，不如白眼对青尊。

瀛台相传冯道吟台

多年积土未成山，强碍清虚杂市阛。自昔乾坤空老大，于今草木尚痴顽。攀跻旧阅尘千载，吟望仍余水几湾。一茧残墟遗论在，无端凭吊总须删。

孤坐偶吟

□[1]墙竿竹亦亭亭，孤坐蒲团境自冥。窗外云天时透碧，函中史籍镇垂青。穿林啁哳听山鸟，凭几源流阅水经。此际闲情谁得似，无心鸥鹭集沙汀。

李颙若斋沽酒写句，因而志感

晴窗蚕素写诗新，竹叶尊前岸角巾。似水行藏人自肃，如云翰墨我还珍。波漂木偶难撑拄，坂逆金丸枉苦辛。一座花光同酒面，等闲高下阅千春。

① 此字原文漫漶，《〈五公山人集〉校注》作“挂”。

癸丑省墓，始读参甫桥梓及光远、瑞斋、界埏、治埏为先君、亡儿镌立墓碣，雅谊昭然，不胜感怆，恻然赋之[①]

三年两度拜坟茔，枯草寒烟感怆生。荒冢伤心游子恨，新碑堕泪故人情。九泉何处浇杯酒，八口终朝滞客程。寂寞青山千古意，不堪回首暮云横。

初买蜗庐，孚尹枉顾，蕴秀以诗酒见过。次早复聚蕴秀斋，广荫亦至，诗以纪之

初买茅庵款旧盟，同来诗酒共清评。人如玉树临葭席，谈似寒泉漱石声。交缔白头昆弟美，知逢青眼古今荣。寿州自昔多贤地，此后应传我辈名。

读　　史[②]

六国分肌啖虎狼，冯亭归赵虑应长。廉颇合使终坚壁，毛遂无嫌缓处囊。上客徒知忧肉尽，群英谁解念唇亡。千秋高义惟东海，万乘谈空岂为梁。

酬宋广平次来韵

乾坤何处不蘧庐，任运惟凭下泽车。中水池塘应似旧，上林莺燕不如初。

---

① 此诗又见《国朝畿辅诗传》卷九。
② 此诗又见《国朝畿辅诗传》卷九。

梅花赋古词盟继，柏叶尊浓酒兴舒。寄语广平同调者，三春嘉会在荒居。

左园小集

平泉春宴接芳茵，酒伴诗朋集赏辰。题遍红栏花未老，斟余绿蚁兴方新。翻天风雨何曾妒，入座琴书霎见亲。此地相逢原不偶，况无十丈软红尘。

述怀次原培韵

几度深居念水源，半生侠骨老山村。烟霞有梦猿啼醒，禾黍无情雀啄翻。谷口课耕欣石友，垆边结社辱金昆。相将偶伴风流住，却忆春丛满故园。

酬白吏部送游金陵

不逐征尘鞍马装，依然瓢笠过维扬。六朝往事山河异，一路清吟草木香。采石豪华谁嗣李，新亭慷慨尚思王。先容锦字堪投契，便拟侨居作故乡。

秋日同纯冶、允升游南阁振衣精舍，听嘉徵弹琴

巾舄禅关喜共寻，茗杯才罢听鸣琴。调高自觉尘情远，秋爽浑忘客况深。经典浩谈供几席，松云流览忆山林。暇中莫厌频来往，世外风光属素心。

余与又邺俱移居乐寿，相距十余里耳。又邺抱疴，余复冗羁，未及相见，诗以候之

长源别后几经春，彼此移居恰近邻。我为食贫常闭户，君因抱病少逢宾。犁锄生计输田舍，诗酒风情枉月轮。却欲跨牛寻栗里，无端尘事尚牵人。

乐城中秋邀吴星潭夜话

对景谁期又乐城，盘餐相聚古人情。浮沉往事如云度，款洽新交似月明。举目山川仍挂影，无心天地定留名。茅檐谈剧杯重把，露濯凉襟麈柄横。

读魏澹园寄诗步韵

休从华屋问行藏，耕读安身土作房。数米经纶依畎亩，佣书事业愧宫墙。生前有酒诚高计，穷后工诗转胜场。指日东园花柳放，偷闲还讯燕泥香。

午日刘明府以盐肉见颁，愧无芹答，又重以攀辕之恋，诗见意焉

一茅才筑卧甘棠，地主深恩午日长。分得晶盐添水味，颁来鼎肉佐蒲香。榴花何处争秾艳，骚赋随缘任徜徉。斟酌野芹无可献，愁心又为选钱忙。

斋中读在川喜雨诗步韵

阶前晒药爱秋阳，细读新诗笔墨苍。天雨甘霖人雨玉，禾生长亩草生塘。骊珠压倒登临会，蕉叶倾残啸咏场。冰簟梦回追盛事，和歌特为启青箱。

斋中孤闷，值彭蕴秀送同张广文游万春山诗至，快读和之

雨后荒城鸭蓐青，门前潦水作渊渟。时从颓岸窥云影，旋向垂条觅露泠。夺目黄盘来几案，赏心红友在郊坰。词坛颉颃推苏李，仰企流涎为醁醽。

寄九仙山人

耳顺余年在已惊，强将朝露俟河清。奕棋世事输先着，幕燕身谋误后生。[①] 薇蕨久尝心自苦，烟霞暂痼气难平。知君定有超凡语，无计山头一细评。

和灌园叟移菊韵

雨涩杨园野径凉，蹇驴未遂赏秋忙。空依仲蔚门前草，迟问泉明榻畔芳。漉酒正宜开瓦瓮，赓诗却自坐绳床。良朋近订寻幽约，指日扶筇到柳堂。

---

① 《恕谷后集》卷七《刘君来献墓志铭》引“奕棋世事输先着，幕燕身谋误后生”二句，“幕燕”作“燕幕”。

灌艺息菊甚盛，有约未赴，十月末旬始策蹇得观

野怀从不负花期，却愧今秋独后时。只恋白云横北郭，竟忘黄菊老东篱。驴鞍幸及寻霜叶，鸡肋犹堪对月枝。古调晚芳原素契，青尊一倍赋新诗。

过振衣上人禅室

晴和风日过僧房，坐对金炉细细香。一榻暂离尘世界，半竿全挂戒衣裳。经台自有天花坠，方丈何须笏版量。便欲呼朋归净域，闲摊贝叶礼空王。

正月十八夜宋广文招集同人分韵，即席赋，限以一句成饮一杯

传柑节后酒筵催，得意同俦陆续来。昨日春光郊外柳，今宵花事座中梅。江南才子词宗迩，蓟北英流武库开。一句诗成一杯饮，巴人愧乏百篇裁。

中和前一日访宋符九途中偶成

布袜囊诗过小庄，伊人闲昼定春忙。旋消冰水烹茶叶，细爇沉烟绕木床。灯火看余残醉醒，帘栊敞处惠风香。到门有句须频和，明日龙头起老狂。

同宋子留访野牧

曲径迢遥云树赊，联镳访隐入桑麻。路迷每借田夫引，心急惟愁日影斜。何处蓬蒿张蔚室，几时诗酒范丹家。饥肠马上思尝枣，绕陌踏残布地花。

己未重阳已过，次日宋外翰柬促补之，赋答

几年令节寄他乡，落落同人少命觞。怜我闷怀思早菊，多君高兴补重阳。酒当连酌何妨醉，客过长欢岂惜忙。此日正逢十日饮，布衣交在好徜徉。

得田界埏寄诗步答

苦忆同游不记春，羁栖风景忘陈新。才吟腊雪添骚句，又看桃花拂陌尘。幽梦总回修竹畔，行踪难道古溪滨。论心只有归田好，负镈析薪是解人。

答李广宁次来韵

剥[illegible]谁怜深谷幽，彩笺飞度片云浮。墨华奕奕如星灿，笔浪滔滔似汉流。分谊自知悬两地，梦魂岂禁忆三秋。青莲高况亲蓬荜，黄犊朱门合乐游。

刘大司城过访

年来芋栗未全收，若苣充餐坐市头。卖药既悭参术贵，怀人空觉露霜秋。

披帷越石知新喜，作侩君公愧旧游。挥麈禅关谈上理，可能白眼看云浮。

哭彭蕴秀

隽绝才华倜傥身，巍然山岳振风尘。鲁连排难真高义，彦举挥毫自异人。开酌何曾离胜友，寻幽从不负佳辰。一朝寂寞扬雄阁，垂泪千行共怆神。

寄君侨

白头那忍复离居，肺腑连年不致书。世事茫茫谁得似，人谋落落竟难如。飘风未晦经天日，巨浪终宜纵壑鱼。此后驴鞍须过访，闭门高卧在茅庐。

村居用冯琢庵先生韵

自起朝炊炊箸收，短墙斜倚似凭楼。门前旧壑新添水，林外浮云远带秋。草牖希来作赋客，秫田常伴荷锄流。油油禾黍连天际，疑是蒹葭白露洲。

刘潜夫节度归里

别去襜帷几岁寒，司空丰采隔云端。折权旧说王凝健，好士今闻柳璟宽。一丈车幢荣故里，三花马鬣艳江干。山翁预拟香山会，诗酒因缘永日欢。

秋日同李广宁、邓公遴过流九水访赵处士，因游五云泉，题唐锡寺壁

九水款扉因访道，五云系马为寻泉。柿林蔽芾围孤寺，山麓駊騀接远天。摩石看碑前代迹，循廊题壁野人缘。红尘此际飞难到，载酒重来卧翠烟。

余耕移乐寿，市土室居之，又买瓦房数楹，减餐乞邻以酬直。蹩蹩兴生，自叹太苦矣，因志感

耰锄矻矻傍荒郊，营业何曾具斗筲。笔墨应酬同买卜，盘餐拮据似调胶。老蚕无奈身藏茧，智鹊还思岁改巢。白首劳生何所用，不如懒鹤卧松梢。

风中闭户

蒲团阖户避缁尘，瓶里花枝坐阅春。思在远方身在迩，题拈旧韵句拈新。单衣乍试寒留榻，双燕初来语问人。却少酒杯供醉卧，草窗清梦五湖滨。

重阳次日用吴梅村九日韵

无意清尊学问天，重阳节后忆归田。拘牛种麦黄花陇，举网烹鱼白酒船。潦倒书淫徒自苦，凄凉客况少人怜。愁中只觉流光速，谁去深山企大年。

偶　述

鼠肝虫臂漫沉吟，白眼行藏直到今。残帙真同断后尾，衰年尽减护前心。但能把酒还邀月，何事披裘又拾金。乘兴小车栖止处，乱云堆里是知音。

赠郑天波

处世休教清浊偏，吟诗度曲过流年。衣冠岂必存孙相，雅颂何妨继郑笺。摩诘画图传墨苑，无功酒谱艳觥船。秋还社课多疏懒，无数诗题未入编。

偶　怀

潦倒蓬蒿作隐沦，十年磊砢未依人。随场牛马呼来久，到处鸡豚醉去频。褐玉岂容尘世见，涂金休使野翁亲。逍遥松竹多佳兴，终向深岩伴子真。

刘季箴斋读及佩韦壁题诗，步韵寄怀

双鬓萧骚著客衣，屐踪久矣踏田稀。诗囊驴背随蓬转，经笥车轮逐鸟飞。对酒几番谈浩浩，看云到处兴霏霏。连宵壁上龙蛇影，酷想联镳上翠微。

步答贞子

落落离群卜地耕，孤村水涸不成泓。偷存八口原非计，逆料千年只是名。

旧德凄凉空抱痛，新知散漫愧嘤鸣。高松寒岭惟君在，安得联床话此生。

春日野牧相访，出途中诗见投，步韵赠之

据鞍隔涧小桥通，野客行踪便不同。箕踞因贪垂柳绿，盘旋似惜落花红。吟成好句非耽酒，想结幽人自顺风。入户何曾论礼数，先翻近课敝簏中。

落　花　诗

本是名园倾国姿，为怜春尽总难持。夭夭丽质红成泪，簌簌芳林绿作期。抱蕊游蜂愁已散，隔墙戏蝶悔无知。东风莫浪闲吹去，犹似西宫烂熳时。

一枝留赏正晴晖，万点愁人不忍归。长信草深香乱拥，未央月迥色全微。欲翻应怪莺蹂遍，不扫非关客到稀。多少王孙携素手，为君憔悴怆分飞。

怨魄残魂逐水涯，回头望断瀑衣阶。明妃去汉沾裳易，陈后辞君买赋乖。十里青青看锁雾，数株飒飒镇伤怀。谁家击鼓犹寻赏，恼乱芳心共粉埋。

心伤摇落已成焚，忍见芳丛挂夕曛。堕影恍如蜀夜雨，销魂非但楚山云。痕飘竹上湘君泪，色染杨家白练裙。九十韶光终有尽，何人洗拂倍殷勤。

红英飞尽掩朱门，蝶往蜂回总断魂。沟水尚能浮坠萼，幽禽何苦啄残痕。金鞍踏去同明月，玉钏拾来感旧恩。不见连昌风动夜，老人泣罢一重论。

谁家亭榭绿阴天，飘荡残英绝可怜。梦绕深宫歌后扇，身随远浪渡头船。依依未肯逐风逝，处处焉能倩鸟旋。遥望故枝心似水，安排隔岁一团圆。

色去应知未减香，日斜何事断人肠。行宫院宇飘零后，客路别离桃李傍。耐可拾芬还嗅蕊，争禁抱怨不成妆。盈盈弱质谁相念，散入烟霞也自芳。

五陵东市叹飘零，卖酒胡姬怨后庭。染袂朱痕常不散，调弦清荫那堪听。梦回金谷空沾砌，画作丹青尚在屏。惆怅芳年成往事，凋颜碎粉自星星。

欲去荣华恋未休，翩翩犹上碧搔头。春光有限莺偏老，芳草无情水自流。对镜飘零怜鬓瘦，窥窗黯淡使人愁。明朝风雨还难定，莫为伤春独掩楼。

春风不改绿条森，悔杀当筵醉未深。爱拾余香浑作雨，强描碎影不成金。南林寂寞燕无语，北砌斑斓蚁有心。此际徘徊谁是伴，月明凉露听柯音。

尝闻春色在江南，何事飞飞洒碧潭。暮霭笼香归故苑，摇波流片上澄岚。散来篱落千家艳，聚处芳塘一棹酣。寄语吴歌诸女伴，玉筐盛去当襜蓝。

学雨为云弄画檐，紫骝羞系酒家帘。惭随舞袖纷纷下，耐逐春风阵阵添。山客好眠常不扫，美人愁寝正开帘。增啼增笑凭君取，抱出芳心苦亦甜。

杂　兴 四首

不衫不履不知年，纵酒耽诗亦解禅。冷眼自能窥造化，□[①]情非为绝因缘。旧狂未已心犹燥，近癖将成语更颠。惟问西溪流水地，时时风雨洗龙泉。

棱棱瘦日照双肩，拨闷钻幽亦自怜。剩有须眉留侠气，可无诗酒傲霜天。寒灰虽冷犹存火，石子将开竟吐莲。信马懵腾随便住，流光无那箭离弦。

---

① 此字原本漫漶，仅存右边“兑”形。

苦吟无历隐情兼，小舍寒生纸作帘。但得胡卢容我坐，何须去就倩人占。东窗未拟风如剪，北牖还看雪似盐。欲问羲皇焉处是，此身随地便心恬。

一椽犹未卜宁居，短鬓萧骚雪不如。昨有诗朋归旧社，久无高兴著新书。蒲团入腊聊持偈，药裹逢春欲市锄。人道幼安能避地，片帆还忆故乡鱼。

和惠迪先生园林逸兴

寸鱼竿竹自园林，小酌幽闲日日寻。但解花开须教醉，不妨月上更成吟。尊前共接临风致，松下同欢秉烛心。此际酣眠真快事，再来相记定携衾。

题白云观壁

合与青山有旧盟，等闲杖履快生平。峰高颇便登临眼，友胜偏宜咏啸情。黄叶著林添暮色，白云留榻护虚清。松头莫讶停三载，酷喜通宵坐月明。

春日拜汉刚侯贾公祠

枯柳攒烟袅弱丝，含情一谒贾侯祠。沙沉金甲乡民话，功列云台汉主思。廉蔺义高仍仰躅，丹青貌古自生威。趋跄未冷河山泪，欲勒将军血战碑。

市　隐　堂

浪迹先生市隐堂，旁人不必问行藏。有时朋旧书千里，逐日童蒙课几行。叔夜懒从天性惯，仲华笑付少年狂。只消一枕疏篱上，阅尽红尘无数忙。

闭　门

纵懒耽眠过几旬，闭门先谢问诗人。君能有兴不妨叩，我若无言慎勿嗔。卖履桃椎稀见面，结巢文举少逢邻。年来看破蕉中鹿，梦里纷纭总未真。

夏日东园小集

小园春尽羽觞开，携伴孤亭坐翠台。席地空窗晴日映，幄林新叶好风来。谈霏少长花香送，酒泻温凉鸟语催。醉里不禁思往事，几行散屐蹴莓苔。

夏日同李广宁过周俊明宅

联辔经行过草堂，命俦啸侣翠涛香。素瓷坐放白青眼，细簟横铺上下床。谈止几回矜得兔，情深一往羡屠羊。幽寻来去订兰契，城市山林话正长。

哭王惠迪先生

撰杖深林失路年，春风怀抱几人传。孙嵩自爱邠卿达，鲍叔偏推仲父贤。龙迹旧游岩尚拱，鸡流故堞水空缠。伤心痛洒西州泪，不忍重耕谷口田。

署斋用燕又韵

市城住久懒如家，疏却山头坐碧霞。云岭变成窗外石，松林移作阁中花。

诗裁满壁青衣拂，客聚盈堂紫幕遮。大隐自堪供啸傲，夜严清漏靖鸣笳。

闻通安明阳刘逸民高卧严滩，嘉其风烈，诗以寄怀

出尘白鹤仰伊人，丛桂新篇问隐沦。卜筑墙东聊阅世，读书灶北自传薪。陶潜有子名偏盛，谢朓能诗兴不贫。翘首考阳千里外，大河春水许知津。

尧　台

九层百尺总荒唐，一蒉为塍景自方。栽菊培松森晚艳，莳桃插柳贮新芳。棋枰对坐堪乘荫，酒盏横排可作床。莫道庾楼偏兴剧，共谈诗话任相羊。

偶　述

避居常爱柳毵毵，木榻蓬窗静影含。据竹只堪呼浊酒，逢人并欲减清谭。幼安世事通难问，彭泽琴音量自谙。一任池塘风雨过，蒲团幽梦正深酣。

还山读郁华小楼集饮诗，追和其韵寄之

还山落落已三秋，虚却披襟坐小楼。蒲盏漫供词客醉，石泉空傍野人流。雨飞郎岭千林润，云掩班峰百里浮。归舍拟吟七步草，西园高唱在前头。

斋中步魏澹园韵

冷吟闲醉半床余，浩落行踪未卜居。已买蒲团思入道，尚提篘管学佣书。山岩自解藏灵鸟，江水何曾润涸鱼。了却忮求心便稳，高怀合与世尘疏。

酬梁园雪龛田明府

桃椎自昔见人羞，茗米随缘也结俦。既有颖君挥紫电，何妨从事问青州。篱边潦倒归陶令，架上沉酣想邺侯。有子书仓堪世守，元龙只合在高楼。

追逐云霄愧未能，草堂幸喜话青灯。人情已晰同观火，世事何劳切饮冰。醉里升沉休感慨，眼前粉墨总模棱。谁堪共访卢敖隐，五岳名峦任意登。

羽士尹元斋以诗见寄，依韵答之

吾道沦胥久莫传，晚寻羽客话寥天。自知鹄卵难生凤，却想麻池好种莲。三语岂关希骤贵，一心只合守常然。归来细味南华理，樗栎犹堪享大年。

山中赋赠张元甫

卅年乡国旧雷陈，几度论文坐锦茵。胶漆不同桑海变，烟霞偏与鹿鸥亲。山阳故隐君犹健，栗里新诗我自贫。携手峰头谈往事，长林丰草总伤神。

对菊无酒

不须甘谷尽登仙，摘得篱花入案鲜。自分有诗酬令节，却怜无酒慰寒毡。妒深青女芳偏永，傲并白衣节久传。特与柴桑问消息，瓮头曾否漉如泉。

漫　兴

濯酒乾坤莽自存，行藏落落总难扪。世途几日堪安枕，生计何年不出门。破帽看山增感慨，瘦囊过市阅朝昏。珊瑚大海难施网，且向光芒觅石根。

偶　兴

老怀山巷颇相宜，种竹看云到处诗。旧馆谢来无俗累，新居谋定有心期。偶寻败箨过西涧，为恋寒香倚北枝。雪意一春慵起蚤，晨炊小婢每教迟。

斋中野牧见过，留题步韵

问舍求田占上流，元龙豪气暂时收。莫将金紫供青眼，且放松云罩白头。尊酒堪留野客醉，壁山不碍冷人游。从兹来往休嫌数，架积芸编好共搜。

鲁望斋头偶成

几载飘零不忆家，偶然谷口阅年华。还将海上神仙客，一对山中富贵花。

座里吟怀挥妙墨，尊前饮兴泛流霞。平生雅抱耽游赏，眼底风光景趣赊。

韫生携家集见过，不遇而返，诗以答之

儖傀行散出云堆，客到山阴鼓棹回。案乞龙文光宝鼎，门题风字掩冰苔。揾泉应有愁松句，沽酒曾无看竹杯。此会暂虚连夜话，青骡不碍卜重来。

卷　四

绝　句

芦穄叶作枕

卷来芦穄叶，省却绣鸳鸯。圆木无劳警，华胥梦正长。

湿　薪

雨里晨炊逼，湿薪苦灶濡。何当适越国，探得焰光珠。

省　亲

佣隙一归省，曾无几日期。临行不忍拜，恐觉是违离。

省　墓

荒墓缺时展，披榛只影孤。千行游子泪，辛苦洒平芜。

赠荣阳道兄

入城缘卖药，归谷为耕田。芒屩兼藤杖，逍遥画里仙。

蝶

既自邻墙过，还从庄梦归。若逢张进士，剪纸总能飞。

蟹

常说螯如戟，谁知壳比筐。燥中仍未已，不肯早输芒。

偶　成

一壑一丘里，悠然想古初。尘劳浊世上，唯有酒杯余。

斋　中

贴壁安茶灶，依篱架笔床。午余临帖罢，听彻响松汤。

过卢千斤故居

昔日千斤力，今来一陌尘。谁知感慨者，犹有路旁人。

宫姬孤冢[①]

在新城东南二十里。故明宫人姓褚，流落于此，死葬焉，有双柳记之。

故宫随国破，遗蜕逐尘埋。冢畔游龙草，盘盘似凤钗。

幼女冢

秋草坟头绿，孤魂何处归。吾家犹此住，且莫叹无依。

雨后入社归

风清林叶翠，雨润麦苗肥。携箧论文去，悬笼带鸟归。

歌童

敷簟清篚□，研朱静有香。寸阴诚可爱，莫负著书堂。

① 此诗又见《国朝畿辅诗传》卷九，题作“宫姬冢”，无序。又见民国《新城县志》卷四“宫姬茔”条，无题，无序，而云：“宫姬茔：茔在城东南二十余里，故明宫人褚氏流落于此，死即葬焉，有双柳记之。五公山人有诗云……今附近之村皆呼宫井者，声之转也。”

□□□□公式

历年频作客，扫墓竟无因。插柳插花意，欷歔对故人。

和及佩韦

虽当迟暮期，不抚征西柳。奋髯望西风，浩歌空白首。

述　古

刘实隐牛衣，手绳口复诵。岂如贵介子，据几学木俑。

陈常昼躬耕，夜来犹赁书。不服辛苦役，将毋欲何如。

出　城

久不出东城，前林见落叶。萧萧空际飞，犹似春丛蝶。

寄孚尹

相违不百里，相隔忽三秋。何日驱车至，清谈对酒篘。

舒　　啸

蜗庐方斗大，啸傲有奇人。萧散蓬茅里，花开也是春。

咏　　菊

紫绡云雾服，脱挂在秋屏。青女玲珑剪，纤纤碎作翎。

游蜂失故巢，酿蜜在篱落。和雨洒秋芳，染就千枝药。

何处青童子，更衣侍故侯。紫罗裁小袖，妖冶作平头。

卸却黄裙去，酣颜玉抹绯。宫中多少丽，真色让杨妃。

灯　　挂

三尺檠称便，寒光几案盈。何如悬壁上，吾道日高明。

灯下起草，眼花感赋

倚马才犹在，挑灯泪暗伤。平生飞动意，到此倍凄凉。

寒　冬

寒冬诸事闭，贫与懒相宜。不扫窗前雪，留冰入砚池。

冬日挂湘帘

冬日垂湘帘，不耐朔风冷。葛衣游洛时，想亦同此境。

观澜教授荒祠

书声喧殿角，槐影罩檐牙。镇日双扉掩，沿墙放菜花。

偶　吟

减口聊增饷，添房为闭门。自今尘壤事，概不到东轩。

寿阳村居

自爱烟霞僻，因逃市肆喧。更无车马客，扰扰到柴门。

巷外柳

平生酷爱柳，晴雨总毵毵。巷口一攒绿，双鬟日日酣。

软 红 笺

不用裁鱼网，何须捣布头。软红一片玉，心事写三秋。

过 灌 艺 斋

双扉常昼键，□□读书家。□径缤纷入，新开石竹花。

赠 沈 象 □

春暖黄精□，□□□□□。□□云入户，沸鼎有茶声。

梁冉素□□□□

每遇看花会，□□□□□。□□□此住，等到放荷天。

至野牧□□

朔风冲百里，跨蹇到君家。恰喜新篘熟，清谈剪烛花。

题木石居怪石

磊砢一奇石，玲珑百窍通。自今夸绉透，羡杀米颠翁。

窗前断石

袍笏堪称丈，摩挲竟是兄。莫愁身破碎，犹有补天功。

哭亡子咸

苦乐儿难觉，悲欢我自知。从今无内顾，四海任吾之。

人日有感

依旧逢人日，难逢旧日人。春风憔悴眼，怕见柳条新。

题砚盖

未试磨乌玉，先看揭紫房。谢家笺九万，一扫尽辉光。

别元甫

总饶连日晤，未尽十年心。倘有山中便，休忘寄好音。

扑蝶美人

小扇迎春旭，频挥扑蝶窗。自怜寂寞影，应是恨成双。

山　行

茅屋小桥接，前溪对双松。幽人时往来，路在千云峰。

秋　日

一林黄叶下，萧飒任秋衫。暮景丛愁绪，回头望碧岩。

雪中沽酒未至

深斋一夜雪，晨起唤沽酒。青童去未归，定阻前村口。

移　家

日暑行应倦，风炎道转长。过期犹未至，几度扫蒿床。

蜗　庐　咏

厨下有薪有米，胸中无事无忧。简点山人门簿，从来不注王侯。

花　圃

花圃已消残雪，柳窗初啭新莺。策杖烟村曲巷，来参高尚先生。

瀛城逢五玉志感

旧日应刘尚在，于今诗酒非初。却思一尊林外，高话十年读书。

寄山中诸友

一别青山几许，久思素友如何。魂梦时时左右，不堪回首烟萝。

赠　雷　林

槐下温经精舍，溪边煮酒芳林。有兴时时相访，醉听唤睡春禽。

过李颙若斋，酌探春花下

到舍酒偏如圣，垂帘花正疑神。醉里不妨题句，闲中恰好探春。

偶　咏

行乐无如访友，清心莫过谈禅。眼底纷纷尘务，只须放在一边。

芸卷随心是业，蒲团到处为家。偶向青松林外，闲寻老衲吃茶。

鄚店阻雨

薄酒莫消夜漏，春衣不耐朝寒。倚门镇盻天霁，搔首空歌路难。

愁里不遑怀古，客中忘却占年。闻说清明不远，始看杨柳含烟。

拟借禅房作书室

寂寂略无鸡犬，疏疏粗有园林。既少妻孥累体，却多钟磬清心。

山　中

扫地非因客至，推窗欲待云来。静对丁香一树，明春屈指花开。

春山偶兴

绿雾迷离柏岫，红云滃勃花川。唤客隔溪啼鸟，送杯穿竹流泉。

游西寺

深院无僧说法，空庭有鸟参禅。却喜回廊幽步，风来万境寂然。

雨后步魏澹园韵

睡起自知神爽，雨余顿觉凉生。才呼绿竹为友，更认白石作兄。

九　　日

何处登高载酒，空劳忆弟看云。又是一年令节，秋思无限纷纷。

福　　泉

城角福泉古寺，周遭一片秋芜。墙外频嘶牧马，门前时走樵夫。

诸子起晚

红窗既无鸡唱，绿树又少莺啼。谁呼子慎惊应，一任庄周梦迷。

偶过兴会寺

寻僧偏宜径曲，入寺自觉身闲。绕座花香室内，穿林月色窗间。

对　　月

南飞乌鹊何依，北向清流高卧。不看花影离离，且爱竹阴个个。

偶　　题

闲水闲山便往，机心机事都休。但有茅庵可坐，那知紫阁红楼。

秋日题兴会寺壁

绿水小桥古寺，青畦短巷疏林。偶有清吟题壁，待携老友相寻。

山　　居

羞弹冯子长铗，懒击王生唾壶。自对青山啸傲，任他白到眉须。

赠　誉　之

跨蹇郡城烟路，栽花别业山塍。时有叩门元亮，来寻爱客王弘。

赠　平　之

才向东园小憩，复来南岭高歌。山鸟迎人欲语，似欣此日风和。

口　　号

一枕黄粱初觉，半庭赤日方斜。起问故园山友，新收几处桑麻。

卷　五

绝　句

山家春乐

晴昼花开叠岭红，乐游妇子坐高峰。山家春酌无多物，水底芹芽间鹿葱。

觅　缫　娘

提筐执筥一秋忙，博得金蚕上簇黄。瓶米急需丝价换，倩人速为觅缫娘。

同介侯往岩下[1]

欲共登临兴正新，瘦驴短策踏莎茵。莫愁前去无知己，一路青山尽主人。

琳玉送秋菜志谢

白盐赤米旧家风，秋尽无蔬匕箸空。野圃晚菘叨赐后，鸡豚从此莫争功。

① 此诗又见《国朝畿辅诗传》卷九。

送稽田旋南

襆被风尘影共依，无端别泪洒征衣。总然马角长三尺，极目天涯何处归。

公翰景阳携尊看杏花

暖日轻风柳影斜，春郊新放几枝花。逢君白酒青莎地，烂醉东村一片霞。

答　容　斋

今年作客近东皋，寂寞空厨乏小槽。除夜一尊来魏野，故人雅意比醇醪。

秋日芦中人同参甫诸友游釜山，余未预，归题其诗后

细雨寒花岸葛巾，峰头诗酒墨香新。归来莫怪山灵讶，却少春前题壁人。

春夜偶占，步魏瞻淇韵

银烛金尊眼倍青，夜深促膝话堪听。苍黄世事何劳问，几个心知一草亭。

夏日田庄即事

才为寻僧过北寺，又因采石到南沟。夕阳凉荫重林里，濯足山泉清浅流。

与公翰订聚酒肆

荨绿香浮湛碧波，幽人此地约频过。兴来不用糟床注，直把陶巾挂邵窝。

寄觉明上人

把臂双林经几秋，禅心空逐梦悠悠。霜天雁影知何许，坐对寒花忆旧游。

瓜　圃

蝉鸣高树麦畦黄，瓜圃茅亭好纳凉。从此园丁相认熟，北窗共话乱山苍。

赋　怀[1]

一杯到手万缘空，十载论心此夜同。不惜乾坤留梦蝶，敢将毛羽付冥鸿。

夜中偶吟

荒乡深院夜星稀，独坐空窗挂草衣。几度幽吟思不定，穿檐蠛蠓绕庭飞。

---

① 此诗又见《国朝畿辅诗传》卷九。

酬雪蛟别口号

卖文归去忆江乡，南浦分襟别恨长。笭箵卧吟杨柳曲，薰风吹送岸花香。

偶　　占

青鞋布袜久因循，潦倒缁尘自苦辛。遥忆故人芳草地，柳畦花埒醉车茵。

玉　簪　花

一种清芬苔似玉，千枝瘦细体成簪。青琴贪睡松云鬓，堕却搔头落小龛。

题袖石斋莲池

一勺芙蕖碧映帘，幽人常此对牙签。夕阳庭院频过雨，迸起珠玑落月檐。

袖石中元日以莲瓣①作柬邀饮

素节丹霞雨意凉，词人乘夜斗壶觞。未逢月下三更赏，先领池中一瓣香。

① 瓣，原作“辨”，今改。诗中作“瓣”不误。

哭次女

姊妹窗前学语时，捋须争诵老夫诗。一朝别去归泉壤，孤冢寒原长玉芝。

省心上人钞书

不独禅宗见花雨，更能斑管拟锥沙。北堂多少钞书客，争似清新智永家。

破茶器

缺口疑如月未盈，犹堪炉底沸松声。兴来供得卢仝碗，不羡当年折脚铛。

开坛诗

一瓻珍重出家藏，开盏先教奠杜康。独有公荣不可与，帐前弟子试亲尝。

偶释尧夫语

天地氤氲一气盈，水流花落不容情。欲知世界原无事，便道生姜树上生。

春日过魏庄访元吉山房不遇

洞口桃花正及春，渔郎归棹不沾尘。仙童报道寻芝去，舣柁留诗问隐沦。

偶　　兴

书签药裹小窗低，当径蓬蒿手自犁。栽得新花恰欲灌，一番微雨过前溪。

雨中独坐用苏韵

村外平芜好鹿场，一川烟雨送微茫。画工欲写云溪意，老树茅庵坐夕凉。

仝几青主人看南岩小瀑布，用李白看瀑韵

暑雨溟蒙万壑烟，冲泥张盖过前川。山腰雪浪喷千尺，也似飞流落九天。

半石村平地一峰矗起，松柏如髯，上构大士庵，亦奇观也

平沙壁立小巃嵸，秀骨棱棱万木丛。应是秦鞭驱不动，独留一柱镇虚空。

市得素瓷盏，最爱之，遂与订约

子美编中见素瓷，持螯泛蚁恰相宜。从今珍重须成约，一次开樽一首诗。

题　蕉

寸鱼竿竹自清疏，午枕风轻倦眼舒。握卷看云闲得句，芭蕉叶上几行书。

摇扇空庭汗未收，北窗云影黯纱帱。阶前忽送芭蕉雨，已透疏棂几点秋。

张颠犯夜

枌榆社散晚风清，带酒骚人恼夜兵。却怪瀛城宽似海，不能容个醉颠行。

偶　吟

闲摊凤尾临王帖，自拂虬须赋杜诗。云去鸟来凡几度，小窗吟卧少人知。

访元甫田庄，值入市未回

步袜行来近午天，借君草榻暂酣眠。不须呼黍邀元直，自起周看种秫田。

久不到山居即事

垒石为垣树作屏，疏林几点透天青。山房久锁生新笋，穿榻横窗出网棂。

同霞举到双峰寺洗残碣，始知此寺为金奉禅院

古树颓墙已过秋，偶偕山友入林游。残碑洗拂询前代，禅院依稀半字留。

山中整屋，时竹穿墙成林矣

邻家竿竹过墙来，透砌穿檐岂待栽。略整茅斋看绿润，此君端不羡楼台。

赠 李 玉 涵

皂帽青鞋瀛海东，逍遥初见李淳风。茗杯话尽平生事，拄颊寒檐久照红。

偶　　占

侈情穷大欲何归，四望茫然计总违。佛面瘦时休再益，消除背胛是知机。

忆张补过先生

云雷今日始经纶，却少先生一快陈。庑下雪深垂泪语，几回重忆更沾巾。

夏日题壁

一壁斜阳驻景红，常开北户纳凉风。书声窗外茶声细，独坐虚堂忆笔筒。

戏呼茶灶暖酒

乌薪土灶一围红，绿醑偏提响竹风。非是刘伶欺陆羽，惠泉不及酒泉功。

苏君实

苏耽何意世尘中，物外襟期自不同。书櫑药囊高柳下，萧然时拂钓台风。

题烟林归牧图

烟林牧罢雨丝丝，戴笠归来恨步迟。跨上青牛花里去，浑忘短笛逐风吹。

挽征君孙夫子[①]

一世清霜彻骨清，两朝轮币九州名。少微星暗江河泪，惨淡人寰罢杵声。

① 此诗又见《国朝畿辅诗传》卷九。

九日与苾蓊饮

不上高山爱酒僧，紫萸盏映白云层。人生除醉更何事，潦倒霜阶支瘦藤。

江　　头

江头终日伴鸥眠，漫卷丝纶待晓天。半夜芦花惊浪沸，满船风起月轮圆。

移家中水城

中水城中作隐居，借牛载得一床书。纸窗木榻堪高卧，总有深山恐不如。

阔领山衣，屡典不售

无钱呼取典山衣，几次相将未售归。不是质家嫌百结，先生制度与时违。

连日花避老翁，不肯相近，自以手刺向左园探得几枝，案头遂成烂熳

最怜寂寞白头老，花柳虽多那见亲。手刺征来香艳种，一时冷舍顿生春。

郎山圃趣

一朵郎峰生紫烟，小亭长日枕锄眠。葡萄味美秋成后，不数何曾十万钱。

埏山口占

万叠青峰两袂飘，等闲挥手谢尘嚣。向平婚嫁归来晚，误却山头种药苗。

柬爱竹轩

一到高斋兴便清，琴床诗格任从横。瀛城无数焚枯会，大半标题爱竹名。

方胜

一片香笺叠四方，述怀锦字在中藏。天边欲寄凭南雁，不借崔家小女郎。

偶感

安身何用筑华居，竹槛莲池转眼虚。不似蜗庐长久在，上墙依旧卧琴书。

斋中

放下蒲团便是家，半篱掌大也栽花。清秋古巷无来往，黄卷婆娑对绿葩。

步韩广文白秋丁香赋

相思曾记斗春妍，何事清芬素节前。自是生嫌丹桂俗，瑶姿独逞玉堂鲜。

乐寿唐天和于城南禅林旁卖酒。余与刘隐君尝过饮，一杯辄醺，遂相约为十钱会，每游便可一醉，颇省杖头之九，随时法也。一绝纪之

何须远上酒家楼，肆旁禅林境尽幽。扶老烧春容易醉，百钱分作十回游。

刘隐君得鱼，沽白酒夜话

不须吹火向芦花，厨下烹鲜兴更嘉。白酒青灯一夜话，寻常风味胜仙家。

允升许赠余菊花一本，久未取栽，诗以示之

久惯凌霜我与君，等闲未得共斜曛。相怜不必相偎傍，两地丰标一样芬。

寄示宋符九

滹沱河畔结瓜庐，岁费租钱计尚疏。但得一椽成永业，终年闭户著奇书。

偶　兴

常思卖药酬盐价，却遇题诗抵酒钱。堤口黄公时见待，呼朋犹欲瓮头眠。

饮十钱社，步允升韵，题垆头壁上[①]

一觞一咏一闲身，桑海年来阅历频。剩得老夫姜桂意，随场浪作醉中人。

筑暄台

典衣买得墙东地，且可迎阳向暖天。若待诘赀王录事，几时结果草堂缘。

偶　咏

风土终朝满砚池，欲书下笔少清思。不如秃帚石阶上，随手槎丫扫数枝。

寄嵩高[②]

春云流雨涨江沙，几处渔舟傍落霞。樵担轻挑思唤渡，晚风立尽夕阳斜。

---

① 此诗又见《国朝畿辅诗传》卷九，标题无“题垆头壁上”五字。
② 此诗又见《国朝畿辅诗传》卷九。

过意意居，看瓶插丁香，不觉困卧，起乃步其韵

闻说芳菲连日歇，胆瓶折取簇香清。无端一枕支颐卧，始觉繁华梦里轻。

药　王　山

跨虎升腾湖岸芳，千秋山借药称王。空闻一粒传邹举，不见容颜伴石苍。

阁山陈涉祠

楼阁重重凌紫烟，楚王至此尚明禋。可怜燕雀蓬蒿下，那晓鸿飞不纪年。

夏日看麦，过张房村，饮立轩

桑柘阴浓麦正黄，乘闲跨蹇过张房。逢君载酒因成醉，田舍淋漓墨几行。

雨　　后

雨后贪凉出屋迟，榻齐书帙壁粘诗。坐来又觉添闲事，自趁天晴晒鹿皮。

城　中

崎岖废巷半山居，绕到城坳径里余。最爱墙头秋雨后，茸茸细草似春初。

破 衣 架

双脚无趺傍废墙，多年不挂绣罗裳。莫嫌此际风光少，当日曾陪新嫁娘。

赠 萧 和 阳[①]

一径蓬蒿半亩居，短垣云度总萧疏。逢君青眼开尘榻，细阅中郎枕内书。

见故乡流户有感

产业凋残客异乡，一家老稚漫凄惶。于今故国为沧海，雁落沙飞自主张。

九日同纯冶、观澜步至龙湾，菊未开，归憩南阁

翳然林木阁门前，已觉尘中此地偏。啖枣吃茶僧对话，无烦更绕菊花边。

① 此诗又见《国朝畿辅诗传》卷九。

送刘使君北上

两载忘形下钓矶，仙舟一旦忽分违。劝君更进一杯酒，北入长安无布衣。

雅集斋饷菘

荒畦殊愧彦伦庄，也得秋菘供晚香。自是良朋珍意美，清蔬直接韭芽长。

冬日市插菊瓶

庄家不买隔秋货，冬日却收插菊瓶。多事陶潜先注酒，一年醉里待花馨。

冬　斋

犬因冻卧宵常起，鸡为寒栖早不鸣。世外一家浑市住，被窝闲阅卖浆声。

冬夜冷宿蜗庐口号

自恃酒魔能御冻，敢来冰窖强安身。夜深酒醒风威紧，始信苏卿是铁人。

蜗庐养一瘦蹇，水草不充，每遇出门，小仆以糠饲之，戏占

馁腹长牙卧土槽，年年水草不酬劳。朝来小仆开糠簏，知是吟诗过北皋。

饮 雅 集 斋

用拨不倒偶人劝酒，其人戴一假面，置盆中，用手拈之，旋转既定，去假面，以真面所向者饮。戏咏二绝。

团团盘里醉金仙，紫袖生风不定旋。假面抛时真面见，始知含笑阿谁边。

万转千回不倒身，只缘认定意中人。一杯满泛休辞醉，青眼看伊正值春。

清明次日，雨后郊外看杏花，薄暮插花醉归

清明雨后草萋萋，结伴寻芳约束齐。城外杏花何处好，游人屈指数唐堤。

苜蓿青畦铺坐毡，团团围向杏花天。花神也爱游人醉，鼓点觞飞不肯偏。

酒散还知兴有余，前坡红紫艳方舒。乘酣马上折盈把，一道霞光入草庐。

白头不惜鬓簪花，压帽枝同醉态斜。联辔短歌城市里，儿童拍手任喧哗。

漳湄别业草庐旁又构半厦

一湾春水抱茅庐，可是清幽处士居。又结半间安土灶，客来煮酒更烹鱼。

为子留书笺

研光未可寻常试，悬腕曾无定武奇。不顾东施形貌陋，强随西子也颦眉。

示　酒　家

黄公今系旧相知，贳酒炉头不用疑。自此儿童任意取，壶边但认五公诗。

鼠　　患

不游厕下不临仓，窥案啮衣潜上床。欲觅乌圆何处有，操刀空自忆张汤。

入　　夏

入夏污邪麦满仓，闭门餺飥饱来狂。窗前多少浮云过，一把偏提挂半墙。

珍 涵 饷 猫

红吒拨来鼠暗惊，多君相饷主人情。不须剪纸投江水，未向金山道上行。

题水墨牡丹

淡痕疏影足芳姿，朗月清风自有时。姚魏人间何必问，生春从不买胭脂。

田间即事

十亩田园半有秋，摘绵拾枣大堤头。西郊雨过青刍润，斜倚柴扉看牧牛。

中水城怀古[①]

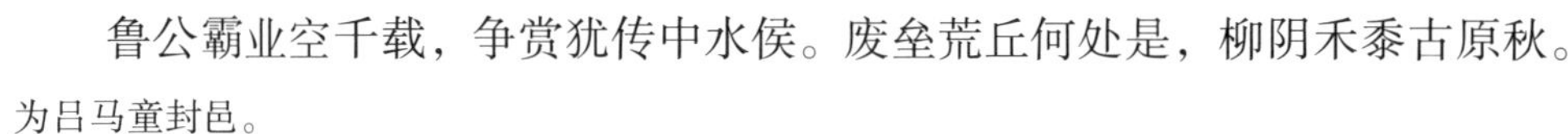

鲁公霸业空千载，争赏犹传中水侯。废垒荒丘何处是，柳阴禾黍古原秋。为吕马童封邑。

水庄小酌

雨余禾黍远风凉，尊酒清吟坐水庄。两岸秋畦千段绿，田家景物晚来香。

入山留谢诸友

不是仙家不是僧，游行惟杖一枯藤。世间尘事休相访，身在云烟几百层。

---

① 此诗又见民国《交河县志》卷九。

与香山话淮镇学圃之乐

霜露秋畦百顷清，胜如山下掘黄精。便思抱瓮漳河畔，结个苏翁作弟兄。

冷　卧　斋

不炉不灶一书床，竹簟毡团并作凉。长此经冬兼历夏，不须半点火星香。

麻 鞋 底 穿

双足麻鞋才两年，无端朽底忽成穿。始知东郭先生趾，最苦径行积雪边。

入山赠旅宿主人

三百里程一望春，青山万叠不沾尘。瘦驴欲到深深处，沿路新诗结主人。

自山回宋广文斋头，同符九小饮

逢人已结入山盟，白石青松分外清。莫怪随场能便醉，此身差觉往来轻。

偶　　感[1]

春来万木绿芳齐，多少游人听鸟啼。可惜城南红杏发，无人载酒上唐堤。

芝香斋石竹花盛开

草头万蝶落成群，疑是窗前铺彩云。夏日已无桃李片，如何犹点绿罗裙。

赠灿然读书

茸茸花木四窗晴，终日楼前听晓莺。室至开门何所见，锦屏风里读书声。

示寿伯画意[2]

一曲春流抱竹丛，数间瓦屋石桥通。四围尽是青山绕，西北高云罩五公。

八月十五沽饮廊下口占

连日昏昏坐市尘，无缘对酌岸纶巾。今宵沽醉凉蟾下，喜占中秋第一旬。

---

① 此诗又见《国朝畿辅诗传》卷九、《晚晴簃诗汇》卷十四。

② 此诗又见《国朝畿辅诗传》卷九，标题无“画意”二字。

重过唐公酒垆有感

曾同稽阮醉垆头，零落无人问旧游。壁上诗题磨灭尽，不堪支杖野云秋。

村 居 即 事

入市归来三里余，长堤如带树扶疏。瘦驴似解幽人意，踏踏徐行看网鱼。

哭孔公襄柩过献陵

旅榇风飘似断霞，那知此地故人家。望尘几点哭君泪，犹当生前剪烛花。

过野马村问弥卓万、崔珏公不遇

瘦蹇冯冯过野村，为寻二仲一登门。谁知松下无童子，空踏深云抱午暄。

候 李 广 宁

慨想深山有棘人，过门未得一相亲。重来细话渔樵理，雷水郎烟近作邻。

述怀示同志诸友

女嫁男婚心觉闲，鹿车鱼艇任痴顽。天留老脚无关系，不在山间便水间。

偶　咏

三竿睡足每酣余，淡饭粗衣意自如。除却弄孙无别事，壶中有酒手中书。

肇州具酌，书以示之

老况寻朋话隐沦，只愁匕著[①]累贫人。从今约定清修课，盂饭盘羹过往频。

看 秋 耕

麦苗喷绿正迎霜，黄犊新翻陇土香。不待来春播种日，农家预计一年粮。

彤廷斋尝新酿竟醉

新篘入盏正清香，矮坐茅庵烛焰光。小酌陶然成一醉，封侯不意在仙乡。

斋　中

麻鞋草坐暂行藏，消却人间百种忙。旭日满窗闲打坐，儿童读遍问樵章。

---

① 著，同“箸”。

苦　寒

围炉向火薪偏少，对日迎暄风又多。只是贫人生计左，耸肩抱膝坐云窝。

冬月刘季箴赍钱为予赎羊裘

裘敝曾披五月天，隆寒却挂酒垆边。青蚨换出三冬暖，不怕滩头雪夜眠。

观剧偶成

偶看演剧戏场开，翠袖红裙舞一回。曲罢又闻箫鼓响，谁家傀儡上场来。

上元后一日乔明府邀登北阁，因看旧题，仍前韵

长昼使君开暇赏，携朋载酒共春游。重来小阁题诗处，犹忆昔年野菊秋。

吴星潭教授于乡

闲去田间卧草庐，二三弟子共居诸。此中未必无经济，风雨鸡鸣好读书。

偶　吟

良药寻来手自和，闲中服饵坐烟萝。莫筹困米盈虚数，春入深山草木多。

既不折腰营五斗，将何引领过三春。蕨拳报道新穿土，荷锸青山伴野人。

符九为余觅老圃

多君灌艺复高情，觅得园夫近老成。从此为农尔我便，麦畦瓜垅足平生。

整　屋

破屋吹尘便可居，先安一簏放图书。日长柳絮纷飞候，闲唤儿童捉蠹鱼。

二圣庵穿井

六尘烦苦何由洗，禅宇初开圣水泉。日日汲来添石钵，菜畦花埒总新鲜。

村居诸同人饷食

果菜纷来似饷僧，蒲团持咒愧无曾。思量便作出家计，只恐因缘了不胜。

田间漫兴

荷锄握卷是生涯，半亩蔬前小径斜。官插柳条成八阵，儿童笑指武侯沙。

入城十里日初曛，噪冷昏鸦处处闻。最爱堤旁村树晚，乱烟层叠似浓云。

有约彤廷、季箴至，满院蓬蒿，并无一径，书此志之

仲蔚幽居遍草莱，犹留一径踏苍苔。于今荒秽全无路，客至蓬门何处开。

饥　咏

安得仙人卢子基，飞龙丸药暂充饥。浮生不用千年计，只愿捱迟麦熟时。

田　舍

两顷硗田一半荒，佃宾零落舍凄凉。闲来获麦推窗坐，恰有蓬蒿四壁苍。

小庄即事

污邪刈毕复瓯窭，尽力耕耘苦未休。粗有草庵供醉卧，不曾料理种花沟。

小　　斋

一屋东西两牖开，朝暾夕照镇皑皑。先生无事中间坐，日日光明藏里来。

灌艺斋见菊

向来眼界尘埋尽，一到萧斋分外幽。帘隙疏篱寒影瘦，菊花初绽数枝秋。

寄魏澹园

一春心事乱如丝，入市还山总未宜。小事于君更疏懒，不曾和得玉簪诗。

咏　　史

岐阳山下女桑春，谁料荆州枉问津。自设杯盘留客醉，不将野意使官人。

挽郑苏公

江湖流落思无穷，故国烟销志士空。自召青蝇成吊后，人间殊少郑苏公。

偶　　咏

为避风波镇闭门，安心不说旧朝恩。无端梦起兰根土，自取青衫拭泪痕。

夏日寄绘升

久少松花问起居，新编定日坐扶疏。山中几卷吟岚草，欲借精毫作楷书。

斋　　中[①]

紫茄白苋蔡樽家，一室琴尊对五车。门外升沉都不问，年来心事寄南华。

雨　　后

平畴初汇半川水，远岸新添一部蛙。霁日绕园堪细履，老农深喜看耘瓜。

持　　螯

尔雅熟来物理精，蟛蜞岂得浪称名。捧杯对酒谙佳味，公子何曾敢横行。

入　　山[②]

一路巉岩携伴登，芒鞋踏入白云层。深松古洞堪高卧，昨日诗人今日僧。

① 此诗又见《国朝畿辅诗传》卷九。

② 此诗存伊祁山石刻真迹，无题，署款“五公山人”。

下　山

倍日看松友鹿麋，归来犹带半峰云。草窗竹榻酣眠里，猿鹤依然梦作群。

山　行

荒村古庙多双树，险路深沟有独桥。寻洞几回骑马过，柿园墙外摘红椒。

唐县葛洪山，非葛稚川故迹也。唐水之东有洪城，郦道元《水经注》亦载滱水东流入洪山，则洪山之名已久。金大定间，道士刘得仁伪以洪因葛洪得名，遂造宫塑像惑乡人，讫无知者。九水赵受绳处士诗序言其详，因书一绝志之①

洪山万古峙唐封，翠巘丹梯映旧墉。何事无知刘道士，浪传抱朴溷高峰。

下清虚观题壁

三十年来少此行，马蹄今始踏峥嵘。山灵似解幽人意，雾髻烟鬟一路迎。

① 诗题原排作双行，似前诗夹注，今审作诗题。

山上和刘静修先生韵

名山常是晚年游，皓首青峰对素秋。却忆题诗刘赞善，至今绝顶姓名留。

山中久住，同邓公遴先回遂城，李广宁独留。临行有句相送，步韵答之

攀崖造顶几回游，匹马先归咏四愁。犹恐溪山收不尽，留君荷笔访丹丘。

广宁下山市书回

百里归途草树芳，细雨入橐重山装。世人争道黄金贵，岂解经纶在锦囊。

鹑之斗，以争食也。食之争，人调之也。不受人调则不争，不争则不斗矣。鹑其得老氏自全之术而保其天者乎，为赋一绝[①]

枯草奔飞性自良，因贪一粒便颠狂。从今不受人调弄，砍啄随心在布囊。

偶　咏

过却重阳看菊花，几枝疏影乱欹斜。霜英霜叶何须问，且喜陶潜是一家。

① 诗题原排作双行，似前诗夹注，今审作诗题。

香 櫞 诗

香櫞一果，惟《字汇》载云："果名，似橘，其皮可作粽。"考之平子《南都》、太冲《吴都》，并无此字。按《吴都》有'棎榴御霜'之语，注：'棎，棎子树也。其实似梨，冬熟，味酸。'棎音市瞻切，即櫞字也。今香櫞形味俱同，音亦不异，想即此物耶？小句记之，以俟知者。①

的的金丸比景来，余酸芬馥带香胎。太冲博物收棎树，却并霜榴充赋材。

题寤言序

劳劳尘事漫思休，未必真如在静求。若使逃名能度世，蒲团压破万山头。

看菊晚归漳湄

千林黄叶看花归，一蹇斜阳走似飞。曲径暮烟何处去，渡头深树隔柴扉。

观澜书舍

一室萧然似老僧，阿难破戒并无曾。缥缃几卷供吟赏，半夜钟声五夜灯。

① 序文原在题下，排作双行似夹注，今审作诗序。

方　士

洞口石床傍曲松，隔溪常听晓山钟。大东地主愁天旱，手握壶卢去卖龙。

冬　日　咏

湿柴充灶偏无焰，苦水煎茶亦减香。半斤羊毛长抱膝，惟看初日上东墙。

偶　题

世上几多温饱误，天开饥馑显高人。餐松茹柏从来惯，不与繁华强作亲。

严冬典裘市书

到手名编肯放宽，架头得此胜加餐。隆冬典却羊裘去，乘兴何妨对雪看。

挽崔鲁望

闻道山村不巷歌，达人数尽欲如何。遥空未及椒浆奠，丹荔黄蕉雨泪多。

除　夕

年年岁事忙于火，直到今宵苦未休。何似舒眉灯烛下，翩然共醉酒炉头。

山　思

万树花开正值春，青山铺锦待归人。扶筇着得芒鞋去，回首纷纷别世尘。

残　花

一枝憔悴傍墙头，灺瓣经风散不收。落在绣茵犹可爱，无人重上看花楼。

偶　吟

彩笺寄到求碑稿，白酒衔余问雁天。自取床头庄老卷，随心检点马蹄篇。

雷林酒得一樽，却思与共酌，诗以招之

翠涛香泛瓮初开，随手偏提满借来。却想与君成共醉，葛巾湿着快衔杯。

同九如、天波二山人晚坐智峰上人丈室

万缘断处诗禅床，晚步同来对佛光。一自钳椎清响发，心知皎月洗寒霜。

醉后跨驴回舍口号

当阶瑞雪正霏微，绿酒红灯未掩扉。醉里浑忘天地阔，龙钟驴背倒驮归。

题　墨　兰

一径萧萧结盍簪，何人遗墨到幽龛。兴怀谷畔根无土，酷忆当时郑所南。

过函白斋赋赠

萧条门巷旧家风，客至琴尊俗虑空。漫道城中无太古，居然坐对夏黄公。

偶兴示魏澹园

六十余年黯淡过，空提彩笔阅山河。关心老友贫难舍，共纂奇文作放歌。

题李广宁庭壁

扫径每逢千里客，登楼自有五车书。闲中云物皆清赏，天半遥光映素裾。

槐　阴　醵　饮

小具槐阴坐日斜，玉舟酒尽客群哗。席边正有黄公在，呼取银瓶到汝家。

哭亡子咸[①]

王咸字子受，新城西马头村小阳社人。生山中，十四岁夭于河间城中。平生俊爽，能吟诗读古文，不愿居下。即余次男，为先兄翼之嗣者。不幸早折，心诚恸之，埋石以志其处。[②]

膝下欢颜十四年，囊诗犹贮隐山篇。童乌七岁参玄理，未肯杨家一类传。

入门满眼总成悲，遗佩残缨尚陆离。事事为儿收拾好，似儿犹有再来时。

遇元甫

旧社凋零不可闻，百年兰臭尚推君。扫除一片青山地，留待扶筇共较文。

瀛海郡城西门外五里许有小庄，居民数家，土垣疏柳，跨上谷东来孔道。庚戌夏，余携亡儿咸，骑两马，带一书囊，自上谷入瀛郡，路经于此，憩树下，汲水承风，暂避炎暑，亦不暇问此地为何村也。不逾岁而咸儿殇，余每西行，重经此村，盡然增感。追想当时驻马攀枝、披襟挥汗之景，

① 此诗又见《国朝畿辅诗传》，无序。

② 序文原在题下，排作双行似夹注，今审作诗序。

依依如昨，而存亡顿异。一向冥心物外，期汗漫之游，不至此几不知情缘之能累人矣。徘徊顾望，因讯居人，始知为朱家庄也。援笔志之，以存感慨[①]

清明烟柳碧如丝，几度伤心听马嘶。村井陌尘仍去路，不堪回忆纳凉时。

口占赠庆云胡圣与，十岁工草书[②]

曾道英才推谢尚，还看奇颖迈崔骃。鼠须迅扫冰蚕滑，不数鹅池妙入神。

郝参甫斋前红紫烂然，看花回，戏柬索折之

高轩嘉树万红稠，过眼看来兴未休。非敢折枝骄长者，愿分春色到斋头。

王五修斋头有菊一株，群花覆之，芟除始见

不耐繁华不是奇，能于荟蔚育贞姿。饶他格蔓争亏蔽，到底终输冷艳枝。

题郁华书斋

秉烛驱蟫摹绿字，开醅集客话青山。小窗滴露分经罢，更和新题雉子斑。

---

① 诗题原排作双行，似前诗夹注，今审作诗题。

② 此诗又见咸丰《庆云县志》卷三。

同绳武访光岵不遇

一路林隈雨过清，幽人于野闭柴荆。欲留后约题僧壁，又恐苔痕涩姓名。

有　　感

一壶浊酒闭门时，不用山中看奕棋。野寺闲僧都是险，床头老子灶头诗。

叠却长衫挂短桁，客来不用出门迎。犹防窗外听经去，低说春秋摈楚名。

双峰东岩下诸友

宴坐山坳制箨冠，拟书蕉叶问岩滩。茅亭无事堪相报，邻笋新过四五竿。

同海翁过慕斋不遇题壁

萧萧落叶满阶除，系蹇西风访遂初。松下白云迷去所，披芸翻遍架头书。

田 庄 小 步

半湾流碧数峰青，野寺红黄倚画屏。一线樵踪穿水过，石梁点点布寒星。

偶　醉

邻竹森森隔短墙，兴来沽酒醉斜阳。时人不解山中乐，笑说白头老更狂。

葛山土室 田见之读书处

一拳低拄白云根，说剑谈经远世喧。莫怪袁闳耽寂卧，千秋高调在丘园。

游水月庵

駊騀众峰围古寺，扶筇偕侣看碑来。拟留爽气前山麓，芒屩周遭踏碧苔。

别肯祥及诸山人

一春雨足涨新漪，正是南园种韭期。却笑咿唔诸弟子，闲牵驴背出笆篱。

先君平生喜饮，每对酒辄吟“一滴安能到九泉”之句，今下世已久，朔望日，家人供酒一卮作奠。因想生前语，不觉怆然泣下。总酒百斛，安得地下一沾唇耶？赋此志怀[①]

曾将罍斝供生前，刘毕风流兴宛然。谁料九京归去后，竟难滴酒觅重泉。

① 诗题原排作双行，似前诗夹注，今审作诗题。

移　居

有约相从便卜居，借君土室即吾庐。琴书放妥无余事，卖药谈经镇自如。

得子石明卿书问

仰屋萧然读道经，寒花几点映疏棂。沧江耆旧通书问，犹说当年倚马铭。

偶题魏澹园扇

一卷时来开睡目，百忧不许到闲心。东园苔径多垂柳，日日枝头听好音。

九月十四日始栽菊，呈李颙若

惆怅东篱客梦赊，重阳已过觅秋葩。幽人莫怪寻芳晚，天意偏荣后山花。

即事柬王五修

饭余翻得一编残，不见无功聚葎冠。荒砌自吟还自笑，黄花空照孟效寒。

出　猎

枯草平沙四野空，将军猎骑骤长风。今朝狐兔愁遗种，绕树旗翻落照红。

一竿初日捧朱轮，猎马骎骎滚沸尘。寄语前村多置酒，半酣齐看射雕人。

访九如山人

望外烟丛一点村，幽人此际乐丘园。相逢欲问诗多少，孤树微风带槿原。

元吉卜筑雷溪

不须人送买山钱，已办雷溪半亩廛。茅屋数间新筑就，也堪饱卧翠郎烟。

旱后苦雨

一雨连朝未肯晴，湿薪沉灶绿苔生。才愁旱魃旋河伯，那日眉头放得平。

东坡荒岁过汤阴，始见豌豆大麦粥，作诗示三儿子，想他处尚无此物，作诗亦念艰食之意也。余戊[1]申山中秋淋阻水，人家多绝粮，有者尚食麦粥，较之汤阴犹为幸矣[2]

淋雨人家几断炊，釜中麦饭尚支持。汤阴豌豆吟艰食，较着滹沱更苦思。

---

① 戊，原本作“戍”，今改。

② 诗题原排作双行，似前诗夹注，今审作诗题。

读《靖难记》偶咏

济南劲旅高张许，扼要中原南北分。铁相当年真鼎石，可怜不听宋参军。

夏日偶赋

寂寞茅亭夏日长，晚风送雨透窗凉。频寻餐草充饥法，未了求仙避世方。

贾氏山庄

枌榆社散未斜阳，小步来寻招隐庄。细雨恰宜留客醉，催肥梅子照杯黄。

赠张道士出山

卧暖白云旧石庐，等闲扶杖出山居。时人莫笑衣冠野，袖有双峰处士书。

张石公持水墨画扇索题，即书之

水平山远树扶疏，几点茅茨隐士居。安得小船装我去，大湖南北伴樵渔。

读王伟元传

枭帅东关愎谏多，忠良非命竟如何。孝思遗恨真千古，不但当时废蓼莪。

莫厌青云生计贫，隐居教授亦经纶。养成一代诗书泽，弟子何曾说晋人。

印唐斋头

谁能生计付樵渔，一径萧萧似隐居。数点寒花秋色里，连宵快读古人书。

卷　六

铭　赞

鹊尾杓铭

实其腹，藏以尾。不胫而飞，得之则喜。

蟹匡杯铭

既云有足，何患无肠。螯则佐酒，匡亦为觞。

端州石砚铭

体方而润，墨色光鲜。置之房馆，可以精研。何必尚白，不须草玄。山人之用，惟有云烟。

小板凳铭

可枕可坐，都是这个。枕则梦游八荒，坐则身忘四大。

蒲 扇 铭

暑均戴笠，雨胜张油。手中风动，头上云浮。伏则无用，编实可求。九节斯贵，五两还优。

漆研幂铭

二石处士并谷，终日在其板屋。一则藏其心之赤，一则盖其质之黩。虽所用之不同，亦一天之共覆。加胶漆以为华，庶尘埃之不蓄。

竹 杖 铭

五公之竹，取之连本。产不必蜀，轻坚而稳。陟丘寻壑，聊佐安车。荷一轮月，挂一囊书。屐几两而未足，杖主一以有余。

方杏枕铭

植根洙泗，效用蒲团。肱可不曲，体则自便。我取其方，人或贵圆。

砖 砚 铭

维斯砖砚，出自古陵。不削而方，不磨而平。著水则润，御墨则凝。置之几案，聊代端溪之阙；取充文物，亦见陶冶之精。

半八笺铭

茆纸横作三条，每条六段，每段四行。大者则单行，次则双之，又次则三之、四之止矣，再多则前后落款。名曰“半八笺”，合之则半于八，分之则半可作八也。旁作一小印印之。铭曰：[①]

比八则半，余半亦八。春蚓春蛇，竞来片札。

瓷蛙铭

绿衣公子，偶然在此。美目盻兮，不鸣不饵。倘游井底，未免子阳之痴；若到池中，不费米颠之止。

石榴根笔架铭

石榴之根，厥状离奇。截置几上，毛颖可支。龙蛇风雨，不动如斯。堪与石先生比寿，更羡不涅亦不淄。虽似刀如椽之相尚直，恬然以身任之。拟老泉之木山差小，方平子之铜龙无疑。惟与先生之茶灶相伴终日，苟不律以临文而赋诗。

求垄斋铭

与其多求，不如少费。淡薄宁静，昔人所贵。量入审出，因日计岁。与

① 序文原在题下，排作双行似夹注，今审作铭序。

物无争，福利自至。凡我同俦，永怀惕厉。

斑衣赞

立节非有刁先生，身任斯文责，昭昭乎揭日月行中天，海内仰而宗之。早禀过庭，训久不坠，且光大焉。河汾之业，志事兼隆。故其母夫人冰雪操堂上，余庆寿而康，有繇矣。辛丑秋，夫人帙八旬有六，四方同游觞而祝、笔而述者，几半天下。然而窃疑先生怒乎有感也。先生以真孝廉，五十载才名，使出而谋华膴不难。高牙大纛，置母云霄间，坐受世奉，而顾伛偻茅屋，觞酒豆肉以为欢，谁实为之，得无惘然？而诸君子固为先生忻然乐也。昔人耻没无称而贵生荣。先生前则贞惠公清风万古，报德一祠，与鹅湖、鹿洞并峙。堂上则太夫人严范与陶范俪则，而先生以不字之身周旋阶除，一鼓一舞，天和蔼如。一门高义，竹帛之芬，优于龙章凤诰多矣！无疆之休，不共永欤？余小子饫先生教泽大，且笃躬斯盛，抃而扬言，乃取莱子斑衣之义，作《斑衣赞》。其词曰：①

緊惟大孝，显亲扬名。遭遇异时，乃不同行。匪曰禄养，厥德是懿。存殁不殊，穷达一致。立节孝廉，超世孤躧。李杜齐芳，朱程并楷。厥先君子，徽猷尊光。报德崇祠，山高水长。厥有萱帏，真松独秀。耄耋康强，冈陵比寿。辛丑之秋，实母华辰。称觞四座，秉笔千人。有客后来，窃睹其盛。人貌荣名，千秋是竞。岂其食鱼，必河之舫。焜此竹素，陋彼金章。顾兹清风，古今共仰。殁思生荣，霞辉日朗。蒸蒸桑梓，济济门墙。雕镂琬琰，歌舞祯祥。惟余弗文，羡昔莱子。斑衣作赞，永垂青史。

① 序文原在题下，排作双行似夹注，今审作赞序。

《孝节录》赞[1]

王孝子刲股一事，余曾有言赠之。吾友紫渊札至，邮筒中得《节孝录》一编，始知孝子之母夫人及祖母孀节特著，而其祖暨父皆懿行敦笃，乡党推高久矣，宜孝子之孺慕罔极也！夫睹大江之洪涛，浩浩千古，而孰知其自岷峨之险，混混不穷，以至斯永耶？赞曰：[2]

浩浩大江，出自岷峨。不视其源，孰识其波。王氏有子，奉亲至道。霜铍剸肤，功回大造。阿母柏舟，其风有繇。祖母之操，实砥中流。厥教所始，祖父相传。有孝有德，闾里同贤。我觌懿范，攸好孔馥。愿言执鞭，以作尔仆。

① 赞文又见光绪《保定府志》卷七十二《列传二十六·列女八》，题作“王余佑《〈节孝录〉赞并叙》”。

② 序文原在题下，排作双行似夹注，今审作赞序。

卷　七

杂　著

击　壤

俗以击壤为击地而歌，按《风土记》：“壤以木为之，前广后锐，长四寸，形如屐。腊节童少以为戏，分部如敌。”《博艺经》云：“长尺四，阔三寸，将戏。先侧一壤于地，遥于三四十步以手中壤敲之，中者为上。古野老戏也。”繇此观之，今世儿童打瓦之戏似近是。可知世上一物必有一制，非能臆解也。

小毛公

按大毛公与子夏同作《诗叙》，其为鲁人无疑。小毛公则汉平帝时人，河间献王最重其学，奏置《毛诗》博士，其为赵人可知也。河[①]，故赵地，今之毛精垒、诗经村，其遗迹矣。但名苌者，未知二公孰是，或者是小毛公耶？今志皆言毛公名苌，想不误也。至于贯长卿，则与毛公同国，受学于毛公，长卿系名，非字也。且长卿复传解延年，其原来可考矣。

楚　歌

高帝围羽垓下，羽是夜闻汉军四面皆楚歌。楚歌者，盖汉歌也，今鸡鸣

---

① 河，当作“河间”。

歌是也。《乐府广题》曰："汉有鸡鸣卫士，主鸡唱宫外。《旧仪》：宫中与台并不得畜鸡，昼漏尽，夜漏起。中黄门持五夜，甲夜毕传乙，乙夜毕传丙，丙夜毕传丁，丁夜毕传戊，戊夜是为五更。未明三刻，鸡鸣卫士起唱，其辞云：东方欲明星烂烂，汝南晨鸡登坛唤。曲终漏尽严具陈，月没星稀天下旦。千门万户递鱼钥，宫中城上飞乌鹊。"按《晋太康地记》曰："后汉固始、鲖阳、公安、细阳四县卫士皆习此歌曲，于阙下歌之。"《周礼》：鸡人掌大祭祀，"夜呼旦以嘂百官"，亦此意也。垓下之夜，楚兵归汉，是以呼旦者皆汉卒，故羽曰："汉已得楚乎?"所云"楚歌"者，当时之歌名未改耳，非楚人之歌也。

啖 蓄 帖

昔范文正公因岁饥，民食恶俭，进乌昧草，令宫中戚里遍尝。此草亦乌昧之类也，饥民所食。《小雅》云："我行其野，言采其蓄。"志岁饥也。《字解》："大叶，白花，根白。著热灰中，可温啖之。"

山胡桃印

往在山居，见童子拾山胡桃磨作印，如古篆不可识，颇堪赏玩，然竟以儿戏置之。顷读唐段公路《北户录》载郑虔语："山胡桃无穰实心，磨之可作印子。"则是古人已先试之矣。物有微理，人有同心，古今不相异也。志之以助雅谈。

腾 三 寻

张仪言秦马之良："探前趹后，蹄间三寻，腾者不可胜数。"按注："八尺曰寻。”三寻，二丈四尺也。孙权为辽所迫，至逍遥津，桥拆二丈余，其从骑教以鞭急击马后，抱鞍缓鞚，一跃而过。即此足知马之能腾二丈余，在所习之耳，非异事也。

寿亭侯印

张都宪汝器于杨子桥浚河，得古印四枚。其一文曰“寿亭侯印”，彼时即以为汉物，其余三枚皆宋官。按王元美云：“寿亭侯有二，不止云长公。”则此印非关壮缪物明矣。关印系“汉寿亭侯”，此印无“汉”字，乌得混耶？昔年见一黄门，曾掌前朝宝库，亲见关公印系铜铸，质不甚厚，而有铜鋬，殊宽，可臂挂之。其文为“汉寿亭侯”，与史传无异，此非明证哉！

水　碱

元泉卿溥诗云：“烹茶但有二升水，沽酒初无三百钱。”可谓清贫矣！余居边渡，其乡水碱不可烹茶，绅士家率于外乡汲水，而以别器贮之。余家无力远汲，兼少别器，故终岁无烹茶之水，自呷则碱水微润吻而止。客至，但宴坐谈书史，不献茶也。因想泉卿诗，其家犹富贵气象。每言之，不禁鼓掌。

双峰海棠

欧阳公诗云：“经年种桃在幽谷，花开不暇把一卮。人生此事尚难必，况欲功名书鼎彝。”忆余自入山后二十余年，双峰石屋前海棠颇盛。先君在日，余每思花开，邀同人一盏婆娑其下，为堂上欢，及期辄饥驱他往。即先君时一酌玩，余迄不得亲涤觥船，归舍徒怅悒。又记先君移居岩下，与沛然田先生朝夕，柯怡轩牡丹极茂，再三约同人开时盛集一赏，竟未果。至今二十年，先君与沛然相继殂谢，柯怡丘墟，牡丹已移植他人苑矣。虽双峰海棠如故，而物在人亡，攀枝陨涕，不忍重看。人生一事之微，不可以人愿得如此，读欧公诗，不增深慨耶！

纸　帘

纸器极精洁，好事家多用之。周小溪《纸被》诗云："玉色婵娟蝶梦圆，水沉烟暖压红绵。白云一片寒如水，只许松窗伴鹤眠。"又欧公《纸帐》诗云："细绉卷寒波，轻明笼白雾。何以相徘徊，岁晚正寒沍。欹枕一尺竹，被展几覆布。"似此自有况味。余每以此作帘，人多笑者，亦所见不广。若以作被，则笑不知又何如矣。天下事往往类此。

老瓦盆

西洋之俗，呼月为老瓦。杜诗："莫笑田家老瓦盆。"然则此盆即月盆耶？如月琴、月台之类，取其形之似月耳。[①]

叨冒侥幸

宋岳珂《桯史》载："国学以古者五祀之义，凡列斋扁榜，至除夕必相

① "老瓦"为藏语"月亮"在古代的音译，现代或译为"达瓦"。王余佑误以西夷译语"老瓦"为意译，故有此问。"呼月为老瓦"之说，见明罗日褧《咸宾录》卷五《西夷志·吐蕃》："译语：呼天为难地、为萨日、为你麻，月为老瓦。"又见清朱虚《古今疏》卷十一《四陲》："其俗呼天为难，呼地为蓬日、为你麻，月为老瓦。"《四库全书总目提要·五公山人集》误会"西洋"为"欧逻巴"，因称："其诗文亦皆不入格，考证尤疏。如谓西洋呼月为老瓦，杜诗'莫笑田家老瓦盆'即月盆也，如月琴、月台之类取其形似。按欧逻巴人至明万历间利玛窦始入中国，杜甫何自识其译语？"钱锺书《管锥编》引而申之，复误会"西洋"为"拉丁文"，因称"王余佑之言杜甫通拉丁文"。

率祭之。”遂以为炉亭守岁之酌，祝辞惟祈速化而已。群儒执事者帽而不带，以縚代之，谓之“叨冒”。爵中皆有数鸭脚，每献则以酒沃之，谓之“侥幸”。嗟乎！叨冒、侥幸之名，古人所耻居，而成均冠冕之地，乃习而不悔。干禄之学，其入人深矣！

飞吟亭

吕洞宾，唐进士，应举赴京，至岳阳遇锺离，授以仙诀，遂不赴。今飞吟亭即其处也。后人题诗云：“觅官千里赴神京，锺老相传盖便倾。未必无心唐事业，金丹一粒误先生。”罗大经谓此诗深得孔圣告沮溺之意。吾友田治埏以忠孝至性，遁迹山头，欲了性命，尚未深思，时有未可也。愿以诗旨告之。

柘枝舞

天下技到精处，亦极难得。如柘枝舞，旧曲遍数极多，《羯鼓录》所载“浑脱解”之类，今无复此遍。寇莱公好柘枝舞，会客每舞柘枝必尽日，时谓之“柘枝颠”。宋沈括时，凤翔老尼犹莱公旧妓，尚能歌其曲，谓当时“声中无字，字中有声”。凡曲止是一声，清浊高下，如萦缕耳。字则有喉、唇、齿、舌等音不同，当使字字举本皆轻圆，悉融入声中，令转换处无磊块，此谓“声中无字”。古人谓之“如贯珠”，今谓之“善过度”是也。如宫声字而曲合用商声，则能转宫为商歌之，此“字中有声”也，善歌者谓之“内里声”，不善者声无抑扬，谓之“念曲”。声死含韫，谓之“叫曲”。至于柘枝舞数，老尼云，当时尚有数十遍，今日所舞比当时十不得二三。一技之说，其精如此，所以唐明皇与李龟年论《羯鼓曲》，龟年一家鼓，“杖之敝者四柜”，安得不工！今学人于业，有能用力如斯者乎？吾未见其精矣，亦可慨也。

孟浩然

韩朝宗为山南采访，谓孟浩然深娴诗律，置诸周行，必咏穆如之诵。因入奏，挟与俱行，先扬于朝，约日引谒。会浩然有故人至，剧饮欢甚。或言与韩公约，不当后期，浩然叱曰："业已饮矣，身行乐耳，遑恤其他?"遂毕饮不赴。噫！人知浩然耽饮耳，岂知其势有不可往者乎！观王士源《序》，浩然素行，风神散朗，救患释纷，以立义表。此人自有经纶，堪以济时，而朝宗止荐其深娴诗律，是不识浩然者也，乌能用之？况才入奏即挟与俱行，天下有随牒处士尚足言贤哲者哉？焉知其与故人饮，不引杯高话，衡量及此，故不往耶？若止以耽乐忘形归浩然，吾知必为浩然笑矣。

曹茂冢

献县城内街心有高阜，类古冢，俗传为曹操坟。夫阿瞒疑冢七十二应在邺下，不应北至于此。按《名胜志》，曹魏有曲阳王曹茂曾徙封乐陵王，乐陵即献邑故名也。茂冢应在此地，因茂与操音相近，所以讹传为曹操坟耳。且当时献邑为中水，系汉吕马童封邑，中水旧址在今城西北三十里皇亲庄二村间，高滱二水夹之，故名中水，非今治地也。今城当日为平地，想曹魏时相地家因而立王冢，亦风气所聚处，故后来立郡治，遂筑城于此，而王冢亦没灭其中，良有故耳。博物君子可以再详考焉。

上皇山石

米海岳《弊居帖》所言上皇山异石八十一穴，大如碗，小容指，百人致之，宝晋斋桐杉之间，甘露乃降其上。此何理耶？意者八十一数，应天地成数而产，果有灵异，故感瑞兆耶？

薛能诗

薛能诗云：“山屐经过满径踪，隔溪遥见夕阳春。当时诸葛成何事，只合终身作卧龙。”每以热肠读此，辄怪薛公冷淡。年来熟思，颇有诸葛呕血之叹，得无为薛公笑耶？书似公式参之。

名士风流

有人问袁侍中曰：“殷仲堪何如韩康伯？”答曰：“理义所得，优劣乃复未辨。然门庭萧寂，居然有名士风流，殷不及韩。”故殷作诔云：“荆门昼掩，闲庭晏然。”今人尚华竞，门无车马，客自视辄觉冷落。方之古人，真复愧汗如雨。

喜传人语

有人问谢安石、王坦之优劣于桓公。桓公停欲言，中悔曰：“卿喜传人语，不能复语卿。”繇此观之，凡能得人机要事，必慎重不泄之人。浅躁人虽好多言，实不中肯綮，人不肯与之言故也。

蜗庐

子瞻诗云：“宛丘先生长如丘，宛丘学舍小如舟。常时低头诵经史，忽然欠伸屋打头。”余蜗庐如拳，与弟子讲读其中，屈伸维艰。人皆苦其莫容，是不见宛丘先生者也。古人随寓而安，无入不自得，岂待大厦耶？惜世无子瞻为余标目一诗耳。

紫海大石

南昌国紫海水道中，往往覆巨舟。高骈往视之，察水内隐隐有大石，乃奏曰："人操利楫，石限横津，才登一去之舟，便作九泉之计。"奏可。乃以厚利啖石工，凿去其石，至今赖之。开物成务，豪杰圣贤均有其功，不独上古为然，至今尚有待于人者。

枣香

古诗云："薰炉杂枣香。"枣，固香之一种也。斋中趺坐，对炉拈枣，焚之亦自清胜，何必牛肉换沉檀耶？虽云"枣膏昏蒙"，乃范蔚宗讥刺朝士之语，我非羊玄保，复何病焉？

足下

昔介之推逃禄，自隐抱树而死。晋文公抚木哀叹，遂以为履，每怀从亡之功，辄俯视其履曰："悲乎足下！"盖"足下"之名始此。今人称朋友，动云"足下"，不知足下乃哀死之称，非尊生之谓也。学不究源，其误不少。

太官葱

放翁诗云："瓦盆麦饭伴邻翁，黄菌青蔬放箸空。一事尚非贫贱分，芼羹僭用太官葱。”自注：“邻圃有太官葱，比常葱差小。”放翁特用其名耳，尚自称“僭”。世之不安贫贱而好僭大官厨膳过于王者，蒸饼上不折十字不食辈，视此当知愧矣。

鱼　涎

波斯人渡海，或遇大鱼吐涎滑数里，舟不能通，乃煮诃黎勒、大腹皮等小洗之，即化为水。物性相制，昔人想极至此，始知天下事思患预防，各有道也。

寄子由诗

昔苏子瞻兄弟既举进士，子瞻官凤翔，寄子由长安诗曰：“遥知读易西窗下，车马敲门定不膺。”古人荣进之初，读书尚志，其厚相期待如此。钱牧斋于《季沧苇诗序》中言之，真可为南宫诸君立志之法。

文从字顺

韩昌黎评樊宗师文曰：“文从字顺。”乃宗师文极奇，不可句读。钱牧斋《答杜苍略书》专以此四字为文家秘诀，始知“文从字顺”不指平易近人言也。虽最古奥之篇，文未有不从，字未有不顺者。彼不从不顺之文字，直非文字耳。识此意者，可与言文矣。

族　谱

族谱一道，极难考核。国朝解大绅先生为人作族谱序五十一首，而解氏三篇不与焉。观欧阳文忠公家谱序，文忠公以博学好古，擅良史才，而不知梁国公乃祖讳忠者，与宋太祖为布衣交。其墓在万安，穹碑石兽，岿然尚存，文忠公刻族谱于泷冈，竟未之详。可见渊博精深，古今正复不易耳。

张水戏

杜牧之佐宣城幕，游湖州。刺史崔君张水戏，使州人毕观。令牧闲行，阅奇丽，得垂髫者，十余岁。后十四年，牧刺湖州，其女已嫁生子矣，乃怅而为诗曰："自是寻春去较迟，不须惆怅怨芳时。狂风落尽深红色，绿叶成阴子满枝。"此自缘分不偶，然使当时早解香囊，则无此悔。独难崔使君令牧遍观奇丽一段，苦心不减临邛令，而得失顿殊，为寻芳者惜之。始知天下事不可不早为计也。噬脐之恨，岂一人哉？

一局棋

唐令狐绹荐李远为杭州，宣宗曰："我闻远有诗云：'长日惟消一局棋'，岂可以临郡哉？"陶公投博具于江中，亦同此意。可见"博奕贤已"，圣人语意低昂，令人深省。博奕之为事害固已久矣，留心事物者鉴诸。

王绥妇

王戎子绥欲娶裴遁女，绥既早亡，戎过伤痛，不许人求之，遂至老无敢娶者。亡儿咸有妇未娶而夭，每念婚媾之情，伤不自禁。惟觉子妇以得家为幸，盖视儿不忍复动忆念，故视妇如女，愿其速有所归，勿复作牵系耳。兴言及此，魂魄俱戚。

西山之兔

古人文章皆有所本，不必尽在创获。李密《讨隋炀檄》“罄南山之竹，书罪无穷”二语，脍炙千载，而不知原于梁元帝《伐侯景檄》“南山之竹未足言其愆，西山之兔不足书其罪”二语。即此可悟出蓝之法，但未考此檄出自何人手也。

易　　名

国朝翰林待制王公祎使云南，以节死，久而易名之典未下。门人议：私谥之乌伤？俞恂以昔王仲淹、孟东野之徒，门人朋友皆援古者谥，后世韪之。其子绅以告天台方正学公，公曰：“予尝闻翰林学士金华宋公称，待制公文行皆如恂言，死而易名，于义为称。”乃定谥曰“文节”。私谥之举，宋儒不无遗议，然考古证今，醇儒烈节，如正学公亦可以为法矣。

天宝回文诗

唐范阳卢母王氏作《天宝回文诗》，亦八百一十二字，与苏氏同。可见古来奇事，不一而足。

侧　　帽

周独孤信驰马，帽微侧，人遂为侧帽，与郭林宗得巾①同。此不但人情效

① 巾，原作“川”。按《后汉书·郭太传》云郭太（字林宗）“尝于陈梁闲行遇雨，巾一角垫，时人乃故折巾一角。以为‘林宗巾’”，据改。

鞶，亦缘二公之名艳。

探　牛　心

王济以钱千万，与王恺赌射八百里牛，一胜而探牛心。尔朱文略以好婢，与高归彦赌射千里马，一胜而截马头。自是其心胸豪爽。

二　郎　神

世传二郎神乃陈隋间人，姓赵讳昱，曾从羽士李珏修炼于蜀之青城山。炀帝闻其贤，授嘉州太守，多藹政。境内冷源河中有蛟害，公沉渊斩之，河水为赤。隋末之乱，弃官隐去，后遂为神云。

乌　衣　巷

王家乌衣巷，本吴时乌衣营处所也。江左初立，王氏自琅邪渡江，无有华居，即就废营作址，后遂为名地。然亦见当时南渡诸公不以居处为念，与后人恋土难移者不侔矣。

娄　妃

明宁庶人妃娄氏，人罕知其里居，妃盖新城人。今新城东南四十里小阳社西马头村，河南里许有旧堤，向南弯曲如蛾眉状，前有瓦砾一堆似旧村庄者，乡人呼为刘妃店。询之先辈，原系娄妃店，即娄妃生处。后因宁庶人之变，乡人乃讳“娄”为“刘”耳。妃贤明，解吟咏，苦阻王逆志。王令题樵图，乃樵回首与妇语图也。诗曰："妇唤夫兮夫转听，采樵须是担头轻。昨宵雨过苍苔滑，莫向苍苔险处行。"可谓深于讽谏。庶人知其意而不听。其又有诗云："金鸡未报五更晓，宝马先嘶千里风。欲借三杯壮行色，酒家犹在梦魂中。"则发难时作也。庶人临死曰："纣听妇人言失天下，我不听妇人言亡国。"悔亦深矣。

通　史

昔梁武帝敕群臣，上自太初，下终齐室，撰《通史》六百二十卷。其书自秦以上皆以《史记》为本，而别采他说以广异闻。至两汉以还，则全录当时纪传，而上下通达，臭味相依。又吴、蜀二主皆入世家，蜀汉以堂堂帝胄，续炎刘一烬，孰谓非宜，乃与孙、吴并称，失其旨矣。作者之难备美如此，六百二十卷之综核，能无遗憾乎！

射铁鹤

李广射石没羽，古以为奇。宋西夏李继迁之祖思忠见铁鹤，射之没羽，敌人却避，此又奇矣。始知世间技能愈出愈奇，不可以古今限也。

不如一缝掖

皇甫威明家居，雁门太守修谒，高卧不起。及闻王节信在门，惊起，衣不及带迎之。故时人语曰："徒见二千石，不如一缝掖。"此等风烈，世人盖少，亦因其罕所传习也。威明高致，既成家法，故其从子义真折节礼士，族子士安不饯梁柳，一时风节，并足矜重。岂非其服习有素，识见豁达，以至斯耶？若夫生长陋俗，势利薰灼，败行于多金，冷眼于糠核，鲜见寡闻，真妇妾行径耳，岂不鄙哉！

黄　　耳

陆氏黄耳传书事，刘贡父以为未必然。“自洛至吴，一犬岂能远涉？黄犬或陆氏奴名也。”此言极有理。颜平原家奴名银鹿，岂是鹿耶？古今书史中事多类此，须意解之，执泥便不得。

三　　严

唐《仪卫志》：“凡朝会之仗，三卫番上，分为五仗。”“天子将出，前二日，大乐令设宫殿之乐于庭。昼漏之上五刻，驾发。前七刻，击一鼓为一严。前五刻，击二鼓为再严。前一刻，三鼓为三严。诸卫各督其队，以次入陈。”唐诗：“天仗宵严建羽旄”，又：“严城时未启，前路拥笙歌。”凡用“严”字，皆本于此。可见古人一字必有所出，断不泛拈，足悟诗文炼字之义矣。

滋　　草

古诗：“为乐当及时，焉能待来滋。”滋，草名，又名“繁缕”，易于滋长，即藤也。《左传》“勿使滋蔓”当作如是解，觉纷纷泛说皆无据矣。

卷　八

杂　著

飘然楼说

余友凌九，平生耽逸隐，颇长于著作，所撰《班山》《燕京》诸赋数万言，声噪名公卿间，而吾乡范橘洲最先物色之，有轶俗之目。晚岁于乡坞外营伴山园，中矗一楼，为林泉诗酒地，将以娱老，不减白香山履道里池亭幽胜也。余即取香山《池上篇》“中有一叟，白须飘然”之句，颜其楼曰“飘然”，而为诗以咏歌之。犹觉香山当日历官二十任，食禄四十年，崔琴姜思，船桥歌弦，几经忧乐，升沉而后聚，其于识分知足之旨，尚多挂碍。未若兹之淡然高寄，图史罗肘腋，花竹供耳目，朝诵夕吟，放情物外之为愈也。此叟不真飘然无累已哉？凡我同声，何可不赋诗以识其盛！

关汉寿祠说

汉献时，曹氏当国，封功臣率多亭侯之职。故当时荀彧以前后筹策功封万岁亭侯，荀攸以筹策功封陵树亭侯，郭嘉以筹策功封洧阳亭侯，乐进以征伐功封广昌亭侯，于禁封益寿亭侯，许褚亦封万岁亭侯，庞德封关门亭侯。似此者，不一而足。繇此观之，则关将军之为亭侯无疑也。汉寿乃地名耳，在岳州，故武陵郡索阳地，去洛二千里。其俗传初封寿亭不受，复加汉字乃受者，何其俚哉！陑阳边渡口有关祠，余友瞻淇嘱余题其额。余谓边渡七乡也，文物所式，其言不可以俚，题曰“关汉寿祠”。汉寿，志地也；关，著姓也；不书亭侯，省文也；不书后世封号，存本始也。侯神有灵，其不河汉之。

沙门海阔字[1]盂涵说

韩退之偶与乡僧游，世遂讥其好佛，其实无是也，特借此破岑寂耳。余平生不谙禅理，山居中诵“闲爱孤云静爱僧”之句，未始不欣然乐之。盖以二者皆山中所有，偶与俱焉而已，不作解也。一日在陑阳，吾友容斋飞札，为沙门海阔请字。容斋孤僻之性与余同，乃与乡僧作缘，犹夫退之之聊破岑寂，岂向苾蒭索解哉？虽然，何妨以不解解之。吾闻佛法不作空色远近大小相，亦如儒家，放之弥六合，卷之不盈于一握。海虽阔乎，一盂足涵之，字曰“盂涵”。东坡云：“戏挽河流入钵盂”，想当然耶？翊日，余过容斋，汲泉啜茗，沙门合掌而参一座。余尚当与孤云野鹤作菊径松林中一幅小景观，固非取于谈空说有也。

潘埙字伯始说

按《汉·律历志》：乐器，“土曰埙”。应邵云：“《世本》：‘暴辛公始作埙。’烧土为之，锐上而平底，六孔。故《诗》云：‘如埙如篪。’又云：‘伯氏吹埙，仲氏吹篪。’”其义则埙主唱，篪主和，声气之感应捷于桴鼓，君子之以道相淑者。潘君金玉之质，磨之镕之，必为至宝。方当为吾道发嚆矢，倡起同调，相与鼓吹春风之座，吾党之环而观听者，胥于潘君嗣响焉，亦犹《诗》言之埙唱而篪和也。字曰伯始，不信然欤？

---

① 字，原作“宇”，据文意改。

存济轩说

昔人云："匹夫之微，苟存心于济物，于物未有无所济者。"余非知医，但于案上方书，时一翻阅，见其有切日用者，录而存之。乡党抱疴，示之法，非敢必其效也，聊尽吾心焉耳。修合药饵，尝在此室，即以"存济"名焉，或者于物亦不无微有所益乎？岂乏广惠之术，然匹夫之力止此。

郑氏族谱说

姓氏之有谱，其来旧矣。天子因生以赐姓，诸侯以字为氏，因以为族。故舜生于妫汭，武王遂赐陈胡公满为汭姓。郑有子国为国氏，子驷为驷氏，厥后浸繁，则谱牒以纪之，而谱牒尤以宗法为准。安肃郑氏谱，吾未知其于宗法何如。然窥其所繇作，始自郑君尚策，不忍没其母之劬劳，而因推以及其祖先，盖仁人孝子报本返始意也。郑君幼孤，母张氏，恩勤茹蘖，养且教之，卒成立，为名士，尤以义侠闻，阖郡士绅推为祭酒。盖显扬不以朱紫而以道谊，卓哉，李杜齐名矣。今读《劬劳》一记，字字血泪，观者掩泣，使其千百世而遥，孝子慈孙有不蠹然见之动其水木之思者哉？推此心也，贯古今，联异类，宜无不可，而何有于继别继祢之义邪？不言宗法，宗法在是矣。然余因是重有感也。郑君望冢考代，遂定谱系。余家丘墓，如在殊域，且洪涛汩没，为谷为陵，企予望之。求其冢尚不可得，况世代乎？视郑君之孝思谆谆，能成其族谱，诚有幸不幸矣，悲夫！

刲股说

曲逆孝子王全四，讳学诗，曾刲股以愈亲疾。乡党传之，士君子诵之，长官表之。其人温醇谦谨，言不敢先人，行不敢先物。察其意趋，真孝子也。吾师征君有言题于卷，非有刁先生亦有言旌之。若此，其人其行，真可信矣。昨管生济美自渥水来，述吾师论人子孝亲，取其近人情者，若残肢体，重伤亲心，不可以训。吾不知征君所以论全四者为何语，以今思之，大抵征君此言为士君子习诗书而好名者砭也。步趾阔略，用意豪侈，不能夙兴夜寐；一言一动，一事一物，置身心于缜密无过之地，而姑出于溪刻自暴之一节，以概其余，此其心诚陋矣。若夫闾巷小家，其智故未增，其天性未漓，一念肫笃，于爱亲之意、见亲之疾，在危急辗转无聊，是时与亲存亡，虽死有不暇计者，而稔闻肉愈疾之说，其勇于一刲，诚心之至恳切而无伪，又岂得于好名之人一例语哉！因全四数欲闻吾言，有约过我，余入山有半月期始返，恐其来而不值也，述此留于馆，令弟子辈俟其来付之。

卜易居二砭

砭者何？吾病也，故砭之也。吾砭吾病，亦冀同志之有是病者同砭之也。①

一曰清心。昔刘静修爱诸葛武侯“静以修身”之语，取以自扁其斋，卒能理学源渊，师表后世。吾人学问，以明理为主。理不明，学何由成？心不清，理何由明？昔人止水、明镜之喻，诚有味也。自今去躁去杂，务以旁念不起，随事顺应。虽不遽，能勉之则庶几矣。

一曰崇默。默而识之，圣人所难；多言而躁，贤者岂易易乎？然吾人精神有限，多泄之于言，则必少存之于心。自今除诸生讲说外，概以囊括渊守为事。一以惜精，一以内省，至要道也。张目熟视，人岂徒然哉？

---

① 序文原在题下，排作双行似夹注，今审作小序。

论　文

大方文字，忌帮衬语，如言山则取山以衬之，言水则取水以衬之，言草木则取草木以衬之。又忌假借，如借古人事以作今人事，借古人名以作今名。此法唯用之表启诗赋则可，不可用之正大文字中也。帮衬如“字中蝌蚪，竞落文河；笔下蛟龙，争投学海”“下木叶于中厨，池烹野雁；泛兰英于户牖，座接鸡谈”之类。假借如“腾蛟起凤，孟学士之词宗；紫电青霜，王将军之武库”之类。然又与引证譬喻不同。彼是明白大段抒写，此是朦胧巧映以取妍媚。细阅韩柳诸大家便知之，至于两汉、先秦，则更不同矣。

读书法

凡读书，须读毕一书，再读一书，不可数书一日并读，此先贤旧训也。计不拘何书，三日读一卷，小温一日。六日读二卷，小温二日。再将读过二卷双温二日，凡十日。又三日读一卷，小温一日，乃总前三卷连温三日，凡七日，谓之节读。又照前十日读温二卷，毕，复带前第三卷温三日，谓之连节。凡书五卷，共费工三十日则熟矣，此月课也。依此按月计之，月有小者兼之，不得轶以他事。

偶　记

鹿先生幼有大志，欲尽读古人书。夏月纳双足瓮中，冬拥絮读，率夜漏至五鼓。邻媪失蔬，疑焉，呼公名而詈。公方把卷伊吾，弗闻也，其厉志如此。今人睹此可以自奋。

订　约

订约者，因夫子之约而增订之，不敢专主约也。[①]

与奢宁俭，礼本攸关。前此征君孙夫子六器之约，四方业已向风，乡邦犹宜恪守。矧当岁荒财尽，更合家喻户敦。今与同志再订，除孙夫子原约谨遵外，不惜损之又损，庶几行可永行。

一、居家常礼，不过冠婚丧祭。古者不相往来之风，势难骤返。计酌亲朋仪节，除四礼不可缺，及守望相助、疾病相扶外，一切缛文，并从简省。即久阔思叙，只可素手到门，断无携持物事。

一、亲朋相聚，本为议事谈心，除四礼大事宜设正筵外，一切宴会，只可按饔飧具食。每席四位用殽，中器四器，如人多逐位量加。至殽之荤素，饭之米面，称家有无，不必力办。仆从饮食，一照家常，不必别设。酒常时不用，唯兴至欲饮，方许特陈。

一、既系同心，立约之后，即大家力行。勿以时人耳目为虑，方见道谊之雅。

答　容　斋

李诗云："文章笔端驱班马，事业毡上讲唐虞。"唐虞如何讲得？须是身体力行，方能亲切有味。子舆氏云："尧舜之道，孝弟而已。"人但求入门以内，雍雍睦睦，不争不竞，子孝弟恭，手舞足蹈，皆是天和，则唐虞在一家矣。繇此推之，老安少怀，国与天下，其理一也，岂待讲哉！若不从实体用工，讲得天花乱坠，终是一步行不去。

① 序文原在题下，排作双行似夹注，今审作小序。

论 学 书

解大绅云："学书之法，非口传心授，不得其精。大要须临古人墨迹，布置间架，捏破管，书破纸，方有工夫。张伯英临池学书，池水尽黑。锺元常入抱犊山十年，木石尽黑。赵子昂十年不下楼。夔子山每日坐衙罢，写一千字才进膳。唐太宗简板马上书字，夜半起，把烛学书《兰亭记》。大字须识间架，古人以帚濡水，学书于砌，或书于几，几石皆陷。"繇此观之，古人以书名家率无不专精者。后学悟此，可以自励矣。

杨 节 妇

余为杨节妇表墓文成后，始得其事继姑宋氏一事。宋晚年失明，昼夜扶掖，皆妇躬亲。后宋又病不能起，溲粪之具，不以假人，妇自任之。儿媳辈求代者，辄不允，恐其不堪秽溷，有怨言入姑耳，则姑不安也。似此历有年所，真人情所难。

病 目

尝读范橘洲《病目诗》"医教封白堕，客劝锁青箱"，以为兴到之言耳。及丙午夏，余适病目，坐炎窗课句读，山洞中略一展卷，即涩痒不可当。转而觅酒杯以消之，略一沾唇，须臾即肿赤。始知橘洲为苦心涉历之语，非泛拈者。文有真境，不深体则不知，类如此。

乡　原

周注云："所至之乡，辄原其人情而为意以待之，是贼乱德也。一曰：乡，向也，古字同。谓人不能刚毅，而见人辄原其趣向，容媚而合之，言此所以贼德也。"二者其指则一，皆就在己者言之，孟子所谓"一乡皆称愿人"，则就在人者言之矣。然不有在己之周旋，又安能得在人之谐和也？我辈动云明哲保身，一意求与人无忤，不觉用意曲折，几失初旨，其不流于乡原者几希，得不猛然汗下哉！

偶　述

士君子道隆德厚，为当代有司所尊礼。言论所及，足以振人之困，济物之厄。不贵缄默明高，要期于适理而已。理所当言，言之愈多，其理益广，成己成物之意，即在于此，此亦为仁之功也。今之士君子亦有见礼于有司者，固秘不肯轻言，辄以养高拒物，而实欲留此情面以图济己不时之私，或贪苞苴，或护身家，倘益人一分，则损己一分。此真市侩之心，与于不仁之甚者也！或曰："当理而言，言多如有司之厌何？"曰："理当，倘其不受，彼之羞也，我何愧焉！"

符清虚

符清虚，讳真全，原讳必显。江北人，寓燕京，为茂才，精勤佳士也。明末弃万金产，为黄冠，颇深《参同易》象之理。奉其两亲住易西金斗山北岭，与余交最久。余与谈儒教，伊亦深旨余言，相期渊且大矣。一日入都，诣仙坛，纯阳公谓曰："顷过金斗，题一联其上。"亦未言何语也。后回金斗，则庙院门傍有题字云：“山聋不听飞泉啸，松老偏宜醉鹤屯。”岂非异事耶？细玩其语，盖已为清虚羽化之兆云。未几果逝。今其两亲遗蜕葬金斗，有同志者相与封志之，令其不迷，兼镌片石，记其平生遗行，亦青山一胜迹也。

示学者

“十日画一水，五日画一石。能事不令相促迫，王宰始肯留真迹。”天下事各有工候，任其自然，方成绝观。三年读，六年做，十年讲，此读书工候也。躐等欲速，必无成理。人世俗论，总角突弁，见卵时夜，见弹鸮炙，得无为章甫适越者同口实乎？

得省心法

刘敦好施，务周人急，人或遗之，亦不拒也。久而叹曰：“受人者必报，否则有愧于人。吾固无以报人，岂可常有愧乎？”此公真得省心之法。心不内愧，施之于外，自合人情矣。

说书

季路氏自觉其质有偏，所以问成人道理是如何。孔子恐其疑阻，即示以化偏为全之法，言不但天工纯粹者可与成人，即资质素偏，一长可取，如武仲等智廉勇艺，陶镕归中，亦可成人。甚矣，人不可以一偏自阻也，其权全在礼乐。礼者，万事之仪，则仁义礼智信之全德皆备其内，依而行之，万事皆中规中矩，那有偏处？即两国兵交，尚容使命，所谓“礼至不争”，那有行不到处？乐者，辅礼而行，动人志意，陶人性情，其中金石丝竹匏土革木，即备天地金木水火土之全体，所以郊庙军国，凡行礼之地皆有乐。若能将此理体备于身，彻表彻里，和顺积中，英华发外，若凤之有彩，木之有理，自然可观，方名为文。似此，焉有气质不变化者？圣人教人是此等生活，学者须细细体认。

“贤贤易色”一章，此朴实头好入道之意。子夏见末世伦常，多为卿大夫诗礼之家败坏，反不如一不识字人，老老实实，良心尚在，躬行无亏，留得学道根本。不似博文广见辈，巧借名目，掩饰隐恶，衾影全不堪也。故四者只宜就质朴忠厚处模拟，与读书学道绝不干涉，方是章旨。内“易色”当如张子台不知世间何物美好，“竭力”当如茅季伟杀鸡食母，自享草蔬，“致身”当如那史苾契欲杀身殉葬，“交友”当如楚人车笠盟言之类。“未学”实是未学，不用曲为回护，始合子夏本旨。今之作者只为末二句张本，将四者极力发挥。通是一团学问人行径，绝无毫发渗漏，却成一纸千里。

“仁”自“文”来，“辅”自“会”来，此自正理，固不待言，但非此章语意。注解极确，向来无数识者通未着眼，诚可叹也。两句自宜分说，不须交互，天然本有至理。程朱诠释经义，往往发明，何不察耶？注云：“讲学以会友，则道益明”，知之事也；“取善以辅仁，则德日进”，行之事也。既分知行，各句即有本理。果能畅阐其蕴奥，何烦更饶唇舌？且“会友”与“取友”不同，学者多忽过。“取友”者，择友而取，其间尚待分别。“会友”者，约友而会，此中但立工课。“以文”者，会友之工课也，所以紫阳以“讲学”二字解之，分明杏坛、洙泗、鹿洞、鹅湖诸家法，道不因是而明乎？至于“以友辅仁”，不专恃友来辅吾仁，全在吾能以之以用也。吾能用之也，所以紫阳以“取善”二字解之，择善而从，行谊日高，德不因是而进乎？若夫磨切既久，本末共贯，知行原是同源，此何消说？说之只觉增赘耳！篇中遵注作解，是空谷足音，惜“知行”二字尚未畅所欲言，而两截格未若两对之为大方也。

草 书

“老年楷法不如初，始向闲阶学草书。落笔何曾见飞动，雕章早已过吹嘘。”此昔贤语。吾紫峰师晚年作书，每述此以自谦，始信吾人日用间事，口所欲言，早有言之者，但恨人学问不博耳。“述而不作”，正觉甚难。

示 佩 韦

昔桓荣投闲辄诵，范宣以夜绩日，古人勤学如此。吾党好学，首推佩韦。相因而起者不数人，岂学之难能与？盖学从闻见入，闻见多，则识自广，气自壮，理道可以渐悟，经纶可以徐起。未有伏猎、弄獐辈可与于斯文之任者也。日内佩韦、季箴有约过我，遂书此以待之。时辛酉冬杪雪后呵冻也。

约 言

读书莫先于明理。理者，天理，当然之极则，具足于人心。昔年吾师孙征君先生与杜紫峰先生，俱以“随时随处体认天理”为旨要，江村鹿忠节公云：“但求此日此时此心过得去，便是理也。”如季氏舞八佾，孔子曰“是可忍”，则是过不去者，竟过去矣。繇此以往，何所不至哉？若于心上过不去者即不过去，即是忠臣，即是孝子，繇此百行莫不皆然，岂非万物万事之权衡乎！学者平生涵养此心，以理制欲，凡遇古人今人立言行事，细细揆度，自有定见，是非得失，分毫不爽。此即“一以贯之”之道也。若遇临文，自然讨出圣贤微旨，如破竹矣。

明理尤急于革俗。世人纷华靡丽，渍染已久。若欲挺身入道，多为所牵。

须力去俗情，方存道骨。诸葛武侯云：“才须学也，学须静也。非学无以广才，非静无以成学。”“非淡薄无以明志，非宁静无以致远。”昔人所谓“咬得菜根，则百事可做”，正在此也。吾党固是贫交，自无入俗之累，然尤宜时时自省。有贫贱不移之操，方能不淫于富贵，不屈于威武，此圣贤入手关头也。语云：“好衣不近节士体，梁谷似怕腹中书。”可三复之。

存　诚

游酢字定夫，与杨中立谒伊川。先生瞑目而坐，二子侍立，既觉，相谓曰：“汝辈尚在此乎？今既晚，且休矣。”及出门外，雪深三尺矣。古人好学受教之诚如此。人无师表，心无严惮，从事浮竞，鲜能造于贤达之域。我辈相期，志不作凡近人，莫过于存诚为首务。存诚则心不放逸，朋侪聚晤，彼此互钦，容止端俨，礼法不颓，自然气质变化，学识高卓。东林诸君子讲学，以九容为入门，可称得要，吾愿与诸君共勉之。因霰水社丈以便面索书，遂拈此作日课也。

格　言

阳明先生云：“世人不顾违弃礼义之可耻，而顾市井小人之非笑。”此真格言。世上竞逐门面，趋于奢侈，大都为此。

对　联

亡儿咸与余在山，枯寂中时作吟咏及对联为笑乐。及居瀛海，友人霰水每爱之，呼令作对。一日，暮天霞光与老树相掩映，霰水遂以“晚霞映树”试之。儿应声云“秋水连天”，盖不滞于思索云。闲中录示家人，犹若亡儿不没也。

卷　九

序

《重刻通俗劝善书》序

《诗》言“秉彝”，《书》言“降衷”，孔言“相近”，皆性之说也。至孟子首发性善之旨，而善端始露，故学必以明善复初为主。然善必待于为，而为必待于劝。自古圣经贤传，所以劝之之道不一端，而民多不兴者，理义可以喻上智之士，而不可以喻下愚之民。故留心斯世者备极苦思，出于阴骘报应之一途以鼓动之，则易晓而易从。此昔人阴骘录、功过格及度世、迪吉诸书不啻千百种，皆所以示劝惩而启愚蒙，使其有所利而为之，则乐遵不倦，亦行仁之一术也。

勉庵熊子最后出，乃总前贤之要，辑为《通俗劝善》一书。中分无钱功德与有钱功德两项，其思深，其心苦，其见识高而取意备，洵度世之梯航而开蒙之针砭也。余家藏一帙，秘之箧衍，每披阅数叶，言言醒心，事事生惕，恨不即与大众面谈。顾楮叶单薄，不便久传，乃翻锓以广布于世。

嗟乎！善根人人俱足，善事时时可行，所抑格而不通者，不过无钱人与有钱人自诒伊阻耳。有钱者曰：“吾业已有钱矣，虽为善，亦何加哉?”使知为善而有钱者亦有功德，而善心浡然矣。无钱者曰：“吾业已无钱矣，总为善，亦何资哉?”使知为善而无钱者亦有功德，而善心浡然矣。斯不亦人人俱足者而恒足，时时可行者而恒行，而秉彝、降衷之性，举凡贤智愚不肖均纳于同归之域乎？熟读详玩，朝奉夕持，即谓此书为圣经贤传辅翼之助可也。

《横塘胡氏族谱》序

谱学不讲，则姓氏不明。《左传》云：“姓者，生也。以此为祖，令之相生，虽下及百世，而此姓不改。族者，属也，与其子孙共相连属也。其旁支别出，则各自为氏。”欧阳文忠云：“人而不知其姓氏之所自出，则涣若凫雁矣。”此族谱之所以重也。

《横塘胡氏族谱》，观其源流次第，灿若列眉，仁孝之思油然，无容更议矣。独端敏公以刚毅深远之识，首触大难，不惜身家，卒受隆恩，赐祭葬，堂封摩云，林碑柱汉。中遭不肖子孙私售势宦，以祖先之丘壠作他人之窀穸，行路切齿。非遇乃孙二尹某归鸠族众，誓复故茔，则端敏公千载佳城，竟餍啮于封豕长蛇矣，岂不痛哉！兼以敕立祠宇，变作梵场，当时县官忝尝，祗供桑门土苴。二尹某并偕族众锐力争之，僧徒俯首，捐金重修，于是胡氏累叶祠堂，百年典礼，顿还旧观，不复前此之零丁矣。呜呼！家之有子孙，犹国之有臣庶。李西平收复两京，表辞云：“臣已肃清宫禁，祗谒寝园，钟簴不移，庙貌如故。”唐主执表流涕，曰：“天生李晟，以为社稷，非为朕也。”二尹以一介微官，残年解组，单词只影，奋然首事，复祖宗二百余年之幽宅家祠，褫凶人之魄，快大众之心，端敏公在天之灵，亦应妥侑矣。夫唐世祖宗几百年而得彼一臣，与胡氏祖宗几百年而得此一孙，事所相方，均足千古。噫，二尹某其亦人杰也哉！

丙辰，余寓居乐寿，二尹某自乡来访，谆谆道故，以族谱序相托。余嘉其孝思笃挚，因弁数言志之。至于修谱之旨，宜宗法为先，大宗小宗，其说甚明，紫阳不啻详训。非此则散而无统，虽久益紊，欧阳文忠“涣若凫雁”之讥将不免矣。为子孙者可弗是则是效与？

十月寻菊序

岁丙辰秋尽，已小春矣，蕴秀谓纯治曰：“家广荫兄园菊正盛，不可不再一往观。”次日，乃邀余及纯冶、允升、示宸先至雅集斋，于是命二平头携蹲鸱、茶灶前去，余四人散步随之，其侄西水子碧津从行。示宸年老，且以事稽，约策蹇后至。迤逦野径荒烟中，望柳林黄叶，萧苍如画。途中各话平昔异闻，鼓掌谈笑，不觉杖履之为劳也。

比及园畔，遥见丛花灿烂，若名姝历历，倚栏偎榭，裙裾相戢舂，已焕然夺目矣。乃贾勇越堑，进而近观，则欣欣如觌面，欲迎欲语，色色映照，寒香扑鼻，轻风袭袖，令人不能定情，真佳境也。须臾，主人翁须眉皓然，左右手挈两孙，大笑而至。急命移几花旁，围坐穞麦畦中，青翠如三、四月时，天然供茵蓐，亦一奇事。复抱瓶菊一簇置尊前，纯冶又自摘三枝最怜惜者，拈嗅之，津津意自得。

酒两巡，仰瞩林外，有老翁道貌宽服，小蹇踏踏，来树下，则示宸继到矣。共坐饮毕，酒微醺，夕阳闪闪丘阜间，相与摘菊各盈把，插帽咏歌。步归过土窑，侧地趺片刻，大家联句乃起。抵城外略彴，蕴秀述其昔年醉踞桥头，咄嗟行人，一里吏跨驴过之，急捉回，灌以醇醪一壶，酩酊不支，始放去，石曼卿诸人豪兴不啻也，为之一快。进城，群幼女拦索花朵，各以所持者给之，纷纷散去，后欢呼各返舍。

因忆白乐天“人间四月芳菲尽，山寺桃花始盛开。尝道春归无觅处，不知转入此中来”之句，始知今日此园冬之留秋，犹昔日山寺夏之留春，所谓非时见珍，殆不远欤？嗟乎！天道后起者胜，按时对节，未必舒荣，而壮采奇观，每每出自人情淡漠之日，令睹者陡开健色，天下事率如此菊矣。归舍，遂按谱标名，各为一诗以纪之，庶不负此天眷晚芳之盛意云。

《显月斋集》序

人之负慷慨坚确之气者，率与时龃龉而不合，故于仕途亦坎壈。杜工部以挺出之才，未登要路，虚其致尧舜、淳风俗之志，穷愁有骨，流注篇章。人赏其诗之工，而不知其人之可大受也。

李郡丞广宁，侠肠义性，生不犹人，顾幼遭艰虞，四岁失恃，抱李泣芦，仅存残息。已而得臧太夫人慈庇，始获成立，故其于太夫人之丧，哀痛惨戚，想顾复之恩，若不欲生，是其动忍之性磨砺已素矣。及读书铨选，仲舒三策，当轴盛推，遂列前茅。京宦十年，正气不阿。外补专城，七载拮据。抚婴拔薤，悬榻饮冰，备见卓绩。去之日，攀辕卧辙者百里不绝，亦足见其一班之能矣。

归舍，缞绖中躬访余项里，为慈亲志墓，因受学门墙。叩其所蓄，盖大受之器，世无见知者。暇弄雕虫，特其寄焉者也。数月以来，朝斯夕斯，坐围万卷，每举一义，靡不切中机要，相视而笑，罕以喻人，不独敲声戛韵，浪荡词场而已。灯余饭罢，间取其稿本删定若干，藏之箧衍，后此则未可量也。至于经文纬[1]武之略，用人行政之宜，将大有所成就。杜子美所谓“致君尧舜上，再使风俗淳”者，于斯人乎是期。姑且与之论诗而已矣，其龃龉坎壈之遇，则为国择人者操其柄，固非区区之所知也。要其慷慨坚确之气，久而益劲，深而愈化，尤望于遗编中求之。

紫峰杜夫子寿八帙序

天下凡元气固藏于内而不轻泄于外者，必能寿世。盖吾人一生，自事亲从兄、居仁由义以往，大端不出文章、经济二者，其昭融则在参两，其蕴蓄则在一心，皆元气所橐籥焉。速发者易竭，完彀者不败，理固然也。园绮诸公，葆真抱璞，未罹世用，其言不过《紫芝》一歌耳，须眉皓然，致令汉天子动容，宁人间多觏耶！

吾紫峰杜先生，天钟间气，挺生燕赵间。幼从游鹿忠节，复以姻谊事孙征君，相与论心课业，勃窣理窟中垂四十年。家庭孝友纯笃，斑衣长枕，孺慕之性未尝一息漓，同党英俊数郡，无不愿执鞭者。若夫择地后蹈，时然后言，介裂车中之帛，义纳壁间之友，则又古人所难矣，而雁稀沙浅之悲，一筹未展，金铜泪落，侠骨全消。自别江村故园，奉太夫人移寓固城镇，偪侧

① 纬，原作“伟”，据文意改。

营甘旨，供堂上欢，弃置囊编所余诗筒笔帙，惟日聚生徒讲诵帖括而已。兴会所至，则流连杯酒，吟风啸月，举文章、经济二事付之云闲水静，秘不复谈。及太夫人终养，每岁除借驴扫墓外不佗往。顷年渥水同人，引领清风，复庀奉几杖。此地为征君孙夫子旧游，号称多士，于时俊俗之彦鼓箧登阶者不可胜数。

今年甲寅小春廿三日，先生寿八帙，同学友玉宸、亨子、和公、公式辈，素称襟契，飞札属某一言序其事。某乃援五修而告之曰：亦知先生所以享大年乎？先生元气浑沦，中特以恬吟密咏之趣，包括其经纬万物之才，目前草色花香，灯红酒绿，正堪优养天和，是固不假菖苓以引年者。往昔佑在山中，著《茅檐款议》十卷，举其目以质先生，先生正色曰："草庐中事业，正在于此！"区区眉睫间，又岂易测先生哉？其所以不轻发而易竭者，葆元气于深固而留为可久，深藏若虚，容貌若愚，追踪园绮，非难事耳。愿吾党之事先生者，勿徒求之属词比句、问水寻山，即求之纬地经天、图事揆策可也。昔王仲淹立教河汾，将相皆出其门，以古揆今，又何多让！然则先生寿在元气，而棫朴薪槱，归于髦士。二三子克体先生韬敛为发抒，以永作人之泽于不朽，而先生真寿矣。

五修持报玉宸诸子，遂群趋而侑五豆之觞。

《适适轩草》序

岁甲辰，教授蒲州之东乡，得交濡水刘韫生，因读其先大父长史公《适适轩草》，敛衽叹曰："此真先民模楷也！何余鄙人，未得聆其风，造其庐，亲其杖履也？"

窃忆前贤称，国初风气淳朴，人以急仕进为耻。常熟黄先生钺者，少颖嗜学，其父恐声闻被征，令督耕葛泽田舍间，仍倚檐读书。乃为隐士杨滐所器，舟载至舍，使与子福同业，三年尽万卷。县闻之，并辟贤良。滐怨钺曰："以子好学，举书供业，一何不善晦，并累吾儿耶？"钺乃说县罢福，独就试入太学，卒仕宦，与苏州守姚善同死逊国难。弇州以为，今子弟善攀援，营兔窟，父兄喜见眉宇，甚有导之者矣。无论杨滦不可得，即钺父亦不可得也。噫，若长史公之绝意揣摩，浩落诗酒间，率其高怀雅志，岂出杨滦、钺父下？而躬富福、钺之学，以视衣轻刺肥、高牙大纛于康衢之世，是其可力致，顾乃夷然不屑，复无父兄严命为之抑制，又非同无其具而搪高论以苟难子弟者。亭亭物外之标，方之弇州所论，夫宁远耶？

余以为，公之颖博类钺，而耻为华竞，敦长流风，则真杨滦、钺父之匹也。一代淳朴之气，公体备之，无怪其诗之淹雅冲和，追陶宗谢，驾孟轶王矣。其乡先贤平野、素中两巨公，手为序而传之，岂偶然哉！惜其失于兵燹，遗稿不存。今韫生编蒲截柳，力砥青箱之业，不难仰绳祖武，什袭此集，复求弁言，寿之梨枣，不特世守为家珍，抑将广传为国宝矣。余执卷之余，覆读增重，爰制秕词，以附骥尾，用表高山景行之慕云。

杨母汤夫人七帙序

余山居久，蹇拙成痼，每入郡，瞿然惧与时忤。而杨子茂实往往追寻，闻予至，辄载一尊酒，偕余友青阳来讯，为促膝欢，论文品帖，依依不能离。余怪其处城市，乃与山坞枯槁之人同臭味，所奉持必有异。及询伊母汤夫人家教，严静有法，淡薄自甘，一袪世靡，始知茂实之型范切近有本，不独性生而然。而其雅志奉亲，亦迥异末俗华侈之习，为敦尚清高也。

茂实之言曰：“家慈性聪慧淑慎，于归先君子，事先祖、先祖母以孝著。育不肖曻仲，严而能教，门内肃然。今年届古希矣，不肖周旋庭帏，愧无以为萱阶慰，敢请一言，悬之屏幛。”

余闻而嘉之，谓青阳曰：“此茂实之所以异于常人也。世人之悦其亲者有二：跻身名场，纡青拖紫，佩虎符，垂鱼绶，亲应顾而霁颜；或侈声豪举，千里宾，十日饮，车马填巷，觥船盈几，亲亦与有荣施若者。俗实韪之，而皆非茂实素位也。茂实萧然士类，所好者文而已，而悦亲者即以文，又无事于驰金币、走朱门，汗颜伛背，以求涂饰耳目之文，而务取山坞枯槁、素所知交，无谀辞、无阿色，质朴近情之言，以为可传而可久。此余所以不惜以动与时忤之人，而娓娓为茂实道也。斯举也，既脱华竞之俗，亦免固陋之诮，真静风雅，与其人符，茂实所得，不既多乎？”

于是青阳抃手曰：“此言真足为汤夫人祝，茂实获所愿矣。”遂录以为序。

祝韩公八十序

天下之能寿且孳者，在能顺其天以致其性，而顺其天以致其性之道，要在勿虑勿动。盖勿动则本不摇，勿虑则精不涸，昌荣之基也。不观之种树者乎？丰乐之种树也，硕茂蚤蕃，众莫与俪。其言曰：“吾非能硕而茂之也，不助其长而已；非能蚤而蕃之也，不抑其实而已。”则人之欲硕茂蚤蕃以寿且孳于世者，其有外于勿动勿虑，顺其天以致其性者耶？得其道者，勿论其居身与保子孙，率皆繇之。

陑阳韩太翁生于世胄，而能不艳心于华膴，苞真含素，若厥天和，陶淡鹿闲，少游马曼，籯金之谣，郁为国宝。嗣君辉叙，早列贤书，鸟凤鱼鲲矣。太翁繟然自适，不以科名荣。及其犍为莅政，饮水拔薤，人仰卓鲁，而顾以催科拙，谪太末，布帆索莫。太翁益用傯傯不介意，仍勉其笃祐，以迓天庥，蠖屈蛟腾，静以俟之。所谓宠辱不惊，遵养时晦者欤？今四世一堂，嗣君弄琴调鹤于宝峰葛溪之间，桐孙储万又琳琅振响，福禄之绥殆未可量。皆太翁遐布天和，不急近效，勿虑勿动，优游渐积以致之也。此政达人君子居身与保子孙率繇一道者耳，其为硕茂蚤蕃，谁谓不宜，又何丰乐之术之足云？

《诗》云：“寿考且宁，以保我后生。”八帙之筵，式歌且舞，远近有同心矣。昔万石君孝谨闻郡国，太后以为，儒者文多质少，万石君家不言而躬行，乃以长子建为郎中令，少子庆为内史。建老白首，万石君尚无恙，后诸子孙为吏更至二千石者十三人，其为寿且宁而保子孙为何如哉！兹太翁之厚德大年不减万石，而诸嗣家法淳朴，其所广衍，子孙昌炽，应必过之。余知自此以往，以寿且保，祝太翁者正无疆也。

易州文昌会序

文昌会，祀梓潼帝君也。按梓潼神姓张，讳亚子，其先越巂人，因报母仇，徙居梓潼之七曲山，仕晋战没，人为立庙祀之。夫神显灵于蜀，则庙食其地，以旌忠孝之魂，于礼为宜，乃至唐玄宗、僖宗，宋咸平中，屡封至英显王。道家谓上帝命梓潼，何涉世人？谬加崇奉，冀非分之祐助，不亦惑乎！

吾友定之崔君，夙以博雅著。丁未春暮过山中，抵掌话阔之余，因讯文昌故事，且言易城诸君子约文昌一会于来岁上元之期，请弁其约首。余为陈张九功先生曾有《正祀典》一疏，乞罢去京师庙祀而祀其乡，语甚切。定之愕然，谓余终其说以示同志。

余曰："此固无伤也。高明举事，贵晓其意旨之所在而已。吾诚理明辞正，不惑于侥幸祈祷之论，侃然识所归，则虽步趋于杂焉淆乱之中，不失其矫焉独出之志。久之，义昭事著，众情毕喻，亦可渐进而返其初。今一元宵耳，张乐设饮，老幼嬉游，彤云陆海，人咸优游岁华而已。诸君子方将虔修涤虑，加崇乎孝亲忠君之古贤，远近大小，划然改观。舍其前此之迷，而起其后此之悟，则易城一隅先天下而开其觉。倘因兹感发，遂有变风革俗之举，复取张先生《正祀典》一疏遍市而通行之，使千秋积晦耳目一新，不亦世教人心一大快哉！诸君子奋躬率物，且为首庸矣。昔曹月川先生止其门生奉母祷关祠，初甚不服。先生力陈大义，细为开谕，始能遵教。至今学士家传为格言。彼时风尚为之一止，岂非明验耶？吾愿定之归语诸君子，遍谕易人，因以及之天下可也。"

刘明府编定户口序

吾邑弹丸区，当瀛郡之南，子午孔道，皇华白羽，駊还如织。且三河委流，时遭泛溢，禾苗柁底，不绝于嘅，墽硗民贫之困，有自来矣。寥寥孑遗，

所祷祀而求者，惟循良是赖。乃吾翁刘父母之下车也，岂弟而明哲，筹事度务，百废俱兴，优游以应盘错，恬如也。而于审定户口一案，尤属卓越，为挽近所希遘。余不佞，叨在编氓，虽远役淮海，所以耳颂声而悉德政者，实若沐浴焉。宜阖献绅衿群黎欢呼鼓舞，络绎不休，来告予以生全也。

余惟户口一政，关系生民利病最巨，顾古与今不同势，其斟酌时宜为尤难。古之于民也贵增，苏团练所谓“以民之多寡为国之贫富，故管仲以阴谋倾鲁，商鞅亦以术招三晋之人”是也。今之于民也贵减，陈止斋所谓“多者使寡，难者使易，不宜有者使无，而诸国苛敛渐趋于平”是也。若我父母则兼得之。增固不至于病民，减亦不至于病国，盖以不失原额为准，而增其少壮，减其老弱，人情翕然，各得其所。厥道维何？曰：公而断，核而速。公则豪强不得免，断则请托不得行，核则呈报实而籍役不得滥，速则毕事早而上下不得扰。所以定志于堂上，下令于流水，不逾时而四境帖然，积习一洗，咸颂我父母之深仁远虑于不衰。

昔马人望检括户口，未两旬而毕。萧保先怪而问之，人望曰：“民户若括之无遗，他日必长厚敛之弊，大率得其六七足矣。”保先谢曰：“君虑远，吾不及也。”此非我父母之苦心明验欤？按汉法：民年十五而算，出口赋，至五十六而除，二十而传给徭役，亦五十六而除。隋法：男三岁以下为黄，十岁以下为小，十七岁以下为中，十八岁以[1]上为丁，以从课役，六十为老，乃免。唐制：民始生为黄，四岁为小，十六为中，二十一为丁，六十为老。制各不等，宜民之意则同。如我父母之寓慈祥于法制，不必铢铢较其岁年，而过时者遂其优闲，方刚者[2]任其劳勚，平情御物，可久可传，信乎与向来力饬残劫、康济时艰之经纶同一条理也。政隆意美，即推此道于天下，亦厚幸矣，余乌能不举手加额为一邑庆，兼为朝廷庆乎？《诗》云：“岂弟君子，民之攸塈。”上德懋也。愿吾邑父老子弟勉致殷勤，为余道祷祀不遑之夙志，则千里登堂之雅为一抒写云。是为序。

① “以”字下，原衍“下”字，今删。

② “者”字原无，据上文补。

林玉齐议革见年序

昔钱继忠少好奇节，家居二十年，安贫乐道。姚苏州慕其名，曲致诚款，得相见于学宫，置上座，请质经义。继忠曰：“此士子之业，公有官守，何不谈时务?”苏州即问急务，继忠出一简授之，竟不交一言而去。视之，则守御制胜策也，苏州大悦。夫急务因乎时，时在守御制胜，则守御制胜为急；时在除民疾苦，则除民疾苦为急。均足见英杰之处事，其高识远见、深心大力之所存，迥不同于腐儒也。

高阳吾友林玉齐君，少倜傥有奇气，凡所规画，动中机要，事有盘错，人皆取筹策焉。岁己未，邑侯孙公莅任，首问民疾苦，林玉条陈利害数十事，而最重者莫过里甲之见年。见年领一甲十四社，每十甲轮流应差，岁置某甲，则一县之公费悉取办于见年。所谓递马工料也，部院奏销也，起解添搭也，种种无名之耗，不可胜数，皆于是乎索给焉，约岁费不下四千余金。大甲尚可勉支，小甲则皮肉尽矣。积习难返，绅士结舌，蔀屋垂首。而林玉慨发大难，沥血披陈。上以开导长官之见闻，中以弹压衙役之黠狯，下以调停闾阎之短长，几经周折，而后定议。禁革一切公务，按丁均出，且每丁不过旧额小钱二千，旁无苛求，为费少而就效众。合邑之民，如去汤火，登衽席，群情歌舞，已为地主孙公勒石纪功矣。而复念事之始末裁成，卒就义举，非林玉之高识远见、深心大力不及此。爰属余言，登之缥缃以志之。

余因思当日继忠之条陈急务，可谓不负安贫乐道之素修。而与苏州之相得益章，谏言听信，其规模宏大，非近日腐儒趑趄之所敢任也。林玉诚无愧焉。遂为述其始末，与众共观。倘有他邑积弊[①]相沿未革者，仿而行之，为利更溥矣。是为序。

---

① 弊，原作“幣”，据文意改。

右北平节寿宋母张太君八十序

燕，终古名胜地，瑞云紫盖，灅水汤泉之间，泙渫磊砢，意其必有奇伟节侠之流，久之而未遇也。近年于乐寿得交宋子留，子留虽萧然蓿署，而气雄万夫，其庭训有素。缟纻初投，便成莫逆，觞咏相寻，不虚暇晷。间谈及今古机务，辄有风生四座之致，始知地灵之果有人杰也。己未夏，于座次见子留家报，北平亲宾为伊伯母张太君祝八帙。捧阅太君素履，松操霜节，奇绝人寰。益信天地山川间气挺生，奇人不独在弧矢间也。

太君以金张族望，于归盘石公。公甫入芹，即有振衣千仞之概，不幸早脆。是时太君年二十四，青鬓朱颜，垂髽拉血，抚有两嗣，声泪俱楚。又堂上舅姑形影相依，膳安厕牏，必躬必慎。及断机教就，或衿佩宫墙，或业隆卓程，先世家声，毫弗陨越。六十年来茹蘖饮泣，皎心如一日，亶其难哉！凡妇之守节，犹臣之尽忠。苏典属之十九年，洪忠宣之十五载，忠则忠矣，而成功则无可见焉。若太君身历艰虞，而克家承业，光裕有加，不亦优与？宜其天祚仁人，而寿考无疆也。百龄永享，固可期耳。合郡景行，芳昭简册，孰云不然？昔张钱塘妻王氏年十六，张卒于官，王誓不再适。李彦宾妻刘氏年二十四，李殁，刘抚子成立，卒终其节。皆燕人也，至今竹帛芬芳，照耀千古，非太君前徽耶？

余与子留谊同埙篪，太君称庆之日，不能躬祝南山，恭述芜言，聊当冈陵之颂，为北平诸君子进爵时发轩渠一笑云。

《蠡吾闫氏族谱》序

氏谱无闫姓，疑即阎。按周太王之胤武王，封太伯曾孙仲弈于阎乡，因氏焉。又云唐叔虞之后，父族有食采于阎邑得氏者。又晋有阎嘉，齐有阎职，俱阎姓。又晋成公子懿食采于阎，后遂氏阎。俱不可深考。而蠡吾之阎则迁自小兴州，今日北有世职指挥，的系同族，不可没也。

阎之始至，家卒兴里，代有阴骘，其详载谱中。而恢弘祖业，声名洋溢于远迩，则大来翁实为崛起，非寻常可及也。余有《义侠》一纪，述其梗概，州闾老稚想并悉之。嗣君公度，峥嵘雁塔，晋秩清华，不可谓积德之不昌矣。自此瓜瓞绵衍，保世滋大，岂顾问哉？

然而族谱之修，上以不忘祖宗，木本水源之意，此易知也；下以传示子孙，宜家保族，久而不替之道，则率皆忽焉。所以自昔推家法之著者，唐之柳氏、颜氏，宋之吕氏、司马氏、范氏，类有成训，足式后人。今大来翁于睦族之谊，老终幼养，男婚女嫁，以及义学、社仓，业已种种举行矣。公度于仕优之暇，博文好古，采集先贤遗范，立为家训，敦崇道教，勒之族谱，振刷力行，不独模楷一姓，兼可倡率一方，甚盛举也。如此，则族谱之修不为虚文矣，勖哉！

《庆云邓氏族谱》序

吾师孙征君昔年旋北城，群弟子迎讶于途，班荆坐话间，首以修族谱为勖。盖以地遭兵燹，迁徙无定，子孙率迷宗祧，不如存之简册，庶可稽也。于时相率修族谱者有七家，今吾师逝矣，回忆面命时，音容宛然，遗教愈不敢忘。

庆云邓子公遴，以癸亥夏秋间从余于遂城，固未获面晤吾师征君也。一日传致其父建三翁命，谆谆以修族谱为言，兼以序请。余因思孝道，人所同禀，礼义之家，不谋而齐趋，益令人兢兢焉。

按邓氏一门奕叶，诗书德行，无乖圣训，而四世同居，阶除雍睦，张公艺、陈竞之家风，晚近希觏。又其异者，乃祖别驾公乐志庭帏，泥涂轩冕，踵西唐之高蹈，怡东皋之清辉，则更潇洒出尘矣。及观族系，始以一线单传，今乃瓜瓞绵衍，公遴辈桐枝秀发，文物之兴，日月可俟，积德者后必昌，抑又信之。公遴服膺吾道，私淑征君遗教，即族谱一事，已见同心。自兹以往，参天两地，弥纶不穷，固不出孝思而得之矣。

献州乔明府寿序

古今称寿世之道者，首言仁。以慈祥恺悌之德，郁为冈陵松柏之姿，畴云不宜？然仁不独行也，必有义以佐之，厥功乃懋，此余前者以刚柔宽猛之说为乔明府诵新猷也。明府莅政滋久，大化斯洽，百里内外，浑然太和，元气流行矣。士庶欢歌，如登春台。于明府生申之旦，争效华封人之祝。余遥卧海澨，聆其盛美，不禁趯然有辞以献也。

昔贤论牧民之要者有三，曰不詸于上官也，不慑于贵近也，不瞟于吏术也。声望足以被主知，则不詸也；权智足以耸民听，则不慑也；材察足以破宿奸，则不瞟也。不詸则实材得以自见，不慑则实威得以自施，不瞟则实恩得以自布。三者被之世，皆仁泽也，而非有毅然明断之力以充之则不副，所谓义以辅仁者正在是。

不观明府之治献乎？献在古为侯王封域，密迩神京，交冲七省，张、席、穆、田之政绩著焉。迩来壤卤民顽，兵燹时经，水决岁凶，萑苻易聚，真盘根错节地。父母自下车以来，厘奸剔弊，诸务维新，民歌《五裤》矣。至繁莫如供应，以身先之，艰难不避也，而民力不疲；至重莫如钱谷，以法征之，催科不扰也，而民财不匮。谳鞫则昭覆盆，宣教则广振铎。筑堤奠巨浸于安澜，成梁渡迷津于平土。祠宇尊神，诗书优士，种种嘉绩，不可枚举。此政简刑清，不愧牧民之俞旨，所以书玉屏也。苟非不詸、不慑、不瞟之要道素裕于居平，而能若是之为所欲为乎？

昔董宣为洛阳令，搏击豪强，桴鼓不鸣，号为卧虎，此以义胜也。何异[①]于为益昌令，凡斗民在庭，晓指仗遣之，不以付吏，三年无囚，此以仁胜也。今父母以义断成其仁恩，刚柔合德，雷[②]霆雨露，总融为慈祥恺悌之隆施，于以懋昭冈陵松柏之永者，孰大于此！他日循声赫濯，上媲张、席、穆、田之

① 异，《新唐书·循吏传》原文作“易”。

② 此字原本存雨字头，据文意拟补“雷”字。

政绩，入作公辅，为邦家光，请即以跻堂一觥，豫占乌府风标可也。是为序。

挽诗序

易州岩下田母殷夫人之丧，高阳齐君林玉持素缣，征同人诗以挽之，为嗣君治埏悲也。治埏在征君门，夙著孝义之目。林玉恭迎至家，设皋比焉。未出山，母健如常，甫就道而母病。治埏涂次，心已怦怦不安，及抵馆，不一二日而使至，以母病告。治埏不食而奔，至舍，母奄逝矣。

呜呼！治埏之出也，本切欧阳怀肉之志；其归也，反缺尧夫在侧之情，痛哉其为怀也！为吾辈者，何能不为之悲。虽然，迹母平生，以事舅姑，则孝妇也；以相夫子，则德配也；以教诸嗣，则贤母也。且诸嗣如经埏、界埏、庆埏辈，雍睦一堂，上奉沛然公严训，家风朴茂，礼教纯笃，诗书之气郁然。昔范烈女殉节一事，海内仰之，简册传之，即公家五郎妇也。义风烈节，孰非母闺范所成？而母年几古希，终于内寝，生顺没宁，诚无憾焉，奚其悲为？母也者无遗憾，则为奉母之人也者无遗憾可知，奚其悲而？独治埏之茕茕于拊心含痛也，此林玉与诸君子之不禁欷歔增悒也已。他日衰绖函丈，废蓼莪之余，犹冀治埏之深思余言，少宽毁灭之戚，其大孝当有进于此者。

余老矣，远卧荒岑，忝在姻娅，而不能蹒跚越岭，陈一杯之款于柩前，令儿辈束刍代荐，其亦心伤无限矣。不揣昏耄，因先诸同人而述其意焉。

赠李式文将军序

式文年甚少，怙恃双违，两昆友爱甚笃。癸亥秋，会葬其母夫人至曲逆，得相晤言。余观其孝思恻怛，若不欲生，又念其母夫人遗言，恐不能特立于世，日夜惧，时殷殷问余所以守身扬名、涉世入官之道。余举平生所闻“但求此日此时此心过得去，全凭无小无大无慢做将来”二语示之，式文深加佩服，请书纸瞻仰奉行，知其意念深矣。临别，乃叙述大旨以赠之，曰：

君将职也，为将之道固多端，然其要在读书。读书则识高，识高则志定守固。凡所以忠君爱国、居官理务，俱在是矣。昔孙权劝吕蒙读书，蒙辞以军中多务，不暇展卷。权曰：“岂教尔寻章摘句，治经作博士耶？不过涉猎见往事耳！”斯言最为得法。至于所读之书，虽多多益善，其要者如李大兰先生《纲鉴新意》《武经正解》《百将传》《纪效新书》《练兵实纪》《武经总要》《武备志》《登坛必究》《兵镜》《兵略》《读史机要》诸书，总不能全记，间一涉猎，自有裨益，不独一将之任而已，勖之哉！求忠臣必于孝子之门，拭目观之矣。

宋子留寿诗序

子留宋广文，冠玉仙姿，起霞俊质，幼工柔翰，长著雄声。操觚辄弁冕文坛，整辔屡驰驱艺苑。朱陵石鼓，敲三十乘之菁华；玖粟金砂，贯五千言之精奥。抚时景至，还劳车胤之囊；感物兴生，即酌留侯之酒。春光烂其雅什，家著策马之奇；晓日写其神仪，人传换鹅之韵。徒以庭[illegible]运蹇，致令子美价高，未遂九万之鹏程，俯就三千之槐市。铎鸣乐寿，正搜书献雅之乡；派演关濂，溥弄月吟风之趣。某甫能倾盖，无异班荆，岂料启其蓬心，竟尔收之。兰籍丽章，赤帜争睹乌获；仲舒妙选，绿文齐认青钱张鷟[①]。问字尊频倒座，挹花香看题笺。镇飞袖，披风信。

时维七月，序属仲秋，恭值先生悬弧之辰，喜观弟子称觞之会。欣欣咸推文载，拜画地之咨询；济济群趋胡瑗，拱分斋之教诲。桃将曼倩五云阁，真足似宫；筹进双成三鳣堂，却疑瑶圃。于是，接芝兰之粹气，快咏馨闻；抚松桂之贞标，思形令范。寒山森翠巘，福祉冈如；秋水涨银塘，寿源川至。结侣歌青云之客，渺若神人；饮君怀绛雪之丹，居然仙种。布之四韵，用祝千秋。

---

① “张鷟”二字原本与正文字号相同，按《新唐书·张荐传》：“员外郎员半千数为公卿称‘鷟文辞犹青铜钱，万选万中’，时号鷟‘青钱学士’。”据此，“张鷟”当为“青钱”之注文，故改字号。

胡信山诗序

迩来为诗者如林，刻诗者充栋，余概未敢一二置目。非恶诗也，诚以自汉魏六朝唐宋以迄昭代几千百年，名诗者不啻几千百家，而我以区区毫颖争鸣其间，欲以蝇响逐洪钟，粟形列华岳，吾知其惹覆瓿之诮不浅矣。虽然，诗固不易传也。夫不有不必能诗，而世争高其人、争识其面者乎？如是，则其人传矣。夫不有既争高其人、争识其面，因而思得其片言只字，等如南金，奉若东璧者乎？如是，其人传，则其诗亦传矣。

吾友信山以世宦子砥行砺名，藉甚海内，后竟弃廪饩，挂冠同舅氏仲嘉侯处士游于马水乌龙间，追乃祖燕山丈夫遗烈，恣情啸咏，所在品题。一日，汇其诗过五公山，问序于余。余曰："如君制行与青泉白石竞爽，所谓世争高其人、争识其面者也，即得其片言只字，增重人间，况珠玑贝球盈握溢席者乎？其于传世也何有！兼之金容属静修先生故里，遗风翛然，征君继踵芳徽，道教犹笃。及门沐泽之士彬彬蔚起，又得信山鼓吹一堂。是刻也，其人洁，其言芳，吾知异于迩来之如林充栋者远矣！需其成，余固急欲取而读之。"

卷　十

记

登山游诗纪[1]

癸卯春，余寓遂州大王店，在釜山之阳十余里。适遂州友人赵隆轩至自麇陶，相携游班姬山，看余新题。回邑中，同游郝参甫过我曰："吾乡釜山，黄帝会诸侯合符之所，万古胜迹，不可不一临眺。"余曰："隆轩有事遂城[2]，须其旋，可命侣扶筇也。"至病月二十七日，隆轩来，风口清和，参甫治行厨，具犊车，奉其尊大人凌九叔重伯为东道主，招同好而从事焉。

先二日，参甫以诗柬山头羽人张玉峰及山口有侯光岵云："去年摇麈话岩扉，花雨茶烟霭落晖。今日籋云携胜友，莫教题字倚松归。"余次韵云："釜山高处敞柴扉，几度登临忆昔晖。羽客若知游客意，肯教空袖白云归。"光岵得诗，即走顾余于寓舍，先返治具。

至日，余拟修刺侯光岵，而所招同人则有曹企华、郝绳武、丁光远。驱车过石梁，輆軕出村而北。郊原平绿，千畦如铺翠，红紫歇矣。因忆后一日朱明，届期春归候也，吟送春诗云："今晨风日好，驱犊送春游。陇外红云断，田间绿浪浮。寻朋来谷口，携具上山头。莫惜林泉暮，壶觞可共留。"

迤逦行十余里，过班山，望凤凰带曲水，远目郎峰如剑插天半，又疑列屏环于西北，烟峦历历，颇想陶诗"前峰可数，后骑莫催"之致。至村口，是处以釜山名村者凡五，此其东釜山也。居民百余家，路口曲折而上，门巷萧然，茅屋古树，则光岵居也。

---

① 全文又见光绪《保定府志》卷十八《舆地略·山川》。

② 城，原作"成"。光绪《保定府志》作"城"，据改。下文"遂城"不误。

甫下车，光岵出，参甫已策青骡先至其斋，炉头汤熟酒热矣。羽人方袍道左，訇然一笑。啜茗毕，小酌数巡，出扶老给隆轩、凌九两长者，余皆摄衣健步，即不能者，为人尶尬不顾也。直北行，小径纡如蚓。三苍头挑壶榼、抱笔砚前导，令每至一峰顶，辄[1]响信炮数声，以报山灵。行里许，即釜山麓也。山石录然，磴道盘转。至半山坳处，小柏森列，率新栽，茏苁如须髯。石垣版户，㕑廨茧立，香台仙龛，花木杂植。垣上两石龟交植，下小泉汩汩为污樽，可抔而饮，此即羽人栖屑地。

小憩，烹泉啖果，再行，路蜿蜒，每一层折，辄有庵宇，皆植树其旁。西绕不百步有清泉，石甃成井，井口柳树一株，颇来凉风。共坐卧少顷，因题“坐茂树以终日，饮清泉以自洁”二语其上。自此遂登峰矣。参甫吟云：“巃嵸旧龛石磴稳，茏苁新柏翠阴匀。”余续云：“登登直上峰头去，指点千畦列绣茵。”盖山半下视，原隰麦陇青芊，真如绘也。

须臾，杖履札札造顶际，一望烟寰，平原百里，孤峰雄踞，群山趋跄，真有万国朝宗之势。遐想当日皇风沕穆，衣冠初兴时，玉帛辉煌，车书辐辏，不知若何鸿溶？后此兔迹狐踪，弥漫川陆，而睹覆釜之遗形，钦合符之盛事，犹令人肃然起，慨然怀，何其唐哉！

于是苍头发炮，响动山谷。乃令布席陈殽于岳庙左，挥兕畅饮。侍者告墨饱，余乃题壁云：“帝驭龙升久，合符尚有山。万年人气肃，百里甸烟环。古树村村聚，春云片片闲。弓裘何处是，尊酒酹苔斑。”凌九次韵云：“轩帝今何在，垂衣说此山。三皇礼始备，万国卫初环。甲子风云泰，乾坤日月闲。釜形仍上古，瑞霭罩岩斑。”光远次韵云：“漫愁春色暮，逸兴自高山。峻岭丹霞映，仙宫碧树环。诗题标地胜，茗碗寄身闲。此日同群意，谁知短鬓斑。”

是日相从者皆有诗，独吾友赵又元在廮陶、高莀臣在遂城未预，须其后至焉。隆轩诗云：“春事将阑，爰陟釜峦。携我同人，把酒盘桓。维昔釜峦，有熊停銮。合符会散，辑瑞盟寒。岩花空落，涧柳徒残。千秋冯吊，漠然永叹。”重伯诗云：“缅想垂裳治，陈踪何处寻。惟余覆釜地，犹自送春吟。”

① 辄，原作“辍”，据光绪《保定府志》改。

企华诗云："春深辗草强追游，诗酒相携最上头。缥缈云峰迎啸入，翠微山色映樽浮。"参甫诗云："土德云官帝化长，釜丘无迹认轩皇。烟峦雾岫犹嶙峭，搔首崆峒野客狂。"绳武诗云："车书久绝迹，山势尚尊严。载酒登临会，峰头一拂髯。"光岵诗云："悠悠万代踪，落落游赏客。茅柴荒坞樽，琬琰岩端石。"①

法华岩记

法华岩在完县治西三十里伊祁山昭阳庵下半山中。伊祁山，古尧母伊祁氏故境，双柏存焉，人传为尧时柏，山之得名以此。峰不甚险峻，有太子圆殿一座，岁已久，其实不可考。旧碑援佛书"昭阳庵"者，疑未决，而僧言见石一段，镌字为"昭阳静此岩，即其修真得道处也"，其石随失之，故僧以此岩为名胜地，欣然卓锡焉。

癸亥秋，余同李广宁、邓公遴、李官黄蹑屩支杖，携具游之。路自李庄出村井，西行里许，过康庄，柿林苍翠，小径如蚓蛇蜿蜒。缘坡南上，经核桃园，茂荫层叠，或团团如车盖，不一状。一河横亘，白沙如米。迤逦二三里，磴道盘旋，至路口，两股分支。东上为菩萨阁，摹吴道子画像勒碑者也。新栽桃柏掩映石间，累累其实，森森其干，颇可憩也。繇此而上，则为昭阳庵，佛殿三楹，钟楼、禅舍、石阁、碑亭在山巅，亦属爽垲界。古树参差，望之郁然，下视上谷境内诸城郭，如秤上列子，可指顾数。繇来径回，至菩萨阁西下而复上百余级，皆石铺曲折。其隙缝小树茸茸，莳瓜种菜，蔓藤亏蔽，间武始可行。至回转处，悬嵝覆压，鞠躬方能过，名"弯腰石"。再登数十步，则法华岩也。

岩高十数丈，嵌空如龛，下临平坎，甃石为壁，面如削，高与岩等。上以木瓦补，覆，若轩窗，内铺以板，岩旁缩为洞口，竦身而入，豁然明敞，俨一洞天也。余爱恋不忍去，遂偕侣眠其中，题诗纪之。岩稍下而西为龙见

① 文末，光绪《保定府志》有"盖一时盛会也，是为记"一句。

洞，昔见异蛇随风雨出。再西则伊祁双柏处矣。山在高、完二境间，此一岩之大观也。至若罗汉峰、莲花寨，及岩前大河带绕，则此岩之卫护，不及详述矣。噫！是皆一心老衲十年经营，负石斫木所手辟者也。一心行藏，余有“铁衣着尽后，撒手入禅林”语赠之，则其人可想。广宁、公遴皆有诗镵壁，兹不悉记。

寿州东小过村庞氏义学记

斗枢庞公讳柄，雄县人。平居重然诺，喜读书，尤好兵刑家，精奇门、六壬及五行类占诸术。往往见推于名公卿，轮币不绝，户外履迹恒满。初卜居于寿州东村，名小过，相传为汉光武过师处也。有田二百亩，手种枣千株，结茅数间，环渠栽柳，门巷萧然，类有道居。相与往还者多高人逸士，几三十年于兹。今老矣，思归卧故里，念在此乡游处久，情所难忘，因察此乡素无业诗书者，礼义之风盖鲜，欲加惠后生，使知教化之美。乃以所营故产置为义学，敦请名师一人，俾居其处而设皋比焉。凡教以八行为先，六艺继之，文为末。群乡之子弟有愿受教者听，即以产之所出为修脯资诸生，无他供给焉。受是产者，纳粮耕种如己恒业，岁以为常，但勤教授而已。其有粮不纳，教政废、学徒散退者，则地主收产别计之。

嗟乎！君子居是乡，则为一乡计久远，广福泽。昔田子泰入徐无山中，相从者五百余家，悉为定婚姻丧葬之礼，翕然成风。今庞君将去其乡，而尚以福泽久远之道，此身不能教而求人以教之，一时不足教而永世以教之，其为虑甚厚而且悠矣，不亦迈踪昔人哉！余与庞公文最深，心期最笃，均在迟暮，伏枥老骥之悲，无所轻重于世，故于此举三致意焉。

精思斋记

昔张说为修书，使朝廷置丽正书院以居之，俾总文艺之士，一时如徐坚、贺之章、赵冬曦辈皆佐纂述，有司供给优厚，至今称盛事，然不知其著作何等也。瀛海郡伯千峰王公，莅郡三载，政成人和，思欲纂修府志，乃于药肆中嘱友人促余入署，襄笔墨之役。厅后西偏，旧有瓦屋三间，整饬以供寝处。晨夕惟置两吏缮写，独郡伯与余雠较甲乙，訾訾正论。自天文、地理、兵农、礼乐，上下千古，无不究极原委，指陈利弊。青眸相对，浩落不群，真觉纷纷诸子之为烦也。设令张燕公解此，当亦厌徐、贺诸君之多扰矣。至于日晡一杯，挑灯醉墨，满壁淋漓，有司供给，又何足云？更异者，郡伯以十七属冲疲之地，从容坐理，无一艰苦色。公余把一卷，咄咄若书生，于《瀛志》沿革一则独出，手对廿一史，虬轮蝉翼，凝神细简，举数千年之模糊雷同，清如指掌，亦读书人不可少之精思也。李德裕于里第置亭，名曰“精思”，每定大计则居其中。若郡伯之奥博深沉，务期无疑义后已，此其精思不减德裕，而著论淹洽若过之。书成，遂额此于斋，为文以记。使后世之视此斋者知郡伯之优游文治，而读书考古，疑义与析，俱有要道也。彼“丽正”虚名，似所不取矣。

郝氏醉营斋记

余友参甫郝君，其人豪爽有深思，喜书翰，工吟咏。又雅爱交游，颇有酿酒好客、散金收书之致。昔年余与数晨夕者洽岁，每令节佳时一樽宴衎，山水亦为增韵。尝嫌其读书处近宅室，别于南园营精舍，欲即其故基辟而新之，槐高笼月，墙低度云。盖将于此藏万卷，以遂其徜徉图籍友朋之乐，规模已定而未就也。嗣此余流寓远乡，数载始还山。参甫驰书云：“新斋告竣矣，乞为文记之。”

余思天壤间浮云苍狗，变幻莫测，一丘一壑，恐不足为卒岁计，而且园亭是庀乎？虽然，居因道广，地以名传。山川易陈也，而不朽者以人；光阴有限也，而可久者以业。昔崔郸居光德里，创便斋自居，宣宗叹其孝友，亲为题之。李约之破屋，买萧子云书，建一室栖之，至今呼为“萧斋”。是斋之以人不朽也。宋太学十斋，有“守约”“存心”“养正”“持志”“率复[1]”“诚意”诸目，人能绎其义而力勉之，别德成矣。是斋之以业可久也。今参甫抱豪爽深思之资，藏焉修焉于此，凡山经海志、兵农礼乐、阴阳医卜、诸子百家之赜，无不讲求。时与其朋引杯探策，浩歌吹藜，朝夕考德而问业焉。是斋也，岂特一草一木取悦幽人、一觞一咏销忧隙日而已哉！河上丈人云：“心若醉六经，目若营四海”。余于参甫望之，请即“醉营”颜其斋可也。

冀州重修忠烈祠碑记 代

乾坤之内，所以植纲常、扶名教，柱天不昃、指日不蚀者，恃有忠烈而已矣。四海九州之大，有其地则有其人。过大梁者，尚感叹于彝门；游九原者，亦流连于随会。从古逮今未尝缺也，特患无人以表章之，令千秋星悬岳峙之英，碌碌与草木同腐，故属光耀不发。或有人举之于先矣，而无人继之于后，则风流雨谢，昔贤显德亦埋没于黄焦丹荔间，尤可慨也。

矧冀为河北重镇，大汉光武听白头翁语，信都为长安守，一方忠义遂开兴复之基，忠烈之气不已，昭灼寰区也哉！至于前此之遗芳勒石彝鼎，后此之奇节抗志云霄，千百年间琨玉秋霜，森然林立，洵足振纲常而翼名教，不可一日不尊崇之，以为风俗人心劝者也。顾迩来忠烈一祠，拉攞殊甚，不独殿宇之雨打星窥，亦且仪型之苔封藓合。

某待罪兹州，忝居人牧，瞻拜于颓垣坠瓦之间，怆然兴感，不胜山高水长之慕。爰捐俸重修，同某协力鸠工，用竣其事，轮奂之美，顿还旧观矣。嗟乎！人杰者则地自灵，稽康风高，世仰华阳之馆；耿纯义重，人传育县之城。皆冀迹也。况忠肝侠骨，历历羹墙，从此闻风慕义，比肩接踵，于尧台禹渠之墟，当须为巨鹿一块土增光吐气。人物崛起，熠煜前徽，未必非此祠之倡而鼓之也，堂构之举，又何可少哉？余故述其旨，镌之贞珉，以示后人云。

① 复，宋吴自牧《梦粱录》、宋周淙《乾道临安志》及《宋会要辑稿》均作“履”。

重修九圣庵记

献州城北五里铺，旧有大士庵，岁久圮坏，乡人郭、李二氏募修更新，益供九圣。乡人不必知其源流，盖从塑工画师之谚论，未足究诘，而两人乐善好施之心，以尊神济人为主，则有可取也。事竣，砻石道旁，匍匐求余言以记之。

余惟九圣皆尊显，日用民生所不能离。天下广邑大都、名山秀水间，琳宫贝阙，金地珠林，焚顶而奉持者，不可胜数。而欲其俯仰于风尘驿路，覆纤埃之片瓦，戴泛梗之半椽，不亦亵乎？虽然，道无不在也，神无不格也。昔人云：即花寻春，春未必在花，然外花无以觅春；即水寻鱼，鱼未必在水，然离水无以求鱼。是庵虽小，亦春之花、鱼之水也，又何异观耶？矧铺当孔道，黑泥白草，一望荒凉，而轮蹄来往如织，担簦荷蒉、戴笠腰镰者，皇皇于路。夏值冻雨，冬遇凄风，顾后瞻前，胥望此以为避暑停寒之所，尤途人之乐宇乎？尊神济人，均有补焉。书此贞珉，览者志之，勿以善小而不为可也。

蠡吾徐氏迁葬记

古今葬不一道。有反葬者，太公封营丘，五世皆反葬于周是也；有不归葬者，崔子玉临终遗令勿归乡里，即葬洛阳是也；有改葬者，楚王戊之子葬宫中殿东北角，颇见拘限，唐高宗敕以礼葬高厂处是也。皆随时以意行止，无一定之矩。独《家礼》择日开茔域，葬有成规，世通遵之。但祖父墓为水啮毁，或先时藁葬、不及成礼者则迁葬，此常道也。今蠡吾徐君世居故园，墓门相近，无须反葬之烦；其祖先土著，终而窆焉，亦无遗令不归也；又其先世温厚，棺殓皆以礼，非藁葬比，且无水泽啮毁之虞，胡为乎而议迁也？

曰：此仁人孝子之心，出于常情之外者也。凡人坟墓既立，其墓傍田皆子孙世守，封之树之，岁时扫除，以致鱼菽洗溉之祭，朝夕往来所瞻依也。故世之言背乡井、离坟墓则为大惨。今徐君丙舍已非己有，累累孤冢矗然于樵牧之内，禾黍荒芜，牛羊践履，见者伤心，无乃祖宗之魂魄踧踖而不宁乎？仁人孝子，何戚如之！此徐君所以慨然卖茔迁葬也。经营宵旦，兆域重新。青松白杨，将为改色。其于妥先灵而昭世守，诚大有裨。夫人之生，尚欲卜居卜邻，矧藏祖先遗蜕之地，宁忍令其局蹐幽宫，凄凉断壠，云车风马，不能逍遥出入耶？斯兆也成，旷然开朗，非复旧观。没安生顺，永享不穷，迁茔之时义大矣！

其旧茔在某，新茔在某。徐君讳某。某年月日为之记。

读留耕赵公行实纪略

古之以儒医者多矣，然其意各有所寄。陶弘景“山中宰相”，著《本草》，“一眼有时而方”，其志在方外颐养。陆宣公被谮，乃闭户集方书，其志在避谤。刘完素以医名，而世推高尚，志在不仕，托医以隐而已。安肃赵公留耕，医术显于时，而公固儒者也，世以儒医重之。余读其行实，公实借医行其儒，非儒而终于医者也。

按公姓赵氏，讳舜宾，字虞廷，别号留耕，世居安肃。少力学，博览载籍，于五经尤邃《周易》。弟子受业者户履恒满，一时如会宁令许君尔显，及学博陈君治道、王君遵，俱知名士，皆出其门。他补博士弟子员者，不下三四十人。公当诸生时，三预宾兴而厄于数，恬如也。所与游如郑襄愍、王中丞诸公，或训诲其子弟，或时共讲席，称笃交焉。公性嗜方书，年三十二，遂以岐黄术行世，所生活者不可胜计，郡邑遂群以仓扁目之。然而公心借以广其仁惠而已，非耽方技也。平生宽大好施，与人以缓急，至者辄倾橐，其有不继，贳贷应之，虽厚息不顾。公有叔而贫，生事死葬，竭力营，无倦容。兄弟有蚤卒者，丧葬成礼。或遗胤失怙，教之养之，无异视，悉以成立。尤加意睦族，同姓饥寒者，于我乎取。噫，其于儒行称彬彬矣！在昔陶、陆诸公，所趋不同，而概不废医。迹公之行，始终笃行君子也。虽以医著，而实以儒著，故曰医以行其儒者也。

公嗣君似愚、似鼎，手公行实示余，欲借一言勒贞珉，示不忘公家法。余嘉公之始终纯儒也，不可以医杂，故为略纪其梗概，以俟后之君子观焉，不愧古人风矣。

新修无生阁碑记

献邑旧无此阁，有之自本乡于氏始。于氏讳某，好善乐施，留心雁堂奈苑，以为阿毗云所平生修立，凡八九区，此其最后者。初缘母病目，发愿筑无生阁，经营数载，未毕而卒。妻某氏，子某，承先志继修，攻苦百端，于今告竣事。为大阁十二间，两庑、前殿俱备，盖巍然巨观也。砻石欲记其岁月，匍匐求余言。余素以儒道教，不乐与鸡园徒众作缘，然对佛谈佛，则亦平等观耳。今即无生之旨，为大众畅发之。

无生者，真空也，有则皆妄。有妄心则有妄身，举世界一切俱妄。无则心真，身亦真，举世界一切俱真。所以经言不生不灭，又无智，亦无得。今岿然宝构，金碧辉煌，而中实以无生天尊，有耶？无耶？人自认之。《楞伽经》云“除三昧[①]，是名无生。”“空居法云”，摩诘诗所谓“观世得无生”[②]，非此意耶？紫柏老人尝云：“凡饮食男女、声色货利，未始为道障。所以障道者，特自身自心耳。故昔人有言：‘勤劳莫先于有智，大患莫苦于有身。’智即妄心也，身即妄身。妄心者，托物而生者也；妄身者，假物而成者也。然惟真心，物生不生，物灭不灭；真身，气聚不聚，气散不散。物者何？前尘之谓也。气者何？四大之谓也。所谓妄心者，触境生情，好恶代谢，从生至老，从老至死，绵然不断，于不净处耽湎味着，如自髓脑执吝不舍，虽有良师父兄善友言以觉之，非唯不能顿然弃舍，改恶迁善，犹至于结恨者不少也。”所以《般若经》中须菩提首以降心为问者，盖知此心苦海源头、生死

① 除三昧，今本《楞伽经》原作“除住三昧”。

② 王维《登辨觉寺》诗原文作：“空居法云外，观世得无生。”

根株故也。此心一废，智识消融，所谓真心者，如浮云散而明月彰矣。明月照世，高低远近，四海百川，行潦蹄涔，处处影见，然未尝有心也。惟悟此心者，虽凡夫而即佛矣。不悟，佛亦凡夫也。妄心、真心并陈于此，有志出世者留心焉，妄身、真心[1]不暇言矣。

无生大旨不外于此，今世上奉无生者不啻万亿，有能洞无生之旨者未必一二，请从事于桑门者细参之。苟昧此旨，纷纷营恋，皆泥黎耶中人矣。勖哉！众生勿徒作侥幸想可也。

献州西乡佛寺傍甃甘泉记

瀛郡及献州城中皆苦水，居人率汲甘水于城外。岂非都会之处，风气所聚，虽偶有缺欠，必有补其缺者以辅之。此造化抟捖之微用也，犹之天缺西北而有山以补之，地缺东南而有水以补之，究归于圆满而元气周通焉斯已矣。

献城西某村自来食苦水如其城，未闻一滴甘泉以辅之者，何其受苦于都会之地同，而分甘则与都会异耶？是乡佛寺之偏，有吾友广荫彭翁隙地数武。岁戊午，彭翁畚土得甘泉，美异常，欣然告众。遂舍此基为井，乡人群聚而谋，趋事乐工，以甃以成。于是此乡永受王明之福，如渴者之灌以醍醐也。

然说者尚谓甘苦相需，造物既有微用，斯井必多历年所而后出，何其前此之秘惜乎？曰：待其人也。从古天地灵秘之机，其发有时，必得通灵导秘之人以启之。昔汤阴真人社之龙井，必遇孙登而始显；顺宁之观音井，必遇荷杖老人而后名。吾广荫翁与其季蕴秀并长身玉立，博通物情，飘飘若神仙中人，其开斯宝源必有精鉴，断非泛然者也。日将为献邑胜境，与名都大会并标宇内，传之志林，不特为一乡分甘绝苦而已。俟其竣事，当题之曰“彭翁井”，使好事者诗歌以咏之。

① 心，似当作“身”。

重修三官祠记

按周厉王时名臣唐公宏，字文明；葛公雍，字文广；周公武，字文刚。厉王无道，谏不从，逃于吴。宣王正位，访求之始出，中兴之功居多。至幽王政乱，复谏不从，又逃于吴，遂终焉。宋真宗封太山，至山上，将颠，三神显形救之，因各言姓字，云："奉上帝敕命翊陛下。"真宗感其灵，封上元正命真君、中元贞命真君、下元定命真君，诏天下立祠祀之，是为水府之官之始。呜呼！神之受封以显形扶帝，事尚渺茫，然其佐宣王，兴景运，蕴忠崇业，万古为昭，非甚盛德，其孰能举之？庙食百世，宜矣。

庞家葌旧有祠，为吾友雷林先人创立，香火不绝。岁久圮坏，乡人鐻金重修，顿还旧规，甚盛事也。余惧乡人因仍故见，不达大体，迷神之出处，令其致恩于神之所以为神，闻风慕义，勃然感发，触长忠荩，不独同于田夫织妇之故智，终为祈禳而已。于是乎记同事之姓名，而识之以言如此。

卷十一

书

答管济美

士人自科名之意盛，遂使世无全学而聪明有志者，亦多为其所惑，良可浩叹。今足下为令孙大器问为学之要，此意年来读书人刍狗置矣。余幼失学，老而始悔，然每览昔人为学之序，未尝不汗背沾衣也。欲成此志，非聪明果毅之英年，复谁望焉？姑述所闻，请质于吾子，览而更命之。

大抵诸儒论学，莫备于性理，而求其简明有条者，刘静修先生《叙学》一篇尽之矣。外有赵㧑谦《学范》一书，更为详备，内外本末，无不毕具。其中所列书目，按种搜罗，总不能全，得其一二，皆可观也。至于诵览既博，而约归身心之法，莫过于论世知人，李大兰先生《纲鉴新意》一编，开万古之卓识，昭千秋之大义，百年暗室，煌然一烛也。人之一身，外而君臣，内而父子、兄弟、夫妇、朋友，伦理灿然，一丝不紊，始完其为人。苟不反观生成之自，泛然萍梗，与世相遭，此为无蒂之花、无源之水，随风飘落，到地涸竭，奚能挺然滔然、植立流行于覆载之间，为亘古不可握仆遏绝之一物耶？孔子作《春秋》，以明大法，万禩如日星。嗣后《纲目》仿其意，立教颇正。余尝论凡在共主之世者，以共主为君臣，仲连之存周是也；在列国之世者，以本国为君臣，子房之为韩是也。故诗曰："韩亡子房奋，秦帝鲁连耻。"递而推之，汉唐以还，代有其人，人有其事，历历考究，古今人品之高下从可知已。余在山中，有《读史偶录》一纸，起自晋惠，终于陈长城公，甲乙炳然，颇类《元经》之旨，附呈一览。若夫为文一道，则老泉批点《孟子》，叠山批点《考工》《檀弓》，近世月峰批点《左传》，鹿门评选《八大家》，于鳞评点《史记》，诸书皆可观法，其他未易枚举。此其略见一班者也。

习书之则，断以中锋悬腕为主，而其音、其义、其形体定须考证于《说文》《玉篇》诸书，勿失六义之源，方为正宗。行草晋宋可也，真书必以唐为上，然须求古今人真迹观之，始有悟入，不得止摹金石刻本而已。吾郡十卿张公宿儒，论议不阿，诸事凿凿，俱有成法，不可不一聆其咳唾。嗟乎！世人急功利，以欲速为务，而不顾其不达究竟。功利未必捷得，而坐失全学之益，终身迷雾。何如专精全学，未必无益功名，而富有日新之德，先足于己，与卤莽者孰多乎？愿与聪明有志之士共勉之。

答潜室刁先生

方思问途祁阳，以质近惑，而先生手书遥颁，欣慰万倍。近为征君孙夫子，大家不忍令其南旋留居故乡，佑与莲陆、誉之诸君子，议薪水之资，计约同志若干人，每人奉金以多寡差次，共足若干金，伏乞先生裁教，同游中或不乏此志耶？《正学集》可得，《月川集》似难发棠，他日或转托的人求之，然不能必也。佑近功欲留意《易传》《春秋》二书，惜无指南，容过谒求教耳。正统可续者，他文不多得，唯李大兰《纲鉴新意》一篇，及茅鹿门《全集》中数作耳，容录呈上。《用六集》久思盥读，得此甚快，兼可广惠同人，先生之泽渥矣。理学亲切之书，《近思录》外，案头更有何书？陈止斋于理学何如？其奥论可观否？东莱议论颇有入微之谈，“圣人心”一段得先生指其全体大用，揭中天矣。愚说唯先生知之信之耳，人未必尽知之信之也。然既梓以告万世，安保无与我同心者乎？外《观鉴录》一纸，呈览教。

寄孙征君夫子

十余年暌隔，昨得捧袂，厚承提诲，欣慰之私，何能言喻也。蒙谕为家君寿，言欲令条列平生大节。家君穷达五十余年间，唯以孤介自守，耻于近势。今入山二十年，未尝一字干人，足迹未尝离溪山一步。即佑仆仆求食于外，毫无一意以为当然也。至于平生无愧古人者，尤在鲁山一案。家君不忍自没，有《鲁阳纪略》一通，字字实录。所惜祁县一出，前功遂不敢再论矣。兹将《纪略》录呈，伏冀择览。余者山中栖遁，饮泉憩石，寄情酒杯书卷而已。当怀印辞鲁，回籍家居一年，部中知有印未缴，遂迫入都，乃授太原祁县。莅任甫及一载，毫无所取，以醉卧失迎要人罢职，素志固昭然也。

与田治埏

自足下振手入山，万牛莫挽，曾有言幼子之事，以弟为托。弟心已任之不辞，用遂足下高蹈之举。所以成婚之后，即留贤婿于家，教之养之，惟力是视，毫不存世俗门面之礼，首开示以为学、治生切实要务。

为学当专工经史，明体致用。四书本经，其大端也。熟读传注，先识圣贤志趋所在，精思而笃行之，然后旁及于别经诸史，庶几根基立定，不为外物所摇。至于文章，带而艺之，不必脱略根本、全事支叶也。似此即功名不得，不失为有学有行之人，吾党赵又玄、马构斯是明验也。在家可以继足下孝友箕裘，在外亦可光弟处门楣，此为学之要务也。治生当身习勤苦，屏逐浮华，负薪挂角，运甓投樗。凡世人鄙好，绝之如仇。恶衣恶食，不以为耻。思一人之身、一日之间，务俾有资于衣食之计，方可以度此清贫岁月。此治生之要务也。

若夫漫不介意，悠悠忽忽，以呫哔为偷闲避苦之途。今年八股，明日三篇，竭父兄辛苦之物力，供子弟玩愒之居诸。及至了无所获，废然而返，究余故我，妻子冻馁，亲朋厌弃，文彩不足以庇身，筋骨不足以作业。似此千百辈，独不闻耶？

足下孝思恳恻，欲以此子继先人书香，读手示，字字酸楚。弟虽至愚，与足下断金二三十年，岂不仰体足下肝肠隐痛而膜外置之？所以然者，贤婿在此十阅月，未尝破格鞭策，鼓其锐进之气。因贤婿俗见未脱，客气未平，兼以寒家事体参差，家众议论多端，弟亦未暇整顿，故贤婿望望而去，志不复来，无以尽弟教养之法，不知其中总有错忤。此非难事，特须与足下一面订耳。昨读手字，庭训严切，为虑甚善，弟无容赘矣。但不知足下能长自教子、不复上山否？若复上山，委之他人，仍恐不如在此之专且博也。今弟已开馆训蒙，正讲《诗经》，若贤婿肯来，同习甚合，惟足下酌命。

大抵读书一事，当取其两得者，勿取其两失者。如为学之读，识多见广，文思自佳，其究未必不利功名，即不然，犹为道足于己，不求于人。昔人所谓“早知穷达有命，何不十年读书”，正此旨也。如干禄之读，一味帖括，旦攻暮苦，费工十年，始就规矩，尚未必精。夫操不痛不痒之技俩，而与齐斗之金、炙手之势争沙里淘珍之科名，三尺童子知其不可得，况饾饤朽腐，转盼成陈，搜括空腹，竟复何有？十年寒暑，付之东流，不可惜哉！二者弟熟思已久，沥血为亲知告，愿有识者详择焉。

回朱易直、王法乾

仓皇借便道以登两贤之堂，殊非积诚本意。然一夜浩谈，千秋高义，又不可谓非佳晤。惟两贤紬绎而教之。易老引绳义利，纤微必较，诚吾党功臣，不可一日少者。向来马构斯颇有此概，今得易老与之比肩，吾侪庶几无过举欤！法老意思沉宏，可与闻大道者，然锐意习劳，至于形悴，若励运甓之志则可，若止为岁俭，则吾道政广，岂至戚胸次耶？昔贤三旬九食，浩歌自乐，非无亲在，为此者躬则勤，渠志未尝不优裕也。然要尤在破格读书，读书为格物之大端，须自古今人物涉历而下，固不止宋代诸贤也。惟高明斟酌之。

顷读顾泾凡先生语，谓“吾辈发念举事，须于太极上有分，若但跟阴阳五行上走，便不济事”，不觉悚然汗透。请两贤将此语遍谕同人，我辈过去、眼前并未来存心行事，何者是太极？何者是阴阳五行？大抵只是初念、转念耳。我辈今日大家都做的是转念事，非初念矣。一落转念，便生回顾，便有许多牵缠，许多苦楚，到底不得干净。若非勤加提醒，初念几不可问矣。亏得泾凡先生留下此番震聩之霆，不然我辈几无生活处，非两贤高明，谁可与共此语。

两贤力追古道，独挽颓风，可谓荒莱之特苗、狂澜之砥柱。然须平以近人，和以惠物，使吾道近洽而远布，庶几乐易可亲，久而与化。若夫孤高寡与，使人畏而远之，指而异之，虽一身一家，孤灯独照，恐久而易危也。愚谓行古道以勇，复古道以渐，成古道以久，传古道以宽和，辅古道以博雅，则内外兼修，文行备举，万物一体之意，在吾襟抱间矣。

与杜盂南书

足下孝思艰至，王戎鸡骨支床，和峤哭泣备礼，不啻兼之。然罔极之报，匪人力可尽，当仰体老亲平生，不忘沟壑之志，成此一段清风，为千古廉顽立懦，是本怀耳。一切俗情，概不可顾。昨老师嘱佑云："不可生事，勿督迫诸君，令我心安。"此言耿耿，昼夜思之，丧间规矩可以理推矣。况吾宗盟孙征君夫子贫时已行家法，佑亲周旋其间，可考而知，不可大相悬绝。谨列目前应酌数事，惟高明采择之。已行者不可悔，未行者尚可追也。

一、挂香一事。虽《家礼》有其说，然惟大有力者间有之，非为我辈彻骨处士家设也。今以爱亲无已之情，勉强为之，可称至孝。在诸同人中各有其亲，各为人子，未必能行。特为师友捐金，已属不伦，在我何可不深念也？所谓已行者不可悔也。

一、柩以车载。老师遗命，佑对同人笔以记之，今以挂香不可用车之说，遂坚用人舁，所费不赀，此不思之甚者也。香以油蜡和之，粘如胶漆，以重物击撞，亦不能裂，况止于车中摇撼乎？愚见以为，挂香用车为更妥也。又以棺不曾钉，恐其解散。不知棺之远行者，率以绳辫历录束之，毫不可动，驿路之间，贵官富客以骡驼榇，摇摇如橹者千百成行，未闻解散之虞。彼皆不爱其亲乎？所以然者，谓省一分则老师少一分遗累于人之慨，非敢薄吾师也。足下宜三思之。即以渥水同人感戴师恩，输资助费，此系义举，不可为分外之却。然当就见在财物，原始要终为计算，以此财完事，不可令其不足。况足下既营葬父，又兼奉母，物力一竭，袖手无策，可不虑乎？以无力立锥之人，肩不可逃之任，恐智者无以善其后也。

至于一二节目，尚有数端，统俟同人面订。老眼昏涩，心血已枯，不及多赘。千祈痛察于苫块之间，曲一垂纳。不尽不伦，伏求汪恕。

上某相国书 代

恭惟师相秉钧握轴，覆育群生，弘奖庶类，草木之微咸得沾其润。若夫故人茕独之子，乌鸟私情，有怀欲吐，引颈一鸣，以冀左顾，既不同扫门之干，又非为衒玉之售，想亦洪流之量所不见择也。故冒昧献书以闻。

先君昔以科第叨宰贵邑，五年待罪，不知果无厉于父老子弟否？谬蒙上恩，计吏京邸，二竖为患，不幸告终，距今四十余年矣。彼时不肖属在童幼，纳圹缺石，勒碑无文，寂寞荒丘，几埋蔓草。嗣后遭际多艰，蹉跎岁月，家残业尽，流落异乡，故陇益不可问。每一扫除，抚躬增恸。念先人之遗行不传，悼墓头之贞珉未树。哀哀此衷，恒思大人君子，片言彝鼎，增重九泉，殁首殒身，庶几无憾。此区区畴曩之微志也。数年以来，彷徨顾瞻，茫无可阶。

顷自退思，念师相首居端揆，质玉相金，道隆辞吉，斗气在望，春风不遥，倘蒙一顾之恩，即遂千秋之遇。是以不惜甲颜，用渎霖阁，仰希青眼，俯鉴素心。伏愿推桐乡故旧之情，存江畔遗簪之德，燮理之暇，略劳翰墨，赐以珠玑，或表或传，斟酌而施。

兹具先人传略一通，并孙征君跋语一首，恭呈清瞩，上希采择。夫自古之上书者，或营仕进，或呈著作，皆有为而然。韩吏部、苏文忠尚所不免，物论遗讥焉。某之戋戋微陋，何敢比迹大贤。但朝夕征君之门，颇闻绪论，躬际可言之会而隐嘿自羞，使先人徽躅不获称述于大人君子之笔舌，是与于不孝之甚也。况师相高怀，匪怒伊教，自不门外摽之者乎！昔张尧夫卒，二十五年之后，其子尚求欧阳文忠公以表其墓，古今荣之。此固尧夫父子之厚幸，抑亦文忠公之大德无穷也。伏惟鉴之。

与光远、瑞斋

六经之书，本以析道，而文莫过焉。八大家之作，本以工文，而道亦寓焉。二者交相发也。学者洗净胸臆，专于此处求之，积久渐成大儒之业。其他纷纭，所谓杂学而已，非正术也，虽不可缺，要当明主辅矣。《酌古论》余案头久失，当向犬子问之。宋人有《将鉴博议》一书，识明辞爽，百篇一律，可与《酌古》并观，不可不致之。八大家有二，余所谓八家者，古则荀、孟、扬、马，今则韩、欧、曾、苏，惜未有成书，须零集读之。此亦得之昔贤定论，非臆说耳。《孟子》虽不敢以文目之，然其文乃用功作之者，是以与《战国策》相近。

复牛绳武

昔年跨犊乐寿，属以冗琐相牵，仅能昆玉。齐头一宿之谈，凌晨东徂，遂未暇细讯此方之贤人君子也。至于高雅襟期如足下，自是平生志愿所乐为把臂者。惜当年胡卢过去，使其蚤得分麈余绪，论其为欣慕，可胜道邪？何期十年来，君子过听风闻，不蒙遐弃，犹存海畔逐臭之癖，遂为谷中伐木之音，错刀见寄，玉案久稽，栩栩蓬心，乌能不临风增悚也！兹因负米之暇，肃披来笔，粗就报章，托之社友贞子床头，俟便附上。但不知鳞鸿之接，可望之昕夕否？寸衷如渴，未尽楮宣。

答莲峰太守

春初舍亲蒙秉公斧断，使寒烟不负诺于亡友，踵顶之感，曷敢忘之！所不即裁谢者，铭之心，不在述之口也。迩来侨食异乡，匆匆入山，辄不信宿而返，是以未获从容，亲芝宇，披榕风，此衷真惄如捣已。正在感激，未伸野人之曝，乃过承不弃，垂问蓬茅，霏珠玉于箑端，殷寒温于尺素，而且重念含糗之贫，猥分饮冰之俸。自揣樗散山樵，奉亲涧谷，叨宇下之半壑，老林外之一枝，已戴高厚，如游覆载矣，有何德能而辱斯优渥乎？遽蹈不恭，又非所以仰承知己，汗颜拜手。谨领作老亲三径之资，支杖携壶，知贤侯有明贶，用附昔人捧檄之义。若夫仲叔之不以口腹累人，虽素所向往，则何敢搪此于使君哉！本宜躬谢，奈荒寓泽国，路泞未便还山，姑俟黄叶秋空，或可预宣武登高之会耳。临风曷胜瞻溯。

寄孙征君夫子

门人佑于辛亥四月二十日服阕，自此得便，即拟远游矣。舍弟不移家北来，闻奉老师教命，此亦极妥。佑与家岳尚日夜思渡河而南，况壮者乎？蒙吉刁先生墓表，无人敢操笔，专待老师一言金石，用垂不朽。刁先生平生大节在却聘六书，三百年士气凛凛与日月争光，人多略而少所发明，可为扼腕。读叠山书者，千载饮泣，矧目睹其人者耶！临风拜手，不尽欲宣。

故山料理二十年，粗有头绪，恨力薄不足以佐修筑，犹然荒基漏屋，不知何时乃观成也。目前瀛海与家岳晨夕，颇称欢聚，但未卜退而饘粥当于何所。近日苏门景况何似，犹可以求田问舍为八口计乎？倘其稍胜于故山，此时谋迁尚便，惟老师斟酌命之。近某颇留意岐黄家言，欲以此代舌耕，亦行仁一术也。风尘中汩没素志，真堪浩叹！急思就同道之朋洗涤垢污。昨读《紫峰集序》，猛然汗背，恐生机为十寒所槁，此岂小事耶？兹公叙拜省，俚言恭祝千龄，兼令代聆明诲，为终身之归。余缕缕寒温，不悉。

与东村

先生教思无穷，惠颁良训，不一而足。捧读之余，肝膈洞然。山人虽愚，安能不俯首至地也。所谕津瀛首尾，深合机要，再三紬绎，为之拊掌。惜山野人与世凿枘久矣，谈突新之计于幕燕之前，恐其河汉也。元宵前后之约，极切向往。奈有友人王五修之丧，方与公毅为之谋麦舟，至二月中旬差可毕事。此后入山，收拾残篇数种，即图负笈矣。《东村集》珍逾陶、王，已什袭藏之。来谕仙庄路径，谨记以备策蹇。止生《文集》，其零星小部，友人或有存者。《石民集》乃大成，多至百余本，当日刻成，北方惟江村鹿忠节家一部。此时忠节家园荒废，书亦散失，容访问以闻。《扫盟余话》并《认真草》《百八叩》在山中，容携呈览。草此布复，胸缕非言所悉。

复孙征君夫子

今春坚谢外役，料理故山松竹，移家双峰。盖因先君二十年游处之地，桑梓在焉，不可不一修举之。不意公毅以幕府见邀，缘在内亲，遂携家至署，意欲自瀛海上故乡，图与家岳相为晨夕。经今半载，尚未能果，殊觉濡滞也。先君墓碣已购石命工矣，平生遗行，借老师流墨余藻，树立荒山，秋风蔓草，亦不寂寞，铭感岂独一世？构斯北来，辱临寒舍，未得一面而返，真属刺心。迩来时运不常，老成凋谢。非有刁公、千里隰公、惠迪王公、隆轩赵公、沛然田公，一时物故，可为扼腕。而十卿张公之没，天丧大儒，人损志士，犹为痛嗟。老师定有哀章，传之不朽也。公毅矢志清苦，不负家风，但无以为故人地。德符、孝若，千里远来，未免皂囊羞涩耳。

与严佩之

鄙人以燕山樵子，时往来于蒙吉刁先生家。窃从斋头得读《东林志序》，深加嗟叹，手录存之，辄有数千里执鞭之慕，惜足迹之不能远及也。既又获谙台台素守，浑金璞玉，不染一尘，其为钦重，尤加甚焉。兼披祺先翁与蒙吉先生手书，并悉其家风，中心慨悦，如见其人。狂澜泛滥中，两峰孤秀，屹立青云，真属异事。何时把袂订交，晤对林麓也。至于真正理学，溯源洙泗，则诸公坛坫，海内拱揖。鄙人仰而遵之，不容赞一辞矣。独区区廿年来，寻尼山忧世之志，握火抱冰，未尝少懈。以为真正理学，须真实经济以充之，考究讨论，岁月易过，二三同人殊为索莫，幸知振衣有两公，谅河汾之教必作成多士，郁为世瑞。敢求指命，以扶孤危，是亦岂弟之苦衷也。蒙吉公鸡骨支床，令人堕泪。且安太夫人素操，不灭范苏，非得名邦诸贤彤管，不足以光简册。两翁必有以教之。

与沙介臣

弟锢迹燕山，不与世人接久矣。顷从蒙吉先生斋中得诵道翁华札，雅谊实学，卓然尘表，不觉心折而神往也。兼读尊师桴亭公大著，开扩群蒙，振起绝绪，有体有用，郁为儒宗。弟平生所管窥于斯道者，无不旷若发覆，何意斯世而得遇斯人耶？负笈之思，虽久废山樵，亦不禁其跃然欲与矣！挂斧投镰，岂顾问哉！倘道翁不过鄙夷，拉之同堂，瞻河汾之盛会，共翼斯文，真大快事。片札作贽，用达拙诚。临风不胜驰切。

答魏莲陆

佳什声调高华，气骨老健，逼真唐贤矣。捧读矜重两记，广大精微悉备，兴酣落笔，五岳俱摇，可称满志。寿之梨枣，诚词坛珍品也。僭加点次呈上。承谕“见真守定”四字，非弟所能，向借良友之助，及读书所得，聊仿佛近之耳。然每多客气，未克久则时发于外，虽不见害事，而内地有损，此人欲之大病根也。若时时与正人君子相切劘，则庶乎稍退耳，其如索居离群何？足下何以医我？近揭阳明先生“苟无不尽之心，自无难处之事”二语，作分水犀、斩妖剑。盖天下事所以寻不出窾窍者，只为私欲牵缠耳。尽心则私去，私去则理明，理既明，事有何难处哉？多少忠臣孝子，只为“身家”二字割不断，抛不开，坏了行藏，都繇于私未去耳。而所以去私之故，全在尽心，即致知之谓也。见真守定，孰切于此？愿与足下共勉之。

柬东航

三十年青云之契，不接襟袂者近二十余年矣。足下鸿飞海曲，高踪几不可攀，而弟株守故山，犹鴳鷃在蓬蒿间，徒为大鹏笑尔。顷者传闻足下善病，俄又传闻不测，遂率儿辈上山头为诗，东望而哭君。征君老师在苏门，亦为位而哭君，又为书及余，忆君平生而吊君。久之，乃复得信，始知足下固无恙也。余复为诗而志喜焉，其诗曰：“黄粱熟后讶登仙，丸止方知是浪传。华表鹤归悲隔世，玉关人在别经年。采芝重访南山老，把酒还思北海贤。自此莫忘频晤对，今生端系再生缘。”语次真觉可怜。足下见之，得无凄然动故人之想乎？弟近著专欲质之足下者，非一二世事，不知何日得画灰一谈，了此素愿，足下甚勿忘。弟自去秋撄目疾，作字殊艰，手迹几不可认矣，惟足下心鉴之。远道加餐，不胜企伫。

寄刘光禄季顽

招提分袂后，日望旌麾北上，不料失占紫气，未觌芝颜，空作惆怅。顷晤阿咸于献州，始知近履康嘉，手卷不释，定有著作垂世也。兹蠡吾社友闫公度新补骑省，其人忠纯直亮，好学深思，山人之心交也。托以时亲几杖，伏惟多方教之可，但步兵偏爱酒也。知光禄最能诗，足抚掌云。山人老况日增，拟制犊车，周流故旧间，了此余年。近县中同人欲筑室于万春下，为山人皋比所，而削石刻大记于其上。或再有新篇，赐下为感。老眼临毫，艰涩无状，希谅。

与李霞城

余尝以读书、明理、作文、习字四事教诸生，昨为梁平和书其概，霞城持茧素，亦欲书之其详。余有旧编，不及笈携，但示其大旨，要以静修《叙学》一篇为先务耳。顷篝灯与献甫一披，已极踊跃，内圣外王之道如在目前，今可取而读也。其他王鲁斋《造化论》、陆士衡《文赋》、孙虔礼《书谱序》则在余别笥，不能搜致，俟之来春耳。嗟乎！好学深思，古人所尚。霞城以英年笃嗜如此，何愁不探二酉之藏乎！当悉以所蓄付之。

卷十二

笺 牍

柬 净 意

弟到新居，如脱兔之得林，心神殊觉安放，可以整顿初服矣。屈指素心人，惟足下可共晨夕，得无望林峦而技痒耶？自兹以往，新诗日寄三四幅，方不落莫也。征君手札，容到双峰再拣录以呈。初到无釜，遂擅借贵宅新釜安之。昔梁鸿不因热釜而炊，此乃是冷釜耶？笑笑。

答 澹 园

昨一席论文，风生两腋，快不可言。归来得句云："似我尚非门外汉，如君真是个中人"，足下续成之何如？今早随志，始芟窜毕，井然有条，不遗余力，容暇呈政之。《牡[①]斋集》止半部，共六本呈上。其文第一，其诗惟长篇古体大佳，律尚杂俳体，足下再鉴别之。贵体想大爽豁耶？附候。

山核桃磨作印子，始于唐之郑虔。今以一枚呈斋头，笑试之。虎仆，兽名，似豹，其毫可为笔，故笔名"虎仆"。昨所引《正祀典疏》系先臣张九功觅得一纸，呈览。古侠客有杨乔者，不知何代人，查之。

① 牡，疑当作"牧"。

瓶罄告匮，一儿酷好食酸，“恨不移封苦酒城，繇来不离措大种”也。郇厨简点给发，令其饱金橘之味，何如？倘其亦乏，则幸勿呼癸于邻家墙头也。笑笑。步韵二律呈正。子美云：“文章有神交有道”，每一唱酬得意时，真恨古人不见我。

别久愈增深念，重之以困厄中，尤宜寂寥共对，话此苦衷，奈势为鸡肋所牵何？昨览温庭筠《过中郎墓》诗云：“古坟零落野花春，闻道中郎有后身。今日爱才非昔比，枉抛心力作词人。”字字酸楚。季女斯饥，古今同慨，可为浩叹耳！

柬吴稽田

春初携家还山，未及相晤，遂有新城省墓之行。故茔为水所决，今且汪洋作海国，因此心悴，几于肠日九回，是以无暇。及故知音问，每一相思，神魂颠倒。近闻天衣速化，盟翁客况益孤，不审日来作何消遣？想有道之胸，自能随寓顺适。秋凉潦下，或乘兴一过岭头，松阴小话，暂吐积思，亦佳事也。

答易直

接手教如聆面诲，为之起肃。所谓“纤微必较”，非嫌太刻，乃重足下责善之精微也。吾辈立身，岂有舍义利之辨而他求者乎？至于贵宽之说，则就取人用人起见，此生私心，亦苦心也。前岁有拙刻四款，一款专为此说，但稍知名义者即与提携。庞士元奖过其人，雅有深意。此二十年来怀抱，非有心人不敢语耳。

柬静观

落落空山中，足下叱驭时，并未一尊西渚，可胜怅惘。迩来盘错，非利器所能断，足下想试而知之矣。四世清白家风，如何绍述，不能不为足下攒眉耳。然正于此拭目樕樕之能以为快，公余尚能以笔墨示我耶？兹敝县某巡简安陆，千万乞一言于其长吏卵翼之，亦足下桑梓之谊，而使敝县父老知弟在废朽中尚有故人重其言，如此则借光不小矣。小刻一幅，足见近况。

柬孔公翔

东枝分袂，暑雨连绵，遂疏音问。腊初旬，遣力驰候兴居，始知足下之任定襄矣，未遑祖道，怅望如何！定襄高士傅君青主，严滩渭水间人也，足下为我物色之。此人可就见，不可召见，即持弟手书示之，或不河汉耳。昔刘抑为功曹，时时携酒造陶渊明饮，渊明亦乐就之，当不相远耶？忻州人秦有为，工冶铁，旧在双峰，与弟熟识，今回籍，特作字令之叩谒。他日家报，可使通致，亦便邮也。兼冀给之路引，往来关隘庶不阻耳。青主翰墨追锺王，得其一字，即比兼金也。谨嘱。

回安邑

山中阻饥，时颇思以口腹累安邑，但老亲年七十有九矣，虽复康健，然岁方多疫，以无病而折者屡闻之，喜惧之怀不得不凛凛也。俟炎暑已过，秋爽无恙，或可跨蹇造阁，话十年旧事，恐又不能久分簿书之劳也。手谕谆切，徒殷爱助。言念君子，我劳如何！

柬光远、瑞斋

敲棋一事，乃游闲公子及残年颐养之人聊以消岁月耳，两足下正当力学之年，日不暇给，岂宜留心于此？虽暂尔寄兴，亦未有裨。陶侃取樗蒲之具投之江中，是吾师也。

柬 参 甫

杜句云："每愁夜中自足蝎，况乃秋后转添蝇。"日来敝斋得三蝎矣，至蝇之多，更不待言，始信古人之作非无见而然。

柬 袖 石

顷所阅墨帖，当是唐人诗、宋人重拓者。盖"赐绯鱼袋"等字系唐人官衔，而"明道"乃宋仁宗年号也。笔锋秀爽，较之他帖为优。光老讲堂之暇，搦管临一通见赐，大惠也。

小冗作别，有动注存，感何如之！美豉山中所乏，新酿一匏，得此佐之，便可以陶然竹根矣。故人远惠，亲切乃尔，谢谢。外巴旦杏子二升，聊奉点茶之助。山人土味，知不足为郇厨珍也。

柬 济 美

"圭可剥也"，细思别无出处，当是成王削桐叶为圭，史佚赞封故事耳。

目前事乍见遂茫然，亦可发一笑也。“剥”字当作“削”。凡有典实未谙者，写纸存之，以备考核，此大有益学问处。

柬椒园

顷读白香山诗：“若非坐禅销妄想，便须对酒放狂歌。不然秋月春风夜，争奈思量往事何？”正为足下。岑寂中连朝作何消遣？得手书“天缘顺受便了然”，天下事只须如此，着一毫人力不得也。近日肇州入馆弘渡，夜入宅、昼读书矣。方整饬工课，似稍暇，当策蹇过看芭蕉，兼有近作呈笑也。

柬治埏

征君夫子一生精力，全于安命受穷、自强忍辱处做工夫。忍辱所以自强也，受穷所以安命也。不忍辱便于自强处不坚厚，不受穷便于安命处不真切。

示韫生

语云：“去糟粕，得醇醪；出菁华，汰秕滓。”文章一道，大都类此。然须知，醇醪自糟粕中出，菁华自秕滓中出，若离却糟粕、秕滓，而求醇醪、菁华，是犹欲跻齐云而去梯阶也。此意正复解人参得，难为耳食者道。或问何者为糟粕、秕滓？曰：六经、秦汉唐宋大家诸文是也。读得此等书熟，而笃实中之光辉出矣。然却于此等书之形骸一字不泥，方是采花酿蜜手。

柬傅青主

两次手书俱拜教矣，五原之约久稽，缘日来以一身佣给八口，身起则饘粥绝，故不能脱也。目前谋营山田数亩，使儿辈耕而食，则可以放纵游矣。兴居不悉，专俟面晤。

寄孙君侨

寄身瀛城二载，万事堕废。昨始振袂还山，为同人魏瞻淇诸君留住边渡口，齐林玉、王弘渡捐金，魏谦超馈粟，筑室卖药，以作生计，仿佛昔人日得百钱，则垂帘闭肆，请讲《老子》之意，或亦不枯寂也。近日高阳魏裔龄执友仙逝，瞻淇昆玉孝思荣亲，欲求老师一言表墓，容具状专恳，乞便中先达。此翁平生质直端方，无一缺德，家藏万卷，无一不窥。享年八十有三，手不释卷，为前朝名孝廉，闭门不求仕进，嘿然静处，外事不问者三十余年。不近名，不喜异。有司闻风者接踵其间，师表钦之。临危，但嘱题棺头曰“河北举人”而已。吾郡硕德沦亡，不可不为同人语之。乞足下檄吾党同志者，高文良句以发幽光，亦盛举也。至祝他日家务安置略妥，当即策杖南游，为晤谈之计。余怀不及赘陈。

柬陈蔼公

久不见许询，寂寥可想。弟日来在瀛署，四方志书充栋。而王郡伯独推《安国志》压卷，弟始言系足下著作，因叹上谷多才，可为一鼓掌也。吕文老来，得讯起居，不胜快慰。因念先人两遗事久未白于人间，非两足下深心高义，不肯为沟壑中人周旋枯骨，敢以相累，谅旷怀所素知而乐闻也。小诗附教。

答王太守

天下人之相与，在知与不知耳。君侯义高风节，见先子遗行，流连感慨，赐之华章，荣愈衮黻，则是以义相尚，非复世俗势利之交可比，奈何又言利乎！承惠朱提，非不足以济山人之饿，然山人以饿为乐，不敢向知己前谈贿交也。完璧奉上，俟事完振衣便行，幸勿再以俗物相强。

柬文甫

海内讲学诸公，大半归阳明、东林一派。自刁文孝、张补过而后，无复左袒者。足下一点圆活在，不必古人书真入阳明之室。回想补过当年，毅然动色，为朱程树帜，时又一变矣。岂学术亦与世推移、不可一定耶！吾谁适从？请以质之足下。

寄魏莲陆

老师辞世，我辈如天倾矣。深恨向来委顿，未遂兼山之游，此心焚灼，如何可言！昨赴容城，一哭故庐之前，遗像依依如生时，安能再一聆笑语耶？足下迩来追随颇密，吾道在躬，我辈当崇西河之席矣。秋后会葬之期，不知同人有几能往苏门也？北方学者岂可少一公帐列名以将乎？足下作何料理？惟冀示我。田治老山头习静固佳，然尚有可为之事，未便了脱。弟近欲躬耕山左，颇有次序，望便中致信。治埏下山东来，相商暂时之计，即久远之计也。不尽。

答爱竹轩

深院竹阴，清琴自弄，可以涤却俗尘。目前纷纭，正不堪问耳。日内拟上新城一省高年，来时犹可觅菡萏余香也。赵帖清遒，披之肃然可以盥烦襟矣，谢谢。

袁中郎句云："苦吟李贺缘诗瘦，乞食陶潜为客贫。"贫与瘦正我辈风范也。先生近苦，得无亦坐此乎？俟集收讫，容细阅之。公式近弹《凤凰台上忆吹箫》粗成，音节尚未熟也，亦自可听。

示侄王观

文字初学章法。章法者，次序前后，不倒不乱，一步紧一步，层层逼出题情矣。其次莫要于明理。明理有原有委，如《性理》一书，天地万物所以生成终始之故，一一体认，然后推以解释经书分合之旨，则开言无不洞微测幽，自不犹人，此理之原也。至于条分缕析，逐字逐篇，各有意义，则于经书白文本注求之，此理之委也。千百用工，悉在于此，不可不刳心者矣。遍览来作，大模已就，自是吾家良器。再于渊奥精刻处进步，即华实并茂，勉之勉之！若夫作书，更不宜草率。

与杨湛子

公式归，带得《独观》《此书》二种，社翁深心大力，可以抵掌共谈。此道非浅人所解，弟三十年心血备注于此。公式笃信好学，盖已窥其分际。何日聚首，一庐十日，话就中微意，快生平夙愿耶？此外仍有一二种着手用工之书，则须面对指陈之。足下天资英毅，足以恢弘远猷，故不辞琐聒，愿与订草庐中生计也。区区寒温不及悉。

柬颙若

岁前匆匆回献，不能面别，歉之甚。接长篇，光焰夺目，马上携之而驰，深恐望氛贾胡，邀而攫之也。归粘蜗庐，见者仰大国之风烈。兹遣长须驮米送上，却不得精。缘山妻惯糟糠，不知人间有美粒耳。斛数亦不审能足否，足下较收之。

今早豚儿携家自瀛如献矣，一向拮据，始得团聚，从此便以家政付之。弟一副老骸骨，只欲于松风水月、山花野草间度此桑榆，不识能遂否？快中为小辞志喜，得无为识者笑其未必即果耶？

柬佩绂

“举业正传”十二字，为此道开蚕丛，须解人理会。譬如不龟手方，大用之则大，小用之则小。即如“高”字，庸人认卑为高，认高为卑，乌乎辨之？此处针芥，全在看书会理中大放眼光，广扩胸次，别有天地，非人间乃臻巅顶，未可与俗流道也。然读此已，占文章将变动，非复前此绳墨矣。

寄九仙山人

阿咸过我，深悉近履。至于闭口息心之诀，弟素慕之，势不能行，奈何奈何？近有易州田治埏，以孝义纯儒，从事避地出城之举。仰足下如山斗，他日策杖相寻，幸有以教之，即有以教弟矣。

答肃宁戴如韩

昨承问垣城故迹，按肃宁旧隶河间县，河间旧名武垣。垣城想即其旧城也。汉武帝巡狩至武垣，望气者言此地当有女贵，索之，得钩弋夫人，遂筑城以卫之。想即今之钩弋坡耶？至于肃宁之有城，大址中有子城，则宋人筑此屯兵者，因此地属边防故耳。

答齐林玉

得来札，知宝丰开荒，大合夙志，非足下不能任也，羡羡。为义老计，此县不须用幕客，一己了之有余。但垦荒招抚，必大破常格，以真父母心，行大豪杰事，收览人心，礼下英俊，如孔北海、刘幽州作用，方是本领。不止宝丰片土归仁，使南阳一路皆有舍我其谁之意，始为不孤。此非狂谈，足下与义老细筹之。

简耳黄

《辩体》一帙，删订简当，如道院洗竹，扶疏愈韵。点定之余，以数言作《小引》呈笑。知释迦头上不堪着粪，然糠秕在前，固不损于精凿耳。

复及佩韦

自别后，伊人之思，不去胸臆。偶同宋子留过孟圈，而佳篇手札沓至，如行道之拾遗金也。《四绝句》犀利光芒，徐夫人匕首不啻过之。《五君咏》

读其诗，如见其人，则腐迁史赞也。承谕长篇，才高学足，信为绝伦，但不经意处只是对句少耳。对句为长篇之骨，如《帝京篇》等句凿凿可据，时贤多忽之。弟昔年亦蹈此弊，范橘洲先生见教后，寻古法绎之，恍然解悟。今述大概一纸呈览，然非面谈不尽也。昔人论五言长篇，杜工部《北征诗》最可法，大中见小，小中见大，颇为得宜。

寄东航[①]

四十余年肝膈之谊，老而离群孤处，未得共订归藏之着，亦足悲已。昨年得手字，知尊嫂作古异乡，糟糠一世，可痛可念。不知扶柩何日？献中悬望，了未有音，足下山头冷落，作何安顿？千里遥忆，能不沾襟耶！吾乡郑襄敏之后郑苏公，江湖客也，一身傲寄，从未沾世路味者，偶然游履过海邦，聊一字候兴居，倘得玉音，亦大慰停云想耳。

柬赵德厚

移玉荒斋，未获久叙，愈动怅然之思。承示《劝善书》最佳，两序粗创稿呈览，其大意已具序中。《人谱》《人编》，南中大行，北人见者绝少。若此刻行，真快事耳。水利区田，救时急务，不可不多方讲求，所以补天工之穷，善莫大焉，统祈鉴定。

答李圣用

于合水还山，略悉行迹，此后遂不得一音，然日日悬情，盼行旌过故里，

① 东，原本作“柬”。按东航即马东航。

究如望梅而已。颠倒中忽接手书，如在梦寐。愚自公毅南迁，即寓居献城，买屋数椽，躬自教授。复营田于城外，佃户分租，粗足糊口。岁计虽不足，尚俭而已。此中人情颇不相戾，足下得暇，跨蹇直入献城，话向来积愫，商此后遐迹，无不可者。胸缕千端，如何笔述也。介石崔兄雅怀小诗寄意。

寄孙君夔

一别几不记岁月，只因弟流寓献陵，离群索居，距上谷遥远，苏门消息绝少便鸿，一切吉凶最难知问。前此不知寄书几番，大抵多浮沉于殷洪乔之渚矣。是以台下坚贞铁干，饱历风霜，并疏慰候。然而此心飞越，腔血欲枯。谁知台下甫出汤火，而十亲家遽返重泉，平生金石交，竟无一言永诀，舍我而去，海可干，山可烂，此情此恨，何可灭没？哀哉！哭章过于悲愤，不便录呈，他日墓头宣之耳。

兹有舍侄王升素，在弟家抚养，即田治埏之侄婿也。寓居都门，依其母舅杨斗南学青囊术，时游杨先生门，闻亲家居停于此，谨修数字候起居，兼令舍侄投叩行窝，以述近况。嗣有音书，望时时见惠。寸心千缕，非楮所悉。

答李广宁

朽废余年，遁迹草莽，因就饘粥之便，流寓献陵。平生旧学荒芜殆尽，岂望大人君子复加矜顾，问道于盲者哉？足下玉堂珍品，鸣琴花郊，百里风清，人歌召杜，而兼以诗酒仙才，庾谢让能，闻声慕义，久拜下风矣。前者张、李两舍亲托在葭莩，久叨覆露，铭心之感，窃为庆慰。乃蒙问及颛愚，披读玉音，如获良璧。谦抑之怀，溢于楮墨，能不为之心折也！薄见已述于《佳吟》册上，不必再赘余怀。俟到无棣，一一敷陈。临风惟有依依。

柬临溪

承寄新诗，才思优赡，学亦充足，极其所至，自是风人之选。但须取诸名公论议，熟玩细参，定然会悟耳。今以四语奉献：一曰法须严谨，二曰意须分明，三曰景须见成，四曰语须的当。以此求之，思过半矣。来诗僭点次，璧上。因岁底匆忙，未及细注，暂此奉复，言不尽意。

柬刘季箴

银鹿来，始教火食，如燧人氏复生于今矣，笑笑。经纪数日，仅得一灶妪。移居蒿院，又劝化其子勿作齐人，亦来伴人同居。此时蓬蒿中似空谷之有足音矣。盛使且令暂回，恐潭府之有急务也。中秋夜弟若有暇，或当步造高斋，大半不得闲耳。小诗呈览。

柬宋符九

足下跨蹇过漳滆，秋空清霁，蒿院婆娑，兼刘二郎携酒至，正好偃仰谈笑。始信苏长公呼张怀民步月时，其闲不易得也。嗟乎！人生百年中，了得甚事，而奔波如此耶？亦足嗤已。

闻西乡一夜滂沱，连阡洒润，足见天行无焦禾杀稼之惨。吾乡虽未沾足，然铜山西崩，洛钟东应，未必无感召之理。大酺可待，小喜先呈。

辞　　酌

万国红炉，涓滴未解，庖厨之下，岂堪复益？炎蒸佳设，可以暂停。俟秋气生凉，再叨匕箸之欢，徐理斯文之会可耳。

柬闫公度

渴思之余，中元前后在书窟得览两次手札，如对故人也。沧溟寿章，勉撰二纸，惟酌用之，恐醽面不堪与西施并观耳。为学之道，主于格物，物理明则言之当，自然高迈。所贵日日读，方可日日作，作而不读。未免滑浅，近日多坐此病。闻足下尝读书，则着笔定异矣，望掷赐一览为快。弟近踪在遂城为多，因李广宁方读书收书，时时问难，所以不离。他日都中寄信，先自遂城一问，则不至稽迟也。《漫录》一书甚有意，其讹字须订过再奉览。尊大人狭肠义骨，吾党所罕，余虽不文，定当有纪述，以垂久远。《谈荟》一书系近刻，甚佳，可觅之。如有多，市二三部更妙。

前番致书多在仓卒，故未及专函。五七言排律在唐贤亦不多得，而大盛于近代，精工之致，几于镂冰刻楮。余欲搜集佳丽者，勒为一帙，令后学诵之，约以千首为限。胸中有此，则左右逢源矣。司马长卿教盛览以作赋，亦此意也。但不知岁月能暇及否？台下便中若留心究此，纂组此局，亦大快事耳。《昭明文选》李善注全者佳，郭明龙先生评次更妙，作诗取料，须求之此类，犹采玉者必于昆山也。刘光禄回弟一札，浮沉于献人之手，倘有要语，不妨再述之。

柬鹿鸣嘉

客岁郝关一夜，颇见胸臆，江村学脉，自此发皇，真可喜也。昨在郡晤静子言，中翰一选，台下笔精独妙于诸君，而反不登录，可为扼腕。世事常然，亦不足讶。闻令叔亲家述台下下帷雅志，今不佞在遂城，李郡丞积书满屋，朝夕讲求，知台下素风，意欲邀至其斋，共邺侯之乐。倘目前无事，惠然移玉，商确大业，差快人意耳。何如何如？

柬李圣用

《五峰记略》一篇，曾经征君夫子自订，的属可存。静室披吟，挥泪题其后，觉英雄精爽肃肃笔墨间，亦快心事，亦痛心事也。其间缺略处不必再增，只此便是奇人行径，自足千古耳。

答赵德厚

昔有人鬻蒲葵扇者，久不售。遇王茂弘亲取一扇，手自捉之，价遂腾踊，须臾而尽。弟书即蒲葵也，得台下手自捉之，无怪乎人争市赝矣。凝寒中起，居定嘉胜，附北上候，不悉。

柬珍涵

蜥蜴即析易，取其能变化，《周易》之名正用此义，无怪乎其能兴云雾也！古有祈雨之说，今若试之，亦不为妄耳。蝘蜓即守宫，又名蝾螈，是今壁虎。

与诸子论古文书札

文气格有二种。其一多侨语、态语、不了语、映带语，令人绎之，亦多售永。一种明白昌大，痛快言之，条分缕析，不留疑义。前种大抵师《左》《国》诸书，后种则《史》《汉》以下，韩、苏诸公，并诸奏议中得之。不可不辨也。

答闫公度

归舍，寒花数朵，迎人欲笑，独少诸同人贳尊拈韵，不觉兴索矣。佳什色味声调，俱臻妙境。但末句“箕踞科头”四字与“遇重九”三字不甚贴合，易以“落叶床头”则相跟矣，盖取《小园赋》中“落叶半床，狂花满屋”之意，颇是深秋景也。《冰月集》四册呈上。

复杜孟南

青主三书皆付人代致，尚未得回信。隔离久，得手书，岂殊百朋？承谕近踪仁人孝子，心事真艰苦矣！此事固难向一二俗人言也，内断于心而已。至人情龃龉，宜涵忍令其自消，忽[1]作怨尤。想我辈至此，冰寒蘖苦，正堪磨厉，复何道哉！弟衰状日增，今春萍踪大约蠡吾、渥水间居多，可以时亲良诲，兼商行止耳。

柬王誉之

银城李郡丞，号广宁，前任庆云宰也。与弟十年雅慕，今始握手于安肃城中。其人行谊、宦绩皆第一，相见以金赠弟，弟义不当受，特为足下受之。此意亦面言于广宁，广宁深加叹仰，他日仍有垂恤雅念焉。嗟乎！天下乃不

① 忽，疑当作“勿”。

乏君子如此！弟此时即下榻安肃，且不他往，嗣音可期也。

柬文波

昨知车骑旋舍，是以未奉专书，使回接得手字，欣如觌面。昔人云："别后音书凭雁足，向来肝胆托鱼肠"，为之三复称快。兹犬子入郡，函经北面，足下当以弟子蓄之，勿徒招为小友也。前贤所谓"读书是第二件事"，端宜遵之。急想联袂山头，提壶陇畔，睥睨青云之上，作数日之外赏，不知温经之暇能得此缘否？

柬参甫

米海岳袖中愈出愈奇，足下雅尚隽永，必极清胜之致，亦海岳袖中石也。赠曰"袖石居士"，镌章以"饮酒读骚"四字，何如？古称饮美酒，读《骚经》，便成名士。足下方锐意读《骚》，不可不标其实。

答凌九

快读《八竹咏》，可谓抽绮思于锦机，贯天巧于云章矣。僭窜数言，用成全璧，然不自知其强弄齐扁之斫，妄涂西施之面也。其为伤手增媸，可胜噱邪？外斋中一绝，欲求宗匠一和，并题壁间，不审肯赐教否？

柬椒园

车骑入易城，行台在何巷？谨遣力探之。乘兴过荒山，惟斟酌示信为祝。

少陵云："不嫌野外无供给，乘兴还来看药栏。"病目，不能多述。

柬孔将军

将军戢兵以安民，此自矫偏救弊之志。然职在强兵，犹当以培养士气为主，亦不可过于刻厉处众，使士卒有怨苦寡恩之意也。爪牙所寄，须如一体相连，痛痒关切，始可与共生死之途。若一意威严，伤其保爱，恐解体矣。为今之计，必外肃约束，而内存惠养，乃为得之。班仲升所谓"边郡子弟皆非孝子顺孙，吾当宽小过、总大纲而已"，此言虽远，有切于近。

答六飞

一向录录尘俗中，面目都觉可憎，不知为道眼所笑几何矣！昨始暂憩故巢，林禽水鸟，颇有依依亲人之意。若得足下婆娑其间，话畴昔之雅抱，结真素之清欢，诚快境也。幸勿以采薪为阻，红桃绿竹下，专望芒屩登登过门耳。许宗老昆玉岁前一晤，未及久谈，将来是会中人相见，为弟致意。所谕高斋把臂，亦即图之。吾辈饭糗茹草，是其本怀，又何须胡纮之只鸡樽酒耶？拙句博笑。

卷十三

志　表

容城君建孙公墓志铭

公讳立雅，字君建，号弘斋。征君夫子子六人，公其长也。其始祖忠，自小兴州迁容城，代有明德。曾祖敬，所祖肯轩。至征君，则海内人士莫不宗之。公生而端重，寡嬉戏。未入小学，时公母槐夫人梦剖腹洗其肠，后遂读书如获，聪颖过人。八岁，母夫人去世，公日随父杖履，恂恂如成人。十三成文章，魏孝子学洢见其文，深加叹赏。十六应童子试，丁卯学使者遴公第一。应京兆试，归，过江村，执贽鹿忠节先生，一见以道学期之。授以《认理提纲》《传习录》，使知程朱陆王之辨，公领略如桴鼓。自此内奉庭训，事继母杨夫人孝谨备至，人无间言；外而教友诸昆弟子侄，比于严师，皆大有所成。就乙亥学，使者优其文，给廪饩。又随父师撰杖过高阳，谒孙文正公，亟器重之。既而客都门，与归安茅止生衡鉴古今，抵掌时务，蕴蓄益渊灏。虽栖息靡定，而攻苦不稍歇。因目疾谢京兆试。

比征君夫子移家苏门，诸仲季尽从行，特敕守坟，公独晏然高寄，弦诵如常，空室蓬户，泊如也。乡人决去就、质曲直者，率造庐焉，或至有望庐而愧返者，人比之幼安、彦方云。公素不入城市，十余年未尝裋褐一谒公堂。时官敬养，往往屏驺导过门，为竟日欢，然谈风月而已，绝不以外事干也。至于公正，则发愤为之。若刘氏妻截指入棺，则急言邑令表其闾。懦孙为族人噬产，则又急言整理之。似此者指不胜屈。至于族党亲故婚丧不举，于我乎营，则公视如家常，非可枚数矣。

辛丑，以例膺岁荐，部檄数催逼，公坚辞。惟以前此省侍苏门归太速，不遂子情，仍图裹粮往也。是年冬，即趣驾侍膝前，甫五阅月，复促回省坟墓。迨两嗣预青衿，无门户累，公喜曰："是可脱然南往矣。"于是携孙用霖复走苏门，侍晨夕眠食。此后造诣日深，师传父训，时时刮磨，凡所论著，俱关至极。赵锦帆题其集云："理造渊深，辞归冲雅。"赵宽夫谓其"有真性情，乃能为真学问"。足以观其概矣。

乙卯，征君夫子得疾，公日夜焦劳，不能身代。及病革，犹执公手书"江村"二字。盖公道法、家法源本江村，一世精神皆聚于此。忠节先生化碧成仁，征君夫子衡门抗义，此物此志也，公之体备斯文，不激不随，可谓兼之。

噫！自公来省苏门，八年聚首，侍疾、襄葬一皆如礼，而公之始终大事，毫无遗憾矣。犹虑诸子侄或陨越以贻先人羞，于两嗣北归，手书嘱以笃实为为人根本，不可以贫困废学，其要在去人欲、存天理，谆复不一言足。又勒《兼山堂家课》，手自题之，合集诸昆众诵读其下。张六约：一、先求做人；二、当求自任；三、不可长傲；四、不可决裂；五、不可自是；六、作文不可剿袭。其说载《覆瓮》《弘斋》诸集中。一时郭公望、刘六一诸翁咸谓木坏山颓，幸有公方正学问人撑拄其间，兼山堂一席地不至黯然无色。噫！孰知内外之仰方殷，而修文馆之驾竟不稍待耶。

公盖自年三十即有下血症，作止不常，至是遭终天惨。继以家变递臻，抑郁烦悴，每云："衰败觉甚，常提此心作主。"然而血气日销铄矣。自去年七月撄疾，及九月遂伏床蓐。困卧间尚手答笺书，栉沐不废，时谈检身行己故实无倦。自作挽联云："先子取其安贫，困顿一生未改；同人许以学道，见闻毕世难通。"既而病沉，属纩前一日，谓人曰："世人动说鬼神，有何鬼何神！惟气尽即死耳。"诘旦，正襟视手足，瞑目而逝。三日颜色如生，四肢柔和，人皆异之。

呜呼！公自离经辨志以至全受全归，无一缺失。律身接物，处常履变，咸有尺寸。至若当危疑震撼之际而不惊其性，入喧豗淆乱之场而不汩其波，尤人所难。性善饮，虽多不乱。又善琴，每静中独抚，有披帷斯在之致。余与公四十余年古交，相隔千里，未能执手一诀，含泪叙公生平，恒恨言之不尽也。

噫！公生于万历三十九年辛亥十一月二十四日亥时，卒于康熙十九年十一月初七日巳时，享年七十岁。元配马氏。子二：长澜，增广生，娶王氏，再娶刘氏；次潜，增广生，娶李氏。孙七：用柔，娶李氏；用霖，娶毛氏，再娶刘氏；用梓、用枘，澜出；用桓，娶王氏，用楷，潜出。孙女四：一适雄县王锺全；一幼，澜出；二俱幼，潜出。曾孙三：熠、炯，用柔出；灯，用桓出。所著有《覆瓮草》《弘斋集》《弘斋夏峰集》若干卷。因槐夫人墓在北城，遗言归葬，是其志也。

铭曰："有柏斯林，其长干霄。公于其中，亭亭不挠。从师董常，从殳元方。五经缯帛，六德宫墙。三尺之封，母夫人傍。閟此幽宅，世茁其芳。"

高阳孙衷渊先生墓志铭[①]

呜呼![②] 吾师孙征君曾向余道高阳文正公遗烈，言其家子孙不忘化碧之惨。如王伟元者为衷渊[③]，当撄城时，合门践血，身带八矢，复投缳不死。既苏，而思有老母在，隐忍以生，为亲存也。及沙移雁散，脱屣时名，举平生攻苦联篇累牍之业付之流水，放怀于溪山诗古文辞，意有所痛悼[④]。余过高阳，至君家，瞻拜文正公祠，与君呜咽相对。高言远旨，匪俗所参，知其志矣。已而衷渊辞世[⑤]，归窀穸毕，吾师紫峰杜先生[⑥]为之传，门人[⑦]任斌、齐震垧等匍匐请余追志其墓。嗟乎！衷渊之为人，虽不文亦传，然愿为之传者，余心也。

君姓孙氏，讳之薙，字深仲，衷渊其号也。其先阳阴[⑧]人，徙实内地，居

① 此文又见民国《高阳县志》卷十，题为《孝义孙深仲墓志铭》，作者误为"王余佐"。光绪《保定府志》卷四十三有节引，题为《孝义孙深仲墓志铭》。

② "呜呼"下，民国《高阳县志》有"大难后"三字。

③ 衷渊，民国《高阳县志》作"衷渊君，衷渊"。

④ "痛悼"下，民国《高阳县志》有"也。哀哉"三字。

⑤ "辞世"下，民国《高阳县志》有"门弟子私谥贞介"一句。

⑥ 杜先生，民国《高阳县志》作"公"。

⑦ "门人"上，民国《高阳县志》有"君子柠同"一句。

⑧ 阳阴，光绪《保定府志》、民国《高阳县志》均作"汤阴"，是。

高阳城北之西庄。始祖遇，生让，让生怀，怀生逵，逵生麒，赠少师。麒生子四：长敬先；次敬宗，万历辛卯举人；次承宗，万历甲辰榜眼，即文正公；次敬思，是为君大父，寿官乡饮大宾，好义侠，喜读古史[①]。敬思生三子：铉、锳、鍊，鍊即君父。家颇厚，能文章，不欲以科名羁逸志，贵介声华，僮不染焉。生四子，伯之渼，叔之浤，俱庠生；季之滋，仲即君也。

君生而颖异，气质端凝，髫年具有大志，目不视玩好，手不持金钱，不苟言笑，进止不失常度。于书多所淹贯，焠掌之勤，人罕及之。髫年[②]即举茂才，继食廪饩，为文奥博，自为一家。常试率异等闱牍，两值名宿皆奇赏，俛得复失，人惋其不偶。戊寅，邑城陷，君家祖父伯叔俱以身殉，妻边孺人之节更烈。君捍敌[③]，被矢[④]，不死，自缢至三，复苏。背镞啮骨矣，幸获良药出之，鹿角长三寸，不数日痊，异哉神助孝子也！[⑤] 奉堂上欢，曲尽志养。敦睦克施，恒慕范文正公义田之举，而力不赡者久之。后遂绝意功名[⑥]，偕范笃生、张聚五两孝廉趁西山之爽，为终焉计。暨闻甘旨告缺，操丹黄管出博饘粥资，亦自食其力。未几赋归与，盖垂念吾党小子也。正襟危坐于家塾间，所读四书五经，杂至《阴符》《道德》《南华》诸书，皆有注[⑦]。生徒日进，雍雍儒雅，振姚枢、许衡之遗绪[⑧]。邑尹沈纯禔礼重之[⑨]，有“孝弟久孚于末俗，尚有典型；身心早近乎古人，不求闻达”之题，为肖其实云。丁未，母夫人终堂，君哀毁过礼，三年断荤酒，祭奠以诚。苫块间犹披对吾师征君先生兼山诸刻，心切仰止，每以接其遥诲，未遂负笈为恨。及读《紫峰集》，则清操峻节，如在羹墙。其好贤乐道之怀勺瀿如此。嗟乎！迹君生平，孝义炳然，照耀千古。中间讲诵淑人，直余事耳。未亡之人，岂暇复施膏沐哉！

① “古史”下，光绪《保定府志》、民国《高阳县志》有“孙氏文教得于延师友之力居多”一句。

② 髫年，光绪《保定府志》、民国《高阳县志》均作“志学之年”。

③ 敌，光绪《保定府志》作“卫”，民国《高阳县志》作“贼”。

④ “被矢”下，光绪《保定府志》、民国《高阳县志》均有“浮于雷将军”一句。

⑤ “孝子也”下，光绪《保定府志》、民国《高阳县志》均有“此后”二字。

⑥ 后遂绝意功名，光绪《保定府志》、民国《高阳县志》均作“甲申之变”。

⑦ 注，光绪《保定府志》、民国《高阳县志》均作“注解”。

⑧ “遗绪”下，光绪《保定府志》、民国《高阳县志》均有“亦小经纶，不徒神禫其辞、第佗其冠而已”十六字。

⑨ 礼重之，光绪《保定府志》、民国《高阳县志》均作“颇能礼重”。

边孺人烈节当合志，以其已特传，兹不具述。

君生于万历四十一年十二月二十日巳时，卒于康熙十七年九月二十六日子时。初配王氏，邑庠生王庭桂女。再配边氏，任丘庠生边世兴女，即烈妇也，骂贼剚胸而殒，入火不焚，尸气如兰，面色若生，真金铁胎也。继配白氏，清苑庠生白汝操女。子一，柠，庠生，边出。初娶蠡县庠生齐氏女，继娶[①]蠡县庠生王龙光女。孙一，尔焯，业儒，娶邑庠生王允文女。

呜呼！衷渊死矣，衷渊之心未死也。旧[②]垄之上，不能絜酒一杯浇泉下魄[③]，谨挥泪而为之铭。铭曰："窣堵波兮马鬣封，幽其室[④]兮埋人龙，文光烛兮摅[⑤]长虹[⑥]。颛顼之里，有奇如此，千秋万禩，吊孝义之逸士。"

紫峰先生杜公墓志铭[⑦]

谨按状：公杜姓，讳越，字君异，别号紫峰。其初小兴州人，明永乐间内徙定兴之东江村。五传至公高祖宗舜，太学生，为杨忠愍契友，任德平令。曾祖桢，官大使。祖渭，生员，号同江，气节自负，好行其德。父鉴，号衡宇，武举人，慷慨多义概，鹿忠节赠词甚嫩。娶于宋，生公兄弟四人，公其长也。质弱而英敏，性孝友尚义，多介节，尤好读书，卓识高调，举世罕匹。幼能文，试辄冠博士弟子，饩于庠。值父衡宇公暴殒，公痛几绝。时王父母春秋高，公善事旦晚，兼抚弱弟。叔季早亡，痛悼营丧。未几，王父母继逝，匍匐血泪，经纪葬事，竟撄悸疾，几殆。

鹿忠节倡学江村，四方景从。公首执贽，究极理奥。忠节特异之，因字曰君异。一时忠节子石卿领解额，容城孙征君启泰举孝子，俱海内君宗，共

① "苑庠生"至"继娶"二十五字，原本无，据民国《高阳县志》补。

② 旧，原本作"书"，据光绪《保定府志》、民国《高阳县志》改。

③ 魄，光绪《保定府志》、民国《高阳县志》均作"魂"。

④ 幽其室，光绪《保定府志》作"聊其穴"，民国《高阳县志》误作"聊其穴"。

⑤ "烛兮摅"三字，光绪《保定府志》、民国《高阳县志》均作"攙攙发"。

⑥ "长虹"下，光绪《保定府志》、民国《高阳县志》均有"天倾地坼，不能灭其中，缩轂为孤忠"十四字。

⑦ 墓志铭又见光绪《定兴县志》卷二十三，题为《杜紫峰墓志铭》。

聚一堂，杯酒论文，长松挺节，公每在第一流乙丙间。珰焰灼，天下侦卒如猬，有异议者辄行罗织。范阳尤逼珰耳目。左浮丘督学畿辅，于公称知遇，罹珰祸，而魏忠节廓园、周忠介蓼洲两先生亦被逮。公毅然曰：“耻不与党，古谊岂遂绝乎？奈何令千载笑人寂寂!”乃同鹿封君、孙征君倡同志，醵金纳赎不少避。时廓园子学洢、蓼洲友人朱祖文俱纳广柳，匿江村，公周旋复壁间，衎衎然即甘株坐如饴也者。江村声气满埏垓，凡一时名宿过忠节门，无不与公缟纻投。

防风茅止生负人伦鉴，独器重公，梦偕公游南皋讲堂，纪以诗，谓：“非于学有夙缘乎?”后止生欲邀公南游，阅山川之胜，公曰：“老母在，宁敢作五岳想?”迨忠节化碧，石卿孝殒，同人几如晨星。幸征君硕果犹存，公独与素心晤对，因缔姻仲氏君协，山岑水湄，罔不流憩。

甲申后，功名之念澌僣矣，前后游槐市者，类博印绶去。时铨曹范君箕生勖公出，且以善地啖公。公曰：“知己谓何，宁忍母老年眼泪、儿女各天，而恤此鸡肋?”归而教授，修脯给菽水，莱彩慈颜，即粗粝相将，颇不寂寞。庚子，宋太孺人殁，公摧毁如父丧。年逾耳顺，读礼严整不少假。三年斋居，荤血不茹。尝思母病当七月，求一柔滑荐席慰体终未得，公心痛之。后虽盛暑流金，未尝一卧凉簟。

辛丑，应王五修招，移绛新安管斗瞻，筑南邻草舍，延公讲诵其中，执经者戢舂。一时过从，若刺史魏莲六、宫詹崔夏章，及邦君赵玉峰、陈敬斋、冯雪萝、金水苍诸公，先后载酒问奇，户履恒满。公为学不立门户，每举罗念庵答何善山、蒋道林两书示学子。总归脱凡近、游高明之旨，而大本在孝弟，得力在分晰义利，所以平生严取与。即门弟子一纨为寿，亦必尽拒，不屑受也。

公于书无所不观，发为诗文，刻峭深秀，自辟堂奥，不轻示人。洎赵玉峰令金容搜辑，授梨枣，即今《紫峰集》十四卷，尚有续集若干未刻。性喜饮，醉后往往挥毫。素爱藏真帖，而苍秀飞动实过之，求者户限几穿。不书缣帛精楮，然薄牋不啻珠玉。戊午，开博学宏词科，时同征者，公与太原布衣傅山不就试。公常语，名最误人，因题壁：“混迹依鸥近，藏名应马真。”盖心有所深省云。素多静养，年及大耋，花朝月夕，不闲杖履。

辛酉九月间，忽得呕吐疾，犹日与学人聚谈，事毫楮。至仲冬，觉疾不起，手书别同志。十一日，李和公、管公式、王玉宸候兴居。和公因问有情无情之说，公曰："人本有情，必使之忘，是绝情也。此二氏矫人语，圣贤宁以人等木石？情之所钟，正在我辈。"十五日，小子佑至，与言德业、文章本枝并立。二十二日，门人杨湛子入都，就榻前相质，谓："直心直意，担荷几许。"寄语崔夏章："千秋大业，自爱自重。"后吐益甚，嗣君问病苦，笑曰："我无非自得时，即病而主宰常清，何有苦！"又言："我一身无赢取于世，'干净'二字可无缺陷，独酒脯不无或过。内里尚有渣滓，今吐亦尽，则内外俱清，卒时当无他苦，不过一口清气还太虚耳。"至二十六日，晨起呼盥涤，正襟危坐，遂瞑。及敛，颜色如生。呜呼！全受全归，公无遗憾矣！

生万历丙申十月二十三日，得年八十有七。元配徐孺人，继赵孺人，继王孺人。子一，郊，廪生，娶孙氏征君仲氏奏雅女。女三：长适同邑生员甥任杰，早卒，徐孺人出；次适新城廪生孔维宪；次适新安王潜五修子，早卒，与子郊俱王孺人出。孙一，奭棠，幼未聘。孙女四，长适雄县生员常贞，即元长，次适同邑廪生田得名，即絅卿，后捷乙丑进士，三、四未字。

公平生心事如寒潭映月，了无滓秽。尤邃于古今大略，往小子佑赍所著书呈览，公慨然谓"草芦中事业正在此"，因题曰《茅檐款议》。嗟乎！是又宁可一二与俗人言哉！

公殁之三月，渥水门人送归范阳旧陇，数郡毕至，门人私谥文铭定先生。乃为之铭。曰："范阳灵秀东江村，花潭萃祉杜公门。倒翻江海裕文源，乾坤磨轧值温屯。清风高节媲绮园，蒲币辉煌贲回轩。縠皮绡头道自尊，秋霜琨玉凛绝伦，生顺没宁归丘坟。"

茂才宋介石墓志铭

余流寓献州，寡所与。子留宋君以北平才隽来教育是邑，伐木相求，遂成莫逆。风朝月夕，诗坛酒社，相与徜徉。子留每望云思剧，辄述其大人风致，娓娓不能已。余亦心仪久，常冀得一捧袂。癸亥初，俄惊讣音至，则已赴芙蓉城矣。子留号踊靡诉，几不欲生，于其衔恤就道也，匍匐以墓志请。余夙切景行，恨不传其芳躅，乌能以不文辞耶？

按状：公讳之弼，字介石，顺天府遵化县人。生而颖异，稍长，辄好学不倦。初操觚，塾师奇之，试童子，即冠军。年十四游泮水，常以读书为乐，有介视青紫意。公惟孝友，公伯兄磐石、仲兄柱石相继脆，公哀痛不胜。二人在堂已垂白矣，竭力晨昏，孀嫂幼弟，一切奉养、冠婚，公身任之。缘此不得专事科名，终身坎壈。然训课后人则功加倍焉，每诵读至夜分，啖以枣栗，助以苦酒，曰："此熊丸遗意也。"所以公嗣若子留，幼擅文誉，在艺坛为长胜军，籋云万里，视如指掌。兼之奥博，工诗翰，每一入座，有步兵、光禄之致。

公性廉让。当兄弟析产，择其腴田美业以给孀嫂及幼弟，而自取硗薄者，曰："吾尚可以经营广业，嫂弟孤弱，恐不能也。原吾一本，而使荣枯异观，岂人心乎？"文贞白先生官尚书时，爱其才行，以书招之，欲迁其家于北平，为之区画园田宅舍，复假以市肆约千金费。而公屡请不顾，曰："吾家敝庐固湫隘，而有天伦之乐，虽千金何慕焉？"盖公外翁刘对山系贞白公婿，而公内实其甥女也。以亲谊至厚，犹不欲受其赐，矧他人乎！

至与朋友交，言必道义规正，阖邑人倚重如山岳，事无大小悉咨之。甲申，闯贼败逃时，有少年与邑居贾姓者，至戚也，俱潞安人，实缙绅子，习文墨，为贼胁至。公知其由，适抚军召诸生，询民疾苦，公乘间为此人言之甚力。抚军恻动沉吟，乃释去。人或愕，问公。公曰："彼固非贼，吾又无私，何惧焉？"其平生慷慨任事，类如此。

晚年喜恬退。慕香山故事，邀邑中高年者八人为怡老会，岁时饮宴，衎衎如也，敕断家事矣。嗣君子留以覃恩预选教职，惧二亲春秋高，不愿出。公曰："有季子供养，足以自娱。但勤慎供职，无坠家声，足矣，不必恋也。"其达观复如此。

终之日，年八十有二。亲知含痛，遂无老成人，能不悲哉！娶某氏，子几人，某、某，女某，孙某。生于某年，卒于某年，葬于某地。

铭曰："畴无归藏，明德是景。文采风流，久而愈永。有累者斤，中没高贤。想其生平，精神宛然。子孙世守，青云目前。"

茂才管德升墓碣铭

公讳某，字德升，保定之新安人。祖敬斋公，为邑祭酒。父志莲公，天才英异，捷南宫，历任四川兵备副使，有能声。年五十五即世，公生甫两期。母夫人杜，后四载亦没。公髫龀失怙恃，育于庶母刘。刘慈爱最笃，育公及公妹不啻己出，教养备至，婚嫁尽礼。邑高公以“真慈母”扁其门。

公性孝友，事刘母极色养之诚，子孙有稍逆母颜者，切责之，三十余年如一日。刘母故家寒，其父母昆弟皆家于公家，衣被饘粥取给焉，公悉乐效无憎容。至于宦橐所遗，惟刘母箧笥出纳，公毫不作赈赙态，可谓先意承志矣。公伯兄捐馆早，侄顑頟荡产，无以养母，公分宅奉之，无困乏忧，累岁不倦。其厚于昆弟如此。

公志节高亮而饶干济。外父宁，别驾，迎官署，欲令随任博弟子员。公以因人成事却之，究自苦读，未弱冠即入泮。公少孤，旧业率凋零，比成人，乃振兴，置田课农，蓄积殷稔。后值岁荒，出所蓄以食饥民，或煮粥餔之，壮弱皆得均济。

戊寅，兵临城下，守御空虚，人皆哗然，欲下城顾家。公时总管北城，挥刀厉声止之曰：“生死存亡之际，只力守城，城全家亦全。若弃城顾家，城破，家能保乎？敢言下城者斩。”众乃定。又缒人于城外关厢举火，敌不能近。复令人张盖往来城上，唱名若点兵状。敌疑，黎明遁去。己丑，兵变，推公总管东城。敌船数百，蜂拥而至，人人股栗。公与司寇高公计曰：“此势不可以正胜，当出奇退之。”乃以银募壮士缒城下，用火器邀攻之，众四溃。复开门出兵追击，遂大胜。

公之干略，未获大用于时，而其偶见于一二事者已出常度外。至若先年邑有殴死县官案，祸连五十余人，钩党犹未已，人情鸟鼠窜。公谈笑解纷，捐金设辞，说其张弧者，案立结。暨公侄瑞明狱死事闻，诛捕余党，非公走都门白其情，不免覆宗之祸。此又干略之一班也。

晚年移家蒲城，与崔白水公相朝夕。白水醇儒，悬车避地。公受知于孙征君先生，久饫其传诲，复与白水公阐发之，宜其不知老至矣。寓蒲十四年，寝疾，敕不近医药，子弟强进。每举天地盈虚晦明之理以晓之，顺其自然，是其达观者与？

终之日，年七十三，不嘱后事，僮然而往。嗣君述祖卜兆于蒲之野，将营窆焉，走千里过余，请一言以勒于碣。嗟乎，述祖可谓孝矣。奉亲于蒲，七年色养，七年侍疾，一衿弃若敝屣不复顾，又顺亲志，不恋恋故丘。卓哉，其不与俗人同也。蒲，故贤者过化之地，魂魄依焉，其安乐哉。遂为之铭。

铭曰："澶渊之属，南有匡城。治蒲三善，贤者留名。中有冢焉，燕赵之英。伯鸾之洁，幼安之清。要离相近，高矣斯情。"

德安宰畹亭牛公暨马陈两孺人合葬墓志铭

余之得友于德安也，初因牛绳武。绳武高才博学，孝友笃行，吾师孙征君最器重之。及余寓献，而绳武与德安公皆墓木拱矣，宿草之感，恸在九泉。嗣子德醇、德润，文采秀发，皆执经从余游，续前好也。是时马孺人去世亦久，余故不及拜庭帏，在堂上者独陈孺人耳。阃范淑仪，则稔闻之。庚申秋，孺人无病而逝。绍武号痛欲死，因念德安公遗行，以昆季幼弱多故，未得传。于陈孺人之合葬也，泣述德安[①]公及两孺人之行实，抆血丐余一言志之，且系之铭。

按公讳森，字对煦，号畹亭。其先世山西泽州高平县人，元季遭乱，繇高平徙于河间之东光，寻移献县，家焉。始祖伯通生贞，贞生凰，以嘉靖壬午领岁荐，分教甘泉。凰生垠，受封工部虞衡司郎中。垠生钿，钿生五子，公父濂行四，生三子，长即公。

公生而聪敏端方，潜心诗书，昼夜不倦。十九入黉宫，二十一食廪饩，闭户七年。博通经史，善属文，尤娴于词赋，有《蒲亭肃羽吟》一刻。公累

① 德安，原作"安德"，据上下文乙正。

试辄冠军，时以数奇不偶。壬午额满后，主司方得朱卷，击节叹赏，有“额而后得，徒增惋叹；留以执耳，中原未晚”，又有“精光气焰，知为烛天之宝，乃复作爨下桐”等语。又常以学行荐于学宪吴讳中履，有“饮冰茹蘖，足裨风化；闭户下帷，堪步青云”之奖。

公事二人至孝，父没，奉母王，未明，盥栉问寝视膳。凡有所命，无不怡声下气以承其意。戊寅之变，母握节殉难，公守制思亲，忘寝食，废学业，几无生理。抚两弟，曲尽其方。两弟不幸早逝，所遗一男一女，公视若己出，皆成立。田不满二百亩，常樽节升斗以济贫穷。公盛名之下，四方润笔资以及修脯，一无所私，除奉亲外，悉以惠兄弟亲族。至族之鳏寡孤独尤加意，日给食，岁供衣，甚至柴蔬亦为之备，不惮烦也。其不能葬者，无论亲疏，概施棺殓焉，是以人称其德。公性诙谐，广声气，客至则杯杓不缺。教家以忠厚为本，不事奢靡，尤不喜狂妄，颇有裴行俭先器识而后文艺之意，以故诸嗣皆有模楷。

顺治乙酉，领岁荐。丙戌，出知德安事，一尘不染。历官未满期，竟以意外变卒于任。至今蒲亭口碑啧啧，列祀名宦，以旌其操。有为诗以吊者云：“多因不忍剥残黎，逆旅轻捐七尺躯。热血未堪腥宓治，清魂只可对匡溪。”此可以见公之风概矣。

元配马孺人，同邑马公女，赋性谨厚。与公食贫多载，笃梁孟之欢。仁慈育幼，事舅姑以孝闻，处妯娌敦钟郝礼，姑娣间如昆弟，御家众大小咸宜，靡不感其德惠。戊寅，姑殉节，同公哀毁，朝夕悲泣，形神惨悴，未二载染疾不起，哀哉！继配陈孺人，同邑陈公女，和平温厚，琴瑟静好。公没后，季男幼冲，诸女未嫁，多方培护卵翼，无岐视。给公丧，虽家道萧条，犹能成礼。历婚娶诸大务，井井有次第，诸亲皆谊礼款洽。性甘淡素，衣率布缯，粗粝自茹。然祭祀宾客，则竭诚致洁，无少吝。年近七旬，体尚健。庚申八月中秋日，忽朝病夕逝，临终未嘱一言。夫无疾而终，古人所贵，愈知孺人懿德矣。

铭曰：“德懋懋官，公官不称其德而且祸连，虽天道之暗蔼而难问，宜其子孙之世不乏贤。书仓墨守，将必兴焉。两配淑惠，寿此永泉。郁葱陇树，茂比万年。”

刘逸人示宸墓碣铭

尝读柳柳州《宋清传》，见清之规利远而收报富，嘉其不以市道交，然究竟不离于医耳。若示宸刘翁，迹其生平，不可专以医名之。翁去世已久，嗣君欲余表其素履，镌碣墓头，知翁独深，不惜染翰纪之。

翁姓刘氏，名某，号示宸，世为献邑望族。少负不羁之才，业儒不成，去而学医，粗明大旨。然志大而性疏，好交游，耽曲蘖，不事生产。故祖业渐膠腱，乡里人争笑其傾顋。于是发愤远游，落度武安、巨鹿间，邂逅知友，颇相得，乃奉母以家焉。室无儋石储，而门外达人长者辙迹日以深。

居无何，境内骚扰无宁晷。高鸿胪，天下士也，思救焚拯溺以施治安，遍访管乐其人者，与商筹策。忽于信成潘将军所得识翁，扪虱之余，大加奖赏，登堂拜母，辄订陈雷契，不知其为桑梓客且葭莩亲也。既而款叙，悉其故交，谊益笃。因说翁旋里，翁亦念两弟家居，反如在远，外系老母门闾思，蠼蟳不自安，挽辂归枌榆。

至则遗业荡然矣。户蟏町鹿之悲，人所难堪，而翁意豁如也。仰屋之暇，出其囊书数十种，搜括秘要，尽洞支兰之奇，投即效。求者无贫富贵贱皆应，至轮蹄不绝于巷。酬报之资，居然巨室，较宋清利不啻倍之。而翁则乐善好施，济人利物之举，不一而足。且排难解纷，言出如金石，人人无不詟服者。兄事袁丝，弟畜灌夫，诚无愧其风概焉。

嗟乎！翁昔与斗南公志道同合，今斗南公忠节著青史，海内共仰，而翁不幸未遇于时，偷活草间，流连米汁，终老为壶中叟。年八十余，始与余订交，每对酒促膝，不禁豪睨，欷歔增慷慨，盖其才有所未用也。

翁两子，长某，次子近微世其业，豁达有父风，为贤豪所推重。

铭曰：“天逸此人，以济斯民。行迹落落，不与常伦。坟草已宿，气概如新。呜呼！后世有凭吊者，视此贞珉。”

袁司马调阳公碑阴纪略

古者葬则立志石，志其实也，能文者从而铭焉。铭者，名也，所以名其实也。又为墓碑以表之，所以表扬其名实，以著于人耳目也。祁州调阳袁公，荣名懿行，实足传后世，而始葬未及志，碑则未表焉。余过祁，闻士大夫语，啧啧述盛德。及登公堂，见公季嗣炅所为公行实，平生雅尚与其注厝皆历历出意表，古先生长者不是过，乌能与蓬蒿马鬣同芜没哉！遂综其大略题碑阴，俾人得睹而记之，庶几不朽，且从而铭之，补缺漏也。若谓曰文，则深踧踖而已。

公讳相明，字调阳，其先楚之常德郡澧阳神津村籍。始祖雄，永乐间以从龙累功授锦衣卫十户，封广威将军，卜居于祁，遂家焉。数传至公。公幼颖悟，事亲孝，长究心经史。虽业帖括，而博极群书，不以一流自足。瞻对考稽，率称娴雅，一时好学之士咸推为宗。制艺优拔，平生凡七预宾兴，卒不售。泰昌龙飞，仅以恩擢入太学而已。于时士类莫不悲其厚于蓄而薄于遇焉。

公恒皋比州南乡，以践履训行诸子弟，而文艺辅之，以故从游者甚众。其有窘急者，时赡给之，非止不计修脯已也。公自处，一以礼法为闲，非僻之迩，无得颇焉。

崇祯朝，以成均例满，除授盱眙丞，有廉能声。盱眙，山城也，北面下瞰淮河，不三里许，越河即泗州治。是年水涨堤啮，泗城中水深数丈，民命其鱼。公恻然，率水工破浪渡河，救活者千余人。又捐俸筑堤以捍之，人咸讶工巨难卒就。公躬自督厉，胼胝不顾，未阅月而告竣。人始服其勤敏有断，一时诸上官各荐剡然。公以平生硕才宏抱，卑卑下位，不副所志，任岁余，竟郁郁卒于官。闻者莫不悯其坎壈云。

公三男：长煚，廪生；次焞，廪生；季炅，武庠生，中壬辰武进士，初授腾骧卫守备，再迁白土关都司。孙五人某、某，俱业儒。

铭曰："有懺弗扬，厥咎孙子。潜德之光，贲彼青史。有矗者石，勒此兰芷。陇上清风，立节之里。”

齐文登公墓表

公姓齐氏，讳应选，号文登。其先小兴州人也，徙高阳，世居庞家蕞，遂为高阳人。公生而伟岸，读书知大体。以疾终于家，卜葬其乡之东隅祖阡，距今十有一年矣。子国琳，率其兄弟国瑛、国玫辈，泣涕来言曰：“先君子积德累行六十年，赍志以没。不孝辈显扬无状，日月浸驰，惧与草木同腐。且初之窆也速，志石未具，敢以墓表请。先生，父执也，其有辞以荣丘兆焉。”余恻然抚之曰：“文登其有子也夫！昔张尧夫卒，师鲁作志，不能刻石，以金谷古砖，丹隶纳圹，二十五年后，尚得欧阳文忠公以表其墓。矧志则阙焉，而墓何可弗表也？孝思及此，为虑长矣。”

忆余与文登公游，公初家徒壁立，而菽水有加，事继母孝，尤笃于族。差长，族中失怙者辄卵翼之。其族兄介徙别乡，产饶无后，身殁，群从欲豆分之。公毅然持不可，为治丧恤嫠[①]，卒招致其侄于千里外，俾承宗祧。居平慕范文正公家法，置义田一区，裖书舍，延师儒，令子弟及宗族成童者诵其中。今观其家谱，秩然有绪，诸敦睦事非一，皆此类也。

公善楝榁生殖，有卜式、马援遗意，是以得遂其拯物之举。明季岁祲，畿南斗粟金倍，道殣相望，公鄙然动容曰：“当此天灾，坐视饥殍，堆金积粟何为乎？”乃慨思赈施，凡中外亲故，待以举火，所存活者不下二百余家。他如捐四十金为刘氏赎产，能令父子再聚，不啻阳羡还宅之惠，尤称盛德焉。公气严正，不侮不畏，为人排难解纷，乡党取决，所居三十年无争讼者。更斥左道，人率不敢向之佞佛，至比之包待制，良足风也。

嗟乎，隐君子之高踪，墓木久拱矣！平生如昨，念畴昔周旋，泫然流涕之余，顾余衰迟残躯，尚及以一言勒公懿范于牲石之左，总沙移雁散，犹得流芳徽于不朽。是固诸子孝思维新，亦余故人之忱斯尽已。至如唐子方迁户

① 嫠，同“嫠”。

部转运使，受屡次推恩，始为父羽林将军表墓。此在国琳诸子，瑰玮之器，他日优为之，姑立表以待焉。公亦堪慰藉九京矣。

易州赵文学元配杨节妇墓碣

节妇姓杨氏，完县人杨君春布女。生十有五岁，适易州赵君崇一，事舅姑以孝闻。补纫饎爨惟谨，中裙厕牏，未尝弗躬。其相夫子也，嫕嫕然顺而正，遇族姻婣睦有礼，人钦其妇德。崇一君少负高气，弱冠后逾数年而殁，妇痛终所天，濒死者数矣。有子隆祚，甫周期，且多羸疾。妇忍死鞠育，祷祀万端，暂存遗胤。念藁砧之未遂，奉庭帏益勤。姑疾，侍汤药不褫带者，历四时如一日。姑卒，力拮据丧事。及舅娶继室，善事之，欢好加谌焉。未几舅卒，丁兵燹之余，继以凶岁，家计落矣。顣颔营生业，凡堂构先畴，一不敢议捐。祗蕿于勤俭，敦师教，嗣饩脯，克蒇究世其前业不坠。群从舅弟子侄辈不下数十人，尚赖以维系调和，鲜外侮而免阋墙，功亦艰矣。迨甲申间，隆祚学成，列子衿，彬彬称儒行，始殡其舅柩于故茔，乡党淑其志。

噫，天鉴苦节，伊于有底，谅哉！宜阖州绅士众论归美，以节孝之举闻于上台，旌典辉煌，贲乎里闬也。归卒之日为乙巳冬，州刺史赵公锺华有人伦鉴，尤矜重之，赐铭制诔，以致其诚。更剞劂懿行于州志，嘉贞操也。

嗣君隆祚痛母之孀苦劬劳，又重思其父赍青云志未获显达，哀慕追怆。丁未春，介余友魏明宰田治娫顾余于雷溪，恭求一言，以表其墓。余闻之，官三品者始表墓，若妇之操矢柏舟，贤媲陶范，岂爵级所能限哉？临川云：“俗之坏久矣，自学士大夫多不能终其节，况女子乎?”故仙居太君魏氏抱数岁之孤，专屋闲居，躬为桑麻，以取衣食，穷苦困厄而志不变，卒就其子，以能有家，则为之铭。余于节妇亦云。

卷十四

传 诔

吴处士小传

处士吴姓，讳鉏，字稽田，苏人也。祖、父皆以名进士官清要，不合时宜，中妒者之毒。处士生而英异，不伍侪类。幼富书史，工古文辞，不乐排偶。喜交游，通宾客，有陈孟公、孙宾硕之风。性豪华，百万一朝尽，嘿然无所顾。遨游四海，足迹所至，皆天下名山水，及宇内知名士，庸俗流罕与投纻也。三十余年间兴之所乘，或结驷连骑，或幞被往来，不一其状。人拟其胸中磈礧必大有所结轖，亦言所必吐。处士僵然不以示，时而为人谈相地术，究未尝毕其说，随场酬应而已。过上谷，与张十卿、魏瞻淇交，主于李璁佩家最久。既而得余所著《茅檐款议》，深赏之，以为古所未有，阖户绎思。岁余，临别，袖其稿而去，遂不知所往。某年始闻其自黔、蜀、楚、豫，杖履遍川岳矣，囊中惟《廿一史方舆考略》一帙，署以他人姓字刻之已，不愿居其实也，其逃名之野客耶？其恤周之纬女耶？人莫能意测之。某年至海滨，遇疾而殒，偕一老僧守其冢，四方吊客号哭而祭墓者无虚日。僧死，处士二子某、某，志处士之志，行处士之行，某年月日起其浅土，归葬故阡焉。燕人某为之传。

王五修传

五修公姓王氏，讳之徵，号密斋。其先小兴州人，明初徙保定之新安，遂为新安人，迄今十四世矣。曾祖崑，恩贡生。祖位，邑庠生。比方新公领癸酉乡荐，任山东郓城令，则公父也。母李孺人实生公。公生而颖异，勤于诵读，早列黉序，食廪饩。平生性孝友，好义重节行，亲仁爱众，不苟为然诺，朗朗而前，期于立事无骫骳者。

方郓城公之任，岁荒残极矣，多垒之虞，能者束手。公佐郓城公，甫下车，即以计捕得渠魁数十人诛之，阖邑股栗。不逾时，遂以抱疴归。鲁地新历李青山乱后，积尸塞路，公出万死，不顾一生，拥郓城公旋里门，贷资充药饵，然甘旨不缺于需也。及郓城公去世，毁瘠无生望，犹葬祭一依古礼，见者叹息。厥后昕夕萱堂，惟李孺人安膳是谨。弟之问年方稚，公抚而教之，逾于亲在时。久之，室益落，往往砚食他方，归将菽水。凡一出入，必跽告堂前，嘱无作远忧状。未几，李孺人撄疾，公昼夜侍汤药，两阅月不褫衣带，无倦色，而二竖不可驱，卒仙游。公戳叔无地，营丧毕，终天血巇矣。

于是专力从容城孙征君夫子学，求身心实益，同志互相砥砺，窥厥本源，《理学宗传》诸书是其模楷也。公曾在祁阳，值征君孙夫子移居中州，公不忍别，徒步送六百余里，大哭而返。是时公方设帐祁阳，致使主人撤皋比不顾也。又受知范阳紫峰杜夫子。夫子虽与公缔姻娅，而趋承教旨如宾师，尝迎养于室，使子弟受业。二者尊师取友之谊可睹矣。时值国学乏人，取州县青衿学行兼优者，赴京考选授官，邑令庠师俱荐公。公呈辞云："德薄望轻，有辱大典，况进身之始，何得苟且?"此足验公志节云。

公虽贫，笃于周急。友人辛国宾母宋近八旬，国宾先丧，值岁凶，公迎宋至家，赡养如母，殁为殡葬，何其周也。至于考定礼仪，制造礼器，纂辑儒书，及结纳四方英俊，饥渴不辍。

晚年居瀛海，与余同榻两岁，深夜挑灯，手钞囊编，充笥溯棂。每一语及，欷歔相对，且歌且泣。噫！思及于此，公不死矣，又何言哉！若夫博爱广施，即一方药、一器物，皆思与众共，所谓浑然天理，不遗余力者也。所著有《寻乐处》《入鲁日记》等书。

公年五十九，以甲寅岁杪自瀛归新安。行至三十里铺，马蹶坠地，重伤扶回，卒于瀛城北七里之余家畹。副戎孔公毅为之棺敛，送輀车归墓，致赙营葬焉。

公嗣五，贤、质、素、潜、贽，皆成立。质廪生，有文望。素业武，公葬后子。潜即紫峰婿也，庐墓侧萧寺，终丧不去，号哭感动路人。贽青衿，亦复蔚起。嗟乎，五修公可谓有子矣！上不负郓城公清白世业，继足阐发半生庭训，皆不虚所期，复何恨乎？

嗣君持状属余传，迟之一二年，未敢遽传公，以公之深志大猷，未易传也。不得已，录其梗概如此。

祭征君孙夫子

呜呼！先生长逝，天日晦冥，哀我人斯，谁适允从？忆先生别故园，偕徒侣，远隐苏门也。我一方侪辈后生伥伥然不知所出，或负笈于行窝，或执鞭于中道，或偃蹇于旧邦，靡不望云挥泪，抚鞫兴悲。二十余年来辗转迷离，如行者之无导，舟者之无楫，亦可悯矣。虽时读其书，传其言，闻其行事，岂愈于朝夕服习、岁月观摩为可宗可守哉？然恃有先生在，凡名教所关，大经大法，有疑未决，有难未释，犹可诣而质，寄而问，未决者可决，未释者可释也。孰料一旦即幽，永谢世缘，上天下地，竟不再见我先生也，痛哉！

前此痴衷，想望先生，兼得欢聚。不复计先生耄耋之大年，途路为艰，三五十口之家众迁移为苦。犹盼先生周旋如平昔，杖履环绕，讲诵衎衎，而岂知理所必无，势所不遂，徒付之海市蜃楼，虚结景光也。斯时即欲裹粮秣马，从先生于青山绿水之间，啸台风凄，桃竹日惨，而先生之笑语不可闻，音容不可睹矣。况依然关山有阻，风雨不时，南望者比比，执绋者落落也。凡我私心，何一得伸耶？空臆计先生在苏门，道益大，从游益众，家政益有条，子孙日益盛，弦诵日益兴。而偏我北方诸同志悠悠忽忽，未得久受陶镕，瞬息驹隙也，哀哉！

后此过苏门，兼山片址，与嵩华并寿。高节则箕山、颍水，理学则鹿洞、鹅湖，在先生自不朽，而我辈有终身冥行之戚也。仍旧读其书，记其言，想像其行事而已。而书有不得传，言有不能尽，行事有不敢直致者，于何质而问之，不亦大可哀哉！絮酒之谊，千里远奠，先生之灵，顾而谅之。

祭 某 翁

呜呼！燕去故巢，鸿嗷中野，星移物换以来，凡衣冠望族，钟鼎名家，消沉于飘萍落叶中者多矣。吾翁以濡水一布衣，带素裘鹿，挽辂担囊，越千里之疆，破大河之浪，荜路篮缕，以开草莽。视睢阳而家焉，竟能创立基业，生长子孙，闾阎服其义，亲戚怀其仁。凡我河北失业之人，宦游之侣，过而问焉者，馆粥是给，贶享有加，何其盛哉！虽陶朱之千金三致，郑当时之千里不赍，无以逾之。我辈生忝门楣，恩同叔父，久缺捧袂之情，徒有瞻云之悰，方爱恋之孔殷，讵讣音之骤至也。嗟嗟！修短随化，终期于尽，荣悴一致，贵贱同归，夫复何言！而无奈陆士衡之梦黑幰，萧惠开之种白杨，凄矣悲风，惨焉暗雾，又安禁此心之悼恾耶？贫务徽缠，神魂纬繣，絜酒一杯，遥涂泣奠。灵其有知，顾而享焉。

祭 某 孺 人

繄惟孺人，毓秀坤灵；窈窕淑姿，蜚声紫庭；失怙归里，天语传馨；曰嫔庆门，柔惠而宁；承欢三世，惟遵典型。方侍祖帏，恪恭安膳；舅姑于乡，有怀匪展；及迎京邸，克致溯洗；姑媳乃然，谁不黾勉。安常处顺，其道硕光；亦有艰难，何思不长；祖姑双殒，窀穸克襄；叔祖陌路，北风其凉；夫子羸息，药饵是尝；号泣哀吁，斋素馨香；藁砧不永，凄断肝肠。

贝叶经文，朝夕跪诵；午夜香烟，寒暑不纵；五味弗沾，一心惟重。历年苦志，天神感之；椿堂延算，孰谓不奇；卖产营丧，剪发堪师。稚儿鞠育，霜严风惨；百尔摧残，矢死靡憾；鳌[①]面断臂，岂云坷坎。嗣教名立，故业峥嵘；和睦敦笃，素衅乃平；以德报怨，专尚仁荣；济人利物，遂我好生。变

① 鳌，似当作“剺”。

起沧桑，翼家惟巩；奉主于山，迁枢归陇；嗟此劬劳，不赧不悚；五十余年，柏筠齐耸。我人仰瞻，庇其清风；夫何不吊，云軿欻空；涕泪涟洏，哀此微衷；嗣君大孝，躃踊天终。握手骨痛，其将焉从；旌门有典，竹素史彤；千秋芳躅，阃范是荣；生刍之奠，来格融融。

祭某翁

呜呼！秉纯毓和，含璞抱真，完行无亏，是为天民。家庭式范，乡邑推仁，语其性则孝友，论其仪则恭温。茅季伟之独坐树下，有道见重；庞德公之高栖床头，伏龙称尊。夫方倚以教诲后进，庇覆子孙，惟恤惟睦，克俭克勤，奈何雾露不戒，膏肓是屯，流光一逝，赤珠遂沉。天若倾而卑，日若蔽而昏，相杵之音绝，幽谷之芝焚。某也，外孙之谊切，分甘之惠深。涟洏于易箦之呜咽，辛酸于入木之逡巡。游魂何往，笑语难寻，能不排云天以痛叫，向泉壤而哀鸣哉！牲帛之奠，寸草之心，悠悠长夜，是祈鉴临。

祭河文

源发山右，派出恒阳，曲折数百里之洪流，灌溉几万畦之沃土。自鄗城合漳而北，繇献邑绕郭而东，即献地东北诸乡也。原本洼下，土复薄硗。自去秋积潦之田，有经春未涸之水，首种不入，下民实艰。某职居司牧，谊切关心。爰鸠受害之遗黎，谨循导河之故智。万钟齐举，一渠方通，归壑之势既开，平土之功始就。斯皆明神之赐，敢云拙吏之能。抚此鸿庥，岂忘菲报？虔将牲醴，恭答威明，伏冀神听和平，永锡安澜之福；天心仁爱，常绝泛滥之虞。则百室蒙恩，不用豚蹄肆祝；八谷告稔，常闻大有书年矣。谨告。

龙王庙秋赛祭文

农功之有报赛也，其来久矣。《周礼》：大宗伯“以狸沉祭山林川泽，以疈辜祭四方百物”。籥章之官，“凡国祈年于田祖，歈豳雅，击土鼓，以乐田畯。国祭蜡，则歈豳颂，击土鼓，以息老物”。皆以重民事、报功德也。故物之有功德于民者，岁十二月令聚万物而索享之，而秋冬为告成之终，用尤重焉。凡墉坊、道路、马蚕、猫虎之类，为物甚细，以其稍有益于农民，莫不祭之。况龙者，于百物为最灵，利赖斯民为最溥。刘向曰：“五岳能大布云雨焉，能大敛云雨焉，云触石而出，肤寸而合，不崇朝而雨天下，德博大，故视三公。四渎能荡涤垢浊焉，能通百川于海焉，能出云雨千里焉，为施甚大，故视诸侯。山川能出物焉，能润泽物焉，能生云雨，为恩多，然品类以百数，故视子男。”然则龙者，托体于岳渎山川，而能为岳渎山川灵者也。语云：“不测之谓神。”又云：“不见而功之谓神。”龙也者，能为云雨，其同运岳渎山川之功用，而为不见不测者乎？恶得不与公侯子男享祀不没也！且山民之力穑也，荷锄秉耒于纡曲险阻、砂砾莽薄之中，水泉易涸，风霾易燥，需云雨为甚急，求庇龙神为甚大，视彼平畴广原、五日无麦、十日无禾者，又不侔矣。故山人之祀龙神为甚虔，崇龙神为甚久，村村而祭之，岁岁而举之，迄无厌斁。以故龙神之感应斯民也，亦甚灵且验，斯不亦昭施之理较然著明也哉？而从无能修举其词，以答神贶，播之风谣者，岂非斯民之庸僻固陋，将神之丰功大德，业已流行昭布于深山大泽之间几千百年，而卒为而不有、由而不知乎？此以副古宗伯狸沉疈辜祈年息物之意，不几有亏《大田》《楚茨》之章耶？何以称报赛也！故为之语曰：“山之岁功得云雨而后成，山之云雨得龙神而后弘，山民之报功与龙神之享祀得吾文而后名。”

乃作歌曰：“坎其鼓，御田祖。鼓其镗，御龙王。云凄凄，雨滂滂。禾黍茂，岁功昌。岁功昌，爰有报。土鼓击，豳雅噪。君欣欣，康且乐。《大田》续，《楚茨》绍。屡丰年，从此兆。”

卷十五

引

重修广泉寺募引

髯苏云："溪声便是广长舌，山色岂非清净身。溪若是声山是色，无山无水好愁人。"此言佛性不离溪声山色，而真声真色又不在溪山也。今大地皆佛性，众生皆佛徒，而必欲取土木而经之营之，前龛后刹，左龙右象，金碧玓珠而始称佛，无异盲者指盘为日，愈求愈远矣。旆丘村释子明照欲重修广泉寺，是发心求佛，不出土木为功德，亦犹求声色于溪山也。虽然，彼未造第一乘法，不识真声，且教听水，不识真色，且教看山，待山穷水尽无处着想，自然了悟，斯亦在尘出尘法也。即土木求佛当作如是观，又可以不作如是观。凡有是愿者，请共椋椺而观之，当有悟处。

亲贤堂征诗引

静修诗云："石边流水自萦纡，树杪闲云恣卷舒。长怪西山无爽气，只应少我一茆庐。"余避地双峰，烟林水石之胜，可供薖轴，但数年来一枝借栖，殊苦结巢不易。庚子春初，滏山友人张还白为构一椽于五公之麓，遂俨然称我幽居占断燕山一片石矣。每遇佳风日，余辄握陶诗一卷，婆娑吟啸其间，不减当年北窗高卧称羲皇上人时。特未问外来客从红尘道上遥望西山爽气，比前增多少。一日过涿鹿，诵静修诗，为还白道之。还白鼓掌，因令同人赋诗志胜，庶俾筑屋雅意与野樵幽踪，或借风谣可以并传不朽也。

韩氏遗稿引

尝览昔人族谱，门望显著者，其间类不乏隐君子。如马伏波之勋名，其弟则有马少游；陶荆州之赫奕，其孙则有陶潜、陶淡。一时丘园之贲，高鸿翔凤，德辉亦映后世。高阳韩氏，簪缨世胄，照耀燕南，门望之显著不让陶、马。而其间硕德而隐伏，若某某诸公，皆风流隽绝，文彩令雅，以儒行终其身，故其遗藻坠墨咸足表见。观其所繇，亦少游、潜、淡之亚也。其孙笃忱，夙与余同好，沉意泉石。今出而高第南宫，行且策名华要矣，因手其先世诸遗稿，入山见示，意欲授梓传永久。虽兵燹以来，篇什散逸，然摘其一二唱予和汝，声音笑貌宛在行间，亦仁人孝思之所寓也。昔李太白诗集散落，得李阳冰裒而传之，后世以为深幸。若笃忱之搜辑家乘，播扬遗咏，奕世不磨，岂特阳冰之托而已哉！抚卷兴思，志嘉徽美，余故乐为述之。

赵德厚和献陵八景诗引

登高兴爽，子安有朝云暮雨之吟；怀古情深，少陵发鲁殿秦碑之咏。是诚才人之能事，洵属骚客之遗风。山阴德厚赵社兄，作客寿州，依刘幕府，清才绝世，盛德宜人，濯濯春柳之姿，谡谡风松之韵。应声三步，岂让柳公权之雄名；书屏十联，不羡杨徽之之雅望。爰于三春之暇，聊和八景之篇。落纸珠玑玓瓅，光芒夺目；开函锦绣辉煌，藻彩怡神。允探骊龙之奇，殊异雕虫之陋。付之剞劂，庶几人握灵蛇；传之国都，正使家珍和璧。金声掷地，不独价重词林；玉叶镂春，亦且光增县谱矣。

陆夫人挽诗引

凤箫声只，才人动失俪之悲；鸾镜彩孤，骚客有悼亡之咏。况乎淑姿窈窕，美器柔良，既宜室而宜家，复能诗而能礼，齐眉致敬，倾产佐需者哉。我梦符社翁陆夫人，弱岁入帷，小心执栉。鸡鸣堂上，二人俱蔼欢颜；瓮提井边，合眷均推勤政。青纱步障，频解小郎之围；明月锦机，时照余光之壁。至于二叔娶妇，悉从一己办装，翡翠笔床，何惜脱手，琉璃砚匣，不必随身。岂难倾筐倒皮以相将，只图比玉兼金之可乐。麒麟一子，才欲食牛；鸳鸯二禽，忽然折翼。刘子真虽不御肉，难免凄其；孙子荆总然作诗，益增怆恨。我辈分切臭兰，情伤埋玉。观结眉之蛛网，窃恸奉倩魂销；抚沥血之苔阶，潜忆安仁泪落。罗纨秋捣，谁开入户之风；翰墨宵闲，尚染抽书之垩。可无一字，吊彼美之芳魂；合集千章，永斯人之丽躅。倘锡瑰琰，伫上缥缃。

鹿太夫人助葬引

太夫人，范阳鹿解元石卿公元配也。公峥嵘处榜，海内仰其鸿名；夫人婉娈凤帏，闺中传其淑则。江村门望，人群具瞻，盖有年矣。自忠节公血碧城头，石卿公衔恤叫阍，甫得恤典。形销骨毁，随以长往，父死于忠，子死于孝。夫人承此家风，不敢陨越，柏操松节，三十余年。冢嗣静观以名孝廉筮仕安邑，夫人随往，冰蘖之训，聿有征焉。迨静观以勤殒职，夫人为次嗣密观迎养于乡。故业飘零，卓锥无地，流寓伯通之庑，寄食以供甘鲜，夫人安之若故。冢孙泠御羁迹他乡，不免寒饿。清白吏子孙苦状可掬，夫人未尝有戚容也。嗟乎！把茅片席，尚艰安处于生前；石椁泉台，谁代周旋于身后？今夫人灵柩见在高阳庞家蕞，灯销漆焰，灶冷炊烟。密观、泠御仰天椎心，泣尽以血，形影相吊，僵若枯株。首丘之路甚遥，目迷冻雪；敦匠之资莫措，心逐寒云。我辈见义当为，闻风斯起。或盟心旧社，曾执子慎之经；或把臂新交，不后朱王之托。或情深邂逅，弗吝麦舟；或道溯渊源，期崇木本。各搜囊橐，共凑锱铢，助成归穸之仁，用表执绋之义。庶江村坛坫尚知奕世之有人，梓里风谣犹见吾徒之好德。

为车黄门募修施茶庵引

匹夫之微，苟存心于济物，未有无所济者，儒者之论也，浮屠家亦然。高阳县境有边渡口，介在上谷、瀛海两郡间，横贯百五十余里，一望斥卤，村落凋疏，求一息阴之树不可得。夏则炎沙，秋则潦水，冬则寒冰积雪，棘路而行，有不得越者。车徒负担，络绎过之，焦渴寒饿中遥指墟烟，计气若衽席。此时有沃以凉沫，熨以暖汤，虽醍醐仙液不啻也。斯乡车黄门实有鉴于此。黄门昔在禁籞，今已老入空门，化为野鹤孤云、寒螿冷露矣，而爱育斯民之志，犹欲于一瓶一钵试之。爰出衲头余粒，买地一掌于巷南，思结茶庵数武，为置灶汲泉之所。庶不负此婆心，是亦辟支涉水喂蛭、袒露饲蚊遗法也。吾儒已饥已溺，将无同乎？顾一人始之，众人成之，层台非蒉土能就，愿斯乡之士大夫及诸善信齐作大檀越也。夫荫暍人于樾下，犹传三代之仁；投鸟谷于雪中，尚致百龄之寿。矧兹一路惠泽，万人被沾者哉？共襄胜事，拭目俟之。

魏母杨太夫人挽章引

余与莲六为执友二十余年矣，迹其所奉以周旋者，皆母训也。母之生，出渥水巨族，事舅姑以孝闻。舅殁，值姑衰年目盲，善怒难近，母能委曲顺其意，故临殁语母云："吾愿尔生子娶妇皆如尔也。"莲六之庭帏养志寔则之。母相夫子以勤简，故产业不拓而常若丰裕，且教子义方，主家政严而有法，而莲六之治繁理剧寔则之。母周亲族以厚，待邻里以和，御臧获以恩，而莲六之善气迎人、远近沾洽寔则之。二十余年间，凡我同人忻慕莲六之德，皆母德也。而抑知更有难于此者。方莲六牧定襄，甫两月，翩然拂袖，人人噪“八十日陶彭泽”耳。而所以促其归者，母不荣禄养而安德养，毅然将子妇先还，以示决当解组意。噫，女流而烈丈夫矣！宜莲六之一见撄疴，如夺身命，数月以来，昼夜目不交睫，衣不褫带，瘦无人色也。我侪沐母泽深且笃，闻母风夙且迩，睹莲六之鸡骨支床，其何能已于摧肝裂腑哉！恭制韵词，陈而歌之，用播芳徽于不朽，庶表哀思云。

都曹口募重修五龙堂引

土木之工，不宜轻动。自古朝廷之大，除城池、仓库、关津、阨塞勤加修饬外，余俱慎惜民力，不遽议鼎新也。露台之费，百金尚靳，况在闾井小民胼胝之物力乎？虽然，事有关于民间休咎，为费少而受益多者，又不可以常律拘也。高阳都曹口旧有古祠一区，前祠五龙神，一方巨镇，其来久矣。近年圮坏不堪，观者咨嗟。按都曹村前一河，即磁、唐、沙三水之委流，巨浸蜿蜒，澎湃下注。每秋涛泛涨，汪洋万顷，民命有鱼鳖之忧。迩者安澜不惊，沿河丰稔，黄陇青畦，如京如坻，以为非龙神之司命不及此。神固施之，而人反吝报之，可乎？则古祠之重加修筑宜矣。顷闻淮扬水患，当事方议遍祠水神，多起庙宇，增崇祀典，以图消弭，而此方亲受龙神之赐者，固可亵越若是耶？宜乎龙李君发愿鼎新也。独力不能，告之众善，理固应尔。望诸同好勿以寻常土木视之。昔狄梁公毁淫祠八百余所，独留大禹、泰伯、伍员、季子四祠，其中大禹、伍员居二焉。禹，治水祖也；伍员，亦属水神。岂不以水土演而民用利，关系休咎，为古今所不可轻者乎？吾友林玉齐君谆谆为余道之，余故乐为嚆矢如此。

福泉寺塑庄严佛像引

紫柏老人云：“华钟匪叩而音响不流，宝炬未燃则寒光匿耀。故皈依佛祖，藉有刑仪。”即像道存，瞻颜体现，此庄严佛祖之所以不可缺也。献城西北隅福泉古寺，岁久颓毁，老衲德盛发愿重修。贤守刘公饬治兹邑，慨为捐金。自山门以及大雄殿，森然林立，无一不更新者。所少佛像未暇庄严，而德盛示寂，使琳宫贝阙，黯焉无色，亦香台法界马尾不全之虑也。今德盛弟子某，痛念师果未完，衔恤告众，誓了此缘。虽功成只关一念，而道助必假十方，是用片疏，恭为代引，倘大檀诸君必有乐合浮图之尖者乎？或曰道本虚空，受想行识皆所不有，何有于辉煌金碧？得无为佛法赘？虽然，无者自无，有者不妨并有。阿难白佛：“我见如来三十二相，胜妙殊绝，形体映彻如琉璃。”吾愿四方大众见吾庄严者都作如是观，则紫柏老人“皈依佛祖，藉有刑仪”之语为不谬也。

募暂补臧家桥引

献州城北臧家桥，绝滹沱之委流，为南北发道，轮蹄如雨。其桥柱以木，前年邑人虑其不坚且久，议易以石，升任刘明府曾有募疏道其详，惜未就工而内转，事遂寝。今遇乔明府下车，百务更新，桥梁道路之间尤属加意。一日，桥忽圮，柱折梁颓，仅余一线通行人车马，过者危若履春冰，整理补葺之计一刻不容缓，且不暇谋金石之固，乃议以木暂弥其缺，为费已不赀矣。乔明府心实忧之，首捐俸若干，复遍告斯邑士民之好义乐施者。嗟乎！舆梁孔道，岂能待十二月之鸠工；宝筏迷津，端有赖千万人之助力。况仁莫大于救急，义莫高于扶危，请各捐橐底之余财，共成目前之盛事。庶功成不日，覆篑即是合尖；乐至忘劳，轻尘遂堪足岳。敢告同志，勿失急公。

龙潭作醮引

高阳庞家蕞东南不数里，旧有古湫，名龙潭。泉水深甘，昔人砖甃之，潭底以瓦砾投，铮然有铜铁声。探之，得铜釜覆泉上，盖镇泉水，恐其喷涌也。乡人遇旱，令娄妇刷箕其上，则雨立应。父老相传，不解其说，殆亦胜境云。岁久潭渐圮，吾友林玉使道人魏居潭上关庙，图兴复计。道人发愿诚恳，募砖鸠工，旬月之间，整理改观矣。又合诸羽流，作醮以落之。夫山川能兴云雾，降雨泽，有功德于民则祀焉。兹潭之在兹乡，祷辄应，为功于民久。矧今春麦覆块而雨不润尘，其需龙神之沛施正殷，虔而祈焉固宜也。昔郯城石穴出云则雨，临贺卧石祭之亦雨，从古多有灵异者，不独此一潭为然。凡我各乡豚蹄之祝有同心，岂香火之诚无合志乎！

王氏世节旌表小引①

曲逆弹丸地，节孝不一而足。至孝子王学诗典身葬父，在明崇祯十六年，而疏题其两世节母，在今康熙十八年。非孝子积德累行，勤渠无间，精诚所感，上下同风，则两母之苦节不显，立名若斯之难也。既而思之，孝子以畎亩一布衣，目未尝识诗书，身不出闾井，朴茂无文，躬服门内，遂尔誉隆朝野，赐金表门，绰楔乌头，巇嶭辉映，成德又若斯之易也。嗟乎！人亦顾自致何如耳。为其易，不患其难；惮其难，则易者亦隳矣。孝子当典身负母、割肉乞邻时，固出其中心之适然，毫不计久近难易也，乃究竟底成，不可磨灭如此。昔罗威耕田，蔡顺拾葚，不过率其事母之常，未尝勉而为之，而一时慕其至行，千古传其芳躅，史册何曾负人纯德哉？余因而更有感也。忠孝两端，古今大谊。曲逆片壤，节孝著矣。其流九水处士赵守律，枯卧荒山，足迹不到人世，每遇鼎湖龙忌之日，焚香痛哭，三十余年如一日。今赍志没，曾无过而作青蝇之客者，噫！人何其知孝而不知忠也？似又有待矣，吁！

献城装文昌帝君像并重修魁星阁募引

献邑旧有帝君祠、魁星阁，二者皆关乎学校文物之兴废，右文崇道者，

① 全文又见光绪《保定府志》卷七十二，题作“王余佑《王氏世节小引》”，及民国《完县新志·文献第四》，题作“新城王余佑撰《王氏世节旌表小引》”。

不可不加之意也。按梓潼帝君姓张，讳亚子，其先越巂人，因报母仇，徙居梓潼之七曲山，仕晋战没，人为立庙祀之。至唐玄宗、僖宗，宋咸平中，屡封至英显王。道家又谓，上帝命梓潼掌文昌府事及人间禄籍，故元加号为帝君，此文昌之说也。至于魁星之说，北极紫微垣中北斗七星，自一至四为魁。又魁四星为璇玑，杓三星为玉衡，为人君之象，号令之主，所以建四时而均五行者也。《书》之“璇玑玉衡，以齐七政”，正谓此也。又西方七宿，首曰奎。奎十六星为天之武库，亦为边兵，又主沟渎。昔时五星聚于奎，则天下文明。魁与奎，二者未知其孰是，要之，皆不专主文也。若夫专主文明之星，则在北方七宿中东壁二星，主天下图籍秘府，明则道术君子进，不明或失色、大小不同，则天下重武臣，贱文士。此为学宫所宜，而世率多崇文昌与魁星者，何也？夫文昌六星，天之六府，一曰上将，二曰次将，三曰贵相，四曰司禄，五曰司命，六曰司寇，并非司文事也，况梓潼乃地名耳，何豫于文物而崇奉之若此？且魁星所关甚巨，朝廷大典，自有专祀，何独于学宫昭其灵应也？曰：此有说也。神者，不可知之辞也。既不可知，则其冥冥漠漠之中，其为主文与不主文，乌乎定之？其主文而不止于文，与不主文而可以兼乎文，又乌乎定之？业已洋洋在上，在左右于千百年大小贤愚之心思耳目，是即至神也，尊之奉之，乌容已乎？请语于斯邑之士大夫，洁诚竭力以竣斯举，斯邑之文物必大兴矣。

行远社约引

语云：“服习众神，巧者不过习者之门。”贵专精也。诸君业已操觚，与海内才人竞渡，而不习鼓枻扬槌之技，得无为钓台敲扇柄者所窃笑哉？吾上谷人文，首推顿里、蠡吾、虞丘、渥水、濡阳数处。年来联翩飞鸣者固彬彬矣，后起英俊磨砺以须者，指日排浪冲涛而上碛石之险，岂可少激跃之一力哉？目今白藏届节，斑管生凉，芸阁灯青，绛帷眼碧，正好读书艺文之会也。项里林玉齐社兄慨然首事，愿为诸英效鞭策，联社以图专精，意甚盛也。语云：“言之不文，行之不远。”社取“行远”，诚有道焉，诸君共鼓舞之！余废弃老山人，不谙此道久矣，虽不能攘臂下车，然之野之暇，观壮士之暴怒，与猛兽之恐惧，则亦油然动喜心焉。所有诸条，具列如左。

一、向来结社多轮流供馔，然社中有不出户庭之人，每会问路，苦于导引；或寒素之家，客舍不宽，致烦那借；或器用厨灶不便，未免张皇。今议定庞家蕞东阁，地势宽闲，令老僧主爨，每位一日各给大钱四十文以偿其费，无钱者以米面代之。晨午两餐，率以为常。其有社友愿留讲道论艺者，可以照此例给钱，久住兼可读书。

一、每月两会，定于初十、二十五日清晨，到会命题艺文，不许喧乱废工。一篇不完，罚银五分；一会不到，罚银一钱。如有急事，须先有假帖。

一、不务帖括，愿入会者，别有制事斋，共谈世务，或综古谊。并不相碍，适以相成。

一、社友既在社谱，即系契交，不徒文字借切磋之助，亦且身心有臭味之亲。凡我同盟，各深此义。

《伴腊谣》小引①

半载以来，所得吟咏，已勒为一集。复余白纸二三十片，装成小册。时已入腊矣，二十余日中及年而止，凡所咄嗟之余，略成音节者，并与载之，得若干首，题曰《伴腊谣》。余闲居憔悴，非是为无以度日。“伴腊”者，余与腊差可相似，腊是冷日，余是冷人也。

---

① 此文又见《甲申集》，文字略有不同，详见《甲申集》。

卷十六

题　跋

书巢子临《感应篇》后

为善无应，善必当为；为恶无应，恶必不当为。因求应而始为善，为善之心不诚矣；因避应而始不为恶，为恶之心终在矣。是以君子正谊明道而已，功利非所计也。虽然，庸众人不喻也。善应歆之，总不尽诚，善事多矣，故示之善应，即利禄焉。恶应怖之，总其终在，恶事少矣，故示之恶应，即刑书焉。或者勉强渐近自然乎？

题二王像

《宋·五行志》载：“谢灵运每出入，自扶接者常数人。民间谣曰：‘四人挈衣裙，三人捉坐席。’”弇州家有宋拓石本右军大令像，簪冠博衣，若半酣状，前后门生二人扶掖之，想即此像邪？晋人风致，于此可缅。

跋赵德厚《秋柳诗》后

美人迟暮，千载深悲，读之骚魂欲绝，然转眼春初，仍是芳菲无限，非慧心人安能解此？觉桓征西攀条流泪，尚隔一尘。余昔年六月赏菊诗云：“赏花偏向无花日，此意此情谁得知。相士失贫相马瘦，多因错认未开时。”① 亦同斯慨。

郭耳黄《文式》题语

扬子云为郎时，自奏愿不受三年俸，且休脱直事，得肆心广意以就学，故得赐笔墨钱六万，观书于石渠。耳黄郭社兄题名雁塔后，一日相晤于寿州草室，出其手删《初学文式》见惠。其中创论精当，言简而意尽，真可为后学津筏。知胸中无尘累，不以仕进撄怀，可为超凡越俗之襟量矣。他日优赐俸给，观书石渠，踵子云之故事，此编未必不与《太元》《法言》并传不朽也。

诸名公手迹跋

“粗豪厌见屋漏雨，圆滑欣逢锥画沙。纸墨千年净如洗，料应曾入米颠家。”此赵令时题右军帖语也。吾友参甫家藏卷，为前朝诸名公手迹，片羽碎金，米盐集之。不知当年谁氏子好事，成此佳玩。其圆滑瘦劲，大抵宗王法，而意态各出，俱臻微妙。参甫于翰墨夙有嗜痂癖，牙签玉轴，方留心鉴赏。此卷得此人，可谓“入米颠家”矣。余摩挲借观，不忍释手。笔墨之工，即使今时见之，当亦击节称叹。彼“粗豪”者，何足与语此！

著亭跋

静修诗曰：“后人指点经行处，应为先生著此亭。”意在名也。阳明诗

① 此诗又见本书卷五，题为《共泰邻师杞菊园六月赏菊》。

曰："天回江汉流不住，地缺东南著此亭。"意在功也。吾师紫峰寓渥水，其以"著亭"题此也，岂无意乎？余佑诗曰："晚日射波菱荇紫，晴霞带郭竹松青。功名千载知谁问，且为一杯著此亭。"①

题元朴卷子

吾乡以医名者，无如瓦桥丹崖赵君。听其言深秘，非人所解，然取效率如左券。比晚始识渥水元朴刘君，其言之深秘与丹崖相若也，而效亦往往著。昔年余见其居停屡迁，所在辄籍甚。今寓涿有年矣，涿之知名士相与赠言述德者，篇章满窗壁间，厥效不益著与？然余览其所集诗卷，徒多人耳，无人为公计及此道者。盖此道如千载绝学，预其衣钵者不多得。今丹崖君已物故，其遗编余论如《广陵散》，无嗣之者。而刘君年迟暮，衰病流离，好事者率贪其一日之效，而不虑其百年之功，不汲汲求安其身以传其术，而使其忧愁困顿于旅逆之中，蹙蹙谋骸骨归故乡，惨澹郁邑。焉能舒怀怡气。究极夫前哲奥旨，广览其人而传诸乎？或曰："刘君吝道之微妙，辄不以示人。"余曰："人无求者，安见其吝？即吝，闻余言当必有变计矣。"

题《瀔水亭印薮》

士不求荣于世，则各有所资以游意，寄而已，而技亦工焉。桃椎织屦，以易茗米，圣子画马，而济窘乏，持借以寓身耳，当时固传之。管子又幼赍脱屣尘寰之志，而谋所资以游于世，镌摹篆籀，留心小玺，亦朱龚之屦马也。日渐久，技亦渐工，盖其所本《说文》《正讹》《玉篇》诸书，考证最确，而劖削亦竣，诣者固知其异于凡猥矣。兹册非其彪炳者欤？若夫时道之戚，则感慨系之，余又无容深词也。

① 此诗卷五未收。

跋公式临欧阳《率更帖》

孙过庭云："楷书之法，初学平正，后归奇险。既能奇险，复归平正。"公式书向如苍松怪石，不可方物，奇险极矣。迩复专工《九成宫帖》，昼夜临摹，几于砚穿颖秃，遂得其精奥。今为弟子奂若书此本，端楷清遒，奇险后之平正，信有征焉。闲窗披阅，如对端人，复逢喜色和悦而诤，可仿佛之，益见过庭语非谬也。不乖入木之术，无间临池之志，奂若其善师之。

题德馨抄《楚词》

德馨田子从余游，时时载酒，见余案头《楚词》，欣然慕之，遂手自缮，录成一帙。余曰："写书，古人美谈，截蒲编柳尚且为之，何况今日？田子可谓好事矣！《楚词》文字之奇，古今共羡，班彪、挚虞之俦姑不论，但田子自兹以往遇古人书多矣，使其尽能好之如此，山玉海珠，岂特一骚人章句已哉？王修数百卷，张华三十乘，殆不难致，田子勉之！"

碎墨卷跋

傅山青主论书云："此中无他巧法，只是一味实实砌垒工夫，见古法帖不必辄临，从上下四旁谛观结构起落，心画存之，久久胸中为字武库。"此真格言！学者能从此入手，翰墨不难精矣。余若谷家舅素谙此道，门人郝谦集其手书若干粘为卷，又以余书碎纸缀其后，时时体玩，亦笔墨一助也。

跋杜紫峰先生绝笔后

呜呼！此吾师杜紫峰先生病中绝笔也。春蚓秋蛇，犹飞冰茧，电光石火，已落泉台，把玩遗迹，安能不泪下沾襟也？然示同志语，翛然洒脱，一片清虚，骑箕比烈，断不作凡间游魄。至于眷恋霞城，则又情殷爱笃，留下衣钵。霞城何幸而得此于先生耶？呜呼，霞城必知所自勉矣。

石补天伦卷跋语

吾乡有金容孙先生、立节刁先生、范阳杜先生，屹然鼎峙。今三先生皆物故，海内想望丰采者，思得片言只字，重如拱璧。而鹿苹梅君家藏此卷，孙、杜两先生手迹宛然，何其幸也！两先生非事关忠孝廉节，不轻留笔，观此累累百余言，不去口实。且杜先生大书绝少，仅见卷头，鹿苹素德为两先生所器可知矣。噫！独刁先生不作书，平生手迹不少概见。余方为先生作传未就，又不能不对两先生遗墨而怆然怀念也。

《通俗劝善书》跋

《通俗劝善书》，熊勉庵氏所辑，颇称亲切有味。用宾乔明府莅献以来，携之巾箱，时时赞味而奉行之。业已政简刑清，百务就理矣，尤欲烝民好德之彝，家喻而户晓也，遂捐俸翻刻，令其广传，立意可谓恳且挚。余山人，流寓乐寿，自甘朽栎，不复敢见贵人久矣。明府每隆下交之礼，所以慰藉之者甚厚，于刻是书也，持以相商请益。余观是书，采集博洽，论析周密，无可更益者。无已，则有刘念台先生《人谱》一编，弁之于首，使读书有识人习诵，兴起理学，令人心风俗粹然一出于正。再无已，则有朱国祯《涌幢草》所载水利一款，及田秀实先生《平治要务》畦田区田之法，附列于末，为救荒利农急务。语云："仓廪实而知礼节，衣食足而知荣辱。"既富方谷，劝善之道，莫良于此。是书也成，始之《人谱》，葆其初心，以端为善之源；继之《劝善书》，广其功德，以充为善之用；终之田功，养其身家，以助为善之乐。庶乎王道大备，有始有卒，而教养并兴矣。愚夫一得，未知有益高深否也？

书《五峰纪略》后

余在遂城晤李圣用，出孙夫子苏门先生所为《五峰纪略》，读之潸然泪下。昔陈同甫搜采奇闻，于赵次张、龙伯康二人怀奇负异，赍志而没，犹三叹传之，余何能默？君冒姓苏，复姓李。为诸生时，才高，睥睨侪伍，气豪一世。已而投笔，成武进士，工驰射，好大略。曾在雄城守陴，闯贼薄城，难民壅塞，门不能闭，骑将蹦矣。君于城上以三矢透铠却之，城得全。又于五峰守寨，老稚万口，仓卒攀磴道不及，贼蹑之。君横弓截射，三发三中，迸血丹谷，贼立退。明崇祯末，君宦京营，条陈救焚急务十余款，凿凿可行。而当事疑不决，啮血而已，识者惜之。君殁已久，后君死者睹君轶事，不能述君生平，与赵次张、龙伯康并传，有愧同甫多矣。为缀数语于纸尾。

题飘然楼主人寿诗卷

梁水凌九郝翁，余同社友也。幼锐情笔墨，老而弥笃，架书连屋，日坐修篁里，孜孜不厌。其所为诗古文词，不啻吉光苞羽。兼邃羲象之理，往尝为余剖析至夜分，皆帖括家所未道，翁亦自负不薄。今年且七十矣，耳目精明，观览日益富。华祝之期，余及同人咸为诗歌以庆之。而翁长公参甫，夏初以岁荐赴试恒阳，其年友多巨鹿、大、雄间名宿，雅工文藻，闻翁高行，争为篇什投赠。故参甫归而甚喜，得借诸英翰墨以为阶前莱舞之助。中涂寓书，欲合远近诗笺集成卷轴，作笥中珍，而乞余言弁其首。余因忆宋处士王昭素，年七十余召见便殿，讲《乾卦》，因示讽谏，又陈治世养身之道，圣主书屏以志不忘。翁于《易》理渊深，包括参两，极其所至，足以干旋元运，岂独穷年矻矻，雕刻于经纬宫商而已哉？他日当有式庐问道、究大儒之蕴者，余且拭目俟之。

题《坩园诗草》

夫人趋向有高卑，其意言亦因之异。祖士少倾身障簏，时论鄙之；阮遥集吹火蜡屐，神色闲畅，见推名流，其趋向异也。吾友右黄，忠孝传家，博综群籍，胸无俗累，有夷然不屑之韵。广陵一游，虽不无所需于人，至明月归舟，了无所裨，而得失不形。纵心啸咏，俱见襟素，以视世俗得则狼奔、失则鼠窜者，相越何远哉！观其作，知其趋向高矣。间一披诵，如见其人，萧爽清逸，倜然标举，使世间龌龊辈闻而愧汗。其旷达如遥集者遇之，又浩然有当于天怀也已。灯余点定，聊述数语，以代远道晤谈。

孙文正公《车营》跋①

车战一道，自春秋以还，代有其人，人有其制。而酌古准今，得失利病，区画无遗，则文正公此制集其大成矣。始于马沧渊大将军呈其式，屡呈而屡不合，最后公方喻之制成团练，分合变化，捷于呼吸。其运用之妙，惟鹿忠节公《车营说》尽其概。大要不出“我欲行，敌不能使之止；我欲止，敌不能使之行”二语。而其精思妙理，百端并辏，寻绎无穷，则在《百八叩》一编，浩乎渊乎，不可揣摩矣。

① 全文又见孙承宗问、鹿善继答《车营叩答合编》书首，清同治八年高阳孙氏师俭堂刻本。光绪《定兴县志》卷十五载此跋前半，至“不可揣摩矣”，以下删节。

昔年吾邑于度张公、养邃孔公，皆忠节高足，刳心世务。曾亲到关门观其规略，深服文正公布置宏远，制作精详，非常人所及。归来与余草庐抵掌，每一挑灯，辄至五鼓。不意世故纷纭，二公皆以松柏之操埋骨首阳，余亦流耕严濑，绝口不谈世事。壬戌冬，公孙紫渊从余破囊中搜得《百叩》一编，持归补其家集，既而走字嘱余为序，而藏之以传久远。噫，此事往矣！燕雀堂中图淹岁月，世无过而问津者，此道几何而不为尘饭土羹也？虽然，诸葛武侯鞠躬尽瘁，创为八阵，至今鱼腹沙中纵横列石，江流不转，岂非精诚所著耶。况此编条分缕析，精诚所披，俱足千古，收而存之，可以补孙吴所未备，安能使间世奇猷泛泛与草木同腐乎？诗云：“鱼鸟犹疑畏简书，风云常自护储胥。”三复斯言，令人神往。

跋广威将军德星梁公志传卷后

先鲁山公及先忠烈公与金容梁方伯及弟广威将军为姻戚，每一过从，辄十日饮。余从坐隅，亲见酒绿灯红，呼卢浮白，神彩欲飞。距今四十年间，诸先人皆去世，回忆旧欢，如在梦寐。辛酉冬，遇平和梁同学于渥水，乃广威公季子，出其先人志传见示。传为吾师紫峰手著，且自书“侠风义骨”，淋漓笔端。广威公可以不没，而平和蓼莪深情，俱寿志林矣。披纸念故先世交谊，依依目前，真不异剪烛东窗时也。后之高山景行者览此卷，睹广威公义烈，兼知吾两家先好一段真悃，或不同泛泛云。

题濡水冯孝义泗昌公遗事

孝弟仁义，夫人性而生之者也，而世之于亲于友遇，率隐忍怯懦而不能发，岂性之不善欤？抑其气质之禀赋者薄，而旦昼之间知诱物化，莫繇透露其心性之本然，是以虽有触而不发，发而不克竟其事也？若濡水泗昌冯公，卫亲保友三轶事，发于至性，极乎人情，不可述而志与。

泗昌为诸生家居时，丁母夫人艰，侍父还淳翁，年八十有一矣。一日昏夜，盗入其宅，众皆骇走辟匿。公度父动履难，不能脱，遂燃烛立床头。盗逼索财物，抽刃欲斫其父。公跽曰："吾父衣食于吾兄弟者二十余年矣，家私皆吾辈营办，即有财物，父安得知乎？况遭凶岁，苦饥寒，众等或误听也。"盗不直而缚之，将酷以火。还淳翁曰："既不信吾儿言，当使死于其室，老夫不忍见也。"盗从之。及引入别室，四壁萧然，盗始悟，释之，父亦得无恙。此其孝于亲者何如也？

公弟运昌触厉禁，身家立辱没，公告运昌曰："家破则无患。"于是尽出己所有售之，牛畜继焉，运昌产卒完。此其弟于兄弟者何如也？

往年安州盗蜂起，地主率左右营兵捕之。有公友梁文运者，良士也，自乡诣城，为营丁所获。地主疑通盗，大怒缚之。文运百喙辩，不自明已，将出州门就死地矣。阖州人骇怖，无一敢解者。公闻，疾登堂大言曰："明府为民杀盗，奈何使无辜受戮乎？秀才梁文运，贡士某之子，实无不法事，愿以二十口保之。"地主素信公，追还释焉。此其秉仁仗义于友朋者何如也？

昔慈溪冯公君德，值倭寇犯县，君德随父出奔，倭断父手。君德以身蔽父，泣求躬代，竟被刃以殁。王琳弟季遇赤眉，将加害，琳自缚，请先季死，贼俱释之。李孟元与叔就同居，就有痼疾，孟元悉以田园与就，而自纺绩给日。李泌为相，内外俱疑韩滉有异志，泌以百口保其不反，朝廷究赖其用。凡此皆古今孝弟仁义垂名简牍，可为世法者，非泗昌公前徽耶？

公阿咸绘生读书识大义，不难光大前人之绪，故述其概授之，以俟采风者。

《出门交谱》跋

昔陶渊明每出门，平日有不能招致者，辄于便道伺之，及至，未尝不尽欢。邵尧夫每遇经行之所，门人辄筑行窝以待，便极啸咏当时。晋、宋二公为士人敬重如此，而人之敬重二公者，亦附二公以传。吾乡征君先生之自蒲阴南发也，一时士大夫或先期往，或遇诸途，或树下班荆，或席前折芰，或述短韵于素笺，或寄深情于华札，殷殷然古道欢，盖不减于陶、邵二公。而恳恳诵说，以仁人孝子勖天下后世，较二公倍肫切，而令蒸动于先生者亦盛。及先生卜居共城，汇集诸同人诗札，录而存之，曰《出门交谱》。先生自有言，小子不必赘。然先生之意，以不敢忘诸同人之雅，得此以为幸，而吾谓诸同人之得登先生《交谱》为尤幸也。非附青云，乌能声施后世？即夷、齐之贤，尚借孔子而彰，况其他乎？虽然，交先生者为慕先生之行，尊先生之言，体先生之心也。今先生须眉肝胆，具在春风一座中，步而趋之者有人乎？佩而服之者有人乎？“中心藏之，曷日忘之”者有人乎？吾窃望于同人不浅矣。

附:《五公山人集》整理弁言①

《五公山人集》十六卷，明王余佑撰，清李兴祖编。

王余佑，或作余祐，字申之，一字介祺，号五公山人。先世为小兴州人，宓姓，明初迁保定新城，改王姓。入清，王余佑先侍父避居易州五公山双峰村，后定居河间府献县，子孙遂为献县人。

王余佑，明万历四十四年（1616）生，清康熙二十三年（1684）卒。《集》中凡称“国朝”皆为明朝，称明思宗为“先帝”。民国《献县志》云：“按山人一生，乃心明室而实终于清。”故而此《集》之列入《明代别集丛刊》，亦如已经出版的杨照《怀古堂诗选》，乃是“从本志也”。

王余佑十六岁为诸生，甲申之变时，他正在易州参加乡试，明亡弃学。做诸生时，王余佑曾经受到在畿辅视学的左光斗的赏识。左称道他是文与射的“兼才”，“可备用”。其学出自孙承宗、鹿善继、孙奇逢、杜越诸人，而后来开创了颜李学派的颜元、李塨则是他的弟子辈。晚年，王余佑在献县主讲献陵书院。既卒，学者私谥“文节”，又谥“庄誉”。卒后，官修方志所作传记多列在《理学》《师儒》《儒行》各传，并奉祀乡贤祠。尹会一续编《北学编》的清代部分，将王余佑排在孙奇逢、杜越之后，居第三位，而颜元、李塨、王源则并列最后，王余佑适当他们中间。按名望，他不如孙奇逢与颜李，故而知之者少；但是按个人观感，则他所经胜国遗民的岁月较之孙奇逢为久，所经明末乱离的事变较之颜李为多，因之从“社会生活”的层面而言，王余佑及其交游的亲朋、社友更能代表明末清初北学中的典型状态，其中种种细节多可由《五公山人集》一书中窥见。我早先曾有文称王余佑是北学的“先驱”，是由颜李学派而言；如果由鹿善继之江村学案、孙奇逢之夏峰学案溯源而言，王余佑正可谓为北学的中坚。

---

① 见张京华点校《五公山人集》，上海华东师范大学出版社2010年3月版。

北学主于知行合一，外表看来，则偏于力行。学者对北学的认识向有争议，关注亦时冷时热。有论北学于宋学如何、于王学如何者，有论北学于汉学如何、于清学如何者，有论北学于孔子如何、于墨子如何、于许行如何者，最后又有亟于讨论北学之沉寂与绝无传人者。而梁启超又谓北学一切无所承接，“举朱陆汉宋诸派所凭借者一切摧陷廓清之”（《中国近三百年学术史》），“明目张胆以排程朱陆王，而亦非薄传统传注考证之学，故所谓宋学、汉学者两皆唾弃”（《清代学术概论》）。其言貌似果断，实则是未解之解。

北学之北并非自方位对称而来，并无南学与东学西学，而只有北学。因为游牧族的入侵与华夷的冲突总是来自北面，其学术风尚刚强、坚忍、粗豪，自《史记·货殖列传》时已经定型。故清初王夫之论华夷问题，颇归结于地理差异，清末刘师培论北学亦专言地理。刘师培之言曰：“燕赵之地古称多感慨悲歌之士，读高达夫《燕歌行》，振武之风自昔已著。又地土硗瘠，民风重厚而朴质，故士之产其间者率治趋实之学，与南学浮华无根者迥异。颜学之兴亦其地势使然欤！”其所论最确。

刘师培又云：“望溪方氏与人书，称浙学之坏始黄梨洲，北学之坏则自习斋始。吾得一语而反之曰：燕蓟素无学术，北学之兴始自习斋。惟习斋弟子舍刚主、昆绳外，咸注重躬行，不事空文著述，故书缺有间。然以学植躬，择术备用，较之横渠关学盖有进矣，岂不盛哉！”（《幽蓟颜门学案序》）是知南北方各有为学标准，如以南方标准衡量北方，在南方以学为学，以不学为不学，在北方则恰是不以学为学，所学不在读书，不在讲说，不在著述，尤不可流于心学、禅学，而当与人事人生吻合为一。

我国学术皆源出三代，但四部学问在三代当时只是治世之政术，并没有一种独立在外的学术，后世不得已，立为学问而学习之，故不免于先王陈迹之讥，破除之法就是得意忘象。所以北学看似粗疏，其实贴近三代的真精神。

北学衰落后，到了民国，也有几次被学者提起。

“一战”后，梁启超在北平四存中学讲演，如是说道：“颜李以为凡纸片上学问都不算得学问，所以反对读书和著书。又以为口头上学问都不算得学问，所以反对讲学。”“呜呼！倘使习斋看见现代青年日日在讲堂上报纸上高谈什么主义什么主义者，不知其伤心更何如哩！”（《颜李学派与现代教育

思潮》)

“沈阳事变”后，陈登原说道：“余自一九三一年以来重客南京，始得披览颜氏诸书。会值家国多故，朝市更易，四海困穷，三边沦没，知人论世，益有取于崇实笃行之意。于衰世清谈之俗，诚深恶痛绝，而不知其已甚者，良以虚言蠹世，溢辞乱真。种族兴亡事已可痛，至如上也者以新说自文其漏失，下也者以旧学自鸣其雅古，虚骄之气导国民而扇之以浮竞，愚诬之技率学子而教之以无用，则雄关半圮，辽沈新亡，江南燕子之曲，海上门户之争，有怀往昔，殊不能不太息于明季也。”(《颜习斋哲学思想述·自序》)

大约同时，商务印书馆百科小丛书《颜元与李塨》的作者、北平四存中学校友金絮如回忆到这所中学，说道：“一般青年们走着四方步，每日讲求修身，念《毛诗》，读《左传》，弹古琴，奏雅乐，处处表现和北平那些学校是不同的，不起学潮，不写爱呀心呀肉呀的文章。他们道貌岸然，没有罗漫斯可说，他们的理想人格、他们的导师是能力行的二位学者——颜习斋和李恕谷。”

抗战中，张继论颜元云：“寇祸日深，士节沦丧，人心世道深用隐忧”，“先生之学要在平常一事一物中随处体践。标榜宣传，为所深疾，吾辈所为不过如先生所斥‘空言相续，纸上加纸’而已。”而张荫梧则径以“报仇雪耻复兴民族”为颜元“精神生活的出发点”。(张荫梧《颜习斋先生之精神生活》及张继《序》)

由这些断续的呼应中，即可看出北学的特质。

王余佑是一位奇人。幼伟岸，有大志。聪颖，读书识大体。颜元曾说：“夫子温、良、恭、俭、让，介祺得其二，温、恭是也。”称王余佑气度包罗，可资师法，自谓平生所不能及，以至对王余佑“以父道事之”。李塨也说：“春风满坐，经济满怀，吾不及五公。”而在王余佑卒后，其长子王孚则亦以为李塨最能传其父之学。

王余佑生长于幽燕之地，自幼受理学的熏陶，又遭逢明末与阉党斗争和明亡的激变，故其为人颇有燕赵慷慨悲歌之遗风。其治学则以性理为根本，以实学及物为主旨，以明体达用为宗，以闲邪存诚为要。其治身心专以诚敬为主，其于日用专以躬行实践为事。待人则教以忠孝，和易简谅，对己则立身孤介，刻苦砥砺。喜通任侠，敦尚气节，有古独行之风。王余佑虽为儒林中的士子，但是他读书的态度绝不是追仿时文或是空谈性理，而是沿着实学一派的传统独开一径。其治学范围，举凡天文地理、礼乐政刑、耕桑医卜，以至西洋语文，无不析其端委，上下数千年如指掌。他的门人李兴祖说他："极纵横上下之说，数千年间事如烛照数计。及指陈得失，蒿目时艰，真有坐而言可起而行者。"王余佑的实学才能在当时已被誉称为"有本之学""王佐之才""命世之才""王霸大略"，"足以安民济世"。李兴祖说："从来讲理学者弊在拘方而不适用，谈经济者流为功利而不入于纯。"王余佑则能"本理学为经济"，明体达用一以贯之。这个评价是很中肯的。尹会一也极力称赞说："嗟乎！吾尝怪世之人动以儒术迂疏为道学诟病，如先生者隐而未见耳！使获见用于世，其不一雪斯言也与?"

王余佑喜作诗文，但都由兴所之，本乎性情，兴酣笔落，顷刻数纸，写后常随手散失，且不在意格律。他还擅长书法，风格遒逸。而对于清代极盛的考据之学则多所忽略，盖其心意不重在此。

王余佑还通兵法战略，著有《乾坤大略》一书。他早年跟随孙奇逢学兵家言，主于孙吴。他跟随鹿善继受学。鹿善继曾协助兵部尚书孙承宗镇守榆关四年，任赞画，孙有兵书《车营百八叩》传世。他的师友茅元仪尤以兵略著称，所撰有《武备志》二百四十卷。茅元仪本人也曾随孙承宗督师辽东，任赞画、副总兵，方以智称赞他是"下帷称学者，上马即将军"，王余佑复与茅元仪"论天下安危成败"。为王余佑所仰慕的南宋人陈亮，为人才气超迈，喜谈兵，也曾考论古人用兵成败之迹，著成《酌古论》，对王余佑影响很大。明末，兵书武略已成为北学一派共同关心的焦点，王余佑对于兵略的研究体现了时代的特点。而在王余佑之后，清初北学中颜元也是自幼学习兵法，于技击驰射无不精通，遇豪杰无论贵贱莫不结纳深交。王余佑死后二十年，为他作传的大兴人王源也是一位喜欢任侠言兵的奇士，其父为明锦衣卫指挥，又曾从著名兵法家魏禧受学，精通兵法，性情豪迈不可羁束，于当世之人视之蔑如，于古人亦然，心中所慕惟有诸葛武侯、王文成公二人，自以为当北面武乡侯而与陈同甫并驾齐驱以争先后。王源对人自然是少有赞许，但他对王余佑却能独加赞赏。在为李塨之父所作《李孝悫先生传》中，王源说道："北方学者多暗晦，寡交游，著述亦不传于天下。以予所闻，孙征君而外，不过山右傅青主、关中李中孚数先生而已。既与李刚主、张文升订交，乃知有五公山人及颜习斋诸君子。"

需要特别指出的是，王余佑还身负武学，著有《十三刀法》（又称《太极连环刀法》）传世。王余佑在新城时，李塨曾将他车迎至家，传授枪法刀法。早年他跟随孙奇逢受学时，就是一面学兵家言，一面习骑射、击刺，无不工。时人称其才兼文武，精于技击，说他"恒以谈兵说剑为事"。他常与弟子歌诗饮酒、骑射技击为乐。直到晚年，他谈兵述往事，仍能目光炯炯如电，声若洪钟。有时持兵指画，胡须戟张，蹲身一跃丈许。驰马弯弓，矢无虚发，使观者莫不震栗色动，啧啧称叹。王余佑自己也说他平生"性不平，好武健，生来一点血性，不肯以涂朱傅粉争妍取怜于世人"。有时居家郁闷，"一室叫跳，须眉如刀槊立"，"倚天而号，提剑而舞"，"击节徘徊，欲歌欲泣"。

王余佑是将理学、武学、兵略和慷慨任侠的性格合为一体，这样贯通成一种有根基、有渊源、有活力的实学。有几件事很能说明王余佑躬行实践的实学精神和他北方学者慷慨悲歌的任侠性格。

一是明末天启五年（1625）魏大中、杨涟、左光斗等人被阉党逮捕入狱，魏大中长子魏学洢至京师抗争，当时阉党逻卒四布，王余佑与鹿善继、孙奇逢、杜越等人予以掩护，奋不顾身，相与周旋患难。《明史》载："容城孙奇逢者，节侠士也，与定兴鹿正以光斗有德于畿辅，倡议醵金，诸生争应之。得金数千，谋代输，缓其狱，而光斗与涟已同日为狱卒所毙。"即此事。

二是在山西临县时，条列时弊数千言上之，由于拂忤当事者之意，继父王建善被调任鲁山，实欲困之。王余佑见时世不可为，遂力劝继父解印归田。

三是在明末清初鼎革之际，经历了父兄的死难。王余佑的生父王延善为县诸生，为人尚气义，曾以万金家产结客。明末兵乱，王余佑正校试于易州，闻讯投笔而归。路经容城，与孙奇逢谋起兵。于是王延善率三子余恪、余佑、余严以及两个从子余厚、余慎，建义旗，传檄起兵，聚众千余人。孙奇逢也在容城起兵，共同收复了雄县、新城、容城三县。此时清兵入关，诸人遣散。不料王延善却遭仇家陷害，以抗清的罪名被捕入京。余恪、余佑、余严三人准备进京赴难，余恪以余佑已过继伯父为嗣，不可轻死，于是偕余严赴京。驰至琉璃河，夜闻人唱《伍员出关曲》，余恪说："阿弟误矣！吾二人俱死，谁可复仇者？弟壮，可复仇，我死之！"挥余严去，自赴京，大呼曰："我起义生员王某长子也，来赴死！"于是父子二人俱死燕市。余严归，夜率壮士入仇家，尽歼其老幼三十余口无孑遗。王余佑闻父兄罹难，痛不欲生，招魂葬父兄毕，即奉继父母隐居易州五公山双峰村孙奇逢避乱讲学旧地，自称五公山人，躬耕养亲，不求闻达，三十年不入城市，而为学益勤。有时登临峰顶，慷慨悲歌，泣数行下。

出于当政的压力，王余佑对清廷的态度不易显察。但其父、伯、叔三人均为明臣，身为明诸生，父兄又为清人所杀，国亡家毁，对于满清异族不能没有抵触。只不过当时天下大局已定，而河北又近在京畿，所以他不可能有太过激烈的举动。邓之诚《清诗纪事初编》评论他的诗似谢皋羽、郑所南，文模陈同甫，"然辞旨隐约，不作陵厉指斥之语"，也即此意。

王余佑身上所表现出的抗清情绪可以从数处隐约察知。其一，他平生独慕陈同甫，为其有真英雄风度，而至垂老读史，"至谢皋羽、郑所南诸君，又未尝不掩卷流涕也"，说明他的个人情感已与国家兴亡连在一起而不可更改。其二，王延善父子起兵时，值清兵入关，曾遭仇人诬陷。然而王氏父子是否真正有心抗拒清兵，恐怕尚在半虚半实之间。王余恪入京赴难，不喊冤枉，而大呼"起义生员来赴死"，似是自服之辞。其三，入清后，王余佑先在五公山隐居三十年，又在献县讲学十年，四十年不出仕，明显是一种不合作的抗拒。其四，王余佑在编定了《乾坤大略》的十卷之后，又专门搜集了江南对于北方的十次胜战，编定了《补遗》一卷。他说："十卷中至矣尽矣，尚须补也与哉？曰：为十胜而设也。""此十者，皆起于江东之师，以取胜中原。""江南脆弱，谁不闻之？然迹其所以胜，不在强弱也，顾人之运用何如耳！"其意似深望于南明之光复。

王源《五公山人传》对王余佑评论道："予久知山人名，特不详其生平。后交李刚主，始闻其详。而今乃得读其遗书，抚卷流涕曰：此诸葛武乡之流也！天之生此人也，谓之何哉？既已生之，又老死之，天乎！吾不解其何意也？"又说：隋代文中子隐居教授，所造就的人才皆足以安民济世，而不必功自己出。现在天下人才日下，没有能比得上前人的，但是也许王余佑的弟子不同。王余佑的亲传弟子虽不能有所作为，但是日后只要是读过其书能私淑王余佑的，自然也是他的弟子，“虽数十百年之久，固无异于亲炙之者”。如果是这样的话，那么王余佑“又何憾焉”？观其文意，似已预期数十百年后谋图翻覆之举。王源的这个意思未始不是道出了王余佑的真意。

王余佑一生著述，有《乾坤大略》十一卷，《居诸编》十卷，《诸葛八阵图》一卷，《万胜车营图说》一卷，《兵民经络图说》一卷，《十三刀法》一卷，《涌幢草》三十卷，及《认理说》《前箸集》《通鉴独观》《茅檐款议》等，多不传。

据《颜李师承记》所说，王余佑的长子王孚将卒，使人招李塨至献县，“尽以五公遗著付之”，李塨还选编了一种《五公文集》，并为王余佑写了传记。而在二十年之后，康熙四十二年（1703），王源也确是在李塨处得以读到了王余佑的遗著。大概在李塨卒后，王余佑的遗著便逐渐散失。传记所载王余佑有《文集》三十二卷，内容不详，不知是否李塨所编。

此前，王余佑的门人李兴祖曾经了解到：“先生编纂甚富，几重压牛腰，今藏于家，未及行世。”今本《五公山人集》十六卷即由李兴祖所编。王余佑卒前的最后一年，住在安肃李家，使得李兴祖有条件编辑，并且经王余佑亲自审定。这部《五公山人集》在王余佑去世后十年，于康熙三十四年（1695）刊刻行世。

《五公山人集》共收录诗五卷，文十一卷。予读其诗联翩甚夥，往往饮酒、寻菊、杂兴，及结社雅集酬唱之类，似极闲散之致。而细绎所咏，其酬唱则论“南天有逸士，北学见孤诚”（《会稽陶文治折节从游，诗以示之》），话旧则有“四十年前事，依稀昔梦中，相看悲发白，共对羡花红”（《与朱贞明话旧》），自述家境则有“萧然半亩宫，草率是家风，人馔无兼味，应门有小童”（《赠任我宗兄》），自况则有诗题《阔领山衣，屡典不售》，无一不合胜国遗民本色。其雅集皆以“清言”相期，看菊皆以悲秋、隐逸相寄托，而诸偶吟、偶咏、偶感、偶述虽字句寥寥，而难掩心头事，如称“为避风波镇闭门，安心不说旧朝恩，无端梦起兰根土，自取青衫拭泪痕”（《偶咏》），又如“倚马才犹在，挑灯泪暗伤，平生飞动意，到此倍凄凉”（《灯下起草，眼花感赋》）云云。畴昔情状不难再现，而片言只字无一闲散，无一不紧凑精致，有如诸葛八阵图之包藏玄机，使人疑山人“随手稿辄散佚”“特吉光片羽”之言为不可信。又读其《落花诗》十二首，对读卷九《十月寻菊序》，觉山人之比兴精熟亦不减古诗人，使人疑“每兴酣落笔，顷刻数纸”一语为故以卮言掩饰矣。

予读其文，往往为孝子节妇立传，又劝人睦族修谱。师友书札则论文论史，如称“余尝论凡在共主之世者，以共主为君臣，仲连之存周是也；在列国之世者，以本国为君臣，子房之为韩是也”（《答管济美》）。其在民间久而不免于接引释道，所作如《易州文昌会序》《新修无生阁碑记》《重修三官祠记》《龙王庙秋赛祭文》《重修广泉寺募引》《都曹口募重修五龙堂引》《福泉寺塑庄严佛像引》《献城装文昌帝君像并重修魁星阁募引》诸文甚多，而无一不委曲劝诱，使离俗归于正道。

乾隆间开馆修《四库全书》，列《五公山人集》入集部存目，《提要》贬损王余佑“不甚循儒者绳量，其诗文亦皆不入格，考证尤疏”。按当时太平日久，文教兴盛，馆臣对于明末遗民往往不以为意，于其诗文旨趣亦难乎应对，故其所论未必可取。

馆臣于刁包《用六集》称“持论每多苛刻”，“多引委巷无稽之言，不知折衷于古”。于杜越《紫峰集》称“文章则非所长”，“既多录应酬代笔之作，又不甚谙体例”。孙奇逢《夏峰先生集》于康熙三十八年（1699）由兼山堂刻出，而《四库全书》列于禁毁，竟不著录。即《五公山人集》卷次，本为十六卷，亦误为十四卷。馆臣对于北学的态度从可知也。

予自一九九五年出版《燕赵文化》，读北学诸书，慕王余佑父兄一门之为人，击节称赏，最惬心怀。是后每言及之，莫不感激欲泣。一九九九年予在厄中，时斗室在张岱年前辈左近，知张先生为献县人，往访之。予问王余佑其人，答曰不知。又问五公山人其人，先生随口应曰：“知道，小时候听人说王五公、王五公的。”予即请先生题写《五公山人集》书名，先生为写纵横两幅。今先生已辞世数年，而遗墨亦珍存一纪矣。

二〇〇四年初，予方到湖南未数月，忽得献县王树森先生电话，谓寻觅不易，谓为王氏二十世孙、王余佑十三世孙，谓有《王氏家谱》，谓谱中有

《事迹纪略》一册，谓为王余佑所手创。邮寄家谱复印件来，后又邮寄原抄本来，予见之知为至宝，亦略知王树森先生之为人耿介慷慨酷肖其先人。迄今转瞬又七年矣。

《五公山人集》为康熙三十四年枕钓斋刻本。山西大学图书馆有藏，《四库全书存目丛书》据以影印出版。北京大学图书馆亦收藏三部，均无牌记。台湾国家图书馆所藏有牌记，题“康熙乙亥镌”“枕钓斋藏版”。此书仅此一种刊本。原书无目录，今目录为整理者所加。

《王氏家谱》共三册，手抄稿本。其中两册封面保留有“王氏家谱”题签，似出刻印。二三两册稿本为五横栏蓝格专用纸，书口题“家谱世系”四字。书首有总表，始一世“聚才”，终十八世“钟”字辈。书中又夹带活页总表，终二十世“树”字辈。两册正文均始一世“聚才”，历清末光绪、民国，终二十世“树”字辈。最后并有钢笔字迹及部分空白页，显然为递修递抄的底本。两册一薄一厚，对比可知内容大体相同，系传出不同的支裔之手。

最为特殊的是《王氏家谱》第一册，稿本为八行竖栏蓝格专用纸，书口题“王氏家谱”。厚册约一百一十页，前后抄满，但字体不一，当由数人抄出合订而成。

第一册内容，首为《王氏家谱序》，为王余佑之父王建善亲撰，次有嘉庆、咸丰、光绪重修序。光绪序在十三年，此为第一册文字年代的下限。序后有目录，题为《王氏家谱事迹纪略目录》，但对比正文，目录稍不规整。经整理，内容共计三十三项。其中《鲁阳纪略》详载王建善于明亡前夕为最后一任鲁山县令始末，特具价值。他如王明善传(《王吏部复婴公传》)，作者不详，《新城县志》有记载而略简；王建善传、王延善传(《王鲁山兄弟二难小传》)，孙奇逢撰，《夏峰先生集》未见；王建善墓碣(《祁县尹王公墓碣》)，孙奇逢撰，《夏峰先生集》未见；王余佑行略(《五公山人王先生行略》)，李塨撰，《恕谷后集》未见。王延善行状(《先叔行状》)及祭文(《祭先叔先兄文》)，王余佑撰，《五公山人集》未见。此外如隰崇岱王建善墓志铭(《原任河南鲁山县知县恢婴王公暨配董夫人合葬墓志铭》)、张罗喆《五公山人纪略》、刘炳《五公山人墓表》、王九思《五公山人墓碑文》及王奂《忠义传记赞》，均属不易得见之珍贵文献。其余如《王介祺先生实迹册》《献县绅衿举乡贤公禀》及王将华《春圃公家规》等，亦具相应的文献价值。

《鲁阳纪略》一篇及孙奇逢所作传文，在《五公山人集》中均有提及。《寄孙征君夫子书》说："蒙谕为家君寿，言欲令条列平生大节。家君穷达五十余年间，唯以孤介自守，耻于近势。今入山二十年，未尝一字干人，足迹未尝离溪山一步。即佑仆仆求食于外，毫无一意以为当然也。至于平生无愧古人者，尤在鲁山一案。家君不忍自没，有《鲁阳纪略》一通，字字实录，所惜祁县一出，前功遂不敢再论矣。兹将《纪略》录呈，伏冀择览。"《复孙征君夫子书》说："先君墓碣已购石命工矣，平生遗行借老师流墨余藻，树立荒山，秋风蔓草亦不寂寞，铭感岂独一世？"足证其文字可信。此文嘉庆八年《曙光公碑阴记》说到已载清初《鲁山县志》，今嘉庆《鲁山县志》未见，而卷二十六《大事记》载："崇祯十六年癸未，流寇复陷邑城，民有避居西山者，无论男女悉搜杀之。流寇至而土贼遁，流寇去而土贼来，民于其间不获耕耨，即有一二耕者，土贼竟铚刈之，以至啖草茹木，民尽饥死，死而暴露，人即食之，间有入土，人亦掘而食之者。次年甲申，皇清底定中夏，冬月檄至而后渐定。"与王建善崇祯十六年（1643）二月渡河所见皆相吻合。

《鲁阳纪略》一文的题名疑与《五公山人集》中屡次提到的孙奇逢《五峰纪略》相仿而来（孙奇逢又有《乙丙记事》《守容记略》，见《孙征君日谱录存》）。《五峰纪略》今《夏峰先生集》未见，但据《书〈五峰纪略〉后》所概述，与孙奇逢行书手稿本《孙夏峰先生笔记》（文海出版社，六十一至六十三页）"干略"条所记"崇祯十六年癸未"在五峰山寨李华午"三进射三人落马"颇似。又文中载孙奇逢"君冒姓苏，复姓李"，亦罕见学者提及。凡此皆可补史阙文。

从《五公山人集》中《〈郑氏族谱〉说》《〈横塘胡氏族谱〉序》《〈蠡吾闫氏族谱〉序》《〈庆云邓氏族谱〉序》各文，可以看出王余佑对于士大夫家族亟亟表彰的用心，保存下来的《王氏家谱》正可以和王余佑的主张相对应。这部抄本家谱，特别是别具创意的《事迹纪略》，由王余佑在其老父的帮助之下一手创建，其中不少篇章文字在王余佑生前就已由他亲自确定，其特殊价值委实无可比拟。故兹亦将《事迹纪略》部分一并整理，附于《五公山人集》公布出版。

燕赵文库

王余佑集

下册

［清］王余佑 著／张京华 整理点校

燕赵文库编辑出版委员会
燕山大学出版社

乾坤大略

前　言

《乾坤大略》凡十卷，《补遗》一卷。

《乾坤大略》又别称为《廿一史兵略》《此书》《茅檐款议》，又统称为《居诸编》《囊书》。

其书清抄本题“二字居士著”，“二字居士”为甲申明亡后王余佑居山西祁县时期的别号，此别号目前仅见于另一清抄本《甲申集》中。《甲申集·杂志》云：“自号曰‘二字居士’。语人曰‘耐心’二字，其实是‘大明’二字也。”《集》中《甲申集引》署款“丙戌二字居士题于昭余署内”。由此推知，《乾坤大略》当是王余佑早年编纂的一部著作，距离甲申明亡相去未久。

王余佑的早年著作，统称为《居诸编》。《甲申集·杂志》云：“甲申后自著书数种，题其上曰《居诸编》。”学者称王余佑“汇古人经济为《居诸编》”“汇古人经世事为《居诸编》”，而“集古帝王军国经世之要，作《乾坤大略》”，“集历代兵略，为《乾坤大略》”，“集廿一史古帝王军国经世事，分为十卷”，故而成为《居诸编》之一种。

中国国家图书馆普通古籍著录有“《居诸编》十卷，《补遗》一卷，二字居士撰”。清抄本四册，有朱笔圈点。内容与存世的《乾坤大略》抄本完全相同。这可以为《乾坤大略》统名《居诸编》提供直接的佐证。

马叙伦、邓实也认为《居诸编》《此书》《乾坤大略》是一书而有三名。

《乾坤大略》又名《廿一史兵略》，“兵略”是由内容言之，“大略”则是由性质言之，即如王余佑自己所说，“独慕陈同甫之好谈霸王大略”，“此非谈兵也，谈略也”。“大略”与“兵略”算是本书最浅近的题名了。

但“此书”这一特殊的题名，其缘由为何，学者多未明说。王余佑的著作中只有一次提到《此书》。《五公山人集》卷十二《与杨淇子》：“（管）公式归，带得《(通鉴) 独观》《此书》二种，社翁深心大力，可以抵掌共谈。此道非浅人所解，弟三十年心血备注于此。”此外《五公山人集》卷九《紫峰杜夫子寿八帙序》说到王余佑与杜越的交谈：“往昔佑在山中，著《茅檐款议》十卷，举其目以质先生，先生正色曰：‘草庐中事业正在于此！’”由此推测，《此书》之得名乃是“在此”之意，而“在此”之“此”之所指，则是如诸葛亮隆中对策的异军崛起，割据江山，光复天下。王余佑因为杜越一句评说，而将书名定作了隐语。

当然，照一般诠释典故的说法，“此书”最可能是出典于司马迁《报任安书》:“仆诚已著此书，藏之名山，传之其人，通邑大都。”《此书》的题名大约也有类似的特别含义。至于王余佑是否此意，这里只有揣测了。

《乾坤大略》有抄本，有刻本。

其书从清初编定，到康熙二十三年（1684）王余佑之卒，大约只有抄本流传。到咸丰四年（1854)，时任饶阳县知县的秦聚奎说道，“予宰肃水时，已钞录成帙”，即在他出任肃宁知县时，已经看到《乾坤大略》，并且抄存了一部，其抄录所据的底本应当是此前的另外一种抄本。据《大清缙绅全书》，秦聚奎任肃宁知县在道光二十四年（1844）。可知肃宁所见《乾坤大略》抄本的出现，上距王余佑之卒已有一百六十年。秦聚奎任饶阳县知县在咸丰二年（1852)，至咸丰四年，他见到了《乾坤大略》的原抄本，“山人之裔孙王懋亭茂才来饶，携其先人藏书数种，内有《此书》原本”。

秦聚奎，字星五，号唤文，别号凤山，奉天盖平（今辽宁省盖州市）人。进士，官至直隶大顺广道，同治元年（1862）剿贼阵亡，追谥刚烈。《盖平县志》称其“凡前贤遗集，多方搜辑，如容城孙夏峰。博野颜习斋、献县王五公山人、李恕谷诸先正著作，分抄梓行，以广其传”。

王懋亭，名王悳（1805—1890)，字懋亭，一字抱璞，为县学增广生，故别称茂才。他是王余佑的七世孙，《王氏家谱》记载世系为：王余佑→王孚→王超宗→王九思→王成己→王将华→王松林→王悳。据“先人藏书”“《此书》原本”等语，王悳携来的《乾坤大略》应当是王余佑定稿的保存本，自王余佑以后经过六世家传，而后携来饶阳。

肃宁《乾坤大略》抄本可称为“传抄本”，饶阳《乾坤大略》抄本可称为“原抄本”。两种抄本最大的不同，是“传抄本”比“原抄本”内容多了十三条。据秦聚奎所见，这多出的十三条，或者“错杂重复”，或者“归类踳驳”，一条是重出的，十二条是不类的，因而判定为“后人所窜入”。王余佑编纂《乾坤大略》的体例，原是各卷之间不避重复，所谓“一时俱有”，这样的重复全书共有五条，而秦聚奎所校有一条是在同卷中重出的，因此在重新校录时便删去了。但不类的十二条则仍然保持传抄本的原状，而于各条下均予注明“秦校原本无此条”双行小字。秦聚奎还为《乾坤大略》写了序文，备述原委。经过秦聚奎对勘、标注的这个抄本无疑便成为《乾坤大略》最完备的传本。这是该书的首次校录，上距王余佑之卒已有一百七十年。

又过了二十余年，光绪五年（1879），《畿辅丛书》开雕，将《乾坤大略》收入其中，是为该书的第一个刻本。其事由定州王灏主持，《畿辅丛书》扉页题“谦德堂藏版”，《乾坤大略》扉页题“新校传抄本”，内文有秦校，所据即秦聚奎之本。但王灏从何处得到了秦聚奎的校本，并无交代。

秦聚奎孙女秦锡英记述了秦氏校本之所以二十余年未能刊刻的主要原由，即“干禁”。秦聚奎卒后，其子秦福和，字煦堂，号伯鸾，光绪十九年（1893）至三十三年（1907）任广东连州、南雄州知州，立志刊刻《乾坤大略》，“以干禁未果”。秦锡英又对校本进行校阅，但最终似乎也未如愿。秦锡英《王五公山人〈乾坤大略〉序》所说“壬子后禁例废弛”，壬子为民国元年（1912）。《序文》写于“上章涒滩之岁”，为民国十八年（1929）。这个经过秦氏三代校勘的底本，未见刊刻，而年代又晚于《畿辅丛书》诸刻本，其原委究竟，不得而详。

《乾坤大略》后来的刊本，有宣统三年（1911）绿云楼铅印本，民国二年（1913）武进陶湘据《畿辅丛书》版汇印本，民国七年（1918）及九年（1920）山西育才馆铅印本，民国二十六年（1937）上海商务印书馆《丛书集成初编》铅印本，都以《畿辅丛书》本为底本。

《首都师范大学图书馆藏普通古籍目录》：“《乾坤大略》，清王余佑编辑。清咸丰间刊本，四册。”其书未见，或即《畿辅丛书》本，因秦聚奎《序》作于咸丰四年而致误。

宣统二年绿云楼铅印本二册，各卷题下有“绿云楼辛亥第一次校印”小字，卷首书口标注“此书”，页面有署名“海若”的诗句“为校遗编配心史，一灯红接下邳遥”，全诗见韩衍《蓍伯遗著·绿云楼诗存》，题为《宜城咏五首》。《诗存》又有《此诗》，自注：“一名《乾坤大略》”，诗云：“到处南风有此诗，十三陵下一车驰。应知辛亥王炎午，泪尽新蝉欲蜕时。”“此诗”犹言咏王余佑《此书》之诗。韩衍，原名重，字蓍伯，号孤云，江苏丹徒人，清末加入同盟会，创办《安徽通俗公报》《安徽船》《青年军报》。绿云楼为韩衍在安庆所居室名，海若为韩衍园名。

山西育才馆铅印本二册，民国七年版书名题为《兵鉴》，民国九年版书名题为《冰鉴》，增注古今地名标于书眉。

“传抄本”“原抄本”和秦聚奎的底本现在都看不到了，目前所见的《畿辅丛书》本即成为《乾坤大略》一书的通行本。

但除了《畿辅丛书》本以外，迄今传世的还另有一种清抄本，为中国科学院图书馆所藏，收入《四库未收书辑刊》玖辑拾册。清抄本除正文外，还标有书口和页码，全书以楷笔精抄，纸面齐整，书法端正，字迹风格首尾一致。

比较《畿辅丛书》本和清抄本，有如下差异：

一、《畿辅丛书》版心题《乾坤大略》，清抄本《总序》题《乾坤大略》，目录及版心均题名《此书》；《畿辅丛书》作者署“献县王余佑著”，清抄本署“二字居士著”；《畿辅丛书》王余佑《总序》署款“献县五公山人王余佑自序”，清抄本署款无“献县”二字。“献县”二字当是王余佑晚年定居河北献县之后追题，而非当日序文之旧，《乾坤大略》的定名则可能是秦聚奎所确定，从此《此书》的书名就逐渐消失了。

二、《畿辅丛书》本和清抄本的最大差异，是清抄本没有秦聚奎所说重复、不类的十三条内容。凡是秦聚奎所说应当删除而暂予保存但已加注说明的这些条目，清抄本均不见，说明清抄本的来源与秦聚奎所见王惪的家传本是一致的。

三、清抄本还有一些比《畿辅丛书》本多出的内容。一为王余佑《与人论〈此书〉帖子》，一为王余佑《题后语》，一为王余佑《诗》一首。以上三项《畿辅丛书》均无。秦聚奎在校勘该书时，已经看到过这三项，却没有列为附录。秦《序》称："读其跋语，谓'十卷挨次而进，各有深意，不可以一丝乱'，又云'一字不可增减，一字不可颠倒'，'慎勿妄生揣摩，致启参错，反乱定画'"，其中"十卷挨次而进"一语在王余佑《跋》中，而"又云"云云，乃见于王余佑《与人论〈此书〉帖子》。但这三项在抄本中，按其内容较似一种正文的附录，或者竟因为光复明室的意图太过明显，因此而为秦聚奎所删削，也是可能的。

四、清抄本在该书末尾，抄录了秦聚奎认为后人所窜入的十三条，文后并有三句说明："右九条旧列第一卷""右三条旧列第二卷""右一条旧列第七卷，并复列第一卷中，去彼存此"。这部分清抄本目录题作"另记十三条"，版心题作"此书另记"。

五、在补抄的十三条之上，有秦聚奎所作序文，署款与《畿辅丛书》本相同，但无标题，仅在版心书题为"此书另记序"。可知清抄本虽然有与家传本相近的来源，其抄写年代则在秦聚奎校勘本之后。由于吸收了秦聚奎的校勘成果，因而成为含量最富的版本。

六、清抄本正文旁，有圈点及评语，评语多为旁批，也偶有眉批。这些圈评从《总序》开始，直到秦序和另记十三条，贯穿全书首尾，一丝不苟，而圈评的作者则不知谁何了。

至于《畿辅丛书》本和清抄本的文字内容，小有异同，清抄本有不少讹误，《畿辅丛书》本也偶有小误。推测秦聚奎在校勘全书时，也核对了原文出处，多有更正。余如清抄本不避清讳，《畿辅丛书》本避清讳，可勿论。

光绪三十二年（1906）宝兴堂刻本，函套书签题"宝兴堂""新刻乾坤大略"，扉页牌记题"光绪丁未新镌""宝兴堂刊"，正文题"二字居士著，后学通家马跃龙、魏文润、李为章仝校阅"，末有王余佑《题后语》及"十六陵荒烟草余"诗。其书前有光绪三十三年王文熹、王文煇《刊刻〈乾坤大略〉序》，及光绪三十二年张鼎彝《〈乾坤大略〉序》，后有光绪三十三年陈锦堂《五公山人〈乾坤大略〉后跋》，又有光绪三十二年王文煇《〈乾坤大略〉弁言》。

王文煇为王余佑的八世孙，据《王氏家谱》，王文煇为王惺的次子和三子，其祖父为王松林。王熹与王惺为亲兄弟，宝兴堂刻本所据传世抄本与秦聚奎由王悳所见传世抄本应当为同一来源，但仍保留了为秦聚奎所删落的《题后语》及“十六陵荒烟草余”诗。其书虽然晚出，但却直接源出王氏家藏抄本，因此具有与《畿辅丛书》本不同的特殊价值。

其书现有军事科学院图书馆、中国人民大学图书馆、辽宁省图书馆等馆藏。辽宁省图书馆所藏，著录为清光绪三十二年宝兴堂刻本《乾坤大略》二卷附《四囊书》一卷。按其书以一至五卷为上卷，六卷以下为下卷，各一册。所附《四囊书》，扉页仍题《乾坤大略》，书口题“四囊书”，正文实则为《兵民经络图说》与《兵策略》二种，不分卷，是则“附《四囊书》一卷”当作“附《四囊书》一册”。

但详细比对《畿辅丛书》中秦校本及宝兴堂本，可知宝兴堂虽与清抄本为近，但文字内容则往往介于秦校本与清抄本之间。如《补遗》一卷，“沈田子、傅弘之入武关”条，秦聚奎校：“此条见三卷”，谓此条与卷三重复，而宝兴堂本有此条。“夏王勃勃闻裕伐秦”条，秦聚奎校：“此条见七卷”，谓此条与卷七重复，而宝兴堂本无此条。

《乾坤大略》还有其他传世抄本。

晚清马叙伦、邓实等人曾见到一种《乾坤大略》的抄本，“字迹遒挺拔俗，传为山人遗墨”，但仅过录了该书的序跋、目录及《与人论〈此书〉帖子》等三篇，铅排发表在光绪三十三年的《国粹学报·撰录》上。同时刊出的还有王源《五公山人传》，但是没有秦聚奎《序》，其标题格式也完全与清抄本吻合。据马叙伦描述，这个抄本是由曾任藩属的“山西某公”所藏，为陈黻宸、陈孟聪叔侄在京时所见，得以借阅，从而将序跋等部分抄出。陈黻宸字介石，浙江温州瑞安人，号称浙江大儒，清末为京师大学堂教习，推崇颜李之学。马叙伦为其弟子。侄陈孟聪，入光复会。“山西某公”不知何人。

据《谷芙塘先生家传》，民国初年，山西神池人谷如墉有《乾坤大略校注》。其书未见，未知是否与“山西某公”抄本相关。

台湾国家图书馆也收藏有《乾坤大略》旧抄本四册，经王祖询、叶恭绰旧藏，有“王氏二十八宿研斋秘籍之印”“恭绰”“玉父”“遐庵经眼”钤印，及朱墨笔批校。据书首卷端所题“第一卷，二字居士著”，应当亦属较早的重要抄本之一。这两种抄本由于一时难以目验，暂未作为校勘参正。

此外，湖南省图书馆藏有“王五公山人《乾坤大略》十一卷，清王余佑撰，清饶阳刘凤来钞本一册”，见《中南、西南地区省、市图书馆馆藏古籍稿本提要》。是书抄本一册，封面题“王五公山人乾坤大略，饶阳刘凤来抄”，扉页题“二字居士大略”，并有“湖南图书馆珍藏”钤印。正文十卷，补遗一卷，共十一卷。书首有总序，各卷皆有小序，书末有著者跋。抄本楷体端正，每页十竖行，每竖行二十字。抄录中凡有错讹处，皆以小纸片掩住，改正于其上。全书皆有朱笔圈点断句，正文多抄人墨笔批注，字略小，与原文错落排列。如卷一《兵起先知所向》第一篇“楚围荥阳益急”，“令荥阳、成皋间且得休息”处，批注曰“且不向，此最妙”，又于“亦得安辑赵地，连燕、齐”下，批注曰“旁剪其支也，知所向矣”，其批注与中国科学院图书馆所藏清抄本相同。但书后未见王余佑“十六陵荒烟草余”题诗，文中又无秦聚奎校记，亦无抄者刘凤来序跋或藏家款跋，刘氏为饶阳人，未知是否与秦聚奎相关。

此次整理，以《畿辅丛书》本为底本（简称“原本”），并且采纳秦聚奎的校记，书名仍题《乾坤大略》。以清抄本、宝兴堂本为主要的校本，以史书参校，避讳字径改。并且据清抄本、宝兴堂本补足《与人论〈此书〉帖子》《题后语》和王余佑《诗》三篇于后。另附王文熹、王文煇《刊刻〈乾坤大略〉序》，张鼎彝《〈乾坤大略〉序》，王文煇《〈乾坤大略〉弁言》，陈锦堂《五公山人〈乾坤大略〉后跋》，马叙伦《跋》，邓实《附识》，秦锡英《王五公山人〈乾坤大略〉序》。

张京华

2015 年 2 月 16 日

目　　录

总　　序[1]

有人问余山居何事，余举所咏诗以示曰："茅斋讲书罢，执杖临前湄。驱驴就茂草，坐石读古词[2]。好鸟时来语，听之顿忘疲。"山翁行径，复何余事哉！然性不平，好武健，雅不欲以腐木烂草掷此生平。虽巢栖薇茹，时一室叫跳，辄觉须眉如刀槊竖。故独慕陈同甫之好谈霸王大略，又悦其倚天而号，提剑而舞，为有真英雄风度也。十年间胸中垒块，悉谱之于《居诸编》一书，淋漓慷慨之致，每一披吟，辄击节徘徊，欲歌欲泣。自谓此志不肯轻以示人，然尚嫌其意旨统括闲远，未尽明英雄抚时及事之务，及经理规为之次第。故复熟览天下之大势，推求古今帝王得失成败之机，划然剖其所以然，如明镜照面，髭发可数。然后标为十目，各成一卷。摭以古事，定以今评，虽不敢谓掌上山河，观纹可竟，眼底雌雄，坐谈能决，然而智能之所以揆图，英武之所以挥霍，项、刘兴亡，较若黑白，陈、韩胜负，捷于影响，盖已呕心沥血而出之矣。嗟乎！烟峦朝翠，松风夕爽，春花如绣，秋林若染，是间一闲牧竖，藜藿不充耳，何用此咄咄奇事为？曰：此山人之所以为山人也。生来一点血性，既不肯涂朱傅粉，争妍取怜于世人，又不发抒于雄编伟略，以泄其愤懑不平之气，将所谓刀槊须眉、棱棱霄汉者，竟消沉于嫩箩弱薜间，碌碌与草木朽，不几令青山笑人哉！傅岩渭水，何曾贮此空疏无用辈？噫！是编也成，庶几稍不落寞，今而后吾可以隐矣。

献县五公山人王余佑自序

---

① 清抄本标题同，版心作"此书总序"。

② 词，清抄本作"辞"。

秦　序[①]

《乾坤大略》十卷,《补遗》一卷,五公山人所著,名曰《此书》者也。予宰肃水时,已钞录成帙,读其跋语,谓“十卷挨次而进,各有深意,不可以一丝乱”,又云“一字不可增减,一字不可颠倒”,“慎勿妄生揣摩,致启参错,反乱定画”,而细阅卷中,往往事不归类,踳驳颇多,心窃疑之,未甚[②]究也。岁甲寅春暮,山人之裔孙王懋亭茂才来饶,携其先人藏书数种,内有《此书》原本。因重校一周,始知篇中错杂重复之处,为后人所窜入,而原书固自融贯也。当是时,筹防吃紧,到处戒严,韬钤攻守之术,尤为救时良剂。予深喜得睹《此书》原本,爰重录之,以复其旧。其所窜入十三条,删其重复,另记于后,以资参览。并以见前辈经纶世宙之作,全体大用,具有深心。后人不得夸多,妄为增益云。

咸丰四年岁次甲寅,天中节后十日,辰州后学秦聚奎谨识于饶川官署

---

① “秦”字为整理者所加。清抄本在书末,无题,版心题“此书另记序”。又见民国《盖平县志》卷十六《艺文志》,题为“秦聚奎《王五公山人〈乾坤大略〉序》”。

② 甚,清抄本及《盖平县志》均作“深”。

卷　一

自　　序

兵之未起，其说甚长，不必详也。已起矣，贵进取，贵疾速。进取则势张，疾速则机得。呼吸间耳，成败判焉。此不可不知所向也。而所向又以敌之强弱为准，敌弱或可直冲其腹，敌强断宜旁剪其支，此定理也。剪其支者云何？曰：避实而击虚也，乘势而趋利也。避实击虚，则敌骇不及图，如自天而下。乘势趋利，则我义声先大振，而远近向风。不观唐太宗之趋咸阳乎？进乃胜矣。不观黥布之归长沙乎？退乃败矣。微乎，其不可以一瞬失也！霸王大略，此其首矣，故不惜备录之。知其说者，夫固无余蕴焉耳。若夫一时之利钝，一事之坚瑕，又何足云。

兵起先知所向

楚围荥阳益急，汉将军纪信曰："事急矣，臣请诳楚。"乃乘王车，出东门，曰："食尽，汉王降楚。"楚皆之城东观，王乃令周苛守荥阳，而与数十骑出西门去。羽烧杀信。王入关，收兵欲复东。辕生曰："愿君王出武关，羽必南走，王深壁勿战，令荥阳、成皋间且得休息。而韩信等亦得安辑赵地，连燕、齐，王乃复还荥阳。则楚备多而兵力分，复与之战，破之必矣。"王从之。羽果南，王不与战。会彭越破楚军，杀薛公。羽东击越，汉王复军成皋。

项羽既破彭越，还拔荥阳，烹周苛，遂围成皋。汉王逃去，北渡河，宿小修武。晨，自称汉使，驰入赵壁。张耳、韩信未起，即卧内夺其印符，以麾召诸将，易置之。令耳守赵，信收赵兵未发者击齐。楚遂拔成皋，欲西。王欲捐成皋以东，而屯巩洛以拒楚。郦生曰："王者以民为天，而民以食为天。夫敖仓，天下转输久矣，闻其下藏粟甚多。楚拔荥阳，不坚守敖仓，乃引而东，此天所以资汉也。愿急进兵，收取荥阳，据敖仓之粟，塞成皋之险，杜太行之道，距蜚狐之口，守白马之津，以示诸侯形制之势，则天下知所归矣。"王乃复谋取敖仓。

吴王起兵，杀汉吏。胶西、胶东、菑川、济南、楚、赵亦皆反，合兵破梁棘壁，乘胜锐甚。梁遣将军击之，皆败还走。乃拜周亚夫为太尉，将三十六将军，往击吴、楚。遣郦寄击赵，栾布击齐，窦婴屯荥阳监齐、赵兵。周亚夫言于上曰："楚兵剽轻，难与争锋。愿以梁委之，绝其食道，乃可制也。"上许之。亚夫乘六乘，传将会兵荥阳，发至霸上。赵涉遮说亚夫曰："吴王素富，怀辑死士久矣，知将军且行，必置间人于殽、渑阨狭之间。且兵事尚神密，将军何不从此右去，走蓝田，出武关，抵洛阳，间不过差一二日。直入武库，击鸣鼓，诸侯闻之，以为将军从天而下也。"亚夫如其计，至洛阳，喜曰："吾乘传至此，不自意全。今吾据荥阳，荥阳以东无足忧者。"使吏搜殽、渑间，果得吴伏兵。乃请涉为护军，而东北走[①]昌邑。吴攻梁急，梁数使使求救，亚夫不许。又诉于上。上使告亚夫救梁，亚夫不奉诏，而使轻骑出淮泗口，绝吴、楚兵后，塞其粮道。梁使韩安国、张羽为将军。羽力战，安国持重，乃得颇败吴兵。吴兵欲西。梁城守，不敢西，即走汉军。亚夫坚壁不战，军中夜惊，内相攻击，扰乱至帐下。亚夫坚卧不起，顷之复定。吴奔壁东南陬，亚夫使备西北。已而，其精兵果奔西北，不得入。吴、楚士卒多饥死，叛散，乃引而去。二月，亚夫出精兵追击，大破之。吴王弃军夜亡走，楚王自杀。吴王之初发也，其臣田禄伯曰："兵屯聚而西，无他奇道，难以立功。臣愿得五万人，别循江淮而上，收淮南、长沙，入武关，与大王会，此亦一奇也。"王太子谏曰："王以反为名，此兵难以属人，人亦且反王，奈何？"王即不许禄伯。桓将军曰："吴多步兵，步兵利险；汉多车骑，车骑利

① 走，原本作"壁"，据清抄本及《资治通鉴》改。

平地。愿大[1]王所过城不下，直去，疾西据洛阳武库，食敖仓粟，阻山河之险，以令诸侯。虽无入关，天下固已定矣。大王徐行留下城邑，汉军车骑至，驰入梁、楚之郊，事败矣。”王亦不用，竟走死。

汉高以阳夏侯陈豨为代相国，监赵、代边兵。豨反，上自击之。至邯郸，喜曰：“豨不据邯郸而阻漳水，吾知其无能为矣。”周昌奏常山亡二十城，请诛守尉。上曰：“守尉反乎？”对曰：“不。”上曰：“是力不足，无罪。”令昌选赵壮士可将者，白见四人，封各千户，以为将。左右谏曰：“封此何功？”上曰：“非汝所知。陈豨反，赵、代地皆豨有。吾征天下兵，未有至者，今计独邯郸中兵耳。吾何爱四千户不以慰赵子弟？”又闻豨将皆故贾人，上曰：“吾知所以与之矣。”乃多以金购之，豨将多降。

黥布反。上召故楚令尹薛公，问之。对曰：“东取吴，西取楚，并齐取鲁，传檄燕赵，固守其所，山东非汉之有。此上计也。东取吴，西取楚，并韩取魏，据敖仓之粟，塞成皋之险，胜败之数未可知。此中计也。东取吴，西取下蔡，归重于越，身归长沙，陛下高枕而卧矣。此下计也。”上曰：“是计将安出？”对曰：“布以骊山之徒自致万乘，此皆为身不顾后虑者也。必出下计。”黥布东击荆，荆王贾走死。击楚，楚与战徐、僮间，为三军，欲以相救为奇。或曰：“布善用兵，民素畏之。且《兵法》：‘诸侯自战其地为散地。’今别为三，彼败吾一军，余皆走，安能相救？”不听，果散，布遂引兵西。

虞诩为朝歌长，始到，谒河内太守马棱。棱曰：“君，儒者，当谋谟庙堂。乃在朝歌，甚为君忧之。”诩曰：“此贼犬羊相聚，以求温饱耳。愿明府不以为忧。”棱曰：“何以言之？”诩曰：“朝歌背太行，临黄河，去敖仓不过百里，而青、冀之民流亡万数。贼不知开仓招众，劫库兵，守成皋，断天下右臂，此不足忧也。今其众新盛，难与争锋。兵不厌权，愿宽假辔策，勿令

① 大，原本作“太”，据清抄本及《史记》等改。

有所拘阂而已。”及到官，设三科以募壮士，掾史以下，各举所知。攻劫者为上，伤人偷盗者次之，不事家业者为下，收得百余人。又潜遣贫人能缝者，佣作贼衣，以彩线缝其裾。有出市里者，吏辄禽之。贼由是骇散，县境皆平。

袁绍等诸军讨董卓，畏其强，莫敢先进。曹操曰：“举义兵以诛暴，大众已合，诸君何疑？向使董卓倚王室，据旧京，东向以争临天下，虽以无道行之，犹足为患。今焚烧宫室，劫迁天子，海内震动，不知所归。此天亡之时也，一战而天下定矣。”酸枣诸军十余万，日置酒高会，不图进取。操责让之，因为谋曰：“诸将听吾计：使渤海引河内之众临孟津；酸枣诸将守成皋，据敖仓，塞轩辕太谷，全制其险；使袁将军率南阳之军，军丹析，入武关，以震三辅。皆高壁深垒，勿与战，益为疑兵，示天下形势，以顺诛逆，可立定矣。今兵以义动，持疑不进，失天下望，窃为诸君耻之。”邈等不能用，操乃还屯河内。

鲍信谓曹操曰：“袁绍为盟主，因权专利，将自生乱，是复有一卓也。抑之则力不能制，且可规大河之南，以待其变。”曹善之。会黑山、白绕等十余万众略东郡，操引兵击破之。袁绍因表操为东郡太守，治东武阳。

孙坚旧将朱治见袁术政德不立，劝孙策归取江东。

昭烈耻关羽之殁，将击孙权。将军赵云谏曰：“国贼曹操，非孙权也。若先灭魏，则权自服。今操虽毙，子丕篡盗。当因众心早图关中，居河渭上流以讨凶逆。关东义士，必裹粮策马，以迎王师。不应置魏，先与吴斗，兵势一交，不得卒解，非良策也。”

魏文钦以骁果见爱于曹爽，而毌丘俭素与夏侯玄、李丰善，至是，皆不自安。俭乃以计厚待钦。俭子甸谓俭曰：“大人居方岳重任，国家倾覆，而晏然自守，将受四海之责矣。”于是，俭矫太后诏，起兵寿春，移檄州郡，以讨司马师。又遣使邀镇南将军诸葛诞，诞斩其使。俭将兵五六万众渡淮，至项坚守，使钦在外为游兵。师问计于河南尹王肃。肃曰："昔关羽有北向争天下之志，孙权袭取之。今将士家在内州，但急往御卫，使不得前，必有土崩之势矣。"时师新割目瘤，创甚，或谓不宜行，肃又与尚书傅嘏、中书侍郎锺会劝师自行，师疑不决。嘏曰："淮楚兵劲，其锋未易当。若诸将战有利钝，则公事败矣。"师蹶然起曰："我请舆疾而东。"以弟昭兼中领军，留守洛阳。师又问计于光禄勋郑袤。袤曰："俭好谋而不达事情，钦勇而无算。今大军出其不意，江淮之卒锐而不能固，宜深沟高垒以挫其气，此亚夫之长策也。"荆州刺史王基言于师曰："淮南之逆，非吏民思乱也，畏俭等迫胁，是以屯聚。若大兵一临，瓦解必矣。"师从之，以基为前军，既复令基停驻。基曰："俭等诈谋已露，众心疑阻，不张示威形，以副民望，而停军高垒，有似畏懦，非用兵之势也。若俭、钦略民以自益，而州郡兵家为贼所得者更怀离心，此为措兵无用之地而成奸宄之源，吴寇因之，则淮南非国家有矣。军宜速据南顿，南顿有大邸阁，计足四十余日粮，保坚城，因积谷。'先人有夺人之心'，此平贼之要也。"师听之，进据㶏水。闰月，次㶏桥。基复曰："兵闻拙速，未睹巧久。议者多言将军持重。持重非不行之谓也，进而不可犯耳。今以积实资虏而远军粮，甚非计也。"师犹未决，基曰："'将在军，君令有所不受。'彼得则利，我得亦利，是谓争地，南顿是也。"遂辄进据之。俭等亦往争，闻基先到，乃还。吴孙峻率兵袭寿春，师命诸军深壁以待来军之集。诸将请进攻，项师曰："淮南将士本无反志，俭、钦欺诱，与之举事。少与持久，诈情自露，将不战而克矣。"乃遣诸葛诞自安风向寿春，胡遵出谯宋，绝其归路。俭、钦进不得斗，退恐寿春见袭，计穷不知所为。将士家皆在北，降者相属。兖州刺史邓艾将万余人趋乐嘉城，俭使钦袭之。师自汝阳潜兵就艾。钦猝遇之，不知所为。其子鸯年十八，勇力绝人，谓之曰："及其未定击之，可破也。"于是分为二队，夜夹攻之，鸯率壮士先至，鼓噪，军中震扰。师惊骇，病目突出，恐众知之，啮被皆破。钦失期不应，会明，鸯见兵盛，乃还。钦引而东。鸯以匹马拒追骑数千，所向披靡，人莫敢逼。殿中人尹大目，故曹氏家奴，从师行，知师目出，启云："钦本明公腹心，素与大目相信，乞为公追解之。"乃乘马追钦，谓曰："君侯何苦不可复忍数日中也?"钦殊不悟，乃更怒骂，欲射之。大目涕泣曰："世事败矣，善自努力!"俭闻

钦退，恐惧，夜走。寿春亦溃，孙峻进至橐皋。钦以孤军无继，不能自立，遂诣峻降。俭走慎县，人就杀之。

姜维复议出军。征西大将军张翼廷争，以为国小民劳，不宜黩武，不听。维遂将数万人至枹罕。魏雍州刺史王经与战于洮西，大败，死者万计，还保狄道城。翼谓维曰："可以止矣。进或毁此大功，为蛇画足。"维大怒，遂围狄道。魏诏邓艾行安西将军，与征西将军陈泰并力拒维。泰进军陇西，诸将皆曰："王经新败，蜀众太盛。今以乌合之卒当之，殆必不可。不如据险自保，观衅待敝，此计之得也。"泰曰："维轻兵深入，正欲与我争锋原野，求一战之利，当高壁深垒，挫其锐气。今乃与战，使贼得计。经既破走，维若以战克之威，进兵东向，据栎阳积谷之实，招纳羌胡，东争关陇，传檄四郡，此我之所恶也。今乃以乘胜之兵，挫峻城之下，攻守势殊，客主不同。吾乘高据势，临其项领，不战必走矣。"遂进军，潜行。夜至狄道东南高山上，多举烽火，鸣鼓角。维不意救兵卒至，急攻不克，乃遁而还。泰每以一方有事，辄以虚声动扰天下，故希简上事，驿书不过六百里。大将军昭曰："陈征西沉勇能断，救将陷之城而不求益兵，大将军不当尔耶！"秦校：原本无此条。

正月朔，长乐公丕大会宾客，请慕容农不得，始觉有变。遣人四出求之，乃知其在列人，已起兵矣。慕容垂称燕王，帅众二十万，自石门济河，长驱向邺。而农亦驱列人居民为卒，使赵秋说屠洛及东夷乌桓，各率部众数千赴之，攻破馆陶。众至数万，推农为骠骑大将军。农以垂未至，不敢行赏，赵秋曰："'军无赏，士不往。'今之来者，皆欲建功规利。宜承制封拜，以广中兴之基。"农从之，于是赴者相继。农号令整肃，军无私掠，士女喜悦。长乐公丕使石越讨之，农曰："越有智勇之名，今不南拒大军而来此，是畏王而陵我也。必不设备，可以计取之。"众请治列人城，农曰："今起义兵，惟敌是求。当以山河为城池，何列人之足治乎？"越至列人西，农参军赵谦请急击之。农曰："彼甲在外，我甲在心，昼战则士卒见其外貌而惮之。不如待暮击之，可以必克。"令战士严备以待，毋得妄动。越立栅自固，农笑曰："越兵精士壮，不乘其初至之锐以击我，方更立栅，吾知其无能为也。"向暮，农鼓噪出陈于城西，牙门刘本帅壮士四百，腾栅而入。农大众随之，大败秦兵，斩越。

刘裕从徐兖刺史桓修入朝，与刘毅、何无忌、孟昶及裕弟道规、诸葛长民等，相与合谋起兵讨弘，据广陵。长民为刁逵参军，使杀逵，据历阳，弘、逵皆玄党也。裕托以游猎，与无忌收合徒众，得百余人。诘旦，京口门开。无忌着传诏服，称敕使居前，徒众随之，入斩桓修。孟昶劝桓弘其日出猎。天未明，开门出猎。孟昶与刘毅、刘道规帅壮士数十人，直入斩之，因收众济江。众推裕为盟主，总督徐州事，以昶为长史，守京口。裕帅二州之众千七百人，军于竹里，移檄远近。玄加桓谦征讨都督，谦等请亟遣兵击裕。玄曰："彼兵锐甚，计出万死，若有蹉跌，则彼气成而吾事去矣。不如屯大众于覆舟山以拒之，彼空行二百里无所得，锐气已挫，忽见大军，必惊愕。我按兵坚阵，勿与交锋。彼求战不得，自然散走。此策之上也。"谦等固请，乃遣吴甫之、皇甫敷相继北上。玄忧惧特甚，或曰："裕等乌合微弱，势必无成，何虑之深?"玄曰："刘裕足为一世之雄。刘毅家无担石之储，樗蒲一掷百万。何无忌酷似其舅。共举大事，何谓无成?"桓谦与何澹之屯覆舟山。裕先使羸弱登山，多张旗帜，以油灌诸木枝燃之，火光遍满山谷，玄不之[①]测。裕乃与刘毅等分数队进突谦军，皆殊死战，无不以一当百。时东北风急，毅军纵火，烟尘涨天，鼓噪之音震骇京邑。谦等诸军，一时奔走。

徐道覆闻刘毅北伐，劝卢循袭建康，不从。自至番禺说之，曰："本住岭外，岂将以此传之子孙耶?正以刘裕难与为敌也。今裕顿兵坚城之下，未有还期，我以此思归死士掩击何、刘之徒，如反掌耳。不乘此机，而苟求一日之安。裕平齐后，以玺书征君，自将屯豫章，遣诸将帅锐师过岭，恐将军不能当也。若先克建康，倾其根蒂，裕虽南还，无能为已。"循乃从之。初，道覆使人伐材于南康山，至始兴贱卖之，居人争市之。至是，悉取以装舰，旬日而办。循自始兴寇长沙，道覆寇南康，庐陵、豫章皆陷之。道覆顺流而下，

① 之，原本作"知"，据《晋书》改。

舟楫甚盛。朝廷急征裕。裕方议留镇下邳，经营司雍，会得诏，乃以韩范为都督八郡军事，封融为渤海太守，引兵还。何无忌自寻阳引兵拒卢循。长史邓潜之谏曰："循兵舰盛，势居上流。宜决南塘，守二城以待之，彼必不敢舍我远下。蓄力养锐，俟其疲老，然后击之，此万全之策也。今决成败于一战，万一失利，悔将无及。"参军殷阐曰："循所将皆三吴旧贼，百战余勇，始兴溪子，拳捷善斗。宜留屯豫章，征兵属城，兵至合战，未为晚也。"无忌不听，与徐道覆遇于豫章。贼令强弩数百登山邀射，乘风暴急，遂以大舰逼之。众遂奔溃，无忌遂握节而死。刘毅将自拒卢循。裕与书曰："贼新获利，其锋不可轻。今修船垂毕，当与弟同举。"又遣刘藩谕止之。毅怒，谓藩曰："往以一时之功相推耳，汝谓我真不及刘裕耶?"投书于地，帅舟师二万发姑孰。五月，与循战于桑落洲。毅兵大败，弃舟步走，其众皆为循所虏。循闻裕已还，与其党相视失色，欲退还寻阳，取江陵，据二州以抗朝廷。徐道覆谓宜乘胜径进，固争累日，循乃从之。裕募人为兵，赏赐同京口赴义之科，发民治石头城。议者谓宜分兵守津要，裕曰："贼众我寡，若分兵屯守，则人测虚实，且一处失利，则沮三军之心。今聚兵石头，随宜应赴，既令彼无以测，又于众力不分。若徒旅渐集，徐更论耳。"时刘毅新败，人情汹惧，将士北还者多疮病，建康战卒不盈数千。循战士十余万，舟车百里，楼船高十二丈。孟昶、诸葛长民欲奉乘舆渡江，以避其锋，裕不听。参军王仲德谓[①]裕曰："明公新建大功，威震六合。妖贼既闻凯还，自当奔溃。若先自遁逃，则势同匹夫，何以威物?"裕甚悦。昶固请不已，裕曰："今重镇外倾，强寇内逼，人情危骇，莫有固志。若一旦迁动，便自土崩瓦解，江北亦岂可得?至设令得至，不过延日月耳。今兵虽少，自足一战。若其克济，则臣主同休。苟厄运必至，我当横尸庙门，遂其由来以身许国之志，不能草间求活也。"昶恚甚，请死。裕怒曰："卿且一战，死复何晚!"昶乃抗表曰："臣赞北伐之计，使狂贼乘间至此，谨引咎以谢天下。"乃仰药而死。循至淮口，中外戒严。琅琊王德文都督宫城，裕屯石头，谓将佐曰："贼于新亭直进，其锋不可当，宜且避之。若回泊西岸，此成禽耳。"道覆请于新亭至白石，焚舟而上，数道进

① 谓，清抄本作"言于"，与《资治通鉴》同。

攻。循曰："大军未至，孟昶望风而自裁，以大势言之，当计日溃乱。今决胜负于一朝，既非必克之道，且多杀伤士卒，不如按兵待之。"道覆叹曰："我终为卢公所误，事必无成。使我得为英雄驱驰，天下不足定也！"裕登城，见循军引向新亭，顾左右失色。既而回泊蔡洲，乃悦。遂栅石头淮口，修治越城，筑查浦、药园、廷尉三垒，皆以兵戍之。明日，循伏兵南岸，使老弱乘舟向白石，声言悉众自白石步上。裕留沈林子、徐赤特戍南岸，断查浦，戒令坚守勿动，裕北出拒之。林子曰："妖贼此言未必有实，宜为之防。"裕曰："石头城险，淮栅甚固，留卿在后，足以守之矣。"又明日，循焚查浦，赤特将击之。林子曰："众寡不敌，不如守险以待大军。"赤特不从，出战，大败。林子据栅力战，贼乃退。裕帅诸军驰还石头，斩赤特，出阵于南塘。

宋休范帅众二万、骑五百，发寻阳，以书与诸执政，称："运长等蛊惑先帝，使建安、巴陵无罪被戮，请诛之。"朝廷惶骇。萧道成曰："昔上流谋逆，皆因淹缓致败。休范必惩前失，轻兵急下，乘我无备。今宜顿兵新亭、白下，坚守宫城、东府、石头，以待贼至。千里孤军，复无委积，求战不得，自然瓦解。我请顿新亭以当其锋，破贼必矣。"袁粲闻难，扶曳入殿，内外戒严。道成遂屯新亭，张永屯白下，沈怀明戍石头。道成治垒未毕，休范前军已至新林，舍舟步上，遣其将丁文豪别趋台城，而自以大众攻新亭。道成拒战移时，外势愈盛，众皆失色。休范白服登城，以数十人自卫，校尉黄回、张敬儿谋诈降以取之，乃出城[①]放仗，大呼投降。休范信之，置于左右，回目敬儿，夺休范防身刀斩之。其将杜黑驴[②]攻新亭甚急。遂北趋朱雀桁，王道隆将羽林精兵在门内，召刘勔于石头。勔至，命撤桁以折南军之势。黑驴战杀道隆、勔，中外大震。会丁文豪之众知休范已死，稍欲退散。许公舆诈称桂阳王在新亭，士民惶惑，诣垒投刺者以千数。道成皆焚之，登城谓曰："刘休范已就戮，尸在南冈下。我乃萧平南也，诸君谛视之，刺皆已焚，勿惧也。"即遣陈显达等将兵入卫。袁粲慷慨谓诸将曰："今寇贼已逼，而众情离沮。孤子

① "城"下，《资治通鉴》有"南"字。

② 杜黑驴，清抄本《此书另记》作"杜黑骡"，下文二处"黑驴"同。《资治通鉴》亦作"杜黑骡"，司马光《资治通鉴考异》曰："《宋书》《南齐书》作'黑蠡'，今从《宋略》。"

受先帝付托，不能绥靖国家，请与诸君同死社稷！”被甲上马，将驱之。于是显达等引兵出战，大破黑驴、文豪等，皆斩之。进克东府，余党悉平。秦校：原本无此条。

沈攸之与萧道成同直殿省，相善。攸之以道成名位素出己下，一旦专制朝权，心不平，于是勒兵移檄，朝廷汹惧。初，道成以世子赜行郢州事，修治器械，以备攸之。及征赜为左卫将军，赜乃荐司马柳世隆自代，谓曰：“攸之一旦为变，焚夏口舟舰，沿流而东，不可制也。若得攸之留攻郢城，必未能猝拔。君为其内，我为其外，破之必矣。”及攸之起兵，赜行至寻阳，众欲倍道兼行趋建康。赜曰：“寻阳地居中流，密迩畿甸。留屯湓口，内藩朝廷，外援夏口，保据形胜，控制西南。今日会此，天所置也。”或以城小难固，左中郎将周山图曰：“今据中流，为四方势援，不可以小事难之。苟众心齐一，江山皆城隍也。”赜乃奉晋熙王燮镇湓口。道成闻之，喜曰：“真我子也！”攸之至夏口，自恃兵强，有骄色。主簿宗俨之劝攸之攻郢城。功曹

臧寅以[①]“郢城地险，非旬日可拔。若不时举，挫锐损威。今顺流长驱，计日可捷。既倾根本，则郢城岂能自固？”攸之欲留偏师守郢城，自将大众东下。柳世隆遣人挑战，肆骂秽辱之。攸之怒，改计攻城。世隆随宜拒应，攸之不能克。

魏高乾与前河内太守封隆之等袭信都，奉隆之行州事，为敬宗举哀。将士皆缟素，升坛誓众，移檄州郡，共讨尔朱氏。殷州刺史尔朱羽生袭之，高敖曹不暇擐甲，将十余骑驰击之，羽生败走。敖曹马矟绝世，左右无不一当百。高欢屯壶关，声言讨信都，众惧。高乾曰：“吾闻晋州雄略盖世，其志不居人下。且尔朱无道，弑君虐民，正是英雄立功之会。今日之来，必有深谋。吾当轻马迎之，诸君勿惧。”乃潜谒欢于滏口，说之曰：“尔朱酷逆，痛结人神。明公威德素著，天下倾心。若兵以义立，则屈强之徒不足为明公敌矣。鄗州虽小，户口不减十万，谷秸之税，足济军资。愿熟思之。”欢大悦，与同

① “以”字下，《资治通鉴》有“为”字。

帐寝。秦校：原本无此条。

高欢将起兵讨尔朱氏，斛律金、库狄干与娄昭、段荣皆劝成之。欢乃诈为书，称尔朱兆将以六镇人配契胡为部曲，众皆忧惧。又为并州符，征兵讨步落稽，乃发万人，将遣之。孙腾、尉景为请留五日，如此者再。欢亲送之郊，雪涕执别，众号痛。欢乃谕之曰："与尔俱为失乡客，义同一家。不意在上征发乃尔。今直西向，已当死；后军期，又当死；配国人，又当死。奈何？"众曰："唯有反耳！"欢曰："然当推一人为主，谁可者？"众推欢。欢曰："尔不见葛荣乎？虽有百万之众，曾无法度，终自败灭。今以吾为主，当与前异。毋得陵汉人，犯军令，生死任吾，则可。不然不能，不为[①]天下笑。"众皆顿首曰："死生唯命！"欢乃椎牛飨士，起兵信都，亦未敢显言叛尔朱氏也。会李元忠举兵逼殷州，欢令高乾救之。乾轻骑入见刺史尔朱羽生，因斩之，持首谒欢。欢抚膺曰："今日反决矣！"乃以元忠为殷州刺史，抗表罪状尔朱氏。斛律金，敕勒酋长也，尝为怀朔军主，行兵用匈奴法，望尘知马步多少，嗅地知军远近。

侯景闻台军讨己，问策于王伟。伟曰："邵陵若至，必为所困。不如决志东向，直掩建康。临贺反其内，大王攻其外，天下不足定也。兵贵神速，今宜即进。"景乃诈称出猎。十月，袭谯州，执刺史萧泰。攻历阳，太守庄铁以城降，因说景曰："国家承平日久，人不习战。闻大王举兵，内外震骇。宜乘此际速趋建康，可兵不血刃而成大功。若使朝廷徐得为备，遣羸兵千人直据采石，虽有精甲百万，不得济矣。"景以铁为导，引兵临江。梁主问策于尚书羊侃。侃请以二千人急据采石，令邵陵王袭取寿阳，使景进不得前，退失巢穴，乌合之众，自然瓦解。朱异曰："景必无渡江之志。"遂寝其议。羊侃曰："今兹败矣。"景闻之，喜曰："吾事办矣。"乃济江。建康大骇。梁主悉以内外军付太子，以宣城王大器都督城内诸军事，羊侃为军师副之。秦校：原本无

---

① 不为，清抄本《此书另记》同。疑衍"不"字。此句《北齐书》《北史》作："不尔不能为，取笑天下"，《资治通鉴》作"不然不能为，天下笑"。

此条。[1]

湘东王绎以王僧辩为大都督，帅诸将东击侯景。至巴陵，闻郢州陷，因留戍之。绎遗僧辩书曰："贼既乘胜，必将西下，不劳远击。且守巴丘，以逸代劳，无不克矣。"又谓僚佐曰："景若水陆两道，直指江陵，此上策也。据夏首，积兵粮，此中策也。悉力攻巴陵，下策也。巴陵城小而固，僧辩可任，景攻不拔，野无所掠，暑疫时起，食尽兵疲，破之必矣。"乃命徐嗣徽自岳阳，杜崱自武陵，引兵会僧辩。景使丁和守夏首，宋子仙为前驱趋巴陵，分遣任约直指江陵，景帅大兵水步继进。于是缘江戍逻望风请服。僧辩乘城固守，偃旗卧鼓，寂若无人。景众济江，执王珣等至城下，使说其弟宜州刺史琳。琳曰："兄受命讨贼，不能死难，曾不内惭，翻欲阳诱。"取弓射之。珣惭而退。景百道攻城，城中鼓噪，矢石雨下，杀贼甚众，景乃退。僧辩著绶乘舆，奏鼓吹巡城，景军饥疲疫死[2]大半。绎遣胡僧祐援巴陵。

隋汉王谅有宠于高祖，为并州总管，自山以东至海，南距河，五十二州皆隶焉，特许以便宜从事。谅自以所居天下精兵处，见太子勇、蜀王秀得罪，常不自安，阴蓄异图。咨议参军王頍者，僧辩之子，倜傥好奇略。与萧摩诃俱不得志，每郁郁思乱，皆为谅所亲善，赞其阴谋。会荧惑守东井，谅以仪曹傅奕晓历星，问之，对曰："东井，黄道所经，荧惑过之，乃常理耳。"谅不悦。及高祖崩，炀帝以高祖玺书征之。先是，高祖与谅密约："若玺书诏汝，'敕'字傍别加一点，又与玉麟符合，则就征。"及发书无验，谅知有变，遂发兵反。司马皇甫诞流涕苦谏，谅怒，囚之。岚州刺史乔锺葵将赴谅，其司马陶模拒之，曰："汉王所图不轨，公荷国厚恩，当竭诚效命，岂得身为厉阶乎?"锺葵临之以兵，辞气不挠，义而释之。于是从谅反者凡十九州。王頍说谅曰："王将吏家属尽在关西，若用此等，则宜长驱深入，直据京都，所谓疾雷不及掩耳。若但欲割据旧齐之地，宜任东人。"谅不能决，乃兼用二

① 今按：清抄本第一卷有此条。

② 饥疲疫死，清抄本及《资治通鉴》作"饥疫死伤"。

策，倡言杨素反，将诛之。兵曹裴文安说谅曰："分遣羸兵屯守要害，仍令随方略地。帅其精锐直入蒲津，顿于灞上，则京师震扰，兵不暇集，旬日之间，事可定矣。"谅大悦，于是遣诸将分道四出，署文安为柱国，与纥单贵、王聃等直指京师。谅简精锐数百骑，戴羃离，诈称宫人还长安，径入蒲州，城中豪杰亦有应之者。文安等未至蒲津百余里，谅忽改图，令纥单贵断河桥，守蒲州，而召文安还。代州总管李景发兵拒谅，遣乔锺葵帅兵三万攻之。景战士不过数千，加以城池不固，攻辄崩毁。景且战且筑，士皆死斗，锺葵屡败。景司马冯孝慈、司法吕玉并骁勇善战，仪同三司侯莫陈文多谋画，善拒守。景推诚任之，己无所预，唯在阁持重，时出抚循而已。杨素将轻骑五千袭蒲城，夜至河际，收商贾船数百艘。置草其中，践之无声，遂衔枚而济。迟明击之，单贵败走，聃以城降。诏以素为并州道行军总管，帅众数万以讨谅。谅将綦良攻磁、相，不克，遂攻黎州，塞白马津。余公理自太行下河内，帝以史祥为行军总管，军河阴。祥曰："公理轻而无谋，恃众而骄，不足破。"乃于下流潜济。公理闻之，引兵逆战。未及成列，祥击败之。遂趋黎阳，綦良军溃。帝将发幽州兵，疑总管窦抗有二心，以李子雄为上大将军。又以长孙晟为相州刺史，发山东兵，与子雄共经略之。晟辞以男在谅所，帝曰："公体国之深，终不以儿害义。"子雄驰至幽州，止传舍，召募得千余人。抗来谒，子雄伏甲擒之，遂发其兵步骑三万，自井陉西击谅。李景被围月余，诏朔州刺史杨义臣救之。义臣帅马步二万出西陉，锺葵悉众拒之。义臣自以兵少，悉取军中牛驴，得数千头，领兵数百人，人持以鼓，潜驱之，匿于涧谷间。晡后复战，兵合，命驱牛驴者鸣鼓疾进，尘埃涨天，锺葵军溃，纵击破之。谅遣其将赵子开拥众十万，栅绝陉路，屯据高壁，布阵五十里。素令诸将以兵临之，自引奇兵潜入霍山，缘崖谷而进，营于谷口，使军司简留三百人守营。军士惮北军之强，多愿守营。素闻之，即召所留三百人，悉斩之。更令简留，无愿留者。素乃引军驰出北军之北，直指其营，鸣鼓纵火。北军不知所为，自相蹂践，杀伤数万。谅闻之，大惧，自将兵十万拒素。会大雨，欲引还。王頍谏曰："杨素悬军深入，士马疲弊。王以锐卒自将击之，其势必克。今乃望敌而退，是沮战士之心而益西军之气也。愿王勿还！"谅不从。頍谓其子曰："气候不佳，兵必败矣。"杨素进击谅，大破之，擒萧摩诃。谅退

保晋阳，素进兵围之。谅穷蹙请降，𬘡自杀。

杨玄感，素之子也。蒲山公李密，弼之曾孙也。玄感与为深交。帝方事征伐，玄感自言，世荷国恩，愿为将领。帝喜，宠遇日隆，颇预朝政。至是，命玄感于黎阳督运。乃选运夫少壮者，得五千余人，篙稍三千余人，刑三牲誓众曰："主上无道，不以百姓为念，天下骚扰，死辽东者以万计。今与君等起兵，以救民水火，何如?"众皆踊跃，称万岁。乃勒兵部分。主簿唐祎逃归河内。先是，玄感阴遣召李密及弟玄挺，密至，玄感大喜，问计。密曰："天子出征，远在辽外，去幽州犹隔千里。公拥兵出其不意，长驱入蓟，扼其咽喉。高丽闻之，必蹑其后。不过旬日，资粮皆尽，其众不降则溃，可不战而擒。此上计也。"玄感曰："更言其次。"密曰："关中四塞，天府之国，虽有卫文昇，不足为意。今帅众鼓行而西，经城勿攻，直取长安，收其豪杰，抚其士民，据险而守之。天子虽还，失其根本，可徐图也。"玄感曰："更言其次。"密曰："简兵倍道袭取东都，以号令四方。但恐唐祎告之，先已固守。若引兵攻之，百日不克，天下之兵，四面而至，非仆所知也。"玄感曰："不然。今百官家口并在东都，若先取之，足以动其心。且经城不拔，何以示威?公之下策，乃上计也。"遂引兵向洛阳，遣玄挺将千人为前锋，先取河内。唐祎据城拒守，又使人告东都越王侗等勒兵为备。玄感渡河，从者如市。使弟积善将兵三千缘洛水西入，玄挺逾邙山南入，玄感将三千余人随其后。其兵皆执单刀柳盾，无弓矢甲胄。东都遣河南人达奚善意将精兵五千人拒积善，将作监裴弘策将八千人拒玄挺。善意兵溃，铠仗皆为积善所取。弘策战败走，玄挺不追。弘策退收散兵，复结阵以待之。玄挺徐至，坐息良久，忽起击之，弘策又败。如是五战，直抵太阳门。弘策将十余骑驰入宫城，余皆归于玄感。玄感每誓众曰："我身为上柱国，家累巨万金，至于富贵，无所求也。今不顾灭族者，但为天下解倒悬之急耳。"众皆悦，父老争献牛酒，子弟诣军门请自效者日以千数。

李渊入临汾。汾阳薛大鼎说渊，请勿攻河东，自龙门直济河，据永丰仓，传檄远近，关中可坐取也。渊将从之，诸将请先攻河东。河东县户曹任瓌说渊曰："关中豪杰皆企踵以待义兵，瓌在冯翊积年，知其豪杰，请往谕之，必从风而靡。义师自梁山济河，指韩城，逼郃阳。萧造文吏，必望尘请服；孙华之徒，皆当远迎。然后鼓行而进，直据永丰，虽未得长安，关中固已定矣。"渊悦。时关内群盗，孙华最强，渊至汾阴，以书招之。华来见渊，渊慰奖之。以任瓌为招慰大使，瓌说韩城，下之。渊谓王长谐等曰："屈突通精兵不少，相去五十余里，不敢来战，足明其众不为之用。然通畏罪，不敢不出。若自济河击卿等，则我进攻河东。若全军守城，则卿等绝其河梁，前扼其喉，后拊其背，彼不走，必为擒矣。"后果走而被擒。

河南、山东大水，饥莩满野，诏开黎阳仓赈之。吏不时给，死者日数万人。徐世勣言于李密曰："天下大乱，本为饥馑。今更得黎阳仓，大事济矣。"密遣世勣帅麾下五千人济河。会元宝藏、郝孝德共袭破黎阳仓，据之，开仓恣民就食，浃旬间，得胜兵二十余万。窦建德、朱粲之徒亦遣使附密。太山道士徐洪客献书于密，以为大众久聚，恐米尽人散，师老厌战，难可成功。劝密乘进取之机，因士马之锐，沿流东指，直向江都，执取独夫，号令天下。密壮其言，以书招之。洪客竟不出，莫知所之。

时河东未下，三辅豪杰至者日以千数。渊欲引兵西趋长安，犹豫未决。裴寂曰："屈突通拥大众，凭坚城，吾舍之而去。若进攻长安不克，退为河东所踵，腹背受敌，此危道也。不若先克河东，然后西上。"李世民曰："不然。兵贵神速。吾席累胜之威，抚归附之众，鼓行而西。长安之人，望风震骇，智不及谋，勇不及断，取之若振槁叶耳。若淹留自弊于坚城之下，彼得成谋修备以待我，坐费日月，众心离沮，则大事去矣。且关中蜂起之将，未有所属，不可不早招怀也。屈突通自守虏耳，不足为虑。"渊两从之，留诸将围河东，自引军而西。朝邑、京兆诸县多降。

李渊以子元吉为太原太守，留守晋阳，躬帅甲士三万发晋阳，誓众移檄，谕以尊立代王之意。突厥亦帅其众以从。渊至贾胡堡，去霍邑五十余里。代王侑遣郎将宋老生帅精兵二万屯霍邑，大将军屈突通将骁果数万屯河东以拒渊。会积雨，渊不能进，遣沈叔安等至太原运一月粮。以书招李密。密自恃兵强，欲为盟主。渊覆书以骄之。自是，信使往来不绝。雨久不止，渊军中乏粮，刘文静请兵于始毕可汗未返。或传突厥与刘武周乘虚袭晋阳，渊欲北还。裴寂等亦以为隋兵尚强，未易猝下，李密奸谋难测，武周惟利是视，不如还救根本，更图后举。李世民曰："今禾菽被野，何优乏粮！老生轻躁，一战可擒。李密顾恋仓粟，未遑远略。武周与突厥外虽相附，内实相猜。武周虽远利太原，岂可近忘马邑！本兴大义，奋不顾身，以救苍生。当先入咸阳，以号令天下。今遇小敌，遽已班师，恐从义之徒一朝解体。还守太原一城之地，为贼尔，何以自全！"建成亦以为然。渊不听，促令引发。世民将复入谏，会渊已寝，不得入，号哭于外，声闻帐中。渊召问之，世民曰："今兵以义动，进战则克，退还则散。众散于前，敌乘于后，死亡无日，何得不悲！"渊乃悟，曰："军已发，奈何？"世民曰："右军严而未发，左军去亦未远，请自追之。"渊笑曰："吾之成败在尔，惟尔所为。"世民乃与建成分道夜进，追左军复还。既而太原运粮亦至。八月，雨霁。李渊趋霍邑，恐老生不出，建成、世民曰："老生勇而无谋，以轻骑挑之，无不出。脱其固守，则诬以贰于我，彼恐为左右所奏，安得不出？"渊然之。乃与数百骑先至霍邑东数里以待步兵，使建成、世民将数十骑至城下，举鞭指挥，若将围城之状，且诟之。老生怒，引兵三万分道而出，渊使殷开山召后军至。渊欲使军士先食而战，世民曰："时不可失。"渊乃与建成阵于城东，世民阵于城南。渊、建成战少却，世民与军头段志玄自南原引兵驰下，冲老生阵，出其背。世民手杀数十人，渊兵复振，因传呼曰："已获老生矣！"老生兵大败，投堑。刘弘基就斩之，僵尸数里。日已暮，渊即命登城。时无攻具，将士肉薄而登，遂克之。及行赏，军吏疑奴应募不得与良人同。渊曰："矢石之间，不辨贵贱，论勋之际，何有等差？宜并从本勋授。"引见霍邑吏民，劳赏如西河，选其丁壮，使从军。关中军士欲归者，并授五品散官遣归。或谏以官太滥，渊曰："隋氏吝惜勋赏，此所以失人心也，奈何效之！且收众以官，不胜于用兵乎？"秦校：原本无此条。

李敬业起兵。魏思温说敬业曰："明公以匡复为辞，宜帅大众鼓行而进，

直指洛阳，则天下知公志在勤王，四面响应矣。”薛仲璋曰：“金陵有王气，且大江天险，足以为固。不如先取常、润，为定霸之基，然后北向，以图中原，进无不利，退有所归，此良策也。”思温曰：“山东豪杰以武氏专制，愤惋不平。闻公举事，皆蒸麦为粮，伸锄为兵，以俟南军之至。不乘此势以立大功，乃更蓄缩，欲自谋巢穴。远近闻之，其谁不解体?”敬业不从，将兵攻润州。思温谓杜求仁曰：“兵势合则强，分则弱。敬业不并力渡淮，收山东之众以取洛阳，败在眼前矣。”敬业遂行取润州。闻李孝逸将至，回军拒之，屯下阿溪，使敬猷逼淮阴，韦超屯都梁山。孝逸军至，临淮战，不利。监军御史魏元忠曰：“天下安危，在此一举。今大军久留不进，万一朝廷更命他将以代将军，将军何辞以逃逗挠之罪乎?”孝逸乃引军而前。元忠请先击敬猷。诸将曰：“不如先攻敬业，敬业败则敬猷不战自擒矣。若击敬猷，敬业救之，是腹背受敌也。”元忠曰：“不然。贼兵尽在下阿，乌合而来，利在一决。敬猷不习军事，其众单弱，大军临之，驻马可克。我克敬猷，乘胜而进，虽有韩、白，不能当其锋矣。”孝逸从之，引兵击敬猷。敬猷走，敬业勒兵阻溪拒守。元忠言于孝逸曰：“风顺荻干，此火攻之利。”敬业置阵既久，士卒多疲倦，阵不能整。孝逸进击之，因风纵火。敬业大败，轻骑走，将入海。孝逸乃追斩之。

禄山之至藁城也，常山太守颜杲卿力不能拒，与长史袁履谦往迎之。禄山辄赐杲卿金紫，质其子弟，使仍守常山。又使其将李钦凑将数千人守井陉口，以备西军。杲卿归，途中指其衣，谓履谦曰：“何为著此?”履谦悟其意，乃阴与杲卿谋起兵讨禄山。时禄山遣高邈诣幽州征兵，未还。杲卿以禄山命召李钦凑，使帅众受犒，醉而斩之，悉散井陉之众。贼将高邈、何千年适至，皆擒之。千年谓杲卿曰：“此军应募乌合，难以临敌。宜深沟高壁，勿与争锋。俟朔方军至，并力齐进，传檄赵魏，断燕蓟腰膂，彼则成擒矣。今且宜声云‘李光弼兵出井陉’，因使人说张献诚云‘足下所将多团练之兵，难以当山西劲兵’，献诚必解围遁去。此亦一奇也。”杲卿悦，用其策，献诚果遁，兵皆溃。杲卿乃使人入饶阳城，慰劳将士。于是河北诸郡响应，凡十七郡皆归朝廷，兵合二十余万。秦校：原本无此条。

郑祇德求救于邻道，浙西、宣、歙遣兵赴之。祇德馈之，比度支多十三倍，而将犹以为不足。宣、润将士请土军为导，诸将或称病不行，或先求职级，竟不果遣。城中各谋逃溃，朝廷议选将代之。夏侯孜曰："浙东山海幽阻，可以计取，难以力攻。西班中无可语者，王式虽儒家子，前在安南有功，可任也。"乃以为浙东观察使。召入，问以方略，对曰："但得兵，贼必可破。"有宦官侍侧，曰："发兵所费甚大。"式曰："兵多，贼速破，其费省矣。若兵少，延引岁月，贼势益张，江淮不通，则上自九庙，下及十[①]军，皆无以供给，其费岂可胜计哉?"上顾宦官曰："当与之兵。"乃诏发诸道兵授之。裘甫分兵掠衢、婺、明、台，所过俘其少壮。及王式除书下，浙东人心稍安。甫方与其徒饮酒，闻之不乐。刘暀曰："宜急引兵趋越州，凭城郭，据府库，遣兵过大江，掠扬州，还修石头城而守之，宣、歙、江西必有响应者。遣刘从简以万人循海而南，袭取福建。如此，国家贡赋之地，尽入于我矣。"进士王辂曰："刘副使谋乃孙权所为，未易成也。不如拥众据险自守，陆耕海渔，急则逃入海岛，此万全策也。"甫犹豫未决，式军所过若无人。至西陵，甫遣使请降。式曰："是必欲窥吾所为，且欲使吾骄怠耳。"乃谓使者曰："甫面缚而来，当免其死。"式入越州送郑祇德，乐饮而归，始修军令。于是，告馈饷不足者息矣，称病卧家者起矣，先求迁职者无言矣。贼别帅洪师简、许会能帅所部降。式曰："汝降是也，当立效以自异。"使帅其徒为前锋，与贼战有功，乃奏以官。先是，贼谍入越州，军吏匿而饮食之。及是，或诈引贼将来降，实窥虚实，悉捕索斩之。严门禁，警夜周密，贼不知我所为。式命诸县开仓廪，赈贫乏。或曰："军食方急，不可散也。"式曰："非汝所知也。"官军少骑卒，式曰："吐蕃、回鹘比配江淮者，其人习险阻，便鞍马。"举籍管内，得数百人。虏久羁旅，困馁甚。式既犒饮，又赒其家，皆泣拜欢呼，愿效死。悉以为骑卒，使骑将石宗本将之。又奏得龙陂监马二百匹，骑兵大足。或请为烽燧诇贼，式笑而不应。选懦卒，使乘健马，少给之兵，以为候骑。众怪之，不敢问。于是阅诸营见卒及土团子弟，得四千人，

① 十，清抄本作"六"。

使导诸军，分路讨贼，令之曰：“毋争险易，毋焚庐舍，毋杀平民以增首级，胁从者募降之，得贼金帛，官无所问。”自是诸军与贼十九战，贼连败。刘晅谓裘甫曰：“向日从吾谋，宁有此困耶?”收王辂等斩之。式曰：“贼窘且饥，必逃入海。”命罗锐军海口以拒之。贼皆弃船走山谷，帅其徒屯南陈馆下，众尚万余人。浙东兵大破裘甫于南陈馆，斩首数千级。贼委弃缯帛盈路，昭义将跌跌戮令士卒敢顾者斩。贼复入剡，式曰：“贼来就擒耳。”命趣诸军围之。贼城守甚坚，三日凡八十三战。贼请降，式曰：“贼欲少休耳。”益谨备之。贼果复出。又三战，甫等从百余人出降。离城数十步，官军疾趋，断其后，遂擒之。式斩晅等，械甫送京师斩之。诸将还越，式大置酒。诸将请曰：“某等生长军中，久更行阵，今幸得从公破贼。然有所不喻者，敢问公之始至，军食方急，而更散之，何也?”式曰：“此易知耳。贼聚谷以诱饥人，吾给之食，则彼不为盗矣。且诸县无守兵，贼至则仓谷适足资之耳。”“不置烽燧，何也?”式曰：“烽燧，所以趣救兵也。今兵尽行，无以继之，徒惊士民，使自溃乱耳。”“使懦卒为候骑，而少给兵，何也?”式曰：“彼勇卒操利兵，遇敌且不量力而斗，斗死则贼至不知矣。”皆拜曰：“非所及也。”先是，上每以越盗为忧，夏侯孜曰：“王式才有余，不日告捷矣。”与式书曰：“公专以执裘甫为事，军需细大，此期悉力。”故式所奏无不从，由是能成其功。

周故臣李筠起兵，令幕府为檄数帝罪，执监军周光逊等送于北汉，以求济师。又遣人杀泽州刺史张福，据其城。从事闾丘仲卿说筠曰：“公孤军举事，其势甚危，虽倚河东之援，恐亦不得其力。大梁甲兵精锐，难与争锋。不如西下太行，直抵怀孟，塞虎牢，据洛邑，东向而争天下，计之上也。”筠不能用。帝遣石守信等分道击之，乃敕守信等曰：“勿纵筠下太行，急引兵扼其隘，破之必矣。”守信等败筠兵于长平。秦校：原本无此条。

江南江都留守林仁肇密陈：“淮安戍兵少。宋前灭蜀，今又取岭南，道远师疲。愿假臣兵数万，自寿春径渡，复江北旧境。彼纵来援，臣据淮御之，势不能敌。兵起日，请以臣叛闻于北朝。事成，国飨其利，败则族臣家，明陛下无二心。”江南主不听。又沿江巡检卢绛募亡命习水战，屡破吴越兵于海门，亦尝说江南主曰："吴越，仇雠也，他日必为北朝犄角。臣请诈以宣歙叛，陛下声言讨臣，且乞兵吴越，至则蹑而攻之，其国可取。"江南主亦不用。[①]

张浚谓中兴当自关陕始，虑金人或先入陕、蜀，则东南不可保，因慷慨请行。诏以浚为宣抚处置使，听便宜黜陟。与沿江襄汉守臣议储蓄以待临幸。帝问浚大计。浚请身任陕、蜀之事，置幕府于秦州[②]。别遣大臣与韩世忠镇淮东，吕颐浩扈跸来武昌，为趋陕之计，复以张俊、刘光世与秦州相首尾。帝然之。初，浚宣抚川陕之议未决，监登闻检院汪若海曰："天下者，常山蛇势也，秦、蜀为首，东南为尾，中原为脊。今以东南为首，安能起天下之脊哉？将图恢复，必在川陕。"浚大悦。秦校：原本无此条。

蒙古主铁木真殂于六盘山，临卒，谓左右曰："金精兵在潼关，南据连山，北限大河，难以遽破。若假道于宋，宋、金世仇，必能许我。则下兵唐、邓，直捣大梁。金急，必征兵潼关。然以数万之众，千里赴援，人马疲弊，虽至，弗能战，破之必矣。"言讫而卒。

金降人李昌国言于蒙古拖雷曰："金迁汴将二十年，其所恃以安者，潼关、黄河耳。若出宝鸡以侵汉中，不一月可达唐、邓，大事集矣。"拖雷然之，白于蒙古主。蒙古主乃会诸将，期于明年正月合南北军攻汴。遣拖雷先趋宝鸡，速不罕来，假道淮东以趋河南，且请以兵会之。

蒙古兵次嵩、汝间。金御史台言："敌兵逾潼关、崤、沔[③]，深入重地，近抵西郊。彼知京师屯宿重兵，不复叩城索战，但以游骑遮绝道路，而别兵攻击州县，是亦困京师之渐也。若专以城守为事，中都之危，又将见于今日。况公私蓄积，视中都百不及一。此臣等所以寒心也。愿陛下命陕西兵扼距潼

① 此条清抄本第一卷无，见于《此书另记》，秦聚奎无校注。

② 秦州，《宋史》等作"秦川"。明清诸书多作"秦州"。下"秦州"同。

③ 沔，清抄本及《金史》同。施国祁《金史详校》云："'沔'当作'渑'。"

关，与阿里不孙为掎角之势。选在京勇敢之将十数，各付精兵，随宜伺察，且战且守。复谕河北，亦以此待之。”金主以奏付尚书省。平章术虎高琪曰：“台官素不习兵，备御方略，非所知也。”遂止。高琪以蒙古兵日逼，欲以重兵屯驻汴京以自固，州郡残破不复恤。金主惑之，国势益衰。[①] 秦校：原本无此条。

徐寿辉遣项普略，引兵掠徽、饶诸州，遂犯昱岭关，攻杭州。城中猝无备，参政樊执敬遽上马率众出，中途与贼遇，乃奋力斫贼，中枪而死。时董抟霄从江浙平章教化征安丰，乘胜攻濠州。会朝廷命移军援江南，遂渡江至德清，而杭州已陷。教化问计，抟霄曰：“贼见杭城子女玉帛，必纵欲，不暇为备。宜急攻之，若退保湖州，使贼乘胜出京口，则江南不可为矣。”教化犹豫未决，诸将亦难其行。抟霄曰：“公，江浙相君，方面既陷，而及今不取，谁任其咎！”复拔剑顾诸将曰：“相君在此，敢有慢令者斩！”遂进兵薄杭州。贼迎敌，麾壮士突前。诸将相继夹击，凡七战，追杀至清河坊。贼奔接待寺，塞其门而焚之。贼皆死，遂复杭州。已而，余杭、武康、德清亦次第平，抟霄亦受代去。秦校：原本无此条。

伯颜破二郢，至蔡店，大会诸将，刻期渡江，遣人觇汉口形势。时夏贵以汉鄂舟师分据要害，弥亘三十余里。王达守阳逻堡，朱禩孙以游击军扼中流，兵不得进。军将马福言：“沦河口穿湖中，可从阳逻堡西沙芜口入江。”伯颜使觇沙芜口。夏贵以精兵守之。伯颜乃进围汉阳，声言取汉口渡江。贵果移兵援汉阳。伯颜乘间遣阿剌罕将奇兵，倍道袭沙芜口，夺之。因自汉口开坝，引船入沦河，转沙芜口以达江，战船万计，相踵而至。以数千艘泊沦河湾口，屯布蒙古、汉军数十万骑于江北。遣人招谕阳逻堡，不应。因以白鹞子千艘攻之，三日不克。伯颜密谋于阿术曰：“彼谓我必拔此堡，方能渡江。此堡甚坚，攻之徒劳。汝今夜以铁骑三千，随舟直趋上流，为捣虚之计。诘旦渡江袭南岸，已过则急遣人报我。”阿术亦曰：“攻城，下策也。若分军

① 清抄本《此书另记》云：“右一条旧列第七卷，并复列第一卷中，去彼存此。”

船之半，循岸西上，泊青山矶下，伺隙而动，可以如志。”伯颜遂遣阿里海涯进薄阳逻堡，贵率众来援。阿术即以昏时率四翼军，溯流二十里至青山矶。是夜，雪大作。黎明，阿术遥见南岸多露沙洲，即登舟指示诸将，令径渡，载马随后。万户史格一军先渡，为荆鄂都统程鹏飞所败。阿术引兵继之，大战中流，鹏飞军却。阿术遂登沙洲，攀岸步斗，散而复合数四，出马急击，追至鄂东门。鹏飞被重创走，阿术获其船千余艘，遣人还报。伯颜大喜，挥诸将急攻阳逻堡。夏贵闻阿术飞渡，大惊，引麾下三百艘先遁，沿流东下，纵火焚西南岸，大掠还庐州。都统制王达领所部八千人，及定海统制刘成俱战死。元诸将请追贵，伯颜曰：“阳逻之捷，吾将遣使前告宋人。今贵走，是代吾使也。”遂渡江，与阿术会议师所向。或欲先取蕲黄，阿术曰：“若赴下流，退无所据。上取鄂汉，虽迟旬日，可以万全。”伯颜乃趋鄂州，知汉阳军王仪以城降。贾似道以精锐七万余人尽属孙虎臣，军于池州下流之丁家洲。夏贵以战船二千五百艘横亘江中，似道自将后军军鲁港。贵尝失利于鄂，恐督府成功，无所逃罪，又恐虎臣新进出己上，殊无斗志。会伯颜令军中作大筏数十，采薪刍置其上，扬言欲焚舟。诸军但昼夜严备，而战心少懈。伯颜分步骑夹岸而进，麾战舰合势冲虎臣军。时阿术与虎臣对阵，伯颜命举巨炮击虎臣中坚。虎臣军动，阿术以划船数千艘，乘风直进，呼声动天地。虎臣前锋将姜才方接战，虎臣遽过其妾所乘舟，众见之，喧曰：“步帅遁矣！”军遂乱，夏贵不战而走。

卷　二

自　序

兵只一道耶？曰：不然。所向既明，则正道在，不必言矣。然不得奇道以佐之，则不能取胜。项羽战章邯于巨鹿，而后高祖得以乘虚入关；锺会持姜维于剑阁，而后邓艾得以逾险入蜀。故一阵有一阵之奇道，一国有一国之奇道，天下有天下之奇道。即有时正可为奇，奇亦可为正，而决然断之曰必有。夫兵进而不识奇道者，愚主也，黯将也，名之曰弃师。不观之苏氏抉门、旁户、逾垣[①]之喻乎？其论甚精，无以易也。昔刘濞之攻大梁，田禄伯请以五万人别循江淮，收淮南、长沙以会武关；岑彭攻公孙述，自江州溯都江，破侯丹兵，径拔武阳，绕出延岑军后；曹操拒袁绍于官渡，移军欲向延津，而潜以轻兵袭白马，用此道也。然则用兵者，慎勿曰吾兵可以一路直至，而无烦于旁趋曲径为也。是以人国侥幸也，戒之哉！

兵进必有奇道

庞涓仕魏为将军，伐赵，齐救赵。孙子曰："夫解杂乱纷纠者不控拳，救斗者不搏撠。批亢捣虚，形格势禁，则自为解耳。今梁之轻兵锐卒竭于外，而老弱疲于内。若引兵疾走其都，彼必释赵而自救，是我一举解赵之围而收敝于魏也。"从之。十月，邯郸降魏。魏师还，与齐战于桂陵。魏师大败。

① 抉门、旁户、逾垣，苏洵《权书上·攻守》原文作"抉门、他户、乘垣"。

魏使庞涓伐韩，韩求救于齐。齐威王召大臣而谋之，成侯邹忌曰：“不如勿救。”田忌曰：“不救则韩且折而入于魏矣，不如早救之。”孙膑曰：“夫韩、魏之兵未敝而救之，是吾代韩受魏之兵，顾反听命于韩也。且魏有破国之志，韩见亡，必东面而诉于齐。吾因深结韩之亲而晚承魏之弊，则可以受重利而得尊名也。”王曰：“善。”乃阴许韩使而遣之。韩因恃齐，五战不胜，而东委国于齐。齐因起兵，使田忌为将，孙子为师，以救韩，直走魏都。庞涓闻之，去韩而归。

魏王豹初降汉，复以亲疾辞归。至国，即绝其河关，反与楚约和。汉王遣郦生往说豹，不听。汉命韩信击之，豹盛兵蒲坂，塞临晋。信乃益为疑兵，陈船欲渡临晋，而引兵从夏阳以木罂渡军，袭安邑。魏王豹惊，帅兵迎战。信遂执豹，定魏。

韩信、张耳击赵。赵聚兵井陉口，号二十万。广武君李左车谓陈馀曰：“信、耳乘胜远斗，其锋不可当。今井陉之道，车不得方轨，骑不得成列，其势粮食必在其后。愿假臣奇兵三万，从间道绝其辎重，足下深沟高垒，勿与战。彼前不得斗，退不得还，野无所掠，不十日而两将之头可致麾下。否必为二子所擒矣。”馀尝自称“义兵不用诈谋奇计”，不用左车策。信间视，知之，大喜，乃敢遂下。未至井陉口，止舍。夜半，传发。选轻骑二千人，人持一赤帜，从间道萆山而望赵军，戒曰：“俟赵空壁逐我，即疾入赵壁，拔其帜而易之。”令裨将传餐曰：“今日破赵会食。”乃使万人先行，出，背水阵。赵望见，皆大笑。平旦，信建大将旗鼓，鼓行出井陉口。赵开壁击①之，大战良久。于是信佯弃旗鼓，走水上军，赵果空壁逐之。信所遣骑驰入赵壁，拔赵帜，立②汉帜。水上军皆殊死战。赵军已失信等，欲归壁，见帜大惊，遂乱，遁走。汉兵夹击，大破之。③

---

① 击，清抄本及《资治通鉴》作“逐”。

② 立，清抄本及《资治通鉴》作“易”。

③ “大破之”下，清抄本有：“虏赵军，斩成安君于泜水上，禽赵王歇。”大破之，《史记》作“大破虏赵军”，《汉书》作“破虏赵军”，《资治通鉴》作“大破赵军”。

汉王走河北，得韩信军，复大振。引兵临河南向，欲复与楚战，郑忠说止王。乃使刘贾、卢绾渡白马津，入楚地，佐彭越，烧楚积聚，以破其业。

公孙述使其将延岑悉兵拒广汉，及资中，又遣将侯丹率二万余人拒黄石。岑彭使臧宫将降卒五万，从涪水上平曲拒延岑，自分兵浮江下还江州，溯都江而上，袭击侯丹，大破之。因晨夜倍道兼行二千余里，径拔武阳，使精骑驰击广都。去成都数十里，势若风雨，所至皆奔散。初，述闻汉兵在平曲，故遣大兵逆之。及彭至武阳，绕出于延岑军后，蜀地震骇。述大惊，以杖击地曰："是何神耶!"卒破延岑。

孙策引兵渡浙江。会稽功曹虞翻说太守王朗曰："策善用兵，不如避之。"朗不从，发兵拒策于固陵。策数战不克。策叔父静说策曰："朗负阻城守，难可猝拔。查渎南去此数十里，宜从彼据其内，所谓'攻其不备，出其不意'者也。"策从之。夜多燃火为疑兵，分军投查渎，道袭高迁屯。朗大惊，遣周昕逆战。策斩昕，朗乃降。策自领会稽太守，复命翻为功曹，待以交友之礼。

曹操将击乌桓。行至易，郭嘉曰："兵贵神速。今千里袭人，辎重众多，难以趋利。不如轻兵兼道以出，掩其不意。"操遣使辟田畴，即至，随军次无终。时方夏水雨，而滨海洿下，泞滞不通。敌亦遮守溪要，军不得进。畴曰："此道秋夏有水，浅不通车马，深不载舟船，为难久矣。旧北平郡治在平冈，道出卢龙，达于柳城，自建武以来陷坏断绝，尚有微径。若回军从卢龙口越白檀之险，出空虚之地，路近而便，掩其不备，蹋顿可擒也。"操令畴将其众为乡导，上徐无山，堑山堙谷五百余里，经白檀，历平冈，涉鲜卑庭，东指柳城。未至二百里，敌乃知之，尚熙与蹋顿将数万骑逆军。八月，操登白狼山，卒与敌遇，纵兵击之，斩蹋顿，降者二十余万。

马超、韩遂众十余万，据潼关。七月，操自将击之。八月，至潼关，恐不得渡，召问徐晃。晃曰："公盛兵于此，而贼不复别守蒲坂，知其无谋也。

今假臣精兵渡蒲坂津，为军先置，以截其里，贼可擒也。”操曰：“善。”使晃以步骑四千人渡津，作堑栅，未成。贼梁兴夜将步骑五千余人攻晃，晃击走之。闰八月，操北渡河，遂自蒲坂渡西河，循河为甬道而南。超等退拒渭口。操乃多设疑兵，潜遣兵入渭作浮桥，而夜分兵结营于渭南。超等夜攻营，伏兵击破之。九月，进军悉渡。超等数挑战，不许，固请割地，送任子。乃设计以离间超、遂，方与克日会战，大破之。遂、超奔凉州，操追至定安而还。诸将问曰：“初，贼守潼关，渭北道缺。不从河东击冯翊，而反守潼关，引日而后北渡，何也?”操曰：“若吾先入河东，贼必引守诸津，则西河未可渡。吾故盛兵向潼关，使贼悉众南守，而西河之备虚，故二将得西河，然后引军北渡。贼不能与吾争，连车树栅，为甬道而南，既为不可胜，且以示弱。渡渭为坚垒，敌至不出，所以骄之也。故贼不为营垒而求割地，吾顺言许之，使不为备，因蓄士卒之力，一旦击之。所谓‘疾雷不及掩耳’，兵之变化，固非一道也。”

锺会伐蜀，姜维列营守险。会攻之不能克，粮道险远，军食将乏，欲引还。艾上言：“贼已摧折，宜遂乘之。若从阴平由斜径，经汉德阳亭趋涪，出剑阁西百里，去成都三百里，奇兵冲其腹心。剑阁之守必还赴涪，则会方轨而进；如不还，则应涪之兵寡矣。”遂自阴平行无人之地七百里，凿山通道，造作桥阁，山高谷深，又粮运将匮，濒于危殆。艾以毡自裹，推转而下。将士皆攀木缘崖，鱼贯而进。先登至江油，守将马邈降。诸葛瞻督诸军拒艾，至涪不进。黄崇屡劝瞻速行据险，无令敌得入平地，瞻不从。艾遂长驱而进。

慕容翰请于燕王皝，伐高句丽。高句丽有二道，北道平阔，南道险狭。众欲从北道。翰曰：“敌必重北而轻南。王宜帅锐兵从南道击之，出其不意，丸都不足取也。别遣偏师出北道，纵有蹉跌，其腹心已溃，四支无能为也。”皝从之，自将劲兵四万出南道，以翰及慕容霸为前锋，别遣长史王寓等将兵万五千出北道，以伐高句丽。其王钊果遣弟武帅精兵拒北道，自帅羸兵备南道。翰等先至，与钊合战。皝以大众继之，高句丽大败。诸军乘胜，遂入丸都。王寓等战于北道，皆败没。

桓温将伐汉，将佐皆以为不可。江夏相袁乔曰："夫经略大事，固非常情所及，智者了于胸中，不必待众言皆合也。今为天下患者，胡、蜀二寇而已。蜀虽险固，比胡为弱，将欲除之，宜先其易者。李势无道，臣民不附，且恃其险远，不修战备。宜以精兵万人轻赍疾趋，比其觉之，我已出其险要，可一战擒也。蜀地富饶，户口繁庶。诸葛武侯用之抗衡中夏，若得而有之，国家之大利也。论者恐大军既西，胡必窥闞，此似是而非。胡闻我万里远征，以为内有重备，必不敢动。纵有侵轶，缘江诸军足以拒守，必无忧也。"温拜表即行。秦校：原本无此条。

桓温步骑五万发姑孰，将自兖州伐燕。郗超曰："道远河浅，漕运难通。"温不从。六月，至金乡，天旱水绝。使将军毛虎生凿巨野三百里，引汶会于清，引舟自清入河，舳舻数百里。超曰："清水入河，难以通运。若寇不战，运道必绝，因敌为资，复无所得，此危道也。不若举众趋邺，彼必望风逃溃，北归辽碣。若能出战，则事可立决。若恐胜负难必，务欲持重，则莫若顿兵河济，控引漕运，俟资储充备，来夏乃进。舍此二策而连军北上，进不速决，退必愆乏。贼因此势以日月相引，渐及秋冬，水更涩滞。北土早寒，三军裘褐者少，恐于时所忧非独无食而已。"温又不从。遣攻胡陆，拔之。进至枋头，后卒为慕容垂所破。①

燕王垂以二月部分诸将，出壶关、滏口、沙庭，以击西燕，标榜所趋，军各就顿。西燕主永闻之，分道据守，聚粮台壁，遣兵戍之。既而垂顿军邺西南，月余不进。永疑垂欲诡道由太行入，乃悉敛诸军杜太行口，惟留台壁一军。四月，垂引大军出滏口，入天井关。五月，至台壁，破之。永召太行军还，自将拒之。垂阵于台壁南，遣千骑伏涧下，及战，伪退。永众追之，涧中伏发，断其后。诸军四面俱进，大破之。永走归长子。秦校：原本无此条。

夏主遣使求和于宋，约合兵灭魏，遥分河北，自恒山以东属宋，以西属

① 此条清抄本第二卷无，见于《此书另记》，秦聚奎无校注。

夏。魏主闻之，治兵将伐夏。群臣咸曰："刘义隆兵犹在河中，舍之西行，前寇未可必克，而义隆乘虚济河，则失山东矣。"崔浩曰："义隆与赫连定遥相招引，以虚声唱和，莫敢先入。譬如连鸡，不得俱飞，无能为害。臣始谓义隆军来，当屯止河中，两道北上，东道向冀，西道冲邺。如此，则陛下当自讨之，不得徐行。今则不然，东西列兵径二千里，一处不过数千，形分势弱。此不过欲固河自守，无北渡意也。赫连定残根易摧，拟之必仆。克定之后，东出潼关，席卷而前，则威震南极，江淮以北无立草矣。"魏主从之。遂如统万，谋袭平凉。

齐陈显达与魏元英战，屡破之。魏主亲御之，命广阳王嘉断均口，邀齐兵归路。齐兵大败，以乌布幔盛显达，数人担之，间道南走。魏收军资亿计，班赐将士。追奔至汉水而还，士卒死者三万余人。显达之北伐也，军入汮均口。冯道根曰："汮均迅急，易进难退。魏若守隘，则首尾俱急。不如悉弃船，于酇城陆道步进，列营相次，鼓行而前，破之必矣。"不从。道根以私属从军。及显达夜走，道根每及险要，辄停马指示之。众赖以全。

周主独与齐王宪及内史王谊谋伐齐，又遣纳言卢韫乘驿，三诣安州总管于翼问策，他人莫知。至是，始下诏伐齐。将出河阳，内史上士宇文弢曰："齐虽无道，藩镇有人。今出师河阳，精兵所聚，恐难得志。如出汾曲，戍小山平，则攻之易拔矣。"民部中大夫赵煚曰："河南洛阳四面受敌，纵得之，不可守。请从河北直指太原，倾其巢穴，可一举而定。"遂伯下大夫鲍弘曰："往日屡出洛阳，彼既有备，故每不捷。如进兵汾、潞，直掩晋阳，出其不虞，似为上策。"周主皆不从，帅众六万，直指河阴。八月，入齐境，禁伐树践稼，犯者皆斩。攻河阴大城，拔之。齐王宪进围洛口，拔二城，焚浮桥。齐都督傅伏自永桥夜入中潭城，周人围之不下。洛州刺史独孤永业守金墉，周主攻之不克。永业通夜办马槽二千。周人闻之，以为大军且至，惮之。九月，周主有疾，夜引兵还。齐王宪等降拔三十余城，皆弃不守。

越州高智慧、苏州沈玄懀皆举兵反，自称天子，攻陷州县。陈之故境，大抵皆反，大者有众数万，小者数千。诏杨素讨之。智慧据浙江东岸为营，周亘百余里，船舰被江。素击之，总管来护儿曰：“吴人轻锐，利在舟楫。必死之贼，难与争锋。公宜严阵以待之，勿与战。请假奇兵数千潜渡，掩破其壁，使退无所归，进不得战。此韩信破赵之策也。”素从之。护儿以轻舸数百，直登江岸，袭破其营，因纵火，烟焰涨天。素纵兵奋击，大破之。智慧逃入海。素遣总管史万岁帅众二千，逾领越海，攻破溪洞不可胜数。前后七百余战，转斗千余里，寂无声问者十旬，远近皆谓已没。万岁置书竹筒中，浮之于水，得者以告。素上其事，上嗟叹，厚赐其家。斩智慧，因泛海，掩至泉州，擒贼帅王国庆，江南大定。

李世勣伐高丽，军发柳城，多张形势，若出怀远镇者，而潜师北趋甬道，出高丽不意，自通定济辽水，至玄菟。高丽大骇，城邑皆闭。车驾至安市城，攻之。高丽北[①]部耨萨延寿、惠真帅兵十五万救安市。上曰：“今为延寿策有三：引兵直前，连城为垒，据险食粟，掠吾牛马，攻之不可猝下，欲归则泥潦为阻，坐困吾军，上策也；拔城中之众，与之宵遁，中策也；不度智能，来与吾战，下策也。卿曹观之，彼必出下策，成擒在吾目中矣。”高丽有对卢，年老习事，谓延寿曰：“秦王内芟群雄，外服戎狄，独立为帝，此命世之才。今举海内之众而来，不可敌也。为吾计者，莫若顿兵不战，旷日持久，分遣奇兵，断其运道。粮食既尽，求战不得，欲归无路，乃可胜也。”延寿不从，引军直进。上犹恐其不至，命阿史那社尔将千骑以诱之，兵始交而伪走。高丽相谓曰：“易与耳！”竞进乘之。至安市城东南八里，依山而阵，长四十里。上与无忌等从数百骑，乘高观望形势。江夏王道宗曰：“高丽倾国以拒王师，平壤之守必虚。愿假臣精兵五千，覆其根本，则数十万众可不战而降矣。”上不应，命李世勣将步骑万五千陈于西岭，长孙无忌将精兵万一千，自山北出狭谷以冲其后。上自将步骑四千为奇兵，挟鼓角，偃旗帜，敕诸将闻鼓角齐出奋击。延寿等见世勣布阵，勒兵欲战。上望见无忌军尘起，命作鼓角，举旗帜，诸军鼓噪并进。延寿等大惧，欲分兵御之，而阵已乱。薛仁贵

① 北，原本作“比”，据清抄本及《资治通鉴》改。

大呼陷阵，所向无敌。大军乘之，高丽兵大溃。

契丹围幽州且二百日，城中危困。李嗣源等步骑七万，会于易州。李存审曰："彼众我寡，彼骑多，我步多，我不利于平原。"嗣源曰："彼无辎重，我行必载粮，设平原而彼抄吾粮，我先自溃也。不若自山中潜趋幽州，遇敌则据险拒之。"遂逾岭而东。嗣源与从珂将三千骑为前锋，距幽州六十里，遇契丹，力战，得进至山口。契丹以万骑遮其前，将士失色。嗣源以百余骑先进，跃马奋挝，三入其阵，斩酋长一人。后军齐进，契丹兵始却。存审命步兵伐木为鹿角，人持一枝，止则成寨。契丹骑过寨，寨中发万弩射之，人马死伤塞路。将至幽州，契丹列阵待之。存审戒步兵阵于后勿动，先命羸兵曳柴燃草以进，鼓噪合战，趋后阵乘之，斩契丹万计。幽州围解。

刘智远集群臣议进取，诸将咸请出师井陉，攻取镇、魏。智远欲自石会趋上党。郭威曰："敌主虽死，党众犹盛，各据坚城。我出河北，兵少路迂，傍无应援。若群盗合势共击，我军粮饷道绝，此危道也。上党山路险涩，粟少民残，无以供亿，亦不可由。近者陕、晋相继款附，引兵从之，万无一失。不出两旬，洛、汴定矣。"智远曰："卿言是也。"诏谕诸道，以太原尹崇为北京留守。

上久欲伐蜀而无辞，会赵彦韬潜以蜀主与北汉主约同举兵济河蜡书献之，太祖喜曰："吾用兵[①]有名矣！"令彦韬指画江山曲折之状，关寨戍守之处，道里远近，俾画工图之。遂命王全斌等伐之，且谓曰："凡克城寨，止借其器甲、刍粮，悉以财帛分给将士。吾所欲得者，土地耳。"全斌由凤州，刘光义[②]等由归州进。十二月，全斌入蜀兴州，屡败蜀师，擒招讨使韩保正。蜀众大溃，蜀帅王昭远保剑门。光义至蜀夔州。夔州有锁江为浮桥，上设敌栅三

① 兵，清抄本作"师"。

② 刘光义，清抄本及吴泳《鹤林集》、茅元仪《武备志》作"刘光仪"，欧阳修《新五代史》、司马光《稽古录》等作"刘光义"。钱大昕《廿二史考异》云："《宋史·太祖纪》作'刘光义'，此作'光义'者，避宋太宗讳也。《宋史》或作'光毅'。"

重，沿江列炮具。光义将行，太祖示以地图，指锁江曰："我军至此，溯流而上，慎勿以舟师争胜。当先以步骑陆行，出其不意击之。俟其势却，即以战棹夹攻，取之必矣。"及师至夔，距锁江三十里，舍舟步进，先夺浮梁，复牵舟而上。蜀守将高彦俦谓监军武守谦曰："北军涉远而来，利在速战，不如坚壁以待之。"守谦不从，领麾下与光义骑将张廷翰战，败，遂入宁江城。彦俦自焚死。乾德三年春正月，全斌进次益光，得降卒言："益光江东越大山数重，有狭径，名来苏，蜀人于江西置寨，对岸可渡。自此出剑门南二十里至青疆，与官道合。若行此路，则剑门不足恃也。"乃分兵趋来苏，跨江为浮梁以济。蜀人见之，弃寨而遁。遂次青疆。王昭远闻之，留其偏将守剑门，自引众屯汉源坂以待。全斌未至，汉源、剑门已破，昭远股栗失次。赵崇韬布阵出战。昭远据胡床不能起，全斌进击，大破之。蜀主皇骇，问计于左右。有老将石斌对曰："宋师远来，势不能久，请聚兵固守以老之。"蜀主曰："吾父子以丰衣美食养士四十年，及遇敌，不能为我东向发一矢。今若固垒，何人为我效命？"已而，全斌进次魏城，蜀主命李昊草降表，遂入城。自发汴州，至此凡六十六日。

初，曹彬、潘美诸将北伐，陛辞，帝谓曰："潘美但先趋云、朔，卿等以十万众声言取幽州，且持重缓行，不得贪利。敌闻大兵至，必悉众救范阳，不暇援山后矣。"及曹彬等乘胜而前，所至克捷。每捷奏闻，帝讶其进军之速。彬既次涿，契丹南京留守耶律休哥兵少，不敢出战。夜则令轻骑掠其单弱，以胁余众，昼则以精锐张其势，又设伏林莽，以绝粮道。彬居涿旬日，食尽，退师雄州，以援馈饷。帝闻之，曰："岂有敌人在前，反退军以援刍粮？失策之甚也！"亟遣使止彬："勿前！急引师从白沟河与米信军接。俟美尽略山后地，会重进东下，合势以取幽州。"彬部下诸将闻美重进累捷，耻握重兵不能有所攻取，谋议蜂起。彬不得已，乃裹粮与米信复趋涿州。休哥闻之，以轻兵来薄，伺蓐食则击离伍单出者。由是军士自救不暇，结方阵，堑地两边而行。时方炎暑，军渴乏井，漉淖而饮，凡四日，始得至涿，士卒困乏，粮又将尽。会契丹主隆绪与其太后自驼罗口将大兵应援趋涿州，彬、信复引退。休哥因出兵蹑之，战于岐沟关。彬、信败走，无复行伍。夜渡拒马河，休哥引精兵追及，溺者不可胜计。彬、信南趋易州，方濒沙河而爨，闻休哥复至，惊溃，死者过半，沙河为之不流。帝闻之悔，谓张齐贤等曰："卿等睹朕自今复作如此事否！"

时得报，敌分道渡河，诏统制韩世忠与宗泽率所部迎敌。泽闻王彦聚兵太行山，欲大举趋太原。泽即以彦为忠州防御使，制置河北军事。恐彦孤军不可独进，召彦计事。彦悉召诸寨，指授方略，以俟会合，乃以万余人先发。金人以重兵蹑其后，而不敢击。既至汴，泽令宿兵近甸，以卫根本，彦遂屯滑州之沙店。泽上疏曰："臣欲乘此暑月，遣彦等自滑州渡河，取怀、卫、浚、相等州，王再兴等自郑州直护西京陵寝，马扩等自大名取洺、相、真定，杨进、王善、丁进等各以所领兵分路并进。既渡河，则山寨忠义之民相应者不啻百万。愿陛下早还京师，臣当躬冒矢石，为诸将先，中兴之业必可立致。"疏入，黄潜善等忌泽成功，从中阻之。

韩世忠既平范汝为，旋师永嘉，若将休息者。忽由处信径至豫章，连营江滨数十里。群贼不虞其至，大惊。世忠因使董收[①]招曹成，成方为岳飞所追，乃率众降，得战士八万，遣诣行在。

① 董收，清抄本作"董攸"，《宋史》等作"董旼"。

卷　三

自　序

兵之进也，固有所过城邑不及下者矣。必以战乎？曰：非我乐战也，不得已而与敌遇，非战无以却之。盖兵既深入，则敌必并力倾国，以图蹂荡我，恐我声势之成，此而不猛战疾斗，一为所乘，鱼散鸟惊，无可救矣。诚能出其不意，一战以挫其锐，则敌众丧胆，我军气倍，志定威立，而后可攻取以图敌。古所谓一战而定天下，其在斯乎！汉光武之于昆阳，唐太宗之于霍邑，可以观也。昔沈田子以千余人遇姚泓数万之众于青泥，其言曰：“兵贵用奇，不必在众。今众寡不敌，势不两立。若彼围既固，则我无所逃，不如击之。”遂败泓兵。此深合机要，百虑不易之道也。

初起之兵遇敌以决战为上

王莽遣其司徒王寻、司空王邑发兵平定山东，征诸明《兵法》六十三家，以备军吏。以长人巨毋霸为垒尉，又驱诸猛兽虎豹犀象之属以助威武，合兵得四十二万人，号百万，旌旗、辎重，千里不绝。五月，出颍川，与尤、茂合。诸将见兵盛，皆反走入昆阳，惶怖，欲散归诸城。刘秀曰：“今兵谷既少，而外寇强大，并力御之，功庶可立。如欲分散，势无俱全。昆阳即拔，一日之间，诸部亦灭矣。今不同心胆，共举功名，反欲守妻子、财物耶？”诸将怒曰：“刘将军何敢如是！”秀笑而起。会候骑还，言大兵且至城北，军陈数百里，不见其后。诸将迫急，乃更请。秀复为图画成败，皆曰：“诺。”时城中惟八九千人，秀使王凤、王常守昆阳，夜与李轶等十三骑出城南门，于外收兵。时莽兵到城下者且十万，秀等几不得出。寻、邑纵兵围昆阳，尤说邑曰："昆阳城小而固，不如先击宛。宛败，昆阳自服。"不听。遂围之数十重，列营百数，钲鼓之声闻数十里。或为地道冲輣撞城，积弩乱发，矢下如雨。凤等乞降，不许。寻、邑自以功在漏刻，不以军事为忧。尤曰："《兵法》：'围城为之阙。'宜使得逸出，以怖宛下。"又不听。刘秀至郾、定陵，悉发诸营兵。诸将贪惜财物，欲分兵守之。秀曰："今若破敌，珍宝万倍，大功可成。如为所败，首领无余，何财物之有？"乃悉发之。六月朔，秀自将步骑千余为前锋，去大军四五里而阵。寻、邑亦遣兵数千合战。秀奔之，斩首数十级。诸将喜曰："刘将军平生见小敌怯，今见大敌勇，甚可怪也。且复居前，请助将军。"秀复进，寻、邑兵却。诸部共乘之，斩首数百千级。连胜遂前，诸将胆气益壮，无不一当百。秀乃与敢死者三千人，从城西水上冲其中坚。寻、邑易之，自将万余人行阵，敕诸营皆按部勿得动，独迎与汉兵战。不利，大军不敢擅相救。寻、邑阵乱。汉兵乘锐崩之，遂杀寻。城中亦鼓噪而出，震呼动天地。莽兵大溃，伏尸百余里。会大雷风，屋瓦皆飞，雨下如注，滍川盛溢，虎豹皆股栗，士卒溺死以万数。邑、尤、茂轻骑逃去，尽获其军实辎重，不可胜算。

王郎兵起。光武渡滹沱，至下博城西，惶惑不知所之。有白衣老人指曰："努力！信都为长安城守，去此八十里。"秀即驰赴之。时郡国皆已降王郎，独信都太守任光、和戎太守邳彤①不肯。光自恐不全，闻秀至，大喜，彤亦来会。议者多欲西还，彤曰："王郎假名乌合，无有根本之固。明公奋二郡之兵以讨之，何患不克？今释此而归，岂徒空失河北，必更惊动三辅，堕损威重，非计之得者也。若明公无复征伐之意，则虽信都之兵，犹难会也。何者？明公既西，则邯郸势成，民不肯捐父母、背成主而千里送公，其离散逃亡可必也。"秀乃止。秀以二部兵弱，欲入城头子路、力子都军中，任光以为不可。乃发傍县，得精兵四千人。秀拜光、彤大将军，将兵以从。光多作檄文曰："大司马刘公将城头子路、力子都军百万众，从东方来，击诸反虏。"吏民得

① 和戎太守邳彤，清抄本同。按"和戎太守"，《后汉书·邳彤传》作"和成卒正"。

檄，转相告语。刘植聚兵数千人据昌城。耿纯率宗族宾客二千余人，老病者载木自随，皆来迎秀，秀皆以为将军。众稍合，至万人。北击中山，进拔卢奴。所过发奔命兵，移檄边郡，共击邯郸。郡县还复响应。

沈田子、傅弘之入武关，秦戍将皆委城走。田子等进屯青泥。八月，太尉裕至阌乡。秦主泓欲自将御裕，恐田子等袭其后，欲先击灭田子等，然后倾国东出，乃率步骑数万奄至青泥。田子本为疑兵，所领裁千余人，闻泓至，欲击之。弘之以众寡不敌，止之。田子曰："兵贵用奇，不必在众。今众寡相悬，势不两立。若彼围既固，则我无所逃矣。不如乘其始至，营陈未立，而先薄之，可以有功。"遂进兵。秦兵合围数重。田子慰抚士卒，曰："诸军远来，正求此战。死生一决，封侯之业于此在矣!"士卒皆踊跃鼓噪，执短兵奋击。秦兵大败，斩万余级。泓奔还灞上。

张巡至真源，哭于玄元皇帝庙，遂起兵。西至雍丘，与贾贲合。初，雍丘令令狐潮以县降贼，引精兵攻雍丘。贲出战死，张巡兼领贲众。潮复与贼将李怀仙等四万余众奄至城下，众惧。巡曰："贼兵精锐，有轻我心。今出其不意击之，彼必惊溃。贼势少折，然后城可守也。"乃使千人乘城，自帅千人分数队开门突出。巡身先士卒，直冲贼阵，人马辟易，贼遂退。明日复进，蚁附攻城，巡束蒿灌脂，焚而投之，贼不得上。积六十余日，大小三百余战，带甲而食，裹疮复战，贼遂败走。巡乘胜追之，获胡兵二千人而还。军声大振。

种师道帅师入援，至洛，闻斡离不已屯京城下。或止师道，言："贼势方锐，愿少驻汜水，以谋万全。"师道曰："吾兵少，若迟回不进，形见情露，只取辱焉。今鼓行而进，彼安能测我虚实？都人知吾来，士气自振，何忧贼哉!"揭榜沿道，言"种少保领西兵百万来"，遂抵京西[1]，趋汴南，径逼敌营。金人惧，徙寨稍北，敛游骑，增垒自卫。

---

① 京西，清抄本作"西京"。《宋史》作"城西"。

卷　四

自　　序

战固无疑矣，然不得其道，祸更深于无战。古有百战之说，以吾言之，不啻百也。将从何处说起耶？曰：吾言吾初起之战焉耳。以乌合之市人，当追风之铁骑，列阵广原，堂堂正正而与之角，不俟智者，而知其无幸矣。出奇设伏，又何再计焉！孙膑之破庞涓以怯卒，韩信之破陈馀以市人，李密之破张须陀以群盗，用寡以覆众，因弱而为强，善战之术，固不止此。然当其事者，断断乎于此二者求之，则万举万当，不然者必败。

决战之道在于出奇设伏

北戎侵郑。郑伯御之，患戎师，曰："彼徒我车，惧其侵轶我也。"公子突曰："使勇而无刚者，尝寇而速去之。君为三覆以待之。戎轻而不整，贪而无亲，胜不相让，败不相救。先者见获必务进，进而遇覆必速奔，后者不救，则无继矣。乃可以逞。"从之。戎人之前，遇伏者奔。祝聃逐之。衷戎师，前后击之，尽殪。戎师大奔。

楚子伐随，军于汉、淮之间。季梁请下之："弗许而后战，所以怒我而怠寇也。"少师谓随侯曰："必速战。不然，将失楚师。"随侯御之，望楚师。季梁曰："楚人上左，君必左，无与王遇。且攻其右，右无良焉，必败。偏败，众乃携矣。"少师曰："不当王，非敌也。"弗从。战于速杞，随师败绩。

楚大饥，戎伐其西南，至于阜山，师于大林。又伐其东南，至于阳丘，以侵訾枝。庸人帅群蛮以叛楚。麇人帅百濮聚于选，将伐楚。于是申、息之北门不启。楚人谋徙于阪高。蒍贾曰："不可。我能往，寇亦能往。不如伐庸。夫麇与百濮，谓我饥不能师，故伐我也。若我出师，必惧而归。百濮离居，将各走其邑，岂暇谋人？"乃出师。旬有五日，百濮乃罢。自庐以往，振廪同食，次于句澨。使庐戢黎侵庸，及庸方城，庸人逐之，囚子杨窗。三宿而逸，曰："庸师众，群蛮聚焉。不如复大师，且起王卒，合而后进。"师叔曰："不可。姑又与之遇以骄之。彼骄我怒，而后可克，先君蚡冒所以服陉隰也。"又与之遇，七遇皆北，唯裨、鯈、鱼人实逐之。庸人曰："楚不足与战矣。"遂不设备。楚子乘驲会师于临品，分为二队，子越自石溪，子贝自仞，以伐庸。秦人、巴人从楚师，群蛮从楚子盟。遂灭庸。

齐侯伐我北鄙。中行献子伐齐，齐人多死。范宣子告析文子曰："吾知子，敢匿情乎？鲁人、莒人皆请以车千乘自其乡入，既许之矣。若入，君必失国，子盍图之？"子家以告公，公恐。晏婴闻之，曰："君固无勇，而又闻是，弗能久矣。"齐侯登巫山以望晋师。晋人使司马斥山泽之险，虽所不至，必旆而疏陈之。使乘车者左实右伪，以旆先，舆曳柴而从之。齐侯见之，畏其众也，乃脱归。丙寅晦，齐师夜遁。师旷告晋侯曰："鸟乌之声乐，齐师其遁！"邢伯告中行伯曰："有班马之声，齐师其遁！"叔向告晋侯曰："城上有乌，齐师其遁！"十一月丁卯朔，入平阴，遂从齐师。夙沙卫连大车以塞隧而殿。殖绰、郭最曰："子殿国师，齐之辱也，子姑先乎？"乃代之。卫杀马于隘以塞道。晋州绰及之，射殖绰，中肩，两矢夹脰，遂入齐。齐侯驾，将走邮棠。太子与郭荣扣马曰："师速而疾，略也，将退矣，君何惧焉？且社稷之主，不可以轻，轻则失众。君必待之。"将犯之，太子抽剑断鞅，乃止。

子仪之乱，析公奔晋。晋人置诸戎车之殿，以为谋主。绕角之役，晋将遁矣。析公曰："楚师轻佻，易震荡也。若多鼓钧声，以夜军之，楚师必遁。"晋人从之，楚师宵溃。

吴伐州来。楚薳越帅师及诸侯之师奔命救州来。吴人御诸钟离。子瑕卒，楚师熸。吴公子光曰："诸侯从于楚者众，而皆小国也。畏楚而不获已，是以来。吾闻之曰：'作事威克其爱，虽小必济。'胡、沈之君幼而狂，陈大夫啮壮而顽，顿与许、蔡疾楚政。楚令尹死，其师熸。帅贱、多宠，政令不一，七国同役而不同心，帅贱而不能整，无大威命，楚可败也。若分师先以犯胡、沈与陈，必先奔。三国败，诸侯之师乃摇心矣。诸侯乖乱，楚必大奔。请先者去备薄威，后者敦陈整旅。"吴子从之。戊辰晦，战于鸡父。吴子以罪人三千，先犯胡、沈与陈，三国争之。吴为三军以系于后，中军从王，光帅右，掩余帅左。吴之罪人或奔或止，三国乱。吴师击之，三国败，获胡、沈之君及陈大夫。舍胡、沈之囚，使奔许与蔡、顿，曰："吾君死矣！"师噪而从之，三国奔，楚师大奔。

吴子问于伍员曰："伐楚何如?"对曰："楚执政众而乖，莫适任患。若为三师以肄焉，一师至，彼必皆出。彼出则归，彼归则出，楚必道敝。亟肄以罢之，多方以误之。既罢而后，以三军继之，必大克之。"阖庐从之。楚于是乎始病。

秦围阏与。赵王召群臣问之，廉颇、乐乘皆言："道远险狭，难救。"赵奢曰："道远险狭，如两鼠斗于穴中，将勇者胜。"王乃令奢将兵救之。去邯郸三十里而止，令军中曰："有以军事谏者死！"秦师军武安西，鼓噪勒兵，武安屋瓦尽震。有言急救武安者，奢立斩之。坚壁二十八日，不行，复益增垒。秦间入赵军，奢善食而遣之。间还报，秦帅大喜。奢既遣间，卷甲而趋，一日一夜，距阏与五十里而军。军垒成，秦师闻之，悉甲而往。赵军士许历请谏，奢进之。历曰："秦不意赵至此，其来气盛，将军必厚集其阵以待之。不然，必败。"奢曰："请受教。"历请刑，不许。历复请曰："先据北山者胜。"奢即发万人趋之，秦师后至，争山不得上。奢纵兵击之，秦师大败。解阏与而还。

冯异与赤眉约期会战，使壮士变服，与赤眉同，伏于道侧。旦日，赤眉使万人攻异前部，异少出兵以救之。贼见势弱，悉众攻异。异乃纵兵大战。日昃，贼气衰，伏兵卒起，衣服相乱。赤眉不复识别，众遂惊溃。追击，大破之于崤底。

曹操与袁绍相拒于官渡，欲与群臣议还。荀彧报曰：“绍悉众聚官渡，欲与公决胜败。公以至弱当至强，若不能制，必为所乘，是天下之大机也。且绍，布衣之雄耳，能聚人而不能用。以公之神武明哲，而辅以大顺，何向而不济？今谷虽少，未若楚、汉在荥阳、成皋间也。是时刘、项莫肯先退者，以为先退则势屈也。公以十分居一之众，画地而守之，搤其喉而不得进，已半年矣，情见势竭，必将有变。此用奇之时，不可失也。”操乃坚壁持之。绍运谷车数千乘至官渡，操击烧之。十月，绍复遣车运谷，使淳于琼等将兵送之。沮授说绍：“可别为支军于表，以绝曹操之抄。”许攸曰：“曹操悉师拒我，许下势必空弱。若分遣轻军，星行掩袭，许可拔也。许拔，则奉迎天子以讨操，操成擒矣。如其未溃，可令首尾奔命，破之必也。”绍皆不从。会许攸犯法，奔曹，说曹曰：“袁氏辎重万余乘，在故市、乌巢，屯军无严备。若以轻兵袭之，燔其积聚，不过三日，袁氏自败也。”操大喜。乃留曹洪守营，自将五千步骑，用袁军旗帜，衔枚缚马口，夜从间道出，人抱束薪，至屯放火，急击之。绍闻曹击琼，谓其子谭曰：“就操破琼，吾拔其营，彼固无所归矣。”乃使其将高览、张郃等攻操营。郃曰：“曹公精兵往，必破琼。请先救之。”郭图固请攻操营，郃曰：“曹公营固，攻之必不拔。若琼等见获，吾属尽为虏矣。”绍但遣轻骑救琼，而以重兵攻营，不能下。骑至乌巢，操大破之，斩琼等，尽烧其粮谷。张郃、高览降曹。

曹仁以步骑数万向濡须。朱桓兵才五千人，诸将皆惧。桓曰：“胜负在将，不在众寡。《兵法》称客倍而主人半者，谓俱在平原，而士卒勇怯等耳。今仁非智勇，士卒甚怯，千里步涉，人马罢困。桓与诸君共据高城，临江背山，以逸待劳，以主待客，此百战百胜之势。虽曹丕自来，尚不足忧，况仁等耶！”乃偃旗息鼓，示弱以诱之。仁遣其子泰攻濡须城，分遣常雕王双袭中洲。中洲者，桓部曲妻子所在也。桓遣别将击雕等，而身自拒泰。泰烧营退，桓遂斩雕虏双。

晋王浚遣都护王昌帅诸军，及段疾陆眷与弟匹磾、文鸯，从弟末柸，攻石勒于襄国。勒兵出战，皆大败。勒召将佐曰："吾欲悉众决胜，何如?"诸将皆曰："不如坚守，俟其退而击之。"张宾、孔苌曰："鲜卑段氏最为勇悍，而末柸尤甚，其锐卒皆属焉。今刻日来攻北[①]城，必谓我孤弱不敢出战，意必懈怠。宜且勿出，示之以怯。凿北城为突门二十余道，俟其来，守未定，出其不意，直冲末柸帐。彼必震骇，不暇为计，破之必矣。末柸败，则其余不攻而溃矣。"勒从之，密为突门。既而，疾陆眷攻北城，勒登城望之，见其将士或释仗而寝，乃命孔苌督锐卒从突门出击之，不克而退。末柸逐之，入其军门，为勒众所获。疾陆眷等军皆退走，苌乘胜追击，枕尸三十里。

汉刘畅帅兵三万攻荥阳，太守李矩未及为备，乃遣使诈降。畅不复设备，矩欲夜袭之，士卒皆疑惧。乃遣其将郭诵祷于子产祠，使巫阳言曰："子产有教，当遣神兵相助。"众皆踊跃争进，掩击畅营，畅仅以身免。李矩守荥阳，勒亲率兵袭矩。矩遣老弱俱入山，令所在散牛马，因设伏以待之。贼争取牛马，伏发，齐呼声动山谷。遂大破之，斩获甚众。勒乃还。

周法尚初自陈来归周，陈将樊猛济江讨之。尚遣部曲督韩朗诈为背尚，奔于陈，伪告猛曰："法尚部兵不愿降北，若得君讨之，必无斗志，自当于阵倒戈耳。"猛以为然，引兵急进。法尚乃佯为畏惧，自保于江曲。猛阵兵急进。法尚先伏轻船于浦中，又伏精锐于古村之北，自张旗帜，逆流拒之。战数合，伪退登岸，投古村，猛舍舟逐之。法尚又疾走，行数里，与村北军合，复前击猛。猛退走赴船，而浦中伏发，入猛船，取陈旗帜，建周旗帜。于是猛大败，仅以身免。

李密说翟让攻下荥阳诸县，隋遣张须陀为荥阳通守以讨之。让向数为须

---

① 北，原作"此"，据《资治通鉴》改。

陀兵败，闻其来，大惧，将避之。密曰："须陀勇而无谋，兵又骤胜，既骄且狠，可一战而擒也。"分兵千余人伏林间，须陀方阵而前，让与战不利。须陀乘之，逐北十余里。密发伏掩之，须陀兵败。密与让及徐世勣、王伯当合军围之，须陀战死。部兵号泣数日不止，河南郡县为之丧气。

李密取兴洛仓。时东都人皆以密为饥贼盗米，乌合易破，争来应募，衣服鲜华，旗鼓甚胜。陈于石子河西。密、让选骁雄，分为十队，令四队伏岭下以待仁基，以六队阵于石子河东。长恭等见密兵少，轻之。让先接战，不利。密帅麾下横冲之，隋兵大败。

朝廷闻契丹复至，遣李继隆发真定兵万余，护送粮馈数千乘趋威虏。休哥闻之，帅精骑数万邀诸途。北面都巡检使尹继伦适领兵徼巡路，遇之，休哥不顾而南。继伦曰："寇蔑视我耳！彼捷还则乘胜而驱我北去，不捷亦且泄怒于我，将无遗类矣。为今之计，当卷兵衔枚以蹑之。彼锐气前趋，不虞我之至，力战而胜，足以自树，纵死，犹不失为忠义。岂可泯然为胡地鬼乎！"众皆愤激从命。继伦命秣马，俟夜，人持短兵，潜蹑其后。行数十里，至徐河，天未明。休哥去大军四五里，会食讫，将战。继隆方阵于前以待，继伦从后急击，杀契丹一大将，皆惊溃，休哥创遁。契丹不敢入寇，每相戒曰："当避黑面大王。"

张俊闻李成将马进在筠州，以豫章界江、筠之间，遂急趋之。既入城，喜曰："我已得洪，破贼决矣！"及进犯洪州，连营西山，俊敛兵，若无人者。居月余，进以大书牒索战，俊以细书状报之，进以俊为怯。俊谍知贼怠，乃议战。岳飞曰："贼贪而不虑后。若以骑兵自上流绝生米渡，出其不意，破之必矣。"因请自为先锋。俊大喜，令杨沂中绝生米渡。飞重铠跃马，潜出贼右，突其阵，所部从之。进大败，走筠州。飞抵东城，进出城布阵。飞设伏，以红罗为帜，上刺"岳"字，选骑二百随帜而前。贼易其少，薄之，伏发，进大败走。飞使人呼曰："不从贼者坐，吾不汝杀！"坐而降者八万人。俊与沂中复前后夹击，大败之。因呼俊为"铁山"。

韩世忠受命自豫章移师长沙。刘忠有众数万，据白面山，营栅相望。世忠至，与贼对垒，奕棋张饮，坚壁不动，众莫能测。一夕，与苏格联骑穿贼营，候者呵问。世忠先得贼军号，随声应之，周览以出，喜曰："此天赐也。"夜伏精兵二千于山下，与诸将拔营而进。贼方迎战，伏兵已驰入中军，夺望楼，植旗盖，传呼如雷。贼回顾惊溃。世忠麾将士夹击，大破之。

韩世忠至扬州，使统制解元守承州，候金步卒；亲提骑兵驻大仪，以当敌骑。伐木为栅，自断归路。会魏良臣使金，过之，世忠撤炊爨，绐良臣："有诏移屯平[①]江。"良臣疾驰去。世忠度良臣已出境，即上马，令军中曰："视吾鞭所向！"于是移军向大仪，勒五阵，设伏二十余所，约闻鼓即起击。良臣至金军，金将军聂儿勃堇[②]问官军动息，具以所见对。勃堇喜，即引兵至江口，距大仪五里，别将挞不野拥铁骑过五阵东。世忠传小麾，鸣鼓，伏兵四起，旗色与金人杂出，金军乱，官军迭进。世忠令背嵬军各持长斧，上揕人胸，下揕马足。敌被甲，陷泥淖。世忠麾劲骑四面蹂躏，人马俱毙，遂擒挞不野二百余人。追至淮，杀溺无算。论者以为中兴武功第一。

金主亮筑台江上，自被金甲登台，杀黑马以祭天，一羊一豕投于江中，召奔睹等，谓之曰："舟楫已具，可以济江矣。"时叶义问命虞允文往芜湖迎李显忠，交王权军，且犒师。允文至采石，权已去，显忠未来。敌骑充斥，官军三五星散，解鞍束甲坐道旁，皆权败兵也。允文谓坐待显忠则误国事，遂立召诸将，勉以忠义，曰："金帛、诰命皆在此，以待有功。"众曰："今既有主，请死战。"或谓允文曰："公受命犒师，不受命督战。他人坏之，公受其咎耶？"允文叱之曰："危及社稷，吾将安避！"丙子，乃命诸将列大阵不动，分戈船为五，其二并东西岸，其一驻中流，藏精兵待战，其二藏小港，备不测。部分甫毕，敌已大呼。亮操[③]红旗，麾数百艘，绝江而来。瞬息之

---

① 平，清刻本及《宋史》作"守"。

② 金将军聂儿勃堇，"金"字下，清抄本及《宋史》有"前"字。勃，清抄本及《宋史》作"孛"。

③ "操"字下，清抄本及《宋史》有"小"字。

间，抵南岸者七十艘，直薄官军。军少却，允文入阵中，抚统制时俊之背，曰："汝胆略闻四方，立阵后则儿女子耳！"俊即挥双刀出，士殊死战。中流官军以海鳝船冲敌舟，皆平沉。敌半死半战，日暮未退。会有溃卒自光州至，允文授以旗鼓，从山后转出。敌疑援兵至，始遁。允文又命劲弩尾击追射，大败之。金兵还和州。允文知亮厥明复来，夜半，部分诸将出海州，驻上流，别遣盛新以舟师截金人于杨林河口。明旦，敌果至，因夹攻之，复大败，焚其舟三百。敌遣伪诏来谕王权，若有宿约者。允文曰："此反间也。"乃复书言："权因退师，已置宪典。新将李显忠也，愿快战以决雌雄。"亮得书，大怒，遂率其军趋扬州。

卷　五

自　　序

战，失其道，未有不败者；得其道，未有不胜者。胜则破竹之势成，迎刃之机顺矣。自此，招揽豪杰，部署长吏，抚辑人民，收按图籍，颁布教章，所谓略地也。顾其策何先？曰：是有机焉，蹈之而动耳，不烦兵也。昔武信君下赵十余城，余皆城守，乃引兵击范阳，不能下。使非纳蒯彻之说，以侯印授范阳令，而使之朱轮华毂，以驱驰燕赵郊，则三十余城乌能不战而服乎？善乎，李左车之对淮阴也，曰："将军虏魏王，禽夏说，不终朝而破赵二十余万众，威震天下，此将军之所长也。然众劳卒疲，其实难用。今以罢弊之卒，屯之燕坚城之下。燕若不服，齐必拒境以自强，此将军之所短也。为将军计，莫若按甲休兵，北首燕路，而遣辨[①]士，奉咫尺之书于燕，暴其所长，燕必不敢不听从。燕已从而东临齐，虽有智者，不知为齐计矣。兵固有先声而后实者，此之谓也。"至今思之，虽孙吴复生，何以易焉！而要非战胜之后，则断不及此，何也？胜则人慑吾威而庇吾势，利害迫于前，而祸福怵其心，故说易行而从者顺。若在我无可恃之形，而徒以虚言嬲众。是犹梦者之堕井，无怪乎疾呼而人不闻也。此又不可不留意也。

乘胜略地莫过于招降

武信君下赵十余城，余皆城守，乃引兵击范阳。范阳蒯彻说曰："足下必

① 辨，清抄本作"辩"。下"辨士"同。

攻得然后下城，战胜然后得地。而今有策，可不动而下数十城，可乎?”武信君曰：“何谓也?”曰：“范阳令徐公畏死欲降，畏君以为秦所置吏，诛杀如前十城也。若不杀，而以侯印授之，使之朱轮华毂，驰驱燕赵郊。燕赵人见之曰：‘此范阳令先下者也。’则燕赵诸城可勿战而降矣。”从之，不战而下者三十余城。

秦遣兵拒峣关。沛公欲击之，张良曰：“未可。愿益张旗帜为疑兵，而使郦生、陆贾往说秦将，啖以利。”秦将果欲连和。沛公欲许之，良又曰：“不如因其怠而击之。”沛公遂引兵击秦军，大破之。

韩信破赵，获李左车，问计。对曰：“将军虏魏王，禽夏说，不终朝而破赵二十万众，威震天下，此将军之所长也。然众劳卒疲，其实难用。燕若不服，齐必拒境以自强，此将军之所短也。善用兵者，不以短击长，而以长击短。为将军计，莫若按甲休兵，北首燕路，而遣辨士，奉书于燕，暴其所长，燕必不敢不听从。燕已从而东临齐，虽有智者，不知为齐计矣。兵固有先声而后实者，此之谓也。”信从其策，燕从风而服。

吴汉亡命至渔阳，闻光武长者，独欲归之。乃说太守彭宠曰：“渔阳、上谷突骑，天下所闻也。君何不合二郡精锐，附刘公击邯郸，此一时之功也。”宠以为然。官属皆欲附王郎，宠不能夺。汉乃辞出，止外亭，念所以诡众，未知所出。望见道中有一人，似儒生者，汉使人召之，为具食，问以所闻。生因言，刘公所过为郡县所归，邯郸举尊号者实非刘氏。汉大喜，即诈为光武书，移檄渔阳，使生赍以诣宠，令具以所闻说之，汉随后入。宠甚然之。于是遣汉将兵，与上谷诸将并军而南，所至击斩王郎将帅。及光武于广阿，拜汉为偏将军。

时更始遣舞阴王李轶、大司马朱鲔将兵，号三十万，与河南太守武勃共守洛阳。光武将北徇燕、赵，以魏郡、河内独不逢兵，而城邑完，仓廪实[①]，

① 实，清抄本作“充”。

乃拜寇恂为河内太守，异为孟津将军，统二郡军河上，与恂合势，以拒朱鲔等。异乃遗李轶书曰："愚闻明鉴所以照形，往事所以知今。昔微子去商而入周，项伯叛楚而归汉，周勃迎代王而黜少帝，霍光尊孝宣而废昌邑。彼皆畏天知命，睹存亡之符，见废兴之事，故能成功于一时，垂业于万世也。苟令长安尚可扶助，延期岁月，疏不间亲，远不间[①]近，季文岂能居一隅哉？今长安坏乱，赤眉临郊，大臣乖离，纪纲已绝。萧王经营河北，英俊[②]云集，百姓风靡，虽邠、岐慕周，不足以喻。季文诚能觉悟成败，亟定大计，转祸为福，在此时矣。如猛将长驱，严兵围城，虽有悔恨，亦无及矣。"轶乃报异书曰："轶本与萧王首谋造汉，唯深达萧王，愿进愚策，以佐国安人。"轶自通书之后，不复与异争锋。故异因此得北攻天井关，拔上党两城，又南下河南成皋以东十三县。武勃将万余人，与异战于士乡下。异斩勃，获首五千余级，轶又闭门不救。异见其信效，具以奏闻。光武故宣露轶书，令朱鲔知之。鲔怒，使人刺杀轶。由是城中乖离，多有降者。

张辽与夏侯渊围昌豨于东海，数月粮尽，议引军还。辽谓渊曰："数日以来，每行诸围，豨辄属目视辽，又其射矢更稀。此必豨计犹豫，故不力战。辽欲挑与语，傥可诱也。"乃使谓豨曰："公有命，使辽传之。"豨果下与辽语。辽为说曹公神武，方以德怀远方，先附者受上赏，豨乃许降。辽遂单身上三公山，入豨家，拜妻子。豨欢喜，随诣曹。曹遣豨还，责辽曰："此非大将法也。"辽谢曰："以明公威信，著于四海，辽奉圣旨，豨必不敢害故也。"

诸葛亮讨南夷，所在战捷，由越巂入，斩雍闿等。孟获素为夷汉所服，收余众拒亮。亮生致之，既得，使观于营阵。获曰："向不知虚实，故败。今只如此，即易胜耳。"乃纵。使更战，七纵七擒，而亮犹遣获。获止不去，曰："公天威也，南人不复反矣！"遂入滇池，益州、永昌、牂牁、越巂四郡皆平。亮即其渠率而用之。或以谏亮，亮曰："留外人则当留兵，兵留则无

---

① 此处"间"，清抄本及《后汉书》作"逾"。

② 俊，清抄本作"杰"。

食，一不易也。夷新伤破，父兄死丧，留外人而无兵，必成祸患，二不易也。夷人累有废杀之罪，自嫌衅重，留外人终不相信，三不易也。今吾欲使不留兵，不运粮，而纲纪粗定，夷汉粗安故耳。”于是悉收其俊杰孟获等，以为官属，出其金银丹漆、耕牛战马，以给军国之用。终亮之世，获不复反。

宋沈攸之自彭城还也，留申纂守无盐，张谠守团城与肥城，糜沟、垣苗皆不肯附魏。魏遣将军慕容白曜将兵赴青州。白曜至无盐，欲攻之。将佐皆以为攻具未备，不宜遽进。司马郦范曰：“轻军深入，岂宜淹缓？且申纂必谓我军来速，不暇攻围，将不为备。今出其不意，可一鼓而克。”白曜从之，引兵伪退，夜进攻之，拔无盐，杀申纂，欲尽以其人为军赏。范曰：“齐，形胜之地，宜远为经略。今人心未洽，连城相望，皆有拒守之志，非以德信怀之，未易平也。”白曜曰：“善。”皆免之。将攻肥城，范曰：“肥城虽小，攻之引日，胜之，不益军势；不胜，足挫军威。彼见无盐之破，不敢不惧。若飞书喻之，不降则散矣。”白曜从之。肥城果溃，得粟二十万斛。白曜谓范曰：“此行得卿，三齐不足定也。”

周韦孝宽[①]至永桥城，诸将请先攻之。孝宽曰：“城小而固，若攻而不拔，损我兵威。今破其大军，此何能为？”于是引军壁于武陟，与尉迟迥隔沁水相持不进。孝宽长史李询密启丞相坚云：“总管梁士彦、宇文忻、崔弘度并受迥饷金。”坚以为忧，与郑译谋代之。李德林曰：“公与诸将皆国家贵臣，未相服从，今正以挟令之威控御之耳。前所遣者疑其乖异，后所遣者安知其能尽腹心耶？又取金之事，虚实难明。今一旦代之，或惧罪逃逸。若加縻絷，则自郧公以下，莫不惊疑。且临敌易将，此燕赵之所以败也。如愚所见，但遣公一腹心，明于智略、素为诸将所信服者，速至军所，观其情伪。纵有异意，必不敢动，动亦能制之矣。”坚大悟。府司录高颎请行，坚喜，遣之。

裴度之在淮西也，布衣柏耆以策干韩愈，曰：“元济就擒，承宗破胆矣。

---

① “宽”字下，清抄本及《资治通鉴》有“军”字。

愿得奉丞相书往说之，可不烦兵而服。”愈白度，为书遣之。承宗惧，求哀于田弘正，请以二子为质，及献德、棣二州，输租税[①]，请官吏。弘正为之请，上许之。弘正遣使送其二子知感、知信及二州图至京师。幽州大将谭忠亦说刘总曰：“自元和以来，刘辟、李锜、田季安、卢从史、吴元济阻兵凭险，自以为深根固蒂，天下莫能危也。然顾盼之间，身死家覆。此非人力所能及，殆天诛也。况今天子神圣威武，苦心焦思，缩衣节食，以养战士，此志岂须臾忘天下哉？今国兵骎骎北来，赵人已献城十二，忠深为公忧之。”总泣曰：“闻先生言，吾心定矣。”遂专意归朝廷。

昭义大将李丕来降。议者或谓贼故遣丕降，欲以疑误官军。李德裕曰：“自用兵半年，未有降者。今安问诚之与诈？且须厚赏以劝将来，但不可置之要地耳。”

阡能入蜀州境。陈敬瑄以杨行迁等久无功，以押牙高仁厚为都招讨指挥使，往代之。未发前一日，执阡能之谍者，仁厚温言问之，对曰：“某村民，阡能囚某父母妻子，而曰：‘汝诇事得实，则免汝家，不然皆死。’某非愿尔也。”仁厚曰：“诚如是，我何忍杀汝？汝归，但语阡能云：‘高尚书来日，发所将，止五百人，无多兵也。’然我活汝一家，汝为[②]潜语寨中人云：‘仆射悯汝曹皆良人，为贼所制，故使尚书救汝。汝若投兵迎降，当书汝背为“归顺”字，遣汝复旧业。所欲诛者，阡能、罗浑擎、句胡僧、罗夫子、韩求五人耳。’”谍曰：“此皆百姓心上事，尚书尽知而赦之，其谁不听命！”遂遣之。明日，引兵发，至双流，周视堑栅，怒曰：“重复牢密如此，宜其可以安眠饱食、养寇邀功也。”将斩白文现，监军救免。命悉平堑栅，留兵五百守之。贼伏兵千人于野桥箐，以邀官军。仁厚诇知之，引兵围之，下令勿杀。遣人释戎服，入贼中告谕。贼大喜，争投兵请降。仁厚悉抚慰，书其背，使归寨中，余众悉出降。浑擎走，其众执之以来[③]。仁厚谓降者曰：“本欲即遣

① 租税，清抄本作“税租”。
② 为，清抄本及《资治通鉴》作“当为我”。
③ “浑擎走，其众执之以来”九字，原本脱，据清抄本补。

汝归，为前途诸寨未知吾心，或有忧疑，藉汝曹前行，过诸寨示以背字，告谕之。”乃取浑擎旗，倒系之。每五十人授以一旗，使前走，扬旗疾呼曰：“罗浑擎已擒，大军行至。汝曹速如我出降，得为良人无事矣！”至穿口，句胡僧置十一寨，寨中人争出降。胡僧大惊，拔剑遏之。众投石击之，共擒以献仁厚，其众五千余人皆降。又明旦，焚寨，使降者先驱，一如双流。至新津，韩求置十三寨，皆迎降。求自投深堑，众钩出之，斩首以献。将士欲焚寨，仁厚曰：“降人皆未食。”先运出谷粮，然后焚之。新降者竞炊爨，与先降来告者共食之，语笑歌吹，终夜不绝。明日，仁厚[1]纵双流、穿口降者先归，使新津降者执旗前驱，且曰：“入邛州境，亦可散归矣。”罗夫子置九寨于延贡，其众前夕望新津火光，已不眠矣。及新津人至，罗夫子脱身弃寨奔阡能，其众皆降。罗夫子奔阡能寨，与之谋，悉众决战。未定，执旗先驱者至，能欲出兵，众皆不应。明旦，诸寨呼噪争出，罗夫子自刎。众挈其首，缚阡能，驱之前迎官军。见仁厚，拥马首，大呼泣拜，曰：“百姓负冤日久，无所控诉。自谍者还，百姓引领，度顷刻如期年。今遇尚书，如出九泉睹白日，已死而复生矣。”贼寨在他所者，分遣诸将往降之。仁厚出军凡六日，五贼皆平。陈敬瑄枭诸帅于市，自余不戮一人。敬瑄榜邛州，贼党皆释不问。未几，邛州刺史申：“捕获阡能叔父行全家，请准法。”敬瑄以问孔目官唐溪，对曰：“公已榜勿问，而刺史复捕之，此必有故。今若杀之，岂惟使明公失大信，窃恐阡能之党纷纷复起矣。”敬瑄从之。因问其所以然，果行全有良田数百亩，刺史欲买之，不与，故恨之耳。敬瑄召刺史，按之，刺史以忧死。

杨行密谓诸将曰：“孙儒之众十倍于我，吾数战不利。欲退保铜官，何如?”刘威、李神福曰：“儒扫地远来，利在速战。宜屯据要害，坚壁清野，以老其师，时出轻骑，抄其馈饷，夺其俘掠。彼前不得战，退无资粮，可坐擒也。”戴友规曰：“若望风弃城，正堕其计。淮南士民，及自儒军来降者甚众。公宜遣将先护送归淮南，使复生业。儒军闻淮南安堵，人心皆思归[2]。人

① 原本“厚”字下有“至”字，清抄本同，《资治通鉴》无，据删。

② 人心皆思归，清抄本作“皆有思归之心”，与《资治通鉴》同。

心既摇，安得不败?”行密悦，从之。至是，屡破儒兵。张训屯安吉，断其粮道。儒食尽，士卒大疲。行密纵兵击之，儒军大败。

王建围彭州，久不下。民皆窜匿山谷诸寨，日出俘掠。有军士王先成者，度诸将惟王宗侃最贤，乃往说之，曰：“彭州本西川之巡属也，陈、田以授杨晟，使拒朝命。今陈、田已平，而晟犹据之。州民皆知西川大府，而司徒其主也，故大军始至，民不入城而入山谷，以待招安。今军士掠之，而司徒不恤，彼将更思杨氏矣。”宗侃恻然，不觉屡移其床，前问之。先成曰：“又有甚于是者。今诸寨旦出淘虏，薄暮乃还，曾无守备之意。城中万一有智者为之画策，伏兵门内，望淘虏者稍远，使出奋击。又于三面城下各出耀兵，诸寨咸自备御，无暇相救，能无败乎?”宗侃矍然曰：“此诚有之，将若之何?”先成请条列为状，以白王建，凡七条：一、乞招安山中百姓；二、乞禁诸寨淘虏；三、乞置招安寨，选部将谨干者执兵巡卫；四、乞招安之事，宜帖宗侃专掌；五、乞悉索所虏彭州百姓，集于营场，有父子、兄弟、夫妇自相认者，即使相从，送招安寨，敢匿者斩；六、乞置九陇行县于招安寨中，抚理百姓，给帖入山，招其亲戚；七、乞彭土宜麻民未入山多沤藏者，宜令县令晓喻，各归田里，出而鬻之，以为资粮，必渐复业。建得之，大喜，即行之。三日，民出山赴寨如归市。久之，见村落无抄暴，稍辞县令，复其故业。月余，招安寨皆空。

河北宣抚使李弥大有大校李复者，鼓众大乱，淄、青附之。弥大檄韩世忠追击。世忠兵不满千人，千人分为四队，布铁蒺藜自塞归路，令曰：“进则胜，退则死，走者命后队剿杀。”于是莫敢返顾，皆死战，大破之，斩李复，余党走溃。乘胜逐北，至宿迁，贼尚万人，方拥子女、椎牛纵酒。世忠单骑夜造其营，呼曰：“大军至矣！亟束戈卷甲，吾能保全汝[①]。”贼骇栗请命，因跪进牛酒。世忠下马解鞍，与共饮啖，就降其众万余。

① “汝”字下，清抄本有“共功名”一句，与《宋史》同。

真定、怀、卫间，金兵甚盛，方密修战攻之具。宗泽以为忧，乃渡河约诸将共议事宜，以图收复，而京城四壁各置使，以领招集之兵。造战车千二百乘，又立坚壁二十四所于城外。沿河鳞次为连珠寨，连结河东、河北各山寨忠义民兵。于是陕西、京东西诸路人马，咸愿听泽节制矣。

岳飞奉命讨杨太[①]于洞庭，而所部皆西北人，不习水战。飞曰："兵法何常？顾用之何如耳！"乃先遣使招谕之。其党黄佐曰："岳节使号令如山。若与之战，万无生理，不如往降。节使诚信，必善遇我。"遂降。飞表授佐武义大夫，单骑按其部，拊佐背曰："子知逆顺者，果能立功，封侯岂足道！欲复遣子归湖中，视其可乘者擒之，可劝者招之，如何？"佐感泣，誓以死报。时张浚至潭州，席益疑飞玩寇，欲以闻。浚曰："岳侯，忠孝人也，兵有深机，胡可易言！"益惭而止。黄佐袭周伦寨，杀之，飞上其功，迁武功大夫。统制任士安不受王𤫉令，无功。飞鞭士安，使饵贼，曰："三日贼不平，斩汝。"士安宣言："岳太尉兵二十万至矣！"贼见任士安军，并力攻之。飞设伏，士安战急，伏四起击贼，贼走。会朝旨召浚还防秋，飞袖小图示浚，浚欲俟来年议之。飞曰："已有定画，都督能少留八日，可破贼。"浚曰："何言之易？"飞曰："王四厢以王师攻水寇则难，飞以水寇攻水寇则易。水战，我短彼长，以所短攻所长，是以难也。若以敌将用敌兵，夺其手足之助，离其腹心之托，使孤立，而以王师乘之，八日之内，当俘诸酋。"浚许之。飞遂如鼎州。黄佐招杨钦来降，飞喜曰："杨钦骁悍，既降，贼腹心溃矣。"表授钦武义大夫，礼遇甚厚。乃复遣归湖中，两日，钦说全琮、刘诜来降。飞诡骂钦曰："贼不尽降，何来也！"杖之，复遣去。是夜，掩贼营，降其众数万。

孟珙败金武仙于顺阳。初，金唐、邓行省恒山公武仙次兵于顺阳，与唐州守将武天锡、邓州守将移剌瑗相掎角，谋迎金主入蜀，遂犯光化，其锋甚锐。珙逼天锡营，俘其将士四百余人，又败金人于吕堰，俘获不可胜计，遂攻顺阳。武仙败走马蹬山，县令李英以城降。移剌瑗孤立而惧，遣使请降。

① 杨太，清抄本及《宋史》《续资治通鉴》均作"杨么"。按杨么本名杨太。

珙纳之，为易衣冠，以宾礼见，于是降者相继。珙言于制使史嵩之曰：“归附之人，宜因其乡土而使之耕，因其人民而立之长。少壮籍为军，俾自耕自守。才能者分以土地，任以职事，使各招其徒，以杀其势。”嵩之从其请。秋七月，孟珙大败武仙于马蹬山，降其众而还。先是，武仙爱将刘仪诣珙降，珙问仙虚实，仪言：“仙所据九寨，其大寨在石穴山，以马蹬、沙窝、岵山三寨蔽其前，三寨不破，石穴未可图也。若破离金寨，则岵山、沙窝孤立也。”珙乃遣兵攻离金，掩杀几尽。是夕，复令壮士捣王子山寨，斩金将首而出。遂围马蹬山，杀戮山积。还至沙窝西，与金人战，大捷。丁顺复破黑里寨。于是仙之九寨，六日而破其七。珙召仪曰：“此寨既破，板桥、石穴必震，汝能为我招之乎?”刘仪又请选妇人三百，伪逃归，怀招安榜以往。珙料仙势穷[①]，必上岵山绝顶窥伺，乃令樊文彬诘旦夺岵山，驻军其下，前当[②]设伏，后遮归路。已而，仙众果蹬岵山。及半，文彬麾旗，兵四起。仙众失措，枕藉崖谷，山为之赭。杀其将兀沙惹，擒七百三十人，弃铠甲如山。薄暮，珙进军至小水河，仪言：“仙谋往商州，依险以守，然老稚不愿北去。”珙曰：“进兵不可缓。”夜漏十刻，召文彬授方略。明日，攻石穴，雨夜蓐食起行，晨至石穴。时雨未霁，文彬患之。珙曰：“此雪夜擒元济之时。”策马直至石穴，分兵进攻，自寅至巳，遂破石穴。仙走，追及于鲇鱼寨。仙望见，易服而遁。复战于银葫芦山，又败。与五六骑奔，追之，隐不见。降其众七万，珙还襄阳。

① “穷”字下，清抄本及《续资治通鉴》有“蹙”字。
② 前当，原本作“当前”，清抄本同，据《宋史》改。

卷　六

自　　序

《兵法》“城有所不攻”者，当奉之以为主。至于要害之地，我不得此，则进退不能如意，而形相制、势相禁。于是反旗鸣鼓，以试吾锋，霍然如探喉骨而拔胸块也。昔高帝长驱入关，已行过宛西，张良云：“今不下宛而西进，前有强敌，宛乘其后，我腹背受敌，此危道也。”乃夜回兵围宛，克之，遂得前进无虑。夫以深入重地之师，计必制敌之死命，而留中梗以贻后患，岂良图哉？古恒有军既全胜，而一城扼险，制吾首尾，几覆大业者，皆由于谋之不早也。狄青之取昆仑，神矣！不然，屈力殚资、钝兵挫锐之戒，岂不闻之？吾知有不顾而疾趋焉耳，何必攻？

攻取必于要害

隗嚣反，使其将王元据陇坻。汉之诸将与战，大败而还。帝诏耿弇军漆，冯异军栒邑，祭遵军汧，吴汉等屯长安。冯异引军未至栒邑，嚣乘胜使王元、行巡将二万余人下陇，分遣巡取栒邑。异即驰兵，欲先据之，诸将曰：“虏兵盛而乘胜，不可与争锋。宜止军便地，徐思方略。”异曰：“虏兵压境，狃于小利，遂欲深入。若得栒邑，三辅动摇。夫攻者不足，守者有余，今先据城，以逸待劳，非所以争也。”潜往闭城，偃旗鼓。行巡不知，驰赴之。异卒起，击鼓建旗而出，巡军乱惊奔走，追击，大破之。祭遵亦破王元于汧。于是北地诸豪长耿定等，悉叛嚣降汉。

来歙将二千余人伐山开道，从番须、回中径袭略阳，斩嚣将金梁。嚣大惊曰："何其神也!"帝闻得略阳，甚喜，曰："略阳，嚣所依阻。心腹已坏，则制其支体易矣。"吴汉等诸将闻歙据略阳，争驰赴之。上以为嚣失所恃，亡其要城，势必悉以精锐来攻；旷日久围，而城不拔[①]，乃可乘危而进，皆追汉等还。

袁绍与操书，辞语骄慢。操语荀彧、郭嘉曰："今将讨不义，而力不敌，何如?"对曰："刘、项之不敌，公所知也。今绍有十败，公有十胜，绍虽强，无能为也。"嘉又曰："绍方北击公孙瓒，可因其远征，东取吕布。若绍为寇，布为之援，此深害也。"彧亦曰："不先取吕布，河北未易图也。"操曰："然。吾所惑者，又恐绍侵扰关中，西乱羌胡，南诱蜀汉。是我独以兖、豫当天下六分之五也，为将奈何?"彧曰："关中将帅以十数，莫能相一，唯韩遂、马腾最强。今若抚以恩德，遣使连和，虽不能久安，比公安定山东，足以不动。侍中锺繇有智谋，若属以西事，公无忧矣。"

曹操欲自击吕布，诸将皆曰："刘表、张绣在后，而远袭吕布，其危必也。"荀攸曰："表、绣新破，势不敢动。布骁猛，又恃袁术，若纵横淮泗间，豪杰必应之。今乘其初叛，众心未一，往可破也。"

操围下邳久，疲敝欲还，荀攸、郭嘉曰："吕布勇而无谋，今屡战皆北，锐气衰矣。三军以将为主，主衰则军无奋意。陈宫有智而迟。今及布气之未复，宫谋之未定，急击之，可拔也。"乃引沂泗水灌城，降之。

法正说刘备曰："曹操一举而降张鲁、定汉中，不因此势以图巴蜀，而留夏侯渊、张郃屯守，身遽北还。此非其智不逮，而力不足也，必将内有忧逼故耳。今策渊、郃才略，不胜国之将帅，举众往讨，必可克之。克之之日，广农积谷，观衅伺隙。上可以倾覆寇敌，尊奖王室；中可以蚕食雍、凉，广

① "而城不拔"下，清抄本有"士卒顿敝"一句，与《资治通鉴》同。

扩境土；下可以固守要害，为持久之计。此盖天以与我，时不可失也。”备乃进兵，遣张飞、马超、吴兰等屯下辨。

关羽讨樊，威震华夏。孙权与群臣议所伐，权曰：“今欲先取徐州，何如?”蒙对曰：“今操抚辑幽冀，未暇东顾。徐土往自可克，然地势陆通，今日取之，操后旬必来争，虽以七八万人守之，犹当怀忧。不如取羽，全据长江，形势益张，易为守也。”权善之。

吴步阐据西陵叛降晋，陆抗急围之。晋羊祜兵五万至江陵，诸将以抗不宜上。抗曰：“江陵城固兵足，无可忧者。假令敌得之，必不能守，所损者小。若晋据西陵，则南山群夷皆动，其患不可量也。”乃率众赴西陵。

刘曜围后赵洛阳。后赵王勒欲自救洛阳，程遐等固谏。勒召徐光，谓曰：“庸人之情，皆谓曜锋不可当。曜带甲十万，攻 城而百日不克，师老卒怠。以我初锐击之，可一战而擒。若洛阳不守，曜必自河以北席卷而来，吾事去矣。”对曰：“曜不能进临襄国，更守金墉，此其无能为可知也。以大王威略临之，彼必望旗奔北。平定天下，在此一举矣。”勒笑曰：“卿言是也。”乃使内外戒严，命石堪会荥阳，石虎进据石门。勒自统步骑济自大堨，谓光曰：“曜盛兵成皋关，上策也。沮洛水，其次也。坐守洛阳，此成禽耳。”至成皋，见赵无守兵，大喜，举手加额曰：“天也!”卷甲衔枚，诡道兼行，出于巩、訾之间。卒战于西阳门外，擒曜。

秦王兴大发诸军，遣义阳公平等伐魏，自将大军继之。平拔魏乾壁。魏主珪遣长孙肥为前锋，自将大军继后以御之。肥败平，平走柴壁，婴城固守，魏军围之。兴将兵四万救平，将据天渡运粮以饷平。魏博士李先曰：“《兵法》：高者为敌所栖，深者为敌所囚。今秦两犯之，宜先遣奇兵据天渡，柴壁可不战取也。”珪命增筑重围，内防平出，外拒兴入。将军安同曰：“汾东有蒙坑，东西三百余里，蹊径不通。兴来，必从汾西临柴壁。如此，虏声势相接，重围虽固，不能制也。不如为浮梁，渡汾西，筑围以拒之。虏至，无所施其智力矣。”珪从之，率步骑三万，逆击兴于蒙坑之南。兴退走四十余里，屯汾西，伐柏材，从汾上流纵之，欲以毁浮梁。魏人皆钩取为薪。平粮竭矢尽，夜突围，不得出，乃帅麾下赴水死，余众二万人皆就擒。兴力不能救，举军痛哭。珪乘胜进攻蒲坂。

李密说翟让曰：“今四海糜沸，不得耕耘。公士众虽多，食无仓廪，唯资野掠，常苦不给。若旷日持久，加以大敌临之，必涣然离散。未若先取荥阳，休兵馆谷，待士马肥充，然后与人争利。”让从之。于是，攻荥阳诸县，多下之。

唐太宗之克白岩也，谓李世勣曰：“安市城险而兵精，建安兵弱而粮少，若出其不意攻之，必克。建安下，则安市在吾腹中。此《兵法》所谓‘城有所不攻’者也。”对曰：“建安在南，安市在北，吾军粮皆在辽东。今逾安市而攻建安，若贼断吾运道，将若之何？”上从之。世勣遂攻安市，不下。世勣请克城之日，男子皆坑之，安市人闻之，益坚守。高延寿、高惠真共请曰：“乌骨城主老耄，不能坚守。移兵临之，朝至夕克，其余小城必望风奔溃。然后收其资粮，鼓行而前，平壤必不守矣。”群臣亦请召张亮，拔乌骨，渡鸭绿水，直取平壤。上将从之，为长孙无忌所阻，卒无功而还。

贝州刺史张源德北结沧德、南连刘鄩以拒晋，数断镇、定粮道。或说晋主：“请先取[①]源德，东兼沧景，则海隅之地皆为我有。”晋主曰：“不然。贝州城坚兵多，未易猝攻。德州隶于沧州而无备，若得而戍之，则沧、贝不得往来。二垒既孤，然后可取。”乃遣骑五百，昼夜兼行，袭德州，克之。

狄青讨侬智高，进次宾州。智高还守邕州。青惧昆仑险阨为所据，乃按兵不动，下令宾州具五日粮，休士卒。值上元节，令大张灯烛，首夜宴将佐，次夜宴从军官，三夜飨军校。首夜，乐饮彻晓。次夜二鼓时，青忽称病暂起，

① 取，原本脱，据清抄本及《资治通鉴》补。

如内。久之，使人谕孙沔，令暂主席行酒，少服药乃出，数使劝劳客。座至晓，客未敢退。忽有驰报者云："夜时三鼓，元帅已夺昆仑关矣。"是夜大风雨，青率兵渡昆仑关。既度，大喜曰："贼不知守此，无能为也已。"近邕州，贼方觉，逆战于归仁铺。青登高望之，贼据坡上，我军薄之。青使步卒居前，匿骑兵于后。蛮使骁勇者当前，尽执长枪。前锋孙节战不利，死。将卒畏青，莫敢退。青登高，执五色旗，麾骑兵为左右翼，出其后，断蛮军为三，旋而击之。左者右，右者左，已而右者复左，左者复右，贼不知所为。贼之标牌军为马军所冲突，皆不能驻，枪立如束。军士又纵马上铁连枷击之，遂皆披靡。智高焚城遁去。

张弘范攻樊城，流矢中其肘，束创见阿术曰："襄在江南，樊在江北，我陆攻樊，则襄出舟师来救，终不可取。若截江道，断救兵，水陆夹攻，则樊破而襄亦下矣。"阿术从之。初，襄、樊两城，汉水出其间，文焕植木江中，锁以钦絙，上造浮桥，以通援兵，樊亦恃此为固。至是，阿术以机锯断木，以斧断絙，燔其桥，襄兵不能援。乃以兵截江，而出锐师薄樊，城遂破。阿里海涯言："荆襄自古用武之地。汉水上流已为我有，顺流下驱，宋必可平。"

卷　七

自　　序

能取非难，取而能守之为难；汎守非难，守而能得其要之为难。昔项羽委敖仓而不守，弃关中而不居，而卒使汉资之以收天下，此最彰明较著者也。他如陈豨之不知据邯郸而阻漳水，董卓之不知依[1]旧京而守雒阳。自古及今，坐此患者，不可胜数，而独南宋君臣守江失策，尤为可笑。试取当日诸巨公奏议观[2]之，了然矣。

据守必审形胜

朱鲔闻光武北而河内孤，使讨难将军苏茂、副将贾强将兵三万余人，度巩河攻温。檄书至，寇恂即勒军驰出，并移属县发兵，会于温下。军吏皆谏曰："今洛阳兵渡河，前后不绝，宜待众军毕集，乃可出也。"恂曰："温，郡之藩蔽，失温则郡不可守。"遂驰赴之。旦日合战，而偏将军冯异遣救。及诸县兵适至，士马四集，幡旗蔽野，恂乃令士卒乘城鼓噪，大呼言曰："刘公兵到！"苏茂军闻之，阵动。恂因奔击，大破之。追至洛阳，遂斩贾强。茂兵自投河死者数千，生擒万余人。恂与冯异过河而还，自是洛阳震恐，城门昼闭。时光武传闻朱鲔破河内，有顷檄至，大喜曰："吾知寇子翼可任也！"

时寇贼纵横，道路梗塞。刘表单马入宜城，请南郡名士蒯良、蒯越，与

① 依，清抄本作"倚"。
② 观，清抄本、宝兴堂本作"读"。

之谋曰："今江南宗贼甚盛，各拥众不附，若袁术因之，祸必至焉。吾欲征兵，恐不能集，其策焉出?"越曰："袁术骄而无谋，宗贼率多贪暴，为下所患。若使人诱之以利，必以众来。使君诛其无道，抚而用之，一州之人有乐存之心，闻君威德，必襁负而至矣。兵集众附，南据江陵，北守襄阳，荆州八郡可传檄而定。公路虽至，无能为也。"表曰："善。"乃使诱宗贼帅。至者十五人，皆斩之，而取其众。遂徙治襄阳，镇抚郡县，江南悉平。

初，何进遣张杨募兵并州，会进败杨，留上党，有众数千人。至是归袁绍于河内，与南单于屯漳水。韩馥以豪杰多归心袁绍，忌之，阴节其粮，欲使离散。绍客逢纪谓绍曰："将军举大事而仰人资给，不据一州，无以自全。韩馥庸才，可密要公孙瓒取冀州，馥必骇惧。因遣辩士为陈祸福，馥迫于仓卒，必有逊让。"绍以书与瓒。瓒遂引兵至，馥与战不利。会董卓入关，绍还军延津，使馥所亲辛评、荀谌、郭图等说馥曰："公孙瓒将燕代之卒乘胜来南，其锋不可当。袁车骑引军东向，其意亦未可量也。窃为将军危之。"馥惧曰："然则为之奈何?"谌因说馥举冀州让绍，馥性恇怯，然谌计。馥长史耿武、别驾闵纯、治中李历闻而谏曰："袁绍孤客穷军，仰我鼻息，譬如婴儿在股掌之上，绝其乳哺，立可饥杀。奈何欲以州与之?"馥曰："吾袁氏故吏，且才不如本初，度德而让，古人所贵，诸君独何病焉?"馥乃避位让绍。绍承制以馥为奋威将军，而无所将御。

鲍信谓曹操曰："袁绍为盟主，因权专利，将自生乱，是复有一卓也。抑之则力不能制，且可规大河之南，以待其变。"操善之。会黑山、白绕等十余万众略东郡，操引兵击破之。袁绍因表操为东郡太守，治东武阳。此条见一卷。[①]

青州黄巾寇兖州，刘岱欲击之。济北相鲍信曰："今贼众百万，百姓皆震恐，士卒无斗志，不可敌也。然贼军无辎重，唯以抄略为资，今不若畜士众之力，先为固守。彼欲战不得，攻又不能，其势必离散。然后选精锐，据要

① 今按：宝兴堂本有此条。

害，击之可破也。”岱不从，遂与战，果为所杀。曹操部将陈宫谓操曰：“州今无主，而王命断绝。宫请说州中纲纪，明府寻往牧之，资之以取天下，此霸王之业也。”宫因往说别驾、治中，迎操领兖州刺史。贼众精悍，操兵寡弱。操抚循激励，明设赏罚，乘间设奇，昼夜会战，战辄禽获，贼遂退走。鲍信战死。操追至济北，悉降之，得卒三十余万，收其精锐，号青州兵。诏以金尚为兖州刺史，将之部，操逆击之。尚奔袁术。

曹操使荀彧、程昱守鄄城，复往攻陶谦。陈宫说张邈、张超叛曹，迎吕布为兖州牧。是时，兖州郡县皆应布，惟鄄城、范、东阿三城不动。彧谓昱曰：“今举州皆叛，唯有此三城不动，君民之望也。宜往抚之。”昱乃过范，说其令靳允曰：“闻吕布执君母弟妻子，孝子诚不可为心。今天下大乱，英雄并起，必有命世能息天下之乱者，此智士所宜详择也。夫布粗中少亲，刚而无礼，匹夫之雄耳。宫等以势假合，不能相君也。曹使君智略不世出，殆天所授也。君必固范，我守东阿，则田单之功可立，孰与违忠从恶而母子俱亡乎？”允泣涕许之，遂杀泛嶷，勒兵自守。昱又遣别骑绝仓亭津，宫不得渡。至东阿，令枣祗已拒城坚守，卒完三城以待操。布攻鄄城不能下，西屯濮阳。操曰：“布不能据东平，断亢父、泰山之道，乘险要我，而乃屯濮阳，吾知其无能为也。”乃进攻之。

操还鄄城，布屯山阳。袁绍使人说操，欲使遣家居邺，操将许之。程昱曰：“意者将军殆临事而惧，不然，何虑之不深也？夫袁绍有并天下之心，而智不能济也。将军自度能为之下乎？今兖州虽残，尚有三城，能战之士不下万人。以将军之神武，与文若、昱等收而用之，霸王之业可成也。愿将军更虑之。”操乃止。

吕布将薛兰、李封屯巨野，曹操攻之，斩兰等。谦已死[①]，欲遂取徐州，

① 谦已死，宝兴堂本同。清抄本作“操以陶谦已死”，《后汉书》《三国志》作“陶谦死”，《资治通鉴》作“以陶谦已死”。

还乃定布。荀彧曰："昔高祖保关中，光武据河内，皆深根固本，以制天下，进足以胜敌，退足以坚守。故虽有困败，而终济大业。将军本以兖州首事，且河济，天下之要地，是亦将军之关中、河内也，不可不先定。今分兵东击陈宫，以其间收熟麦，一举而布可破也。若舍而东，多留兵则不足用，少留兵则布乘虚寇暴，人心益危，是无兖州也。若徐州不定，将军当安所归乎?"操乃止。布复与陈宫将万余人来战，操兵皆出收麦，在者不能千人。屯西有大堤，操隐兵堤里，出半兵挑战。既合，伏发，大破之。攻拔定陶，分兵平诸县。布东奔刘备。

袁绍每得诏书，患其有不便于己者，欲移天子自近。使说曹操，以许下卑湿，雒阳残破，宜徙都鄄城，以就军实。操拒之。田丰曰："徙都之计，既不克从，宜早图许，奉迎天子，动托诏书，号令海内，此算之上者。不尔，终为人所擒，虽悔无益也。"绍不从。而亡卒有以丰谋白操者，操乃解穰围而还。

初，袁绍与操共起兵，绍问操曰："今倡义举大事，事不辑，则方面何所可据?"操曰："足下意以为何如?"绍曰："吾南据河，北阻燕、代，兼戎狄之众，南向以争天下，庶可济乎?"操曰："吾任天下之智勇，以道御之焉，无所不可。"

吕蒙闻曹操欲东兵，说孙权夹濡须水口立坞焉。诸将皆曰："上岸击贼，洗足入船，何用坞为?"曰[①]："兵有利钝，战无百胜。如有邂逅，敌步骑蹙人，不暇及水，其得船乎?"权遂从之。

操自长安出斜谷，军遮要以临汉中。刘备曰："曹公虽来，无能为也，我必有汉川矣!"乃敛众拒险，终不交锋。相守月余，操引还长安。

① "曰"字上，清抄本及《资治通鉴》有"蒙"字。《三国志》引《吴录》作"吕蒙"。

曹爽与夏侯玄兵十余万，自骆谷入汉中。汉中守兵不满三万，诸将恐，欲守城不出，以待涪兵。王平曰："此去涪垂千里，贼若得关，便为深祸。"遂遣护军刘敏据兴势，多张旗帜，弥亘百余里不绝。帝遣费祎救之，魏兵不得进。

吴诸葛恪入淮南，或曰："宜围新城，俟救至而图之，可大获也。"恪从之。魏司马师问于虞松曰："今二方皆急，而诸将意阻，若之何?"松曰："昔周亚夫坚壁昌邑，而吴、楚自败。事有似弱而强者，不可不察也。今恪悉其锐众，足以肆暴，而坐守新城，欲以致一战耳。若攻城不拔，请战不可，师老众疲，势将自遁。诸将之不进，乃公之利也。姜维投食我麦，非深根之寇，谓我并力于东，是以径进。今若使关中诸军倍道急赴，出其不意，殆将走矣。"师曰："善。"乃使郭淮、陈泰解狄道之围，敕毌丘俭等按兵自守，以新城委吴。维果以粮尽引还。魏扬州牙门将张特守新城，吴人攻之，连月不克，乃引去。汝南太守邓艾言于司马师曰："孙权已没，大臣未附。恪不念抚恤上下，以立根基，乃竞于外事，载祸而归，其亡可立待也。"

夏王勃勃闻裕伐秦，曰："裕取关中必矣，然不能久留，必将南归。若留子弟及诸将守之，吾取之如拾芥耳。"乃秣马养士，进据安定，岭北郡县皆降。及闻刘裕东还，大喜，召王买德问计。买德曰："关中形胜之地，而裕以幼子守之，狼狈而归，正欲急成篡事，不暇复以中原为意。此天以关中赐我，不可失也。青泥、上洛，南北之险，宜先遣游军断之。东塞潼关，绝其水陆之路。然后传檄三辅，施以恩德，则义真在网罟之中，不足取也。"勃勃乃遣子璝帅骑二万向长安，别将屯青泥及潼关，而自将大军为后继。

哥舒翰御禄山，会有告贼将崔乾祐在陕，兵不满四千，皆羸弱无备。上遣使趣翰进兵复陕洛。翰奏曰："禄山久习用兵，岂肯无备?是必羸师以诱我，若往，正堕其计中。且贼远来，利在速战，官军据险，利在坚守。况贼势日蹙，将有内变，因而乘之，可不战擒也。要在成功，何必务速?今诸道征兵尚多未集，请且待之。"郭子仪、李光弼亦请引兵北取范阳，覆其巢穴，贼必内溃，潼关大军惟应固守以敝之，不可轻出。杨国忠疑翰谋己，言上趣之出兵，果败。

张巡守睢阳，为东南屏蔽。其后李、郭得以成功[①]。

史思明分军四道，济河会于汴州。李光弼方巡诸营，闻之，入汴州，谓节度使许叔冀曰："大夫能守汴州十五日，我则[②]来救。"叔冀许诺。思明至汴州，叔冀与战不胜，遂降之。思明乘胜西攻郑州。光弼整众徐行，至洛阳，留守韦陟请留兵于陕，退守潼关。光弼曰："两敌相当，贵进忌退。今无故弃五百里地，贼势益张矣。不若移军河阳，北连泽潞，利则进取，不利则退守，表里相应，使贼不敢西侵。此猿臂之势也。"判官韦损曰："东京帝宅，奈何不守？"光弼曰："守之则汜水、崿岭、龙门皆应置兵。子为兵马判官，能守之乎？"遂牒河南尹，帅吏民避贼，而率军士诣河阳。时思明游兵已至石桥，光弼当石桥而进，部曲坚整，贼不敢逼。

王禀守太原，黏没喝攻之不下，乃分兵趋汴京。平阳叛卒导金人兵入南北关，没喝叹曰："关险如此，而使我过之，南朝无人矣。"

陈规守德安，中原郡县皆失守，独此一城存。

张浚闻金人入德顺军，乃退保兴州。时辎重焚弃，将士散亡，惟亲兵千余自随，人情大沮。或请徙治夔州，参军事刘子羽叱之曰："孺子可斩也！四川全盛，敌欲入寇久矣，直以川口有铁山栈道之险，未敢遽窥尔。今不坚守，纵使深入，而吾僻处夔峡，遂与关中声援不相闻，进退失计，悔将何及？今幸敌方肆掠，未逼近郡，宣司但当留守兴州，外系关中之望，内安全蜀之心。急遣官属出关，呼召将等[③]，收集散亡，分布隘险，坚壁固垒，观衅而动，庶

① "其后李、郭得以成功"一句，原本无，据清抄本、宝兴堂本补。
② "则"字下，清抄本、宝兴堂本及《资治通鉴》均有"将兵"二字。
③ 将等，清抄本、宝兴堂本及《宋史》作"诸将"。

几可以补前愆耳。”浚然其言，而诸参佐无敢行者。子羽请行，乃单骑至秦州，召诸亡将。时诸将不知宣司所在，及闻命，大喜，悉以众来会，凡十余万人，军势复振。子羽因请遣吴玠聚兵阸险于凤翔、大散关东之和尚原，以断敌来路，关师古等聚兵于岷州大潭，孙偓、贾世方等聚泾原、凤翔，兵于阶、成、凤三州，以固蜀口。金人知有备，遂引去。

吴玠自富平之败，收散卒，保和尚原，积粟缮兵，列栅为死守计。或谓玠宜退屯汉中，扼蜀口，以安人心。玠曰：“我保此，敌决不敢越我而进，是所以保蜀也。”

吴璘守和尚原，馈饷不继。吴玠虑金人必复深入，且其地去蜀远，乃命璘别营垒于仙人关右之地，名曰杀金平，移兵守之。至是，三月辛亥朔，兀术、撒离喝、刘夔帅步骑十万[①]破和尚原，进攻仙人关，自铁山凿崖开道，循岭东下。玠以万人守杀金平，以当其冲。璘自武阶路入援，先以书抵玠，谓杀金平之地阔远，前阵散漫，后阵阻隘，宜益修第二隘，示必死战，然后可以必胜。玠从之，急治第二隘。璘冒围转战七昼夜，始得与玠会于仙人关。敌首攻玠营，玠击走之，又以云梯攻垒壁，杨政以撞竿坏其梯，以长矛刺之。诸将有请别择地以守者，璘拔刀画地，谓诸将曰：“死则死此，退者斩！”金军分为二，兀术阵于东，韩常阵于西。璘率锐卒介其间，左绕右萦，随急而后战。战久，璘军少惫，急屯第二隘。金生兵踵至，璘以驻队矢迭射。翼[②]日，敌命攻西北楼，又却之。玠急遣田晟相救，金人宵遁。玠遣张彦劫横山寨，王俊伏河池扼其归路，又败之，度玠终不可犯，乃还据凤翔，授甲士田，为久留计，不妄动矣。

刘豫佥乡兵三十万，分三道入寇。帝虑张俊、刘光世不足任，因命岳飞尽以兵东下，而手札付张浚，令俊、光世、沂中等还保江。浚上言：“若诸将

① 十万，清抄本作“十一万”，《宋史》作“十余万”。
② 翼，清抄本、宝兴堂本及《宋史》作“翌”。

渡江，则无淮南，而长江之险与贼共有。淮南之屯正所以屏蔽大江，使贼得淮南，因粮就运，以为家计，江南其可保乎？今正当合兵掩击，可保必胜。若一有退意，则大事去矣。且岳飞一动，襄汉有警，何所恃乎？愿朝廷勿专制于中，使诸将有所观望也。”帝手书报浚曰：“非卿识高虑远，何以及此?”由是异议乃息。沂中兵至濠，光世已舍庐州，将趋采石，淮西大震。浚闻之，令吕祉驰往光世军，谕之曰：“有一人渡江，即斩以徇。”光世不得已，复还庐州，与沂中等相应。刘猊军至淮东，为韩世忠所阻，乃引趋定远。刘麟从淮西系三浮桥而渡，次于濠、寿之间，张俊以兵拒之。沂中使统制吴锡率劲卒五千突入其军，而自以精骑冲其胁，大呼曰：“贼破矣!”贼众大败，横尸满野。

岳飞自鄂入见，拜太尉，继除宣抚使，以王德、郦琼兵隶之。帝诏德、琼曰：“听飞号令，如朕亲行。”飞见帝，数论恢复之略，疏言：“金人所以立刘豫，盖欲荼毒中原，以中国攻中国，彼得以休息观衅耳。臣愿陛下假臣月日，提兵趋京洛，据河阳、陕府、潼关，以号召五路叛将。叛将既还，遣王师前进，豫必弃汴而走，河北、京畿、陕右可以尽复。然后分兵浚、滑，经略两河，如此则逆豫成擒，金人可灭。社稷长久之计，实在此举。”帝曰：“有臣如此，朕复何忧!”

副留守刘锜赴东京，自临安溯江绝淮。至涡口，闻金人败盟南下，锜与将佐舍舟陆行，急趋三百里至顺昌，与知府陈规共守。诸将欲还江南，锜曰：“吾本赴官留司，今东京为金所陷，吾幸全军至此，有城可守，奈何弃之？吾意决矣，言去者斩!”惟部将许清议与锜合，乃凿舟沉之，示无去意，卒克大捷。

孟宗政守枣阳，金师完颜讹可[①]步骑薄城。宗政百计御之，金人屯城下八十余日，气已竭。宋师败之于瀼河，又败之城南，金人遁。追至马蹬寨，焚

① 金师完颜讹可，宝兴堂本同，清抄本作“金帅完颜诈可”，《宋史》作“金帅完颜讹可”。

其城，入邓州而还。金人自是不敢窥襄汉、枣阳，中原遗民来归以万数。宗政发仓廪赈之，给田创屋与居，籍其勇壮，号忠顺军，俾出没唐、邓间，由是威震境外。

余玠为四川宣谕使，时播州冉琎、冉璞兄弟隐居蛮中，前后阃帅辟召不至。至是诣玠曰："某兄弟辱明公礼遇，思有以少报，其在徙合州城乎？"玠跃起曰："此玠志也，但未得其所耳。"曰："蜀口形胜之地，莫若钓鱼山。请徙诸此，若任得其人，积粟以守之，贤于十万师远矣。巴蜀不足守也。"玠大喜，请于朝而官之，卒筑青居、大获、钓鱼、云顶、天生，凡十余城。皆因山为垒，棋布星分，屯兵聚粮，为必守计。又移金戎[①]于大获，以护蜀口；移沔戎于青居；兴戎先驻合州旧城，移守钓鱼，共备内水；又移利戎于云顶，以备外水。于是如臂使指，气势联络矣。

诏孟珙收复荆、襄，珙谓："必得郢然后可以通馈饷，得荆门然后可以出奇兵。"由是指授方略，发兵深入，所在皆以捷闻。珙奏曰："襄樊，朝廷根本。今百战而得之，当加经理，非甲兵十万不足分守。与其抽兵于敌来之后，孰若保此全胜？'上兵伐谋'，不争之争也。"乃置先锋军于襄、郢，归顺人隶之。四年，珙条上流利害[②]，"备御宜为藩篱三层"。谍知元兵于襄樊、随、信阳招集军民布种，储船材于邓、顺阳，乃遣一军出随，一军出信阳，一军出襄，分路挠其势。潜遣兵烧所积船材，又度师必因粮于蔡，遣张德、刘整分兵入蔡，火其积聚。乃制拜四川宣抚使兼知夔州。珙曰："不择险要立寨栅，则难责兵以卫民；不集流离安耕种，则难责民以养兵。"于是大兴屯田，调夫筑堰，募农给种，首秭归，尾汉口，为屯二十，为顷十八万八千二百八十。

孟珙兼知江陵，登城叹曰："江陵所恃三海，不知沮洳有变为桑田者，敌

---

① 金戎，清抄本及《宋史》同，《续资治通鉴》作"金州兵"。

② 珙条上流利害，清抄本作"珙条具上流事宜利害"，宝兴堂本作"珙条具上流利害"。

一鸣鞭即至城外。”盖自城以东，古岭、先锋，直至三汊，无限隔。乃修复内隘十有一，别作十隘于外，有距城数十里者。沮、漳之水，旧自城西入江，因障而东之，俾绕城北入于汉，而三海遂通为一。随其高下为汇[①]，畜泄三百里间，渺然巨浸。土木之工百七十万，民不知役，因绘图上之。

蒙古兵次嵩、汝间，金御史台言：“敌兵逾潼关、崤、渑，深入重地，近抵西郊。彼知京师屯宿重兵，不复叩城索战，但以游骑遮绝道路，而别兵攻击州县，是亦困京师之渐也。若专以城守为事，中都之危，又将见于今日。况公私蓄积，视中都百不及一。此臣等所以寒心也。愿陛下命陕西兵扼距潼关，与阿里不孙为掎角之势。选在京勇敢之将十数，各付精兵，随宜伺察，且战且守。复谕河北，亦以此待之。”金主以奏付尚书省，平章术虎高琪曰：“台官素不习兵，备御方略，非所知也。”遂止。高琪以蒙古兵日逼，欲以重兵屯驻汴京以自固，州郡残破不复恤，国势益衰。[②] 此条见一卷。

吕文德守鄂，有威名。叛将刘整言于蒙古主曰：“南人惟恃吕文德耳，然可以利诱也。”请遣使，赂以玉带，求置榷场于襄阳城外以图之，请于文德，文德果许之。遂开榷场于樊城，筑土墙于鹿门山，外通互市，内筑堡壁。由是敌有所守，以遏南北之援，时出兵哨掠襄城外，兵势益炽。文德知为所卖，然已无及矣。至是，整又言于蒙古主曰：“攻宋方略，宜先从事襄阳。襄阳吾故物，由弃弗戍，使宋得窃筑为强藩。如复襄阳，浮汉入江，则宋可平也。”蒙古从之。遂征兵诸路，命阿术与整经略襄阳。阿术驻马虎头山，顾汉东白河口曰：“若筑垒于此，以断宋饷道，襄阳可图也。”遂城其地。吕文焕大惧，遣人以蜡书告吕文德。文德不信，识者笑之。刘整与阿术计曰：“我精兵突骑，所当者破，惟水战不如宋耳。夺彼所长，造战舰，习水军，事济矣。”乃造船五千艘，日练水军，虽雨不能出，亦画地为船而习之。练卒七万，遂筑白河城，以困襄阳。

---

① 汇，《宋史》作“匮”，《续资治通鉴》作“柜”，诸书所引多同，字义难解。柯维骐《宋史新编》引作“堰”，潘游龙《康济谱》、朱璐《防守集成》引作“渠”。

② 今按：宝兴堂本无此条。又卷一“国势益衰”上，有“金主惑之”四字，此无。

卷　八

自　序

隆中数语，野夫常谈，然亦曾有取其言细求之者乎？今其言曰："荆州北据汉沔，利尽南海，东连吴会，西通巴蜀，此用武之国。益州险塞，沃野千里，高祖因之以成帝业。若跨有荆、益，保其岩险，西和诸戎，南抚夷越，外结好孙权，内修政理。天下有事，则命一上将，将荆州之军，以向宛洛；将军身率益州之众，出于秦川。"天下规模，孰大于是？所以当时英雄所见略同。周瑜既败曹瞒，因言于孙权曰："今曹操既败，方忧在腹心，未能与将军连兵相事也。乞与奋威俱进，取蜀而并张鲁，因留奋威固守其所，与马超结援。瑜还与将军据襄阳以蹙曹，北方可图也。"江南形胜，可以进窥中原者，其论盖本诸此。厥后六朝胜败不常，力皆不副。至于南宋，诸公有其言而无其事，然而其言亦精且悉矣。其所云"立都建业"，"筑行宫于武昌"，及"重镇襄阳，以系中原之望"，又云"天下形势，居西北足以控制东南，居东南不足控制西北"等语，俱关至极，圣人复起，无以易也。若夫朝廷之上置中书以总机务，疆埸之外建专阃以总征伐，经理度支，抚驭军民，适宽严之宜，得缓急之序，崇大体，立宏纲，破因循之旧格，布简快之新条，使人人辑志，处处向风，斯立国之初政，又不可以一事不周者也。呜呼，盗贼之与帝王，无俟观其成败，其规模气象盖已不同矣！

立国在有规模

先主攻成都，令军中曰："有害刘巴者，诛及三族。"及得巴，甚喜，以为西曹掾。时军用不足，备以为忧。刘巴请铸直百钱，平诸物价，令吏为官市。备从之。数月之间，府库充实。或欲以成都名田宅分赐诸将，赵云曰："霍去病以匈奴未灭，无用家为。今国贼非但匈奴，未可求安也。须天下都定，各反桑梓，归耕本土，乃其宜耳。益州人民初罹兵革，田宅皆可归还，令安居复业，乃可役调得其欢心。不宜夺之，以私所爱也。"备从之。备留霍峻守葭萌城，璋将向存帅万余人攻围一年。峻兵才数百人，伺其怠隙，选精锐出击，大破斩之。备以为梓潼太守。

张浚谓中兴当自关陕始，虑金人或先入陕、蜀，则东南不可保，因慷慨请行。诏以浚为宣抚处置使，听便宜黜陟。与沿江襄汉守臣议储蓄以待临幸。帝问浚大计，浚请身任陕、蜀之事，置幕府于秦州。别遣大臣与韩世忠镇淮东，吕颐浩扈跸来武昌，为趋陕之计，复以张俊、刘光世与秦州相首尾。帝然之。初，浚宣抚川陕之议未决，监登闻检院汪若海曰："天下者，常山蛇势也，秦、蜀为首，东南为尾，中原为脊。今以东南为首，安能起天下之脊哉？将图恢复，必在川陕。"浚大悦。此条见一卷。

金、齐之兵日迫，群臣劝帝他幸，散百司以避之。张浚曰："避将安之？惟进御乃可耳！"赵鼎曰："战而不捷，去未晚也。"帝因曰："朕为二圣在远，屈己请和，而彼复侵凌。朕当亲总六师，临江决战。"沈与求复力赞之。鼎喜曰："累年退怯，敌志益骄。今圣断亲征，将士必奋，成功可必。臣愿效区区，以图报国。"于是以孟庾为行宫留守，命百司不预军旅之务者，从便避兵。以张浚为浙西江东宣抚使，王燮为江西沿江制置使。胡松年诣江上，会诸将议进兵。刘光世移军建康，后宫自温州泛海如泉州。光世遣人讽鼎曰："相公自入蜀，何事与他人任患？"韩世忠亦曰："赵丞相真敢为者！"鼎闻之，恐上意中变，乘间言："养[1]兵十年，用之正在今日。若少加退阻，即人心涣散，长江之险不可复恃矣。"戊戌，帝遂发临安，刘锡福、杨存中以禁兵扈从。韩世忠捷奏至。壬寅，帝次平江，欲自渡江决战，鼎曰："敌之远来，

① "养"字上，清抄本及《宋史》均有"陛下"二字。

利在速战，遽与争锋，非策也。且逆豫犹遣其子，岂可烦至尊耶?”帝乃止。及胡松年自江上还，云北兵大集，然后知鼎之见远也。会雨雪，馈道不通[①]，野无所掠，杀马而食，蕃、汉军皆怨。又闻金主晟病笃，乃夜引还。兀术等已去，刘麟、刘猊不能独留，亦遁。或问鼎曰：“金人倾国来攻，众皆汹惧。公独言不足畏，何也?”鼎曰：“敌众虽盛，然以刘豫邀而来，非其本心，战必不力，是以知其不足畏也。”鼎奏：“金人遁归，犹当博采群言，为善后之计。”于是诏前执政，议攻战、备御、绥怀措置之方。提举临安府洞霄宫李纲上疏曰：“陛下勿以敌退为可喜，而以仇敌未报为可愤；勿以东南为可安，而以中原未复为可耻；勿以诸将屡捷为可贺，而以军政未修、士气未振为可虞。议者或以敌马既退、遂用为大举之计，臣窃以生理未固，而欲浪战以侥幸，非制胜之术也。今朝廷以东南为根本，苟不大修守备，先为自固之计，何以能万全而制敌?议者又谓敌人既退，宜且保据一隅，以苟目前之安，臣谓祖宗境土，岂可坐视沦陷，不务恢复?若今岁不征，明岁不战，使敌势益张，而吾之所纠合精锐士马日以耗损，何以图敌?惟宜于防守既固、军政既修之后，即议攻讨，乃为得计。其守备之宜，则料理淮甸、荆襄，以为东南屏蔽。当于淮之东西及荆襄置三大帅，屯重兵以临之，分遣偏师进守枝郡。加以战舰水军，上连下接，自为防守，则藩篱之势成。守备之宜，莫大于是。然后可议攻战之利，分责诸路大帅，因利乘便，收复京畿，以及故都。断以必为之志，而勿失机会，则以弱为强，取威定乱，逆臣可诛，强敌可灭。攻战之利，莫大于是。若夫万乘所居，必择形胜以为驻跸之所。东南形胜，无如建康，旧都未复，莫若权于建康驻跸。治城池，修宫阙，立官府，创营壁，使粗成规模，以待巡幸。此措置之所当先也。至于西北之民，皆陛下赤子，荷祖宗涵养之深，其心未尝忘宋，特制于强敌，不能自归。天威震惊，必有愿为内应者，宜优加抚循，使陷溺之民知所依恃，益坚戴宋之心。此绥怀之所当先也。”

京湖制置使汪立信移书贾似道：“为今日之计者，其策有二：夫内郡何事

① “馈道不通”上，清抄本、宝兴堂本及《宋史·韩世忠传》均有“金”字。

乎多兵？宜尽出之江干，以实外御。算兵帐，见兵可七十余万人。老弱柔脆，十分汰二，为选兵五十余万人。而沿江之守则不过七千里，若距百里而屯，屯有守将，十屯为府，府有总督。其尤要害处辄参倍其兵，无事则泛舟长淮，往来游徼，有事则东西齐奋，战守并用，刁斗相闻，馈饷不绝，互相应援，以为联络之固。选宗室大臣、忠良有干用者，立为统制。分东西二府，以莅任得其人，则率然之势成矣。此上策也。久拘聘使，无益于我，徒使敌得以为辞，请礼而归之。许输岁币，以缓师期。不二三年，边处稍休，藩垣稍固，生兵日增，可战可守。此中策也。二策果不得行，则天败我也，衔璧舆榇之礼，请备以俟。”

卷　九

自　　序

干戈屡兴，民不安业，郡县萧条，无鸡犬声。大兵一起，立见此景。语云“师之所处，荆棘生焉”，信非虚也。如此而拥大众以征伐，掠无可掠，何况转输乎？古所谓“百万之众，无食，不可一日支”，正此时矣。李密以霸王之才，徒以用粟不节，卒致米尽人散之忧。昔汉之兴也，食敖仓之粟；唐之兴也，资黎阳之利[①]。今天下俱匮，既无秦隋之富以贻之，何所借以成汉唐之大业乎？屯田一着，所谓以人力而补天工也。其法不一，或兵屯，或民屯，大抵创业之屯与守成之屯不同。怀远图者，当于此处求之，无烦详载也。

兵聚必资屯田

中平以来，民弃农业，诸军并起，率乏粮谷。饥则寇略，饱则弃余，瓦解流离，无敌自破者，不可胜数。袁绍军仰食桑椹，袁术军取给蒲蠃。枣祗请建置田官屯田，曹操从之。以祗为屯田都尉，任峻为典农中郎将，募民屯田，许下得谷百万斛。于是州郡例置田官，所在给食，仓廪皆满。故操征伐四方，无馈饷之劳。

操使御史卫觊镇抚关中。时四方大有还民，诸将多引为[②]部曲。觊书与荀彧曰：“关中膏腴之地，顷遭荒乱，人民流入荆州者十万余家。今归者无以自

① 利，清抄本、宝兴堂本作“积”。

② 为，原本作“于”，清抄本、宝兴堂本同，据《三国志》《资治通鉴》改。

业，诸将各自招怀，以为部曲。郡县贫弱，不能与争，兵家遂强。一旦变动，必有后忧。夫盐，国之大宝也，乱来放散。宜如旧置使者监卖，以其直益市犁牛，若有归民，以供给之，勤耕积粟，以丰殖关中。远民闻之，必日夜竞还。又使司隶留治关中，以为之主，则诸将日削，官民日盛。此强本弱敌之利也。”彧以白操，从之。关中由是服从。

魏欲广田畜谷于扬、豫之间，使尚书郎邓艾巡行陈、项以东，至寿春。艾以为：“太祖破黄巾，因为屯田积谷许都，以制四方。今三隅已定，事在淮南。每大军出征，运兵过半，功费巨亿。陈、蔡之间，上下田良，可省许昌左右稻田，并水东下。令淮北二万人，淮南三万人，什二分休，恒有四万人，且田且守。益开河渠，以增灌溉，通漕运。计除众费，岁完五百万斛，六七年间，可积三千万斛于淮上。此则十万之众五年食也。以此乘吴，无不克矣。”司马懿善之。是岁，始开广漕渠。每东南有事，大军泛舟，逮于江淮，资食有储，而无水害。

岳飞复襄阳，捷闻，帝喜曰：“朕素闻飞行军有纪律，未知其能破敌如此。”飞因奏：“金贼所爱，惟女子金帛，志已骄惰。刘豫僭伪，人心终不忘宋。如以精兵二十万，直捣中原，恢复故疆，诚易为力。襄阳、随、郢，地皆膏腴，苟行营田，其利甚厚。臣俟粮足，即过江北剿敌。”时方重深入之举，而营田之议自此兴矣。

卷 十

自 序

君见搏虎者乎？平原广泽，不惮驰鹜[①]以逐之；至于虎负隅矣，则当设网罗，掘陷阱，围绕其出路，旁睨而伺之，久将自困。若奋不顾身，径进而与之斗，鲜不伤人矣。吾之用兵，自初起以至于势成，敌境日蹙而力亦日专，此亦负隅之虎也。吾欲一举而毙之，岂可不厚为之防哉？昔周世宗既平关南，宴诸将于行营，议取幽州，诸将曰："陛下离京四十二日，兵不血刃，取燕南之地，此不世之功也。今虏骑皆聚幽州之北，未宜深入。"世宗卒还师。宋曹彬、潘美诸将北伐，陛辞，太宗谓曰："潘美但先趋云、朔，卿等以十万众声言取幽州，且持重缓行，不得贪利。"及曹彬等乘胜而前，所至克捷，每捷奏至，帝讶其进军之速。后果以诸将贪利轻进，至涿，竟为耶律休哥所败。非明鉴耶？故欲克敌者，强其势，厚其力，谨其制，利其器，然后堂堂陈[②]，正正旗，声罪致讨而施戎索，乃全胜之术也。不然，吾宁蓄全力以俟之。经纶庶政，振举远猷，大势既定，彼将焉往哉？

克敌在勿欲速

汉王以项羽负约，不王己关中，怒，欲攻之。萧何曰："虽王汉中之恶，不犹愈于死乎？"王曰："何也？"何曰："今众不如，百战百败，不死何为？夫能绌于一人之下，而伸于万物之上者，汤、武是也。臣愿大王王汉中，养

① 鹜，原本作"骛"，据清抄本、宝兴堂本改。
② 陈，清抄本、宝兴堂本作"阵"。

其民以致贤人，收用巴蜀，还定三秦，天下可图也。”王曰：“善。”高祖为汉王，就国，张良送至褒中，王遣良归韩。良因说王烧绝所过栈道，以备盗兵，且示羽无东意。及韩信引兵出，张良遗项王书曰：“汉王失职，欲得关中，如约即止，不敢东。”又以齐、梁反书遗之。羽以故无西意而北击齐。

操还官渡，绍乃议攻许。田丰曰：“曹操既破刘备，则许下非复空虚。且操善用兵，众虽少，未可轻也。今不如以久持之，外结英雄，内修农战。然后简其精锐，乘虚迭出，救右则击其左，救左则击其右，使我未劳而彼已困，不及三年，可坐克也。今释庙胜之策，而决成败于一战。若不如志，悔无及也。”绍不从。

上至凤翔，旬日，陇右、河西、安西、西域之兵皆会，江淮庸调亦至长安。人闻车驾至，从贼中自拔而来者日夜不绝。李泌请如前策，遣安西、西域之众并塞东北，取范阳。上曰：“今大众已集，当乘兵锋捣其腹心。而更引兵东北数千里先取范阳，不亦迂乎？”对曰：“今所恃者，皆北方及诸胡之兵，性耐寒而畏暑。若乘其新至之锐，攻禄山已老之师，其势必克两京。然春气已深，贼归巢穴，关东地①热，官军必困而思归。贼伺官军之去，必复南来，然则征战之势未有涯也。不若先用之于寒乡，除其巢穴，则贼无所归，根本永绝矣。”上曰：“朕切晨昏之恋，不能待此决矣。”

或言洛中将士皆燕人，久戍思归，上下离心，急击之可破也。鱼朝恩以为信然，屡言之。上敕李光弼进取东京。光弼奏：“贼锋尚锐，未可轻进。”②中使相继督光弼出师。光弼不得已，将兵会朝恩等攻洛阳，陈于邙山。光弼依险而阵，怀恩阵于平原。光弼曰：“依险则可进可退，若阵平原，战而不利，则尽矣。思明不可忽也。”命移于险，怀恩复止之。史思明乘其未定，薄

① 地，原本作“比”，宝兴堂本同，据清抄本及《资治通鉴》改。

② 未可轻进，宝兴堂本同。清抄本此句下有“仆固怀恩勇而愎，麾下皆蕃汉劲卒，恃功多不法，郭子仪宽厚曲容之，每用兵，倚以集事，光弼一裁之以法。怀恩不悦，乃附朝恩言东都可取，由是”，与《资治通鉴》略同。

之。官军大败。

太祖与赵普计下太原。普曰："太原当西、北二面，太原既下，则边患我独当之。不如姑俟削平诸国，则弹丸黑子之地，将安逃乎?"帝曰："吾意正如此，特试卿耳。"

跋[①]

此非谈兵也，谈略也。兵则千百端而不尽，略则三数端而已，明矣。十卷挨次而进，各有深意，不可以一丝乱，然亦一时俱有。各卷中其前后、左右、中间皆有含蕴，皆须发明，皆待接补。其为机也甚活，其为用也甚广，其为体也甚约。有言所已及者，有言所未及者，有及而已尽者，有及而未尽者。每摘其一字，可作十日读、百日想也。故曰：此定局，亦活局也。然须先识活局，而后识是定局也，此又非解者不辨也。至于选将练兵，安营布阵，器械旗鼓，间谍乡导，地利、赏罚、号令，种种诸法，如人之耳目口体，一物不可少者，则各有专书，不在此例矣。

① 跋，清抄本、宝兴堂本作“跋语”。

补　遗

自　序

十卷中至矣，尽矣，尚须补也与哉？曰：为十胜而设也。江南脆弱，谁不闻之？然迹其所以胜，不在强弱也，顾人之运用何如耳。遂并其佐胜之著，编中未录者，偶记于此。此外仍有王文成公破宸濠始末，兵略最精，不可不一览。

补　遗

自吴以下，国于江东者六朝。周瑜有赤壁之胜，祖逖有谯城之胜，褚裒有彭城之胜，桓温有灞上之胜，谢玄有淝[①]水之胜，刘裕有关中之胜，到彦之有淮南之胜，萧衍有义阳之胜，陈庆之有洛阳之胜，吴明彻有淮南之胜。此十者，皆起于江东之师，以取胜中原。

甘宁自黄祖亡奔孙权，乃献策曰："今汉祚日衰，曹操终为篡盗。荆南形便，诚国之西势也。宁观刘表，虑既不远，儿子又劣，至尊当早图之，不可后曹。图之计，宜先取黄祖。祖今昏耄已甚，财谷并乏，左右贪纵，吏士心怨，舟船战具顿废不修，怠于耕农，军无法伍。至尊今往，其破可必。一破祖军，鼓行而西，据楚关，大势弥广，即可渐规巴蜀矣。"权深纳之。

① 淝，原本及宝兴堂本作"肥"，据清抄本改。

鲁肃言于孙权曰："荆州与国邻接，江山险固，沃野千里，士民殷富。若据而有之，此帝王之资也。今刘表新亡，二子不协，军中诸将各有彼此。刘备天下枭雄，与操有隙。若与彼协心，上下齐同，则宜抚安，与结盟好；如有违离，宜别图之，以济大事。肃请得奉命吊表二子，并慰劳其军中用事者，及说备，使抚表众，同心一意，共治曹操。备必喜而从命，如其克谐，天下可定也。今不速往，恐为曹所先。"

孔明说昭烈曰："今曹操已拥百万之众，挟天子而令诸侯。此诚不可与争锋。孙权据有江东，已历三世，国险而民附，贤能为之用。此可与为援而不可图也。荆州北据汉沔，利尽南海，东连吴会，西通巴蜀。此用武之国，而其主不能守。此殆天所以资将军也。益州险塞，沃野千里，天府之土。刘璋暗弱，张鲁在北，民殷国富而不知存恤，智能之士思得明君。将军既帝室之胄，信义著于四海，若跨有荆、益，保其岩阻，西和诸戎，南抚夷越，外结好孙权，内修政理。天下有变，则命一上将，将荆州之军，以向宛、洛，将军身率益州之众，出于秦川，百姓孰敢不箪食壶浆以迎将军者乎？诚如是，则霸业可成，汉室可兴矣。"

周瑜谓孙权曰："操虽托名汉相，实汉贼也。将军以神武雄才，兼仗父兄之烈，割据江东，地方数千里，兵精足用，英雄乐业。当横行天下，为国家除残去秽。况操自送死，而可迎之耶？请为将军筹之：今北土未平，马超、韩遂为操后患，而操舍鞍马，仗舟楫，与吴越争衡。又今盛寒，马无藁草，驱中国士众，远涉江湖之间，不习水土，必生疾病。此数者，用兵之患也，而操皆冒行之。将军擒操，宜在今日。瑜请得精兵数万，进住夏口，保为将军破之。"是夜，瑜复见权曰："诸人徒见操书，言水军[①]八十万，而各恐惧，甚无谓也。今以实校之，彼所将中国人不过十五六万，且已久病。所得表众，亦极七八万耳，尚怀狐疑。夫以疾病之卒，御狐疑之众，数虽多，不足畏。瑜得精兵五万，自足制之，愿将军勿虑。"曹操既破，还，瑜复见权曰："今

① 军，清抄本、宝兴堂本及《三国志》《资治通鉴》均作"步"。

曹操既败，方忧在腹心，未能与将军连兵相事也。乞与奋威俱进，取蜀而并张鲁，因留奋威固守其地，与马超结援。瑜还，与将军据襄阳以蹙曹，北方可图也。”

瑜进，与操遇于赤壁。时操军已有疾病，初一交战，不利，引次江北。瑜等在南岸，瑜将黄盖曰：“今寇众我寡，难与持久。操军方连船舰，首尾相接，可烧而走也。”乃取蒙冲斗舰十艘，载燥荻枯柴，灌油其中，裹以帷幕，建以旌旗，豫备走舸系于船尾。先以书遗操，诈云欲降。时东南风急，盖以十艘最著前，中江举帆，余船以次俱进。操军吏士皆出营立观，指言盖降。去北军二里余，同时火发。火烈风猛，船往如箭，烧尽北船，延及岸上营落。顷之，烟焰涨天，人马烧溺，死者甚众。瑜等率轻锐继其后，擂鼓大进，北军大溃。操引军走，遇泥泞，道不通，悉使羸兵负草填之，蹈藉甚众。刘备、周瑜水陆并进，追至南郡，操军损其大半。操乃留曹仁守江陵，乐进守襄阳，引军北还。甘宁径进，取夷陵守之。

祖逖将韩潜与后赵将桃豹，分据东川故城，相守四旬。逖以布囊盛土，使千余人运以馈。潜又使数人担米，息于道。豹兵逐之，即弃而走。豹兵又饥，以为逖士众丰饱，大惧。后赵运粮馈豹，逖又使潜邀击，获之。豹宵遁，逖使潜进屯封丘以逼之。逖镇雍丘，后赵镇戍归逖者甚众。先是，李矩、郭默等互相攻击，逖驰使和解，示以祸福，遂皆受逖节度，诏加逖镇西将军。逖与将士同甘苦，约己务施，劝课农桑，抚纳新附，虽疏贱者皆结以恩礼。河上诸坞先有任子在后赵者，皆听两属。时遣游军伪抄之，明其未附，坞主皆感泣。后赵有异谋，辄密以告，由是多所克获。自河以南，皆叛后赵归晋。

逖练兵积谷，为取河北之计。后赵王勒患之，乃下幽州，为逖修祖、父墓，置守冢二家。因与逖书，求通使及互市。逖不报书，而听其互市，收利十倍。逖牙门童建降于后赵，勒复斩送其首，曰：“叛臣逃吏，吾之深仇。将军恶，犹吾恶也。”自是，后赵人叛归者，逖皆不纳。禁诸将，不使侵暴后赵之民，边境之间稍得休息。①

桓温帅师伐秦，统步骑四万，发江陵水军，自襄阳入均口至南乡，步兵自淅川趋武关，命司马勋出子午道。夏四月，温遣别将攻上洛，获荆州刺史郭敬，进击青泥，破之。秦王健遣太子苌等，帅众五万拒温，战于蓝田。秦兵大败。温转战而前，进至灞上。苌等退屯城南。健与老弱六千固守小城，悉发精兵三万，遣大司马雷弱儿等，与苌合以拒温。三辅郡县皆来降，温抚慰谕居民，使安堵复业。民争持牛酒迎劳，男女夹道观之。耆老有垂泣者，曰："不图今日复睹官军！"北海王猛闻温入关，披褐谒之，扪虱而谈当世之务，旁若无人。温异之，问曰："吾奉天子之命，将锐兵十万，为百姓除残贼，而秦豪杰未有至者，何也？"猛曰："公不远数千里，深入敌境，今长安咫尺，而不渡灞水，百姓未知公心，所以不至。"温嘿然无以应，徐曰："江东无卿比也。"乃署猛军谋祭酒。温与秦丞相雄等战于白鹿原，温军不利，死者万余人。初，温指秦麦为粮，既而秦人悉芟麦，清野以待之。温军乏食，徙关中三千余户而归。欲与猛俱还，猛辞不就。苌等随温击之。比至潼关，温军屡败，亡失以万数。苻雄击司马勋，勋亦败还汉中。温之屯灞上也，顺阳太守薛珍劝温径进，逼长安，温弗从。珍以偏师独济，颇有所获。及温退，乃还，显言于众，自矜其勇，而咎温之持重。

秦王坚遣长乐公丕、将军苟苌、石越、慕容垂等四道会攻襄阳。桓冲在上明，拥众七万，惮秦兵，不敢进。丕欲急攻襄阳，苟苌曰："吾众十倍于敌，糗粮山积。但稍迁汉、沔之民于许、洛，塞其运道，绝其援兵，譬网中之禽，何患不获？而多杀将士，急求成功哉！"丕从之。后朱序果以力屈被执。

秦阳平公融等攻寿阳，克之。胡彬退保硖石，融进攻之。梁成等屯于洛涧，栅淮以遏东兵。谢石、谢玄等惮不敢进。彬粮尽，潜遣使告石等曰："今

① 此条原本与上条合为一条，据清抄本分为二条。

贼盛粮尽，恐不复见大军。”秦人获之，送于融。融驰吏[1]白秦王坚曰：“贼少易擒，但恐逃去，宜速赴之。”坚乃留大军于项城，引轻骑八千，兼道就融。遣朱序来说石等，不如速降。序私谓石等曰：“若秦众尽至，诚难与为敌。今乘诸军未集，宜速击之。若败其前锋，则彼已夺气，可遂破也。”十一月，玄遣广陵相刘牢之帅精兵五千趋洛涧。成阻洛涧为阵以待之，牢之直前渡水击成，大破之，分兵断其归津。秦步骑崩溃，赴淮死者万五千人。于是石等水陆俱进，坚与融登寿阳城望之，见晋兵部阵严整。又望见八公山草木，皆以为晋兵，顾谓融曰：“此亦勍敌，何谓弱也！”怃然始有惧色。秦兵逼淝水而阵，玄使谓融曰：“君悬军深入，而置阵逼水。此乃持久之计，非欲速战者也。若移阵少却，使我兵得渡，以决胜负，不亦善乎？”秦诸将皆曰：“彼众我寡，不如遏之，使不得上，可以万全。”坚曰：“但使半渡，我以铁骑蹙而杀之，蔑不胜矣。”融亦以为然。遂麾兵使却，秦兵遂退，不可复止。玄等引兵渡水击之。融骑略阵，欲以帅退者，马倒，为晋兵所杀。秦兵遂溃。

夏主勃勃破鲜卑薛干等三部，降其众以万数，进攻秦三城以北诸戍，斩秦将杨丕、姚石生等。诸将皆曰：“陛下欲经营关中，宜先固根本，使人心有所凭系。高平险固沃饶，可以定都。”勃勃曰：“吾大业草创，姚兴亦一时之雄，未可图也。今专固一城，彼必并力于我，亡可立待。不如以骁骑风驰，出其不意，救前则击后，救后则击前，使彼疲于奔命，我则游食自若。不及十年，岭北、河东尽为我有。待兴既死，嗣子暗弱，徐取长安，在吾计中矣。”于是侵掠岭北诸城。秦王兴叹曰：“吾不用黄儿之言，以至于此！”

刘裕抗表伐南燕。四月，帅舟师自淮入泗。五月，至下邳，留辎重，步进至琅琊。所过皆筑城，留兵守之。或谓裕曰：“燕人若塞大岘之险，或坚壁清野，大军深入，不唯无功。将不能自归，奈何？”裕曰：“吾虑之熟矣。鲜卑贪婪，不知远计。进利虏获，退惜禾苗。谓我孤军深入，不能持久，不过进据临朐，退守广固，必不能守险清野，敢为诸君保之。”南燕主超召群臣会

---

① 吏，宝兴堂本同，清抄本及《资治通鉴》作“使”。

议，公孙五楼曰："吴兵轻果，利在速战。宜据大岘，使不得入，旷日延时，阻其锐气。然后徐简精骑，循海而南，绝其粮道，敕段晖帅兖州之众，缘山东下腹背击之。此上策也。各命守宰，依险自固，校其资储，余悉焚芟，使敌无所得。旬月之间，可以坐制。此中策也。纵贼入岘，出城逆战。此下策也。"超曰："今岁星居齐，以天道推之，不战自克，客主势殊。以人事言之，彼远来疲弊，势不能久，奈何芟苗徙民，先自蹙弱乎？不如纵使入岘，以精骑蹂之，何忧不克？"桂林王镇曰："陛下必以骑兵利平地者，宜出岘逆战。战而不胜，犹可退守。不宜纵敌入岘，自弃险固也。"超不从。镇出叹曰："既不能逆战，又不肯清野，延敌入腹，坐待攻围，酷似刘璋矣。"超闻之怒，收镇下狱。裕过大岘，燕兵不出。裕举手指天，喜形于色。左右曰："公未见敌而先喜，何也？"裕曰："兵已过险，士有必死之志；余粮栖亩，人无匮乏之忧。虏已入吾掌中矣！"六月，裕至东莞。超先遣五楼及段晖等将步骑五万屯临朐。闻晋兵入岘，自将步骑四万往就之。裕以车四千乘为左右翼，方轨徐进，与燕兵战于临朐南。日向昃，胜负未决。参军胡藩言于裕曰："燕悉兵出战，临朐城中留守必寡。愿以奇兵从间道取其城，此韩信所以破赵也。"裕遣藩等潜师出燕兵后，攻临朐，声言轻兵自海道至。超大惊，单骑就晖于城南。藩等遂克其城。裕因纵兵奋击，大败之，斩晖等大将十余人，乘胜至广固，克其大城。超退保小城，裕筑长围守之，抚纳降附，采拔贤俊，因齐地粮储，停江淮漕运。超遣张纲乞师于秦，赦桂林王镇以为都督，且问计焉。镇曰："百姓之心，系于一人。今陛下亲将奔败，士民丧气。闻秦有内患，恐不能救。今散卒尚有数万，宜悉出金帛以饵之，更决一战。若天命助我，必能破敌。如其不然，死亦为美。"乐浪王惠曰："晋军气势百倍，我以败卒当之，不亦难乎？秦与我，唇齿也，安得不来？"超从惠计，复[①]遣韩范如秦。裕围城益急，超请割地称藩，不许。秦王兴遣使谓裕曰："今遣铁骑十万屯洛阳，晋军不还，当长驱而进矣。"裕谓其使者曰："语汝姚兴：我克燕之后，息兵三年，当取关洛。今能自送，便可速来。"刘穆之闻裕言，尤之曰："此语不足威敌，适足以怒之。若广固未拔，羌寇奄至，奈何？"裕笑曰：

① 复，宝兴堂本同，清抄本作"因"。

“此正兵机，非卿所解。夫兵贵神速，彼若审能赴救，必畏我知。宁容先遣信命，逆设此言？是自张大之辞耳。晋师不出，为日久矣。羌见伐齐，殆将内惧，自保不暇，何能救人耶?”

刘裕谋伐蜀，以朱龄石有武干，练吏职，欲以为元帅。众皆以龄石资名尚轻，难当重任。裕不从。以龄石为益州刺史，率将军臧熹、蒯恩、刘锺等伐蜀。熹，裕之妻弟，位居龄石之右，亦使隶焉。裕与龄石密谋曰：“往年刘敬宣出黄虎，无功而还。贼谓我今应从外水往，而料我出不意，犹从内水来也。如此，必以重兵守涪城，以备内道。若向黄虎，正堕其计。今以大众自外水取成都，疑兵出内水，此制敌之奇也。”而虑此声先驰，贼审虚实，别有函书付龄石，署函边曰：“至白帝乃开。”诸军虽进，而未知处分所由。龄石等至白帝，发函书，曰：“众军悉从外水取成都，臧熹从中水取广汉，老弱乘高舰从内水向黄虎。”于是诸军倍道兼行。谯纵果使谯道福以重兵守涪城，备内水。龄石至平模，去成都二百里，纵遣侯晖夹岸筑城以拒之。龄石谓刘锺曰：“今贼已严兵固险，攻之未必可拔。且养锐以伺隙，何如?”锺曰：“不然。前声言大众向内水，道福不敢舍涪城。今重兵猝至，侯晖已破胆矣，所以阻兵守险，是其惧不敢战也，因而攻之，其势必克。若缓兵相守，彼将知我虚实，涪军忽来，并力拒我，求战不获，军食无资，二万余人悉为谯子虏矣。”龄石从之。七月，攻其北城，克之，斩侯晖。南城亦溃。于是舍舟步进，贼望风奔[①]，纵弃城出走。龄石遂入成都，诛纵宗亲，余皆安堵，使复其业。纵去，投道福，不纳，乃缢死。

刘裕将水军自淮泗入清河，将溯河西上，先遣使假道于魏[②]。魏主嗣使群臣议之，皆曰：“潼关天险，刘裕以水军攻之甚难，若登岸北侵，其势甚易。裕声言伐秦，其志难测。且秦，婚姻之国，不可不救。宜发兵断河上流，勿令得西。”崔浩曰：“裕图秦久矣，今乘其危而伐之，其志必取。若遏其上

① “奔”字下，清抄本及《资治通鉴》有“溃谯”二字。

② 此句下，清抄本有“秦主泓亦遣使求救于魏”十字。

流，裕心忿戾，必上岸北侵，是我代秦受敌也。今柔然寇边，民食又乏，若复与裕为敌，救南则北寇愈深，救北则南州复危，非良策也。不若听裕西上，然后屯兵以塞其东，使裕克捷，必德我之假道。不捷，吾不失救秦之名。此策之得者也。且南北异俗，借使国家弃恒山以南，裕必不能以吴越之兵守之，安能为吾患？且夫为国计者，唯社稷是利，岂顾一女子乎？”嗣乃遣长孙嵩、阿薄千等将兵十万，屯河北岸。裕乃引军入河，而使将军向弥留碻磝。魏人以数千骑缘河随裕军西行，船有漂渡北岸者，辄为魏人所杀掠。裕遣军击之，辄走退则复来。四月，裕遣丁旿率仗士七百人，车百乘，渡北岸，去水百余步，为却月阵，两端抱河，车置七仗士。事毕，使竖一白毦。裕先命超石戒严，毦举，超石帅二千人驰赴之。魏人以三万骑围之，四面肉薄，弩不能制。超石断稍千余，皆长三四尺，以大锤锤之，一稍辄洞贯三四人，魏兵走溃，斩其将阿薄千。魏主乃悔不用崔浩之言。

沈田子、傅弘之入武关，秦戍将皆委城走，田子等进屯青泥。八月，太尉裕至阌乡。秦主泓欲自将御裕，恐田子等袭其后，欲先击灭田子等，然后倾国东出，乃帅步骑数万奄至青泥。田子本为疑兵，所领裁千余人，闻泓至，欲击之。弘之以众寡不敌，止之。田子曰：“兵贵用奇，不必在众。今众寡相悬，势不两立。若彼围既固，则我无所逃矣。不如乘其始至，营阵未立，而先薄之，可以有功。”遂进兵。秦兵合围数重。田子慰抚士卒，曰：“诸军远来，正求此战。死生一决，封侯之业于此在矣！”士卒皆踊跃鼓噪，执短兵奋击。秦兵大败，斩万余级。泓奔还灞上。此条见卷三。[①]

刘裕至潼关。王镇恶请帅水军自河入渭，以趋长安，裕许之。秦主泓使姚丕守渭桥以拒之。镇恶溯渭而上，乘蒙冲小舰，行船者皆在舰内。秦人但见舰进，惊以为神。至渭桥，镇恶令军士食毕，皆持仗登岸，后者斩。既登，即密使人解放舰，渭水迅速，倏忽不见。乃谕士卒曰：“此为长安北门，去家万里，舟楫、衣粮皆已随流。今进战而胜，则功名俱显；不胜，则骸骨不返，

① 今按：宝兴堂本有此条。

无他歧矣。”乃身先士卒。众腾踊争先，大破姚丕军。镇恶入自平朔门，泓将妻子降。

夏王勃勃闻裕伐秦，曰：“裕取关中必矣，然不能久留，必将南归。若留子弟及诸将守之，吾取之如拾芥耳。”乃秣马养士，进据安定，岭北郡县皆降。及闻刘裕东还，大喜，召王买德问计。买德曰：“关中形胜之地，而裕以幼子守之，狼狈而归，正欲急成篡事，不暇复以中原为意。此天以关中赐我，不可失也。青泥、上洛，南北之险，宜先遣游军断之。东塞潼关，绝其水陆之路。然后传檄三辅，施以恩德，则义真在网罟之中，不足取也。”勃勃乃遣其子璝帅骑二万向长安，别将屯青泥及潼关，而自将大军为后继。此条见七卷。①

魏主侵齐，至寿阳，循淮而东。民皆安堵，租运属路，遂至钟离。齐遣将崔慧景救之。刘昶、王肃众号二十万，堑栅三重，并力攻义阳，王广之不敢进。黄门侍郎萧衍间道夜发，径上贤首山，魏人不敢逼。黎明，城中望见援军，遣长史王伯瑜出攻魏栅，因风纵火，衍等自外击之。魏解围去，追击破之。魏主欲筑城置戍于淮南，赐相州刺史高闾玺书，问之，对曰：“昔世祖以回山倒海之威，步骑数十万，南临瓜步，诸郡尽降，而盱眙小城，攻之不克。班师之日，兵不戍一城，士②不辟一廛。夫岂无人？以为大镇未平，不可守小故也。夫壅水者先塞其源，伐木者先断其本，本源尚在，而攻其末流，终无益也。寿阳、盱眙、淮阴，淮南之本源也。三镇未克其一，而留守孤城，少置兵则不足以自固，多置兵则粮运难通。大军既还，士心孤怯，夏水盛涨，救援甚难，以新击旧，以劳御逸，若果如此，必为敌擒。天时尚热，雨水方降。愿陛下踵世祖之成规，旋辕洛邑，蓄力观衅，布德行化。中国既和，远人自服矣。”魏主从之。齐人据渚，邀断津路。魏军主奚康生缚筏积柴，因风纵火，依烟直进，飞刀乱斫。齐兵遂溃。

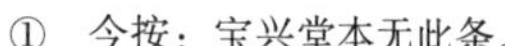

① 今按：宝兴堂本无此条。

② 士，清抄本、宝兴堂本及《魏书》《资治通鉴》均作“土”。

梁领军曹仲宗、直阁陈庆之攻魏涡阳，寻阳太守韦放将兵会之。魏兵奄至，放营未立，麾下才二百人。放免胄下马，据胡床处分。士皆殊死战，莫不一当百。魏兵遂退①。魏又遣将军元昭等帅众五万救涡阳，前军未至四十里，庆之欲逆战，放曰："前锋必轻锐，不如勿击，待其来至。"庆之曰："魏兵远来疲倦，去我尚远，必不见疑。宜及其未集挫之。"乃帅麾下进击，破之，遂与诸将连营而进。

褚裒上表请伐赵，即日戒严，直指泗口。朝议以裒任事贵重，不宜深入，宜先遣偏师。裒奏言："前已遣前锋王颐之等径造彭城，后遣都护糜嶷进据下邳。今宜速发，以成声势。"乃加裒征讨大都督。裒帅众三万，径赴彭城，北方士民降附者日以千计。朝野皆以中原指期可复，蔡谟独谓所亲曰："胡灭诚为大庆，然恐更贻朝廷之忧。"其人曰："何谓也?"谟曰："夫能顺天乘时，济群生于艰难者，非上圣与英雄不能也，其余则莫若度德量力。观今日之事，殆非时贤所及。必将经营分表，疲民以逞，既而才略疏短，不能副心。财殚力竭，智勇俱困，安得不忧及朝廷乎?"鲁郡民五百余家起兵附晋，求援于裒。裒遣部将王龛将锐卒迎之，与赵将李农战于代陂，败没不还。裒退屯广陵，陈逵亦焚寿春积聚，毁城遁还。裒还镇京口。时河北大乱，遗民二十余万口，渡河欲来归附。会裒已还，威势不接，皆不能自拔，死亡略尽。

宋到彦之保东平，魏攻宋金镛、虎牢，取之。至是，宋加檀道济都督征讨诸军事，帅众伐魏。魏叔孙建、长孙道生济河而南。到彦之闻洛阳、虎牢不守，欲引兵还。将军垣护之以书谏，以为宜使竺灵秀助朱修之守滑台，帅大军进据河北。彦之不从，欲焚舟步走。王仲德曰："洛阳既陷，虎牢不守，自然之势也。虏去我尚千里，滑台尚有强兵。若遽舍舟南走，士卒必散。"彦之乃引兵自清河入济南，至历城，焚舟弃甲，步趋彭城。时兖、青大乱，长沙王义欣在彭城。将佐皆劝委镇还都，义欣不从。魏攻济南，太守萧承之曰："今悬守穷城，事已危急，若复示弱，必为所屠。唯当见强以待之耳。"魏人

① 魏兵遂退，宝兴堂本同，清抄本句下有"放，睿之子也"，与《资治通鉴》同。

疑有伏兵，遂引去。

陈主谋伐齐，公卿各有异同。唯明彻[①]决策请行，故用之，辄有功。初，尉破胡之出师也，王琳谓曰："吴兵甚锐，宜以长策制之，甚勿轻斗。"破胡不从而败。齐乃使琳赴寿阳召募以拒陈，瓦梁、庐江、历阳、合肥皆降于陈。法甝禁侵掠，抚戍卒，与之盟而纵之。高唐、齐昌、瓜步、胡墅等城亦降于陈。

葛荣引兵围邺，众号百万。尔朱荣帅精骑七千，马皆有副，倍道兼行，东出滏口，以侯景为前驱。葛荣曰："此易与耳!"自邺以北列阵数十里，箕张而进。尔朱荣潜军山谷，为奇兵，分督将已上三人为一处，处有数百骑，扬尘鼓噪，使贼不测多少。又以人马逼逐，刀不如棒，勒军士各置袖棒一枚置马侧。至战时，虑废腾逐，不听斩级，以棒棒之而已。分命壮勇，所向冲突，号令严明，表里合击，大破之，擒葛荣。余众悉降。

① 明彻，宝兴堂本同，清抄本作"镇前将军吴明彻"。

与人论《此书》帖子[①]

此余一腔血也，胸中盘结十年，归去山中，立刻喷薄，百思不易，万世帝王开[②]创之大略也。设一日天心悔祸，矜悯斯民，而[③]吾谋不足以致中兴、赞大业者，有如皎日。其间十款相鳞次，一字不可增减，更一字不可颠倒，惟虚心静气，熟思读之，条理自见。甚无望以己意妄生揣摩，致起参错，反乱定画也。余故尝言：有能读余书，一见了然者，天生聪明[④]人也；读书十年而始悟者，细心学问人也；读书十年而不悟者，鲁钝人也；读书十年，而见为有合有不合、有悟有不悟者，茫昧人也，终身不足语矣。何者？此书不解则已，如一解则必俱解。若二十八宿罗列天上，江淮河汉经纪地中，安有移易？彼见以为不合者，是不曾见天，安知二十八宿？不曾见地，安知江淮河汉？不过妄意揣度，横生伎俩，此人读书愈多，为害愈巨。呜呼，可惧也哉！足下固聪明人，又加以亲身磨练之功，其一见了然，必也。但既经了然之后，又须入其中，一一恢扩其体，填补其用，如架屋之有其结构而饰以丹雘，如维舟之既具樯橹而谛其风涛，如此则道合志同而可以图绩。读书一卷有一卷之益，读书万卷有万卷之益，方不为册子引去，坐玩物丧志之讥，致灏瀚难窥之叹也。然后综览群言，分成次第，立为可大可久之业。时即不遇，亦可与心史同寿，日月同光，决不至卑卑没没，以终斯躯也。呜呼盛哉！愿与足下共图之。

① 此文《畿辅丛书》本无，据清抄本补，据《国粹学报》所录参校。

② 开，清抄本误作“间”，宝兴堂本作“开”，《国粹学报》亦录作“开”，据改。

③ “而”字下，《国粹学报》所录下有“谓”字。

④ 天生聪明，原作“天聪命”，宝兴堂本作“天聪明”，据《国粹学报》所录改。

题　后　语[①]

尔其狂乎？曰：非狂也。尔其伤乎？曰：不止于伤也。吾欲抒告天昏地惨、神愁鬼哭、山崩海沸之奇冤，而非此不能也。然则尔其有功乎？曰：救过尚不遑焉，乌乎[②]功！曰：尔其身为之耶？曰：身得则为之，不得则子孙焉，子孙不肖则天下人为之，万世人为之。天下万世有为之者，吾师也，吾所[③]祷祀而求也。噫！

诗[④]

十六陵荒烟草草，几人着眼看皇舆。滴残腔血缘何事，画遍炉灰是此书。龙虎韬雄倾峡水，河山策定闭门车。王灵未改[⑤]天心巩，肯使隆中计略疏？

① 此文《畿辅丛书》本无，据清抄本补，据《国粹学报》所录参校。
② 乎，宝兴堂本同，《国粹学报》录作“有”。
③ 所，宝兴堂本同，《国粹学报》所录字下有“为”字。
④ 此诗《畿辅丛书》本无，据清抄本补，据宝兴堂本、《国粹学报》所录校。
⑤ 改，原作“敢”，据宝兴堂本和《国粹学报》所录改。

附　录

刊刻《乾坤大略》序

山人余佑公为吾家八世祖，姿[①]学过人，著作甚富。其《五公山人集》已梓行于世，《葫芦诗稿》[②] 备载于《畿辅诗传》，然此皆文章绪余。若其学问、经济，则《居诸编》外，又具备于此书。熹等愧非知兵，未敢妄赞一辞，幸家学流传，窃尝于侍读余闲，蒙先严指示，得稍闻其崖略。盖山人心仪龙虎者也，因地非隆中，故隐其名曰“二字居士”。观其《论书帖字[③]》与卸[④]后一诗，已确知其非诬。至书中精术妙用，久为序题家所深许，巨眼英雄，亦自有以鉴定之。先严曩欲付梓，特为承平日久，讳不言兵，用是赍志以殁。近日东亚多事，奇杰有志者争欲醵金刊刻。余亦乐行先严之志，而广吾祖之传也，遂厘订原稿，授诸剞氏。倘海内伟人能发挥是书之旨，铸成盛世，熹等则尤有厚望焉。杀青伊始，聊弁数行，用志其缘起云尔。

光绪三十三年岁次丁未新正月人日裔孙文熹、文焊谨志

《乾坤大略》序

夫战而筹其万全，使彼己形势燎[⑤]然，与夫兵之若何而发、若何而收者，是名“战略”。方战而时其策应，使士卒矩矱于军纪，与夫器械若何而运用、

---

① 姿，疑当作“资”。

② 《葫芦诗稿》，其书未详。

③ 论书帖字，即“与人论此书帖子”。

④ 卸，疑当作“附”。

⑤ 燎，似当作“瞭”。

刺击若何而命中者，是名“战术”。之二者之旨，盖发明于近数十年，古不经见也。古不经也者，其名，而其理之蕴于群籍中者，苟深思而力索之，则亦未尝无可寻之绪。是故战略之书，孙、吴诸子近之；战术之书，戚少保之《练兵纪实》近之。以战略寓战术之书，则王五公先生之《乾坤大略》其庶几乎！

先生丁明之季，不获用于时，思变乱相寻，非兵之诘未由勘定，爰胪举古今[①]战争之迹，析[②]为若干篇，篇冠以序，序标以目。序以明兵家之理，目以示作战之法，而理与法之非可以空言阐者，复不难借故实以推究其原。盖书以略名，而术寓其中矣。即谓为兼古作者之长，讵不然耶！特古作者如孙、吴、戚少保诸人，功烈昭人耳目，故其言易彰。先生以诸生终，事业与身俱隐矣。世人执成败之论，是书亦几湮没而不传。呜呼，遇之幸不幸，固若是哉！

抑又闻之，郁之久者，其发也愈光。赵虚舟，亦明之逸民也，其所铨《孙子》以博引胜，与先生是书大相类，其今无传本也，亦与先生是书同。然赵书不传于吾国，而盛行于日本。日本之于赵书也，列于学宫，将校无弗深究焉，故日本军事蒸蒸焉而不可遏者，虚舟力也。吾国而欲讲武乎？得先生是书而会通之，其效之所至，何渠不与虚舟相上下也？先生裔孙星垣谋梓之以问世，或尼[③]之曰：“新法之兴也烈矣，先生之书毋乃犹封故步乎?”曰：“唯唯否否。老子云：‘国之利器不可以示人。’器莫利于兵，即莫利于谈兵之书。吾不利视之，世必有利视之者。赵虚舟之灵不能不滋戚于海外也。”识时务诸君子，其勿以是书为虚舟继可也。

时光绪三十二年岁次丙午后学张鼎彝识于京师之陆军学堂

---

① 古，原作“占”，据文意改。
② 析，原作“折”，据文意改。
③ 尼，同“泥”。

《乾坤大略》弁言

吾家十五世祖聚才公，本姓宓。当永乐间，自小兴州迁居新城王家马头村，入赘王氏，遂嗣其姓。至崇祯间，八世祖五公山人，讳余佑，字介祺，号申之，谥号庄誉。盖其隐于五公山，故众号为五公山人焉。窃尝阅其行略，知其所著《居诸编》《车阵图》《兵策略》《诸葛八阵图》等书，尤为兵学家所共重。至于《乾坤大略》一书，委因闯贼犯顺，举义兴师，卒致被谗。后大冤能洗，而郁郁不得已之志遂笔之于书，因名之曰《乾坤大略》。彼孙征君所谓《廿一史》、杜征君所谓《茅檐款议》者，此也。若其诗稿已梓行于世，并载《献县志》《河间府志》《畿辅通志》，余亦不必赘言矣。吾先严静轩公久欲付诸剞劂，奈有志未逮，而此书遂仅传墨稿。煇也熟闻庭训，兢兢焉不敢忘。因于光绪丙午冬嘉平月，商之兄弟及族间诸叔，乃鸠工聚资，镌是书以广流传焉。虽亦继志之微忱，究未始无补于斯世尔。是为序。

时光绪三十二年十二月二十日八世孙文煇谨记于河城巡警局

五公山人《乾坤大略》后跋

山人，明季诸生也，讳余佑，字介祺。兄弟三人，山人居次，孝行甚笃，故名其里曰“王三孝子庄”云。山人身不满五尺，目光炯炯，口若悬河。性警敏，诵十行下。贯彻经史暨百家言，而奇门、六壬、韬钤诸书靡不究极其用，以故著作甚夥。如《车战图》《兵民经络图》《万乘车春秋》[①]《十三刀法》，皆能发摅精要，成一家言，而其全副智料，则毕萃于[②]《居诸编》与

① 《万乘车春秋》，疑即《万胜车营图说》。

② 于，原作“与”，径改。

《乾坤大略》一书，盖皆隐于五公山作也。

山人为容城孙夏峰先生高足弟子，后又受知于高阳孙文正公，故其学有根柢，能践诸实用。值张、李构逆，乃究心于兵家，以诸生而慨任天下事。闯覆明室，遂举义兵，同志者仅数百人耳，神奇发纵，所向克捷，不数月间，恢复雄、霸一带六七州县。义声所动，远近响应，直指黄龙府，与诸君痛饮。未几，圣朝入关，望而知为真王应运，因遣散全军，入山石隐，知心者五人，日以文章自娱。后因谗被逮，卒能昭雪，遂取未竟之志，笔之于书，此《乾坤大略》所以作也。统观十卷与其附录，是盖胎息孙武，铸造心得，示意于序言，然后征实于史事。其精理奇术，跃然于行间，惟解人自得之耳。夫出人不及，手定乾坤，而著为大略，以授后人。尤惧后人之忽于大略而不亟一正乾坤也，故其下笔不胜悲壮愤懑，而为是涕泣以道。日者环球抢攘，几又百倍于前矣。不获起山人而略定之，犹知略其大略以驱除之，庶几山人不没也。虽然，有其人，有其书，则事必能致；无其人，有其书，则事仍恐不易效。然则，因其效而并重其书，可也；因其不效而欲罪其人，不可也。

余最喜谈山人，闻父老道其轶事，年七十许，时一发兴，犹能身起丈余，辄色飞眉舞。入城，过讲学故址，摩其残碣，又低徊留之不能去。其裔孙诸生或以小术为画栏隐身、驱豆诛蝇等事，亦称道之勿衰。每诵其诗，读其书，见其笔法，人争宝贵之。今余复阅此稿，乐为摭拾见闻，以跋于后，俾览斯册者，有以得其为人之概焉。若谓谬附为山人知己，余何敢云然。

光绪三十三年岁次丁未新正月上浣同邑后学陈锦堂敬笔

跋

余始读王昆绳《五公山人传》，想慕其为人，求其《居诸编》读之，不可得。吾友陈孟聪，瑞安先生之犹子也，曩从先生于京师。山西某公，出五公山人《乾坤大略》十卷、《补遗》一卷，犹钞本也。字迹遒挺拔俗，传为山人遗墨。孟聪篝灯读之竟，钞其《总序》及十卷分序、补遗序、《自跋》

《自题诗》，并《与人论〈此书〉帖子》共若干篇遗余。余读之，觉少慰前志，而犹憾未读其完书也。今某公奉檄远出藩属，窃愿得而梓之，不知某公能从其假借否？然王氏《传》称其“尝汇古人经世事为《居诸编》十卷，《万胜车图说》一卷，《兵民经略图》一卷，《诸葛八阵图》一卷，皆霸王大略，兵机利害也”。近吾友陈去病撰《明遗民录》，于山人传中亦称《居诸编》，而十卷目在焉，顾皆未有言其为《乾坤大略》者。今读山人《自序》，知其始为《居诸编》，而自“嫌其统括闲远，未尽英雄抚时及事之务，及经理规为之次第”，故就而改缀，以成十卷。以可以为“万世帝王开创之大略也”，故名之曰《乾坤大略》，此其《自序》及《与人帖子》可观也。然则去病岂未见其书，而王氏所见又岂别本耶？嗟夫！明之亡，遗氏逸老誓死不蹈新朝者，四先生卓矣。顾四先生盖以征而益重，若山人者，方穷于逋逮，得隐居而死，幸矣。然以山人之才，使其蓄媚谀之心，王侯不难致，而山人之用心顾何如哉？山人之于四先生，盖声求气应者矣。抑使山人而南与亭林、梨洲同事，则吴江之败不至若是速，海上之正朔或可久延，未可知也。然天实为之，谓之何哉！我安得今日有山人者而为之执鞭焉？

丁未五月啸天庐主跋

附　　识

按五公山人《乾坤大略》，其始名《居诸编》，又一名《此书》。《颜习斋年谱》载习斋访山人于河间，山人出所著《此书》及《通鉴独观》示先生。而此编复有山人《与人论〈此书〉帖子》，其所曰《此书》者，即《乾坤大略》也。一书而三名。后人有宝山人之遗书勿失者乎？因而考之。使遗帙复出，则山人之伟略大志，安必不复见于挽近也？

校附识

王五公山人《乾坤大略》序[1]

《乾坤大略》向无刊本，传录多所增益。先祖刚烈公，性耽典籍，藏书数万卷，皆手自校雠，颇疑其踳驳。官饶阳时，始得真本，深喜其抉义精核，条次井然，胜败得失之机，了如指掌。洵方略之指南，兵家之要旨也。爰重录正，并为序以示后人。先大夫伯鸾府君，为先刚烈公冢嗣，家学能传，箕裘克绍，生平言行，刻以继述为怀，先刚烈公之一字一墨，皆珍若拱璧。岁丁亥，游宦粤东，遗书遂留故土。比致仕归，则兵燹之余，琳琅满架，已半为断楮零编，痛惜莫喻，是书幸犹无恙。壬子后，禁例废弛，先大夫忧时伤世，已切沉疴，时发时止，辗转数年，未克奏效。疾笃，命英检是书以进，指曰："此书为汝祖父所深喜，并有序，欲付枣梨，而时以干禁未果。吾本欲叙付手民，以竟先志，奈因斯疾缠绵，医者咸劝养心节劳，是以因循未就，诚恨事也。今恐不起，可速付刊。"呜呼，及是书脱梓，而先大夫已不获见，伤乎哉！英一女子，孤陋寡闻，何敢妄参末议？惟是先大夫宿愿未偿，殁犹赍恨，不敢泯先人之志，和泪校阅。谨志数言于后，不敢附列，敬粘楮尾。

上章涒滩之岁夏正六月望后一日志

① 见民国《盖平县志·艺文》。

兵策略

前　　言

《兵策略》为王余佑《四囊书》中之一种，《四囊书》又狭义地专指《兵策略》一书。其书李冠卿序题为《兵策略四囊书序》，王松林序则题为《兵策略序》，序中又简称为《策略》。署名“五公山人著”。书在光绪三十二年（1906）宝兴堂刻本《乾坤大略》附《四囊书》一册中，筒子叶共二十七叶。

《兵策略》为问答体，共十三条，即王松林所说“概举十三端”。刻板标有序号，但仅见于若干题下，标有二、五、七、八、九字样，其他题下则未标，且此序号与刻板的次序又有前后之不同。

原本标序为：

问混一大略

问平贼机密之计

问牧马以何为善

问战胜攻取之要

问胜之略在安民　二

问大兵与贼持久，何以为善后之道

问行师诸务所先

问川广形势　五

问自古兵制孰善，今有可遵者否

问兵以气为主，其说何如　七

问招抚群雄当用何法　八

问将权在赏罚　九

问大将之任贵持重保威

刻板次序为：

一、问混一大略
二、问平贼机密之计
三、问牧马以何为善
四、问战胜攻取之要
五、问胜之略在安民
六、问大兵与贼持久，何以为善后之道
七、问行师诸务所先
八、问川广形势
九、问自古兵制孰善，今有可遵者否
十、问兵以气为主，其说何如
十一、问招抚群雄当用何法
十二、问将权在赏罚
十三、问大将之任贵持重保威

加之刻本中偶有讹误，可知刻本源于抄本，而抄本原貌不甚整齐，付梓时即保持此原貌不改。

《兵策略》书首王松林、李冠卿二序，作于道、咸年间。王序署“六世孙松林顿首序”，王松林即携其先人藏书数种给秦聚奎的王悳之父。《王氏家谱》载，王松林字乔庵，一字寄堃，岁贡生，寿八十有二，卒于咸丰十年（1860）。李序署“后学李冠卿序于乐寿旅邸”。李冠卿，安平县训导，高阳人，举人。

在光绪宝兴堂刻本之前，言及《兵策略》的仅有李锺蔚、张兆鹏《王介祺先生实迹册》，见于《王氏家谱》。李锺蔚，宣化人，拔贡，献县教谕。张兆鹏，正定人，附生，历任吴桥、献县训导。据《王氏家谱》中《崇祠乡贤部覆文》，《王介祺先生实迹册》当撰于同治十三年（1874）。

而现代兵法家又往往节引《四囊书》之文，如军事科学院《中国古代兵法选辑》（1962年版）引《乾坤大略四囊书》：“兵之所以战者，气也；气之所以激者，怒也。方其气勇怒盈，虽童稚亦有死志；及其气衰怒解，虽勇士亦无斗心。善用兵者，养其气，蓄其锐，怒时出而用之，有所不战，战必胜矣。”引文不见于今本《乾坤大略》，而见于《四囊书》之《兵策略》。所引“兵之所以战者”一节，出自宋代戴溪《将鉴》。现代兵法家论激励怒气，不直接引用戴溪《将鉴》，而间接引用王余佑《四囊书》，虽失于检索，却或多或少传播了《四囊书》，只是还没有讲明《乾坤大略》与《四囊书》及《兵策略》之间的详细关联。

《兵策略》开篇就问“混一大略”，又唯独注意“川广形势”，这与王余佑《乾坤大略》《皇舆志略》《焚余集》诸书的倾向完全一致。但其书中又往往有“我国家天运方隆”“今朝廷当景运方新之会”“国朝受命朔漠”“国家承明之敝”等语，明显是站在清朝立场上立说。书中说“明朝兼用前代之制”，直称“明朝”而无尊讳。凡此种种，殊难理解，或者后人专意润色，亦未可知。书中如说“敬以副明问”，“此迂说也，不知有当一筹否”，似其问答的对象也并非铨选应试的生徒。在王余佑的亲朋中，如为河间府的副将孔毅之辈，似较有可能。

王余佑临终，与诸生道别，回首云：“好为之，吾在青山白云巅望诸子也。”梦中尚喃喃曰：“日月精明，乾坤洪大。”作《绝命诗》曰：“一天雷电收风雨，欲使乾坤暗里行。尚有高灵护残喘，争留面目见诸生。”最后睁目而卒。其身居大明遗忠的立场是贯彻始终的。

张京华

2015 年 3 月 8 日

目　　录

序

《策略》何为而作也？说者谓山人经纶在抱，未获大展谟猷，而仅得小试。一见于随任鲁山，御闯贼于潼关，三战而三挫其锋。及闯贼破京都，州县立伪官，山人同征君孙锺元先生举义兵，破伪官四城，意度天命未改，尚可恢复前朝。迨清兵一入，而前朝之命脉以斩。山人遂隐居于五公山，杜门不出，而生平怀抱，竟汩没于无何有之乡，而大志未伸矣。

《策略》之作，或疑设为问答，一泄其沉郁未伸之气。如毛遂之锥，未获脱颖，而偶一吐嘱，以同未见乎，而吾谓非然也。盖新朝定鼎，余孽未净，当时生徒甚夥，想必有应新朝铨选而为佐命者，见天下未甚廓清，而扫除寇贼之策，遂求指授于杖履之傍。因概举十三端，以商筹画，而山人亦随问随答而已，断非钟未叩而自鸣也。

六世孙松林顿首序

兵策略四囊书序

间尝读《乾坤大略》一书，而知五公山人之精于兵法也，固为古今耆宿名将中之伟人，其自命亦至不凡矣。屡欲序其书而表彰之，奈诸名公之缘其端、传其盛者已美不胜收，而独于“乾坤大略”四字犹未发明尽致焉，此亦毫发之遗憾也。在山人欲[①]旋乾转坤之略，未得大用以展其才，而欲借立说著书以泄其抱负，以传之子孙，以垂于后世而使不朽，则欧阳永叔所谓“匹夫而为百世师，一言而为天下法”者可为山人咏矣。不然，是书所言兵法也，胡为不名以“兵书”？不名以“战策”？并不袭太公《六韬》、诸葛《八阵》、孙武子《武经十三篇》、戚继光《练兵实纪》之陈迹，而独命之曰《乾坤大略》？岂无意哉！至于此编名为《茅檐款议》，名为《此书》，不过随笔纪载，自具深心。其自号曰“二字居士”，山人之隐意又未可知。然第就《乾坤大略》观之，殆所谓有乾坤可以无此人，定乾坤不可以无此书，此其大略也。若夫运用之，则在善于领会者矣。及阅其《万胜车》一图，颇得古人进则为阵、退则为营之精意。又读其《四囊书》一则，更树今人团练相助、巡警预备之先声。近来俄人列营，多竖马车以环绕之，东西各国复设巡警以防御之，似与《万胜车》《四囊书》之制暗相合焉。盖先哲立法于前，往往阅数十百年为后人之则效，信不诬欤！过渡时代，互尚竞争，使第牵义拘文，何以御枪林炮雨！此书今既付梓，他日盛行于世，安知不如诸葛铜鼓，重用于洋式兵操也乎？兹因《兵策略四囊书》附刊无序，故不揣固陋，爰赘数言，以弁其端，以略志表微之意云尔。

后学李冠卿序于乐寿旅邸

① 欲，原本作“裕”，今改。

一　问混一大略

自古英雄命世之主，志在统一海宇。必有一代之良材以佐之，不数语而规模指授了然于立谈之顷，然后徐起而收之，无不如其算中者。

邓禹仗策渡河，追光武于鄴。光武见之，喜曰："我得专封拜，生来宁欲仕乎？"禹曰："不愿也。但愿明公威德加于四海，禹得效其尺寸，垂功名于竹帛耳。"光武因留之。禹进说曰："诸将皆庸人崛起，志在财币，争用威力，朝夕自快而已，非有深虑远图，欲尊主安民者也。明公素有盛德大功，为天下所向服，军政齐肃，赏罚明信。为今之计，莫如延揽英雄，务悦民心，立高祖之业，救万民之命，以公而虑，天下不足定也。"光武悦。后卒如其言。

昔韩信释李左车而问之，曰："仆欲北攻燕，东伐齐，若何而有功？"左车曰："臣闻[①]智者千虑，必有一失，愚者千虑，必有一得。夫成安君有百战百胜之计，一旦而失之，军败鄗下，身死泜上。今将军涉西河，虏魏王，禽夏说，一举而下井陉，不终朝破赵二十万众，名闻海内，威震天下。此将军之所长也。今欲举倦敝之兵，屯之燕坚城之下，欲战恐久，力不能拔[②]，情见势屈，旷日粮竭，而弱燕不服，齐必距境以自强也。若此者，将军之所短也。"

今国家威武远播，遐方归命，奚啻韩信下赵者乎？意者休兵养锐，以顺民情，如李左车之计不可少也。

① 闻，原本作"问"，据《史记·淮阴侯列传》改。
② 拔，原本作"援"，据《史记·淮阴侯列传》改。

二　问平贼机密之计

贼不可猝言平也。彼既窃据于深阻之地，以言其气，则无援而愈锐；以言其地，则纡曲而熟习；以言其计，则怒挠而不战。急之则莫下，款之则莫平，久则有钝兵挫锐之虞、寒暑疾疫之虑，岂堪逞吾所欲哉！为今之计，莫如实内郡以固国势，集智勇以抚中原，宽民命以回天眷，树德政以感外邦，用反间以审敌情，任贤将以戒师律。宇[①]内既定，然后出师以歼小丑，如迅风之卷箨、洪涛之浮沫耳。

昔公孙述、隗嚣据西蜀，光武以天下未定，且须置此二子于度外。及马援投见，极陈灭嚣之策。帝乃与援突骑三千，令往来游说嚣将高峻、任禹之属，下及豪羌，为陈祸福，以离嚣之党。光武于是自西征嚣。至漆，诸将多以王师之重，不宜深入险阻，光武犹豫未决。会马援适至，具以群议质之。援因说隗嚣将帅有土崩之势，进兵有必破之状[②]。又于帝前聚米为山谷，指画形势，开示众军所从道经往来，分析曲折，昭然可晓。帝曰："寇在吾目[③]中矣。"明旦进军，嚣众大溃。

今贼之遗孽，亦嚣、述之属也。承国家民安俗顺之资，士勇兵强之会，诚得聚米为山者，往来觇其密信，一鼓而荡平之，易易耳。何愁窟穴之不靖耶！

---

① 宇，原本作"寓"，按文意当作"寓"（宇）。
② 状，原本作"肰"，据《后汉书·马援列传》改。
③ 目，原本作"日"，据《后汉书·马援列传》改。

三　问牧马以何为善

成周司马氏掌邦政，盖重武备以平定中夏。军国之要务，孰加于此？故《周官》所载马政，详哉乎其言之也！当是时，因田赋出马，马日蕃息，上下两利焉。嗣是而后，汉制，牧于民而用于官；唐制，牧于官而给于民；宋制，始牧之在官，既蓄之在民，最后则市之于北。其利弊得失，可考见已。明朝兼用前代之制，初本良法，乃其流弊侵淫，莫知底止。燕、代、齐、魏之墟，编户养马，百姓竭力以供刍粮，至有鬻三子不足以偿一马者。嗟乎！养马以资军用，用军本以卫民，而乃病民如此，可哀也已！

国朝受命，朔漠骁骑所出，腾骧千群，驰骤万里，骏骨嘶风，霜蹄蹀血，跃铁骑以控宁内，诚哉雄武之业也。其马之生种，不假外求；其马之蕃息，固已素具，而执事谆谆以牧马为问，此非无说也。凡为国，有创业之奇，则必有守成之法。马之在塞外者，军民专资马力，则养育与日用并存，不可一日离，其道简而易。又且塞草荒原，任其刍牧，不足为害。马之在中朝者，国政日烦，天下之规模不同于一隅，则马不得不专讲一久安之制矣。意者今马之制，宜略节前规，定以牧之于官，而监坊故地，切一清理。置为牧院草场，令官员善知马性者掌之，不令东人牧厮擅扰民间青亩，而民间养马听其自便，则非子、张万岁、王毛仲之遗踪，未必不再见矣。

四 问战胜攻取之要

自古用兵之道，未有久于敌境而能成功者也。其机神于呼吸，其权转于掌握。相时审势而图之，时未至不先发，势未顺不妄动。故始如处女，敌人开户；后如脱兔，敌不及拒。所以能战必胜，攻必取。虽有贲、育，不能施其勇；虽有良、平，不得效其谋，我诚操其要也。

昔李药师阅兵夔州，时秋潦涛涨，萧铣以靖未能下，不设备。诸将亦请江平乃进，靖曰："兵，机事，以速为神。今士始集，铣不及知，若乘水傅[①]垒，是震霆不及塞耳，孰能仓卒召兵？无以御我，此必擒也。"

齐神武伐西魏，屯军蒲坂[②]，造三桥渡河，又遣[③]窦泰趣潼关，高敖曹围雒州。周文帝出军广阳，曰："贼掎[④]吾三面，示必渡河，盖缀吾军，使泰得西入也，吾与之相持，计行矣。高欢用兵，必以泰为先驱，下多锐卒，屡胜而骄。今出其不意，袭之必克，克泰，则欢自走矣。"遂率骑六千还长安，声言保陇右，潜出军至潼关。泰闻军忽至，惶惧未能成阵。周文纵击，斩泰。欢亦遁去。

夫用兵之道，古犹今也。我国家天运方隆，良将劲卒，驰骤中原，所向无坚垒，所谓王师无战者乎？诚多方以致算，迅扫以廓清，功成不日，直易易耳，又何战攻之足难哉！

---

① 傅，原本作"傳"，据《新唐书·二李列传》改。
② 坂，原本作"功"，据《周书·文帝纪》《北史·周本纪》改。
③ 遣，原本作"遗"，据《周书·文帝纪》《北史·周本纪》改。
④ 掎，原本作"接"，据《周书·文帝纪》《北史·周本纪》改。

五 问胜之略在安民

孟子谓“保民而王，莫之能御”，初不言战功也。后世兵争互角，士勇者国强，将优者地广，是以问国君之富，则数马以对。甚矣，材官、骁骑、坚甲、利刃之为天下雄也，似绝不计及遗黎者。而殊不知，不得民心，而能得天下者，自古企今，盖罕闻之。今夫风之积也不厚，则其负大翼也无力；水之积也不厚，则其负大舟也无力。民者，君之水与风也。君托业于国，国托业于民。“民为邦本，本固邦宁”，《书》志之矣。战也者，为民去水火而施拯救者也。今天下经逆闯残暴之余，疮痍未起，流亡载道，或至千里之间烟火不接，妇夫永隔、父子中绝者，不可胜数。此人但闻马嘶之声而泣断，见弓张之影而魂消，仰首重足以望大兵，大兵之临，盖欲抒所素冤而见新恩也。

昔汉高祖一入关，即下令曰：“父老苦秦苛法久矣，诽谤者族，偶语者弃市。今与父老约法三章耳：杀人者死，伤人及盗抵罪。余悉除去苛法。”于是人人自以为更生，无不欲汉王王关中者。

今日之关中犹昔也，其父老子弟为逆氛所迫染负固者固可诛，而其无辜之妇女，不识不知之赤子，为兵马所掠者，载入都门，怨声遍隅，得无微伤天和乎？是在主之者。敬以副明问。

六　问大兵与贼持久，何以为善后之道

初胜之兵在战，继胜之兵在谋，终胜之兵在制，何也？敌在方张之际，志满而骄，气盈而愤，智过而疏，士饱而欲，生力弛而无斗志。吾从旁以饥鹰欲击之势，种投蚤于袖之毒，发于不及觉，中于不及持，一战而胜，长驱千里，固其所也。若夫吾之为途既长，彼之巢穴已固，辎重已虚，避匿无所，回锋而争其死命。此所谓穷寇也。若夫窜伏于险阻之地，迟回于熟据之乡，出没不时，阻挠自便，此不可以日月计。客师困也，其莫过于置镇分符，务农讲武乎，择其要害之地，据阨而守之。分关截岭，各置名将一人，薄赋轻徭，以绥民命，选校练兵，以助师威。然后可以久处，而无老师糜饷之困，无天时寒暑之嗟，无山林沮泽之不谙，无民风土俗之不知。故农桑可兴，而生聚教训，将因之以齐举，我势日隆，而贼势日销。此不战而克之道也。若乃逞雄心于一击，进既不能快所欲，而退又复有邀尾之惧，精锐疲于坚穴，转输空于绎骚，吾未见其长虑矣。

此迂说也，不知有当一筹否？

七　问行师诸务所先

将者，三军之司命，国之安危系焉。故天子兴师，推毂命曰："阃以外，将军主之；阃以内，朕主之。"将顾不重与？武侯曰："道之以德，齐之以礼，知其饥寒，察其劳苦，此之谓仁将。事无苟免，不为利挠，有死之荣，无生之辱，此之谓义将。贵而不骄，胜而不恃，贤而能下，刚而能忍，此之谓礼将。奇变不息，动应多端，转祸为福，临危制胜，此之谓智将。进有厚赏，退有严刑[①]，赏不逾时，刑不择贵，此之谓信将。足轻戎马，气盖千夫，善固疆场，长于剑戟，此之谓步将。陵高历险，驰射若飞，进则先行，退则后殿，此之谓骑将。气凌三军，志轻强寇，怯于小战，勇于大敌，此之谓猛将。见善如不及，从谏若顺流，宽而能刚，勇而多计，此之谓大将。"人主伐暴安民，首命师旅，可不知将之长短欤？

其次则在识天时，审地理，而后可以服人心。昔文王谓武王曰："时至勿疑。"《诗》曰："昊天有成命。"《孙子》曰："不用乡导者，不能得地利。"是在秉枢者沛然行之耳。

① 刑，原本作"形"，据《诸葛亮集·将苑》改。

八　问川广形势

夫平原旷野，利于驰逐。河北、山东，已识天兵之健矣。其或山谷阻阨，水泽蓊荟，车不方轨，马不并辔，深不容舟，泥不容骑之地，则又不可以一律齐也。

《心书》曰："林战之道，昼广旌旗，夜多火鼓，巧在设伏，利用短兵，或攻于前，或发于后。丛战之道，利用剑楯，将欲图之，先度其路，十里一场，五里一应，偃戢旌旗，特严金鼓，令贼无所措手足。谷战之道，巧于设伏，利以勇斗，轻足之士凌其高，必死之士殿其后，列强弩而冲之，持短兵而继之，彼不得前，我不得往。水战之道，利在舟楫，练习士卒以乘之，多张旗帜以惑之，严弓弩以中之，持短兵以捍之，设坚栅以卫之，顺其流而击之。夜战之道，利在机密，或潜师以冲之，以出其不意，或多火鼓，以乱耳目而攻之，可以胜矣。"

今贼之窜伏蜀陇，凭依山川，自以为无患矣。诚能相机而制之，多方而误之，鲜有不为釜鱼笼鸟者，又何虑焉！

九　问自古兵制孰善，今有可遵者否

按黄帝有涿鹿之战，颛顼有共工之陈。周人因井田而出军赋，因卿士而命将军，选择有时，练习有节，兵无坐食之费，民无久戍之劳。制之极善者也。齐作内政而寓军令，晋作州兵而置三行，鲁作丘甲以尽民力，魏用武卒以殚民命。至于秦人，兵令益酷，商鞅变法，专尚军功，故其锐士独强天下。及并六国，置材官于外郡，销兵罢武，而国亦卒亡。汉室无计口授田之法，故赋民以丁而不以田。二十三为正卒，五十六为退卒。郡国有材官、骑士之制，京师有南北军之屯。自武帝以后，历有变更，而初意浸失矣。唐承隋后，其法益备。分天下十道，置府六百余所，而关中居其半，于是有折冲、果毅之目。而府之置兵有三等，卫之领兵有多寡，行兵则甲胄自备，装粮自备，无养兵之费；罢兵则将归于朝，士散于野，无握兵之重。故历代之称善者，独言唐之府兵焉。

国家承明之敝，制度一遵其旧，而铁骑骁健，天下无比。统御得人，运行有法，将以创古今不世之烈，固不可以蓬心测也。意者久安长治之后，略仿古制，庶以辑柔中国，作镇邦家乎！

十　问兵以气为主，其说何如[1]

兵之所以战者，气也；气之所以激者，怒也。方其气勇怒盈，虽童稚亦有死志；及其气衰怒解，虽勇士亦无斗心。善用兵者，养其气，蓄其锐怒[2]，时出而用之，有所不战，战必胜矣。

王翦伐楚，项燕[3]兵数挑战。翦坚壁不出，日休士洗沐[4]，而善饮食，抚循之。久之，闻军中投石、超距，乃曰：“士卒可用矣！”于是追奔而杀项燕。田单守即墨，纵反间，宣言曰：“使燕军劓所得齐卒，及掘冢戮尸。”齐人见者泣涕，怒自十倍，于是奋击而夷骑劫。二将之克敌，气之所鼓也。岂惟二子然哉？王霸之讨周建也，建与苏茂合兵，以攻马武之军。武奔呼求救，霸乃闭营固守，示不相援。已而，将上[5]断发请战。因以精骑夹攻，而茂、建败北。

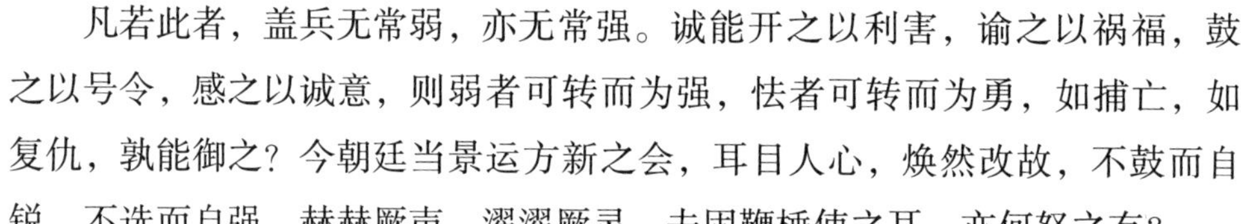

凡若此者，盖兵无常弱，亦无常强。诚能开之以利害，谕之以祸福，鼓之以号令，感之以诚意，则弱者可转而为强，怯者可转而为勇，如捕亡，如复仇，孰能御之？今朝廷当景运方新之会，耳目人心，焕然改故，不鼓而自锐，不选而自强，赫赫厥声，濯濯厥灵，夫固鞭棰使之耳，亦何怒之有？

① 如，原本作“加”，今改。
② 锐怒，宋戴溪《将鉴》卷四《王霸：养三军怒气》无“锐”字。
③ 项燕，原本作“燕项”，今乙正。下文“项燕”不误。
④ 沐，原本作“冰”，据《史记·白起王翦列传》改。
⑤ “将上”疑误，《后汉书·铫期王霸祭遵列传》作“壮士”。

十一　问招抚群雄当用何法

天下当草昧之际，四海鼎沸，乾坤无主，乘势以盗名字。或跨州连郡以称雄，或横戈跃马而思逞，东灭西生，电起飙竖，互相吞噬，未肯相下。及一旦受命者出焉，未尝黩武穷威也，而天下拱手而服之，此非侥幸僭乱者之能收也。其间必有大过人者。其恢弘度量足以驾英雄而控海宇，应符箓而感鬼神。然后能濒危而不危，濒死而不死，智者不能与之争谋，勇者不能与之竞力，崛起在位，不数年而天下底定。夫又何草窃抗命之与有？虽然，其中亦有权焉。在公之而已矣，不可以天下私也；在利之而已矣，不可以拂人之欲也。

昔岑彭[①]与吴汉等围洛阳数月，朱鲔等坚守不肯下，光武令彭往说之。鲔曰："大司徒被害时，鲔与其谋，又谏更始无遣萧王北伐，诚自知罪深。"彭还，具言于帝。帝曰："夫建大业者，不忌小怨。鲔今若降，官爵可保，况[②]诛罚乎？河水在此，吾不食言！"彭往以告鲔，鲔乃悉其众出降。夫使光武无开诚布公之意，而鲔且以必死待命，孰肯归乎？

今天下大乱已削平矣，所余诸寇，得无可以往说而下者乎？诚能捐其地以与之，明其信以示之，不难传檄而一统之烈就也。

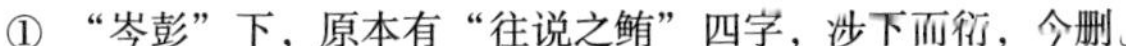

① "岑彭"下，原本有"往说之鲔"四字，涉下而衍，今删。

② 况，原本作"倪"，据《后汉书·冯岑贾列传》改。

十二　问将权在赏罚

古语云："重赏之下，必有勇夫；芳饵之下，必有死鱼。"夫人见兔而逐[①]之，不谋而同趋者，利在前也。入市者日而盈，暮而空，疾行而不顾者，所期物亡其中也。又曰：善用兵者，能杀其士卒之半，十人之长，得斩十人；百人之长，得斩百人；千人之长，得斩千人；万人之长，得斩万人。故曰：将畏主者胜，畏敌者危。虽有良将，未有废赏罚而能济师者也。

昔文王问太公曰："赏所以存劝，罚所以示惩。吾欲赏一以劝百，罚一以示众，为之奈何？"太公曰："凡用赏者贵信，用罚者贵必。赏信罚必，于耳目之所闻见，则所不闻见者，莫不阴化矣。夫诚，畅于天地，通于神明，而况于人乎！"

昔吴起对武侯曰："臣闻人有短长，气有盛衰。君试发无功者五万人，臣请率以当之，脱其不胜，取笑于诸侯，失权于天下矣。今使一死贼伏于旷野，千[②]人追之，莫不枭视狼顾，何者？恐其暴起害己也。是以一人投命，足惧千夫。今臣以五万之众，而为一死贼，率以讨之，固[③]难敌矣。"

故为将者，诚能得赏罚之用，则权自我操。故所欲无不遂意，使士卒为左右手，所谓驱之赴水火者可也，天下焉敢逆颜行哉！

---

① 逐，原作"遂"，据文意改。

② 千，原本作"十"，据《吴子·励士》改。

③ 固，原本作"故"，据《吴子·励士》改。

十三　问大将之任贵持重保威

兵者，凶器也；将者，死官也。任死官，御凶器，呼吸之间，有存有亡，可不戒与？今夫虎豹之威，震恐百兽，然设机而贯以毒矢，曾脱兔之不如。孟贲之勇，凭陵万夫，然乘间而刺以利刃，虽童子能毙之。为将而轻敌贾祸，何以异于此哉！方其斧钺在手，叱咤风生，乘锐且[1]前，山可拔而河可塞，卒然变起肘腋，是亦匹夫之敌耳。

观岑彭之为将，屡建大功，平蜀之举，在食顷矣。刺客杀之，岂非其军行无备所致乎？不独彭也。来歙死于河北，费祎死于汉寿。孙策枭雄盖世，徒[2]以单骑独行，伤干许贡之刺客。

故夫大将临戎，务在持重，不可不谨。如周亚夫之立营，程不识之治军，赵充国之远斥堠，皆为将之良规也。何以明其然也？大将围国倚重，主上方倚我为万里干城，百姓方恃之为一时保障。而乃轻身恃勇，骄敌败谋，顾不思败，弭穴于未然，神机于不测，何以懈无可击，战有必胜乎？《诗》曰："绵绵翼翼，不测不克，濯征徐国。"斯动出万全，威伸千里。《孙子》云："先为不可胜，以待敌之可胜。"其庶乎！"谋始必腻，要终不败"，为无负大将之任焉耳。

① 且，疑当作"直"。
② 徒，原本作"徙"，今改。

太极连环刀法

前　　言

王余佑《十三刀法》之名，见于李塨《五公山人王先生行略》，王源《五公山人传》，刘炳《五公山人墓表》，李锺蔚、张兆鹏《王介祺先生实迹册》等。徐世昌《颜李师承记·五公山人传》并且记载：李塨“遣车迎至其斋，传枪法、刀法”。

但王余佑所著书，散佚甚多。《十三刀法》著成之后，大概长期以抄本的形式流传，文字也渐渐出现讹误，最后部分有残缺。1915 年，孙福全（字禄堂）出版《形意拳学》，冀州赵衡（字湘帆）为之作《序》，回忆说大约在光绪二十一年（1895）曾见到王余佑刀法、拳术的写本，也就是抄本，而到民国四年（1915）以前《十三刀法》已梓行刻本，但不知是何人何时所刻。

至 1932 年，上海蟫隐庐据旧抄本将《十三刀法》用石印法影印出版，筒子叶共十六叶，署名“新城五公山人王余佑介祺著”，以为此书开太极十三刀之先河，因此改题为《太极连环刀法》。到 1937 年，唐豪由中国武术学会编纂出版《武艺丛书》，收入《十三刀法》，铅印出版，题为《王五公太极连环刀法》。唐豪所依据的版本是蟫隐庐石印本，但对此书作了标点断句，对文字错讹也加有校注，使之较为顺畅可读，且撰有《王五公是怎样一个人物?》一文。

本书据蟫隐庐本为底本整理，并参考唐豪校本。凡唐豪标作“豪按”的，均作脚注；凡唐豪作为夹注的校语，择善而从，亦加注“唐校”二字，并作为脚注。并附赵衡《形意拳学序》、唐豪《王五公是怎样一个人物?》二篇于后。

张京华

2015 年 1 月 3 日

目　　录

总　　论

吾观今之运刀者，多以力运刀，不以刀引力。却不知用力于刀，则力在骨，骨受刀制，则运转不灵，难云疾快矣。近人之病，多好轻刀。吾之用刀，反要其重，其故何与？近人以力运刀，故好轻；吾之用刀，以刀引力，故要重。然重刀力大，刀动力随，虽不用力，而力自随矣。或曰：“刀之轻者斤余，重者三十五六两，若不用力，岂能偏搧旋转，心手相应乎？”余曰：“有说焉。近人之用刀者，刀未出而力先聚。先存心聚力，力在骨内，与刀何涉？吾之用刀，力在筋骨。骨软筋硬，周身气脉相连，虽不用力于刀，而周身气力自全在刀焉。如水银之在竹筒中，运之则至首，收之则至尾。然此亦难为不知者道也。”

今吾之运刀，多从后发者，何也？欲其气力从周身而至，出刀神速，敌人难料，又使磕打不着。力贯于刀，其力自大。加以电掣星驰，伤敌而回，不惟敌者不知，即运刀者亦有所不知。若有心，即非天然矣。

置刀歌解

刀贵长兮体贵沉，刀长一指一分金。刀吃吞靶分坚软，钢蘸锋鋩别浅深。背厚头尖方可泛，身轻尾细不堪侵。欲善其事先利器，镔铁福钢火内寻。

刀 诀 解

御侮摧锋决胜强，习须细细审周详。浅深开入留心记，敌者逢之刃下亡。刀起身长遵诀用，取人又在此中伤。刀支势紧缩身待，刀起身高进步忙。胆欲大兮心欲小，筋须舒兮背须长。欲得他势先隐我，引敌展动变锋鋩。彼高我矮堪尝用，敌偶低时我即扬。伸背探身留意记，低来高取要相当。敌锋未见休先进，虚刺伪扎运诱诓。引彼不来须卖破，执刀待敌莫仓皇。敌人一任凶如虎，敌手频观是主张。眼若明时手自快，因他疾慢始为良。浅深老嫩皆磕打，进退飞腾即躲藏。彼后我先能取胜，我迟彼忙要堤防。工夫不间才云熟，熟自巧生名自香。

比较论曰：刀分主客，胜者为主，输者为客。内：有客无主；主先客，主犯客；客犯主，犯者为主；先取客，客识法不入；或借势来伤主，主则换势应之，而胜者为犯。种种变幻不一，总要将[①]开之各式，对演精熟如式。或身法不入，用力不稳，或怯敌心忙，此皆未至精熟境地。已精之后，逢人切勿开口，遇会休轻动手，恐伤则祸。戒之戒之！

① 唐校：疑脱“后”字。

步立执刀式

步立执刀，面对敌人。诀以左肩向前，藏刀于右。或右肩向前，左右皆顺膝垂执。然多左肩向前者，偶换转右肩，盖进步之行式也。敌犯于我，不闪退者多，我以右肩向前，执刀迎敌逼进。敌或退步躲我，我则用刀在前，便于应截，又以刀护住我身，且用之近便故也。或曰：既右肩向前迎便，何不皆用右肩向前，而又多用左肩向前，其故何与？曰：左肩向前，系未发刀之先，恐敌器拨打，故藏身右。且未发之际，不欲人见，既发之后，敌已有防，我身赶进，则又宜于器在前而人在后也。

十　三　法

劈、打、磕、扎、砍[①]、搧、撩、提、托、老、嫩、迟、急，等。

解曰：自上邪对下，以刀背向右击敌器为劈。横击敌器为打。刀尖向上，左右以刀背开器为磕。刀以枪用为扎。偏邪用为砍。向右外砍为搧。以刀口向上为撩。彼器向我身下扎刺，以刀背垂直向外拦当为提。彼器向我上中砍扎，以刀刃向上肘腕迎敌为托。开磕敌器，向里深磕为老，在尖梢为嫩。敌器已到，我磕托稍慢为迟。敌器未到，我器先迎为急。俟其有隙，吾即得之为等。

① “砍”字原脱，据下文“解曰”补。

又 六 法

缠、滑、拨、擦、抽、截。

解曰：以刀钩棍、枪，随其转，用刀背为缠。以刀口虚迎敌器溜之，刀盘就势拨推为滑。以刀随其来刀，以刀背急缠滑出为拨。以刀刃靠敌枪、棍而进为擦。就势退拉为抽。彼器到近，以刀迎之为截。

宽窄不可不知

宽则伸背，大步进退，旁行运。窄则屈身，小步看守，不使他物磕撞我器。

二 十 四 忌

不识敌意。轻敌。怯敌。酒后。自恃。矜张。怕受小伤，而失敌之机。进众地，不择器。成远近，理应先敌近，而后及远。不量地势高低宽窄。运刀斜歪。刀着落处不狠①。不征刀之软硬好歹。不择落刀处乱砍，得手反受人伤。不识何等兵器。得手不伤要处，使敌负痛反击。不藏身伤人。使敌器飘飞，误中己身。得人不看余敌。刀不合手。领马不熟。不审②强弱。素不习练。逢人卖弄，轻易比试。

① 狠，原作“狼”。唐校：“当系‘很’字之讹。”据改。

② 审，原作“眷”。唐校：“当是‘审’字之讹。”据改。

太极连环刀母

行刀六路，每路十八刀，计一百零八刀势，皆系十三法内。攻击杀手，进退高低，宽窄腾移，无不周备，甚毋以泛常虚架目之。学者当细心体悟。

第　一　路

出鞘顺撩。转手劈肩。上步下打。回刀后搜。纵身斜砍。缩身抽掣。上步添扎。盖面后搜。上步右撩。上步左撩。蹲身下拦。上步虚扎。缩身托肘。太阳大劈。回撩搜裆。上步直剁。裹身掣步。裹刀看守。

第　二　路

虚诱平扎。回抽托腕。左圆大撩。右圆大撩。偷步低拦。裹脑转身。上步左劈。上步右劈。进步平扎。进步直打。左斜大搧。右斜大搧。蹲身诱刺。掀器剪腕。上取敌头。下[①]取敌胯。剪步斜劈。裹脑□身。

第　三　路

跨虎埋伏。右翻直剁。左钩大劈。右挂大劈。翻身右砍。闪身外截。耳后截腕。顺劈肩甲。翻剁头腹。翻身左砍。进身内取。合手刺胸。右胯下拦。合手取项。舒背取腹。左缠胯大。右缠胯大。回击里身。

① 下，原作“上”。唐校：“当是‘下’字之讹。”据改。

第 四 路

进步扎胯。闪身外取。上冲扎喉。取肩大托。外磕转剁。外缠肘腕。内缠肘腕。伸臂平刺。回锋护身。抢步揭械。蹲身刺腹。转刃劈顶。傍行下拦。外截敌腕。上取敌项。下取敌胯。平刺破胁。劈肩裹身。

第 五 路

左开路劈。右开路劈。左开路挂。右开路挂。左开路拦。右开路拦。钻身托腕。复刀取肩。外回取项。翻刀直剁。连抽直剁。连环大砍。上步平扎，转刀下打。回搜敌裆。胁下伏一。胁下伏二。胁下伏三。

第 六 路

探身虚砍。转刀左搜。舒背低扎。合手刺胸。翻身大剁。下步左钩。下步右钩。侧身擦进。翻背取项。剪步下撩。右独立拦。偷步刺胸。蹲身下剁。倒搜下裆。转身直剁。左缠身式。右缠身式。

取敌六路刀母，此其略也。

□□[①]

第一刀

客发刀取主顶门：主忙扭右臂向前，右步进一，左步进一，蹲身显平客胁下，右手提刀刃向上，对客里肘腕，刀从自己右膝旁提出，断客肘腕，复刀照左太阳处砍之。

歌曰：敌人发刃似秋霜，习有真传意不忙。自下翻提客右肘，复刀须认左太阳。

第二刀

客发刀取主肩甲：主进右步一，刀自左耳旁砍出，断客右肘腕。

歌曰：他如疾时我莫迟，敌忙我慢[②]费支持。全凭藏身发刀妙，右肘先伤着意思。

第三刀

客发刀取主腰：主进左步一[③]，面对敌人，从左胁下提出，自里断客右肘，复刀自敌左耳门肩甲处砍之。

歌曰：敌下平砍力如牛，我若如前怕彼抽。二步急趋迎敌近，刀提右肘莫旁求。

---

① 寥按：六刀前疑脱“总目”，故以“□□”虚拟。

② 慢，原作“漫”。唐校：“当系‘慢’字之讹。”据改。

③ 唐校：观歌中“二步急趋迎敌近”之句，当脱“右步一”三字。

第　四　刀

客从右脚下刀口向上取主腹：主左肩如前，更加疾步进[①]之法如第三刀。

歌曰：取肩发刃似飘风，进步须忙往上攻。对敌刀提胁下出，先伤右手不刀空。

第　五　刀

客伸刀平刺主腰腹：主收腹右步进一，刀从右腿旁发出，刀口向上，伸臂平托客肘腕，左步进一，转刀尖向上，从自己胁下提出，伤敌右胁，复刀左耳门处砍之。

歌曰：敌人刺我不须忙，收腹伸刀低头长。蹲身平托迎敌时，复刀随便细相商。

第　六　刀

客自鞘内发刀取主：主从客速进右步一，左步一，刀从自己胸前提出，蹲身托敌右外肘，复刀自敌面胸前处砍之。

歌曰：一刀出鞘最难防，迟迎则锋受彼伤。惟有速趋连二步，敌兵未出时先亡。

以上人截我，我截人，其中变化甚多，难以备述，此静中制动之法也。

---

① 唐校："步进"二字疑倒。

行刀母八法

既有前法，又叙此者，何也？前乃静中待动，此是动中制静；前系客先主，此系主先客。动则应之，不动则诱之，此武艺中之秘言也。

第一刀　猛虎驱羊

主左步进半，右步进一，谅近敌人，发刀虚砍客面胸肚处。客蹲身以刀背自右向左开磕主刀。刀响。主自客右肘下翻刀绕客左肘腕转砍。如敌退剁一刀，认敌手腕赶扎之，如不及扎，则从太阳右肘处砍之。

歌曰：刀如发风腕直藏，刀平敌眼要商量。因他再入先休后，得进须教右手伤。已得敌人身伏地，敌来虽众莫惊忙。砍搧右肘蹲身用，伤敌飞身闪在旁。前若有人休速进，留心虚实要平详。伸刀扎刺皆虚诱，劈砍须由两太阳。

第二刀　蛰龙出洞

主发刀如前。客蹲身以刀背自左向右开磕主刀。刀响。主右步进一，蹲身刀从自己左膀胁下出，自里提敌右肘，复刀自敌太阳砍下。得[①]敌四顾而起，如前后有人，右步转半，左步旋回一步，刀从脑后砍出，使其不能防我，断敌右肘腕。

歌曰：刀逢磕打有行藏，器响居前不可忙。我刃牢缠来敌腕，蹲身提砍肘先伤。

① 唐校："得"疑"余"字之讹。

第三刀　巨蟒开山

主发刀如前。敌见刀，平发刀先截主腕。主便落刀于客肘腕，蹲身自里推砍，复刀转翻倒提，从客右肘下提出，复刀若已得死[①]，则不必另换式矣。

歌曰：虚砍擎刀加意防，惟看来手要端详。若逢大截平推出，小截磕推进要忙。

第四刀　拨草寻蛇

主发刀如前。客闪身平刺主项。主即扭项，右肩向前，翻刀软擦敌器，使其不能抽退，蹲身自外砍敌项，复刀随便转用。

歌曰：敌人用刺最难当，我若抽还反受伤。向下急翻砍敌项，刀擦来锋方是强。

第五刀　顺水提鱼

主发刀如前。客出刀平刺主腹。主翻刀如前式，自里而外砍敌项，否则敌器所来甚低，蹲身恐不能躲，自外转砍又迟，如犯则伤。今自里擦劈砍项者，使其不得复开门路，得之疾速之故耳。

歌曰：刺胸刺项一般同，里外逢迎要细穷。身落低蹲敌落定[②]，平身里取始成功。欲从外砍刀迎慢，敌器飘来在我躬。知命不立岩墙下，况关死生两争雄。

第六刀　山猿探穴

主发刀如前。客从脚下发刀，刀口向上，对主左脚面腿处砍来。主便翻

① 唐校："死"字疑讹。
② 唐校：下一"落"字疑有讹。

身如前式，擦靠敌腕，翻刀自里转外砍敌项腹等处。

歌曰：前后三刀式略同，身高身矮定神功。欲知此内精微意，细玩翻刀远近中。

第七刀　顺水推舟

主发刀如前。客伸刀先截主腕。主忙扭臂蹲身，以刀吞口以上四五寸之间，将刀棱照敌擦之口以上[①]五六寸之间，扭右臂尽力磕之。刀开，即转刀提右肘腕，复刀随便用之。

歌曰：截腕方法在第三，此篇何以费重谈？前番大截因刀远，小截刀来近我堪。远近不分难作用，精微备录始无惭。细参奥妙方能胜，莫放粗心一勇男。

第八刀　恶虎拦路

主发刀如前。客以斜进发刀砍主项，主即进[②]左步一，右步一。身已落定，就彼进的身式，亦斜身向彼项砍之。

歌曰：此刀惟怕两相亡，得失全凭进步忙。一跃如飞退敌后，寒光取项实难防。

右八刀以动制静。

① “上”字原脱。唐校：“疑脱‘上’字。”据补。

② “进”字原脱。唐校：“观歌中‘得失全凭进步忙’之句，当脱‘进’字。”据补。

补　遗

六　刀　诀

第一刀　飞龙剑

此法四面俱可用，要习之平日，用之当时，知者少，识者希，非轻传之艺也。即知者亦不可轻用，发者敌人百无一生。内有五不发：敌人不发，马上不发，舟中不发，临崖傍水不发，敌不强我不发。如有系绳之力，外不论矣。[①] 有三不得不发：彼长我短，逼近不得换式闪避，不得不发；彼强我弱，不得不发；敌奸难[②]进，引诱不来，进退不得不发。

第二刀　龙探爪

客自身胯[③]发刀，刀向上，自下而上，斜飘照主面门顶间擦来。如前进，恐彼抽缩换式。主随蹲身即进，刀从脚面出，自下迎上托敌肘，复刀任意砍之。

歌曰：虚托敌肘本非真，锋出忙收待敌人。彼若追来伸臂刺，独凭眼快用精神。

又曰：刀从下发意弥毒，进步轻遭敌者局。惟有蹲身托敌腕，心传诀法不从俗。此刀岂比前篇论，对面斜风不意足。武艺精通须细参，休言法式重重录。

---

① 唐校：上两句疑有脱讹。

② 难，原作“虽”。唐校：“当系‘难’字之讹。”据改。

③ 胯，原作“夸”。唐校：“疑是‘胯’字之讹。”据改。

第三刀　风绞雪[1]

主右肩向前平执刀，刀背横靠左肩背，似欲伤敌右臂，敌亦为是势反截主臂腕。主刀将至敌臂，敌刀亦将至主臂，否则两伤。主即让刀少下，以刀背勾敌刀适中，绞之滑出。以软刀绞其刀，自敌肘滑出，进左步一，右肘齐鼻梁，刀尖向下，以护我左肩背，使敌不能再犯。刀擦右肘而进，提其右臂胁处，复刀便下。此练手力绞拿之诀，非常斗之法也，又不可不知耳。

歌曰：此篇用意细加详，全在急迟快了当。绞疾滑忙风带雪，敌锋拨落在身旁。

第四刀　外截腕

主右肩向前，刀平靠自左肩发刀砍敌右臂。客亦如主势，自外截主肘臂腕。候敌刀来迎，主即蹲身至地，自外抽砍，伤其右肘腕。但此已注在出鞘刀内，今又重说，何也？前系进步提式，进步提者，因我刀未发、彼刀已发之故。《补遗》第三亦有此势，因彼此距身已近，不绞难以躲避。今此一刀，是我先欲如[2]砍敌，而敌反如我式，自外来截我腕，乃彼此俱进了一步，绞外刀不及刀，且皆下身法进，外刀逼近，故用此蹲身倒截之法耳。

歌曰：截腕原来自不同，要因机巧别神功。蹲身至地刀藏后，退步抽缩有奇工。

第五刀　里截腕

主发刀取敌。敌蹲身伸臂自里截主腕。主亦蹲身至地，以刀拉截敌腕。此一刀与行刀开路、推舟等法相同。然开路一刀，乃敌刀未出，就有截腕之

① 风绞雪，原作“风蛟雪”。按下文云“绞疾滑忙风带雪”，又云“比里截腕又少近，风绞雪又少远矣”，据改。唐校：一作“风绞雪”。

② 唐校：“如”字疑衍。

势，况我已经进步，故有推截之论。推舟一刀，乃我身逼近敌人，敌人已近我手腕，退则彼此刀已逼近，我必着彼伤，且我已系进步之身，故用推刀。今用此蹲身里截，因彼此俱系初进半步，欲进彼来甚低，欲退敌刀相近，进退不宜，故用是蹲身少退抽拉到截之法也。

歌曰：剪腕前篇已载[①]之，层层有异不同枝。近推进截斯虽用，主客双双一样时。

第六刀　紧缠腕

主发刀砍客面门胸膛处。客自里小截主腕。待刀来近，主亦以刀尖向下，臂腕少低，运腕力缠敌右手腕，自内而外，蹲身砍其右臂腕。此一刀较之开路少进，推舟少远，比里截腕又少近，风绞雪又少远矣。

歌曰：截腕多方已注明，重重相叙法偏精。钢锋旋转来敌腕，蹲身砍背不须惊。

① 载，原作“截”。唐校：“疑是‘载’字之讹。”据改。

再补诱敌三式

第一刀 乱抽麻

主右手平肩执刀，右肩向前，作欲扎敌之势。倘敌来勇猛，又便于退闪变幻。如敌不识此势，则进右一步，翻刀从下向上，照敌腹右肘腕砍之。如敌应来截腕时，主即退后左步半，右步进一，推截敌腕。如敌照头砍时，主则右步进一，左步进一，自怀内提刀，提敌右肘腕。如敌里打主刀，主以软力随之，俟打着，主对敌即进右一大步，左步半，探身刀口向上，撩砍敌腹及右肘腕处。如敌外打主刀，主对敌进右步一，左步一，顺敌刀外蹲身，砍其外肘腕。但此一论，系□[①]敌之法，因其来而应之，难以备述。

歌曰：遇敌高强法不穷，因人运用有奇功。由他施尽刀中术，我待精明身在空。

第二刀 龙探穴

主右臂平直擎刀，刀背向上，平对敌腹，右步猛进虚扎，即将左足进一大步。敌如赶来，可蹲身伸臂刺之。敌若用砍、搧、撩、磕、托、打等法，俱要因而用之。

第三刀 凤展翅

主引刀照敌面肩虚砍，敌有防不得进，即退二三人步之外，蹲身。下缺。

① 此字残，原本仅存左部“商”形。

附　录

形意拳学序

武力诸技术，率皆托始达摩，而支分派别，真以伪杂。或利用而不良于观，或上下进退善为容，而用焉辄窒，因以致败，则传受其要也。拳法门内人言，以太极为第一门，而世俗所传绵掌、八极十二节，充其量不过一匹夫之所能。其专事吐纳道引，若五禽、八段锦，造次敌至，手足无措，又无以应变。唯形意体本太极，扩而发之，不穷于用。且年过可学，一介儒生，下至妇人女子，力无不可为者，而缓衣博带无择。技之至者，进乎道而通乎神。痀偻丈人，承蜩累五丸，不坠犹掇。吕梁丈夫，蹈水与齐俱入，与汩偕出。庖丁十九年解牛数千，刀刃若新发于硎。《庄子》固多寓言，抑岂遂无其事，而故为此俶傥以自快其所托也？书中所称拳法大师郭云深，某尝闻其力能摧壁，又令五壮佼拄巨竿于腹，一鼓气，五人者皆倒退至五六步外，扑地跌坐，顾终身未尝以所长加人，隐死荼肆。孙君既为其再传弟子，渊源所自，术业之精不问可决也。往岁某见有写本五公山人新城王余佑所著刀法、拳术，心窃好之而未暇录副[①]以存。曶曶今二十年，《十三刀法》已梓行，不复能忆其拳术，亶[②]忆其主要，曰意、气、力。而力不自力，他人之力皆其力，道在用藉，极其所至可以撼山洒[③]海，轩柱[④]天地。凡意、气之所至，皆力之所至。与今孙君所传，是不同出一原，抑原一而异其支与流裔？孙君当能知其所以然。凡所与游，倘有录传其书者，尚望转以相告，勿秘藏也。

民国四年五月湘帆赵衡序

---

① 副，原作“福”，据文意改。
② 亶，通“但”。
③ 洒，疑当作“卷”。
④ 柱，疑当作“轾”。

王五公是怎样一个人物？

梁任公在其《近代学风地理的分布》[①] 一文中，有些关于他身世的介绍：

“五公，侠士之有道者也，精技击，善谈兵，著书十卷，名曰《此书》，吾谓此革命军教科书也。”

《此书》的分卷：一、兵行先知所向；二、兵进必有奇道；三、遇敌以决战为先；四、出奇设伏；五、招降；六、攻取必先于要害；七、据守必审形势；八、立制在有规模；九、兵聚必资[②]屯田；十、克敌在无欲速。这是五公集廿一史兵略所作，不过是一部寻常的兵书。

五公之前，类乎此等著作，数量甚多，任公为何独称此书为“革命军教科书”呢？这里，须看任公《近代学风地理的分布》一文中所写的五公家况，和颜习斋、李恕谷《年谱》中所记的王五公。

《近代学风地理的分布》：

“其父以起义抗清遇害，其长兄自投狱，以与父同殉。其次兄手刃告密之仇家三十余口，以亡命隐淇县以终。”

颜、李《年谱》中的记载：

“五公山人，王姓，讳余佑，字介祺，保定新城人。父行昆弟，皆官于明。少年才誉，长念明季多故，乃读孙吴书，散万金产结士。甲申，闯寇据京师，遂从父延善，及从兄余厚、兄余恪、弟余严，雄县马鲁等，起兵讨贼，破雄县、新城、容城，诛其伪官。已而贼败，清师入，众散。隐居五公山双峰，每至峰顶，慷慨悲歌，泣数行下。益博读书，尤邃于韬钤。尝[③]搜集廿一史兵略，为《此书》十卷。”

颜、李为甚么把清师入关以后，五公之父抗清遇害，长兄投狱同殉，次

① 梁文见《饮冰室合集·文集之四十一》，原题《近代学风之地理的分布》。

② 资，原作“质”，今改。

③ 尝，原作“赏”，今改。

兄杀仇逃亡，这些事实不提一字呢？无疑，这是当时颜、李避朝廷忌讳，所以不敢记载。可是，被他们俩这么一描写，后世读者将以为五公的“慷慨悲歌，泣数行下”，不是处身异族侵略下的愤怒了。

《恕谷年谱》中，录有五公的《绝命诗》一首：

“一天雷电收风雨，欲使乾坤暗里行。尚有高灵护残喘，争留面目见诸生。”

五公的父兄遭了异族毒手，他在希望极微的环境中奋斗，企图推翻满清的统治。不仅《习斋年谱》中说他死不瞑目这一点上，可以看出他的赍恨以殁；同时，于他上述《绝命诗》中“欲使乾坤暗里行”那句，更明显地看出五公革命的积极性，并其潜行行动。他所著的《此书》，虽没有将他的革命意志明示于字里行间，但他的身世和他这一著作，整个地提示了革命与武力结合是需要的。所以，任公不说别人所著的兵书为“革命军教科书”，而独称王五公所著的《此书》为“革命军教科书”，这是有其根据的。

五公并不是一个只知纸上谈兵的韬钤家，他于技击之术，也所擅长，李恕谷尝迎至其家，传枪法、刀法。五公的刀法，一直到三百年后，才被人发见刊行。

《蟫隐庐书目》：

“《太极连环刀法》一卷，此书题‘新城五公山人王余佑介祺著’，不知何时人。其论刀法，有十三法、六法、二十四忌、六路、刀母八法、六刀诀、诱敌三式等，极为详明，兼有歌诀，原为旧抄本，因移录印行，以广其传。”

孙禄堂《形意拳学》赵衡《序》：

“往岁，某见有写本五公山人新城王余佑所著刀法、拳术，心窃好之，而未暇录副①以存。曶曶今二十年，《十三刀法》已梓行，不复能忆其拳术。”

孙著《形意拳学》，民四刊于北京。彼时，五公《刀法》，已有梓行，上海蟫隐庐于民国二十年后，始以旧抄本付印。其中诱敌三式，末式残缺，不知赵所见者，是全豹否？

平倭名将戚继光在《纪效新书·或问篇》里说：

① 副，原作“福”，今改。

“开大阵，对大敌，比场中较艺、擒捕小贼不同。堂堂之阵，千百人列队而前，勇者不得先，怯者不得后，丛枪戳来，丛枪戳去，乱刀砍来，乱杀还他，只是一齐拥进，转手皆难，焉能容得左右动跳？一人回头，大众同疑，一人转移寸步，大众亦要夺心，焉能容得或进或退？”

读此等阅历经验之语，知战场杀敌之技，与场中较艺之技，绝对不同。五公刀法，主客周旋，彼此左右动跳，或进或退，只是场中较艺之物，不是开大阵、对大敌的东西。

坊间梓行的五公《刀法》，都无标点。余重为付刊的主旨，固然明其句读，便同好者易于研究这类难读的古典技术；同时，介绍一些王五公的身世，使爱好武艺者明白他是怎样一个人物，并由此了解，一切镇压手段，是消灭不了革命的，即或表面上的高潮，似乎平静了下去，而潜行的革命运动，还不断地在那里发荣滋长。俯仰今古，对这位三百年前积极革命的人物，安得不令人油然起敬！

任公指五公所著的《此书》为“革命军教科书”，观雍正严禁汉人习拳棒之谕，则其《太极连环刀法》，何尝不可指为那时的“革命军教科书”之一分科呢！

五公生于一六一五，卒于一六八四。

一九三六，一，二八，唐豪

万胜车营图说

前　　言

王余佑《万胜车营图说》一卷，学者罕觏，著录家多误作《万胜车》《万胜车图说》《万胜车阵图》。按明末兵家有“车营”之说，所谓“环车为营”，乃是专门用以克制骑兵的一种有效战术（详茅元仪《武备志》卷九十四《戚继光车营法》）。

明末天启二年（1622）、崇祯二年（1629）间，孙承宗以东阁大学士、兵部尚书身份，两次督师辽东，有《车营百八叩》传世。《车营百八叩》又称《车营百八叩答说合编》《车营叩答合编》，有同治八年（1869）高阳孙氏师俭堂刻本，题为“孙文正公编次”，“参佐幕僚茅元仪、杜应芳、鹿善继仝著”。其问答讨论事迹，具见孙承宗《〈督理事宜〉序》（《高阳集》）、鹿善继代孙承宗所拟《阅关回奏疏》（《鹿忠节公集》）、茅元仪《〈督师纪略〉序》（《石民四十集》）、孙奇逢《督师阁部太傅孙文正公墓志铭》（《夏峰先生集》）。

鹿善继的弟子张果中（字于度）、孔衍学（字养邃）也参与其事，并将详情告知鹿善继的另一弟子王余佑，王余佑并且存有《车营百八叩》的足本。《车营百八叩》后来流传编纂，还是孙氏后人从王余佑处得到该书。王余佑《五公山人集》卷十六《孙文正公〈车营〉跋》（又见《车营叩答合编》卷末）说道：“壬戌冬，公孙紫渊从余破囊中搜得《百叩》一编，持归补其家集，既而走字嘱余为序，而藏之以传久远。”壬戌为康熙二十一年（1682）。又至同治八年，《车营百八叩》始正式刊行。

王余佑《万胜车营图说》的编纂，应当即酝酿于孙承宗、鹿善继等人讨论问答、同著《车营百八叩》之时，但其书撰成后，也始终没有刊行，传抄亦鲜。直到清末光绪间，才由侯绍瀛、陈龙昌搜访出来，用石印法刊刻在《中西兵略指掌》中。侯绍瀛，字东洲，广西临桂人，历任江苏睢宁知县、沛县知县、清河知县、泰州知州。陈龙昌，字成叔，湖南常德人。

《中西兵略指掌》二十四卷，题“沅南陈龙昌成叔甫辑”，光绪二十三年（1897）东山草堂石印本。其书卷七《营垒三》，目录页共六项：《万胜车营图说》《前锋后劲驻营图说》《前锋后劲交战图》《车营分图》《小车破火器图说》《车营百八叩节要》。

其中《万胜车营图说》题“高阳王余祐著”。“高阳”当由“高阳孙承宗”而致误。又称王余佑为“武功山人”“王武功山人”，虽误，亦得谐音之妙。

《前锋后劲驻营图说》《前锋后劲交战图》《车营分图》，正文均在《前锋后劲营制》标题之内，题下未署作者，但文末有按语：“此言主将、将佐等仅用游都以下，各官盖犹仍国初之制也。”《前锋后劲营制》之后，正文又有《车营号令》一篇。

《车营叩答合编》前为天启四年（1624）鹿善继《车营总记》一篇，继为《车营总说》《车营方阵图》《后劲方阵图》各一幅。可以认为，《中西兵略指掌》卷七中《万胜车营图说》《前锋后劲营制》《车营号令》这三部分，均为王余佑所作，以图而论，则包括了《万胜车营图》《前锋后劲驻营图说》《前锋后劲交战图》《车营分图》在内，统名为《万胜车营图说》一卷。

兹据《中西兵略指掌》辑出，并加点校。正文中有王余佑原注，又有陈龙昌按语，均以小字夹注形式整理，陈龙昌按语则加“陈龙昌按”以示区别。

光绪宝兴堂刻本《乾坤大略》附《四囊书》一册，内有《题营图后》一篇，未署作者，揣其字句，当为王余佑原作。兹录出，附于篇末。

张京华

2015 年 2 月 14 日

目　　录

万胜车式图说

萬勝車式圖說

此車長五尺高二尺輪高一尺八寸牌藏於前其狀與戰車牌制同厚二寸寬一尺八寸長五尺上十長二尺七寸下平長二尺三寸中連以鐵環製為招飛牌後用一活輪木長四寸安於牌前以撐兩旁往焉於車上以兩小豎木夾而轄之可上可下其豎木徑三寸後立二小木長一尺比前豎木短一寸安一軸橫架後八寸許復安一軸軸上用二齒牌與推焉俱以鐵丸從前架軸上牽至後軸上登之行則欲推焉與牌於上底則一并放下

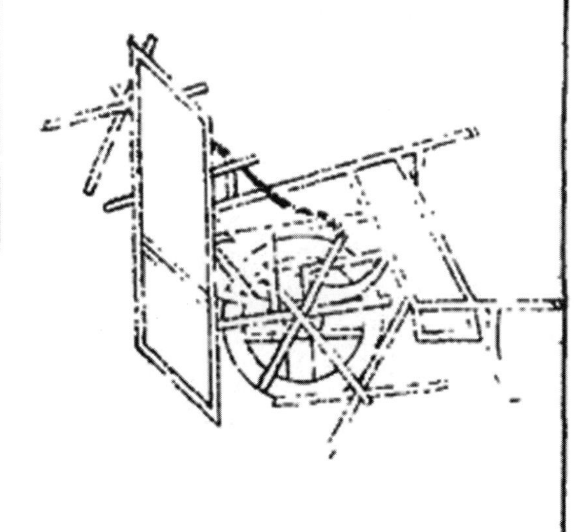

拒马车式图说

拒馬車式圖說

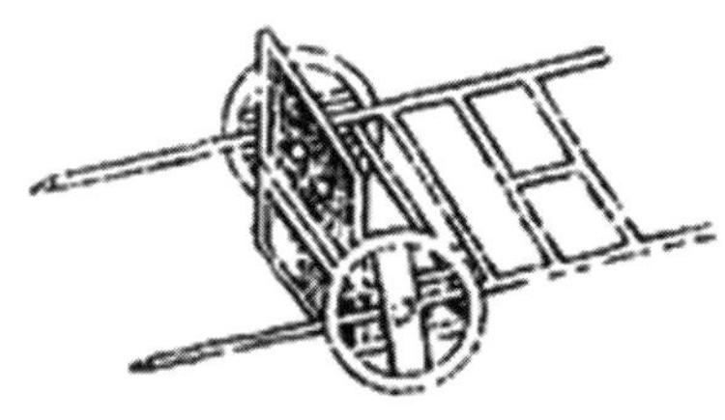

车牌拒马摆阵图说

車牌拒馬擺陣圖

拒車占地一丈五尺

戰車占地二丈五尺

輜車占地二丈

凡一车，推九人。四人专主车内。推车四人，在车两旁，专主护车，且备帮助，险路抬车，务期周旋进退便利。一人在车内帘后，从帘眼看路，兼看旗帜方向，分合进退，又听金鼓进止，是为领车伍长。此车遇水可以作筏，遇山城可以作梯，遇奇险即摘帘脱轮，分携而行。

每车备绳数条，挨牌四面。每牌五人执牌，一人带短刀，专主向前、左、右三面遮蔽后兵，即为伍长。长枪二人，夹牌戳杀。斩马刀二人，随枪破击。敌远则退居车后，以防大炮。敌近五十步，则俱列车之两旁，前后二面更叠出战。拒马车二辆，各带小拒马二个。现军械日臻便利，凡弓弩鸟枪俱宜酌改田鸡、格林、毛瑟等式。每车五人，推车一人，即为车长。弓弩二人。鸟铳二人，一装一放，俱在拒马车后。鸟枪在弩右，各带七尺小枪一杆。敌至八十步，鸟铳发。敌至六十步，箭发。敌逼拒马前，则各执枪戳去。大炮二位，每位二人，各带大斧一柄自卫。一装一放，列车两翼，敌至四十步发。计一车：推车九人，炮手四人，牌兵二十人，拒马车十人，火兵五人，辎车二辆，车夫四人，押辎伍长一人，每辎各带小拒马四个，木匠一人，并车长正副二人，共计五十六人。凡一车，占地三丈二尺五寸，车占一丈二尺五寸，左右牌占二丈。

凡四车为一乘，立一把总为乘长。四乘为一局，立一守备为局长，以两千总为副。四局为一营，以副将主之。以两参将为副，一为步佐，一为马佐。以千总四员为中军官。五营又为一大营，以总兵主之，将佐尊一等。

凡马兵，十人为伍，内立一队长。每队辎车一辆，火兵二人。五队为旅，以把总为旅将。二旅为哨，以千总为哨长。

凡车营，一面内各设一哨，四面共四哨。外复设马兵一百，立四百总领之，专主哨探，隶于四中军官。

车营图说

車營方圖

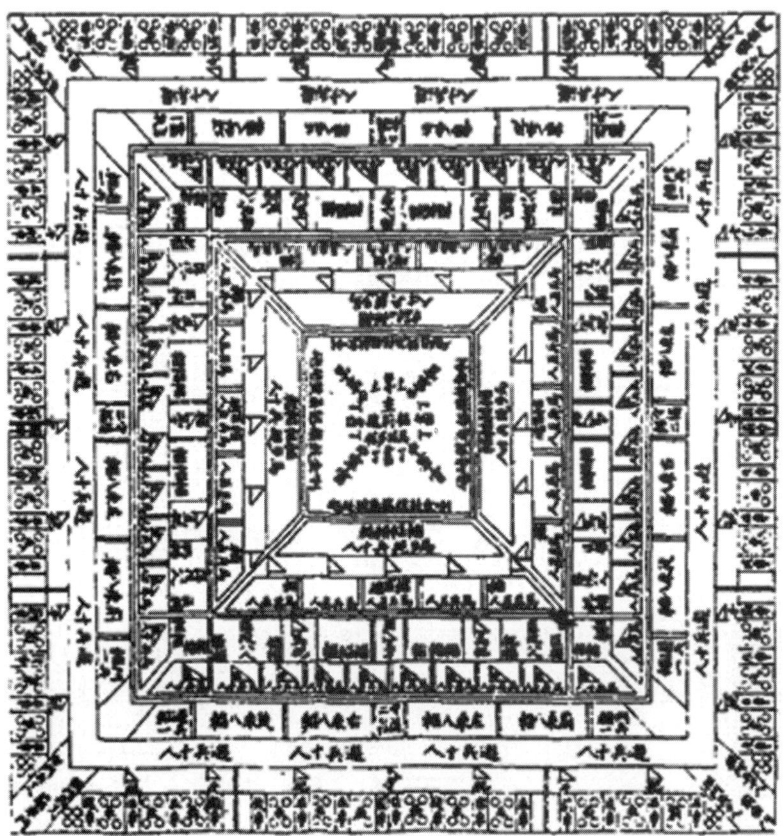

营制，一面占地五十二丈，每营门斜出二丈，共占地五十六丈。首层战车，占地二丈五尺。二层拒马车，占地一丈五尺。拒马车后留一丈为路，路后辎车为第三层，占地二丈。辎车后留一丈为路，路后马兵为第四层，占地二丈。马千、马把、匠役并马兵、辎车为第五层，占地三丈。后复留一丈为路，路后复列马兵为第六层，占地一丈。后留空地五丈，以备多带辎重。内即为中军，中军占地方十六丈。营门俱在四角，遇敌以一战车蔽于前，二拒马车塞于后。无事移战车于右，拒马车分列于门之两旁。

凡阵图中车之左右四围，即四牌出战之地。

凡中军，步佐一人，居主将身后左边。马佐一人，居身后右边。中军官四员，书写四人，健丁八人，俱列身之左右前后。中立一旗一招，紧随主将身后。前后左右复各设号炮二个，四人掌之。旗招、金鼓、喇叭、号角各一，掌之者皆一正一副。角与号头二器，一人掌之。此外设马步亲丁十人于四面。以上火兵共二十名。

步佐为主将之副。用书写二人，马佐用一人。传事二人，执旗二人，马佐用执招二人。亲兵四人，火兵二人，余俱取用于中军。马佐同。

中军官四员。每员书写一人，传事二人，执旗一人，火兵一人。每员管各营一面事务。以上共辎车十六辆，辎夫三十二人。

守备四员。每员书写二人，传事一人，执旗二人，鼓二面四人，喇叭二人，金二人，亲丁四人。两人执牌于前，四人护旗鼓。火兵二人，战则列于右乘、前车之后。辎车二辆，辎夫四人。千总辎亦载其中。

步千总八员，把总十六员。均每员副一人，书写二人，传事一人，执旗一人，鼓二面二人，喇叭二人，金二人，亲兵二人，执牌列于前。火兵一人，战则各列于左乘、后乘、前车之后。

游兵步百总四员。每员副一人，即执旗执梆一人。各领游兵四十名，在各局拒马后巡视。某处急，击梆一声，齐赴救援。每十人内立一伍长。火兵共五人。辎车一辆，辎夫二名。

守门百总四员。每员各守一门，领兵共二十二人。二人执门旗，列于门之两旁。挨牌二面二人。大炮二位四人。鸟铳四人，长枪四人，斩马刀四人，火兵二人。辎车一辆，辎夫二人。

马兵千总四员，每员副十人。把总八员，每员副一人。各用书写一人，传事一人，执招二人，角与号头二人，亲兵二人，火兵二人，均列于各哨马兵之中。辎车一辆，夫二人。樵吸与火兵同出。

马百总四员。每员执招一人，角与号头一人，列于每面塘马二十五人之中。

匠役：铁匠八人，弓匠八人，箭匠十六人，火药匠八人，油匠四人，绳匠四人，兽医二人，皮匠八人，共匠役六十六人。裁缝八人，每人辎车一辆，夫一人，火兵一人。

以上由主将至百总，共计正副将官九十五员，车长不在内。旗鼓、书传、亲兵、门兵、游兵、火兵、匠役、辎夫等，共计一千零八十人。

战车六十四辆，共计三千五百八十四人，车长正副俱在内。马兵五百名，并火兵、辎夫二百名，共计七百名。统计一营共该五千三百六十四人。

前锋后劲驻营图说

前锋后劲营制

凡十人为队，立一队长。五队为旅，立一把总为旅将。二旅为哨，立一千总为哨将。八哨为营，立一游击为主将，以一都司为将佐，以四百总为中军官。

每队十人为两层，前五人，后五人。每层前后左右各相去一丈五尺。队长各给招一、角一，令身后一人掌之。每队大夫二人。

前鋒後勁駐營方圖

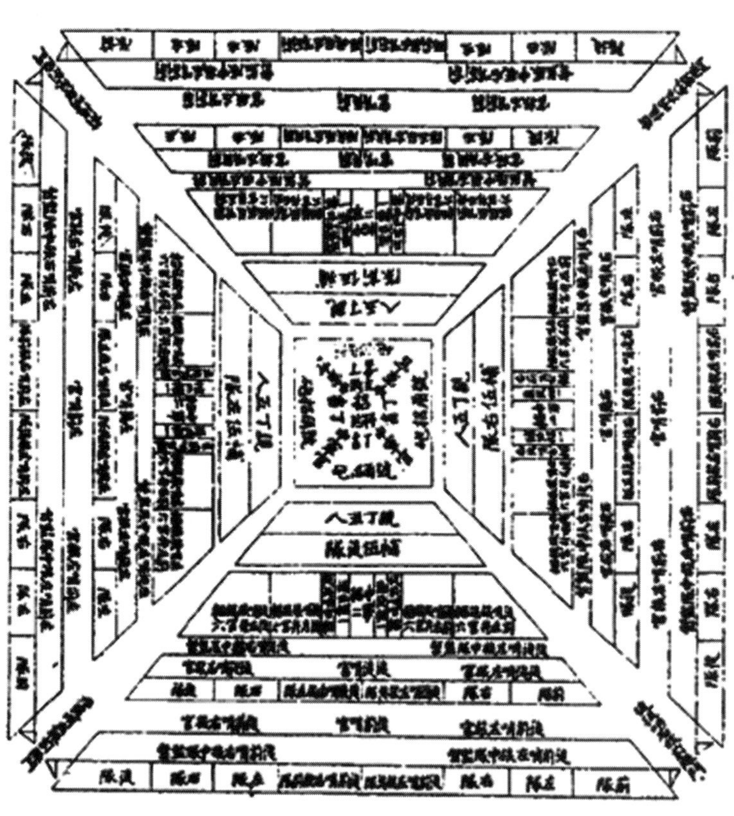

每旅五队，前后左右四队列于前，中一队单列四队之后。凡八哨合营，将前后左右四前哨为外层，四后哨为内层。凡后四哨左旅前队，令执门旗守四门，右旅前队在四门内作伏，以辎车居内为子营。计辎车每队一辆，中军八辆，八哨将十六旅将各一辆，补伍兵丁四辆，匠役四辆，共辎车一百二十辆。

凡营每面占地六十丈，兼每营门斜出三十丈，共占地六十六丈。陈龙昌按：近年自剿办粤匪以来，凡统领营官，文官则多属司道儒生，武官则半用提镇。此言主将、将佐等仅用游、都以下，各官盖犹仍国初之制也。

凡中将，佐一人，中军官四人，书记四人，健丁四人，亲兵二十人。五色招各一正一副，共十人。每面角与号头共二人，三眼号铳手二人。马兵不便大炮，故用铳。火兵十人，将佐、中军官所用火兵不在数内。

将佐为主将之副。用书记一人，传事一人，执招一人，亲兵四人，火兵二人，余俱取用于中军。

中军官四员，各听差一人，每二员火兵一人。

哨将八员，旅将十六员，每员副一人，书记一人，传事一人，执招二人，角与号头二人，亲兵二人，火兵二人。

匠役：木匠六人，铁匠四人，弓箭匠十人，火药匠四人，油匠二人，绳匠二人，兽医四人，皮匠四人，裁缝四人。共匠役四十人，每十人火兵一名。

以上共正副将官五十四员，掌招与角号、书传、亲兵、补伍、匠役、火兵等共三百六十八人。八哨兵丁八百，并辎夫二百四十人，火兵一百六十人，共一千二百人。全营统共一千五百六十八名。

凡车营及前锋后劲营皆因地而变，或方或圆，或曲或直或锐，各自不同。此方营特图其一端耳。

前锋后劲交战图

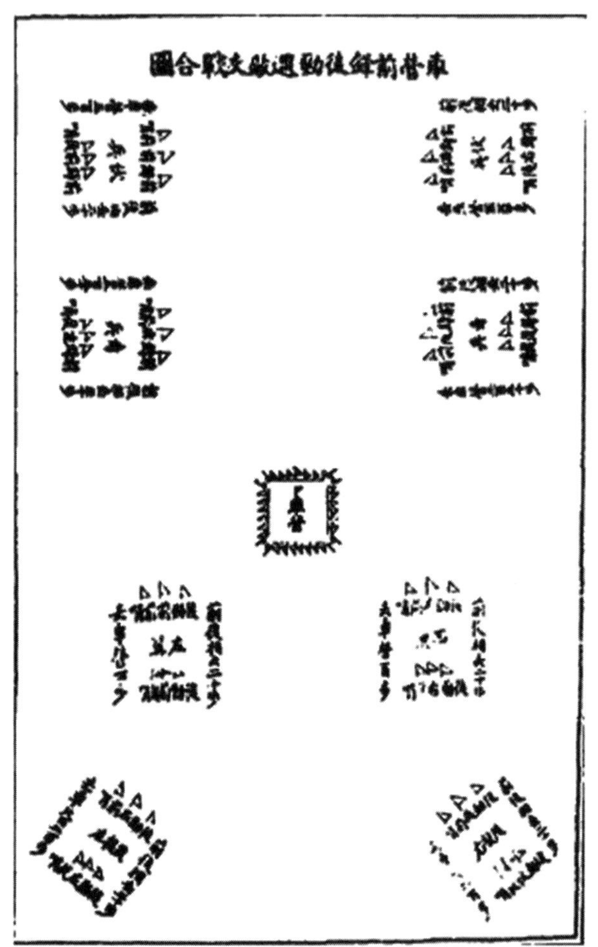

一营分四局四乘阵图

一營分四局各局自爲一陣圖

凡營分四局，每局各爲兵二十名爲有探，即爲渾中一營遊兵，每局亦勢二十，都分四伍營，四門門掛餘，皆爲中軍輸重護衛。此營每面占地十五丈，營中以守備爲主將，二十總副之[illegible]

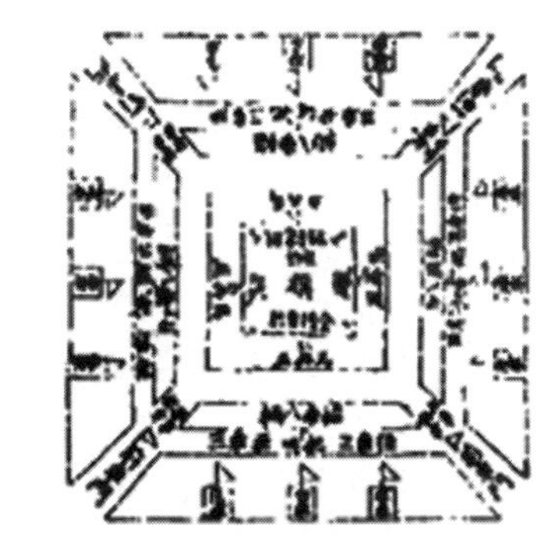

一局分四乘各乘自為一障圖

此營每方占地七丈四戰車各處四面之中八橋列於四角每方兩橋相去六尺為門戰車前二牌列於車之兩系後二牌一列於右角兩橋之中以衛門一列於戰車緌為一兩拄後二拒馬車列於戰車左右兩牌之兩系

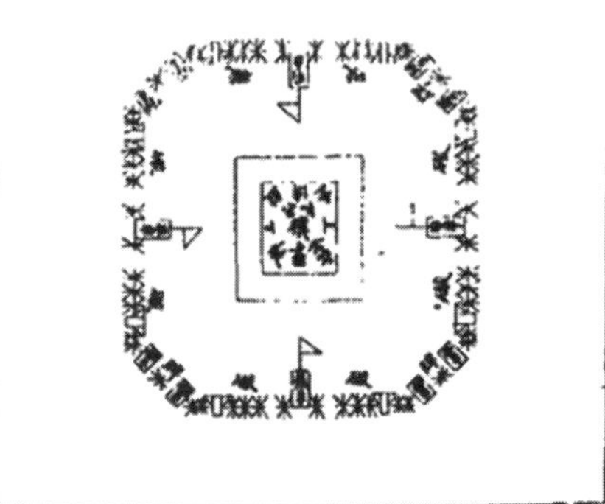

一乘分四車每車自為一營圖

此營每面二丈四尺將戰車後二牌移於兩橋之左右移橋車兩小拒馬分列於戰車左右兩列

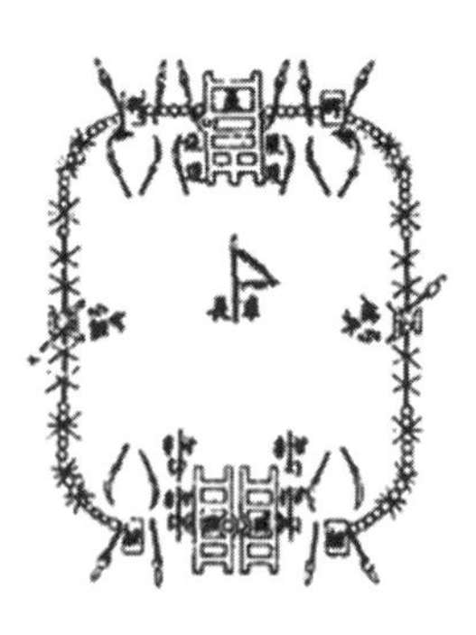

前锋遇敌交战图

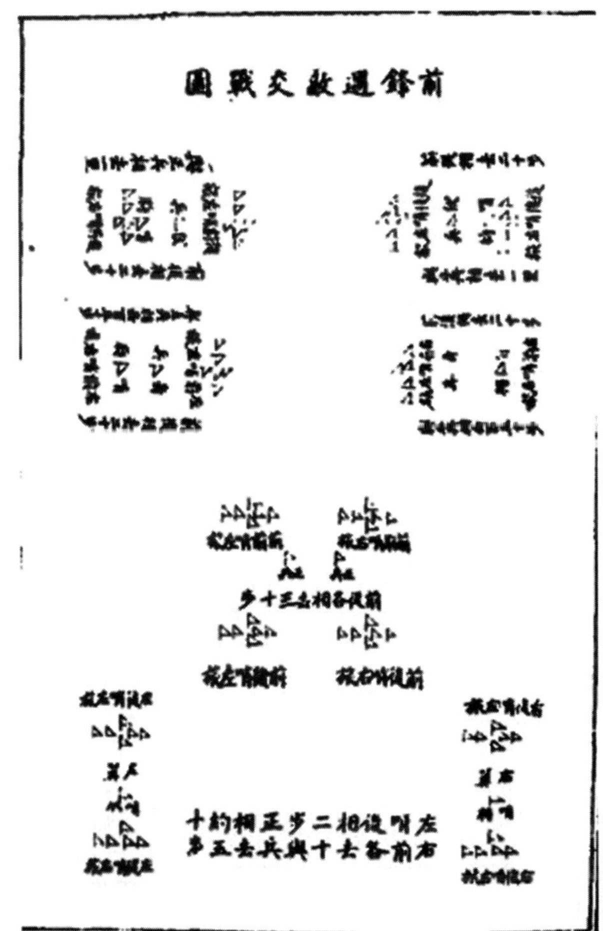

车营号令

凡你们的耳只听金鼓，眼只看旗帜，夜看高招双灯。不许听人口说的言语，擅起擅动。若旗帜金鼓不动，就是主将口说要如何，也不许依从；就是天神来口说要如何，也不许依从。只是一味看旗鼓号令，兵看各乘乘长的，乘长看局长的，局长看中军的。如擂鼓该进，就是前面有水有火；若擂鼓不住，便往水里火里也要前去。如鸣金该退，就是前面有金山银山；若鸣金不止，也要依令退回。果是这等，大家共作一个眼，共作一个耳，共作一个心，有何敌不可破！有何功不可立！陈龙昌按：此条最为切实，与戚继光练阵号令略同。

凡歇处，五鼓时吹喇叭一荡，火兵作饭，众人收拾。吹喇叭第二荡，各兵吃饭。吹喇叭第三荡，各兵赴信地扎营，将官俱赴中军听放。发放毕，放炮一个，各方色旗一齐摆动，各车循次出营起行。

凡正行时，放炮一个，各兵立住。听点鼓几声，即分兵几路前进。鸣金几声，即合兵几处前进。

凡正行时，放连珠炮三个，各兵速赴各局扎营。再放连珠炮三个，各局速赴中军扎营。

凡扎营安歇，各兵俱从门旗中循次而入。扎营毕，擂鼓立中军旗，是放火兵出营樵吸。放炮一个，吹喇叭一荡，是要收回。

凡对敌，某色旗点动，吹长声喇叭一荡，某方鸟铳发。二次点旗，吹长声喇叭，弓弩发。三次点旗，吹长声喇叭，火炮发。

凡点旗，吹喇叭尖声杀杀杀，牌兵一齐出战。二次点旗，喇叭吹尖声杀杀杀，前牌立定，后牌疾赴前牌之前出战。三次点旗，喇叭吹尖声杀杀杀，后牌立定，前牌复出。如点旗吹尖声喇叭杀杀杀一次，是要更叠一次。如喇叭长吹不住，前后牌平列齐战。

凡放连珠炮二个，连放三次，各方色旗摇动，即便分营。放连珠炮三个，连放二次，即便合营。

凡对敌擂鼓，是要各兵向前交锋。

凡对敌鸣金一声，各兵即便立止。又鸣一声，是要各兵退还。连鸣二声，是要合兵脚下，再转身向前立定。

凡吹角，马兵即出营冲杀，吹号头即返。号令均与喇叭同。

凡旗招，不拘东西南北，但以前、后、左、右、中分五色，取其易辨也。前红、左蓝、右白、后黑、中黄。大营则五色旗皆备。若此营，乃分大营之一旗者，须要按前、后、左、右、中以五色镶其边。若局长，则各书前、后、左、右、中。乘长、车长亦然。凡步兵用方旗，马兵用招，招即长旗也。

凡夜间昏暗不辨旗帜，须以铁丝灯笼悬于杆上以代之。中军灯笼用黄油纸，八角形，长一尺五寸，粗七寸。前局用红油纸，横竖俱圆形，一尺三寸。左局用蓝油纸，横竖俱方形，一尺三寸。右局用白油纸，方形，高二尺，横四寸。后局用墨油纸，圆形，高二尺，粗四寸。

凡灯一盏，用黑油布四层，罩盖一个，以便一时遮隐，使寸明不露。或明营暗徙，或暗营倏明，以莫测为妙。陈龙昌按：现电气灯可明可暗，能预备改用，更妙。

题营图后[①]

《万胜营》以破敌拓境，《经络图》以备盗守土，此两图者，足以观矣。城池之制，全取陈规，诸书所载，不必赘也。此外惟有司良吏之职为重，宜尽革浮滥故习，崇俭砺勤，务农讲武，实府库，蕃户口，专力富强，以资战守。萧相国、寇使君，关中、河内之雄略为首务矣。呜呼！经纶在手，万化生心，盛矣哉！

① 此文录自光绪宝兴堂刻本《乾坤大略》附《四囊书》。

兵民经络图说

前　　言

《兵民经络图说》是有关军民协同作战的一种军事著作。

《兵民经络图说》与《万胜车营图说》在性质与体例上当为一类。《万胜车营图说》是关于“车营”的列阵图，《兵民经络图说》则是官兵与民兵的协作图。“车营”侧重正规的防御，“兵民”则似乎目的在于有效地自卫。王余佑《题营图后》自言：“《万胜营》以破敌拓境，《经络图》以备盗守土，此两图者，足以观矣。”揣摩王余佑《兵民经络图说》的用意，大约是将我国自古即有的官方保甲制度，与宋元以来北方民间自发流行的村寨自保，乃至太行义军之类，相互结合，而创立出一种有效的战时军民合作制度。当然，其中也不排除介入了王余佑自己组织义军抗战的经验，其目的似乎仍然隐约针对着游牧族的骑兵。

其书学者著录多误作《兵民经络图》或《兵民经略图》。“经络”与“经略”二语，音近易讹。表面上，“经略”之“略”如《乾坤大略》之“略”，有谋略之意，而经络则为医家术语，似乎作“经略”为是。如元代曾设军民经略使，即以“经略”为称；明范凤翼著《经络图说》，医书而名“经络”。但实际上，王余佑正是要以人身经络比喻兵与民的关系，“上下连络，左右周通”，譬如人之一身，经络贯通，血气周流。

古人著书、刊书皆非易事，而所谓《兵民经络图说》一卷，其实仅为一纸短文，自然难于单独出版；加以又有图绘，即便是传写亦甚不易。幸而被抄录在李培《灰画集》中，又附于《乾坤大略》书后，得以存世。实则就连《乾坤大略》也只是到了光绪年间，《灰画集》更晚到了民国间，才有刻印本。虽然如此，王余佑原著中的图绘也还是没有保存下来，这又不免使人感到可惜了。

《兵民经络图说》在李培《灰画集》卷一，目录作“五公山人《兵民经络图说》”，正文篇首有李培“五公山人《囊书》中《兵民经络图说》曰”一语。民国训练总监编辑局铅排本仅四页，一千余字，但除了没有原图之外，文字首尾完整，应当是保留了全篇。

光绪三十二年宝兴堂刻本《乾坤大略》，附《四囊书》一册，其中有《兵民经络图说》一篇，筒子叶四叶，篇名上题“《四囊书》一则”，李冠卿《兵策略序》中也称为“《四囊书》一则”，但《灰画集》本的最后一条“凡兵器”，宝兴堂本没有。

兹据民国训练总监编辑局本《灰画集》辑出，并以宝兴堂本核校，整理标点，以复旧观。

张京华

2015 年 2 月 18 日

兵民经络图说

此图随地形方圆曲直锐钝[①]，各以镇、汛、帮、接、护、界、众七层分之。

萑苻窃发，讫不能靖，其弊在于汛兵孤而无援，乡兵散而不应，无法以维之也。今立为兵民经络图，汛兵厉锐，八面以救乡；乡民合势，四围以护汛，上下连络，左右周通，桴鼓相闻，顷[②]刻立应。譬如人之一身，大脉直行以为经，细脉横贯以为络，庶几气血周流，而无痛痒不关之处。

夫汛兵八面直冲者，经也；乡民四围合绕者，络也。分布既均，应接不爽。计一汛，共八帮、二十四接、八护、八界，互相旋绕，纵横成章，井井有条，是亦内政寄军令之遗意与。请按图而详陈之，识者择焉。

一、每汛拣八方临[③]近村镇，立帮汛八处，每处择一人为帮汛长。再向外八面择村方八处，每处立接帮三所，每所立接帮长一人，有正接、旁接。又向外村方立护帮八处，每处立护帮长一人。又向外八路至郊界处，立界炮台八座，每座立炮手二人、枪手二人。

一、每汛立专汛大旗一面、大号炮三座、大钟一口。如遇本汛有警，放炮一声，升旗，鸣钟不止。其余八帮立刻升旗，遣探子即往探听，即将本帮乡丁聚齐。伺候堵截追杀，或赴汛救援。

如贼盛，放炮二声，鸣钟不止，八帮亦放炮一声，鸣钟不止，其余接帮即升旗鸣钟，聚齐乡丁，伺候堵截追杀，或赴帮救援。

如贼更盛，放炮三声，鸣钟不止。其余护帮亦放炮一声，钟鸣不止，四

① 钝，原本无，宝兴堂本同，据文意补。
② 顷，原本作“项”，宝兴堂本不误，据改。
③ 临，宝兴堂本作“邻”。

乡众护，伺候一齐应援。其余界台，即升旗，放炮三声。传至邻汛，一齐堤备，以防贼众阑入，伺候堵截追杀。邻汛随宜传至镇，伺候分兵策应。

一、每帮立帮汛旗一面、次号炮二座、次钟一口、探子四名，照前应用。

一、每接帮立接帮号带一条、小号炮一座、小钟一口，照前应用。

一、每护帮立护帮圆旗一面、号炮一座、钟一口，照前应用。

一、每界台置界旗一面、界炮三座，照前应用。

一、凡各旗无事之时，不许擅举，四乡不许擅自放炮鸣锣[①]。

一、众护分为内层、外层，亦按八方，每众立为三处，作一犄角之势，分应接帮、护帮，有警鸣锣击鼓。

一、每接立为三所，正接、旁接，具[②]援帮汛，作鼎足形，庶不偏孤。

一、本汛有警，固按法传应。如帮接、护界等处有警，其法自下而上，但闻炮响、钟鸣、旗举，不拘时刻，汛兵立刻策应，不待三炮。

一、凡夜警放炮之后，仍放起火三枝，各旗之上，悬灯笼一个。

一、凡各汛、帮等处器械，俱照牌甲常制，须用挨牌几面，以防矢石。

一、法既立，各汛俱照例行之，仍因地势通变。

一、众护之法，一层止立三处，不拘乡村多少，尽数分勒，属于三处，以免纷乱。

一、各乡器械，既无此项钱财，须将祖训、乡约、考课，有不率教之子弟，罚令为之。又将犯罪笞杖之流，令其制造肆免。此又厚风俗之一助也。

一、古人保甲之法，相辅并行。

一、帮护等旗色，即以八方色为之。

一、教演武艺，仍有良法。临时须酌鸳鸯陈详究之。

一、各汛如此派定，然后将两营马步营兵，分配各汛，某千某把，分应某汛。不拘昼夜，但闻某汛界炮一响，立刻即率领兵丁赴援。马兵在前，步兵随后。遇敌，倘马兵不支，步兵持挨牌、长枪、火炮，翼蔽于前，马兵相机追赶。如营兵离汛太远者，将兵分为两番，更相伺候。其该番之兵，预先

① 锣，宝兴堂本作“钟”。

② 具，宝兴堂本作“俱”。

于汛地居中之处，早去游巡观望，闻警即到，庶不失误机宜。

一、凡界炮三声，邻汛立刻通传，飞声到镇，不许一刻稽迟。号起兵出，捷如影响。违者俱以军法从事。

一、凡兵器，必有最利者，方可以决胜。《宋史》：神臂弓“以檿为身，檀为弰，铁为蹬子枪头，铜为马面牙发，麻绳扎丝[①]为弦。弓身三尺有二寸，弦长二尺有五寸，箭木羽长数寸，射三百四十余步，入榆木半笴”。[②]

① 丝，原本作“弦”，据《宋史》改。

② 篇末，李培有双行小字按语云：“宋神臂弓一段，恕谷大兄书此图说后，予亦补入。格外利器，神十致胜之法也。”

皇舆志略

前　　言

王余佑一生著述颇丰，多与军事、地理相关。有关军事者，有《乾坤大略》《万胜车营图说》《诸葛八阵图》《兵民经络图说》《太极连环刀法》，而有关地理者，则为《皇舆志略》《焚余集》和《居诸编》，这三种著作按照今人的学科分类，均属于军事地理。三种著作都因为收入李培《灰画集》中而得以存世。

李培，字益谿，蠡县人，为李塨胞弟，师从李塨及颜元。其《灰画集》是清代从军事地理角度论述经国用兵方略的文献汇编性著作。古人用兵，有以木灰图画山川地形的典故，王余佑有诗"灰画何年计得成"，因以名之。（诗句《五公山人集》未见，当为王余佑佚诗）辑订者李培鉴于明亡的教训，毕生致力于地理研究，考订"今昔兴亡得失"，寻求"立定万世太平"之策（《灰画集序》）。雍正六年（1728）成书，内容包括边腹总论及各省方舆形势，凡二十卷，约八十万字。采摭著作三十多种，多未刊抄本，如李塨《聚米集》、王源《舆图指掌》等，故极具价值。

《灰画集》卷一《边腹总论》，目录中首列"四序文"：《焚余集》《方舆纪要》《皇舆志略》《舆地全览》。正文《皇舆志略》题下，首有"王五公先生《序》有曰"一语，《序》中且有"予山人""己丑，山中抱膝之暇""《皇舆志略》予既手录"等语，可知为散佚的王余佑自序无疑，殊可宝贵。

新发现整理的《甲申初集》中，有"皇舆志略"一条，云："因《居诸编》成，乃取古舆图，胪其郡县，配以山川，间以名胜，参以人物，手录一卷，名曰《皇舆志略》。"恰好可与《灰画集》所采录者相互印证。

《灰画集》中所采录的《皇舆志略》，包括《序》《北直》《南直》《山西》《山东》《陕西》《河南》《四川》《浙江》《湖广》《江西》《福建》《广东》《广西》《云南》《贵州》，总十六篇。采入《皇舆志略》的内容，目录均写为“《皇舆志略》序”，正文均以“《皇舆志略》有曰”起笔。按此之“序”犹言绪论，乃是各省区地理形势的引论。

李培《灰画集序》中说到他所参考的著作，有“大兄《聚米集》散稿，五公《皇舆志略》与补遗，并天地人文《四囊书》中《焚余集》”，所说“补遗”未知是王余佑本人所补写，还是李培编纂中所补辑。《灰画集》卷一中又单独收录有“王五公论地势守战”二条，系由李塨《聚米集》散稿中辑出，内容与《皇舆志略》相近，唯不论地方而论全局，兹姑收入篇末，以当补遗之说。

但《皇舆志略》原稿还有地图，“直省山川形势，道里远近，各绘为图，即附《志略》之后”（《皇舆志略序》），而《灰画集》全书克成，“惟未绘其图焉”。李培精力耗尽，故诸家图绘均不传，不免遗憾了。

明代学者地理著作，多用“皇舆”“舆地”“舆图”题名。王余佑编纂此书时，明室已亡，其书名一方面承接明代学者之旧况，一方面暗寓反清复明之意，所谓“皇舆”之“皇”自是明皇，而非清皇，“皇舆”实际上是指往昔的大明疆土，不言而喻。换言之，此书的编纂乃是为了恢复大明而作。

兹据民国训练总监编辑局铅印本《灰画集》依次辑出，原版格式仍保留不变，并附“王五公论地势守战”于后，约得二千余言，虽非原本，庶几略窥其书之大体。

《皇舆志略》辑佚先由周游整理，张京华核正，刊于《湖南科技学院学报》2012 年第 2 期。兹重新审校，编入本书。

张京华

2015 年 2 月 14 日

目　　录

序[1]

《皇舆志略》王五公先生《序》有曰[2]：

昔李德裕至蜀，作筹边楼，图蜀地形其上，凡山川、城邑、道路险易、广狭、远近，未逾月，皆若身尝涉历。由是练士卒，葺堡障，积粮储以备边，蜀人粗安。学者居平，留心世务，蒿目纬恤，不出户，知天下。虽未能如司马子长之足迹几遍，然载籍极博。九州四海，舆图错绣，班班可考，何可一日不在几案间也？《皇舆志略》予既手录备观矣，所缺者地形未具，殊苦暗索。己丑，山中抱膝之暇，因取直省山川形势，道里远近，各绘为图，即附《志略》之后。虽不敢拟筹边之胜算，然条分缕析，古稽今考，于天下之大势，开卷了然，庶几不至于面淇而问郢也，不犹愈于冥冥决事者乎？若夫至其地，访其人，险易广狭，细微毕谙，此身当其事者之任，予山人何能为？然一尺之棰，余而为一，分而为两，闭门之车，未始不可以行远也已。[3]

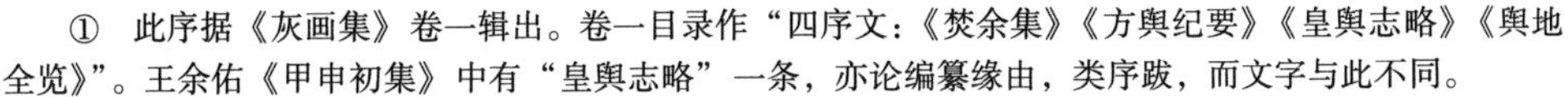

① 此序据《灰画集》卷一辑出。卷一目录作“四序文：《焚余集》《方舆纪要》《皇舆志略》《舆地全览》”。王余佑《甲申初集》中有“皇舆志略”一条，亦论编纂缘由，类序跋，而文字与此不同。

② 此句为李培语。

③ 此句下，李培双行小注云：“《志略》，王五公《居诸编》一种。”

北　　直

居诸编·皇舆志略序[①]

王五公《居诸编·皇舆志略》有曰[②]：

北直：旧八府，今九府一州。

① 此目据《灰画集》卷四目录。此处之“序”犹言绪论。

② 此句为李培语，下文见《灰画集》卷四。

南　　直

皇舆志略序[1]

《皇舆志略》有曰[2]：

南直：周末时已有王气，诸葛亮谓“龙盘虎踞，真帝王之都”，即此。崇明、常熟，民多强悍弗靖，可以鼓舞收用。苏、松田赋所出。此承平之论也，至今更有不可言者焉！

① 此目据《灰画集》卷五目录。

② 此句为李培语，下文见《灰画集》卷五。

山　　西

皇舆志略序[1]

《皇舆志略》有曰[2]：

山西：山河之势，俯挹中州。然北抵沙漠，故忻、代以外，大同特为大边，与宣府、延绥东西应援。雁门、宁武、偏头三关险要，俱设戍守。至保德、河曲，去套贼甚近，不可弛防。若蔚州、潞城，矿徒逋民，俱恃山谷深沮，时出抄暴。古既有之，今岂遂靖耶？

① 此目据《灰画集》卷六目录。

② 此句为李培语，下文见《灰画集》卷六。

山　东

皇舆志略序[①]

《皇舆志略》有曰[②]：

山东：其地土旷人稀，性豪气刚，易于为变。大岘、泰山、张秋，并为境之要害。秦得百二，齐得十二，亦雄国也。若辽东与登、莱，一水之隔，可相资为表里，今不知何如也已。

① 此目据《灰画集》卷七目录。

② 此句为李培语，下文见《灰画集》卷七。

陕　　西

皇舆志略序[①]

《皇舆志略》有曰[②]：

陕西：山河形胜甲天下，周、秦、汉皆起于此，以成帝业，隋唐因之。唐张仁愿筑三受降城于河外，布置昭然。榆林、河套，兵锐地腴。甘、凉以西，番虏可招而用。昔人所云“关西出将，关东出相”，信不诬也。杜甫诗云“秦中自古帝王州”，于此益信。若汉中称重镇，又宜加控制矣。

① 此目据《灰画集》卷八目录。

② 此句为李培语，下文见《灰画集》卷八。

河　　南

皇舆志略序①

《皇舆志略》有曰②：

河南：今为水决。彰德道出赵、魏，亦甚萧条。山水民物，汝宁为最。强兵悍卒，河雒称雄。

① 此目据《灰画集》卷九目录。

② 此句为李培语，下文见《灰画集》卷九。

四　　川

皇舆志略序[1]

《皇舆志略》有曰[2]：

四川：古梁州域。剑阁表云栈之固，瞿塘锁巴峡之流。地饶而险阻备，高祖资之以成帝业，昭烈得之以绍汉统，可以观矣。然阶、文、阴、平、涪江之险，而人皆越之，则又不独以险为恃也。乃若碉门臂视诸番，播州富藏四省，建昌六卫，民夷安业，非所忧矣。今日又当别论者也。

① 此目据《灰画集》卷十目录。

② 此句为李培语，下文见《灰画集》卷十。

浙　　江

皇舆志略序①

《皇舆志略》有曰②：

处州之矿徒，庆元、松溪间，无事则为扰，有事则为资也。倭夷奉贡，风帆直指宁波，岂可不务抚而用之乎？

① 此目据《灰画集》卷十一目录。
② 此句为李培语，下文见《灰画集》卷十一。

湖　　广

皇舆志略序[1]

《皇舆志略》有曰[2]：

湖广：诸溪洞蛮，亦可羁縻为用。永顺、保靖，世习富强，民好战功。楚俗轻慓，此为著矣。至于谚云："湖广熟，天下足"，则又大业之所必资也。

① 此目据《灰画集》卷十二目录。

② 此句为李培语，下文见《灰画集》卷十二。

江　西

皇舆志略序[①]

《皇舆志略》有曰[②]：

江西：地交吴、楚、闽、粤，险阻形势自分弱。九江独据上流，保境和民。若南康密迩滨临巨湖，南、赣会汀、漳、雄、韶诸山，皆夙为盗贼渊薮。袁州逼近长沙，逋民客户颇多，悉用武之资也。

① 此目据《灰画集》卷十三目录。

② 此句为李培语，下文见《灰画集》卷十三。

福　　建

皇舆志略序[①]

《皇舆志略》有曰[②]：

闽越北以温、处、瞿、信为藩，右以建昌、南、赣为壁，惠、湖与海为门户，封壤虽促，而溪山秀美，但政和寿宁，矿盗尤多。若古田、福宁，鱼盐之利饶。滨海上下，抚倭寇而借其力，通流球而收其贡，亦中国之资也。汀、漳与赣州声势相通，而永春、安溪、沙尤之间，夙称盗薮，然未尝不可感以忠义也。兴云雨以辅真龙，四海皈命矣！

① 此目据《灰画集》卷十四目录辑出。
② 此句为李培语，下文见《灰画集》卷十四。

广　　东

皇舆志略序[1]

《皇舆志略》有曰[2]：

广东：五岭外为乐土，而形胜亦寓焉。民恃山海之利，不务勤四体而务剽掠，可以相机抚辑。珠池产珠，亦奇利也。

① 此目据《灰画集》卷十五目录辑出。

② 此句为李培语，下文见《灰画集》卷十五。

广　西

皇舆志略序[①]

《皇舆志略》有曰[②]：

广西：今既拱服大明，忠义又当别论矣！

① 此目据《灰画集》卷十六目录。

② 此句为李培语，下文见《灰画集》卷十六。

云　南

皇舆志略序[①]

《皇舆志略》有曰[②]：

云南：非假道贵阳，不能北入中州。然滇池可达马瑚，武定可达建昌，其路俱存。因久而榛塞，不知今日之通辟何如也。

① 此目据《灰画集》卷十七目录。

② 此句为李培语，下文见《灰画集》卷十七。

贵　　州[1]

《皇舆志略》有曰[2]：

贵州：地薄人贫，不惟无利于国，而费用犹仰给于川、湖。奸猾强悍，外患内变，难以骤平。今当别论矣。

① 此目据《灰画集》卷十八目录。

② 此句为李培语，下文见《灰画集》卷十八。

附　录

王五公论地势守战[1]

王五公曰[2]：地势如棋然，两人相对。彼已气吞西北，则我必须并力东南。而东南以建邺为向，自西而下，自南而来，自东北而往，皆此地也，则五代是也。

又曰：自北图南者，守在陕西，战在四川。自南图北者，守在四川，战在陕西。[3]

① 此目据《灰画集》卷一目录。
② 此句为李培语，下文见《灰画集》卷一。
③ 此句下有李培双行小注：“大兄散稿”，即李塨《聚米集》散稿。散稿，谓未刊之草稿。

焚余集

前　　言

关于王余佑所著《四囊书》，有以下文献提及。一为李培《灰画集序》有“大兄《聚米集》散稿，五公《皇舆志略》与补遗，并天地人文《四囊书》中《焚余集》，《方舆纪要》《吴子兵镜》《天涯不问》等书”一语；《灰画集》卷一正文有“五公山人《囊书》中《兵民经络图说》曰”一语。一为冯辰《李恕谷先生年谱》卷二：戊辰“六月，王曙光病，请先生至献县，以五公《五囊书》及《文集》付之，谓先生能任其父学也”。这几处记载，都可以和王余佑《甲申集》中所记“去晦甲申后自著书数种，题其上曰《居诸编》。作二布囊盛之，置怀带间。一囊纯朱，取‘怀朱’之意。一囊上缀一日一月，盖‘日’‘月’合而成‘明’也”相印证。

既然《四囊书》为王余佑的著作无疑，那么《四囊书》中的《焚余集》也应当是王余佑的著作，不与下文未知作者的《方舆纪要》《吴子兵镜》《天涯不问》三书连类。《焚余集》的全文，现在也保存在李培《灰画集》当中。李培《灰画集》中收录最多和列居最前的，也是王余佑的著作。

《灰画集》中所保存的王余佑三种著作《皇舆志略》《焚余集》和《居诸编》，均为军事地理之书。《皇舆志略》《焚余集》二书专言利弊短长，攻守要指，《居诸编》一书则总括全宇版图，道里远近。但是细读二书，还是有所差别。大抵《皇舆志略》更多反映着王余佑的心得，《焚余集》则较多杂抄了明末意见相近的一批学者的议论。因之《皇舆志略》明显具有针对满清的意味，《焚余集》则似乎主要针对的还是明代后期的四方群盗。譬如《皇舆志略》的广西部分说道：“今既拱服大明，忠义又当别论矣！”其书写背景显然是南明的桂王，后称永历帝。而《焚余集》的广东部分说道：“盖俗淳而民以征求困，货集而中人采办烦。”其书写背景显然还是明末宦官四出采办、督造的弊政。

《焚余集》的山西部分，言语精整，其中如“蔚州矿徒，临晋屯卒，潞州逋民”等语，大略又见于明朱健《古今治平略》卷二十四《国朝疆域》、明茅元仪《武备志》卷一百九十七《方舆·山西叙图说》、明陈全之《蓬窗日录》卷一《寰宇·山西》、明王鸣鹤《登坛必究》卷八《山西图叙》、清傅维鳞《明书》卷四十一《方域志·山西省》等，文字接近。而《焚余集》的序文，主张地理形势与王者的德业并重，二者融汇成一种“根气”，决定着王朝的兴衰与都城的转移。序文历论各朝，最后以“明正气崛兴”作结，认为明朝最为正大，显然是站在明朝的立场上说话。而文中作者又反复指陈，“今日天下之势，舍燕何之”，显然又是站在北方的立场上说话。阅读这篇序文，明显地与王余佑的个人倾向相吻合。

《灰画集》卷一目录《边腹总论》首列四序文：《焚余集》《方舆纪要》《皇舆志略》《舆地全览》。正文首页为“《焚余集》有曰”，此文当即《焚余集》的序文。正文各卷分《北直》《南直》《盛京》《山西》《山东》《陕西》《河南》《四川》《浙江》《湖广》《江西》《福建》《广东》《广西》《云南》《贵州》共计十六个部分。采入《焚余集》的内容，目录均写为“《焚余集》序”，正文均以“《焚余集》曰”起笔。按此之“序”犹言绪论，乃是各省区地理形势的引论。

兹据民国训练总监编辑局铅印本《灰画集》依次辑出，原版格式仍保留不变。

张京华

2015 年 2 月 18 日

目　　录

序　　文[①]

《焚余集》有曰[②]：

颜子在春秋之天下，虽闭户其可。然八荒我闼，渠户殊宽，匪胡越此膜外[③]也。嫠不恤其纬而念周疆，一女子尚有天下之志，况男子户限自规，妻子居食营营于中，视家以外、四海以内，总非分内事，不如嫠女。又况颜子圣贤，家天下，人中国，使判穷达，何损益当世务？观子夏在卫，秦不加兵，又宽户一明征矣。喻子质直尚义，口无长舌，惟两目转旋六合，民生庙社，日盘结方寸，图论海内边要形势之略。尝曰：先正有言："形势犹身，德犹气也，无身则气何附？气尽而身立亡。"是以无德者虽险不守，有德者乘势而王，两俱要也。

三代而前，惟德是主，无意于险，而孰非其险？周以世德，得雍岐之固，而驾其旺气，绵延国祚。迨其衰，犹可枚肆雒邑，冠领群辟，气势积盛故也。秦虽窃势，气脉未正，加以重自斫削，虽险必灭。自后莫若汉，西方旺气未尽，复以德绳之。然再百而断，仅半如周，根本正而气难尽也，则重兴而毕焉。其余气尚于已绝时，蹭蹬西蜀，更难有也。晋根气最薄，不二传而剪。然绝太早则气未尽，故奄奄江左，百有余年，尚能北面而争天下，如新桑速截，枝反长也。唐义正而根固，缺而复全，近似于汉，而德让之，则年亦让之。自此而前，旺气尽在于西，故终汉之世，用兵于西北。唐时以灵武边远，反为都会，气所聚也，地势自西而东，王气亦然。朱温劫驾，一移于汴以为端，渐于宋而东矣。西北之余旺，遂为元昊所乘，而宋不能支者，枝节长，

---

① "序文"标题，据《灰画集》卷一《边腹总论》目录"四序文：《焚余集》《方舆纪要》《皇舆志略》《舆地全览》"单独列出。

② "《焚余集》有曰"一语为李培所加，下文据《灰画集》卷一辑出。

③ 此膜外，疑当作"即漳外"。

精脉限，顾难周矣。在唐之世，东南藩镇，时或雄长。汉之世，闽越文身，尉陀自制，亦犹是也。宋取天下不明，年久故而事艰，惨辱备至，土宇崩溃，气势止宜如此耳。元并天下，起于北方，根气在于东北，故都于东北。明正气崛兴，虽东南起迹，而仍继东北之方盛，故定都终必于燕。

盖江南无一统之都，全盛无偏安之理，发迹无论，守成则殊。譬之大将登坛，身立于最高最后，乃可以目察左右，口令群目[①]。若身次门而外向，则门之内、堂之下，我皆不见其人。晋所以终简恭之世不能复中原尺寸，宋所以月铄日销，气势定也，二世而徙，况其下者哉。且今日天下之势，舍燕何之？入关中则江南马腹，还建业则河淮敝屣，不可明矣？万不获便，惟阻河而会雒。然而，久安大治之策不存矣，舍燕何之？忧国者宜选将练兵，举士用人之亟，江淮河汉，川岭湖山，在在防其未然，处处修其不及，尚何患焉？

① 目，似当作“臣”。

北　直

焚余集序

《焚余集》曰[①]：

北京，古幽蓟之地，左环沧海，右拥太行，北枕居庸，南襟河济，形胜甲于天下，真一统之都也。但永平逼处东郡，无险足恃。蓟门虽险，兵马皆疲。三关设防，在在宜补。保、瀛等地，巨浸汪洋，萑苇弥望，民贫而盗贼藏焉。屯牧之兴，似宜于此。至用兵之利地，则井陉可塞，诸泊可陷，渔阳可伏，萑苇可焚，皆中国之长技得施者也。

① “《焚余集》口”一语为李培所加，下文据《从画集》卷四辑出。

南　直

焚余集序

《焚余集》曰①：

徐州当南北咽喉，盗所必争。丰、沛、萧、砀，草泽之间，最多豪侠，不举而用之，皆敌国也。青江浦，天置少年盗群，为恶尤甚，岁时一变，南北之脉，此地已难通矣。无青江，即无淮安，此辈在扬、泰者，潜而未见。然扬州富庶甲于天下，而奸人豪客伏息待时，李全之祸，恐千百年而外终不免耳。自真州而北，并无山险可恃，惟凭多港，可以设伏制奇。其上由凤阳之江浦，一路溪山原泽，俱可设伏行师，在智者用之。南京城大，如广土之荒，其人其用，一无足守。徽州山险，中多金帛，一为贼据，猝难剪绝，第可饥而困之。余详江海防论。

① "《焚余集》曰"一语为李培所加，下文据《灰画集》卷五辑出。

盛　京

焚余集序

《焚余集》曰[1]：

辽东三岔河，南北亘数百里，辽阳旧城在焉。木叶白云之间，即辽之北京、中京地也。草木丰茂，更饶鱼鲜，最不宜弃。自弃此与虏，而辽之东西隔限，道远人劳，地势民情俱失之矣，遂令开元孤吊贼腹。东北则建州毛怜女真，西北则朵颜三卫，四集而窥我。我即命王侯臣世世守之，犹虑不逮，况为借径之地哉？后之保辽东者，必重镇旧城斯可。

① “《焚余集》曰”一语为李培所加，下文据《灰画集》卷六辑出。

山　西

焚余集序

《焚余集》曰①：

冀州云中插天，北岳环座，黄河带绕，俯临中国，天下佳风水也。然尧、舜、禹居之则帝，晋用之则霸，袁绍用之则亡，德异矣。忻、代以北，供虏借资。雁门三关，烽火时急。兴岢②、保德、河曲之地，皆断烟宿莽，萧条不堪。屯制民兵之法，似不可缓。蔚州矿徒，临晋屯卒，潞州逋民，于太行深谷密林中，窜伏抄掠，若处置非宜，恐祸不在套虏也。盖泽、潞辽远，土荒人野，甚于保定、河间。此治世之所宜周闲，兵家所因而利用，在上之人奇策之矣。

---

① “《焚余集》曰”一语为李培所加，下文据《灰画集》卷六辑出。

② 兴岢，疑当作“岢岚”。茅元仪《武备志》卷一百九十七引茶懋衡曰，此句作“如兴岢岚、保德、河曲之间”。

山　　东

焚余集序

《焚余集》曰①：

山东，古青州地，外引江淮，内包辽海，西面以临中原。而川陆所会，上有临清，中有德州，下有济宁，皆咽喉之地。济宁最薄，易于猝破。临清最艳，将为血肉之场。盖武备所不先，而子女玉帛饶为盗招，诸奸人妖贼，所欲大肆其杀掠者也。惟德州城池坚固，可恃为藩屏。北方有事，宜缮重兵于青、济，以防不测，利则为后劲，不利则为后援。集水陆大兵于登、莱，以复辽阳，而以江淮济之，俱以青、兖壮士与物力为主。盖齐鲁细人，多义气直性，舍命力前，惟不知理之是非，故遍为妖人所集。鄒滕之祸，恐左牵右露，西没东生，未见已时也。使为上者，肯破敝规，优德意，结其豪侠，恩其茕独，无事则编为民兵，时教练之，有事则选锋而往，未有不奋勇者。且兖下地沃，杂粮皆足于用。惟东方薄海地瘠，然材木盐铁皆足为资。其人则矿盗，较白莲尤为有用，其地则大岘可塞，渤海可绝，泰山可据，张秋可扼，临济可资，徐淮可薄。中原有事，必自山东始焉。

① “《焚余集》曰”语为李培所加，下文据《灰画集》卷七辑出。

陕　　西

焚余集序

《焚余集》曰[①]：

关中形势甲海内，然三边固有外患。而凤、沔之间，夙多回种，无良亡命者，又多逃入其中，必为内忧。洮、岷、西宁，地入西羌，则实与四川同患。而北虏小王子下之枝将亦不剌，以残孽窜居西海在西宁西境，番人渐以南徙今松潘漳[②]腊地方是。中国既失茶马之利，逋寇生齿日繁，祸将蔓延必为西境腹心之祸。汉中当陇、蜀之咽喉，民力颇裕，西方有事，则此为重地，必先防矣。

① “《焚余集》曰”一语为李培所加，下文据《灰画集》卷八辑出。

② 漳，原作“瘴”，今改。

河　　南

焚余集序

《焚余集》曰[1]：

河南阃阈中夏，四方辐进。彰、卫控于河北，嵩、雒蔽于山南，南接襄、黄，北连燕、赵，东钤徐、凤，西距潼关。四战之地，乱人之衢，而圣人之都也。是故盛德而宅中宇，则由开封以溯卫河，而漕山东，沿汴泗，通江淮，以漕吴楚，朝会输贡，四方俱便。但后无重山之固，左无天堑之险，豺踪豕迹，横蹂长驱，中主御此难矣。惟汝、蔡山水环蔚，民物茂实。至铸山猎野，凭依险固，强弓劲弩，可制乱贼者，又取诸河雒焉。然河雒宜重而今轻，汝、蔡地轻而人不以为重，肘腋之间，万一奇变，反为贼区矣。少林毛兵，盘根嵩雒，殆不可量。颍、亳而南，时时倡乱。信阳老山一带，山林连络，惧为盗薮。而河北之民，勇敢思变，一值凶荒，则奋梃起矣，经理可无豫哉！

① “《焚余集》曰”一语为李培所加，下文据《灰画集》卷九辑出。

四　川

焚余集序

《焚余集》曰[①]：

蜀中以瞿塘为东门，剑阁为北门。其南若西，则通路甚多，然皆险而可守。从古为蜀害者，亦不自西、南来也。故蜀中之势，独开东、北面以向中国，并东、北两面亦可塞而自全。但中国入蜀之路，亦不在剑阁、瞿塘也。孔明以巴岭，邓艾以阶、文，汤和则以涪江，要之，霸蜀者在险，失蜀者亦在险。险固易守，亦易于失守。能守而毋忽，在其人也。今天下惟川兵最精，从古所奇。岂川兵之精？以其常习之耳。使天下之兵皆常习，则皆川兵，此济上熊兵尊心开先生至当语也。重庆小丑，岂易斗争？直围困之，则自绝耳。

① “《焚余集》曰”一语为李培所加，下文据《灰画集》卷十辑出。

浙　江

焚余集序

《焚余集》曰[①]：

浙江嘉、湖，与江、淮相表里，严、衢以徽、饶为郛郭。左信都，右闽关，天下之奥区也。杭物聚而俗华，非王者严法俭教，弊将无已。一值有变，脆如南京。然各处民兵，有可选用。义乌犷悍，壮士颇多，奸人尤众。处州矿盗，与衢、严、徽寇剽掠联迹，上不因时以善道用之，皆非吾民也。

① “《焚余集》曰”一语为李塨所加，下文据《灰画集》卷十一辑出。

湖　　广

焚余集序

《焚余集》曰[①]：

湖广襄、邓之势，进临中原，退依川广，全楚之门户，而战守之要区也。郧阳西障陕雒，桂阳南跨闽粤，皆肩背之用。辰沅之扞，云贵为后户。夷陵之通，巴蜀为旁门。武昌雄伟赫奕，当腰腹，建厅宇，三湘泽国，足为膀胱。常德[②]为后房，为臀。蕲黄为外籓，为足。而江陵则心膂内室也。是以天下有事，楚地最要，全楚攻守，襄樊最先。重兵则于荆州，劲卒则于郧峡，退步则于瞿桂，舟师则在丹阳，防水贼则洞庭，防妖乱则蕲黄。此经略荆郧之大概也。

① “《焚余集》曰”一语为李培所加，下文据《灰画集》卷十二辑出。

② 常德，原作“承德”，今改。

江　西

焚余集序

《焚余集》曰[①]：

江西地瘠民贫，俗淳，可避乱，不可为乱。省城薄而卑，民懦而难聚，兵至即破，不能守也。饶兵颇足用，其地颇富，民亦稍强，然浅而易究也。虔南康北，有湖山之贼，然势皆易制。惟柯、陈二姓在江、瑞之间，据屯守险，其众可虑。而文德所化，已为衣冠礼乐之场，无激之则已矣。

① “《焚余集》曰”一语为李培所加，下文据《灰画集》卷十三辑出。

福　　建

焚余集序

《焚余集》曰[①]：

福建地狭民贫，大寇不能入据。惟汀、漳间连接山洞，人迹罕到，小梗易伏。福、兴、泉、漳，以海为襟，民习犷悍，易为乱奸，而同安等县，则为溟渤要害。延、建、邵、汀，以山为枕，民多负固，而上杭等县，为逋逃渊薮。福宁居通省上游，八闽之喉舌也，有不虞之际，重视乎此！

① “《焚余集》曰”一语为李培所加，下文据《灰画集》卷十四辑出。

广　　东

焚余集序

《焚余集》曰[①]：

广东，古百粤地，盖五岭之外，号为乐土。由雄、韶可以向荆吴，由惠、潮可以制闽越，由高、廉可以控交交趾、桂广西，而形胜寓之。滨海一带，岛夷之国数十，虽时出没，要其志在贸易，非为盗也。然诸郡之民，恃山海之利，四体不勤，惟务剽掠，有力则私通番舶托名通番，因而行劫海上，无事则挺身为盗，桴鼓之警，弥满山谷。盖俗淳而民以征求困，货集而中人采办烦。苍梧幕府近，而军旅时兴。教勤俭，节财力，易治之乡也。

① “《焚余集》曰”一语为李培所加，下文据《灰画集》卷十五辑出。

广　　西

焚余集序

《焚余集》曰[①]：

广西当岭南右偏，有三江：府江、左江、右江，风气与广东特异。府江绵亘八百里，半为苗夷所有。浔州则大藤峡跨在黔、郁二江之间，诸蛮穴在焉，剽掠四出，上隆之扼吭，不能制也。若兴安，西延六峒，与武冈州阳冈接壤，猺实据之，是为桂林北境之患。柳、庆以西，则八寨号为盗区，宾州其咽吭矣。右江一带，岑氏最强。思、田既破，则泗城犹伏笼之鹰，非剪铩不可。且南宁控遏两江，坐蹑交趾，桂、莞保障，将在乎此，有事所宜先也。

① “《焚余集》曰”一语为李培所加，下文据《灰画集》卷十六辑出。

云　南

焚余集序

《焚余集》曰[①]：

云南崇冈巇嵲，激涧萦纡，城郭人民，夷居十七。时恬则蜂屯蚁聚，有事则兽骇禽惊，盖人自为险，势难统一者也。云南、临安、大理、永昌、鹤庆、楚雄，颇号沃壤。然元江、临安，路纳交趾；金齿、腾冲，地拥诸甸；澜沧联络宁、丽永宁、丽江，曲靖弹压乌蛮四川乌撒、乌蒙等府是，王公设险在此矣。而土酋大者，元江、武定、景东、丽江，小者姚安、北胜、邓州、沾益邓州属大理，沾益属曲靖，并以兵力称桀，向背靡常，称难制焉，寻甸一带尤异。且滇南北达，必假贵阳，如一线之喉，稍梗立绝。则滇池之达马瑚四川属府，武定之达建昌，川陆之路，若宜通辟矣。

① “《焚余集》曰”一语为李培所加，下文据《灰画集》卷十七辑出。

贵　州

焚余集序

《焚余集》曰[①]：

贵州，古罗施鬼国也。地纯夷俗，横山粗岭，恶石丛箐，不可穷究，皆苗穴也。一线之路，外通滇南，故设布政司治之。省民被明德化既久，纯一忠悃，至死不二。近尽害于苗，而我不能救，可为痛心！此齐桓之召江黄相约，识者难之也。铜仁僻处万山，思州、石阡，孤悬一隅，皆难治守。惟思南城下，有江通货，不甚萧条。镇远，近湖广，而面水背山，其险足恃。土司在永宁者芒部，伏北番者毕节，接广西者王酋，俱极猖獗。至近川则水西、普安、凯里诸酋，富甲他夷，地联肘腋，积奸首祸，已非一日。方兴之毒，未易猝平。为今之计，须大发川湖粮饷，檄滇中兵北发，起川兵东下，调广西狼兵西向。而我重臣以湖广诸路大兵南征，四面蹙之，焚箐破窟，尽剿其类，徙中国淳俗之穷民、罪人处之，可长治也。

① “《焚余集》曰”一语为李培所加，下文据《灰画集》卷十八辑出。

居诸编

前　言

明亡之后，王余佑有《居诸编》之作，汇集古人经世之事而成。据《乾坤大略总序》所说“十年间胸中垒块，悉谱之于《居诸编》一书”等语，此书当是作者较为注重的一部书。原书不存，学者往往不知其详，幸而地理部分被李培《灰画集》收入，得以保存若干。据以细考，辅以新见《甲申集》中王余佑自述，方知《居诸编》既是五公一生著作之总名，又是地理书之专名。所谓“悉谱之于《居诸编》一书”，并非一本书之意，而是一整套的著作。而这一整套著作，又被称作《囊书》。

但李培《灰画集》中又采录有一种《居诸编》，此之《居诸编》却是具体的地理著作。全书共十六部分，由《居诸编·北直全说》《居诸编·南直全说》到《居诸编·云南全说》《居诸编·贵州全说》，结构整齐，只有卷六盛京部分，题为《居诸编言辽东》，作为单列，是个例外。《北直全说》中，首列顺天府至北京、南京道里远近及税粮数目，次言各府、直隶州及属县，古今地名，次言分野、名胜、关塞要害、古战场。

详审内容，《居诸编》与《皇舆志略》的区别很明显，《居诸编》总括全宇版图，而《皇舆志略》专言攻守要指。

现在保存在《灰画集》中的《居诸编》，稍有残缺。《灰画集》卷十三江西部分目录中，李培注云：“《居诸编·江西全说》内有缺略，予以《一统志》补之。予复有所说，且五公原文稍删之。”这段注文，一方面明言《居诸编》的缺略，另一方面由此也可推论李培的其他引文，未加特别说明者，大约都为全文。李培以《一统志》补《居诸编》，也表明《居诸编》的体例与《一统志》相近。

《灰画集》卷一“《居诸编》论大明”一节，总论明朝舆地，“东起朝鲜，西至嘉峪，南滨海，北连沙漠，纡萦各万余里，共府一百六十，州二百三十四”，详审当是《居诸编》之总论。

《居诸编》有双行小字注，除了道里、地名之外，引用《文武库》最多。《文武库》同时也是李培《灰画集》的一个重要的资料来源。李培《灰画集序》说到“吾蠡老友张文升”，“独长于地理，所藏《文武库》于地理多扼要之言，培时取观之”。按《文武库》二十八卷，明高位基撰，明崇祯刻本，八册。见徐乾学《传是楼书目》。张鹏举，字文升，清苑人，一说蠡县人。戴望《颜氏学记》：“张鹏举，字文升，清苑人，故明殉难进士罗俊从子也。抗节不仕，从学颜先生，长于兵法，著《存治翼编》。”又见颜元《四存编》校订姓氏。王余佑、李培所引《文武库》是否为高位基，待考。

《居诸编》中又有李培的辨析按语，均以“培按”标出。如《灰画集》卷十二目录《居诸编·湖广全说》下，标注“内有培辨”。正文“四祖禅师道场”“五祖禅师道场”下，有“培按”云：“一妖禅耳，孰可‘祖’之！孰可‘师’之！又何分之为四五？真怪诞极矣！乃妄以名山，妄著之于书，以欺害世，异端大可诛也！”

兹据民国训练总监编辑局铅印本《灰画集》依次辑出，原版格式及李培按语等，均保留不变。

张京华

2015 年 2 月 19 日

目　　录

论大明[1]

《居诸编·皇舆志略》曰[2]：

大明舆地，东起朝鲜，西至嘉峪，南滨海，北连沙漠，纡萦各万余里。共府一百六十，州二百三十四，县一千一百一十六。都指挥使司一十六，行都司五，留守司二，卫四百九十三，属所二千五百九十三，守御千户所三百十五，行太仆寺三，苑马寺二，监十八，苑七十七，都转运盐使司六，提举司九，盐课司一百六十九。

夏秋二税，约共米麦二千六百八万五千九百石零，漕运米四百万八千九百九十石零，绢二十万五千五百匹零，丝一万七千斤零，绵布一十三万八百匹零，麻布二千七十七匹，钞八万一千锭零，盐价并引价四万六千一百两零，洞蛮蓆布二百五十九条，苎六十五斤，棉花二十四万六千五百斤零，马草一千四百六十九万五千包零，马骡驴二十万一千一百匹零。

北直，府八，州一十九，县一百一十六。南直，府一十四，州一十七，县九十五。山东，府六，州一十五，县八十九，卫一十七，所一十二。山西，府四，州十二，县七十七，卫二十三，所一十二。陕西，府八，州二十四，县九十四，卫三十九，所一十六。河南，府八，州一十二，县一百四，卫一十四，所七。浙江，府一十一，州一，县七十五，卫一十六，所三十五。江西，府一十三，州一，县七十三，卫四，所一十一。湖广，府一十五，州一十六，县一百五，卫二十六，所二十六。四川，府八，州二十，县一百四，卫一十二，所一十一。福建，府八，州一，县五十八，卫一十六，所一十七。广东，府十，州七，县六十九，卫一十五，所四十五。广西，府一十一，州四十六，县五十七，卫一十，所二十一。云南，府二十二，州二十八，县三

---

① 《论大明》一篇，《灰画集》卷一目录作“《居诸编》论大明”，正文作“《居诸编·皇舆志略》曰”，详审内容，当即《居诸编》之总论，兹移置于卷首。

② 此句为李培语。

十三，卫一十七，所一十二。直隶，宣慰司九，府二，宣抚司三，州五，安抚司一，长官司六。贵州，府八，州四，县六，宣慰司一，卫二十，安抚司二，长官司八十，所十三。

北 直 全 说

《居诸编》曰[①]：

顺天府：限二日，东至永平府滦州界三百九十里，南至河间府任邱界三百五十里，西至山西大同府蔚州界三百五十里，北至延庆州界一百六十里。自府治至南京三千四百四十五里。粮一万四千石[②]零。

永平府：限五日，东至山海关一百八十里，西至顺天府丰润界一百三十里，南至海岸二百里，北至桃林口六十里。自府治至京师五百五十里，至南京三千九百九十五里。粮四万五千石零。

保定府：限五日，东至河间府静海界三百里，西至山西大同府广昌界三百里，南至真定府安平界一百二十里，北至顺天涿州界二百里。自府治至京师三百五十里，至南京三千三百里。粮六万一千石零。

河间府：限七日，东至山东济南海丰界三百里，南至德州界二百九十里，西至保定蠡县界六十里，北至保定雄县界一百三十里。自府治至京师四百一十里，至南京二千九百四十里。粮六万五千石零。

真定府：限九日，东至河间献县界三百一十里，西至山西平定界一百八十里，南至顺德内邱界二百五十里，北至保定府庆都界一百七十里。自府治至京师六百三十里，至南京二千一百里。粮一十一万七千石零。

顺德府：限十五日，东至广平威县界一百五十里，西至山西辽州和顺界一百五十里，南至广平永年界五十里，北至真定柏乡界一百五十里。自府治至京师一千里，至南京一千七百二十里。粮四万二千石零。

广平府：限十六日，东至山东东昌临清界一百二十里，西至河南彰德磁州武安界八十里，南至彰德临漳界八十里，北至顺德南和界六十里。自府治

① 此句为李培语，以下从《灰画集》卷四辑出。

② “石”字，有加者，有不加者，今均加上。

至京师一千里，至南京一千六百七十五里。粮五万九千石零。

大名府：限二十日，东至山东东昌冠县界九十里，西至河南彰德临漳界一百十九里，南至河南开封封邱界四百里，北至山东东昌、馆陶界一百里。自府治至京师一千一百六十里，至南京一千四百四十里。粮十四万八千石零。

延庆州：限四日，东至四海冶一百三十里，南至岔道屯界二十里，西至保安州沙城界一百里，北至云州八谷寨界五十五里。自州治至京师一百八十里，至南京三千六百二直五里。粮三千九百石零。

保安州：限四日，东至延庆州界土木驿四十里，南至山西蔚州界美峪一百里，西至蔚州界深井一百四十里，北至宣府界泥河七十里。自州治至京师三百里，至南京三千七百二十五里。粮一千八百石零。

万全都司：限七日，东至四海冶三百三十里，南至广昌千户所四百五十里，西至枳儿岭一百六十里，北至长峪口四十里。自都司至京师三百五十里，至南京三千八百五十里。

顺天府：大兴附郭，宛平附郭，良乡府西南七十里，固安府西南一百二十里，永清府南一百五十里，东安府南一百五十里，香河府东南一百二十里，通州府东四十里，三河州东七十里，武清州南五十里，宝坻州南一百二十里，漷州南四十五里，昌平州府北九十里，顺义州东北六十里，密云州东北一百二十里，怀柔州东北一百里，涿州府西南一百四十里，房山州西北四十里，霸州府南二百一十里，文安州南七十里，大城州南一百三十里，保定州南四十里，蓟州府东二百里，玉田州东八十里，丰润州东南一百九十里，遵化州东一百二十里，平谷州西北八十里。

永平府：卢龙附郭，迁安府西北四十里，抚宁府东八十里，昌黎府东南八十里，滦州府西四十里，乐亭州东九十里。

保定府：清苑附郭，满城府西北四十里，安肃府北六十里，定兴府北一百六十里，新城府东北一百五十里，唐府北一百一十里，博野府南九十里，庆都府西南九十里，容城府东北九十里，完府西七十里，蠡府南九十里，雄府东北一百二十里，祁州府南一百二十里，深泽州南二十里，束鹿州南一百二十里，安州府东七十里，高阳州南四十里，新安州东二十里，易州府西北一百二十里，涞水州东四十里。

河间府：河间附郭，献府南六十里，阜城府西南一百四十里，肃宁府西五十里，任邱府北九十里，交河府南八十里，青府东一百五十里，兴济府东一百八十里，静海府东一百八十里，宁津府东南二百九十里，景州府南二百里，吴桥州东五十里，东光州东北七十里，故城州南九十里，沧州府东一百五十里，南皮州南七十里，盐山州东九十里，庆云州南一百六十里。

真定府：真定附郭，井陉府西南一百五十里，获鹿府西南五十里，元氏府西南九十里，灵寿府东南六十里，藁城府东南六十里，栾城府南六十里，无极府东八十里，平山府西九十里，阜平府西北五十里，定州府东北一百三十里，新乐州西南五十里，曲阳州西六十里，行唐州南九十里，冀州府东南二百八十里，南宫州南六十里，新河州西六十里，枣强州东三十里，武邑州东北九十里，晋州府东六十里，安平州东北九十里，饶阳州东北一百三十里，武强州东一百六十里，赵州府南一百一十里，柏乡州南七十里，隆平州东南一百里，高邑州西南五十里，临城州西南九十里，赞皇州西九十里，宁晋州东四十里，深州府东二百五十里，衡水州南五十里。

顺德府：邢台附郭，沙河府南三十五里，南和府东四十里，平乡府东南一百里，广宗府东一百二十里，巨鹿府东北一百二十里，唐山府东北九十里，内邱府北五十里，任府东北四十里。

广平府：永年附郭，曲周府东北四十五里，肥乡府南三十五里，鸡泽府北七十里，广平府东南六十里，邯郸府西南五十里，成安府南六十里，威府东北一百二十五里，清河府东北二百里。

大名府：元城附郭，大名府南一十里，南乐府东南四十里，魏府西四十里，清丰府东南九十里，内黄府南一百里，浚府西南二百里，滑府南二百三十里，东明府南一百八十里，开州府南一百六十里，长垣州南一百五十里。

延庆州：永宁州东三十里。

保安州。

万全都司。

顺天[①]广阳、燕国：涿州永[②]泰、范阳，通州潞县、元川，昌平州军都、燕平，霸州益津、信安，蓟州渔阳、尚武，大兴析津、蓟县，宛平幽都、幽陵，顺义归宁、归化，良乡固节、中都，密云白檀、武威，怀柔温阳、石城[③]，固安方城、固安，永清昌

① 此处无“府”字，下文有加“府”字者。

② 永，原作“水”，今改。

③ 城，原作“域”，今改。

益、武隆，东安安次、东安，香河武清、榷院，三河临洵，武清雍奴，潮潮阴、泉州，宝坻新仓、盈州，房山奉先、万宁，文安丰利、广陵，大城东平、武国，保定新镇、平戎，玉田无终、经州，丰润玉田、金县，遵化清武、右北平，平谷渔阳。天文尾箕分野，冀州域。高阳氏谓之幽陵，陶唐曰幽都，虞为幽州，夏、殷为冀州地，周复置幽州。武王封尧后于蓟，封召公奭于燕，即此。有范阳，陈胜、武臣击范阳，即此。《文武库》曰：秦上谷、渔阳二郡，晋、后周因涿河合范河东流入海，取名范阳，汉广阳，宋燕山。此俱予补入，后仿此。今遵化玉田，古为无终国，项羽立燕王广为辽东王，都于此。居庸关、古北口、大喜峰口，接沙漠，皆要害口。黄金台在府东南十六里，燕昭王筑以招贤士。

保定上谷、保州：祁安国、蒲阴，安武兴、渥城，易遂武、高阳，清苑樊舆、乐乡，满城乐浪、泰州，安肃遂城、梁门，定兴范阳，新城督亢、新泰，唐鲜虞、安喜，博野蠡吾、博陵，庆都望都、北平，容城全忠、金容，完狥忠、燕平，蠡，博野、永宁。《文武库》曰：汉蠡吾，唐蠡州。雄郑县、易城，深泽鼓城、束鹿，束鹿安定、鹿城，高阳满州，新安容城、渥城，涞水故安、永阳。冀州域，天文尾箕兼昴毕分野。战国属赵，秦为上谷。庆都，乃尧葬母地，尧始受封于此。易水，在安州城北，燕太子丹送荆轲至易水，即此。《文武库》曰：荆轲使秦，歌曰："风萧萧兮易水寒，壮士一去兮不复还。"清苑之名起于宋。

河间瀛海：景弓高、渤海，沧青池、长芦，河间武垣，献乐城、乐寿，阜汉阜、东光，肃宁平虏，任邱，郑县、虞丘。《文武库》曰：高阳氏颛顼地，宋鄚州。交河中水、乐寿，青卢台、永安，兴济范阳、会川，静海清州、锅口，宁津保安，吴桥将陵，东光永静，故城历亭，南皮渤海，盐山无隶、高城，庆云信阳、保顺。冀州域，天文尾箕分野。秦为巨鹿。《文武库》曰：周唐叔封，春秋东阳国，战国为燕、赵、齐地，秦巨鹿、上谷二郡，汉渤海，隋唐瀛州，宋瀛海。濒沧海，枕滹沱，九河故道。肃宁，古河间地。河间县，周为唐叔封邑。献县，即汉景帝子河间献王封国。交河，以滹、河二水交流，故名。平津乡，在沧、盐界南，汉公孙弘封此。南皮，袁尚攻袁谭，袁谭兵败还南皮，即此。

真定：恒山、成德。《文武库》曰：战国属赵，秦巨鹿，唐恒州、镇州，古中山地，隋博陵、常山，古东垣，设文武重臣。定中山、义武，冀，信都、武安。《文武库》曰：东阳广川。晋，曲阳、晋城。《文武库》曰：春秋鼓子国，隋晋阳鼓城。赵，邯郸、巨鹿。《文武库》曰：赵国庆阳。深下博、静安，真定东垣、常山，井陉井州、天威，获鹿鹿泉、石邑，元氏，常山。《文武库》曰：赵公子元封此。灵寿中山国、蒲吾，藁城高城、廉州，栾城，关县、栾氏。《文武库》曰：古栾武子封邑。无极毋极，平山蒲邑、岳州，阜平北行唐，新乐新市，曲阳恒阳，行唐玉城、泫州，南宫南宫、东阳，新河堂阳，枣强广州、广川，武邑武邑、观津，安平博陵、南平，饶阳深州，武强武遂、东武，柏乡鄗县、柏郡，隆平广阿、象城，高邑鄗邑、庆源，临城房子、赵国，赞皇赞皇，宁晋杨氏、廮[①]陶，衡水桃县、信都。冀州域，天文毕昴分野。周为并州地，汉初置恒山郡。井陉，在府城之西南，陈馀以二十万众聚兵井陉口，即此。冀州，属真定，秦汉为信都国，张耳、陈馀立赵歇为王于此。泜水，出自元氏，在临城县地，即张耳斩成安君处。《文武库》曰：钩盘山，韩信败陈馀处。抱犊山，在获鹿城西十五里，土门镇西北，宋时武仙屯兵其上。定州，晋慕容垂都义武军于此。芜蒌亭，在深州。麦饭亭，在滹上。恒山，在曲阳西北，为北岳。高邑，春秋名鄗，燕平王使栗腹将而攻鄗，汉光武即位于鄗南，改为高邑，属赵州。

顺德巨鹿、襄国：邢台附郭，龙冈，沙河温州，南和和州，平乡封州，广宗宗成，巨鹿南栾、柏仁，唐山尧山、东龙，内邱中邱、赵安，任张县、苑乡。冀州域，天文昴分野。周时为邢国，后属晋，战国属赵，项羽改襄国。按羽立张耳为常山王，王赵地，即此。秦为巨鹿，晋时为石勒所据，唐初为邢州。唐山县，春秋晋为柏人邑，尧所都。汉高祖过柏人，不宿而去，即此。巨鹿，名南栾，光武与谢躬讨王郎，逆战南栾，进围邯郸，即此。沙邱，在平乡县，秦始皇东巡回，崩于沙邱，即此。襄国以赵襄子得名。

广平武安、平干、洺州：永年曲阳，曲周曲安、平恩，肥乡蒲县、临漳，鸡泽广平，广平曲梁，邯郸邯郸，成安斥邱、滏县，威斥漳、洺水，清河厝县、信城、甘陵、贝州。冀州域，天文昴分野。战国属赵，即邯郸地，后周及唐初为洺州。丛台，在邯郸县北，赵武灵王所筑。吕翁以枕授卢生，逆旅炊黄粱[②]，即此。邯郸，故赵都。《文武库》曰：春秋、晋、隋武安，古平子国。地碱而僻，民淳。洺河源北出

① 廮，原作“瘿”，今改。
② 粱，原作“梁”，今改。

辽州太行山。漳河源出河南磁州。成安，乾侯地。

大名阳平、天雄：开澶渊、顿邱，元城沙麓、殷城，大名广晋、魏州，南乐乐昌，魏漳阴，清丰顿邱、德清，内黄临漳、古柯，浚黎阳、通利，滑濮阳、韦氏，东明，《文武库》曰：汉东昏漆园城。长垣匡城、长固。冀、兖州域，天文室壁分野。本商旧都，春秋时为晋地，战国为魏、卫二国，汉置魏郡，唐号天雄军。滑县，古颛顼都，又谓帝邱。白马津，在县治南，关羽斩颜良于白马，解袁绍围，即此。县西有延津，袁绍军次延津，与操军相持，操破绍军，斩文丑于此。浚县西，商纣所都，为朝歌，南有漕邱酒池。澶渊，在开州城南，春秋会盟于澶渊，宋真宗退契丹于此。马陵道，在府城东南十里，即孙膑伏弩射庞涓处。瓠子口，在开州西南，即汉武筑堤，沉白马、玉璧，筑宣房宫，作《瓠子歌》处。枋头，在浚县西南，晋桓温攻慕容垂，即此。《文武库》曰：周封武庚于此，魏阳平，隋武阳，宋守河重地。黎阳津，滑县，郦食其谓守白马津，即此。灵昌津，石勒伐刘曜，至河滨，冰偶结，得济讫。漳河，有旧漳、新漳，西北流至府城界魏县。枋头，曹操以其水口下大枋木以为堰，遏淇水东入白马沟通运。滑，古豕韦氏国。卫河，自卫辉达内黄。浚、滑与淇、漳、滹沱诸水合流，至直沽入海。滑河，河经北，而枣滑最大，自洛以西，百水皆会于滑。延津县东二十里，此有旧古城澶渊城，宋神宗时河决其城。长垣，古匡邑。龙城关，龙逢居。永平孤竹、卢龙，滦石城、海阳，卢龙肥如、新昌，迁安令支、安喜，抚宁骊城，昌黎辽西、营州，乐亭溟州、易城。冀州域，天文尾分野。商为孤竹国，夷齐所让者。榆关，在抚宁县东，汉王谅将兵伐高丽隋时，出临渝关。山海关，与辽东接界，一带险路，北为山，南为海。入关以西，幽州、永平谓之辽西。出关以东，元菟、乐浪谓之辽东。《文武库》曰：昌黎营州城东北有柳城。田畴曰：旧北平郡治在平冈，道出卢龙，达柳城。

延庆广宁、妫川：永宁。《文武库》曰：古缙山地，有上谷城。冀州域，天文尾分野。属上谷郡。

保安州德兴、奉圣：冀州域，天文尾分野。城西北有磨笄山。赵襄子姊为代王夫人，襄子伐代王，夫人磨笄自杀，因以名山。《文武库》曰：涿鹿山，黄帝破蚩尤于此。桑干河，名漯水，自浑源州流至此，与东温河、洋河合流，入宛平卢沟河。

万全都司：冀州域，天文尾分野。亦上谷幽州地。

南直全说

《居诸编》曰[①]：

应天府：限四十日，东至镇江府丹徒县界一百三十里，西至和州界八十里，南至太平府当涂县界八十五里，北至扬州府仪真县界一百五十里。自府治至京师三千四百四十五里。粮二十万五千六百石[②]零。

凤阳府：限三十日，东至扬州府宝应县界四百里，西至河南开封府项城县界五百九十里，南至庐州府合肥县界三百二十三里。自府治至京师二千里，至南京三百三十里。粮二十万五千七百石零。

庐州府：限三十五日，东至和州含山县界二百四十里，西至凤阳府寿州界二百七十里，南至安庆府桐城县界二百四十里，北至凤阳府定远县界一百八十里。自府治至京师三千六百七十七里，至南京五百一十里。粮九万三千九百石零。

淮安府：限三十一日，东至海岸三百三十里，西至凤阳府虹县界三百一十里，南至扬州府宝应县界六十里，北至山东青州府莒县界四百五十里。自府治至京师三千一十里，至南京五百里。粮四十万二千八百石零。

扬州府：限三十九日，东至海三百六十里，南至江六十里，西至应天府六合县界一百二十里，北至淮安府山阳县界二百八十里。自府治至京师三千一百一十五里，至南京三百三十里。粮二十四万六千七百石零。

苏州府：限四十九日，东至东沙海岸三百一十四里，西至常州府宜兴县界二百里，南至浙江嘉兴府秀水县界九十四里，北至扬州府通州界一百五十里。自府治至京师四千八十里，至南京五百八十八里。粮二百五十万二千九百石零。

---

① 此句为李培语。

② 此处"石"字原脱，据上下文补。

松江府：限五十二日，东至海岸一百里，西至苏州府长洲县界六十里，南至海岸七十里，北至苏州府昆山县界八十里。自府治至京师三千八百二十五里，至南京八百里。粮九十五万九千石零。

常州府：限四十五日，东至浙江湖州府长兴县界二百里，西至镇江府丹阳县界五十五里，南至应天府溧阳县界一百八十里，北至扬[①]州府泰兴县界六十里。自府治至京师三千八百八十里，至南京三百六十里。粮七十六万四千石零。

镇江府：限四十日，东至常州府宜兴县界七十五里，西至应天府句容县界四十五里，南至常州府武进县界一百一十七里，北至扬子江二里。自府治至京师三千二百里，至南京一百八十里。粮三十一万五千石零。

徽州府：限五十六日，东至浙江杭州府昌化县界一百二十里，西至江西饶州府浮梁县界三百七十里，南至浙江衢州府开化县界一百八十里，北至宁国府太平县界二百七十里。自府治至京师四千里，至南京七百二十里。粮二十万石零。

宁国府：限四十五日，东至广德州建平县界六十里，西至池州府青阳县界一百六十里，南至徽州府绩溪县界二百二十里，北至太平府当涂县界一百五里。自府治至京师四千一十五里，至南京四百二十里。粮十万三千三百石零。

池州府：限四十六日，东至宁国府南陵县界一百四十里，西至江西九江府彭泽县界一百四十里，南至徽州府祁门县界一百九十里，北至安庆府桐城县界三十里。自府治至京师四千五十里，至南京六百里。粮六万一千九百石零。

太平府：限四十三日，东至应天府溧水县界一百一十里，西至和州界三十里，南至宁国府宣城县界七十里，北至应天府江宁县界五十里。自府治至京师三千五百九十里，至南京一百五十里。粮四万九千石零。

安庆府：限五十日，东至庐州府无为州界三百七十里，西至湖广黄州府黄梅县界二百一十里，南至池州府东流县界五里，北至庐州府舒城县界二百

① 扬，原作“阳”，盖同音而讹，今改。

一十里。自府治至京师四千一百八十五里，至南京七百四十五里。粮一十三万一千八百石零。

广德州：限四十六日，东至浙江湖州府长兴县界三十里，西至宁国府宣城县界一百一十里，南至湖州府安吉州界六十里，北至应天府溧阳县界七十里。自州治至京师三千七百五十五里，至南京五百里。粮一千八百石零。

和州：限三十六日，东至应天府江浦县界六十里，西至庐州府巢县界一百二十里，南至庐州府无为州界九十里，北至滁州界一百一十里。自州治至京师三千二百八十里，至南京一百二十里。粮八千二百石零。

滁州：限三十六日，东至应天府六合县界七十里，南至凤阳府定远县界七十里，南至和州界七十里，北至泗州盱眙界一百三十里。自州治至京师三千二百五里，至南京一百二十里。粮二千一百石零。

徐州：限一十七日，东至淮安府邳州界一百二十里，西至河南归德府永城县界二百二十里，南至凤阳府宿州界九十里，北至山东兖州府滕县界一百二十里。自州治至京师二千里，至南京二千里。粮一十四万八千二百石零。

应天府：上元附郭，江宁附郭，句容府东九十里，溧阳府东南二百四十里，溧水府东八十五里，江浦府西四十里，六合府西北一百三十里，高淳府西北一百三十五里。

凤阳府：凤阳附郭，临淮府东北二十里，怀远府西七十里，定远府南九十里，五河府东北一百一十里，虹府东北二百五十里，寿州府西一百八十里，霍丘州西南一百一十里，蒙城州北一百八十里，泗州府东二百一十里，盱眙州南七里，天长州东南一百五十里，宿州府西北二百三十三里，灵璧州东一百二十里，颍[1]州府西四百四十里，颍上州东一百二十里，太和州西北三十里，亳州颍州北二百一十八里。

庐州府：合肥附郭，庐江府东南一百里，舒城府西南一百二十里，无为州府东南二百八十里，巢州北九十里，六安州府西一百八十里，英山州西南四百里，霍州西二百六十里。

淮安府：山阳附郭，盐城府东南一百三十里，清河府西五十里，安东府东北九十里，桃源府西北一百六十里，沭阳府北一百七十里，海州府北三百七十里，赣榆州北一

① 《灰画集》本卷“颍”字，原均作“颖”，下同改。

百一十一里，邳州府西北四百五十里，宿迁州南一百二十里，睢[1]宁州南六十里。

扬州府：江都附郭，仪真府西七十五里，泰兴府东南一百四十里，高邮州府北一百二十里，兴化州东一百二十里，宝应州北一百二十里，泰州府东一百二十里，如皋州东一百四十五里，通州府东四百里，海门府东一百里。

苏州府：吴县附郭，长洲[2]附郭，昆山府东七十里，常熟府北八十里，吴江府南四十里，太仓州府东一百八十里，崇明府东三百一十四里。

松江府：华亭附郭，上海府北九十里，青浦府东南七十二里。

常州府：武进附郭，无锡府东九十里，江阴府西北九十里，宜兴府南一百二十里，靖江府北一百三十里。

镇江府：丹徒附郭，丹阳府东六十四里，金坛府东南一百三十里。

徽州府：歙附郭，休宁府北六十五里，婺源府西南二百里，祁门府西一百八十里，黟府西一百五十里，绩溪府东北六十里。

宁国府：宣城附郭，宁国府东南一百五里，泾府南一百五里，太平府西南二百四十里，旌德府南二百四十五里，南陵府西一百五里。

池州府：贵池附郭，青阳府东八十里，铜陵府东北一百二十里，石埭府东南一百六十里，建德府西南百八十里，东流府西一百八十里。

太平府：当涂附郭，芜湖府西南六十里，繁昌府西南一百六十里。

安庆府：怀宁附郭，桐城府东北一百五十里，潜山府西北一百四十里，太湖府西二百三十里，宿松府西南二百七十里，望江府西南一百二十里。

广德州：建平州西北九十里。

徐州：萧州南五十里，砀山州西一百七十里，丰州西北一百二十里，沛州西北一百八十里。

和州：含山州西五十里。

滁州：全椒州南五十里，来安州北三十里。

应天金陵、秣陵、建业、建康：上元江宁、秣陵，江宁白下、归化，句容茅州，溧阳，溧水，江浦棠邑，六合雄州，高淳。扬州域，斗分野。春秋属吴，战国

① 睢，原作“雎”，今改。
② 洲，原作“州”，今改。

属越。楚威王因其地有王气，埋金以镇之，故名金陵。秦始皇改秣陵，吴为建业，晋为建康。钟山为曲阜，大江为黄河，赤山为成皋，长淮为伊洛，三吴为东门，荆蜀为西户，七闽二广为南府。其风流文物，冠壮古今。在府东北[1]，因蒋子文死为神，吴大帝改为蒋山，吴筑石头山。聚宝山，在府南，旁有雨花台，梁武帝时云光讲经，天雨花。培以为，此异端邪术惑人也。云光何物？妄称法师，讲尽邪言，何足感天！况梁武帝有讲经感天之法师，即当身能却死，何至饥死台城乎？则雨花为一时幻法，以诬民也，可明矣。覆舟山，东连钟山，北临玄武。鸡鸣山，齐竟陵王子良移居山下，集四学之士，抄五经、百家之书。牛首山，在府南，二峰东西相对。晋元帝作宫殿，王导指双峰曰："此天阙也。"晋谢安怀会稽东山，筑土山拟之。茅山，在句容县东南[2]，形如句字，初名句曲山，后因三茅君居此得道，因名茅山，道书为第八洞天、第一福地。良常山，在小茅峰北。玄武湖，在太平门外，周围四十里，今称后湖。太子湖，在府北，梁昭明太子植莲于此。秦始皇时，望气者言金陵有天子气，乃使朱衣三千，凿方山为渎，以断地脉，是谓秦淮。景阳井，在台城内，一名胭脂井，陈后主与张丽华、孔贵妃投其井以避隋兵，后人名为辱井。投金濑，在溧[3]阳县西北，伍子胥投金于濑，以报击絮女子处。临春阁、结绮阁、望仙阁，俱陈主建。桃叶渡，在秦淮口，王献之作诗送爱妾桃叶、桃根处。报恩寺、天界寺，在聚宝门外。灵国寺，在钟山。栖霞寺，在摄山。冶城，晋谢安与王羲之登处。乌衣巷，在府南，晋王导、谢安居此，子弟皆乌衣，故名。巷口有朱鹊桥。晋葛洪、许迈，句容人。陶弘景，秣陵人，山中宰相。大江源自四川岷山，合湘、汉、豫章诸水，自成都西南，过镇江，东流入海，凡二百里，名扬子江，限南北，即此。《文武库》曰：应天治江南，长江天险，群山地胜，勋戚豪右，举动掣肘。东晋丹阳，陈蒋州，唐江宁，宋升州，元集庆路。幕府山，府西，晋王导建幕府于上，山上绝顶有虎跑泉。石头城，府西，吴因山筑城，陶侃斩苏峻于此。白鹭洲[4]，府西南江中，曹彬平江南，秋毫无犯，经此。上元，江乘地。江宁，秣陵，建业，金陵。句容，次畿。

---

① "在府东北"句上，似脱"钟山"二字。

② 东南，原作"南东"。《明史·地理志》："句容：南有茅山。"《清史稿·地理志》："句容：东南茅山。"据此乙正。

③ 溧，原作"栗"，今改。

④ 洲，原作"州"，今改。

句曲，溧阳，永安，永世。溧水，汉溧阳地。高平，江浦，江北，六合，棠邑，高淳，古镇地。

凤阳中都、濠梁：寿州寿春、淮南，泗州徐州、肥水、厹犹①、下邳，宿州宿国、睢阳、符离，颍州汝阴，亳州谯县、集庆，凤阳钟离、临淮，临淮涂山、濠州，怀远蕲城、荆山，定远东城、大安、丰城，五河隘口、安淮，虹夏丘，霍丘蓼国、松滋，蒙城山桑、涡阳，盱眙招信，天长广陵、石梁，灵璧虹州，颍上颍县、下蔡，太和细阳、万寿。扬州域，斗分野。为涂山氏国，大禹会诸侯之所，明太祖龙兴之地。战国属楚，淮南郡，秦属九江郡，汉更属淮南，东汉为钟离侯国。寿州，春秋为六蓼国地，楚迁都于此，秦为寿春，东晋改为寿阳。霍丘，本周霍叔封邑。蒙城，本汉沛郡之山桑县。泗州，春秋时徐子国。涂山，与荆山对峙，禹娶涂山，即此。荆山，乃卞和采玉之所。八公山，在寿州东北。汉淮南王与其宾客八公，俱登此山学仙。晋谢玄御苻坚，坚见八公山草木皆兵，即此。濠水，在旧府城西南，庄子观鱼处。西湖，在颍州西北，宋晏殊、欧阳修②、苏轼相继为守于此，赏咏甚多。寿州有真珠泉，世传淮南王炼丹所，每闻人声，则珠泉涌出。阴陵城，在定远县西北，灌婴追项王失道，即此。垓下，在虹县西，汉兵围羽垓下，即此。漆园，在定远县，庄子为吏处。金梭堆，在寿州东，淮南王遗金于此，人多雨后得之。亳州，老子生处。管仲，颍上人。得胜河，在天长县，高祖破英布于此。其淝、淮、涡、濠、汜诸水，俱合流于海。濉水，在宿州。灵璧，楚汉大战灵璧东，多杀士卒，濉水为之不流，或此处也。龟山，在盱眙，禹锁涡神巫支祁于此山足。曹植、夏侯湛俱谯人。《文武库》曰：凤阳府：《禹贡》豫州，天文房度，治江北，今称中都，设留守司护祖陵。濠水回带，北齐、西楚、唐、宋濠州。乘龙州，周世宗征濠，遣兵持炬，淮濠兵惊，谓鬼乘龙。凤阳，濠梁，临淮，钟离。梁、吴、宋、楚之冲，淮南一都会处。怀远，沛地。定远，曲阳，临濠，五河，泗州地。宋县，虹，禹夏伯邑娄亭。晋陵，寿州，东晋寿阳，魏扬州。八公山，淝水北，淮水南，苻坚败，望山皆兵处。蒙城，淝水，大别山，通河南固始县。泗州，徐子国，宿预，安州。涡水自黄河东流，经蒙城，沿怀远东北合淮水。盱眙，临淮，北远，天长，泾州，宿州，铨县，睢州，通徐州、河南归德府。淝水源出龙山湖，东流入淮，谢玄败符坚于

① 厹，原作“厺”，下同。
② 晏殊、欧阳修，原作“宴殊、殴阳修”，今改。

此。灵璧，古镇。颍州，颍川，颍县，通河南新蔡县要冲。淮水发源桐柏山，入颍上界，至寿州西北合淝水，至怀远合涡水，东流历府北，又东北入泗州，至清河口会泗水，坚兵投鞭处。颍上，慎县，亳州，春秋谯邑，曹濮西冲。

苏州吴会、姑苏：太仓，吴县吴郡、平江，长洲长洲苑，昆山娄县，常熟海虞，吴江来县，嘉定、崇明姚浏。扬州域，斗分野。具区之薮，五湖之浸。周泰伯、仲雍始居之地，武王封仲雍曾孙于此。为吴国，又名吴会，又曰姑苏。东汉为吴郡，宋为平江。虎丘山，在府城西北，吴阖闾葬于此。葬三日，金银之气结为白虎，蹲踞其上，因名灵岩山，乃吴馆娃宫故地。下瞰太湖，望洞庭，有西施洞、玩花池、来香径、琴台诸胜。阳山，越王葬夫差于此。姑苏山，在府城西。太湖山，一名包山，下有洞穴，潜行水底，无所不通，道书为第九洞天。三江，在昆山县南，东北入海者为娄江，东流者为东江，并淞江分流者为三江。三江口，范蠡乘舟出于此。销夏湾，在洞庭西，吴王避暑处。锦帆泾，即府城壕，吴王锦帆经游处。白马涧，在府南，支遁养马处。百花洲，在姑苏山。姑苏台亦在上，宽[①]三百里。响屧廊，在灵岩寺，西施行处。长洲苑，在太湖北岸，吴王[②]阖闾游猎处。要离冢、梁鸿墓，在府西。皋伯通曰："要离烈士，梁鸿清高，葬可相近。"梁鸿，平陵人。范仲淹，苏州人。太湖，在府城西南，即震泽也，《周官》曰具区，《史记》曰五湖，《图经》云贡湖、游湖、胥湖、梅梁湖、金鼎湖，韦昭云胥湖、蠡湖、洮湖、滆湖、太湖，谓之五湖。吴城有门，夫差作阊门在西，取天门通阊阖之意。东口胥门，子胥抉目悬以瞰越兵处。匠门，以有干将墓，"将"误作"匠"。盘门，刻蟠桃以厌胜。越齐门，吴太子聘齐女，思齐，因起齐门。其城内桥三百九十，有鸭城、鹤市、鸡陂、鱼城、豨巷、鹿州。《文武库》曰：苏州自阖庐以后并都焉，秦会稽，唐长洲、平江，陈吴州，宋姑苏，赋税甲天下。吴县，吴国吴州。长洲，古长洲苑。东际海，西控太湖。常熟，南沙，吴江，吴县，松陵。嘉定，隋昆山地。太仓州，娄江，近海。崇明，本海门县，海中多盗。

松江云间：华亭娄县，上海，青浦。扬州域，斗分野。吴地，又为娄县地。云间，以云间陆士龙得名。机山，以陆机得名。三泖湖，在府西南，天

---

① 宽，原作"见"，今改。

② 吴王，原作"吴吴王"，衍一"吴"字，今删。

水晴彻时，隐隐下见故城郭街衢。又有九峰、白苎城，野苎周回如城，俗呼为白苎汇。《文武库》曰：松江，秦为娄县，属会稽郡，唐华亭，元松江。负海枕江，平畴沃野，多湖患。阖闾城，吴筑此以备越。青龙江，孙权造青龙战舰于此。沪渎江，晋袁崧，吴内史，筑沪渎垒①备海寇，孙恩乱，崧战中流矢②，卒，部人李祥亲冒白刃收葬海上。华亭，云间，谷水，五茸城。上海，居海之上洋。青浦，古谿拳地。

常州延陵、毗陵、晋陵：武进丹徒、兰陵，无锡有锡，江阴暨阳、梁丰，静江，宜兴阳义、羡鹅、兴州。扬州域，斗分野。延陵以季札名，汉名毗陵，晋名晋陵，又名句吴。武进，梁为兰陵。无锡为梁溪，有古铭云："无锡兵，天下争；无锡宁，天下清。"慧③山泉，为天下第二泉，在无锡。张公洞，在宜兴南。善拳洞，在宜兴国山东南。苏轼流寓阳羡，还媪买宅券，寓顾塘桥孙氏逆旅而没。《文武库》曰：常州，秦为会稽郡，晋兰陵，隋、唐、宋句吴。三江雄润④，五湖腴表，饶米麦。夫椒山，太湖滨，夫差败越句践于此。长荡湖，名洮湖，金坛、溧阳接界。武进，曲阿地。无锡，晋陵，锡山，江阴。毗陵，海隅多盗。宜兴，荆溪。靖⑤江，积⑥沙多盗。

镇江京口：丹徒谷阳，丹阳云阳、阿曲，金坛金山。扬州域，斗分野。三国吴地，刘宋为南徐，唐为丹阳。其俗小人习战，君子尚礼。东通吴会，南接江湖，西连汉沔，北拒淮泗，内连天堑，外蔽日畿。晋名北府，郗愔在北府，桓温尝云："京口酒可饮，兵可用。"深忌愔居之。府城内有东堂，刘毅与知识尝射于此，今名射堂。丹徒，秦始皇时望气者言其地有王气，使赭衣三千徒，凿京岘山为长坑，以破其势，故名丹徒。金坛浮玉，为金坛之虚台，天后之便阙。北固山，在府城北，下临长江。焦山，在府东北大江中，以焦先隐此得名。蒜山，在府西大江岸上，唐诗"蒜山晴日照扬州"。绿水桥，在府西，杜牧诗"青苔寺里无马迹，绿水桥边多酒楼"。丁卯桥，晋元帝子裒镇广陵，因运米出京口，为水涸，以丁卯日奏立建桥。甘露寺，在北固山上，

① 沪渎垒，原作"渎沪垒"，今乙正。
② 矢，原作"失"，今改。
③ 慧，原作"彗"，今改。
④ 润，疑当作"阔"。
⑤ 靖，原作"清"，今改。
⑥ 积，原作"骥"。《明史·地理志》：常州府靖江："天启后，潮沙壅积，县北大江渐为平陆。"据改。

吴甘露中建，有梁武题"天下第一江山"六字。瓮城，孙权筑。吕城，吕蒙筑，在丹阳县东。《文武库》曰：镇江，秦会稽郡，三国吴郡。京口镇，濒江浒。金山，韩世忠大败兀术处。栋湖，名栋塘，纳长山水共七十二，流扬子江，天限南北之险。丹徒，润州南，徐延陵，负山枕江，三吴襟带，百越舟车之会。丹阳，宁东年冬水涸，开浚运河。金坛，曲阿，金沙。

扬州维扬、江都、邗江：高邮邗沟、承州，泰州东阳、吴陵，通静江、崇明，江都广陵、江阳，仪真扬子、永正、白沙，泰兴海陵，兴化海陵，宝应平安、安宜、仓州，如皋广陵，海门东州。扬州域，斗分野。吴地，战国属楚，秦为九江地，汉初为淮南国，并寿州皆为淮南。兴化、宝应、泰州、通州总属海陵地，一名淮海，一名广陵，北齐为江阳。瓜步山，在仪真县，魏太武帝屯兵于此。狼山，在通州南，一名狼五山，临大江。迷楼，隋炀帝立。二十四桥，在城内，隋置，杜牧诗"二十四桥明月夜，玉人何处教吹箫"。高邮州有地名三阿，《晋史》：秦陷盱眙，进围三阿，谢玄连战败走之，存北阿，《唐史[①]》名下阿，其产琼花。蕃厘观、五马渡，在仪真宣花镇，晋五王于此渡江。《文武库》曰：扬州，汉江都，唐邗州，五代改扬州，南唐东都。枕江臂淮襟海，治江北最冲。瓜州临江镇，南北往来之咽喉。胥浦，子胥解剑渡江故处。仪真，江都地。真州，泰兴，防倭。宝应，安平，阳平，射阳湖，白马湖。泰州，海陵。海阳，多草寇。通州，静海，海陵，地近海。狼山，左右五山联属，有白狼踞其上，赵疯子流寇悉死于此。海门患倭。

淮安楚州、涟水、淮阴：海州朐县、郯郡，邳下邳、武州、东徐，山阳射阳，盐城盐渎，清河泗州，安东襄贲、海安，桃源淮滨，沭阳厚丘、潼县，赣榆郁州，宿迁下相，睢宁临睢。扬州域，斗分野。南北襟喉，江淮要冲，古名淮阴，晋名山阳。海州，古郯国，秦时秦嘉起兵于郯国。羽山，在赣榆县西北，即舜殛鲧处。射阳湖，在山阳县南，一名射陂。胯下桥，在府城西，即韩信为少年辱处。圯桥，在邳州城东南隅，即张良受黄石公《素书》之所，城北有黄石公庙。孝妇庙，在海州城北巨平山北，前汉东海有孝妇冤死，郡中大旱三年，守祭孝妇，天乃大雨，因立庙。漂母墓，在府城西，韩信立冢以报漂母，即此。信母墓，在旧淮阴北，信母死，贫无以葬，然行营高敞[②]地，令傍可置万

① 史，原作"文"，今改。
② 敞，原作"厰"，《史记》《汉书》均作"敞"，据改。

家，即此。宿迁县，秦名下相，项羽生处。良募力士以铁锥狙击秦皇于博浪沙中，误中副车，亡匿下邳。韩信，淮阴人。陈琳，建安七子，射阳人。徐有功，东海人，武后时为司刑，多所全活，起居舍人卢若虚曰："雷霆之震，能全仁恕，千载未见其俦。"宋陆秀夫，楚州盐城人。葛峄山，在下邳，《禹贡》"峄阳孤桐"即此。枚乘，淮阴人。《文武库》曰：淮安，天文牛度，秦九江，汉广陵，晋海州，古郯国。北界青州府莒州，今漕运重地。公路浦，淮口，袁术奔袁谭过于此。韩山，韩信追羽于此。青江浦，板闸，淮安南北要冲。山阳，楚州，盐城，射州。临淮，枕山阻海，江淮要害。安东，涟水，桃源，桃园，海州，东海。朐山，多盐盗。赣榆，东海，怀仁，邳州，东徐，邳国，宿迁，古钟吾子国。厹犹，睢宁，睢陵。

庐州卢州、金斗、合肥：无为，六安永化、六蓼，合肥汝阴，舒城龙舒，巢县南巢、居巢，英山罗田、鹰山，霍山。扬州域，斗分野。周以前为庐子国，春秋属舒，战国属楚，秦为九江。六安，古六国，春秋为六蓼国。英布为九江王，都六，布，六人也。浮槎山，在府城东，相传此山自海浮来，有梵过而指曰："此乃耆阇一峰也。"梁武帝女尼子山，建道林寺。龙穴山，在府西，即郑祥远与张路斯斗，不胜，投合肥西山以死处。张与郑皆龙也。龙眠山，在舒城县西南，宋李公麟以龙眠居士为号。亚父山，在巢县东，范增居此山，故名。巢湖，在巢县西。昔有巫言居巢县门石龟，口出血，当陷为湖，有人以猪血戏涂之，巫见惊走，果陷。濡须水，在巢县南。曹操与孙权相拒于濡须，月余，权与操书曰："秋水方生，公宜速去。"操乃还。濡须坞，在无为东北，相传禹凿地接巢湖①。巢湖东南有石渠，凿山通水。周瑜，庐江舒人。巢县有桀王城，汤放桀之所。孔台，在巢西，坛可容千人，宣圣与弟子尝憩于此。灊城，在庐江，孟德伐吴，顿兵于此。《文武库》曰：庐州，蓼，齐分，古湘，周庐子国，春秋舒城，秦九江，汉庐江，东汉合肥，梁合州。金斗西界汝宁府固始县，淮右襟喉，江北唇齿。北峡关，接安庆界，入蕲黄之要地。飞骑桥，孙权为张辽所袭，桥板彻丈余，权策马渡，得免。周瑜城，瑜从孙权举义兵，家于舒。淝水，破苻坚处。白湖，出庐江，宽七十余里，相连巢湖。舒城，古舒国。庐江，龙舒地。无为州，古巢伯②国。居巢，蕲县地，临江多盗。濡须水，禹凿，名偃月城，孙权与曹操相拒月余，权先夹水立坞，状月，通巢湖。巢，巢

① 此处"湖"，原作"潮"，今改。

② 伯，原作"县"，今改。

伯国。居巢，蕲县滨江，接界八公山。六安州，霍山，霍州，接河南汝宁固始界。双龙桥，张路斯、郑祥远交战于此。英山石门关，崎岖奇险，贼匿不易捕。英山，罗田地，通蕲黄。霍山，六安地，有霍山最高，汉武帝封为南岳。

安庆皖城、古舒、晋熙：怀宁皖县，桐城从阳、同安，潜山玉照，太湖南齐，宿松高塘、严州，望江大雷戍、新治。扬州域，斗分野。古为皖城，晋为晋熙，隋名同安。淮服屏蔽，江介要冲。天柱峰，在潜山县西北，魏左慈尝居此炼丹。汉武帝封禅，嫌衡山江汉道远，祀此山以代南岳，故称南岳之副。皖[①]山，与潜山连。小孤山，在宿松县南，江北岸，孤峰峭拔，与南岸山对峙如门，大江之水至此隘束。上有神女庙，对彭浪矶，故俗有“小姑嫁彭浪”之语。晋何充、何点、何胤，并潜人，点与梁武有旧，不就官而隐。卧冰地，在望江县，王祥卧冰处。《文武库》曰：安庆，春秋皖国，秦九江，汉庐江，三国属魏，后属吴，为重镇。梁晋州，陈江州，隋同安，唐舒州。古舒，熙州。西接湖广黄州府黄梅县。山深秀，水荡潏，楚咽喉，吴交界。皖口，唐李涉过此遇盗，盗闻其名，不剽掠，求诗而去。海门第一关，即小孤山，元立铁柱，长二丈余。怀宁，皖城，熙州，舒州，桐城，龙舒。潜山，清朝[②]太湖。皖县，晋熙，宿松，松滋，望江，智州。

太平姑熟、新和：当涂丹阳、于湖，芜湖鸠兹、逡遒，繁昌春谷。扬州域，斗分野。古名姑熟，汉属丹阳，晋名当涂。南指龙山，北临牛渚，采石之险，甲于东南。牛渚山，在府城北，下有矶曰牛渚，去采石矶一里，晋时温太真照怪之所，又名燃犀浦。采石矶，在牛渚北，临江有矶曰采石。李白与崔宗之乘月泛舟，着宫锦袍，自采石至金陵，即此。青山，在府东南，齐宣城太守谢朓[③]尝筑于山南为室，又名谢公山。望夫山，在府北。昔有人往楚，累岁不还，其妻登此山望之，乃化为石，世谓之望夫石。唐王建有诗。蟂[④]矶，在芜湖西南大江中。蟂，老蛟也。《文武库》曰：太平，秦鄣郡。宋平南，左天门，右牛渚，天险，吴楚之要冲。采石山，临山有矶。明上抵采石，元兵陈矶上，常遇春一跃而登，大战，遂拔采石，径进太平，元军复集采石，出奇捣之，且纵火焚其连舰。丹阳湖，周三百余里，接溧水。当涂，姑熟，当水冲。芜湖，晋襄桓，繁昌，南陵，于湖。

---

① 皖，原作“皖”，今改。
② 清朝，不辞，疑当作“西邻”。
③ 朓，原误作“眺”，今改。
④ 蟂，原作“蟂”，今改。下“蟂”同。

宁国丹阳、宣城：宣城宛陵、怀安，宁国南徐，泾县，太平当涂，旌德，南陵春谷、阳谷。扬州域，斗分野。汉为丹阳，晋为宣城。陵阳山，在府内，陵阳子明居此。敬亭山，在府城北，谢灵运、李白皆有诗。文脊①山，在宁国县西，晋瞿硎披鹿裘隐此山，桓温尝访之。宛溪、句溪，并在府东。赭圻城，南陵县北，西临大江。吴所置赭圻屯，桓温入朝，有诏止之，遂城赭圻镇守。《文武库》曰：宁国，秦鄣郡，隋唐宣州，宋陵阳。作藩南夏，据吴上游。俗淳柔诡，多岭。黄山四千仞，二十二莲峰，二十六源，二十四溪，十八洞天，入大岩，接歙州，通连江浙。宣城，宣州，宁国，宛陵地。泾阳，兰石，猷州，太平，泾县地。旌德，唐县，安吴。沙城，僻在山中，多盗。南陵，江州北，江城多盗。

池州秋浦：贵池石城，青阳泾县、临城，铜陵南陵、义安，石埭陵阳，建德鄱阳，东流彭泽。扬州域，斗分野。旧属丹阳郡，一名池阳，隋名秋浦。九华山，在青阳县南。旧有九子山，李白改为九华山，以九峰如莲花也。秋浦，在府西南，李白、杜牧皆有诗。建德县南四十里，五季避兵皆于此，地名曰桃源，西界江西九江府彭泽县。《文武库》曰：池州，秦彰郡，汉丹阳，三国吴为石城侯邑，晋属豫章，梁南陵，隋池阳。贵池，秋浦，石埭，丹阳，建德，石城地，至德。

徽州新安、新都：歙县歙州，休宁海阳，婺源婺源州，祁门阊门，黟县，绩溪梁安。扬州域，斗分野。东界浙江杭州府昌化县，古丹阳郡地，吴名新都，晋名新安。乌聊山，在府城内。城阳山②，在城南，唐仙人许宣平隐此，故名。黄山，在府西北百二十里，黄帝尝与容成公、浮丘公合丹于此，故名黄山。白岳山，在休宁县西，一名齐云山，真武修仙之地。大鄣山，在绩溪县东，旧名三天子鄣山。新安江，源有四，一出歙县黄山，一出休宁率山，一出绩溪大鄣山，一出婺源浙水，合流至新安。黄墩湖，在府西南，陈有程灵侁者，射蛟于此。《文武库》曰：徽州，秦鄣郡，汉丹阳，隋唐歙州。山峭厉，水清激，鸟道萦纡，百城襟带。歙县，新安，婺源，休宁地。祁门，黟县，黟，黟山。绩溪，歙县地。

广德州桐汭、石封、陈留。扬州域，斗分野。楚吴之西疆，故鄣之墟。一县，曰建平。郎步。③《文武库》曰：广德，大梁，绥安，桃州，宣州。三峰拱前，溪流枕

---

① 脊，原作“春”，今改。

② 城阳山，原作“阳城山”，《太平广记》《云笈七签》引《续仙传》均作“城阳山”，据改。此山因许宣平而著名，非因许宣平而得名。

③ “一县，曰建平（郎步）”句，似当在“广德州”下。

后，力田尚鬼，直隶州。金牛岭，四面山中，一岭长十五里，可扼。

和州历阳、南豫：含山龙元。扬州域，斗分野。春秋战国皆楚地，属大江郡，晋名历阳，刘宋名南豫。阴陵山，在州城北，即项羽失道处。横江，在州城东南。隋将韩擒虎平陈，自横江济师，即此。乌江浦，在州城北故乌江县。项羽败垓下至乌江，亭长舣舟待，不肯渡，自刎，即此。《文武库》曰：和州，楚属九江，秦历阳，汉淮南。江淮水陆之冲，姑熟、金陵之蔽，直隶州。横江采石，渡江要处。当利浦，刘繇遣将张英屯兵此处，以拒袁术。昭关，小岘山西，两山峙立，子胥奔吴过此。庐濠，往来之冲，兵可守御。石湖关，兀术犯境，张俊屯兵五千守此，旋即遁去。濡须山，吴筑坞以拒魏，详前。

滁州滁阳、南谯：全椒北谯、谯州，来安建阳、新昌。扬州域，斗分野。春秋为吴楚之交，战国属楚，秦为九江郡地。琅琊山，在州南，晋琅琊王尝驻此山，因名。两峰间有醴泉山，上有醉翁亭、丰乐亭，欧阳修有《记》。又有庶子泉，以唐庶子李幼卿得名。西涧，在州西，韦应物有诗。清流关，在州西南，即宋太祖擒南唐将皇甫晖处。盖滁地多山险峻，为南中之障，过此则皆平地矣，宋祖所以得滁则势如破竹。欧阳修《记》云“环滁皆山也”，于此可验。《文武库》曰：滁州，汉淮南，北齐北谯，唐永阳。淮北胜地冲要，直隶州。迷沟，项羽失道，田父绐之曰左，左即大泽。距阴陵山五里，关山峙壁，凿路如关可扼，近飞熊等三卫。全椒，临滁。

徐州彭城、武陵：萧承高、龙城、临沛，砀山砀郡、梁国，丰丰邑，沛逼阳、广戚。徐州域，房心分野。本古大彭氏国，春秋为宋地，战国属楚，项羽都此。按自淮北沛郡、陈州、汝南、南郡，此西楚也；彭城以东东海、吴郡、广陵，此东楚也；衡山、九江、江南、豫章、长沙，此南楚也。徐州一名彭城，东近齐鲁，北属魏赵，南通江淮，西接梁楚。萧县，古萧子国。彭城，彭祖所居。彭祖，颛顼玄孙，殷贤臣，寿八百一岁，封于彭城，有墓在焉。西城，在沛县东南，张良封留侯处。丰沛，乃汉高汤沐邑，丰县有故宅。彭城山，在州城东北。云龙山，在州北城东南，南宋时张天骥所居，苏轼有诗。桓山，在州东北，桓魋为石椁、三年不成处。吕梁山，在州城东南，下有二洪，《庄子》云“悬水三十仞，流沫四十里”，即此。砀山，在砀山县东南，汉高隐于此，上有云气处。泗水，源出山东泗水县东南，流过沛县，至州城东北，合沛水，循城南东，以达于淮。周显王时九鼎沦于泗，秦时鼎气浮于水上，始皇使数十人入水求之不得。汴水，自河南开封界东流过萧县，至州城东北，与泗水通。濉水，在州城南，项羽败汉兵濉水上，水因不流，即此。大泽，在丰县北，高祖梦与神遇处。高祖斩蛇沟，在丰县西。沛宫，在沛县东南，高祖置酒宴父老处。燕子楼，在州城西北隅，唐尚书张建封妾盻盻所居。黄楼，在州东北隅，苏轼为守，增筑徐城以捍水，因作楼，垩以黄土，曰土实胜水。放鹤亭，在云龙山，张天骥作。歌风台，在沛县东南，泗水西岸，高祖征英布还沛，作《大风歌》处。戏马台，在州城南，项王尝戏马于此。压气台，在丰县城中，始皇筑此，以压王气。萧何、曹参、王陵，俱沛人。樊哙、夏侯婴，亦丰、沛人。落马碑，在丰县，高祖指秦始皇落马处。苏墨亭，在洪上，有东坡字。《文武库》曰：徐州，《禹贡》兖州，天文房度。秦彭城，项羽自立为西楚霸王，都此，名武宁军。西接河南归德及梁楚界，北界山东滕县，东齐鲁，南江淮，咽喉，直隶州。九里山，有穴潜通，韩信战项羽楚象山，韩信伏兵与楚战，即此。上有樊哙摩旗石，下有曹参井。盘马山，汉高祖盘马于此。吕梁洪，梁山下，称天险，谢玄破苻坚，堰吕梁以通运道。徐山，周穆王命楚伐徐偃王，败北，走彭城武源山，即此。萧，萧国。砀山，安阳，丰，秦封邑。沛，逼阳国。泗水。

言 辽 东

王五公《居诸编》曰[①]：

辽东都指挥使司：冀、青二州域，箕尾分野。秦以幽州为辽西，营州为辽东，冀州东北为幽州，青州东北为营州。汉武帝扩朝鲜地，并割辽东属邑，置乐浪、元菟、真番、临屯四郡，一名辽阳，一名东平。混同江，源出长白山，北流经五国城。鸭绿江，在都司城东五百六十里，隔江即朝鲜国。唐太宗征高丽，耀兵于鸭绿。鸭绿西北，开原城中为三万卫，即古黄龙府。肃慎国，在三万卫北一千里。自此而东，分为五国，名[②]五国城。世传宋徽宗葬于此，即女真国。

① 此句为李培语。

② 名，原作“各”，今改。

山西全说

《居诸编》曰[①]：

太原府：限二十日，东至直隶真定井陉县界二百七十五里，南至沁州武乡界二百一十里，西至陕西延安吴堡界五百里，北至大同马邑界二百五十三里。自府治至京师一千二百六十里，至南京二千四百里。粮五十七万石[②]零。

平阳府：限三十二日，东至泽州沁水界一百五十里，南至黄河岸三百六十五里，西至黄河岸三百十一里，北至汾州孝义界三百里。自府治至京师一千八百里，至南京一千四百里。粮一百一十一万九千石零。

大同府：限十七日，东至直隶保安州深井界三百六十里，南至太原代州雁门关二百九十里，西至大同右卫黄土山墩二百三十里，北至本府旧宣宁县界儿庄一百二十里。自府治至京师九百里，至南京三千五百里。粮一十二万六千石零。

潞安府：限二十五日，东至河南彰德府休县界一百二十里，西至平阳府岳阳县界一百五十里，南至泽州高平县界七十里，北至辽州界一百三十里。自府治至京师一千三百里，至南京一千二百六十里。粮二万三千八百石零。

汾州：限三十日，东至太原府祁县界一百四十里，西至太原府石州界六十里，南至平阳府灵石县界一百里，北至太原府文水县界五十里。自州治至京师一千三百八十里，至南京二千四百二十里。粮十五万一千石零。

辽州：限十七日，东至河南彰德府磁州武安县界一百四十里，南至沁州武乡县界四十里，西至太原府太谷县界一百九十里，北至平定州乐平县界一百三十里。自州治至京师一千二百里，至南京二千四百二十里。粮二千六百石零。

---

① 此句为李培语。

② “太原府”至“汾州”税粮数目原无“石”字，今据文例补。

沁州：限二十八日，东至潞安府界二百一十里，西至平阳府霍州界二百五十里，北至太原府太谷县界三百三十里。自州治至京师一千七百里，至南京二千四百里。粮四万八千二百石零。

泽州：限二十四日，东至河南卫辉府界四百一十里，西至平阳府翼城县界二百九十里，南至河南怀庆府河内县界一百四十里，北至潞安府长子县界一百九十里。自州治至京师一千八百里，至南京一千八百里。粮四万六千六百石零。

太原府：阳曲县附郭，太原县府西南四十里，榆次县府东南六十里，太谷县府东南一百二十里，祁县府南一百五十里，徐沟县府南八十里，清源县府西南八十里，交城县府西南一百二十里，文水县府西南一百六十里，寿阳县府东一百六十里，临县府西南五百里，盂县府东北二百四十里，静乐县府西北二百里，河曲县府西北四百八十里，平定州府东南六十里，乐平县府东南六十里，忻州府北一百二十里，定襄县州东五十里，代州府东北三百里，五台县州南一百四十里，繁峙县州东五十里，崞县州南六十里，岢岚州府西三百二十里，岚县州东南一百四十里，兴县州西一百五十里，保德州府西北五百里，永宁州府西南四百一十里，宁乡县州西南五十里。

平阳府：临汾县附郭，襄陵县府西南二十里，洪洞县府北五十五里，浮山县府东九十里，赵城县府北九十里，太平县府西南九十里，岳阳县府北一百一十里，曲沃县府南一百二十里，翼城县府南一百一十里，汾西县府北一百八十里，蒲县府西一百四十里，蒲州府西南四百五十里，临晋县州东北九十里，荣河县州北一百二十里，猗氏县州东北一百二十五里，万泉县州东北一百九十里，河津县州东北二百二十里，解州府西南三百四十里，安邑县州东五十里，夏县州东北一百里，闻喜县州东北一百二十里，平陆县州东南九十里，芮城县州西南九十里，绛州府南一百五十里，稷山县州西五十五里，绛县州东南一百里，垣曲州东南二百三十里，霍州府北一百四十五里，灵石县州北一百里，吉州府西二百七十里，隰州府西南二百八十里，大宁县州西南九十五里，石楼县州北九十里，永和县州西一百五十里。

大同府：大同县附郭，怀仁府南七十里，浑源州府东南一百二十里，应州府南一百二十里，山阴州西六十里，朔州府西南二百八十里，马邑州东四十里，蔚州府东南三百五十里，广灵州西六十里，广昌州西一百五十里，灵丘州西南一百五十里。

潞安府：长治县附郭，长子府西南五十里，屯留府西北五十五里，襄垣府北九十里，潞城府东北四十里，壶关府东二十五里，平顺府东四十里，黎城府东北一百二十里。

汾州：孝义州南三十五里，平遥州东八十里，介休州东七十里。

辽州：榆杜州西一百里，和顺州北九十里。

沁州：沁源州北二百里，武乡州东北六十里。

泽州：高平州北八十三里，阳城州西一百里，陵川州东北一百四十里，沁水州西二百里。

太原晋阳、冀宁：平定上艾、西阳，忻定襄、九原，代雁门、震武，岢岚岚谷，保德定羌、隩芭，永宁离石，阳曲狼孟、阳邑，太原东平、汾水，榆次涂水、中都，太谷太州、阳邑，祁祁城、昭余，清源梗阳，徐沟清平、晋平，交城牧宫、灵川，文水武兴、平陵，寿阳东受，临太和、临泉，盂仇犹、乌河，静乐闹泥、管州，河曲太山、隩[1]州，乐平沾县、皋州，定襄晋昌、秀容，五台虑虒、台州，繁峙北灵、坚州，崞平寇、白鹿，岚东会、宜芳，兴合河、蔚汾，宁乡平夸。冀州域，天文参井分野。舜以冀州地广，分置并州。成王封弟叔虞于此，为唐国。春秋时为晋国，战国属赵，号晋阳，又名太原，又名河东。唐高祖起兵于此，以开王业。山西者，恒山以西也。代州即雁门，在代州北[2]，雁关以山得名。飞狐山，在雁门外，通沙漠。五台县以五台山得名，汉迎文殊师利入中国，居清凉山，即此。定襄，汉卫青将六将军出定襄击匈奴，即此。句注灵山，太原之险。《文武库》曰：太原府：天文井度。唐北京，五代西京，宋河东，元灵山。恒山之险，大河之固，句注险阻，四塞要冲，烦剧。天门关，炀帝建。石岭关。晋水北支流曰智伯渠，即智伯遏水灌城。藏山，程婴藏赵孤处。石峡山，晋假道于虞，即此。句注山古称险阻，与雁门关最为可据易守。阳曲，阳直，汾阳，太原，晋阳，唐城。榆次，榆城。祁，祁奚邑。并州，徐沟，清源，交城，晋阳地。文水，大陵，寿阳，马首邑。受州，盂，厹犹。石艾，有铁井。静乐，汾阳，岢岚，平定州。广阳，石艾地。忻州，阳曲，新兴，肆州，定襄，阳曲地。繁峙，武州，崞，石城，岢岚州。汾阳，岚州，岚，汾阳，兴，汾阳，临泉，临津，金兴州，保德州，岚州地。

平阳河东、平河：蒲舜都、蒲坂，解南解、虞乡，绛故绛、新田，霍霍邑、永安，吉屈邑、定阳，隰蒲子、长寿，临汾西河、平河，襄陵擒昌，洪洞杨县，浮山神仙，赵城彘县、庆祚，太平东敬、河东，岳阳谷远、安泽，曲沃绛县、乐昌，翼城翼汉、北

---

① 隩，原作“襖”，今改。

② “在代州北”上，疑当有“山”字。

绛，汾西厚义、临汾，蒲晋蒲、隰州，临晋桑泉、北解，荣河汾阴、宝鼎，猗氏古郇、双泉，万泉汾阴、河东，河津皮氏、古耿国、龙门，安邑禹都、虞州，夏南安邑，闻喜桐乡、甘谷，平陆河大、北城、吴阳，芮城安戎、永乐，稷山玉壁、高河，绛南绛，垣曲亳城、白水，灵石休县、汾水，乡宁昌宁、太平，大宁忻城、中州，石楼吐京、西德，永和孤讘、临河、仙芝。冀州域，觜参分野。尧都平阳，即此。其地北接汾晋，西连潼华。襄陵，以晋襄公陵名。岳阳，汉上党郡，韩信定河东，置上党郡，即此。曲沃，晋文侯封成师于此，其后强盛，诗人赋《椒聊》。舜都解州，安邑即禹都。首阳山，在蒲州东南，夷齐采薇处。历山，在蒲州南，舜耕处。龙门山，在河津西北，即禹凿通黄河处，两山如门，每冬结冰桥，可行车马，今犹然。箕山，在平陆东北，许田隐处。九原山，在绛州西北，赵文子与叔向观于九原，即此，乃晋大夫葬地。太行山，在绛州县东，山高而险，绵亘甚长，西北诸山多其支脉。介山，在灵石县东，介之推隐此。孟门山，在吉州西，吕不韦云“龙门未辟，河出孟门之上”，即此。稷山，后稷播谷于此，因名。砥柱峰，在平陆东南，黄河中流，其形如柱，禹凿砥柱以通河流。王官谷，在临晋东南，唐司空图隐于此。临晋，昔韩信虏魏豹，陈兵欲渡临晋，而以木罂渡河，袭安邑，是也。汾河、沁河、平水、晋水、绛水、涑水，皆在平阳，以平水之阳得名。壶口山，在吉州，《禹贡》“既载壶口”，即此。蒲子山，在隰县，尧师蒲伊子隐此。妫汭水源自历山入河，《书》称“釐降二女于妫汭”，即此，在蒲州。《文武库》曰：平阳府：天文张度。春秋晋，战国韩，后属赵，秦汉为河东地，魏唐州，隋平河。临汾，唐晋州，五代梁定昌、建雄，元晋宁。负关阻河，冲烦，属河东道。大庆关，蒲州，名蒲津关，秦孟明济河焚舟处。风陵关，蒲，唐置。通漳关、武平关，绛州，北齐屯兵于此。平渡关，临河，吉州。上平关，石楼河上。永宁关，永和河上，通陕西绥德界。吴王渡，临晋，与陕西郃阳渡对，韩信渡河袭魏豹处。禹关渡，河津，唐龙门关。茅津渡，平陆河上，秦穆公尝渡此。龙门山，古石径绝险，西为陕韩城。鸣条冈，接夏县，汤与桀陈兵之所。临汾，晋州，洪洞，阳侯国。浮山，丹朱食邑。襄陵，神山，赵城，穆王封造父地。太平，临汾地。曲沃，昌平，翼城，绛邑。浍州，汾西，㶏县，永安，蒲，蒲城，石城，蒲州，河中，临晋，解梁地。荣河，少康邑。猗氏，郇国，以猗顿名。河津，耿国，祖乙所居。秦州，解州，舜畿内地。解梁，郇瑕，夏禹都。夏邑，闻喜，伊尹放太甲处，秦左邑。涑水，平陆，虞国。芮城，芮国。绛州，临汾地。东雍，绛阳，稷山，新田，勋州，高凉，绛，新田地。垣曲，周召分陕地。垣县，邵州，霍州，岳

阳，堯县，汾州，吕州，吉州，北屈，汾州，耿州，慈州，乡宁，临汾，隰州，西河，大宁，北屈，杵城，石楼，屈产地。永和，孤讘地。南楼，北楼，两山对峙。

大同云中、雁门：浑源平舒、崞、恒阴，应阴馆、金城，朔马邑、朔宁、桑干，蔚代国、灵立、忠顺，大同平城、云州，怀仁沙南、大利，山阴神武、忠州、金城，马邑鄯阳、寰清，广灵延陵、兴唐，广昌飞狐、五龙城，灵丘成州。冀州域，昴毕分野。战国属赵，李牧守雁门，即此。秦为云中。白登山，在府城东，上有白登台，汉高帝为匈奴所围，即此。纥真山，亦名纥干山，在府城东，其山冬夏积雪，故谚云："纥干山头冻杀雀，何不飞去生处乐。"北岳恒山，在浑源州南。马邑城，在朔州东。广武城，在马邑县南，汉高封韩王信太原，治马邑，后与匈奴屯广武，即此。飞狐道，在广昌县，汉郦王塞飞狐之口，即此。居延州，在朔州，苏武尝困此泽。李陵台，在府城西北五百里，李陵望汉处。辽金宫垣，在府城西门，二土台，路寝基犹存。长城，在府城北，秦筑时土紫，故称紫塞。昭君墓，在古丰州西北，多白草，此冢独青。《文武库》曰：大同府：天文井度。古并州，春秋北狄居，秦代州、恒州，唐云州。定襄，马邑，西京，临边置四卫。恒山玄岳，桑干河。雁门关，马邑，通代州界。倒马关，广昌，通保定唐县界。紫荆关，飞狐道，广昌，北入怀仁界。黄花岭，险隘，布袋州，蔚州。枚回岭，灵丘。大同，大同川地。云内，怀仁，云中，浑源州。雁门，山阴，阴馆，朔州，新兴，新昌，马邑，寰州，蔚州，代县，飞狐，广灵，安边，广昌，飞狐口。灵丘，赵武灵王葬此。

潞安上党：长治昭义，长子长平，屯留襄垣，襄垣韩州，潞城潞子、刘陵，壶关颍阳、黎国，黎城白岩、平顺。冀州域，参井分野。商为黎国，西伯戡黎，即此。秦名上党。羊肠坂，在壶关县东南，坂长三里，曲如羊肠。长平关，在长子县南，即白起坑赵卒四十万处。《文武库》曰：潞安府：天文鬼度。商黎侯国，后为赤狄潞子国，战国韩，后属赵，周潞州，唐昭义，宋昭德、隆德，多关险。吾峪关，黎城。十八盘隘，壶关。槲林隘，通辉县，荀攸为曹操计，出降将吕旷袭取壶关。长治，乐阳，冀氏，昭德，长子，乐阳，冀氏地。屯留，余吾邑。纯留，襄垣，虒祁，潞城，潞子婴儿国。壶关，黎丘，黎城，黎侯国。平顺，青羊出地。

汾州西河：汾阳汾阳，孝义兹氏、中阳，平遥平陶，介休弥牟、平昌。冀州域，参分野。晋为西河，又为汾阳，郭子仪封汾阳王，即此。介山，在介休县东南，地名绵上。东汉郭林宗，介休人。蔡邕碑八分书法极佳，今尚在。麓台山，在平遥，即《山海经》所云①。临汾宫，在城东，隋炀帝避暑处。《文武库》曰：汾州府：天文井度。春秋晋，后属魏，战国属赵，秦汉太原郡，北齐南朔，后周介州，唐浩州，宋汾阳，置千户所守御。金锁关，子岭，榆林河②。孝义，太原地。隰城，平遥，陶池，介休，绵上邑。宁乡，离石，灵石，介休地。永宁州，离石，西河，石州，临离石地。乌突，临泉，太和。

辽州箕州、仪州：榆社武乡、榆州，和顺梁榆、上党。冀州域，参井分野。属上党，与河南彰德府磁州武安县接壤，三晋名乐平。《文武库》曰：辽州：天文昴度。春秋晋，战国韩，后属赵，魏辽阳，隋辽山。有箕山、五指山、漳水、箕城。直隶州。黄泽关，马陵关，即庞涓自刎处。黄榆岭关，孙膑坡，即伏弩处。沤麻池，石勒尝与李阳争此。松子岭关，十八盘。榆社，涅县，和顺，榆城，沾县。

沁州阳城、义宁：沁源谷远，武乡南亭。冀州域。隋名义宁，唐名阳城。前铜鞮，后龟山。文中子祠，在州南。《文武库》曰：沁州：天文尾度。春秋晋铜鞮地，战国属韩，后属赵，汉上党，宋威胜。昴车关，沁河，武乡，涅县，南平。

泽州高都、长平：高平泫氏、盖州，阳城获县、端氏，陵川泫氏，沁水广宁。冀州域，觜参分野。羊头山，在高平，神农尝五谷于此。王屋③，在阳城。太行山，在州城南，自此东西一带诸山，因地立名，其实皆太行也。《文武库》曰：泽州：天文鬼度。春秋晋，战国韩，后属赵，秦上党高都县地，汉上党河东，后魏建州，后周高平，隋长平，唐盖州。太行山险固。天井关，太行山顶。韩王山，秦围韩王于此。高平，长平关，长平城，即白起破赵处。高平，长平，沁水，陵川，泫氏。

---

① 按《山海经》有“鹿台山”三字。

② “子岭榆林河”五字，疑衍。按《明史·地理志》：汾阳“西有金锁关、黄芦岭二巡检司”。

③ “王屋”下，似脱“山”字。《明史·地理志》：阳城“西南有析城山，南有王屋山”。

山东全说

《居诸编》曰[①]：

济南府：限二十日，东至青州府临淄县界二百五十里，西至东昌府茌[②]平县界一百四十里，南至兖州府宁阳县界三百里，北至直隶河间府景州吴桥县界三百一十七里。自府治[③]至京师九百里，至南京一千八百五十里。粮八十五万一千六百石零。

兖州府：限二十五日，东至直隶淮安州赣榆县界四百九十里，南至直隶徐州沛县界一百五十里，西至东昌府濮州界三百二十里，北至济南府肥城县界一百一十里。自府治至京师与南京俱一千二百三十里。粮四十五万三百石零。

东昌府：限十八日，东至济南府邹平县界一百里，西至直隶广平府广平县界一百五十里，南至兖州府阳谷县界二十五里，北至直隶河间府景州故城县界二百五十里。自府治至京师九百四十四里，至南京一千五百四十五里。粮三十一万八千五百石零。

青州府：限二十日，东至莱州府潍[④]县界一百里，南至兖州府沂州界三百八十五里，西至济南府淄川县界一百二十里，北至济南府利津县界一百九十里。自府治至京师一千里，至南京一千五百里。粮六十七万石零。

登州府：限二十八日，东至海七百里，南至莱州府即墨县四百里，西至莱州府掖县界一百五十里，北至海三里。自府治至京师一千七百里，至南京一千九百里。粮二十三万六千石零。

莱州府：限二十六日，东至登州府莱阳县界一百八十里，西至青州府昌

---

① 此句为李培语。

② 茌，原作“茬”，今改。下“茬平”同。

③ “治”字原脱，据上下文补。

④ 此处“潍”，原作“维”，今改。

乐县界一百六十里，南至青州府诸城县界三百五十里，北至海岸十五里。自府治至京师一千五百里，至南京一千五百里。粮三十二万三千一百石零。

济南府：历城附郭，章丘府东一百一十里，邹平府东北一百八十里，淄川府东二百三十里，长山府东北二百里，新城府东北三百二十里，齐河府西五十里，齐东府东北二百二十里，济阳府东北九十里，禹城府西北一百里，临邑府北一百五十里，长清府西南七十里，肥城府西南一百六十里，青城府东北二百二十里，陵府东北二百四十里，泰安州府南一百八十里，新泰州东南一百八十里，莱芜州东一百二十里，德州府西北二百八十里，德平州东一百六十里，平原州东南一百二十里，武定州府东北七十里，阳信州北四十里，海丰府东北六十里，乐陵州西北九十里，商河州南一百二十里，滨州府东北三百五十里，利津州东六十里，沾化州西北六十里，蒲台州南三十里。

兖州府：滋阳附郭，曲阜府东三十里，宁阳府北五十里，邹府东四十五里，泗水府东一百二里，滕府东南一百四十里，峄府东南二十六里，金乡府西南一百六十里，鱼台府南一百六十里，单府南二百六十里，城武府西南二百九十里，曹州府西三百里，曹州南一百二十里，定陶州东南五十里，济宁州府西六十里，嘉祥州西五十里，巨野州西北一百里，郓城州西北一百六十里，东平州府西北一百五十里，汶上州东南六十里，东阿州西北七十里，平阴州北一百二十里，阳谷州西北一百四十里，寿张州西一百一十里，沂州府东三百六十里，郯城州东南一百二十里，费州西南九十里。

东昌府：聊城附郭，堂邑府西四十里，博平府东四十五里，茌平府东北七十里，清平府北九十里，莘府西南九十里，冠府西一百五十里，临清州府西北一百二十里，丘府西二百里，馆陶府西一百三十里，高唐州府东北一百二十里，恩州北七十里，夏津州西五十里，武城州西北一百二里，濮州府西南二百里，范州东北六十里，观成州西北七十五里，朝城州北九十里。

青州府：益都附郭，临淄府西三十里，博兴府北一百二十里，高苑府西北一百五十里，寿光府东北七十里，昌乐府东七十里，临朐府东南四十五里，安丘府东二百里，诸城府东三百里，蒙阴府西南三百五十里，莒州府南二百里，沂水州西北七十里，日照州东一百五十里。

登州府：蓬莱附郭，黄府西南七十里，福山府东一百四十里，栖霞府东南一百五十里，招远府西南一百五十里，莱阳府南二百五十里，宁海州府东二百二十里，文登州东南一百二十里。

莱州府：掖附郭，平度州府南一百里，潍州西一百八十里，昌邑州西一百一十里，胶州府南二百二十里，高密州西五十里，即墨州东一百二十里。

济南临淄、齐川：泰安奉汶、乾阳、高封，德安德，平原，长河，武定乐陵、厌次，历[①]城东平、历下、陵城，章丘高唐、阳丘，邹平古邹、济阳，淄川淄莱、东清，长山於陵、广川，新城长山，齐河祝阿，齐东夹河、邹平，济阳长乐、高苑，禹城祝国、曹州，临邑归化、孙耿，长清卢县、山茌，肥城碻磝、博城，青城清平、宁津，陵县将陵、安陵，新泰平阳、琅琊，莱芜夹谷、赢县、博城，德平平昌、西平，平原聊城、东青，阳信渤海、古厌次，海丰无隶、保顺，乐陵，商河，利津，沾化，蒲台。青州域，危分野。古齐地。济北，以济南得名，临邑、济阳、长清诸邑为济北。泰安州，以太山得名。德州，古平原郡邑。华不注山，在府城东北，下有华泉。长白山，在长山县西南，乃太山之副。太山，在太安州北，东岳岱宗也，舜东巡狩至此。大[②]明湖，在府城内西北隅。趵[③]突泉，在府城西，源出山西王屋山下。陵县，旧名厌次。东方朔，平原厌次人。三国弥衡，平原般人。羊祜，太山平阳人。夹谷山，在淄川，即鲁齐会盟处。梁父山，在太安州太山上。三观：曰日观，鸡鸣可见日；曰秦观，可望长安；曰越观，可望会稽。徂徕山，在太安州，上有竹溪六逸堂，唐天宝间陶沔、张叔明、孔巢父、李白、韩准、裴政隐此，有党怀英碑。《文武库》曰：济南府：《禹贡》青、兖，济水以南，故名。汉初为济南国，后分郡曰平原、千乘、泰山、渤海，后魏齐州、德兴军，城设盐运司。鹿角关，临邑。铁门关，利津。历城，古谭子国，唐平陵。历下城，晋平公伐齐，战于历下，即此[④]。章丘，隋临济。邹平，邹侯国，晋邹县。淄川，汉殷阳，宋贝丘，唐淄州。长山，武强，新城，齐桓公戏马台。高唐城，绵驹居里。济阳，周邘国地。禹城，汉祝阿。临邑，黎丘，肥城，肥子国。平阴，青城，邹地。陵，古重丘地。陵州，泰安州，春秋博邑。博城，唐泰州，宋奉符。新泰，东平，德州。平原岭，平原，平原君食邑。武定州，平原，渤海，棣州，海丰，阳信，乐陵，鬲津，富平，商何，隰次，滨州，汉千乘地。利津，本渤海地，永利临海。沾化，本渤海地，招安，蒲台，汉隰沃。

兖州东鲁、任城：曹豫州、济阴，济宁高平、巨野，东平须句、薛郡，沂琅琊、北

---

① “历”字上，原衍“滨”字，今删。
② 大，原作“太”，今改。
③ 趵，原作“约”，今改。
④ “此”字上，原脱“即”字，据文意补。

徐，滋阳负瑕、瑕丘、南平，曲阜鲁国、汶阳、仙源，宁阳龚丘，兰陵，邹邾国，泗水下邑，滕小邾、彭城，峄兰陵、甑州，金乡宋邑、东缗，鱼台棠邑、方舆，单单父，城武永昌，曹定陵、济阴，定陶西兖，嘉祥巨野，巨野麟州，郓城寿良、清泽，汶上中都、平陆、须昌，东阿齐阿、新桥，平阴卢县、榆山，阳谷上巡，寿张良须、邑城，郯城郯国，费费国、阳山、枋城。徐、兖二州之域，奎娄分野。春秋为鲁国，北齐为任城，隋为鲁郡，宋为泰宁。滋阳，古瑕丘地。曲阜，孔子后封邑，神农、少昊徙都之地，武王以封周公旦，是为鲁国。邹县，周时为邾国，鲁缪公改为邹。滕，古小邾子国。峄县，春秋时鄫国，汉为兰陵。鱼台，春秋时鲁棠邑，隐公观鱼于棠，即此。曹州，古豫州之域，武王封弟振铎于曹，秦为定陶，秦章邯击破楚军于定陶，即此。汜水，在曹州，汉沛公即帝位汜水之阳，然后西都洛阳，又徙关中。济宁州，古徐州域，晋为任城，唐李白客任城，有太白酒楼。东平州，春秋为须句国。阳谷县，春秋齐、宋、江、黄会于阳谷，即此。郯城县，古郯子国。尼山，在曲阜县，即叔梁纥祷而生孔子处。龟、蒙、凫、峄，共四山。黄华山，在东平州。谷城山，在东阿县，即张良遇黄石公处。汉以鲁公礼葬项羽于谷城，今羽墓在故谷城县西北。碻磝山，在东阿县，刘宋檀道济与后魏交兵于此，今城南三土堆，即唱筹量沙之所。会通河，在济宁州，漕运河道也。沧浪渊，在峄县，即孟子所云“濯缨”处。巨野，即《禹贡》“大野既潴”，今涸。盗泉，在泗水。孟尝君墓，在滕县。涑水，源自费下沂、郯城，入邳州湖泽。《文武库》曰：兖州府：《禹贡》兖州天文角度。战国末楚，秦为薛郡，古东鲁，汉鲁国。山阳，晋鲁郡，宋袭庆。在河济间，地卑下。东琅琊，西巨野，北厥固，南互乡，通徐泗江淮。梁父城，滋阳，宋滋阳。宁阳，关邑，平原，邹，邹县。峄山，昌平山，泗水，蔑龟。滕，蕃县，薛地。薛城，峄，承域地。唐子县，兰陵城，金乡，金州，昌邑，阳山，单，济阴，单州城，武戴州。曹州，章邯破楚军，项梁死此。晋济阳，宋兴仁。曹南，雷泽，曹，蒙泽，定陶，陶丘，尧都，济宁州，任国，济州，济北，嘉祥，南武城，巨野，济水所钟。郓城，廪丘，万安，郓州。东平州，鲁中都，汉大河。鲁州，隋郓州。梁山泺，水泊。汶上，乐平，济河，大清。汶河，发源泰安，经汶宁阳。东阿，阿邑，产胶。谷城山，陶山，接肥城界。阳谷，齐地。济北，寿张，寿州，沂州，隋临沂。马陵山，北盘沂州，南抵宿迁琅琊山。费，费伯邑，颛臾。

东昌南冀：临清清渊、永济，高唐崇城、南靖，濮帝丘、昆吾，聊城武水、博州，堂邑干清，博平博陵、宽河，茌平兴利，清平清阳、贝丘，莘阳平、武阳，冠馆陶、

冠氏，丘平恩，馆陶毛州、邑阳，恩武城、贝州，夏津鄃县，武城东武、永济，范范州，观城畔观，朝城东鄙、武圣。兖州域，危室分野。其属为魏、齐、赵。其名，唐为博平，秦汉为东郡地。聊城，即鲁仲连射书处也。濮州，古颛顼之墟，为帝丘，又名濮阳。《文武库》曰：东昌府：《禹贡》青州，天文危度。春秋齐西鄙聊摄地，秦①巨野、巨鹿，汉济阴。清河，阳平，博平，濮州，漕运要路，水患。南接济、兖，北连德、景，宋魏齐鲁之冲。聊城，聊摄地。棠邑发干河清，即如棠观鱼发棠处，古战场。博平，古宽河镇。茌平，重丘，秦县。丘斥，丘莘，清邑，莘州，清平，清阳。冠，冠州。临清州，清泉，馆陶，冠氏邑，陶山，高唐州，崇武，鱼丘，齐城，恩平君封邑。清河，夏津，歙县，武城，平原君封地。清河，濮州，夏昆吾氏所居。甄城，春秋卫成公都。范，范武子采邑。唐州，廪丘，观城，少康封邑，卫国朝城，商王畿地。武阳，春秋齐桓公率诸侯朝周，会此。

青州北海：莒莒子国，益都寿光、北海，临淄营丘，薄兴薄姑，高苑长乐、会城，乐安千乘、广饶，寿光闾丘、斟灌，昌乐安仁、营陵，安丘胶西、丘牟，诸城高密、东武，蒙阴颛臾，沂水东莞，日照海曲、琅琊。青州域，虚危分野。土居少阳，其色青，故名青州。武王封太公于此，为齐国。秦名齐郡，汉名北海。临淄，齐营丘。蒙阴，鲁颛臾国。莒州，古莒子国。乐毅伐齐，齐王遁而走莒，即此。东北属海，西南距岱，东有琅琊，西有大河。牛山，在临淄南，景公登牛山而流涕。琅琊山，在诸城县东南，东枕大海。景公遵海而南，放于琅琊，即此。《文武库》曰：青州府：天文危度。《周礼》正东色青，故名。太公封邑，秦琅琊，魏益都，宋镇海。平鲁，凭负山海，擅利鱼盐。紫金关，蒙阴。穆陵关，大岘山上。益都，益县，淄川，广固，临淄，古营丘地。牛山，稷下。博兴，薄姑氏国。博昌，高苑，古苑墙地。乐安，乘州，寿光，春秋浇用师灭斟灌地。丰城，昌乐，营丘，营丘城。临朐，伯氏骈邑。朱墟，白狼河，安丘，古渠丘地，隋牟山。诸城，诸县，密州，琅琊山。潍水，韩信与龙苴夹潍水阵此。盖公堂，曹参相齐九年，用盖公“无扰”一语而治，称清静宁谧②。蒙阴，古堂阜，在蒙山之阴。莒州，莒县，城阳，浮来山，沂水，春秋郓邑。新泰，日照，丝山。

登州东牟：宁海文登、黄县，蓬莱，黄县北齐，福山腄县，栖霞扬童，招远罗峰，莱阳昌阳、卢乡，文登不夜城、牟平。青州域，危分野。蓬莱县，汉武于此望海中蓬莱山，因筑城以为名。文登县，古不夜城，后魏总名东牟，又名东

① 秦，原作“泰”，今改。
② 谧，原作“谥”，今改。

莱郡。之罘山，在福山县东北，连文登县界，秦始皇登之罘，刻石纪功，武帝亦曾登之。登州四面皆海，北去海五里，春夏时遥见水面有城郭市肆，人马往来，如交易状，土人谓之海市。大昆仑，在宁海州，一名姑余山，以麻姑于此修道得名，元王重阳真人及弟子七真亦于此修道。文登山，在文登县东，始皇召集文士登此。《文武库》曰：登州府：天文尾度。古嵎夷地，夏斟邿氏国，春秋牟子国，秦属齐，汉东莱，隋牟州。武帝望海于此。三面阻海，有水城沙门岛，凡海舟渡辽者，必泊于此，祖洲海中。蓬莱，东莱地。黄，古莱子国。福山，古牟。之罘山，牟城。招远，掖县地。宁海州，牟平，牟州，文登，成山。

莱州东莱、光州：平度胶东，胶高密、临海、陬中，掖曲城、当利，昌邑都昌，潍下密，高密胶西，即墨胶东、北海、不其。青州域，尾分野。古莱夷地。即墨，以墨水得名。不其山，在即墨县东南，郑玄教授此山。劳山，亦在即墨东南，有大小二劳山，记云："泰山虽言高，不如东海劳。"逢萌修道于此。潍水自密入海，即韩信囊沙处。斟亭、寒亭，俱在潍县，斟即斟邿国，寒即寒浞国。田横岛，在即墨，四面环海，去岸二十五里，即五百[①]。《文武库》曰：莱州府：天文危度。春秋莱子国，齐迁莱子于郳，在国之东，曰东莱。定海军负海万里，沙夹万岁，河两岸沙长三百里。掖，沙丘。平度州，胶水，胶河，潍，胶东地。北海，唐潍州。寒亭，寒浞封此。昌邑，密城，博陆侯采地。胶州，黔陬，胶西，高密，晏平仲封邑。即墨，虞皋城，不其城。田横岛，田横兵众五百人死此。

① "五百"下，似有脱文。《史记》：田横"与其徒属五百余人入海，居岛中"，"闻田横死，亦皆自杀"。

陕 西 全 说

《居诸编·陕西》曰[①]：

西安府：限四十三日，东至山西平阳府蒲州界三百里，西至凤翔府扶风县界二百七十里，南至湖广郧阳府郧县界六百里，北至延安府宜君县界三百三十里。自府治至京师二千六百五十里，至南京二千四百三十里。粮八十六万五千石零。

凤翔府：限四十五日，东至西安府武功县界一百二十里，西至巩昌府清水县界三百二十里，南至汉中府凤县界二百一十里，北至平凉府灵台县界二百三十里。自府治至京师三千二百里，至南京四千八百里。粮十九万石零。

汉中府：限六十二日，东至湖广郧阳府郧西县界一百二十里，西至四川保宁府广元县界四百五十里，南至保宁府巴县界四百里，北至凤翔府宝鸡县界六百三十里。自府治至京师三千五百三十里，至南京三千五百四十里。粮三万石零。

平凉府：限五十二日，东至西安府邠州界二百五十里，南至凤翔府陇州界二百四十里，西至巩昌府会宁县界四百一十里，北至庆阳府环县界二百九十里。自府治至京师三千四百里，至南京三千一百八十里。粮一十五万石零。

巩昌府：限五十五日，东至凤翔府陇州界五百五十里，西至临洮府渭源县界七十五里，南至汉中府凤县界一千三百里，北至平凉府开城县界六百里。自府治至京师三千六百里，至南京三千六百三十里。粮十五万九千石零。

临洮府：限六十一日，东至巩昌府陇西县界一百七十五里，西至河州卫界二百七十里，南至洮州卫界二百五十里，北至庄浪卫界二百七十里。自府治至京师四千六十四里，至南京三千八百四十里。粮四万四千石零。

庆阳府：限五十日，东至延安府鄜州界一百五十里，南至西安府邠州界

① 此句为李培语。

五百里，西至平凉府镇原县界一百五十里，北至古盐州界七百里。自府治至京师二千七百里，至南京三千六百里。粮十三万石零。

延安府：限四十日，东至山西太原府石州界六百五十里，西至庆阳府合水县五百里，南至西安府同官县界五百五十里，北至沙漠界五百里。自府治至京师二千二百里，至南京四千八百四十里。粮四十一万石零。

宁夏卫：限八十日，东至省搜墩二百里，西至贺兰山一百里，南至庆阳府界三百六十里，北至西瓜山二百九十里。自卫至京师三千六百四十里，至南京三千八百四十里。

西安府：长安附郭，咸阳府西北五十里，兴平府西九十里，临潼府东七十里，高陵府北七十里，鄠府西南八十里，蓝田府东北九十里，泾阳府北七十里，三原府西九十里，盩厔府东一百五十里，渭南府东一百五十里，商州府东南三百一十里，镇安州南五十里，洛南州东七十里，山阳州东南一百二十里，商南州东六十里，同州府东北二百五十里，朝邑州东五十里，郃阳州东北一百二十里，澄城州北六十里，白水州西北一百二十里，韩城州东北二百二十里，华州府东一百九十里，华阴州北六十里，蒲城州北一百二十里，耀州府北一百八十里，同官州北六十里，富平州东南五十里，乾州府西北一百五十里，醴泉州东南四十里，武功州南三十里，永寿州北九十里，邠州府西北三百二十里，三水州东四十里，淳化州东北四十里。

凤翔府：凤翔附郭，岐山府东五十里，宝鸡府西南九十里，扶风府东一百一十里，郿府东南九十里，麟游府东北一百二十里，陇州府西一百六十里，汧阳州东九十里。

汉中府：南郑附郭，褒城府西北四十里，城固府东七十里，洋县府东南一百二十里，西乡府东南二百四十里，凤府西北四百二十里，宁羌州府西三百里，沔州东北一百七十里，略阳州北一百五十里，兴安州府东南六百四十里，平利州东六十里，石泉州西八十里，洵阳州东一百三十里，汉阴州西一百八十里，紫阳州西二百五十里，白河州南二百一十里。

平凉府：平凉附郭，崇信府东南九十里，华亭府南九十里，固原州府西北一百八十里，泾州府东一百五十里，灵台州南一百里，静宁州府西二百四十里，庄浪州东南九十里，隆德州东九十里。

巩昌府：陇西附郭，安定府西北一百八十里，会宁府北二百里，通渭府东北一百六十里，漳府南七十里，宁远府东九十里，伏羌府东一百八十里，西和府东南四百里，成府东南六百里，秦州府东三百里，秦安州西北八十里，清水州东一百四十里，礼州西一百六十里，阶州府南八十里，文州东二百一十里，徽州府东四百八十里，两当州东五十里。

临洮府：狄道附郭，渭源府东一百二十里，兰州府北二百一十里，金州东九十里，河州府东南二百七十里。

庆阳府：安化附郭，合水县府东七十里，环府北三百里，宁州府南一百五十里，真宁州南二十里。

延安府：肤施县附郭，安塞府西北四十五里，米脂府北八十里，葭州府北六百二十里，吴堡州南一百二十里，神木州北一百二十里，府谷州东北二百四十里。

宁夏卫：甘泉府西南九十里，安定府北一百九十里，保安府西北一百四十里，宜川府东南三百五十里，延川府东二百里，延长府东一百五十里，清涧府南三百里，鄜州府南一百八十里，洛川州南四十里，中部州南一百四十里，宜君州南一百八十里，绥德州府东北四百里。

西安京兆、佑国：商上洛，同大荔、冯翊，华咸林、弘农、华阴，耀内史，乾醴泉、奉天，邠扶风、豳国，长安大安，咸宁乐阴、樊川，咸阳渭城、石安，兴平始平、槐里、茂陵，临潼骊戎国、新丰，高陵鹿苑，鄠扈国、甘亭，蓝田玉山、白鹿，泾阳池阳，盩厔周南、宜寿，镇安丰安、阳业，洛南拒阳，山阳，商南富水，朝邑蒲关、五泉，郃阳古夏、华阳国，澄城北征，白水粟邑，华阴仙掌、潼津，渭南新丰，蒲城南泉，三原华池、鹿原，同官祋祤、护军，富平回义、乐亭，醴泉温宁、秀尼，武功美阳、嫠武，永寿漆县，淳化云阳，三水石门。雍州域，天文井鬼分野，又为鹑首之次。周为王畿地，秦置内史，汉武改京兆，与左冯翊、右扶风为三辅，晋后为刘、石、姚、苻所据。长安，秦古地名。咸阳，在山南水北，故名。临潼、泾阳、渭南等县，以诸水得名。蓝田，以山出玉得名。商县，古商地。华州、华阴，并以华山得名，张华拭宝剑以华阴之土，即此。邠州，古公刘所居之豳国。龙首山，在府城北，首入渭水，尾达樊川。终南山，在府城南。太一山，在终南山南。骊山，在临潼县东南，因骊戎所居，汉高送徒骊山，即此。秦起土筑宫，天下叛之。山之麓有温泉，玄宗幸此。甘泉山，在泾阳县西北，汉甘泉宫在上，单于烽火达甘泉，即此。商洛山，在商县东南，四皓隐处。太华山，在华阴县南，即西岳也。有少华山，在华州南。潼关，在华阴县东南，与河南阌乡县界。倒兽山，晋王嘉子年隐处，亦名玄象山，在渭南县东南。奉天城，在乾州，唐德宗从桑道茂之言筑此城，及朱泚乱，果幸焉。梁山，在乾州西北，古公逾梁山至岐山下，即此。秦岭，在蓝田县界，韩文公所谓“云横秦岭”，即此。细柳县，在昆明池南，亚夫屯兵处。五丈原，在武功县西南，武侯屯兵处。马嵬坡，在兴平县西，杨妃葬处。鸿门坡，在临潼县东，即高祖谢羽处。樊川，在城南，樊哙食邑。有渭河、泾河、漆河、沣水、镐水、浐水、灞水，唐诗所云“八水分流横地轴”是也。兰池，在咸阳，秦始皇引渭水为长池。昆明池，汉武伐昆明，凿四十里池以习水战。影娥池，汉武以玩月，使宫娥乘舟以弄月影，故名。今蓝田关，本秦峣关，沛公引兵绕峣关击秦军，即此。骆谷关，在盩厔县西南，通汉中，姜维出骆谷，围长安，即此。穆陵关，在永寿县南，有汉五陵，高、惠、文、景、武也，唐诗所云“渭水故都秦二世，咸阳秋草汉诸陵”，即此。太白山，在武功县，山高积雪，望之皓然，故名，谚云：“武功太白，去天三百。”山下军行，不得鸣鼓角，鸣则疾风暴雨立至，道书为十一洞天。又曰：“南山瀑布，非朝即暮。”落雁峰，在华山，李白登之曰：“呼吸之气，想通帝座，恨不携谢朓惊人句，来问青天。”渼陂，在鄠县。凝碧池，唐禁苑。子午谷，在府城南。《文武库》曰：西安府：秦名关中，以函谷名，东汉雍州，唐关内。秦、汉、唐建都之地。潼关，华阴，古桃林塞，后周名潼谷关。子午关，蓝田关，峣关，武关。商州，路通荆楚，汉高由此以取关中。蒲津关，朝邑，即大庆关。穆陵关，永寿。罂浮渡，朝邑，韩信以木罂渡军取魏王豹于此。终南山，太乙山，长安，周镐京地。咸宁，秦芒阳，汉霸陵、杜陵，后周万年，隋大兴、大年。兴平，周太邱，秦废邱，汉平陵，唐金城。临潼，骊邑，庆山，会昌，泾阳，鼎州。鄠，殷崇国。秦岭路通商雒、汉中。商州，契始封地，魏雒州、商山、镇安，五代乾祐。同州，秦内史，魏西华。朝邑，汉临晋，唐河西。郃阳，莘国。澄城，征县，唐长宁。白水，彭衙地。韩城，夏阳，少梁，少梁城，秦晋交战之地处①。华州，内史地，汉京兆，后魏华山。少华山，华阴，阴晋，宁泰，太华山，潼关，渭南，下邽，南郑，蒲城，重泉，奉先，雒。雒河，发源冢岭山阳。商城，丰阳，商南。商城，古商於地。耀州，祋祤地，魏北雍。宜州，三原，池阳，同官，颜阳，铜官，富平，频阳，美原。荆山，“荆岐既旅”，即此。乾州，池阳，奉天城。醴泉，谷口，池阳，武功，邰国，后稷所封稷州。永寿，豳国地。

① 地处，似衍一字。

广寿，邠州，公刘所居，汉新平，魏南邠，古公城。淳化，云陵，石门，黎阳，三水，豳地，长武。

凤翔扶风、岐阳：陇州汧县、陇东，凤翔秦平、天兴，岐山鹑觚、三龙，宝鸡陈仓、显州，扶风美阳、漳州，郿都郿城、郇川，麟游凤栖、杜阳，汧阳榆麋。雍州域，井鬼分野。大散关东，吴玠破金人于此。蟠溪石，在宝鸡县东南，太公钓处，有两膝迹。青莲山，在麟游。凤女台，在宝鸡，弄玉跨凤处。陇州出鹦鹉，宋徽宗时，放还红白二鹦鹉，犹问上皇。《文武库》曰：凤①翔府：天文井度。周，周岐，周地，秦内史，晋秦国，隋岐州，唐西州、西京，五代关西，险要四塞。岐山，导汧及岐，终南山接长安、蓝田、雩县界。青崖关，通固原、宁夏、边陇界。大散关，金牙关，宝鸡，斜谷关，郿，诸葛亮出师处。陇关，陇州。石鼻寨，宝鸡，孔明所筑，以拒郝昭者。和尚原，宋吴玠大破金人处。凤翔，春秋故雍，秦雍县，隋扶风。雍山，岐水，岐山，歧，周地，后周之陇。宝鸡，苻秦，苑川。秦岭山，南山之脊。陈仓，扶风，周岐阳，汉燕州，唐沛州。三畤原，东连武功，郿，郃，平阳。太白山，五丈原。陇州，汧阳东。秦汧原，汧陇，汧阳，汉隃麋地。

汉中兴元、梁州：宁羌，金州魏兴，南郑周褒，褒城褒中，城固唐固、乐城，洋县兴势、真符，西乡南丰、乡宁，凤县陇西，沔县沔阳、嶓冢，略阳沮县、顺政，平利长利、上廉，石泉金州、汉阴，洵阳驴川、伎陵，汉阴安阳、安康，白河庸西、天池，紫阳。梁、雍二州域，井鬼翼轸分野。西至川中保宁府广元县界，南至保宁府巴县界，东与湖广接壤。秦为汉中郡，初，汉高祖为汉王，都南郑，即此。秦、蜀咽喉之地，高祖入蜀，使张良以金请汉中地。褒谷，在褒城县东北，出连云栈，直抵斜谷，长四百余里。张良说高祖烧绝栈道，示诸侯无还心。曹操出斜谷，武侯由斜谷出郿，皆此道也。阳平关，在褒中县西北，曹操伐张鲁，军至阳平，即此。金牛峡，在沔县西，秦惠王以粪金诱蜀，五丁开道，因使司马错灭蜀，即此。定军山，在沔县东南，两峰对峙。汉昭烈于山下作营，斩夏侯渊，武侯作八阵图于山下。洋县，名兴势，昔魏将伐蜀，费祎御之，魏兵阻兴势，不得进，即此。《文武库》曰：汉中府：《禹贡》益州，天文参度。春秋战国属秦与楚，秦汉中，后周汉川。汉水发源，故名。通襄沔，多险要。汉阳关，褒城。鸡头关，褒城口有大石，状如鸡头，自此入连云栈通蜀。榆林关，华阳关，洋县。

① 凤，原作“风”，今改。

七盘关，阳平关，宁羌。铁岭关，兴安。清风关。南郑，汉县，西魏光义。褒城，周褒姒生此。褒固，褒谷，斜谷，旧有栈阁板，阁中间有一溪，可行舟。七盘岭，盘旋七转方至山巅，自此入连云栈。褒谷长四百七十里，同为一谷①，两谷高峻，中间谷道，褒水所出。城固，斗山有五穴，通昆仑、陇山、长安、武当、青城各山。洋城，固地，后魏傥城，隋洋州。子午谷，自涪州入子午谷，七日可至长安。凤梁泉，西魏凤州，隋河池。沔，兴州，隋西县，元沔州。陈仓道，金牛峡，秦使张仪、司马错引兵以灭蜀，即此。定军山，宁羌州，汉沮县。梁州，晋武都。兴安州，汉西城。金州，安康，平利，吉阳，石泉，汉上庸，唐武安，药妇②，平利，十八盘。洵阳，唐洵州，汉阴，晋安庸。白河，汉中地。紫阳，洵阳地，汉阴。

平凉泾原：固原开远，泾州安定、彰化，静宁渭州、陇干，平凉朝那、潘原，崇信，华亭陇州、神原，镇原北定、镇戎，灵台胡密、良原，庄浪，隆德隆城、羊牧。雍州域，井鬼分野。又名安定。环庆之间，外边羌夏，左控五原，右带兰会。黄流在其北，崆峒在其南，控制西陲要地。虞诩策“不宜弃凉州”，言其屏蔽三辅。崆峒山，在府城西，广成子所居，黄帝就而问道。萧关，在镇原西北，汉文帝时匈奴入萧关。古密国，在灵台县，文王伐密，即此。《文武库》曰：平凉府：天文井度。春秋朝那地，秦北地郡，汉安定，魏武州，隋唐平凉，宋泾原，以泾水名，逼近西边。萧关，六盘关，唐宣宗破吐蕃于此。瓦亭关，华亭。木峡关，镇原。平凉，泾阳，崇信，宋县。华亭，秦陇西地，五代义州。镇原，汉平，原州，第一城，隗嚣遣将，据高平第一，汉寇恂讨之，投降。固原州，汉高平。开城，泾州，汉鹑觚地。灵台，周密须国。静宁州，古陇干。庄浪，北地。隆德，安定地。

巩昌③郡名：陇西、天水、汉阳。秦天水，阶武都，徽河池，陇西古渭，安定定西，会宁西会，通渭陇西，漳盐川，宁远陇西，伏羌当亭，西和上禄，成仇池，秦安纳甲，清水略阳，礼天嘉，文阴平，两当故道、广乡。雍州域，井鬼分野。春秋戎羌所居，秦陇西郡，东汉分立南安郡，三国魏陇西郡，治襄武，南安郡，治貆道，晋仍旧。后魏为陇西、南安、安阳三郡，兼置渭州。后周并为南安郡。隋废，后复置陇西郡。唐置渭州，天宝初改陇西郡，宝应后陷于吐蕃。宋皇祐④中，以渭州地置古渭寨，熙宁中改通远军，崇宁中改巩州。金始为巩昌府，元改巩昌路，明洪武改为巩昌府。陇西，本汉陇西郡之襄县，唐为陇

① “同为一谷”上，疑脱“与斜谷”三字。
② 药妇，疑误。
③ 下有李培原注：“五公先生遗阙，今培照志补之。”
④ 祐，原作“祜”，今改。下“元祐”同。

西县，宋立古渭寨，元祐中复置陇西县，金、元、明因之。安定，本唐渭州西市贸马之所，五代沦于先零，宋始筑定西城，属通远军。金改定西县，属巩州，后升定西州，领西安、通西二县。元省二县入州，后因地震，改安定州。明改为县。会宁，陇西郡地，后魏置会宁县，西魏置会州，寻废，后周并废县。隋复置会宁县，属平凉郡。唐置西会州，后改会宁郡，又改会州。金陷于河西，侨治会川城，名新会州，又升西宁县为州。金废，元复置西宁县，以会州徙治此，寻省县入州。明为会宁县。通渭，本唐陇西县地，后陷于吐蕃。宋置通渭县，后废为寨。金复升为县，属巩州。元以甘谷、维川二县省入，明因之。鄣，汉旧县，隋陇西郡，唐陷于吐蕃，宋立盐州寨，后改为镇，金属巩州。元并入陇西县，后置漳县，复汉旧名，明因之。宁远，本唐陇西县地，宋置宁元寨，后升为县，金仍废为寨。元以来远镇省入，后升寨为宁远县，明因之。伏羌，本冀戎地，秦武公伏冀戎，置冀县，东汉置汉阳郡，晋属天水郡，后魏改当亭县，后周改冀城县。唐改伏羌县，兼置伏州，寻废州，以县属秦州。宋初为伏羌寨，属清水县，后为伏羌城，属秦州。金废为寨，元复升为伏羌县，明因之。西和，本秦临洮县地，属陇西郡，汉为上禄县，西魏分置长道县，属天水郡，隋属成州。唐废，后复置，属秦州。宋改属岷州，后岷州徙治县白石镇，改曰西和州，以长道县为附郭。元以长道县省入州，明改州为县。成古，西戎地，战国白马羌居，秦属陇西郡。汉武都郡，下辨道地。东汉、晋皆为郡治，后魏置仇池郡，梁改郡为南秦州，西魏改为成州，隋改为汉阳郡。唐复改为成州，天宝初改同谷郡，乾元初复为成州，后没于吐蕃，咸通中仍置成州，徙治同谷县。五代梁改汶州，唐复为成州，宋因之，后升同庆府。元仍为成州，以附郭同谷县及天水县省入。明改州为县。秦，本西戎地，周孝王封非子于此，秦属陇西郡。汉天水郡，东汉改汉阳郡，三国魏置秦州。晋改汉阳为天水郡，寻废，复置秦州。宋、齐复为天水郡，隋废郡为秦州，后复为天水郡。唐复为秦州，天宝初改天水郡，乾元初复为秦州，后移治成纪。宋为天水军，金为镇远军，元复为秦州，以成纪县省入，明因之。秦安，本宋纳甲城，金置秦安县，属秦州，元以鸡川、陇城二县省入，明因之。清水，本汉旧县，属天水郡，晋属略阳郡。后魏分略阳，置清水郡，寻废。隋属天水郡，唐初置邽州于清水城，寻废州，

以县属秦州，后陷于吐蕃，大中初收复。五代唐移置于上邽镇。宋、金仍旧。元以治坊县省入，明因之。礼，明置为县。阶州，战国白马氐所居，汉武以其地为武都郡，后魏置武都镇。西魏置武阶郡，又置武州。后周为武都郡，又改永都郡。隋复置武都郡，唐复为武州，天宝初改武都郡，乾元初复为武州，景福初改曰阶州。宋初隶秦凤路，后隶利州路。元移柳树城，以福津、将利二县省入，明因之。文，本古氐羌地，汉开西南彝，置阴平道，属广汉郡，晋置阴平郡。永嘉末，为氐羌所据，置文州。隋废为县，属武都郡。唐复置文州，天宝初改阴平郡，乾元初复为文州，属陇右道。宋属利州路，元属巩昌路，明改为文县。徽，春秋氐羌所居，秦为陇西郡地，汉为河池县，属武都郡，晋陷于氐羌，后魏置广化郡及县。隋初，郡废，以县属凤州，仁寿初复名河池县，唐、宋皆因之。元置南凤州，至元初改为徽州，以河池及永宁县省入。明因之。两当，本汉故道县地，属武都郡，晋陷于氐。后魏置两当郡及县，因界内两当水为名也。隋废郡，以县属凤州，唐因之，宋徙治广乡镇，元仍旧，属徽州，明因之。城郭风土皆盛。《文武库》曰：巩昌府：《禹贡》雍州，天文参度。春秋羌戎，秦陇西，西汉天水、汉阳、南安，唐渭州，宋巩州。逼近西番。首阳关，石榴关，秦州。大震关，清水。青崖关，阶州。玉垒关，文县。陇西，汉襄武，古渭，安定，宋定西，近边。会宁，汉枝阳，西魏会州，金西宁，雪山，通渭，唐陇西，鸡川。漳，汉县，益川，西倾山。宁远，唐陇西地。伏羌，本冀戎地，汉汉阳，后魏当亭，周冀城，朱圉山。西和，秦临洮地，汉上禄，西魏长道，宋西河。祁山，诸葛亮伐魏，以木牛流马运粮，即此。成，古西戎地，后魏仇池，有山通西和县，梁南秦，西魏成州，隋汉阳。同谷，秦州，古成纪地，汉天水。嶓冢山木皮岭，黄巢乱，王铎置关于此，以遮秦陇，地险要，亦入蜀路。铁堂峡，姜维居此。地网，宋吴璘创，于平田间纵横凿为渠，每渠阔八尺，深丈余，连绵不断如网，金骑不敢入。秦安，陇城，清水，邽州，略阳，礼，秦天嘉，汉汉阳，宋长道。秦亭，即街亭，马谡与张郃战处。阶州，汉武都，西魏武阶，唐武州。文，汉阴平道，文州，邓艾城，魏邓艾伐蜀，筑此城。阴平道，秦蜀门户，锺会代蜀，姜维请备阴平，不从，故覆。徽州，汉河池，后魏广化，南凤，两当，武都地。广乡，故道。

临洮陇武、金城、西胜：兰州武始、兰泉，河州抱罕、罕井，狄道安乐、陇西，渭源首阳、通谷，金县龛谷、定远。雍州域，井鬼分野。秦置陇西，晋析狄道，汉时匈奴寇狄道，即此。皋兰县，山下平夷，可屯百万众，汉霍去病击匈奴，至此。长城，在府城北，秦始皇遣蒙恬发兵三十万众，北筑长城，起自临洮，即此。其形胜，境接巴巂，地控边陲，其俗好勇喜猎。黄河源自昆仑西域。《禹贡》“导河自积石”，盖自积石至河州界，经流县城，洮、漓、湟水入焉，又东北越乱山中，过宁夏，出塞外，始转而东南，入中国山西界。洮河在城南，自蕃地流入，奔放浩然，声如万雷。《文武库》曰：临洮府：天文井度。西羌所居，后为兰州，为兰县，刘宋武始置熙州路，当甘肃要冲。摩云阁岭，分水关，渭源。凤林关，兰州。金城关，兰州，西北要害处。积石关，河州。狄道，唐临州，临川。长城，兰州。金城，皋兰山，湟水。金，汉金城，金州。河州，汉大夏。

庆阳弘化：宁州义尼、彭阳、渠宁，安化郁泾、合水，合水蟠交，环县环州、方渠，真宁罗川、惠涉。雍州域，井鬼分野。周之先不窋所居，号北豳，秦号宁州，后魏改邠州，又曰邠宁。花马池，周围四十三里，在府城北。《文武库》曰：庆阳府：天文井度。春秋义渠戎国，秦号北地，宁州，后魏邠州，朔州，邠宁，唐庆州。泾环之要路，接羌胡。花马池，与羌中马槽孛罗池相近。不窋城，定边城。白豹城，清平关，环县。安化，顺化，合水，汉归德地，西魏蔚州华池，隋乐蟠。环，周朔方地，后周会州，五代威州。灵武台，旧灵武郡，宁州，后魏华州，公刘邑。真宁，汉阳周地。

延安金州：鄜州杏城、庸定，绥德赫连、雕阴、上郡，葭州固阴、中乡，肤施金明、丰林，安塞高奴、广乐，甘泉伏陆，安定丹头，保安栲城，宜川义川，延川临河，延长广安、北连，洛川敷城，中部翟道、渠搜，宜君宜州，清涧宽西、州平，米脂延川、嗣武，吴堡定胡，神木银胜、新秦、镇西，府谷靖康、永安。雍州域，井鬼分野。春秋时白翟所居，后魏为统万镇，又置金明镇，又改延州，取延水为名。又有鄜州，总谓之鄜延。又有绥德州，谓之为延绥。秦时总名上郡。无定河，在青涧县东南，入黄河，溃沙急流，浅深不定。唐诗：“可怜无定河边骨，犹是春闺梦里人”，又云：“无定河边暮笛声，赫连台畔旅人情”。桥陵，在中部县北，轩辕黄帝升仙，葬衣冠于此。独战山，在延长，险峻，一人独战，可当千人。疏属山，在绥德，帝桎缚贰负之臣危于此。吃莫河，在保安，不胜船筏。呜咽泉，在绥德，扶苏死处。延安出牡丹，多如荆棘，土人作薪。《文武库》曰：延安府：天文井度。汉翟国，又东夏，近榆林边，邻山西。芦关，安塞。永宁关，延川黄河渡口。银州关，米脂。孟门山。肤施，古延州。安塞，隋、金、明甘泉，雕阴地。安定，汾，汾州，宜川，保安，汉上郡，唐永康，宜川，丹阳，丹州，延川，文安，延长，延安。鄜州，汉鄜县，高奴，东秦。无定河，三川水，洛川，鄜县地。中部，内部，宜君，祋祤。绥德州，秦阳，米脂，上郡，银川，葭州，贞乡，吴堡，石州，神木，汉五原，河西地。古麟州，五原城，府谷，太原地。麟，府。

宁夏朔方、怀远。雍州域，井鬼分野。秦为上郡。汉置朔方，即《诗》“城彼朔方”也。晋乱，夏王勃勃初姓刘，改为赫连。夏据之于黑水之南，命匠叱干阿利筑都城，名曰统万，蒸土筑之，锥入一寸，即杀匠作。东有元昊宫。卫城北有灵武城，南有灵州城，唐肃宗即位于灵武，宋改翔庆军，元仍为灵州。贺兰山，在卫城西，丹崖翠峰，巍然峻起，盘踞数百里，宁夏倚以为固。汉武置酒泉、武威、张掖、西平，以断匈奴右臂，号河西四郡。祁①连山，在都司城西南，本名天山，匈奴呼天为祁连，故名，即“三箭定天山”是也。初在匈奴地内，后为中国所夺，匈奴歌曰：“夺我祁连山，使我六畜不蕃息；夺我焉支山，使我妇女无颜色。”昆仑山，在肃州卫城西南，周穆王访王母处。石山，在西宁卫南，即《禹贡》“导河”之所。黄河源，汉张骞云：“河有二源，一出于阗，一出葱岭。”又《河源志》：河源在吐蕃西鄙，有泉百余窦，地方七十里，登其旁岭，下视窦，历历如列星，名星宿海。合流而东，汇为二泽，复合流，始名黄河。九渡经昆仑。弱水，在甘州卫城西。玉门关，在古瓜州西北，汉霍去病破走月支，开玉关，班超愿生入玉门关，即此。阳关，在废寿昌西，唐诗“西出阳关无故人”谓此。渥洼水，在燉煌沙州，汉元鼎四年得神马于渥洼水中，即此。河西五郡，塞外以北则为鞑虏，以西为蕃羌，羌即充国所平先零、罕、幵也。金山，在永昌城北，丽水自出。三危山，在沙州，即窜三苗处。洮河源出西倾山，初冬冰冻如弹，蔽水下，俗呼珠子凌。沙鸣城，在宁夏中卫城东南，此地人马行沙有声。黄河邻近，居人疏渠溉田。

① 祁，原作“初”，今改。下“祁连”同。

河 南 全 说

《居诸编》曰[①]：

开封府：限三十日，东至直隶凤阳府宿州界五百一十五里，西至河南府巩县界三百六十里，南至汝宁府上蔡县界四百里，北至卫辉府汲县界一百七十里。自府治至京师一千五百八十里，至南京一千一百七十五里。粮七十一万九千三百石零。

归德府：限二十日，东至直隶凤阳府宿州界二百一十里，西至开封府杞县界二百二十里，南至凤阳府太和县界一百三十里，北至山东兖州府曹县界四十里。自府治至京师一千五百五十里，至南京一千一百八十里。粮七万七千六百石零。

彰德府：限二十二日，东至直隶大名府内黄县界七十里，南至大名府浚县界七十里，西至山西潞州壶关县界一百七十里，北至直隶广平府邯郸县界一百二十里。自府治至京师一千二百里，至南京一千七百里。粮二十五万二千石零。

卫辉府：限三十五日，东至直隶大名府滑县界五十里，南至开封府延津县界四十里，西至泽州陵川县界二百一十里，北至彰德府汤阴县界七十里。自府治至京师一千四百里，至南京一千五百里。粮二十四万五千六百石零。

怀庆府：限三十二日，东至卫辉府获嘉县界二百四十里，西至山西平阳府绛州垣曲县界二百五十里，南至河南府巩县界七十里，北至山西泽州界六十五里。自府治至京师及南京俱一千八百里。粮三十三万六百石零。

河南府：限三十二日，东至开封府汜水县界一百六十里，南至南阳府南阳县界二百六十里，西至陕西西安府华阴县界四百九十里，北至怀庆府济源县界四百九十里。自府治至京师及南京俱一千八百里。粮四十八万一千二百

① 此句为李培语。

石零。

南阳府：限四十日，东至汝宁府遂平县界二百八十里，南至湖广襄阳府襄阳县界一百八十里，西至郧阳府郧县界二百里，北至河南府封县界四百三十里。自府治至京师二千一百四十五里，至南京一千七百里。粮一十一万四千四百石零。

汝宁府：限三十八日，东至直隶凤阳府颍州界二百三十里，西至南阳府舞阳县界一百四十里，南至湖广黄州府黄陂县界四百五十里，北至开封府陈州西华县界一百一十里。自府治至京师二千三百里，至南京二千二百三十里。粮十二万一千七百石零。

汝州：限三十二日，东至开封府许州襄城县界七十里，西至河南府洛阳县界八十里，南至南阳府南召县界九十里，北至河南府登封县界五十里。自州治至京师及南京俱一千七百五十里。粮十四万七千七百石零。

开封府：祥符附郭，陈留府东五十里，杞府东一百里，通许府东南九十里，太康府东南二百一十里，尉氏府南九十里，洧川府西南一百五十里，鄢陵府南一百六十里，扶沟府南二百里，中牟府西七十里，原武府西北一百二十里，阳武府西北九十里，封邱府北七十里，延津府西北九十里，兰阳府东北九十里，仪封府东北一百一十里，陈州府东南二百五十里，商水州西九十里，西华州西北九十里，项城州东南九十里，沈邱州西南一十五里，许州府西南二百三十里，临颍州南六十里，襄城州西南九十里，郾城州南二百二十里，长葛州北五十里，禹州府西南二百二十里，新郑州东北九十里，密州西北一百二十里，郑州府西一百四十里，荥①阳州西七十里，荥泽州北五十里，河阴州西北五十里，汜水州西一百一十里。

归德府：商邱附郭，宁陵府西六十里，鹿邑府南二百二十里，夏邑府东一百二十里，永城府东一百八十里，虞城府东北九十里，睢州府东一百八十里，考城州②东北九十里，柘城州东南九十里。

彰德府：安阳附郭，汤阴府南四十五里，临漳府东北一百一十里，林府西一百二十里，磁州府北七十里，武安州北一百二十里，涉州西二百里。

---

① 荥，原作“荣”，今改。本卷“荥阳”“荥泽”之“荥”同。

② 州，原作“城”，据文意改。

卫辉府：汲附郭，胙城府东三十五里，新乡府西五十里，获嘉府西北一百里，淇府北五十里，辉府西六十里。

怀庆府：河内附郭，济源府西七十里，修武府东一百二十里，武陟府东一百里，孟府南六十里，温府南五十里。

河南府：洛阳附郭，偃师府东七十里，巩府东一百三十里，孟津府东北七十里，宜阳府西南七十里，登封府东一百四十里，永宁府西南二百里，新安府西七十里，沔池府西一百六十里，嵩府南一百六十里，卢氏府西南三百四十里，陕州府西三百里，灵宝州西六十里，阌乡州西一百三十里。

南阳府：南阳附郭，镇平府西七十里，唐府东南一百一十里，泌阳府东二百二十里，桐柏府东南一百里，南召府西北八十五里，邓州府西北一百二十里，内乡州西北一百二十里，新野州东南七十里，淅川州南六十里，裕州府东北一百二十里，舞阳州东北二百四十里，叶州北一百二十里。

汝宁府：汝阳附郭，真阳府南二十三里，上蔡府北四十五里，新蔡府东五十里，西平府西北一百四十里，遂平府西九十里，信阳州府南一百七十里，罗山州东五十里，确山州西八十里，光州府东三百里，光山州西四十五里，固始州东一百四十里，息州西北九十里，商城州北一百里。

汝州：鲁山州西南一百三十里，郏州东南九十里，宝丰州西六十里，伊阳州西北一百二十里。

开封大梁、陈留、汴梁、汴州：陈颍川、项城、陈郡、北阳，许韩国、许昌、长社，禹栎邑、阳翟，郑东桓、广武，祥符浚仪、梁州，陈留莘城，杞雍邱、杞州，封邱平邱、酸枣、封父国、延津南燕、小黄，尉氏，洧川扶沟、淮阳，鄢陵安陵，扶沟东魏，中牟郑邑、内牟，通许咸平，太康阳夏、匡城，阳武博浪沙，兰阳东昏，仪封考阳、卫邑，原武广武、原陵，商水汝南、阳顿，西华鸿沟、箕城、景云，项城秣陵、古项，沈邱，临颍，襄城郑氾，郾城古郾，长葛许县，新郑郐国，密古密，荥阳成皋、成泰、敖仓，荥泽广武，河阴平阴、濒河，汜水虎牢。兖、豫二州域，角亢分野。春秋郑、魏、陈三国之境，战国魏都于此，号大梁，秦为三川，汉为陈留，又为汴梁。五代梁都于此，号东京，即朱温也，宋金为汴京。祥符县，汉为浚仪县。杞，夏之后封于杞。尉氏县，春秋郑大夫尉氏之邑。鄢陵，即郑伯克段于鄢处。厄台，在陈州，孔子绝粮处。《文武库》曰：开封府：《禹贡》豫州，天文亢度。东魏梁州，金南京。濒河平原，无险可阨。金明池，周世宗凿，宋太宗幸此，以习水战。朱仙镇，岳飞败北兀术处。古崤关，汜水，汉置成皋县，隋置虎牢关。官渡城，曹操与袁绍相持处。中牟，广武山下，古战场，楚汉争处。荥泽，鸿沟，楚汉分界，北接广武，山连荥泽。祥符，汴州，陈留，古有莘国。空桑城，杞，周杞国。通许，陈留地。太康，太康封。尉氏，向城，洧川，曲洧，新汲，洧州，鄢陵，共叔段邑。郑邑，扶沟，陈州，中牟，牟州，延津，廪延，酸枣，兰阳，东明，陈州，陈县，宛邱界。凤阳，商水，溵疆，溵水，项城，项子国。秣陵，项城，沈邱，沈子国。平舆，沈州，许州，许国，南郑，颍昌，襄城，杞地。汝州，郾城，召陵，郾子国。长葛，长社，郑邑。禹州，钧州，密国。密，汉县。郑州，管县，荥州，周管叔鲜封。荥阳，虢国，秦置敖仓于此。荥泽，三川，河阴，东渠，汜水，雒州，成皋，北豫。

归德砀郡、亳邑：睢衮邑、雍邱，商邱，宁陵宁城，鹿邑鸣邑、武平，夏邑邑吾、睢阳，考城谷城、留县，永城芒邑、谯郡，虞城古虞、辉州，柘城株野、谷熟。兖、豫二州域，角亢分野。古商邱，汤所居亳邑。陈州，伏羲所居，同封舜后于此，号陈胡公。许州，周为许国，魏改许昌。新郑，周封黄帝后于此，本郑武公国，有鸿沟界。荥阳，本郑都城，古虢国。虎牢关，在汜水县，东汉废县为关。襄城，黄帝所游，七贤皆迷之处。首山，在襄城南，黄帝登焉。具茨山，又名大隗山，在新郑县西南，黄帝登此，受神图于黄盖童子。荆山，在钧州城西北，齐武于此采玉。夷门，大梁城东门，侯嬴隐处。空桑城，在陈留县，伊尹生处。博浪城，在城北，即子房击始皇处。葵邱，在考城县东，春秋齐桓公盟会诸侯于此。固陵，在陈州西北，项羽南走固陵，即此。古官渡城，在中牟县北，曹操与绍相持于官渡口，即此。高阳里，在许州城内，荀淑所居。间关公故宅，在许州，一宅分为两院，今有祠。陈桥驿，在府城北，宋赵匡胤叛处。寿山，艮岳，在府城东北隅，徽宗筑。匡城，在睢州，孔子畏匡处。李耳，苦县人。列御寇，郑人。庄周，蒙人。韩非、张良，韩人。谢安、申屠蟠、阮籍，俱陈留人。庾亮，鄢人。陈抟，亳州真源人。《文武库》曰：归德府：《禹贡》豫州，天文房度。宋地，秦商邱，汉睢阳，隋宋州，宋应天，中州第一程，南邻[1]宿、颍、亳。武津关东南，子胥渡昭关于此。商邱，亳地。砀郡，睢阳，陶唐氏迁阏伯于此。宁陵，葛伯国。砀山县[2]，鹿邑，鸣鹿，郸县，真源，夏邑，下邑，砀郡，

① 南邻，原作“邻南”，今乙正。

② 砀山县，原作“砀县山”，今乙正。

永城，芒县，大邱，临睢，虞城，禹封商均于此。虞县，睢州，襄邑，考城，谷城，淄县，葵邱，柘城，朱襄氏邑。柘县，陈株。

河南东京、洛邑、三川：陕弘农、唐兴，洛阳永昌，偃师师成、三亳，巩巩伯邑、洛口，孟津河阳、白坡，宜阳甘棠、福昌，登封嵩高、堙阳，永宁渑池、熊耳，新安西周、东垣，渑池韶州、陕亭，嵩伊阳，灵宝函谷、桃林，阌乡汉湖、鼎州，卢氏莘地、洛安。豫州域，柳分野。武王克商，定鼎于郏鄏。成王营洛，为王城下都。至平王自镐东迁，乃居王城，一名周南，一名洛阳，一名三川。登封县，即古阳城，禹避舜子处。洛邑，天地之中，溯洛背河，左伊右瀍。孟津县，武王伐纣，渡师于此。轘辕关，在登封县西北，巩地，有十二曲，将去复还，故名，是为险道，汉置关，沛公攻[1]平阴，绝河津，南出轘辕，即此。东崤、西崤，谓之二崤，中有文王避雨陵，在陕州西。秦师败于崤，即此。缑氏山，在偃师县南，周灵王太子晋吹笙升仙之所。嵩山，在登封县北，是谓中岳。熊耳山有二，一在卢氏县西南，《禹贡》"导洛自熊耳"；一在宜阳县，光武破赤眉，积甲与熊耳山齐，是也。鬼谷，在登封县北，苏秦师鬼谷于此。新安县，西周地，项籍诈坑秦降卒二十万于新安南，即此也。潼关，在阌乡县。北邙山，在府城北。砥柱山，在陕州，大禹凿三门通黄河，南鬼门、中神门、北人门。金谷园，在府城西。金人，在陕州鼓楼下，存其三，董卓毁其九，苻[2]坚徙其三于此。铁牛，在陕城外，禹铸，镇河患。《文武库》曰：河南府：有伊洛河，魏司州，后魏洛州，隋豫州，唐东都，宋西京，金金昌。西接西安府华阴县，背溯洛，左河右伊，关瀍涧，为天地之中。冲，残。龙门关，轘辕关，鹈鹕关，函谷旧关，函谷新关，白阳关，大阳关，硖石关，潼关，大谷关，白华关。洛阳，周南，左成皋，右渑池，前嵩高，后带河。偃师，西亳。巩，巩伯邑。汉县，孟津，河清，宜阳，阳州，寿安，登封，阳城，嵩阳，凡封嵩山，自此而登，故名永宁。永陵，崤山最险。永宁有颍水，沔池。嵩，陆浑，伊州，嵩州，陕州，虢国，莘原，即周召分地。灵宝，弘农，阌乡，湖县，卢氏，西虢。曲沃城，晋侯备秦师，以曲沃之官守之。铁岭，险隘关要，前代设官戍守。

南阳苑州、申州：邓宣化、穰邑，裕堵阳，汝承休、陆海，南阳上苑、韩苑，镇平安众，唐泌州，泌阳舞阴，桐柏，南召，内乡白羽、中乡，新野百宁、棘阳，淅

① 攻，原作"改"，据《史记·高祖本纪》改。
② 苻，原作"符"，今改。下"苻丕"之"苻"同。

川，舞阳北舞，叶仙凫，鲁山广州、鲁阳、滍阳，郏顺阳、期城，宝丰，伊阳。豫州之域，张分野。南与湖广襄阳县接界，西与郧县接界，本夏禹国，战国属韩，在中国之南，居阳地，故名。邓州，古汉县。有冠军城，去病封冠军侯。有博望城，张骞封博望侯。光武中兴，自舂陵至新野，由南阳讨河朔。昆阳城，在县南，光武昆阳大战，破王寻于此。王乔为叶县令，飞舄化凫，朔旦[①]朝京师，即此，唐改为凫仙县。卧龙冈，在府城西南，起自嵩山之南数百里，至此截住，武侯隐此。丹水，源出陕西竹山。黄城山，在叶县，子路问津处。泌水，即《诗经》所云“泌之洋洋”也。鲁山，即鲁阳侯挥戈反日处，袁术曾驻兵于此。方城山，在裕州，即“楚方城以为城”处。《文武库》曰：南阳府：《禹贡》荆州，天文翼度。申伯、邓侯封地，春秋属楚，秦治郡宛[②]，汉光武起兵舂[③]陵，更始立淯水，皆此。隋邓州，宋宛州，金中州。成皋之固，商坂之阻，南接界襄阳，西通郧县，多患流民。鲁阳关，鲁阳公与韩酣战处。石夹关，唐象河关。泌阳，昆阳关，叶，昆阳城，博望城，南阳，宛县，上陌，镇平，安昌，唐比阳，东荆州，淮州，显州，唐州，泌阳，临舞，期城，桐柏，复阳，南召，楚地，犨城，邓州，穰邑，荆州，内乡，淅阳，古商於地。新野，义阳，淅川。淅川，汉淅县。裕州，楚方城。顺阳，鲁州，叶，古应子国，沈诸梁封邑。襄州。

汝州[④]。《禹贡》豫州，天文心度。春秋楚郑国，战国韩，后属魏，秦三川，汉河南，后周和州，唐临汝，原周畿地。直隶州，僻冗。鲁山，郑邑，广川，鲁州，郏，郑地，龙山，汝南，郏城，宝丰，郑地。父城，龙兴，伊阳，新城，伊阙，龙门关，仙人寨。

汝宁汝南、淮康：信阳平民、北司，光弋阳、弦黄，汝阳沈国、蔡州，新蔡古吕，西平文城、柏子国，上蔡武津，遂平吴房，真阳，罗山正地、蒙阳，确山安昌、朗山，光山西阳、定城，固始蓼国、寝县，息新息，商城。豫州域，角亢氐分野。东与凤阳、颍州接界，南与湖广黄州府黄陂县界。春秋沈、蔡二国，又名蔡州，又名汝南、光州，古扬州域[⑤]。唐李愬雪夜入蔡州城，擒吴元济，今有《平淮西碑》在府城内，与江淮接壤，故名淮西。天中山，在府北，居天地之中，故名。自古考日影，测分数，莫正于此。《文武库》曰：汝宁府：天文房度。秦颍川，

---

① 旦，原作“且”，今改。《后汉书·方术列传》作“朔望”。

② 郡宛，疑当作“宛郡”。

③ 舂，原作“春”，今改。

④ “汝州”至“仙人寨”，原本均为双行小字，今审明分开。

⑤ “古扬州域”四字疑衍。

后魏豫州，后周舒州、溱州，宋淮康。四方取中，天中。悬瓠池，李愬讨吴元济，雪夜击鹅鸭以乱军声，即此。平靖关，武胜关，信阳。大胜关，九重关，罗山。五关，木陵关，光山。五水关，固始。淮水由确山、信阳入颍州界。汝阳，溵水，天中，上蔡，黄国，蔡国，在汝阳上蔡界。新蔡，蔡州，舒州，新州，汝北，遂平，房子国。遂宁，真阳，慎阳，信阳州，申伯封平氏地。义阳，郢州，中州，罗山，鄎县地。高安，确山，郎陵，光州，春州，弦、黄、蒋三国。浮弋，光山，弦国。固始与寿州，霍邱界。息，息侯国。商城，新鄀，新郑。

彰德上党、魏郡：磁临水、滏阳，安阳义阳、湘县，汤阴古羑里、安阳，临漳邺县、灵芝，林岩州、林虑，武安邯郸，涉莫县、沙侯国。冀州域，室壁分野。战国为魏之邺地，曹操称为邺都，又名相州。西通泽潞，东接大名，南界卫辉，北邻洛磁。《魏史》：曹操还邺，作元池以习舟师。九华宫，在临漳西。铜雀台，在临漳县西，魏操筑台，可望西陵。西陵，操筑处。韩琦，安阳人。岳飞，汤阴人。隆虑山，在林县，负大行，接恒岳，景最奇绝。《文武库》曰：彰德府：天文昴度。商河亶甲居，相魏邺地，秦为上党、邯①郸二郡。控齐秦，跨燕赵，西大路要冲。太行山自中条起，直过赵境防城郭村，尔朱兆与高欢战败，筑城观之。宜师沟西南，汤阴伏道店，纣置兵防地以卫。羑里流沙岭，林县西南脱甲岭，磁州西漳河，渡最险，讲武城临之。逼店关，铁滓岭，涉县西。安阳，秦县。汤阴，荡阴，西牟，临漳，邺地，魏都。林，隆虑，金林，磁州，邯郸地。武安，磁山，涉，崇州，临水。

卫辉朝歌、古卫：汲牧野、伍城，胙城南燕，新乡获嘉、河内，获嘉殷州、修武，淇淇州，辉鄘国、共城、苏门。冀州域，室壁分野。本纣所都朝歌地，武王克殷，分其地，北为邶②，南为鄘，东为卫，康叔封地。左孟门，右太行。苏门，在辉县西北，又名百门山，晋孙登隐此，上为啸台、百泉。摘星楼，在淇县古朝歌城上，相传纣与妲己观涉处。牧野，在府城南陵西社，朝歌之南，武王陈师处。延津，曹操使于禁渡河守延津。淇园，在淇县西北，卫武公园。世恒言河南、河北、河东、河西，南宋与北魏争河南北，汉武置河西四郡，战国时即有河东之名。今考之，以黄河分界，开封、南阳一带在黄河以南，为河南；彰德、卫辉一带在黄河以北，为河北；山西一带为河东；陕西、甘肃一带为河西。鹿台、巨桥，俱在淇。竹林七贤堂，在辉县，今为道观。《文武库》曰：卫辉府：《禹贡》并州，天文室度。秦河东，汉河内，晋汲郡，后魏义州，唐宋卫州。

---

① 邯，原作“耶”，今改。
② 邶，原作“邸”，今改。下“邶”同。

南滨大行，西压上谷，吐卫河。冲。太公台，武王筑此，拜吕望师尚父。获嘉，宁邑，淇，朝歌地。沫邑，胙城，古胙国。东燕，辉，共伯国。凡城，共县，苏门，辉州。

怀庆殷国、覃怀：河内紫陵、太行、野王，济源畿内、轵县，修武西修武、浊鹿，武陟怀邑，孟大基、三城，温平州。冀州[①]域，室壁分野。与山西平阳府绛州垣曲县接界。商为畿内地。东界泌河，西连流水，南据孟牢，北倚太行，从西至此，亘数千里。司马懿，温人。山涛，河内人。宣王陂，在修武，孔子闻赵杀鸣犊处。韩愈，南阳人。轵城，在济源，聂政乡。沁园，在城东北沁水北岸，金时官僚游处。角里[②]先生，轵人。《文武库》曰：怀庆府：《禹贡》并州，天文室度。周为三监及邶、鄘、卫地，总为河内。战国为魏、卫、郑地，秦三川，唐怀州。山西平阳府绛州垣曲接界，最为冲要。大斛关，轵关，狐岭关，河阳古关。孟县，济源，河内，怀州，济源，原州，修武，雍国。武陟，陟州，孟，孟津，河阳，孟州，温，畿内地。

① “冀州”下，原衍“覃怀”二字，今删。

② 角，原作“角”，今改。

四 川 全 说

《居诸编》曰[①]：

四川成都府：限一百四十五日，东至潼川州安岳县界一百五十里，西至杂谷安抚司界六百三十里，南至眉州彭山县界一百一十五里，北至潼川州中江县界二百五十里。自府治至南京七千二百六十里，至京师一万七百一十里。粮一十六万六千石零。

保宁府：限一百日，东至夔州府达州界七百三十里，西至龙州界七百里，南至顺庆府蓬州界一百七十里，北至陕西汉中府沔县界五百九十里。自府治至南京五千七百里，至京师一万三百里。粮二万石零。

顺庆府：限一百十八日，东至夔州府梁山县界六百二十里，西至潼川州盐宁县界一百四十里，南至重庆府定远县界一百三十里，北至保宁府南部县界一百一十里。自府治至南京五千五百六十里，至京师八千八百二十五里。粮七万二千石零。

叙州府：限一百二十日，东至泸州江安县界一百四十里，西至马瑚府蛮夷长官一百八十里，南至镇雄军民府界四百七十里，北至嘉定州荣县界二百五十里。自府治至南京六千三十五里，至京师九千二百五十里。粮十万石零。

重庆府：限一百十五日，东至夔州府万县界六百四十五里，西至成都府内江县界三百八十里，南至播州宣慰司三百四十里，北至顺庆府岳池县界一百三十里。自府治至南京六千五百里，至京师八千七百里。粮三十五万石零。

夔州府：限一百日，东至湖广荆州府巴东县界二百一十里，西至重庆府垫江县界七百四十里，南至湖广施州卫界三百六十里，北至陕西汉中府平利县界八百里。自府治至南京三千五百五十五里，至京师六千九百八十里。粮二万石零。

① 此句为李培语。

马瑚府：限一百日，东至叙州府宜宾县界四十五里，西至建昌旧邛部州界六百一十里，南至乌蒙府蛮夷长官司界一百一十里，北至宜宾县界一百二十里。自府治至南京三千一百六十里，至京师九千三百三十里。粮二千石零。

龙安府：限一百三十日，东至陕西汉中府沔县界四百里，西至木瓜坪西番界三百里，南至成都府安县界四百里，北至白马路长官司界三百一十里。自府治至南京八千八百里，至京师一万二千二百四十里。

镇雄府：限一百五十七日，东至乌撒军民府三十里，西至乌蒙军民府界二百四十里，南至乌撒军民府界三十五里，北至叙州珙县界二百二十里。自府治至南京六千一百一十里，至京师九千二百三十里。

乌撒军民府：限一百六十日，东至播州宣慰司界二百五十里，西至乌蒙军民府界一百九十里，南至云南沾益州界九十五里，北至镇府界二百一十里。自府治至南京六千三百一十里，至京师九千四百八十里。

东川军民府：限一百六十日，东至镇雄府界一百二十里，西至会州卫界三百里，南至云南寻甸军民界二百二十里，北至乌蒙军民府界一百五十里。自府治至南京六千六百三十五里，至京师九千八百二里。

乌蒙军民府：限一百六十日，东至镇雄府界二十五里，西至建昌卫界四百九十里，南至东川军民府界一百五十里，北至叙州府界六百三十里。自府治至南京六千六百三十五里，至京师九千八百二里。

成都府：成都附郭，华阳附郭，双流府西南四十里，温江府西五十里，新繁府西北五十六里，金堂府东七十里，仁寿府东三百里，新都府北六十里，井研府东一百五十里，郫府西二十五里，资府东三百里，灌府西五十里，彭府北九十里，安府北八十里，内江府东四百三十里，崇宁府西北八十里，简州府东一百五十里，资阳府北一百二十里，崇庆州府南一百一十里，新津州东南一十里，汉州府东北一百二十里，什邡州西二十里，绵竹州西二十五里，德阳州北六十里，绵州府东北三百六十里，彰明州北九十里，罗江州南九十里，茂州府西北五百五十里，汶川州南五十里，威州府西四百五十里，保州西四十里。

保宁府：阆中附郭，苍溪府北四十里，南部府南七十里，广元府北三百里，昭化府北四百里，巴州府东三百五十里，通江州东北一百一十里，南江州东南六十里，剑州府[①]北二百二十里，梓潼州西南一百一十里。

顺庆府：南充附郭，西充府西七十五里，蓬州府东北一百四十里，营山州东六十里，仪陇州北一百八十里，广安州府东二百[②]一十里，渠州北五十里，大竹州北一百六十里，岳池州西六十里，邻水州南一百一十里。

叙州府：宜宾附郭，庆符府南一百二十里，富顺府东一百八十里，南溪府东一百二十里，长宁府东南二百七十里，高府西南一百五十里，筠连府西南一百五十里，珙府南三百一十里，兴文府东南三百四十里，隆昌。

重庆府：巴附郭，江津府南一百八十里，长寿府东一百六十里，大足府西二百八十里，永川府西二百一十里，荣昌府西二百六十里，綦江府南二百里，南川府东二百一十里，黔江府东六百二十里，安居府西一百三十里，璧山府西南一百八十里，合州府北一百五十里，铜梁州西九十里，定远州北一百五十里，忠州府东一百里，酆都州西一百里，垫江州西北一百八十里，涪州府东四百五十里，武隆州南一百七十里，彭水州南一百四十里。

夔州府：奉节附郭，巫山府东一百三十里，大昌府东二百里，云阳府西一百七十里，太宁府东北三百里，万府西四百五十里，开府西四百七十里，新宁府西六百四十里，梁山府西六百里，建始府南五百里，达州府东北八十里，东乡州西南三百八十里，太平州西南三百二十里。

马瑚府。

龙安府：江油府东三十里，石泉府西南二十五里。

镇雄府。

潼川州：限一百里，东至顺庆府西充县界二百六十里，西至成都府汉州界一百八十里，南至重庆府大足县界四百七十里，北至成都府绵州界九十里。自州治至南京七千二百六十里，至京师一万二百六十五里。粮一一[③]万石零。射洪州南六十里，盐亭州[④]东一百里，中江州西一百二十里，遂宁州南二百四十里，蓬溪州东三百二十里，安岳州南三百八十里，乐至州北三百三十里。

---

① “府”字误，疑作“西”。

② 百，原作“里”，今改。

③ 一一，疑误。

④ 州，原作“城”，据文意改。

眉州：限一百三十日，东至成都府仁寿县界八十五里，西至雅州名山县界二十里，南至嘉定州夹江县界一百二十里，北至成都府新津县界二十里。自州治至南京六千九百七十里，至京师一万一十里。彭山州北四十里，丹棱州西八十里，青神州南八十里。

嘉定州：限一百三十日，东至成都府内江县界一百六十里，西至雅州界二百里，南至叙州府宜宾县界二百二十里，北至眉州青神县界五十里。自州治至南京六千七百七十里，至京师九千八百四十五里。粮四万石零。峨眉州西八十里，洪雅州西南一百里，夹江州西北八十里，犍为州南一百里，荣州东二百里，威远州西二百里。

邛州：限一百三十五日，东至成都府崇庆州新津县界五十里，南至雅州名山县界五十里，西至雅州卢山县界四十里，北至夷界三十里。自州治至京师一万一千四百里，至南京七千八百里。粮二万。大邑州北二十里，蒲江州西一百里。

泸州：限一百二十三日，东至重庆府江津界一百五十里，西至叙州府南溪界一百六十里，南至永宁宣抚司界二十里，北至重庆府乐昌界九十里。自州治至南京七千五百里，至京师一万五百一十里。粮二万。纳溪州南四十里，合江州东一百二十里，江安州西南一百二十里。

雅州：限一百三十二日，东至嘉定州夹山界八十里，西至六番招讨司界五十里，南至嘉定州峨眉界一百八十里，北至邛州蒲江界一百一十里。自州治至南京七千七百里，至京师一万一千二百里。粮八千石零。名山州东北四十里，荣经州西南一百二十里，芦山州西北一百里。

成都蜀郡、益州、剑南：崇庆江源、犍为，汉雒县，绵涪县、巴西，茂冉駹①，绳州，威维州，简资州、武康，成都益州，华阳蜀县，双流广郡，温江郫县，新繁繁县，金堂怀州，仁寿武阳、隆山，新都兴乐，井研蒲亭，郫犀浦，灌清城，资资阳、盘石，彭九陇、濛州，安龙安、神泉，内江资中，崇宁唐昌，石泉广柔，资阳，新津犍为，什邡方亭，绵竹孝水、晋熙，德阳绵水，彰明明沙，罗江万安，汶川绵虎，保薛城。梁州域，井鬼分野，入参一度。星桥，李膺《益州赋》曰“星桥上

① 駹，原作“驨”，今改。下“冉駹”同。

应七星”，长星、员星、机星、夷星、尾星、冲星、曲星，皆在蜀中。古为蜀国，汉为益州，为成都，又号锦城。孔明云：“益州沃野千里，天府之国。”杨雄云：“华阳西极，黑水南流。”左思云：“带二江之双流，抗峨眉之重阻。缘以剑阁，阻以石门。”蜀之先，肇于人皇之际，至黄帝子曰昌意，娶蜀山氏女，生帝喾，后封于蜀。武都山精化为女子，蜀王开明纳为妃，不习水土而死，王遣五子担土为冢，故名青城山，后名大面山，在灌县西南，乃蜀山第一峰。道书以此山为第五洞天，乃神仙聚会之府。云台山，在彰明县北，一名天柱山，乃汉张道陵升天之所。支机石，在府城东，即张骞问严君平事。浣花溪，在府城西南。鹿头关，在德阳县北。玉垒关，在灌县西。万里桥，在府城中和门外。锦官城，在万里桥南。司马相如、杨雄、袁天纲，俱成都人。《文武库》曰：成都府：《禹贡》益州，天文参度。汉广汉，蜀汉都，古称蚕丛，曰鱼凫，曰南京，曰西京。山川秀丽，逼近西蕃。蚕崖关，灌县，皆蕃夷往来冲处。鹿头关，唐高崇文破刘辟于此。七星关，茂州，成都，剑南，锦里，华阳，成都地。双流，宁蜀，温江，万春，新繁，繁江，新都，梁始康，隋新乐。金堂，新都地。仁寿，古普宁。跃龙池，隋欲伐陈，凿此以习水战。井研，武阳地。郫，郫邑。犀都，蜀杜宇都。资，资中，后周盘石，唐资州。内江，汉安灌，蜀汉都安，唐盘龙、导江、灌州。彭，彭国，梁东益，唐彭州。崇宁，归化，安，汶江地。简州，阳安，资阳，宋县。崇庆州，晋康，晋源，蜀州，新津，武阳，汉州，新都，广汉，什邡，汉封雍齿侯地。绵竹，汉县，德阳，绵竹地。德州，绵州，潼，漳，明涪县，汉昌，昌明，罗江，潺亭，茂州，文山，会州，汶州，缉庆，威州，冉駹国。

保宁盘龙、阆州：剑梓普、潼安，阆中巴西，苍溪岩渠，南部充国、新井，广元葭萌、汉寿，巴化城，昭化益昌，通江诺水、鲁口，梓潼潼州、安寿，江油氐羌、政州。梁州域，井鬼分野。春秋为巴国地，又为巴西，又为阆州。巴县，秦为容梁。剑州，即梓潼县地，又云剑南。剑门，在北境，孔明所立剑阁在剑门北，两崖峻拔，凿石架阁为栈道，秦司马错由此道伐蜀。《文武库》曰：保宁府：《禹贡》益州，天文井度。晋阆中，梁南梁地，西魏隆州，宋安德。邻汉中，米仓。锯山关，盘龙山，后汉沔要冲。剑门关，诸葛亮立。七盘关，望云关，百丈关，广元龙门山马鸣阁，阁过汉中之平阴，乃咽喉要路。大巴山，险过连云栈，其下通汉中。小剑山，秦欲伐蜀，道不通，乃造五石牛，以金置尾下，言能粪金，将以遗蜀，蜀主负力而贪，令五丁开道引入之，秦灭蜀。阆中，隋阆内。苍溪，汉昌，南部，新安，广元，魏兴安，梁黎州，利州，绵谷，巴州，岩渠，昭化，葭萌，通江，岩渠，壁州，剑州，安州，剑阁，南江，巴国，龙门。

顺庆罗州、巴子国：蓬州安廪、宜汉，广安岩渠、垫江，南充果州，西充木兰，营山相如、朗池，仪陇阆中、蓬池，渠渠江，大竹邻水，岳池新明、和溪。梁州域，参井分野。春秋战国为巴子国。自大散关，历兴州大安军，到阆州，至北为岩，一郡形胜，名岩渠。《文武库》曰：顺庆府：《禹贡》益州，天文参度。秦汉巴郡，安汉，刘宋季岩渠，唐南充、果州，元东川，剑门、白帝之中，岩渠山。南充，充国地。岩渠，西充，巴郡，晋城，蓬州，岩渠地，唐咸安，营，岩渠，仪陇，方州，广安州，安汉地。瀑江渠，岩渠，流江，大竹，岩渠，岳池，岩渠邻水，岩渠邻山。

叙州僰①国、戎州、南溪，宜宾僰道、外江，庆符南庆，富顺江阳，南溪南广、六同，长宁汉阳、淯井，高县古夜郎、高州，筠连定川，珙珙州，戎大坝、宴州。梁州域，井鬼分野。古为僰国，汉犍为郡，唐为南溪，元为叙南。东距泸水，西连大峨，南通六诏，北接三荣。朱提山，在城西，出银。诸葛书："汉嘉金，朱提银，采之不足以自食。"黑水，在府东南。马瑚江，在城南，一名泸水，武侯五月渡泸，即此。芙蓉山，在珙县。石门山，在庆符，多兰，有春兰、秋兰、凤尾兰、素兰、石兰、竹兰。春兰花生叶下，素兰花生叶上。黄庭坚云："兰，一干两三花。蕙十花，香不足。"筇竹，出府境。《文武库》曰：叙州府：天文参度。濒江浒。宜宾，唐义宾。汉阳山，诸葛平西夷驻军于此，山腰有洞，神龙居焉。富顺，巴郡，洛原，兴文，夜郎地，唐宴州。长宁，犍为，泸州，珙，西南夷部。罗计，隆昌，古夜郎，祥州。

重庆巴郡、永宁、南平、渝州：合濮东、石镜、赤水，忠南滨、咸淳，涪涪陵、汉平，巴巴子、江州，江津僰溪，长寿枳县、黪中，大足静南，永川璧山、渝州，荣昌内江，綦江綦市，南川隆化，黔江石城，铜梁东溪、列宿，定远武胜、女箐，壁山，酆都平都、临江，垫江桂溪，武隆涪陵、武龙，彭水洪社、羊水。梁州域，井鬼分野。周为巴子国，秦名巴郡，唐名南平。东至鱼复，西通僰道，北接汉中，南邻夜郎。涪江，在府西北，东来自嘉陵江，经合州入岷江、巴江。岷江，自岷山，经嘉、叙、泸，过府至涪，合黔江，过忠、万、云、安、夔、归，出峡。棠海香国，大足县，产海棠，独有香，故名，别产者无香。《文武库》曰：重庆府：《禹贡》益州，天文参度。汉江州，梁楚州，东一大都会②。佛图阁，要津，石

① 僰，原作"僰"，今改。下"僰"同。
② "东"字上，疑脱"蜀"字。

胜关，黔江，巴唐，南平，江津，江州地。江阳，长寿，黔中，乐温，大足，巴州，安居，莹昌，昌元，綦江，南平，南川，枳县，合州，濮国地，秦垫江，隋涪州，唐巴州，巴川，定远，和溪，壁山，壁江，忠州，巴地。临江，临州，鄷，枳县，垫江，临江地，魏安，涪州，巴国地。武隆，宋枳县。彭水，酉阳，黔阳。

夔州鱼复、庸国：达宣汉，奉节鱼复、人邑，巫山楚巫，大昌北井，云阳朐忍①、云安，大宁盐井，万南浦，开汉丰，新宁三冈，梁山朐忍，建始汉巫，东乡。荆、梁二州域，翼轸分野。周初为鱼复国，春秋为庸国，汉为巴东，蜀汉为固陵，唐为云安。巫山县，以巫峡得名。云阳县，即云安，据荆楚上游。白帝山，在府东，公孙述自称白帝，有白帝城，因以名山。赤甲山，在府东北，不生草木，土石皆赤，汉时取巴人为赤甲军。阳台山，在巫山县北，以巫山神女名。巫山十二峰，首尾一百六十里。巫峡，与西陵峡、归峡称三峡，连山七百里，自非亭午夜分，不见日月。瞿塘峡之门，两崖对峙，中贯一江，滟滪堆当其口，江心突兀而起，谚云："滟滪大如象，瞿塘不可上；滟滪大如马，瞿塘不可下。"瀼水，宜灌田。又有西丙穴，在达县东北，出嘉鱼，杜诗："鱼知丙穴由来美。"古楚宫，在巫山县，楚襄王尝游其地，梦与神女遇。永安宫，在卧龙山下，蜀先主崩于此。瞿塘关，在府城东，旧有锁水二铁宫。鬼门关，在府东北。朐忍城，在云阳县，属巴东郡。《文武库》曰：夔州府：《禹贡》荆州，天文翼度。秦巴郡，汉永宁，梁信州。据荆楚上游。蜀口瞿塘关，鬼门关，石门关，奉节铁山关，达州建阳关。建始，巫山，奉节，秦鱼复，汉永安。白帝城，巫山，秦巫县。建平阳台山，大昌，巫县地。建昌，秦昌，太宁大昌地。为荆楚上游，全蜀之口，水陆要津。万安乡，万州，开，永宁，开州，达州，东关，通州，通川，新宁，岩渠，通川，建始，巫县，业州，居万山中。东乡，新安，大平，新设。

马瑚龙湖四司：曰泥溪，曰平夷，曰蛮夷，曰沐川。其域梁之东境，鬼分野。古僰侯国之境，夷獠所居，汉武通西南夷，始置郡县。昔有龙马潜于马瑚江，因名龙瑚。南距戎泸，北走普资，夷夏杂居，山箐深密，信鬼不药。汉为牂牁、犍为。《文武库》曰：马瑚府：《禹贡》益州，天文参度。僻简。领长官四，领县一。屏山，龙瑚。

潼川州广汉、昌城：射洪郪县、射江，盐亭东关、永泰，中江五城、玄武，遂宁

① 忍，原作"腮"，涉上而讹，今改。下"朐忍"之"忍"同。

德阳、方义，蓬溪小溪、武丰，安岳崇龛、资中，乐至。梁州域，井鬼分野。蜀地，蜀汉分置梓潼郡，据涪水之上游，剑水一都会。陈子昂，射洪人。张道陵，在遂宁县鹤山学道。西魏为昌城，隋为新城，宋为东川。《文武库》曰：潼川州：《禹贡》益州，天文觜度。汉广汉，蜀汉梓潼，隋梓州、郪县，唐东川，宋潼川。射洪，通泉，中江，凯州，遂宁，遂州，蓬溪，广汉地。方义，武丰，安岳，普慈，普州，乐至，普州，盐亭，广汉地。梓州。

嘉定州犍为、平羌、眉山：峨眉青衣、罗目，洪雅，夹江龙游，犍为武阳，荣大牢、旭川。梁州域，井鬼分野。汉犍为郡，隋眉山。山水之盛，为蜀冠冕。峨眉山，在峨眉县，周回千里，有石龛百十二，大小洞四十。平羌山，在夹江县，唐诗："峨眉山月半轮秋，影入平羌江水流"，即此。《文武库》曰：嘉定州：《禹贡》益州，天文参度。秦蜀郡，汉嘉眉山，唐宋嘉州。青州，平羌军，三峨山，峨眉，南安，平羌，眉山，洪雅，夹江，南安，犍为，南，朱提，荣，荣州，经县，旧严道，威道。

眉州齐通、眉山：彭山戬城，丹棱南安、齐乐，青神青衣。梁州域，井鬼分野。亦犍为地，又曰眉山、青神郡。三苏，眉山人。蟆颐山，在城东。龙鹄山，在丹棱，李焘读书处。玻璃江，出蟆颐山下。磨针溪，在象耳山下。李白读书处，在彭山县熊耳山。《文武库》曰：眉州：《禹贡》益州，天文参度。秦蜀郡，汉犍为，梁青州，隋眉山，唐嘉州，齐通义。直隶州。峨眉山，彭山，武阳，灵石，江州，阴山，青神，青衣郡，南安，丹棱，南安，齐乐。

泸州江阴：内溪江阳，合江符县，江安思隶。梁州域，井鬼分野。巴国地，汉名江阳，唐名泸川。泸江，源自岷江，入合江县界，路通云南、交趾。《文武库》曰：泸州：《禹贡》益州，天文参度。春秋战国为巴国，川南之通津。龙透关，南倒马关，路通云南、交趾。石虎关，纳溪，通云南、交趾，险。合江，安乐，江安，江阳地。汉安。

邛州临邛、蒲原：威远蜀郡，大邑江原、火井，蒲江广定。梁州域，井分野。即汉临邛地，司马相如遇文君，即此。峨眉山，周成王时葛由尝乘木羊上此山，又名绥山，乃普善道场。君平，临邛人。《文武库》曰：邛州：《禹贡》益州，天文参度。秦临邛。蒲原有火井。铜官山夹门关，火井坝，犀牛坝，双路，大邑，晋原，蒲江，临邛。

雅州蒙山：名山严道，荣经金汤，芦山严道。梁州域，井鬼分野。魏西为蒙山，隋为临邛，唐为卢山。平羌江，在州北，羌夷入寇，诸葛于此平之。九折坡，在荣经县邛崃山。《文武库》曰：雅州：《禹贡》益州，天文参度。秦汉严道，蜀郡，唐雅安，宋永平军。贡道。金鸡关，金鸡山上。邛崃①关，番夷要害。天险关，荣经。飞仙关，古漏②阁，灵关，芦山巨峻。七纵桥，孟山，下邓通城，荣经，严道，名山，汉嘉，蒙山，芦山。

东川军民府：梁州域，参分野。南界云南。甸乌，蛮仲牟之裔。

乌蒙军民府：梁州域，井鬼分野。汉牂牁地。

镇雄军民府：梁州域，井鬼分野。乌蛮地。

芒部军民府：梁州域，井鬼分野。

播州宣慰使司：领安抚司二，曰草塘，曰黄平。长官司三，为播州，为余庆，为白泥。梁州域，井鬼分野。其地秦夜郎、旦兰二县，汉属牂牁，其名播州。其俗，出入背刀弩自卫。李白流夜郎，即此。《文武库》曰：遵义府：《禹贡》益州，天文井度。唐郎州，播川，僰道，明初为播州宣慰司，万历间改为遵义府。东达贵州界。乌江关，三渡关，黑水关，太平关。领州一，县四。遵义，恭水，相梓，夜郎，真安州，真州，珍州，绥阳，仁怀。

永宁宣抚司：领长官司一，为九姓。梁州南境，井鬼分野。秦为蜀，汉为益，古氐羌地，汉阴平道。东界陕西汉中府沔县。

龙州宣抚司：梁州域，井鬼分野。《文武库》曰：龙安府：《禹贡》雍州，天文井度。秦氐羌，汉阴平道，魏江油，隋平武，唐龙门，明初为龙州宣抚司，后改府。秦蜀交界，险。涪水关，江油松岭关，石泉，栈阁，府东，曹操遣邓艾伐蜀，置阁道。领县三，平武，龙州，江油，氐羌地，龙州，石泉，广柔。

天全六番招讨使司：梁州域，井鬼分野。古蛮獠地。

黎州安抚司：梁州域，井鬼分野。汉名沉黎，唐为汉源，古西南夷筰都地。

平茶洞长官司：荆、梁二州域，轸分野。战国楚黔中地，汉属武陵。

松潘等处军民指挥使司：领千户所一，长官司十七，西界吐蕃，北界陕西洮州卫，古氐羌地。

---

① 此处“崃”，原作“来”，今改。

② 漏，原作“漏”，今改。

垒溪守御军民千户所：梁州域，觜参分野。古氐羌地，与松潘同。

四川行都指挥使司：领卫六。梁州域，井鬼分野。越旧郡地，其俗善为坚甲利兵。弩，置毒其末，沾血立死。其地有青草、黄茅之瘴。

浙江全说[①]

《居诸编》曰[②]：

杭州府：限五十三日，东至赭山海日六十里，西至严州府桐庐县界三百三十五里，南至绍兴府萧山县界四十五里，北至湖州府德清县界四十五里。自府治至京师四千四百里，至南京九百里。粮二十三万四千二百石零。

嘉兴府：限五十日，东至直隶松江府华亭县界五十里，西至杭州府仁和县界一百里，南至海八十三里，北至直隶苏州府吴江县界三十七里。自府治至南京七百三十八里，至京师四千一百里。粮六十一万八千石零。

湖州府：限五十二日，东至直隶苏州府吴江县界九十里，西至直隶广德州界一百五十里，南至杭州府仁和县界九十里，北至常州府宜兴县界一百二十里。自府治至京师四千三百里，至南京七百二十里。粮四十七万石零。

宁波府：限六十一日，东至海岸一百四里，西至绍兴府余姚县界一百一十里，南至台州府宁海县界三百八十五里，北至慈溪县海岸六十二里。自府治至京师四千六百四十里，至南京一千三百八十二里。粮十七万四千四百石零。

绍兴府：限五十六日，东至宁波府慈溪县界三百里，西至杭州府富阳县界一百三十五里，南至金华府东阳县界二百五十里，北至海口三十里。自府治至京师四千四百五十八里，至南京一千二百一十三里。粮三十三万八千九百石零。

台州府：限七十一日，东至宁波府奉化县界二百四十里，西至处州府缙云县界二百里，南至温州府乐清县界一百一十里，北至绍兴府新昌县界一百四十里。自府治至京师五千七百七十八里，至南京一千八百三十三里。粮一

① 目录下有小字注：“内有培辨。”

② 此句为李培语。

十二万五千八百石零。

金华府：限六十四日，东至台州府天台县二百九十八里，西至衢州府龙泉县界九十里，南至处州府缙云县界一百八十六里，北至严州府建德县界一百一十里。自府治至京师四千五百八十八里，至南京一千三百三十里。粮一十七万四千石零。

衢州府：限六十七日，东至金华府兰溪县界一百三十里，西至江西广信府玉山县界一百四十里，南至福建建宁府浦城县界一百四十里，北至严州府寿昌县界一百二十里。自府治至京师四千六百四十里，至南京一千五百七十里。粮九万二千二百石零。

严州府：限五十八日，东至杭州府富阳县界二百里，西至直隶徽州府歙县界二百三十里，南至金华府兰溪县界五十里，北至杭州府於潜县界一百二十里。自府治至南京一千一百七十里，至京师四千四百二十八里。粮一万一千石零。

温州府：限七十日，东至海岸九十里，西至处州府青田县界九十里，南至福建福宁州界四百九十里，北至台州府黄岩县界三百三十里。自府治至京师四千六百九十里，至南京一千八百九十里。粮十万五千一百石零。

处州府：限七十日，东至台州府仙居县一百一十里，西至衢州府江山县界一百六十五里，南至温州府瑞安县界三百五十里，北至金华府永康县界一百四十里。自府治至京师四千五百八十里，至南京一千三百三十里。粮六万四千石零。

杭州府：钱塘附郭，仁和附郭，海宁府东一百二十里，富阳府西九十里，余杭府西北七十里，临安府西一百二十里，於潜府西一百七十里，新城府西一百四十里，昌化府西二百二十里。

嘉兴府：嘉兴附郭，秀水附郭，嘉善府东南三十六里，海盐府东七十里，崇德府西南九十里，平湖府东五十里，桐乡府西六十里。

湖州府：乌程附郭，归安附郭，长兴府西北六十里，安吉州府西北一百二十里，孝丰州西七十里，德清州南九十里，武康府西南九十里。

宁波府：鄞附郭，慈溪府西北六十里，奉化府西南八十里，定海府东六十里，象山府南二百七十里。

绍兴府：山阴附郭，会稽附郭，萧山府西北九十里，诸暨府南一百二十里，余姚府东一百八十里，上虞府东一百二十里，嵊府东南二百里，新昌府东南二百三十里。

台州府：临海附郭，黄岩府东南六十里，天台府北九十里，仙居府西九十里，宁海府东北一百八十里，太平府南一百四十里。

金华府：金华附郭，兰溪府西五十里，东阳府东一百五十里，义乌府东一百一十里，永康府东南一百一十里，武义府西南八十里，浦江府东北一百一十里，汤溪府西南五十五里。

衢州府：西安附郭，龙游府东七十里，常山府西八十里，江山府西南七十五里，开化府西北二百里。

严州府：建德附郭，淳安府西一百五十里，桐庐府东一百里，遂安府西二百里，分水府东北二百五里，寿昌府西南八十里。

温州府：永嘉附郭，乐清府南六十里，平阳府西南一百五十里，瑞安府南九十里，泰顺府西南三百里。

处州府：丽水附郭，青田府东一百五十里，缙云府东北八十里，松阳府西北一百三十里，遂昌府西北一百九十里，龙泉府西南二百四十里，庆元府西南四百七十里，云和府西一百一十里，宣平府北一百二十里，景宁府南一百二十里。

杭州钱塘、武林、余杭：钱塘东汉、会稽，仁和钱江、盐官，海宁海盐、东武，富阳富春、东安，余杭吴兴，临安临水、安国，於潜潜州，新城新登，昌化紫溪。扬州域，斗分野。其属春秋为吴越，战国为楚。一名虎林，后改武林，一名古杭。左浙江，右具区，北大海，南天目，外带江海，内挹湖山。吴山，在府城东南，吴人怜子胥以谏死，立祠其上，又名胥山。南屏山，在府城西。孤山，在西湖上，有林逋墓。秦望山，在府城南，秦始皇东游登此。大涤山，古余杭县西南，名大涤极玄洞天，居洞天第三十四，许迈修真之所。天柱山，在余杭西南，为道家五十七福地。衣锦山，在临安县，吴越王钱镠既贵，宴父老，山林皆覆以锦绣，其初时所戏木曰衣锦将军。天目①，在临安西，为道家第三十四洞天，山下西湖若左右目，故名。属临安，古属於潜，与湖州、安州界，南北二高峰在府西。飞来峰，在府西北二十里。西僧慧理登此山，

① “天目”下，似脱“山”字。

叹曰："此是天竺国灵鹫山之小岭，不知何年飞来。"因名飞来峰。呼猿洞，在武林，慧理畜白猿于灵隐寺，月明长啸，清音满室。西湖，在府西，周围三十里，湖形颇高于城郭。参寥泉，在西湖智果寺。钱塘江，一名罗刹江，东南有罗刹石，横截江涛，险如罗刹也，罗隐书云"罗刹江边地欲浮"。总名浙江，潮水出海，曲折倒流，故名。富春江，在富阳县南，即浙江之上流。虎跑泉，在府西南虎跑寺。性空禅师居大慈山，无水，欲徙，忽有神人告曰："明日当有水。"是夜二虎跑地涌泉，故名。宋大内，在凤凰山之东，本梁安国寺地，故吴越宫，宋高宗南渡，建以为宫，增筑皇城，宋宫殿甚多。紫阳庵，在瑞石山上，仙人丁野鹤修道于此，今遗蜕在焉。褚遂良，钱塘人。许远，新城人。钱镠，临安人，有功，封吴越王，谥武肃。传子文穆王元瓘，孙忠献王仁佐，至忠懿王俶，纳土于宋。罗隐佐镠，新城人。林逋，钱塘人。张九成，钱塘人，谥文忠。西湖十景，曰：五湖秋月，苏堤春晓，断桥残雪，雷峰落照，南屏晚钟，曲院荷风，花港观鱼，柳浪闻莺，三潭印月，两峰插天。《文武库》曰：杭州府：秦属会稽，东汉吴，陈钱塘，唐余杭，宋高宗都此曰临安。西湖奢侈。独松关，余杭，元兵破此而入。昱岭，通徽州，元兵寇此。临平镇，韩世忠战兀术于此。塘栖镇，钱塘，钱唐，海宁，盐官，临海，余杭，禹杭。临安多山。於潜多山。新城多山。昌化，武隆，唐山，吴昌。

嘉兴长水、槜李：嘉兴由拳、嘉禾，秀水，嘉善魏塘，海盐展武，崇德义禾，平湖故邑、当湖，桐乡梧桐、八乡。扬州域，斗分野。春秋为长水，又名槜李，为吴越分境，后为越境，又名嘉禾。胥山，在府东南，子胥伐越经此。秦驻山，在海盐县南，始皇登此。鸳鸯湖，在府南，一名南湖。语溪，在崇德县东南，一名语儿泾。陆贽，嘉兴人。五台山，在府西北，有石刻《法华经》。鹤湖，在嘉湖县，出莼产鹤。《文武库》曰：嘉兴府：春秋就李，秦会稽，吴嘉禾，属苏州，唐属杭州，五代秀州。东界松江华亭，北界苏州吴江。多水盗。澉浦，至元间海商贾贸易于此。乍浦，元时番舶辏集。独山，海盐，不与诸山相接，上置烽堠，以防海盗。嘉兴，春秋御儿地。秀州，秀水，嘉兴地。秀州，嘉善，魏塘，镜，海盐，武源，盐官，平湖，当湖，市，桐乡，桐溪。

湖州吴兴、震川：安吉障县、苕水，乌程下山、苕溪，归安吴兴，长兴荆头，孝丰阳山，德清苎溪，武康防风。扬州域，斗牛分野。古防风氏之国，春秋为吴越，名吴兴，又名霅川。岘山，在府城南。太湖，在府城北，乌程、长兴之间，纵广二百八十三里，周匝六千顷，跨湖、宣、苏、常四郡。罨画溪，在长兴县西，古木夹岸，丛篠翳其下，朱籐蔽其上，景如罨画。苕溪，在府城西。霅溪，在府南。唐张志和，号玄真子，金华人，寓吴兴，又号烟波钓徒。沈麟士，号织帘居士。沈约、孟郊，俱武康人。陆龟蒙、钱起，长兴人。《文武库》曰：湖州府：天文斗度。战国楚曰菰城，秦乌程，汉会稽、丹阳，三国吴，宋昭庆。东界苏州吴江县，西界广德州西南山，北界苏州吴县。东北太湖，多湖盗、水患。大钱港，张士诚据湖州四县之地，以潘原明镇之，明兴，自大钱直捣，径取吴兴郡四安镇。乌程，秦时有乌氏、程氏善酿，故名，汉吴兴，归安。苕溪，长兴，故障。长城，雉州，德清，武源，临溪，武康，汉余下乡。安吉州，故障地。孝丰，广苕。

严州新都、严陵：建德富春、吴宁，淳安淳化、雉山，桐庐桐溪，遂安新定，寿昌新昌，分水武盛。扬州域，牛女分野。为吴，为越，战国为楚。其为严陵，以子陵名。吴为新都，唐为新定。据浙江上游，当瓯①、歙数道之冲。桐君山，在桐庐县东，昔有异人于此山采药求道，结庐于桐树下，人问其姓，指桐以示之，号为桐君。富春山，一名严陵，山在桐庐县西，乃汉严子陵钓处，前临大江，上有二钓台。唐方干，桐庐人，隐居钓台。施肩吾，分水人，遇旌阳授以仙方，仙去。《文武库》曰：严州府：天文斗度。秦会稽、丹阳，晋吴新安，隋唐睦州，宋建德，防江盗。青溪洞，韩世忠追方腊至此，诸将莫知所入，世忠潜行溪谷间，问一野妇，得径，即挺身仗戈，捣其穴，格杀数十人，擒腊以出，遂改名威平洞。武强山险峻，盗不能攻。建德，新定，淳安，歙地。新都，清溪，寿昌，新定。分水，取桐庐水中分之意。

金华宝婺：金华乌伤、长山，兰溪西部，东阳乌伤，义乌绸州，永康吴宁，武义武成，浦江浦阳，汤溪。扬州域，牛女分野。属越西界，秦属会稽郡，汉为乌伤县地。金星与婺女争华，故名金华。金华山，在府北，黄初平于此得道，叱石为羊，东有卧羊山，即其处。仙华山，在浦江县北，一名仙姑山，世传黄帝少女于此得道上升。金华洞，在府北，即道书第三十六金华洞元之天，通四明、天台诸山。八咏楼，在府治西南隅，太守沈约建。颜乌，会稽乌伤人，至孝，父亡，负土成坟，群乌衔土助之，乌吻皆伤，因以名县。骆宾王、宗泽，义乌人。张志和，金华人。宋濂，江浦人。王袆，义乌人。《文武库》

① 瓯，原作“欧”，今改。

曰：金华府：天文女度。三国吴东阳，陈缙州，宋双溪。赤松祠，高皇帝下婺城，驻驿于此，东阳陈显道①、括苍章溢谒见。黄姑岭，金华，东阳，兰溪，瀫水，义乌，乌伤，华川，永康，丽州。

衢州姑蔑、太末：西安太末、新安，龙游丰安、龙丘，常山定阳，江山须江、礼贤，开化常山。扬州域，牛女分野。属越，春秋名姑蔑，唐为三衢，秦立太末县，又名信安。烂柯山，在府南，道书为青霞第八洞天，晋樵者王质入山看奕，烂柯，即此。龙丘山，在龙游县，东汉龙丘苌隐于此，与子陵友善。江郎山，在江山县南，俗传兄弟三人登山而化为石，故名。山顶有池，产白莲、金鲫。徐偃王庙，在龙游县西徐山下。殷浩北伐，败于姚襄，为桓温贬为庶人，徙居信安，今府城南有殷浩宅，唐诗："红树半藏殷浩宅，绿萝深覆偃王祠。"姑蔑城，在龙游县瀫溪之南，春秋时有姑蔑子。《文武库》曰：衢州府：天文女度。春秋越西鄙，秦信安，东汉新安。西界江西广信府玉山县，南界福建建宁府浦城县，两浙咽喉。仙霞关，江山，入闽之界，举岭南乡，通道梅岭。龙游，太末，谷州，开化，本常山县，连广信府。

处州括苍、缙云：丽水回浦、章安，青田括苍，缙云永康，松阳松州、白龙，遂昌平昌、太末，龙泉龙宗，庆元松源，云和丽水，宣平丽水，景宁青田。扬州域，斗分野。其属越，其名括苍。仙都山，在缙云县东，一名缙云山，道书为玄都祈福洞天，相传黄帝尝登此山，山颠有鼎湖，即黄帝骑龙上升之处。括苍山，在府西。突星濑，在府城东，地名箭溪，晋王羲之书"突星濑"于石，后里人苦州县摹视之扰，推坠潭中。处州为古缙云墟，上应牵牛之宿，下当少阳之位，黄帝炼丹升真于此，仙灵之玄都，神州之最胜也。明朝刘基，青田人。双溪，在遂昌县。《文武库》曰：处州府：天文牛度。越地，秦会稽，汉东瓯，晋永嘉，多洞天，多山隘。湖头寨，丽水，括苍，青田，芝田，缙云，五云，松阳，松川，龙泉，剑州，庆元，松源地。云和，丽水地。宣平，本丽水地。景宁，本青田地。

绍兴会稽、东阳：山阴会稽，会稽，萧山余暨，诸暨义安，余姚姚州，上虞始宁，嵊剡城，新昌新吕、石牛。扬州域，牛女分野。禹会诸侯于此，爵有德，封有功，曰会稽。少康封少子无余于会稽，以举禹祀，号曰於越。春秋战国时

① 陈显道，原作"李显道"，据嘉靖《浙江通志》、万历《金华府志》等改。

为越国。余姚者，舜后支庶所封，以舜姓姚，故名。上虞，亦以虞舜之后封邑得名。会稽山，在府城东，扬州之镇山也，中有孔穴，号阳明洞，一名极玄太元之天，即三十六洞天之第十一也。宛委山，在府东南，《遁甲开山图》：禹开宛委山，得赤琰如日，碧珪如月，又得金简玉字之书，悟百川之理。石匮山，在府东南，有石匮壁立，相传禹治水毕，藏书于此。又云禹藏灵秘图之所，故又名秘图山。蕺山，在府城东北，《吴越春秋》：越王嗜蕺，尝采食之，因以名山。晋王羲之居此，有洗墨池。土城山，在府东，即越王得苎萝山采薪之女西施，教以歌舞，进吴王处，又名西施山。葛山，在府东，即越王使人采葛治布，以献吴王处。越王歌曰："尝胆不苦味若饴，令我采葛以作丝。"石帆山，遥望如张帆临水。射的山，山有半石室，乃仙人射堂，东峰有白点在壁上，如射侯。云门山，晋王献之居此，有云门寺。越王山，在府西南百二十里，越王栖兵于此，上有走马冈、伏兵路、洗马池、支更楼故趾。萧山，晋王询尝登此山，有凭林筑室，萧然自放，故名萧山。五泄山，在诸暨县西，上有泉水，飞沫如雪。客星山，在余姚东北，子陵居此，故名。东山，在上虞县西南，谢安居此，有蔷薇洞，道书为第二十七洞天，下有丹池赤水，宋晏[①]殊云："越有桐柏之金庭，养真之福地。"南明山，在新昌县治，晋支遁葬此。沃州山，在新昌县东，与天姥山对峙，道书为第十五福地，支遁居之，有养马坡、放鹤亭。天姥山，在新昌县东南，东接天台，昔人登此山，闻天姥歌谣之声，道书为第十六福地。钱清江，在府西，以汉守刘宠一钱得名。镜湖，在府西南，王羲之云："从山阴路上行，如在镜中行。"曹娥江，在府东南，汉曹娥求父尸不得，投江而死，故名其江。县长渡尚葬娥于江南道旁，属邯郸淳撰碑文，甚美。若耶溪，在府南，与镜湖合，西施采莲、欧冶铸剑于此。兰渚，在府南，王羲之所谓清流激湍处。樵风泾，在东南，汉郑弘采薪，得一箭，顷之，有人觅箭，弘与之，问弘何所欲，曰："常苦若耶溪载薪为艰，愿朝南风、暮北风。"后果然，世号樵风泾。固陵，又名西陵，越王勾践与大夫种、范蠡入臣于吴，群臣送之浙江之上，临水祖道，毕陈固陵，即此，后钱镠改为西兴。蓬莱阁，在卧龙山上，镠造。旧志：蓬

① 晏，原作"宴"，今改。

莱山正属会稽，阁名蓬莱，以此。柯亭，在山阴县西北，即蔡邕取竹作笛处。兰亭，在山阴县西南，羲之修禊处。越王台，在府城中，勾践登眺之所。禹庙，在会稽山禹陵侧，禹巡守江南，崩而葬焉。禹穴，在会稽山龙瑞宫侧。雷门，即今府五云门。《会稽志》：雷门上有大鼓声闻，洛阳王尊传，勿持布鼓过雷门。谢安，阳夏人。王羲之，琅琊临沂人。戴逵，晋谯国人。俱流寓会稽。严光、虞翻、虞世南，俱余姚人。全充、谢灵运，俱上虞人。《文武库》曰：绍兴府：天文牛度。秦为越，后属吴，东汉山阴，刘宋东扬，隋唐越州。带环三江。灵汜桥，勾践治兵于此。西兴渡，山阴，越州，会稽，东扬，萧山，永兴，诸暨，句乘，余姚，姚江，上虞，於越，嵊，剡地。新昌，汉剡之东鄙。

宁波四明、鄞州、甬东：鄞句章，慈溪明州，奉化句章，定海望江，象山鄞县。扬州域，牛女分野。属越，名甬东，唐为四明，宋为庆元，古鄞子国。慈溪县，古隋为句章县，今改名慈溪。赤堇山，在府东，山上有草名赤堇，县以此得名，加“邑”。《越绝书》：欧冶子为越王铸剑，赤堇山破而出锡，若耶溪涸而出铜。鄮山，在府城东，鄮，加“邑”，亦以名鄮县。它山，唐令王元纬筑堰山下捍水，至今有庙在堰旁。天井山，在府西南，上有五井，神龙所宅，岁旱，祈雨甚灵。阿育王山，在府东，旧名鄮山，晋太①康中，并州人刘萨阿得阿育王塔于此，今有舍利殿。天童山，在府城东，有天童寺，昔有义兴禅师于此修道，上帝遣太白星化作童子，代其薪水，故曰天童。培按：此皆信异端者无稽之妄谈也，无中生有，艳言异端之可贵以歆动人，真惑乱世人之邪说也。昔晋、宋衣冠自西迁南，虚华之士喜好异端，造此不可考信之语入于各书中。观晋尚清谈，宋习静坐，佞佛多，人可悟也。太白山，在府城南，周围八百里，跨绍兴台州之境，道书为丹山赤水之天，居三十六洞天之第九。上有石窗四穴，通日星之光，故曰四明，刘纲及妻樊夫人于此得道。大隐山，在慈溪县南，晋虞喜尝隐此。车厩山，在慈溪县西南，越王勾践停车秣马于此。雪窦山，在奉化县西北，中有雪窦寺、千丈岩、瀑布泉、锦镜池、含珠林、妙高峰，宋理宗尝梦游此。招宝山，在定海县东，一名候涛山，峰名鳌柱峰，隔江与虎蹲山对峙。普陀山、洛伽山，在定海县东北，故昌国县海中，一名梅岑山，一名小白华山，观音大士大道场。鄞、慈、定、象四县皆滨海，日本诸蕃市舶通道。郯溪，

① 太，原作“大”，今改。

在奉化县西，入县境凡九曲，入奉化江。日、月二湖，在府中。东钱湖，在府东。越文种、宋陈禾，俱鄞人。即四皓之一[①]，汉任安，文章灿美。孝子董黯、吴阚泽，皆句章人。秦夏黄公，鄞人。贺知章，四明人。《文武库》曰：宁波府：天文牛度。秦鄞、鄮、句章三县属会稽，隋越州，唐明州，宋庆元，为四明，临海洋。湖头寨，螺峰，宽陀，鄞，唐州，鄮县，慈溪，句章，句余，奉化，鄞地。宝化，定海，句章，蛟川，象山，宁海，故昌国。

台州章安：临海回浦，黄岩永宁，天台始平，仙居乐安，宁海回浦，太平。扬州域，牛女分野。春秋战国属越，秦属闽中，梁名赤城，陈名章安，唐名天台。盖竹山，在府南，有洞名耀宝光之天，道书为十九洞天。委羽山，在黄岩县南，道书为第二洞天，号大有空明之天。天台山，在天台县南，道书以是山上应台星，有石桥陡绝，中有方广寺、国清寺，孙绰有《天台山赋》。桐柏山，在天台县西北，此山乃王子晋所治，上有桐柏宫、朝斗坛，唐司马承祯隐此。华顶峰，在天台县东北，高万丈，可望苍海。括苍洞，在仙居县东南，名曰成德，隐元之天，第十洞天也。隐身岩，在寒山旁，丰于禅师语太守闾丘胤曰："寒山、拾得，即文殊、普贤后身也。"闾丘往见之，二人笑曰："丰于饶舌。"遂隐身岩中，岩即随合。王京洞，在赤城山，道书为十大洞天之第六也。许迈居此，与羲之书云："自山阴至临海，多有金庭玉堂、仙人芝草。"桃源洞，在天台县西北，又名刘阮洞，刘阮昔入山遇仙女，即此。《文武库》曰：台州府：天文女度。汉东瓯，唐海州，宋天台。海陆最饶，倭寇深患。多山。金鳌山，金人入寇，高宗航海，舣舟于此，寻还会稽海门，东南航海。灵石山，晋末孙息作乱，毁其林木为舡，忽坠石伤贼。临海，海州，章安，黄岩，永嘉，天台，章安，始丰，太平，成化初设。

温州东瓯：永嘉温州，乐清乐成，平阳始阳、横羊，瑞安罗阳，泰顺瑞安。扬州域，牛女分野。古属越，秦属闽中，汉为东瓯，晋为永嘉，唐为东嘉城。当斗口，南界福建福州福宁县。永嘉为东瓯，郁林为西瓯，一名永嘉，一名东嘉，后改属会稽。华盖山，在府东，道书为第十八洞天，容城太王之天。吹台山，在府南，为子胥吹箫处。雁荡山，在乐清县，东有瀑布龙湫诸胜。仙岩山，在瑞安县东，道书为第二十六福地。谢灵岩，在积谷山下，谢灵运

① 此句当在"秦夏黄公，鄞人"之下。

题诗石崖，故名。《文武库》曰：温州府：天文斗度。汉初为东瓯王国，宋瑞安，临海洋。泉山，朱买臣曰："越王居泉山，一夫守险，万人不得上。"飞云渡，铁场岭，永嘉，章安，东瓯，永宁，瑞安，章安地，晋安，乐清，永宁。平阳，安固，泰顺，本平阳地。

湖广全说[1]

《居诸编》曰[2]：

武昌府：限五十四日，东至江西九江府瑞昌县界五百二十里，西至汉阳府汉阳县界五里，南至岳州府临湘县界四百里，北至黄州府黄冈[3]县界七十二里。自府治至南京一千七百一十五里，至京师五千一百七十里。粮一十六万三百石零。

汉阳府：限六十五日，东至武昌府隔江七里，西至德安府云梦县界二百里，南至承天府沔阳县界二百六十里，北至黄州府黄冈县界一百二十里。自府治至南京一千七百八十里，至京师五千四百八十里。粮七万五千九百石零。

承天府：限八十三日，东至德安府应城县界一百六十里，西至荆州府汉江西岸界三里，南至襄阳府枣阳县界二百三十里，北至荆州府石首县界一百一十里。自府治至南京二千六百八十里，至京师六千一百三十里。粮二十一万一千八百石零。

襄阳府：限九十日，东至德安府随州界二百一十里，西至陕西汉中府平利县一千里，南至承天府荆门州界一百八十里，北至河南南阳府新野县界七十里。自府治至南京三千七百里，至京师六千八百六十七里。粮六万三千七百石零。

郧阳府：限九十三日，东至襄阳府均州界六十里，西至陕西汉中府金州白河县界一百三十里，南至四川夔州府大昌县界三百三十里，北至河南南阳府邓州析川县界一百五十里。自府治至京师二千三百五十里，至南京一千九百一十里。粮一万二千四百石零。

德安府：限七十二日，东至黄州府黄陂县界一百八十里，西至襄阳府枣

---

① 目录下有小字注："内有培辨。"

② 此句为李培语。

③ 此处"冈"及下段"黄冈"之"冈"，原均作"岗"，今改。

阳县界三百里，南至汉阳府汉川县界二百里，北至河南汝宁府信阳州界一百八十里。自府治至南京二千二百里，至京师五千六百二十里。粮四万一千石零。

黄州府：限五十日，东至直隶安庆府宿松县界五百一十里，西至德安府孝感县界二百八十里，南至武昌府武昌县界一十里，北至河南汝宁府罗山县界四百七十里。自府治至南京一千五百五十里，至京师四千九百九十里。粮二十五万二千石零。

荆州府：限八十日，东至承天府沔阳州界二百里，西至四川夔州府巫山县界六百六十里，南至岳州府澧州界二百九十八里，北至襄阳府宜城县界二百四十五里。自府治至南京二千一百七十五里，至京师六千一百三十五里。粮一十九万四千石零。

岳州府：限七十五日，东至武昌府通城县二百里，西至辰州府沅陵县界八百二十五里，南至长沙府浏阳县界二百九十里，北至荆州府监利县界三十里。自府治至南京二千二百二十五里，至京师五千六百七十里。粮一十七万石零。

长沙府：限八十日，东至江西袁州府宜春县界二百五十里，西至辰州沅陵县界六百五十里，南至衡州府衡山县界二百三十五里，北至岳州府巴陵县界二百六十里。自府治至南京二千四百二十五里，至京师五千八百七十五里。粮九万八千石零。

宝庆府：限九十日，东至衡州府衡阳县界一百四十里，西至靖州绥宁县界三百一十里，南至永州府东安县界一百二十里，北至辰州府溆浦县界三百八十里。自府治至南京三千七十五里，至京师五千三百九十五里。粮五万五千石零。

衡州府：限九十日，东至长沙府茶陵州界一百五十里，西至宝庆府邵阳县界一百二十里，南至广东广州府连州界四百八十里，北至长沙府湘潭县界一百三十里。自府治至南京三千二百一十五里，至京师六千六百六十里。粮二十二万四千七百石零。

常德府：限八十一日，东至岳州府华容县界三百六十五里，西至辰州府沅陵县界一百二十里，北至岳州府澧州界九十里，南至长沙府安化县界一百二十里。自府治至南京二千七百六十五里，至京师六千二百一十里。粮六万九千石零。

辰州府：限九十日，东至常德府桃源县界一百四十里，西至贵州镇远府界六百五十里，南至宝庆府新化县界三百二十里，北至永顺宣慰司界九十里。自府治至南京三千五百里，至京师七千里。粮五万二千三百石零。

永州府：限八十七日，东至衡州府长宁县界二百里，西至广西桂林府金州界一百四十里，南至广西平乐府富川县界四百二十里，北至宝庆府邵阳县界一百七十里。自府治至南京三千四百三十五里，至京师六千六百八十里。粮六万八千石零。

靖州：限一百二日，东至宝庆府武岗州界二百六十里，西至贵州黎平府界一百六十里，南至广西柳州府融县界一百八十里，北至辰州府沅州黔阳县界一百八十里。自州治至南京三千五百八十里，至北京六千九百里。

郴州：限一百日，东至江西吉安府龙果县界三百九十里，西至衡州府桂阳州界四十里，南至广东韶州府孔源县界一百九十里，北至衡州府耒阳县界一百一十里。自州治至南京三千七百里，至京师七千三百里。

武昌府：江夏附郭，武昌府东北一百二十里，嘉鱼府东南二百八十里，蒲圻府东南三百里，咸宁府东南四百二十里，崇阳府南四百二十五里，通城府西南五百里，兴国州府东南三百八十里，大冶州西北一百二十里，通山州西一百八十里。

汉阳府：汉阳附郭，汉川府北一百六十里。

承天府：钟祥附郭，京山府东一百一十里，潜江府东北八十三里，沔阳州府东南一百四十里，景陵州北二百一十里，荆门州府西一百七十三里，当阳州西一百二十里。

襄阳府：襄阳附郭，宜城府东南一百二十里，南漳府西南一百二十里，枣阳府东北一百四十里，谷城府西一百八十里，光化府西北一百八十里，均州府西北一百九十里。

郧阳府：郧附郭，房府西南二百一十里，竹山府东南三百八十里，上津府西北四百八十里，竹溪府西二百六十里，保康府西北二百里，郧[①]西府北一百九十里。

德安府：安陆附郭，云梦府南四十六里，应城府南八十里，孝感府西北一百二十里，随州府西北一百八十里，应山州东一百一十里。

---

① 此处三“郧”字，原均作“陨”，今改。

黄州府：黄冈附郭，黄安府西北二百二十里，蕲水府东南一百一十里，罗田府东一百四十里，麻城府西北一百八十里，黄陂府西一百四十里，蕲州府东三百一十里，广济州东六十里，黄梅州东一百七十里。

荆州府：江陵附郭，公安府东南七十里，石首府东南一百八十里，监利府东三百一十里，松滋府西南一百二十里，枝江府北一百八十里，夷陵州府西三百四十里，长阳州南九十里，宜都州东南九十里，远安州东北二百里，归州府西五百二十五里，兴山州西四百里，巴东州西九十里。

岳州府：巴陵附郭，临湘府东北九十五里，华容府西一百八十里，平江府西二百四十里，澧州府西五百七十里，石门州西九十里，慈利州西一百六十里，安乡州东南一百三十五里。

长沙府：长沙附郭，善化附郭，湘潭府西一百里，湘阴府北一百二十里，宁乡府西一百二十五里，浏阳府东一百五十里，醴陵府东一百八十里，益阳府西北二百里，湘乡府西南一百一十二里，攸府南三百六十里，安化府西三百六十里，茶陵州府西四百八十里。

宝庆府：邵阳附郭，城步府北一百四十里，新化府北一百八十里，武岗州府西南一百八十里，新宁州南九十里。

衡州府：衡阳附郭，衡山府东北一百五十里，耒阳府东南一百三十里，常宁府西南一百一十里，安仁府东二百里，酃府东南三百里，桂阳州①府东南二百里，临武州东南一百二十里，蓝山州西南二百里。

常德府：武陵附郭，桃源府西八十里，龙阳府东南八十里，沅江府东南二百三十里。

辰州府：沅陵附郭，卢溪府西六十里，辰溪府西南一百二十里，溆浦府南二百七十里，沅州府西二百七十里，黔阳州东南八十里，麻阳州北一百三十里。

永州府：零陵附郭，祁阳府北一百里，东安府西九十里，道州府南一百五十里，宁远州东七十里，永明州西七十里，江华州南七里。

靖州：会同县州北一百里，通道州南一百里，绥宁州东一百一十里。

郴州：永兴州西北八十五里，宜章州南九十里，兴宁州东北一百里，桂阳州东南

① 州，原作“府”，今改。

二百四十里，桂东州东二百八十里。

武昌鄂渚、江夏、郢州：兴国阳新、富川，江夏沙羡、金口，武昌鄂县、寿昌，嘉鱼沙阳，蒲圻右部、官塘，咸宁永安，崇阳下隽、唐年，通城下隽，大冶清山，通山杨吴。荆州域，翼轸分野。周属楚，熊渠封其子红为鄂王，始名鄂。治鄂渚。汉为江夏，吴为武昌，总谓之三楚，本吴楚地也。南抵五岭，北连襄汉，襟带江湖，控扼吴楚。黄鹤山，在府西南，世传仙人骑鹤过此，因名。有黄鹤楼，在城西南隅。赤壁山，在府东九十里，即周瑜焚曹操船处。苏轼指黄州赤壁山为赤壁，非也。鹦鹉洲[①]，在府城南，跨城西大江中，黄祖杀弥衡处。峥嵘洲，在武昌县，晋刘毅破桓玄处。樊口，在武昌县西，与西山相连。夏口，在荆江之中，正对沔口。夏汭[②]，水北曰汭，江北之夏口名夏汭。夏口城，在府西。黄鹤城，吴孙权所筑，对面则入沔津，故城以夏口为名。夏口者，夏水口也。孙权赤乌间自建业徙都武昌，有宫殿遗址。唐李邕，江夏人。仙人罗公远，鄂人。武昌怡亭有三绝碑，李阳冰篆，李莒八分，裴虬铭。《文武库》曰：武昌府：天文翼度。周夷王时属楚，春秋夏汭，秦南郡，三国吴武昌，刘宋郢州，隋唐鄂州，五代唐武清。滨长江，带五湖。夏口城，孙权依黄鹤山险筑城，黄巢攻之不能破。鸡鸣关，江夏，晋汝南。嘉鱼，鲇渎，蒲圻，沙羡，咸宁，江夏，崇阳，隽州，兴国州，南郡。阖闾山，伍子胥屯兵此。大冶，武昌，清山，通山，羊田，镇南。西塞山，孙权击黄祖此。散花洲，周瑜破曹操兵，酾酒散花劳军。

汉阳沔国：汉阳安陆、蒲潭，汉川甑山。荆州域，翼轸分野。大别山，在府城东北，汉名江左，《禹贡》“内方至于大别”，即此。前枕蜀江，北带汉水，路通荆雍，控引秦梁，南北之交，古今必争之地。郎官湖，在府中，李白与尚书张谓泛沔湖，汉、沔之水并皆境内。息夫人庙，在桃花洞，一名桃花夫人，楚庄灭息，取夫人，终年不言，即此。阳台庙，楚襄王梦神女处，在阳台山。郧阳府有云乡。《文武库》曰：汉阳府：天文翼度。春秋郧国地，战国属楚，秦南郡，汉江夏，三国魏，后吴，唐沔州。濒江汉。汉阳，沌阳，沔州。汉川，安陆地，魏江州。

襄阳雍州：均始平，襄阳襄州，宜城鄢县、印县，南漳临沮、沮州，枣阳春陵、蔡阳，光化阴城、酂阳，谷城筑阳。荆、豫二州域，翼轸分野。跨荆蜀，控南

① 洲，原作“州”，今改。下“峥嵘洲”之“洲”同。

② 汭，原作“讷”，今改。下“汭”同。

北，接宛许，扼关洛。周为谷、邓、鄾、卢、罗、都之地，舜封尧子丹朱于房，秦、汉为房陵，唐为房州，中宗废居此。岘山，在府东南，晋羊祜堕泪碑在焉。隆中山，在府西北，诸葛隐处。鹿门山，在府东南，汉庞德公，唐庞蕴、孟浩然、皮日休俱隐于此。太岳太和山，在均州南一百二十里，旧名参上，真武居此，改为太和，又名武当。荆山，在南漳县西北，卞和得玉处。汉水、襄水、均水，俱在境内。潭溪，在府西，昭烈骑的卢跃此而过。磨针涧，在太和山北，真武遇老妪磨铁杵作针，因大悟处。沉碑潭，杜预沉碑处。习家池，在府城南，山简醉①。解佩渚，在府西，汉神女解佩赠郑交甫处。樊城、邓城、谷城、罗城、鄾城、鄀城，俱在境内。春陵，在枣阳城南，有白水乡，光武生处，有故宅。府西北有夫人城，晋朱序守襄阳，秦苻丕攻之，序母率女婢筑此城，故名。宣城出美酒。杜甫，襄阳人。《文武库》曰：襄阳府：《禹贡》荆州，天文张度。春秋属楚，秦、汉南郡，三国魏襄阳，晋荆州，东晋雍州，西魏襄州，隋山南房陵。古②险扼，北接宛许关洛，南极湖湘汉③。凤林关，岘山，九十九冈，襄阳，汉江，邓州，宣城，梁率道，南漳，思南，枣阳，昌州，春陵，谷城，古谷国，汉筑阳，唐邓州，光化，谷国，鄀县，均州，武当，典州，太和山。

德安汉东、安陆、云梦：随随国、崇信，安陆吉阳，云梦西陵，孝感孝昌，应城应阳，应山永阳。荆州域，翼轸分野。古云梦地。随州，春秋为随国。随县有平林，汉王莽时平林兵起，与新市王匡等兵合，即此。新市，在孝感县。云梦，在安陆县，二泽名。於兔乡，云梦县北，楚令尹子文生处。黄香、黄琼、黄琬，安陆人。《文武库》曰：德安府：天文翼度。周荆州，泽薮曰云梦，春秋郧子国，随国，秦南郡，汉江夏，刘宋安陆，西魏安州，又名汉东，后周郧州，唐安黄，五代宣威。安远，邻黄州汝宁界。武阳关，百雁关，凤见关，应山，安陆，汉县，郢中，云梦，唐应城，许洛，孝感，澴州，应城，安陆地。随州，汉东应山，应州，吉山，古吉阳地。

黄州齐安、临乐：蕲蕲春、齐昌，黄冈木兰、李坪，蕲水浠水、兰溪，罗田义州、石桥，麻城信安、亭州，黄陂西陵、南司，广济永宁、大江，黄梅新蔡、南晋。荆、扬域，翼轸分野。春秋为黄冈，楚徙株君于此，又名株城。黄冈、麻城、黄

① “醉”字下似脱“处”字。
② “古”字上似脱“自”字。
③ “汉”字下似脱“沔”字。

陂，本汉西陵地，一名齐安。形连淮楚，地接云梦，北控光蔡，东峙灊皖。赤壁山，在府西北汉川门外，屹立江滨，截然如壁，而有赤色，因名。此非败曹处，周瑜与操遇于赤壁，在武昌之樊口上，大江之南岸，苏公误也。五祖山，在黄梅县东北，即五祖弘忍大满禅师道场。四祖山，在黄梅县西北，即四祖大医禅师道场。培按：一妖禅耳，孰可祖之？孰可师之？又何分之为四、五？真怪诞极矣！乃妄以名山，妄著之于书，以欺害世。异端大可诛也。一名破额山，柳宗元有“破额山前碧玉流”之句。白龟渚，在城大江之侧，毛宝放龟，武昌邾城之败，龟载之东岸获免，即此。竹楼，在府城治西北城上，宋郡守王禹偁建。雪堂，在府东，苏轼以大雪筑堂成，绘雪四壁，故名。木兰庙，在木兰山下，古木兰女替父西征，古乐府有《木兰词》。石勒时有麻胡秋，猛悍，人多畏之。筑城严酷，昼夜不止，惟鸡鸣乃息工。其女麻姑贤，有恤民心，假作鸡鸣，鸡皆鸣，工乃止。父觉欲挞之，女惧，逃入仙姑洞，修道飞升。有麻姑崖，在罗田县东。《文武库》曰：黄州府：《禹贡》荆州，天文轸度。春秋黄国地，秦南郡，汉西陵，属江夏，三国魏为重镇，后属吴，晋西阳，南齐曰齐安，北齐蕲州，隋永安。濒江，多山谷。虎头关，两山千仞，一涧冲激。水陵关，白沙关，大城关，麻城，瓮门关，罗田，接固始界团风镇，天门山，九里关，黑斗关，黄冈，西陵，巴州，罗田，蕲春地。蕲水，蕲春，麻城，西陵，定州，阳城，黄陂，黄州，黄安，新设蕲州，蕲阳，罗州，广济，蕲春地。广济，旧中州。

荆州郢都、南郡：夷陵拓州、宜都，归夔子、兴山、巴东，江陵郢县、南郡，公安孱陵、南平，石首建宁，监利玉沙，松滋高茂、潘家，枝江故罗、澌洋、下陀，长阳狼山，宜都夷道，远安临阻、高安，兴山，巴东巫县、归信。荆州域，翼轸分野。春秋时楚郑都，一名南郡，一名荆南。西界四川夔州巫山县。江陵县，秦南郡之郢。公安县，汉昭烈为左公居此，号公安。石首、监利，即汉华容县地。荆门州，古当阳地。夷陵州，秦伐楚烧夷陵，即此。归州，周为夔子国。东连吴会，西通巴蜀，南极湘潭，北据汉沔，上流重镇。龙山，在府城西北，孟嘉落帽处。紫盖山，在当阳县南，道书为第三十三洞天。黄牛山，在夷陵川西。白狗峡、马肝峡、空舲峡，俱在归州。当阳坂，在县北。曹操入荆州，昭烈奔江南，操追及于长坂，昭烈弃妻子走，使张飞将二十骑拒后，即此。仲宣楼，在荆门，即当阳县城楼，王粲登此作赋，有怀归之情。章华台，在府境，有二，一在府城外沙市，一在监利县东北，皆传为楚王筑，在监利者又名三休台。放鹰台，在荆门州北，楚昭王放鹰之所，即黄牛峡，谣曰："朝宿黄牛，暮宿黄牛。三朝三暮，黄牛如故。"明月峡、西陵峡，俱在夷陵。黄陵庙，在夷陵西北。黄牛峡，相传庙神佐禹治水有功。屈原有姊名女媭，闻屈原逐，亦来归，谕令自宽，名其地曰姊归，今归州也。姊或作秭。昭君村，在归州东北，昭君生此。息壤，在府境，《山海经》云鲧窃帝之息壤，以湮洪水。东坡有《息壤诗》。伍员，监利人。屈原，郢人。陆法和，隐于江陵百里洲，败任约，破侯景，有道术异人。《文武库》曰：荆州府：天文翼度。春秋楚郢都，秦南郡，汉临江，三国初蜀，后吴，晋新都，隋唐江陵、南郡，宋荆南，江汉大都会地。南津关，西津关，白虎关，夷陵，古捍关，长阳，即楚拒蜀处。梅子八关，长阳，江陵，秦南郢，安兴，公安，荆州，石首，华容，监利，华容地。松滋，高成，卢江，枝江，罗国地，唐长宁，夷陵州，汉为县，西陵，峡州，明月峡，西陵峡，白狗峡，马肝峡，空舲陕，宜都，江州，荆门山，归州，秭归，兴山，宋县，建阳峡，巴东，信陵。

岳州麇国、巴陵、岳阳：澧天门、兰江，巴陵下隽、建昌，临湘王朝、云溪，华容湘郡，平江罗县，石门零阳、武陵，慈利崇义、临澧，安乡南平。荆州域，翼分野。先三苗之地，秦为长沙地，刘宋为巴陵，宋为岳阳。左洞庭，右彭蠡，沅湘衡岳接其前，汉沔荆岘带其后。君山，在府西南洞庭湖中，一名洞庭山，状如十二螺髻，《山海经》云："洞庭之山，帝之二女居之。"盖尧女湘妃尝居，故道书为第十二福地。天岳山，一名幕阜山，在平江县北，夏禹治水至此，道书为第二十五洞天。山有紫阳观。太浮山，在澧州西南。巴立山，在府南，亦名巴蛇冢，羿屠巴蛇于洞庭，积骨为丘，故名。酒香山，在君山上，有美酒，饮者为仙，汉武得此酒，为方朔窃饮，即此。每春时，往往闻有酒香，寻之不得其[①]。洞庭湖，在府西南，沅、渐、辰、叙、酉、澧、溪、湘九水，皆合于此，故又名九江。岳阳楼，在府西南，即城西门楼也，下瞰洞庭，吕仙三醉于此，范仲淹有《记》。黄陵庙，在潇湘之尾、洞庭之口，舜[②]二妃者，与君山庙为二处，与黄牛峡黄陵庙不同。《文武库》曰：岳州府：春秋麇国、罗国，战国属楚，三国吴，为重地。晋建昌，梁巴州。东湖，江北，洞庭湖，青草湖，大鲸湖，

① "其"字下似脱"处"字。

② "舜"字上似脱"祀"或"祠"字。

临湘，巴陵，华容，孱陵，南安，容城，平江，罗国，汉昌，澧州，黔中，南平，澧阳，石门，武陵，慈利，溇中，安乡，孱陵地，九溪。

长沙荆楚、星沙、熊湘：茶陵声香、湘潭，长沙龙喜、常丰，善化长沙，湘潭湘南，湘阴吴昌、罗县，宁乡戈阳、新阳，浏阳临湘，醴陵潭洲，益阳，湘乡连道、龙城，攸攸水，安化梅山。荆州域，轸翼分野，又轸旁小星曰长沙，应其地，故名星沙。熊湘，以熊绎封此得名。三湘，谓湘潭、湘乡、湘阴也。一名湘东，一名湘南，南以五岭为限，北以洞庭为界。鹅羊山，在府城北，少卿升仙之所，仙坛丹台在焉，七十二福地①之一。洞阳山，在浏阳县西北，即道书第二十四洞天，唐孙思邈炼丹于此。小沩山，在醴陵县东，即第十三洞天。章仙山，在醴陵县东北，道书七十二福地之一，臧真人得道之所。汉贾谊为长沙王太傅。五溪山，在益阳。汨罗水、青草湖，俱在湘阴。势控交广，扼吴蜀。《文武库》曰：长沙府：天文轸度。周曰星沙，春秋战国楚黔中地，晋湘州，隋唐坛州，宋武安，钦化，岳麓山镇。南五岭，北洞庭，吴蜀交广之户牖。长沙，秦湘县，汉临湘，善化，湘潭。湘潭，攸水，湘阴，罗国地。黄陵，宁乡，益阳地。新康，醴陵，临湘，益阳，秦县。益水，湘乡，湘南，茶陵州，居茶山之阴，故名。

宝庆邵陵、资江：武冈都梁、夫夷，邵阳昭陵、敏政，新化白沙，城步，新宁治水。荆州域，翼轸分野。秦属长沙郡，汉属零陵郡，三国吴置邵陵郡。接九嶷之形胜，控三湘之上游，距洞庭，连五岭，制溪峒，压诸蛮。吕仙遗迹，在府城中太平寺，宋贾宗奭倅郡，吕仙自称回处士，来磨镜，留诗而去。《文武库》曰：宝庆府：天文翼轸。春秋战国楚，隋建川，唐邵州、邵阳，五代敏州，属零陵，吴少陵，唐少阳。襟喉辰沅西路。白马关，石羊关，紫阳关，武冈，邵阳，昭阳，新化，益阳地。武冈州，黔中地。新宁，夫夷侯国。

衡州湘东、桂阳、衡阳：桂阳，衡阳阳鄗，衡山麋子，耒阳耒江，常宁新平，鄗古鄗，临武隆武，蓝山南平。荆州域，翼轸分野。汉初属长沙国，又分属桂阳郡，一名湘东，一名衡阳。襟带湖湘，控引交广。衡山，在衡山县西，五岳之一，是为南岳，《寰宇记》云“宿当翼轸，度应机衡”是也。岣嵝峰有玉牒，禹案其文以治水。祝融峰，位直离宫，以配火德，乃祝融君游息之所，道书为第二十福地。朱陵洞，道书为第二洞天。李泌遇懒残于衡岳寺，杜甫

① “地”字原脱，据文意补。

游衡山，卒于耒阳县。岣嵝峰又有禹碑，禹治水登而祭之，因梦玄夷使者，遂获金简玉字之书，得治之要。晋南岳夫人魏华，住于此山，得道冲举。《文武库》曰：衡州府：天文翼度。春秋楚地，秦长沙郡，隋衡山，唐湖南。山曲湖广，患寇盗。衡岳，衡山，衡阳，酃县，临蒸，衡山，湘南地。耒阳，耒县，耒阴，常宁，耒阳地。新宁，安仁，古镇。酃，茶陵地。桂阳州，汉郡，平阳，临武，隆武，蓝山，甫平。

常德武陵、黔中：武陵武州、临沅，桃源沅南、绿萝，龙阳辰阳、索县，沅江桥江、药山。荆州域，翼轸分野。商周时为蛮蜑所居，又名武陵。左包洞庭之险，右控五溪之要。三十六天，别为一天。有桃源八景，曰：桃川仙境、白马雪涛、绿萝晴画、梅溪烟雨、浔阳古寺、楚山春晓、沅江夜月、童坊晓渡。绿萝山，在桃源县南，道书为四十二福地。桃源山，在桃源县南，有桃源洞，一名秦人洞，陶潜有《记》。或云武陵渔人姓黄，名道真，刘子骥闻桃源，欣然欲往，未果，病终。鼎口水，在龙阳县东北，昔有神鼎出于其间，宋改郎州为鼎州。叶少蕴述桃花源，今在鼎州，以此。丹砂井，在临沅县，人饮井水，世代寿考。《抱朴子》云“舜时善卷，武陵人”，善德山以此名。屈原，楚人。黄歇，黔中人。黔中，秦郡名。郎州刺史李翱，参药山师如何是道，师以手上下曰：“会么?”翱曰：“不会。”师曰：“云在天，水在瓶。”翱遂赠以诗曰：“炼得真形似鹤形，千株松下两函经。我来问道无余说，云在青天水在瓶。”沧浪水，在龙阳，其水出自沧山、浪山，故名。《文武库》曰：常德府：天文翼度。春秋战国属楚，汉义陵，三国初蜀，后吴，梁武州、沅州，隋唐朗州，宋鼎州。最富庶。蠡湖，鹤湖，沅江，益阳地。

辰州酉阳：沅巫州、潭阳，沅陵北容、长沙，卢溪武溪，辰溪辰阳，溆浦义陵，黔阳镡城、龙标、朗溪，麻阳龙门。荆州域，翼轸分野。古蛮夷地，春秋属楚，其名沅陵，陈名卢溪，唐名酉阳。地连溪洞，俗杂巴渝，好鬼信巫，刀耕火种。大酉山，在府西北，山下有石穴，其中旧有书千卷，相传避秦者隐此。酉水、沅水、辰水，并在境内。《水经》云：“武陵有五溪。”古[①]龙标城在沅州南，唐王昌龄左迁龙标县尉，李白送之以诗：“闻道龙标过五溪”，即此。

① 古，原作“石”，今改。

段文昌，子成式，宦[1]游至辰，著《酉阳杂俎》。又五溪为雄、满、酉[2]、沅、辰也。《文武库》曰：辰州府：天文张度。秦黔中，汉属荆州下隽地。川黔要冲路。五城山，楚威王使将军庄蹻定黔中，筑山城。沅陵，下隽地。上沙，卢溪，沅陵，卢州，沅州，武陵地。麻阳，沅陵，辰溪地，蒋州。

永州营阳：道江华、永阳，零陵泉陵、湘口，祁阳三梧，东安石期，宁远延昌、泠道，永明营浦，江华冯乘、营溪。荆州域，翼轸分野。西界广西桂林府全州，南界广西平乐府富川县。春秋战国为楚南境，汉名零陵，晋名营阳。南接九疑，北连衡岳，控制百越，映带三湘。九疑山，在宁远县南，九峰相似，望而疑之。舜南巡尝登此山，上有舜庙。班竹岩，在道州南。舜葬九疑，二妃从至此，以手拭泪痕于竹，遂成班竹，今名湘妃竹。湘江，在府北，源出广西兴安县阳海山，流经郡界，至湘口，与潇水合，水极清，十丈见底。舜二妃为湘水之神。潇水，在府外，源出九疑山，南流三江口，东北与沲水合，又东北流至湘口，会于河。愚溪，在府西，旧名冉溪，柳子厚改为愚溪。浯溪，在祁阳县南，流入湘江，唐元结自州归，爱其山水，因家焉。濂溪，在道州西，周敦颐所居。钴鉧潭，在西山之西、冉水之南，奔流至此，柳宗元有《记》。七泉，在道州东，元结自称漫郎，故七泉有一漫泉。帝舜陵，在九疑山，司马迁："舜崩苍梧之野"，即此。鼻亭，在道州，即封象于有庳处。息壤，在府南龙兴寺北，隆然而起，不可夷锸，锸者即死，甘茂盟君于息壤，即此。元结为道州刺史，人称"元道州"。柳宗元谪永州司马，品题永之山水。《文武库》曰：永州府：天文轸度。秦长沙，梁永阳。扼山川之要。九疑山，北连衡岳，映带三湘。黑石关，湘口关，祁阳，泉陵地。祁水，道州，营阳，麻滩与番禺界。东安，零陵，宁远，春陵，江华，冯珠地。

承天郢中、云杜：沔阳竟陵，荆门长林、丽阳，钟祥，京山安陆、富水，潜江白状，景陵霄城，当阳平州。荆州域，翼轸分野。属楚，古为石城，后周为富水，唐为竟陵。構木山，在城东，楚武王伐随出师处。汉江，在治西，上至襄阳七百里，下至沔阳七百里，自此经石城西南，至沔阳、汉阳入于江。白雪楼，在州治石城西，下临汉江，宋玉对襄王歌白雪于郢中，即此。兰台，在州治

① 宦，原作"官"，今改。
② 酉，原作"西"，今改。

东，楚王与宋玉登此作《风赋》处。沔阳，汉为江夏之竟陵地，唐诗：“竟陵烟月似吴天。”云、梦二泽，在州城东。汉有云杜县，属江夏。唐陆羽，竟陵人，著《茶经》。《文武库》曰：承天府：天文翼度。春秋战国属楚，曰郢州，秦南郡，汉云杜，齐竟陵，三国魏郢州，梁为南司、北新二州，西魏安州、温州，后周石城，唐京山、富水。今有显陵。明初为安陆州，后升为府，设留守司，如凤阳。虎牙关，荆门。当阳坂，曹操入荆州，昭烈奔江南，追及于当阳长坂，昭烈弃妻子走，使张飞将二十骑据水断桥，瞋目叱退曹兵处。麦城，关羽为吕蒙所袭，走于此。钟祥，富水，北新。汉江上至襄，下至沔，各七百里。京山，云杜地。新阳，后魏温州。潜江，江陵地。荆门州，南郡，当阳，玉州，漳州，沔阳州，沔州，云梦泽，景陵，竟陵，复州。

靖州渠阳、黔中：会同狼江、三江，通道恭水、罗蒙，绥宁溪洞、莳竹。汉武属牂牁郡。湖南边鄙，溪洞险阻，百蛮襟喉之地，辰沅宝武之藩篱。嘉靖改为承天府郧中。其俗兵器，有甲胄、挎牌，有刀、偏架弩。《文武库》曰：靖州：《禹贡》荆州，天文张度。秦黔中，唐诚州，宋渠阳。扼蛮冲。南广西融县，西黎平府佛子岭，广西分界。通道，唐恭水①，绥宁，崇宁。

郧阳：郧锡穴、南丰，房房陵，竹山上庸、安城，上津商县，竹溪，郧西，保康。荆、豫二州域，翼轸分野。属楚，春秋名锡穴，隋名郧乡。楚蜀咽喉之地，其俗劲悍。沮水，在房县，《左传》：“江汉沮漳，楚之望也。”《文武库》曰：郧阳府：《禹贡》荆州，天文张度。古麇国，春秋楚，汉锡县，唐南丰、淅州。多山谷。楚蜀关，宛咽喉，吉阳关，郧，古麇国。房，魏新城，迁惟②房州。竹山，上津，商国地。商洛，竹溪，郧西，保康。

郴州桂阳：永兴便县、安陵，宜章高平，兴宁汉宁，桂阳义昌，桂东佳东。荆州域，翼轸分野。楚长沙地，项羽徙义帝于郴，即此。汉初置桂阳郡，又名郴江，以郴水而名。引衡岳而带九疑，扼交序而控湘湖。云寿山，在州城南，出灵寿木，可为杖，汉平帝以赐孔光。苏耽，郴人，道成，别母仙去，后常乘白鹤来，止郡城楼上。桄榔山，在宜章。《文武库》曰：郴州：春秋战国属楚，秦长沙，三国属吴，五代敦州。郴江、东江西。扼交广湖湘。宜章，郴县，义章，兴宁，晋兴，桂阳，郴县地。汝诚，桂东，义昌。

施州卫军民指使使司：荆、梁二州，翼轸分野。春秋为巴国之界，秦属

① 水，原作“永”，今改。

② 迁惟，疑误。似当作“唐”。

黔中。竹王祠，在卫城东南，即夜郎侯祠。女子得婴儿于水滨三节竹中，养之长成，材武，自立为夜郎王，以竹为姓，名竹王。施州，本夜郎牂牁地。《文武库》曰：施州卫：《禹贡》荆州，天文翼度。汉南郡，三国吴，曰沙渠，晋夜郎，后周亭州、清江，隋庸州，唐清化。今置卫，领千户所宣府司四、安抚司八、长官司七，又长官司四。五峰关，胜水关，石乳关。

永顺军民宣慰使司：荆州域，翼轸分野。蛮夷之俗，短裾椎髻，花衣，带刀，渔猎，淫祠，刀耕火种。唐名灵溪，宋名会溪。

保靖州军民宣慰使司：其名保靖，俗与永顺同，其地出白鹇鸟。《文武库》曰：永顺，唐溪州。保靖，隋辰州。

江西全说[1]

《居诸编》曰[2]：

南昌府：限六十日，东至饶州府余干县二百四十里，西至湖广岳州府平江县界四百九十里，南至抚州府乐安县界三百四十里，北至南康府星子县界一百八十里。自府治至南京一千五百二十里，至京师四千一百七十五里。粮五十万石零。

饶州府：限六十一日，东至浙江衢州府开化县界三百七十里，西至南康府都昌县界一百六十里，南至抚州府临川县界二百里，北至直隶池州府建德县界一百七十里。自府治至南京一千五百八十里，至京师五千二十五里。粮二十一万三千石。

广信府：限七十五日，东至浙江衢州府常山县界一百二十五里，西至饶州府安仁县界一百里，南至福建建宁府崇安县界一百六十里，北至饶州府乐平县界一百六十里。自府治至南京一千八百四十里，至京师五千里。粮十三万三千石零。

南康府：限五十一日，东至饶州府鄱阳县界一百里，西至九江府德安县界六十里，南至南昌府新建县界一百二十里，北至九江府德化县界五十里。自府治至南京一千三百二十里，至京师四千七百六十五里。粮七万石零。

九江府：限五十五日，东至直隶池州府东流县界三百里，西至湖广武昌府兴国州界二百里，南至南康府星子县界五十里，北至湖广黄州府黄梅县界九十里。自府治至南京一千二百六十里，至京师四千六百里。粮四万石零。

建昌府：限七十五日，东至福建邵武府光泽县界二百一十里，西至抚州府宜黄县界四十里，南至赣州府石城县界三百四十里，北至抚州府临川县界

---

① 《灰画集》卷十三目录云：“《文武库·江西全说》内有缺略，予以《一统志》补之，予复有所说。《居诸编·江西全说》内有缺略，予以《一统志》补之，予复有所说，且五公原文稍删之。”

② 此句为李培语。

四十里。自府治至南京二千三百八十里，至京师五千八百二十五里。粮十万石零。

抚州府：限七十三日，东至饶州府安仁县界二百五十里，西至吉安府永丰县界三百二十五里，南至建昌府南城县界九十里，北至南昌府进贤县界九十里。自府治至南京二千四百四十里，至京师五千四百八十五里。粮三十一万石零。

临江府：限六十五日，东至南昌府丰城县界九十里，西至袁州府分宜县界二百里，南至吉安府吉水县界一百一十里，北至瑞州府高安县界九十里。自府治至南京一千七百八十里，至京师五千二百三十五里。粮二十三万石零。

吉安府：限七十一日，东至抚州府乐安县界二百里，西至袁州府宜春县界二百四十里，南至赣州府赣县界三百五十五里，北至临江府新淦县界一百四十里。自府治至南京二千一百一十里，至京师五千五百五十五里。粮四十四万石零。

瑞州府：限六十四日，东至南昌府新建县界五十五里，西至袁州府万载县界一百八十里，南至临江府清江县界六十里，北至南昌府奉新县界三十五里。自府治至南京一千七百里，至京师四千九百六十五里。粮二十二万五千石零。

袁州府：限七十九日，东至临江府新喻县界一百五十里，西至湖广长沙府零陵县界二百四十里，南至吉安府安福县界一百二十里，北至瑞州府上高县界一百一十里。自府治至南京二千六百三十里，至京师六千七十五里。粮二十二万石零。

赣州府：限八十二日，东至福建汀州府长汀县界四百六十里，西至南安府南康县界二百里，南至广东韶州府翁源县界五百二十五里，北至吉安府万安县界一百三十五里。自府治至南京二千八百一十里，至京师五千六百七十里。粮七万石零。

南安府：限九十日，东至赣州府赣县界二百一十里，西至广东韶州府仁化县界一百八十里，南至广东南雄府保昌县界二十里，北至吉安府龙泉县界二百八十里。自府治至南京三千二百一十里，至京师六千六百六十五里。粮二万石零。

南昌府：南昌附郭，新建附郭，丰城府南一百六十里，进贤府东一百二十里，奉新府西一百二十里，靖安府西北一百六十里，武宁府北三百六十里，宁州府西三百六十里。

饶州府：鄱阳附郭，余干府南一百二十里，乐平府东一百二十里，浮梁府东一百二十里，德兴府东一百四十里，安仁府南三百一十里，万年府南一百二十里。

广信府：上饶附郭，玉山府东一百里，弋阳府西一百二十里，贵溪府南一百九十里，铅山府南八十里，永丰府东南四十五里，兴安府西八十一里。

南康府：星子附郭，都昌府东一百二十里，建昌府西南一百三十里，安义府西二百三十里。

九江府：德化附郭，德安府南一百五十里，瑞昌府西九十里，湖口府东六十里，彭泽府东一百里。

建昌府：南城附郭，新城府东南九十里，南丰府南一百二十里，广昌府西南二百四十里，泸溪即南城地方。

抚州府：临川附郭，崇仁府西九十里，金溪府东南一百一十里，宜黄府西南一百二十里，乐安府西南二百四十里，东乡府东八十里。

临江府：清江附郭，新淦府东七十里，峡江府南一百二十里，新喻府西一百二十里。

吉安府：庐陵附郭，泰和府南八十里，吉水府北四十里，永丰府东一百三十里，安福府西一百二十里，龙泉府西南二百七十里，万安府西南一百八十里，永新府西二百里，永宁府西二百八十里。

瑞州府：高安附郭，上高府西南一百里，新昌府西七十里。

袁州府：宜春附郭，分宜府东八十里，萍乡府西一百四十里，万载府北八十里。

赣州府：赣附郭，雩都府东一百里，信丰府东四十八里，兴国府东北一百八十里，会昌府东三百里，安远府南三百四十里，长宁即马踏冈，万历四年平叶贼新设，分割安远、会昌地，宁都府东北三百六十里，瑞金府东北三百六十里，龙南府南四百一十里，石城府东北四百一十里，定南即莲塘镇，分割安远、信丰、龙南。

南安府：大庾附郭，南康府东北一百六十里，上犹府东北三十里，崇义府西三十一里。

南昌豫章、江州、龙兴：宁武宁，南昌豫章，新建宜丰，丰城富城、吴皋，进贤钟陵，奉新海昏，靖安场南，武宁豫章。扬州域，斗分野。春秋战国为吴越之交，汉名豫章，以产木得名。隋名洪都，以洪山崖先生隐此得名。西山，在府西大江之外，上有仙洞。逍遥山，在府西南，南有许旌阳玉隆宫。私门山，在府北二百余里，上有石镜，光可照人。翻车冈，在府西南，许旌阳役夫许大者，与委运米至此，忽闻真君拔宅上升，仓皇奔归，道覆车于此。洪崖，在府西，乃洪崖先生得道处。滕王阁，在府西章江门外，西临大江，唐高祖子元婴督师洪州，建阁成，命至，封为滕王，因名其阁，王勃有序。府北一百四十里有椒丘城，吴孙策狥豫章，攻华歆，屯兵椒丘，即此。紫极宫，在府南，吴猛女吴彩鸾下嫁文箫，即此处。玉隆方春宫，在府西，晋许逊故宅，旧名游帷观。铁柱宫，在府内，宫前有井，水深黑，与江水消长，铁柱立其中，锁绕出长江，真君锁蛟处。黄堂隆道宫，在府内。许逊，吴猛师。黄堂谥毋，于此授净明忠孝大道。昌邑在府北，即汉昌邑王贺废立受封处。徐穉，南昌人。黄廷坚，分宁人。南昌，宋名隆兴。《文武库》曰：南昌府：秦九江，隋唐洪州、洪都。腴产米谷，咽扼荆淮，翼被吴越，襟三江，带五湖。白狐岭，南昌，洪州，新建，西昌，丰城，广丰，奉新，新吴，靖安，建昌地。宁州，艾县地。永修，分宁，武宁，海昏。补曰：晋置江州，治南昌，后移治武昌。烈女谢小娥，豫章人，嫁漂阳段居正。居正与小娥父作贾江湖，并为盗所杀。小娥梦父及夫告曰："杀汝父者申兰，杀汝夫者申春。"小娥寻访岁余，得之，乃诡服为男子，托佣兰家。一日，兰酾酒会群盗，兰与春皆醉，小娥斩兰首，大呼捕盗。乡人逾墙，擒春并其党数十，皆抵死。小娥还豫章，人争聘之，不许，削发为尼。

饶州鄱阳、芝城：鄱阳芝山，余干余汗、干越，乐平乐安，浮梁新平，德兴乐平，安仁晋兴，万年姚原。扬州域，斗分野。楚东境，秦名鄱阳。马迹山，在府东北，昔王遥炼丹其上。鄱阳湖，在鄱阳县西，即《禹贡》彭蠡也。雷焕，识丰城剑气者，与陶侃俱鄱阳人。洪皓，乐平人。锦江，在安仁县。《文武库》曰：饶州府：春秋楚，后属吴，战国楚，秦属九江郡，汉豫章，梁吴州，隋、唐、宋皆饶州。近江湖，北界南直隶。池州，鄱阳，芝城，余干，本越余地。乐①平，汉余汗地。浮梁，汉鄱阳，唐新昌。安仁，余干，万年。补曰：隋置饶州，以其物产丰饶。唐初属江南西道鄱阳县。《史记》吴伐楚取番，即此。秦置县，以其在鄱水之北。万年县本鄱阳、余干、乐平、贵溪四县之远鄙，正德七年桃源盗平，析置万年县。唐欧阳询，本潭州人，年二十余，至鄱阳县，喜

① 乐，原本作"藥（药）"，今改。

其地沃上平，众士往往凑聚，侨寓甚久。唐戴叔伦，润州人，后于饶州东湖卜居三十年。刺史马载慕之，为筑堤湖上，时往访之。

广信上饶、信州：上饶弋阳，玉山怀玉、常山，弋阳葛阳，贵溪芗溪，铅山抚建，永丰饶州。扬州域，斗分野。古为吴楚地，唐名上饶。东界浙江常山县，南界福建崇安县。怀玉山，在玉山县北，南唐时县令杨文选尝梦一羽士，自称怀玉山人来谒，未几，其孙亿生。龙虎山，在贵溪县西南，乃张道陵修丹之所。《文武库》曰：广信府：春秋战国杂隶吴楚，秦属会稽，汉余干、大末二县。多名山。分水关，铅山，闽浙要道。上饶，汉鄱阳，玉山，信安，须江。弋阳，汉余干地。贵溪，汉余干地。铅山，唐县，鹅湖，永丰，上饶，唐县，兴安，乐安。补曰：上饶，以其在饶州之上。玉山，唐初为常山、须江及弋阳三县地。证圣初，析置玉山县，以县有怀玉山。弋阳，以地有弋水。贵溪，唐永泰初置贵溪县，以县在须溪口，故名。铅山，本唐抚、建二州地，后析上饶、弋阳五乡置为场，南唐始置铅山县，以山产铜铅。永丰，以县有永丰山。兴安，本上饶、弋阳、贵溪之余鄙，嘉靖中置为县。陆羽，唐复州竟陵人，诏拜太子文学，徙太常太祝，不就，寓居信州城北，号东冈子，惟性嗜茶，环植数亩，著《茶经》三篇，后人祀为茶神。吴勔，唐元和间由水曹入翰林，年四十致仕，乐贵溪山水之秀，居焉。

南康星渚：星子彭蠡，都昌浔阳，建昌海昏，安义华林。荆、扬二州域，斗分野。吴楚地，一名星渚，一名匡庐。匡庐山，在府西北，周武王时匡裕兄弟七人结庐隐此。其山叠嶂九层，崇岩万仞，周五百里，南方巨镇，上有凌霄、狮子诸峰，有东林、西林。东林，僧惠远主之；西林，惠永主之。元辰山，在都昌县西，苏耽居此修练。铁舡峰，在庐山，世传许旌阳与吴猛乘铁舡，二龙挟行，住此。山有五老峰、香炉峰。康王谷，秦始皇并吞六国，康王、楚王避难地也。石镜峰，在府西，有圆石，悬崖明净，照人见影。彭蠡湖，在府东南，一名鄱阳湖。白鹿洞，在五老峰下，唐李渤与兄涉隐此。落星湖，在彭泽湖西北，陈王僧辨破侯景于落星湾，即此。李白书堂，在五老峰。彭泽城，在都昌，即陶潜为令处。昭明读书庐山，其堂在府西开元寺。《文武库》曰：南康府：《禹贡》荆州，天文轸度。春秋吴楚地，战国楚，秦属九江，汉为彭泽，属豫章，唐江州。有庐山，星子，汉彭泽，都昌，彭泽地。补曰：星子，五代时杨吴置星子镇，因境内有落星石，故名，宋升为县。安义，正德十一年以建昌县安义等乡山贼啸聚，割安义、卜邻、南昌、依仁、控鹤五乡置为县，以乡得名。吴孝妇，都昌人，夫早亡，无子，寡居，事姑孝。姑老且病，欲赘婿以资养，吴泣曰：“女不二夫，妾志也，自能供侍。”姑从之，尝佣于邻家，获钱以具养。姑年老目翳，尝取所饮食，误顿不洁处。吴外出还见，亟借邻食馈姑，涤污者自食。一夕，吴梦两童子引叩天门，谒帝劳问，赐酒钱养姑。自是家资日裕，姑目复明。

九江浔阳、奉化、定江：德化汝南、柴桑、湓城，德安历城、藻亭，瑞昌赤乌，湖口彭蠡，彭泽龙城、浩州。荆、扬二州域，斗牛分野。吴楚地，晋名浔阳，隋名九江。西界湖广武昌府兴国州，北界黄州黄梅县。左匡庐，右江湖，陆通五岭，势拒三江。大孤山，在府东南彭蠡湖中，四面洪涛，孤峰独耸，上有神祠。小孤山，在彭泽县北，欧阳修云“九江有大小孤山，江侧有彭浪矶”，即此。柴桑山，近栗里，陶潜居此。浔阳江，源自岷山，合流彭泽湖入海，江流九派，故号九江。虎溪，在府南，慧远送客，不过虎溪。三笑亭，在庐山，即慧远送渊遗趾。琵琶亭，在城西大江滨，即白居易诗。石泉碑，在葛洪山，洪书禁田蛭，石刻见存。石钟山，湖口地内。补曰：九江府，湖口，本刘宋时湖口戍，上据大钟，旁临大江，齐、梁、陈皆为镇，后废，唐复置镇，南唐升为县，属江州。李白，唐成纪人，玄宗时供奉翰林，后遭禄山之乱，尝避地寓居庐山下。

建昌盱江、建武：南城新南，新城东岩，南丰金嶂，广昌。扬州域，斗分野。其属吴楚，其名盱江，其形胜，两越七闽，相为犬牙，五岭三吴，江山炳灵。凤凰山，在城北，郡之主山。麻姑山，在府西南，麻姑坛上有颜鲁公书碑。九曲水，在新城。龙溪，在广昌。曾巩，南丰人。李觏，盱江人。补曰：建昌府，春秋吴南境，战国楚，秦九江郡，汉豫章郡之南城县地，吴分豫章东部置临川郡，治南城，隋罢郡，置抚州，治临川县，而南城属焉，唐因之，南唐以南城县置建武军，宋改为建昌军，元置建昌路，明初为肇昌府，寻改为建昌府，领县五。南城本汉旧县，以在豫章郡城南，三国吴置临川郡，又析置东兴、南丰、永城三县，晋改为新南城，东晋复旧，隋初省三县入焉，属抚州，唐初复析东兴、永城二县，寻省，宋元县仍旧，明因之。新城本南城县地，宋析南城五乡，置新城县，元明因之。南丰本汉南城县地，三国吴析置南丰县，隋初并入南城，唐复置，宋因之，元升为州，明复为县。广昌本南丰县之南境，宋析南丰三乡置广昌县，以道通二广而属建昌军，故名，元明因之。泸溪即南城县泸溪巡检地，万历七年置为县。列女侯氏，宋南丰人，谢泌妻，家贫，事姑孝谨。盗起，远近逃避。姑疾笃，不能去，侯号泣姑侧。盗逼之，侯宁死不从，盗刃之，仆沟中。贼退渐苏，见一箧在侧，发之，皆金珠。族妇以为己物，侯悉归之。后夫与姑俱亡，子幼，父母欲更嫁之。侯不从，曰：“宁忍贫养子，虽饿死，亦命也。”

抚州昭武、临安：临川西平，崇仁新建、临汝，金溪上幕，宜黄曹山，乐安，东乡。扬州域，斗分野。其属为吴、越、楚，吴名临川。云林山，在金溪县，上有三十六峰。鳌溪，在乐安，芙蓉山出。陆九渊，金溪人。补曰：抚州府，春秋时吴境，后属越，战国楚，秦九江郡，汉豫章郡地。三国吴以豫章东部置临川，隶扬州。晋隶江州，齐临川郡，徙治南城，梁复治临汝。隋罢郡，置抚州，治临川，大业初改临川郡。唐初复为抚州。后改临川郡，乾元初复为抚州。五代时杨吴置昭武军节度，宋仍为抚州，隶江南西路。元置抚州路。明改为抚州府，领县六。临川本汉豫章郡南城县地，东汉分置临汝县，吴又分置西平县，晋改曰西丰，梁分临汝北境，置定川县，隋省西丰、定川入临汝，改曰临川县，为抚州治，唐、宋、元、明因之。崇仁，本东汉豫章郡临汝县地，吴分置新建县，晋属临川县，梁改曰巴山郡，隋初郡县俱废，置崇仁县，属抚州，唐、宋、元、明因之。金溪，本唐临川县之上幕镇，南唐于镇立金溪场，宋初升为县，属抚州，又割临川四乡并饶州、安仁三乡地入焉，元明因之。宜黄，本东汉临汝县地，吴分置宜黄县，以水出黄土岭，故名。晋属临川郡，隋省入崇仁，唐初复置，寻省，南唐置宜黄场，宋初升为县，属抚州，元明因之。乐安，本抚州崇仁县西南三乡及吉州永丰县一乡，宋割置乐安县，因有乐安乡，故名，元明因之。东乡，本临川、金溪、进贤、余干、安仁之远鄙，正德八年东乡盗平，置县，以地在抚州府治之东，故名。李贞，本山东蒲台人，乐安主簿，励清操，贫不能归，遂家焉。列女陈氏，临川县人，涂端友妻。宋绍兴中盗起，被驱，迫之不从，乃幽之壁屋。居数日，族党赍金帛来赎其孥，贼引陈令归。陈曰："吾闻贞女不出闺阁，今吾被驱至此，何面目登涂氏堂?"复骂贼不绝，竟死之。詹氏，乐安洪立妻，正德辛未流贼犯邑，执詹与男去，行至东隅杏村井，乃绐贼求水，密谓男曰："记母在此井。"遂投之。贼退，收其尸，面如生。

临江洪川：清江建城、高安，新淦巴丘、虔吉，新喻宜春，峡江玉峡。扬州域，斗分野。吴楚地。合皂山，在府东，汉张天师，晋丁令威、葛孝先尝修炼于此。玉笥山，在新淦县南，汉武帝时，有玉笥降坛，上有三十三峰、六洞、二十五坛、十一亭台。补曰：临江府，春秋时吴，后越，战国楚，秦九江郡地，汉初淮南，后豫章郡。三国吴豫章、安成、巴丘三郡地。隋属洪、吉、袁三州，唐因之。宋以清江县置临江军，隶江南西路。元改置临江县，明改临江府，领县四。清江，本汉建城县地，属豫章郡。隋初属洪州。唐改建城，曰高安县，而以境内萧滩为镇。南唐升镇为清江县，初属洪州，后属筠州。宋为临江军治所。元仍旧，明因之。新淦，本秦旧县，因淦水为名，属九江郡。汉属豫章郡，为南部都尉治所。吴分置巴丘县，属庐陵郡。隋省巴丘入新淦，属吉州，唐为虔吉五州巡抚使治所。五代时杨吴为都制，置使治所。宋初属吉州，后改属临江军。元升县为州，明复为县。新喻，本汉豫章郡宜春县地，吴析置新喻县，属安成郡，本因渝水为名，后声变为新喻。隋初省入吴平县，寻复置，属袁州。唐初析置州，寻废。元复升为州，明仍为县。峡江，在府城南一百二十里。赵孟济，其先汴人，寓居清江。宋德祐时，待次家居，郡檄摄元僚，保障城邑，以功充清江令。居官介持，豪猾屏息。已而城破，死之。列女廖氏，临江军贡士欧阳希文妻。宋绍兴初盗起，希文与妻共挟其母走山中，为贼所追。廖以身蔽姑，使希文负之逃。贼执廖氏，廖氏正色叱之。贼挥刀断其耳与臂，廖犹谓曰："尔辈叛逆，我即死，尔辈亦不久屠戮。"语绝而仆。乡人义而葬之，号廖节妇墓。谢小娥①，父自广州部金银纲携家入京，舟过萧滩，遇盗，全家被害。小娥溺水不死，附鱼舟而出，行乞于市。后为盐商李家佣奴，见其酒器皆父物，始悟其盗，乃置刀藏之。李生日会酒，举家皆醉，小娥持刀尽杀之。事闻，命以官，不受，愿为尼，乃建尼寺，使居之。陈贞妇，新淦人，幼纳庠生黄体坚聘。体坚谪吏于金陵，贻书娶陈。父母欲易他女以往，陈曰："吾命也。"遂遣归。后体坚以罣误弃市，累诉不得白，徒步收其尸，敛而瘗之，为位奠哭。期年，家人来迎，曰："吾志愿毕矣！"乃自书其名氏，经于柩侧。君子谓"贞妇生以义归，死以节殉"，大学士曾棨为之传。胡氏，新喻张和祯妻，和祯亡，遂不御膏沐，以未亡人自处。事闻，为立坊以表之。

吉安安成：庐陵石阳、螺川，泰和白下、西昌，吉水文江，永丰恩江，安福安复，龙泉新兴，万安五云，永新禾川，永宁永新。荆、扬二州域，斗分野。吴楚地，汉名庐陵，又名螺川。玉山，在太和县东，晋有王子瑶修炼于此，因名。白鹭洲，在太和县南。惶恐滩，在万安县西。欧阳修、文天祥，皆庐陵人。补曰：吉安府，春秋吴，战国楚，秦九江、长沙二郡，汉豫章郡及长沙国，东汉始分豫章，立庐陵郡。三国吴又分置安成郡，治平都县。晋庐陵郡属扬州，安成郡属荆州，元康初俱属江州。隋废二郡，以庐陵县置吉州，大业初复为庐陵郡。唐改吉州，天宝初改庐陵郡，乾元初复为吉州，属江南西道。宋属江南西路。元初为吉州路，后改吉安路。明改为吉安府，领县九。庐陵本汉旧县，属豫章郡，东汉末，孙策于县置庐陵郡，晋徙郡治石阳县。隋废郡，置吉安，改石阳为庐陵县。唐州徙今治，县亦随徙。宋元仍旧，明因之。泰和，本汉庐陵县治，东汉改西昌县。隋改安丰县，开皇间又以东昌县省入，改为太和县，属吉州。唐置南平州，寻废，仍以县属吉州，宋因之。元升为州，明复为县，改太曰泰。吉水，本汉晋吉阳、石阳二县地，属庐陵郡。隋以二县省入庐陵县，属吉州。南唐割庐陵，置吉水县，宋因之，元升为州，明复为县。永丰，本汉庐陵县地，三国吴析置阳城县，晋改为阳丰县，隋省入庐陵，宋始置永丰县，元明因之。安福，本汉安平、安成二县地，安平属豫章郡，安成属长沙国。东汉改安平曰平都，属庐陵郡。吴置安成郡，治平都，晋改安成为安复县。隋废安成郡，并安复入平都，复改为安成县，属吉州，开皇中又改曰安复。唐初改为安福县，置颍州，寻废，以县属吉州，宋因之。元升为安福州，明复为县。龙泉，本汉庐陵县地，三国吴置新兴县，晋改曰遂兴，隋省入太和。五代时杨吴析置龙泉场，南唐始置龙泉县。宋改泉江县，后复曰龙泉，属吉州，元明因

① 李培所补谢小娥事，与上文南昌府烈女谢小娥重复。

之。万安，本吴新兴县地，晋为遂兴县地，隋省入太和，五代时南唐析置万安镇，宋始改镇为万安县，属吉州，元明因之。永新，本汉庐陵县地，三国吴始析置永新县，属安成郡，隋省入太和。唐初复置永新县，属南平州，寻又省入太和，显庆初复治永新县，治禾山东南，属吉州，宋因之。元升为州，明复为县。永宁，本唐宋吉州永新县地，元始分置永宁县，明因之。姚崇，陕州人，唐时尝居永新县北十里。有台曰聪明，崇舍其上，其母墓今在县治东。列女谭氏妇，永新人，姓赵氏，宗室女。宋末，元兵破城，赵氏从其家俱匿县学。兵至，杀其舅姑与夫，执赵氏，欲污之。赵氏哭骂不从，以死自誓，遂并其子皆杀之，血渍于祀殿间八砖上，宛然一妇人抱婴儿状。或磨以砂石，不灭，又煅以火，其状益显，至今如初云。胡贞女，大学士胡广女，吉水人。在妊时，太宗命与大学士解缙子为婚。越数月，果生贞女，因名吉庆奴，遂订盟。未几，解氏被诬，举家戍辽。诸父欲改适他姓，贞女窃入室，以刀截耳。家人觉而救之，血被两颊。因言曰："薄命之婚，皇上主之，父面承之，一与之盟，终身不改。今背主违父，何以生为?"越数年，解氏蒙宥归，胡既归解氏，以孝名。胡贞女，永丰胡邦振之女，许聘里之俞胜祖，及笄未归而胜祖死，父母将改聘之。贞女啮指泣誓曰："改适他人，吾宁就死。"父母乃不敢强，纺绩自活，终身无毫发玷。梁氏文英，泰和萧时玉妻，年二十，时玉卒，卒时瞪目视儿女，节妇逆其意，啮指示之，遂瞑目。自是抚儿事姑，终其身无疾言怨气，年七十七卒。祭酒罗璟谓其"如精金美玉，不负所天"云。

瑞州瑞阳：高安上蔡，上高望蔡，新昌盐步。扬州域，斗分野。吴楚地，唐名高安。黄蘖山，在新昌县西，黄蘖禅师与唐宣帝微时观瀑布处。补曰：瑞州府，春秋吴，战国楚，秦九江郡，汉豫章郡之建城县地。唐初置靖州，领高安等五县，寻改为米州，又改为筠州，后州废，省四县入高安，属洪州。南唐复置筠州。宋绍兴间赐名高安郡，宝庆初改为瑞州，属江西道。元升为瑞州路，明改为瑞州府，领县三。高安，本汉建城县，东汉时以上蔡民分徙于此，析置上蔡县。孙吴又析置阳乐、宜丰二县。晋改上蔡曰望蔡，阳乐曰康乐。隋废三县入建城，属洪州。唐改曰高安县，为靖州治，后属洪州。宋瑞州治此。元仍旧，明因之。上高，本汉豫章郡建城县地，晋为望蔡县，隋省入建城，唐以故望蔡县地置上高镇，南唐易镇为场，寻升为上高县，宋、元、明因之。新昌，本汉建城县地，吴析置宜丰县，隋省入建城县，唐复置，寻省入高安，南唐以宜丰旧地为盐步镇，宋以地广势险，又于宜丰故城置新昌县，元升为州，明仍为县。

袁州宜阳：宜春秀江，分宜安仁，萍乡，万载康乐。扬州域，斗分野。西界湖广长沙府醴陵县。吴楚地，一名宜春。洪阳洞，在分宜西，相传葛洪及娄阳所居。南唐宋齐丘，万载人。九华先生三绝碑，在府学，李觐记，章友直篆，柳淇书。《文武库》曰：袁州府：《禹贡》荆州，天文翼度。春秋吴，战国楚，秦九江，汉宜春，三国吴，属安成、秀江，多患山寇。宜春，汉县，晋宜阳，安仁，分宜，宜春，萍乡，宜春，万载，建城，阳乐。补曰：汉豫章郡地，隋于宜春县置袁州，因袁山为名，大业初改宜春郡。唐初复置袁州，属江南道，开元间属江南西道，天宝初复为宜春郡，乾元初仍为袁州，宋因之。元改置袁州路。明改为袁州府，领县四。宜春，汉置，属豫章郡，吴属安成郡，晋避郑太后讳改为宜阳县，隋复改为宜春县，为袁州治，唐以后至明因之。分宜，本宜春县地，宋析置分宜县，仍属袁州，以其地分自宜春，故名，元明因之。萍乡，本宜春县地，孙吴析置萍乡县，属安成郡，以楚昭王渡江得萍实于此，故名。隋属袁州，元升为萍乡州，明仍为县。万载，本汉建城县地，属豫章郡，吴析置阳乐县，晋改康乐县，仍属豫章。刘宋初因之，后省。唐初复置阳乐县，属靖州，州废，省入高安。五代时杨吴置万载县，南唐属筠州。宋割隶袁州，元明因之。知浃，宋汾州人，知书，通《春秋左传》，好直言，岳飞以宾客待之。飞初下吏，浃上书声其冤，流袁州。列女袁氏，分宜人，陈九渊妻，元季兵乱，邑万户王同者闻袁美姿容，杀其夫，谋娶之。袁哭曰："夫为我死，我当以死报夫。"遂自刎。识者义之。

赣州南康：赣南城，雩都南部，信丰南墅，兴国潋州，会昌湘洪，安远欣山，宁都新都，瑞金象湖，龙南虔南，石城楼盖。扬州域，斗分野。楚地。东界福建汀州府长汀县，南界广东韶州府翁源县。赣以章、贡二水得名，章水源出南安，贡水源出汀州，赣水为一。金精山，在宁都县西北。张金华女丽英，不肯嫁长沙王吴芮，诘令凿洞乘紫云，曰："吾乃金星之精。"补曰：赣州府，春秋吴越，战国楚，秦九江郡。汉赣、雩都、南野①三县地，隶豫章郡，东汉属庐陵郡。三国吴立南部都尉，治雩都。晋罢都尉，立南康郡，仍旧治，属江州。东晋移郡城于章、贡二水间，即今府治。隋初罢郡，置虔州，大业初复为南康郡，治赣县。唐为虔州，天宝初改为南康郡，乾元初复虔州，南唐置昭信军节度。宋初因之，绍兴间改为赣州。元升为赣州路。明改为赣州府，领县十二。赣，汉旧县，属豫章郡，东汉属庐陵郡，吴属南部都尉，晋始为南康郡治，隋初改为南康县，后复为赣县，唐为虔州治，宋元仍旧，明因之。雩都，汉旧县，属豫章郡，因雩水为名，三国吴为南部都尉治所，晋属南康郡，陈徙县治大昌村，隋徙治东溪，属虔州，唐徙治南康古郡，即今治所，宋元仍旧，明因之。信丰，本汉豫章郡南野县地，东汉置南安县，晋改南康县，唐析置南安县，天宝初改曰信丰县，宋、元、明因之。兴国，本赣县之潋江镇，宋升为兴国县，以年号为名，割赣、庐陵、太和三县地以益之，元仍旧，明因之。会昌，本雩都之九洲镇，宋置会昌县，时凿井得瓴甋十二，上有篆文唐会昌年号，因以为名，元升为会昌州，明复为县。安远，本汉雩都县地，梁析置安远县，因水为名，隋废，唐复置，宋、元、明因之。长宁，本安远、会昌二县地，万历初叶贼聚哨为乱，守臣讨平之，奏析安远、会昌堡里，即马踏冈，立县治焉，名曰长宁县。宁都，本汉赣县地，三国吴始置新都县，晋改曰揭

① 此处"野"，原作"墅"，今改。下"南野"之"野"（壄）不误。

阳，刘宋又析置虔化县，寻改揭阳曰宁都，省虔化属焉，又改宁都曰虔化，宋复改为宁都县，元升为宁都州，明复为县。瑞金，本汉雩都县地，五代时杨吴以县之象湖镇置瑞金监，南唐升为县，宋元明因之。龙南，本汉南野县地，唐为信丰县地，置百丈镇，寻改曰虔南，五代杨吴改为虔南场，南唐升为县，宋改龙南县，以县在百丈龙滩之南，元明因之。石城，本都县之石城场，南唐升为县，以山多石，耸峙如城，故名，宋元明因之。定南，本龙南、安远、信丰三县地，万历初奏析为定南县，即莲塘镇开治焉。

南安横浦、小溪：大庾南康，南康南野，上犹永清，崇义新横。扬州域，斗分野。南扼交广，西距湘湖。大庾岭，在府西南，其上多梅，又名梅岭。聂都山，在城西南。九十九曲水，自上犹。《文武库》曰：南安府：《禹贡》荆州，天文翼度。春秋吴，战国楚，秦属九江，汉属豫章，隋唐虔州、南安。患山寇。东界广东韶州仁化，南界南雄保昌，西距湖广潇湘。大庾岭，五岭之一，接梅岭，汉武帝击南粤，杨仆遣庾胜屯兵于此。横浦关，大庾，庾胜城，小溪，南康，赣县地。南安，九日岭，上犹，南康，崇义，横水。补曰：汉豫章郡，赣、南野二县地，晋为南康县地，宋置南安军治大庾县，割虔州之南康、上犹二县来属，隶江南西路，元改置南安路，明改为南安府，领县四。大庾，本汉南野县地，武帝遣将军庾胜讨南越，筑城于此，因名大庾，晋为南康县地，隋立大庾镇，唐升为县，属虔州，宋为南安军治，元仍旧，明因之。南康，本汉赣县地，三国吴置南安县，晋改南康县，属南康郡，刘宋以后因之，隋初属虔州，大业初复为南康郡之属县，唐属虔州，宋属南安军，元仍旧，明因之。上犹，本汉南康县地，唐杨吴析置上犹场，以地有犹水，故名。南唐升为县，宋改曰南安，属南安军，元又改曰永清，明复改为上犹县。崇义，本上犹县地。先是，畲人哨聚为乱于此，正德末王都御史削平之，奏割大庾、南康、上犹三县里地，立为崇义县。解潜，蓝田人，为边帅，以中丞李文会言其本赵鼎客，不从和议，谪居南安凡十九年。疾革，张九成往视之。潜泣曰：“生平仗忠义，誓与虏死，为秦桧所斥，此心惟天知之。”九成曰：“无愧此心足矣，何必令人知?”潜即豁然而逝。列女李氏，大庾人，刘继妻。继卒，方十九，誓不他适，所亲怜其少，讽之。李泣曰：“吾夫为官族子，苟有二志，辱门多矣。”众叹服。寿终八十有九。

福建全说

《居诸编》曰[①]：

福州府：限八十日，东至海岸一百九十里，西至延平府南平县界二百五十里，南至兴化府莆田县界二百三十里，北至浙江温州府平阳县界六百三十里。自府治至京师六千一百三十二里，至南京二千八百七十二里。粮十六万六千石零。

泉州府：限九十日，东至海岸一百三十里，西至漳州府长泰县界一百五十里，南至海岸一百三里，北至兴化府仙游县界一百二十二里。自府治至京师七千二百五十五里，至南京三千二百五十五里。粮十一万九千石零。

建宁府：限七十三日，东至福宁州福安县界三百二十六里，西至延平府顺昌县界一百一十五里，南至延平府南平县界八十里，北至江西广信府上饶县界三百二十里。自府治至京师五千七百五十五里，至南京三千二百一十里。粮十六万三千石零。

延平府：限七十五日，东至建宁府建安县界五十里，西至汀州府清流县界三百二十五里，南至福州府古田县界一百二十里，北至邵武府郡武县界一百八十里。自府治至京师五千二百九十三里，至南京二千四百七十里。粮八万六千石零。

汀州府：限八十五日，东至延平府将乐县界三百三十里，西至江西赣州府瑞金[②]县界八十里，南至广东潮州府程乡县界三百一十里，北至赣州府石城县界一百四十里。自府治至京师五千一百二十八里，至南京二千八百八十六里。秋粮米折银三万三千七百八十石零。

兴化府：限八十五日，东至海岸九十里，西至泉州府永春县界一百二十

① 此句为李培语。

② 金，原作“今”，今改。

五里，南至海岸四十里，北至福州府永福县界八十里。自府治至京师六千四百里，至南京二千一百四十里。粮六万石零。

邵武府：限七十八日，东至延平府顺昌县界一百二十里，西至江西建昌府新城县界一百四十里，南至汀州府宁化县界三百四十里，北至江西广信府铅山县界三百里。自府治至京师四千八百三十里，至南京二千四百五十里。粮六万一千石零。

漳州府：限九十四日，东至泉州府同安县界八十里，西至汀州府长汀县界二百三十里，南至广东潮州府潮阳县界三百五十五里，北至延平府尤溪县界三百里。自府治至京师七千五百三十五里，至南京三千五百三十五里。粮十一万六千石零。

福宁州：限八十日，东至浙江温州府平阳县界三百三十里，西至建宁府政和县界四百二十里，南至海岸三百六十里，北至温州府泰顺县界三百里。自州治至京师五千七百二十里，至南京二千三百里。粮二万八千五百石零。

福州府：闽附郭，侯官附郭，怀安附郭，古田府北二百八十里，闽清府西南一百二十里，长乐府东南一百里，连江府东北一百一十里，罗源府东北一百五十里，永福府西南一百二十里，福清府东南一百二十里。

泉州府：晋江附郭，南安府西一十五里，惠安府东北五十里，德化府西一百八十里，安溪府西一百五十里，同安府西南一百三十里，永春府西北一百二十里。

建宁府：建安附郭，瓯宁附郭，建阳府北一百二十里，崇安府北二百四十里，浦城府北三百三十里，政和府东二百四十里，松溪府东一百六十里，寿宁府东二百五十里。

延平府：南平附郭，将乐府西二百二十里，大田府南一百二十里，沙府西一百二十里，尤溪府南一百五十里，顺昌府西一百二十里，永安府西南二百里。

汀州府：长汀附郭，宁化府东北一百八十里，上杭府南一百九十里，武平府西南二百一十里，清流府东北三百一十里，连城府东南一百七十里，归化府东北二百八十里，永定府南一百一十里。

兴化府：莆田附郭，仙游府西七十里。

邵武府：邵武附郭，光泽府西八十里，泰宁府西南一百四十里，建宁府西南二百二十里。

漳州府：龙溪附郭，漳浦府南一百里，龙岩府西四百里，南清府西四十里，长泰府东三十七里，漳平府西南二百八十里，诏安府南二百五十里，海澄，宁洋。

福宁州：福安州东北二百里，宁德州北二百二十里。

福州闽中、威武：闽县东治，侯官都尉，怀安羊原，古田东侯，闽清梅溪，长乐新宁、福唐，连江温麻，罗源永真，永福尤溪，福清南台。扬州域，牛女分野。北界浙江温州府平阳县。汉初封无诸为闽越王，都此。秦名闽中，晋名晋安，唐名长乐。东带沧溟，南望交广，北睨淮浙。闽中八郡，延、建、汀、邵号"上四郡"，其地溪山险阻；福、泉、漳、兴号"下四府"，其地坦夷。九仙山，在东南隩，世传何氏兄弟九人于此登仙，《九域志》云："越王无诸重[①]九日宴于此，大石尊尚在山上。"乌石尊，在府西南隅，与九仙山对峙。越王山，在府城内北隅，即无诸旧城。丁戌山，在府东。霍童山，在宁德县东北，神仙霍童所居，《洞天记》所谓霍林洞是也。大姥山，在福宁县东北，望海。尧时有老母以蓝为业，得九转神丹，乘九色龙而仙去，汉武帝名曰大姥山，闽王封为西岳。螺江，在府西北，闽人谢端得一大螺如斗，螺中出一美姝，曰："我天溪中白水素女，天帝遣我为君具食，今去，留壳与君。"端用以居粮，其米常满，故名螺江。九仙山、乌石山、越王山谓三山。香炉山，在连江。《文武库》曰：福州府：天文牛度。周时闽子孙分为七种，曰七闽。隋泉州，唐建州，宋三山、彰武。濒海。闽江，源出浙之龙泉、建之浦城。荻芦山，名九龙[②]。秦始皇以东南王气，凿山至此，得芦根一茎，长数丈，断之，有血，名峡[③]。闽，原丰，侯官，小箬，闽清，侯官地。长乐，闽县地。罗源，永贞，永福，永泰，福清，长乐地。万安。

泉州温陵、清源：晋江晋安，南安康店、丰州，惠安晋江，德化永福，安溪清溪，同安大安，永春桃林。扬州域，牛女分野。一名清源，唐名温陵。近接三吴，远连二广，地带岭海，闽粤奥区。清源，在泉山之巅。有上下二洞，上洞名纯阳，后有石室，宋裴道人仙蜕之所；下洞名紫泽，有蔡如金真人祠。金粟洞，在紫帽山之阴，相传唐元德真人郑文叔居之。时泉人有客洛阳者，遇一羽衣，寄书与文叔，既归投书，遗以粟米八斗，还家观之，金粟也。宋

---

① 重，似为衍文。

② "龙"字下似脱"山"字。

③ "峡"字下似脱"曰荻芦峡"。

宁宗御书“金粟之洞”四字刻石。晋江，在晋江县[1]南，南渡衣冠士族避地者，多沿江以居，故名。洛阳江，在晋江县南，发源惠县，至此入海。唐宣宗尝微行，览山川胜概，有“类古洛阳”之语，因名。江上有洛阳桥，一名万安桥，宋郡守蔡襄建，建时海神助佑，其事大奇，襄自有记。唐秦系，会稽人，天宝末避乱客南安县，隐于九日山，改为高士峰。《文武库》曰：泉州府：天文斗度。周七闽地，汉会稽，梁南安，宋平海，岭海通九译。洛阳桥，城东北，跨洛阳江，名万安，蔡襄建，长三百六十丈，广丈有五尺。先是，溺海死者无算，襄欲垒石为梁，虑潮漫，难胜以人力，乃遗檄海神，遣一吏往。吏酣饮，睡于海崖，半日，潮落而醒，文书已易封矣。归呈襄，启之，惟一“醋”字。襄悟曰：“神其令我廿一日酉时兴工乎？”至期，潮果退舍，凡八日夕，而工成费省。晋江，南安，南安，侯官地。东安，惠安，永福，同安，侯官地。

建宁富沙：建安治县，瓯宁浦城，建阳嘉禾，崇安温岭，浦城汉兴，政和宁德，松溪松源，寿宁杨梅。扬州域，女分野。吴名建安，又名建溪。武夷山，在崇安县南，道书为十六洞天。《列仙传》以钱铿二子名武夷，居此，因名，有武夷君宴曾孙及仙人控鹤事。为七闽群山之冠。洞宫山，在政和县东南，道家为三十七福地。相传古有魏、虞二真人于此成道，因号魏虞洞天。朱熹，本婺源人，父松为九溪尉，松亡，熹年十四，依刘子羽，寓居崇安，又徙建阳。胡安国，崇安人。蔡元定，建阳人。真德秀，浦城人。白玉蟾，琼州人，尝栖武夷。灵鹫山，在瓯宁县。《文武库》曰：建宁府：七闽地，汉会稽，唐建州。东括苍，北上饶，南延平，东北建溪。烦中[2]。黄华山，郡之护龙山，宋韩世忠讨范汝为，屯此。东瓯城，汉吴王濞发兵围东瓯处。分水关，江闽界。崇安，梨关，通衢州江山县。建安，侯官地。太平，瓯宁，建阳，建阳，建安，崇安，温岭镇，长平，浦城，吴兴，武宁，地独高。政和，五代关隶镇。宁德，万山中。寿宁，福安地，地更高。

延平剑浦：南平龙津、茶洋，将乐镛州、白莲，沙沙村，尤溪开山，顺昌浆水，永安本沙，大田。扬州域，牛女分野。又名剑浦。剑津，在南平县东，建宁、邵武二水合流之所。雷焕得二剑于丰城，以一与张华，留一自佩。华死，失剑所在。其后焕子佩剑，渡延平津，剑跃入水，化为二龙去，故名。宋罗从

---

① “县”字下原衍一“县”字，今据文意删。

② 中，似当作“剧”。

彦、李侗，俱剑浦人。九峰山，在城南。七台山，在昌顺，峭壁千丈。其俗五步一塾，十步一学，诸儒讲诵，余风未泯。《文武库》曰：延平府：天文斗度。周闽越地，汉会稽，五代坛州，南唐剑州，宋南剑，古利州。负山阻水，剑溪环左，樵川带右，七闽咽喉。小常村，宋时叛卒杨勍寇剑州，过此，掠一妇，污之，誓死不从，遇害。贼退，收瘗其尸，遗迹宛然不灭，每雨则干，晴地则湿，削去复见，覆以他土，迹愈明。威惠王庙，黄巢过此，风雷电雹自庙出，贼惧而惊退。獬豸山，昔邓将军光布云“百年后当产忠义，为国触邪”，邑人相继登台谏，摧击奸宄云。南平，侯官地。延平，剑浦，沙，沙浦，尤溪，南平地。顺昌，唐浆水场。永安，尤溪地。大田。

汀州临汀：长汀新罗，宁化石牛，上杭龙岩，武平沙县，清流玉华，连城长汀，归化明溪，永定交坤。扬州域，牛女分野。一名勤江。西界江西赣州瑞金县，南界广东潮州府程乡县。翠华山，在宁化。莲峰，在连城。汀水，溪水自北发源，南入于海，天下之水皆东，惟汀水独南，丁位，水合成文。《文武库》曰：汀州府：天文斗度。周为七闽地，汉会稽，晋新罗，唐勤江。崇山复岭，瓯闽奥壤，北达江右，山谷陡绝。宁化，黄连，上锦，白石，属长汀。上杭，太平，武平，新罗地。清流，长汀地。连城，莲峰，永定，上杭地。

兴化莆阳：莆田晋安，仙游佩亭。扬州域，牛女分野。壶公山，在府南。昔有人遇老翁于此，忽见宫阙，似非人间。翁曰：“此壶中日月也。”木兰山，在府西南，下有木兰波。九仙山，在仙游县东北，山下有湖，以何氏九人，各乘一鲤仙去，故名九鲤湖。湖右有九仙宫，后人于此祷梦，甚灵。蔡襄，仙游人，有其故居，产紫菜。《文武库》曰：兴化府：天文斗度。周七闽地，汉会稽、莆中，隋莆田，宋兴安、平海。左兰溪，右宁海，前壶公，后陈岩。泉福之间，山川秀丽，甲于闽中。莆田，莆阳，仙游，清源。

邵武樵川：邵武邵阳、绥城，光泽鸾凤，泰宁归化，建宁将乐。扬州域，牛女分野。西界江西建昌府新城，北界广信府铅山县。七台山，跨汀、延、邵三郡。越王台，在府西，无诸游猎之所。李纲，邵武人。《文武库》曰：邵武府：天文斗度。汉会稽，吴昭武，多险隘。乌坂城，越王拒汉筑此。邵武，昭武。光泽，邵武地。东乡，泰宁，绥城，建宁，绥城，义宁。永安，邻大帽山，多贼。

漳州清漳：龙溪武荣，漳浦怀恩，龙岩若草，南靖南胜，长泰泉州，漳平，平和，诏安。扬州域，牛女分野。南界广东潮州府潮阳县。九龙江，在城东。藿溪，在龙岩县。三平山，在南靖县。胡铨，知漳州。木绵庵，在城南，贾似道死处。《文武库》曰：漳州府：天文斗度。汉会稽，唐漳浦。控引番禺①，襟喉岭表，闽极南。天庆观井，漳南水土恶，惟此井水可辟疠。石塍溪，源发江西闽广之交，徒涉足黑，饮即病瘴。龙溪，颍南，漳浦，临漳，龙岩，新罗地。新古，若罗，南靖，平南，长泰，武胜，漳平，诏安，平和，新设诏安，新设海澄，新设宁详。

福宁州温麻：福安长溪，宁德东洋。扬州域，牛女分野。晋为温麻，唐宋为长溪。《文武库》曰：福宁州：天文斗度。周七闽，秦闽中，隋唐连江，宋福安。海盗出没。浙闽交海滨，患海寇。苏江，宋大观末，杨批②寇发，欲劫江东，请于江之神，不许，中夜强进，惊涛拍天，止。石辟岩，宋少帝航海入闽，集勤王之师于此。宁德，本长溪地，古田。

① 禺，原作“禹”，今改。
② 批，《八闽通志》卷十二作“秕”。

广东全说[①]

《居诸编》曰[②]：

广州府：限一百一十三日，东至惠州府博罗县界二百二十里，西至肇庆府高要县界二百二十里，南至海岸三百四十里，北至韶州府英德县界三百五里。自府治至京师七千八百三十五里，至南京四千三百九十里。粮三十二万石零。

韶州府：限一百日，东至南雄府始兴县界一百五十里，西至广州府连州阳山县界四百五十里，南至广州府清远县界三百七十里，北至湖广彬州桂阳县界二百二十里。自府治至京师七千三十五里，至南京三千五百九十五里。粮五万石零。

南雄府：限一百日，东至江西赣州府信丰县界二百四十里，西至韶州府曲江县界一百四十里，南至赣州府龙南县界三百里，北至江西南安府大庾县界八十里。自府治至京师六千七百四十五里，至南京三千三百里。粮三万五千石零。

惠州府：限一百二十二日，东至潮州府潮阳县界六百五十五里，西至海岸二百五十里，南至海岸一百一十里，北至江西赣州府龙南县界六百三十里。自府治至京师八千三百四十五里，至南京四千九百里。粮六万七千石零。

潮州府：限一百四十九日，东至海岸一百五十里，西至惠州府海丰县界一百五十里，南至海岸一百五十里，北至福建汀州府上杭县界三百一十五里。自府治至京师九千七百四十七里，至南京六千五百八十里。粮十六万四千石零。

肇庆府：限一百一十三日，东至广州府南海县界九十里，西至广西梧州

① 《灰画集》卷十五目录下有小字注："内有培辨。"

② 此句为李培语。

府苍梧县界四百里，南至高州府电白县界六百里，北至广州府清远县界一百七十五里。自府治至京师七千四百二里，至南京四千二百六十里。粮十六万石零。

高州府：限一百二十七日，东至肇庆府阳江县界一百九十里，西至廉州府石康县界二百四十里，南至海岸一百九十里，北至广西梧州府岑溪县界一百三十里。自府治至京师八千六百四十七里，至南京五千四百八十里。粮六万六千石零。

廉州府：限一百三十六日，东至高州府化州石城县界一百三十里，西至广西上恩州界三百三十里，南至海岸八十里，北至广西南宁府横州界二百六十里。自府治至京师九千六十五里，至南京五千六百二十里。粮二万六千石零。

雷州府：限一百三十七日，东至海岸一十里，西至海岸二百里，南至海岸二百里，北至高州府石城县界三百二十里。自府治至京师九千四百里，至南京五千五百九十五里。粮五万五千石零。

琼州府：限一百三十三日，东至海岸四百九十里，西至海岸四百一十里，南至海岸一千二百三十里，北至海岸二十里。自府治至京师九千六百九十里，至南京六千四十五里。粮八万石零。

广州府：南海附郭，番禺附郭，顺德府西八十里，东莞府东南二百五十里，从化府东北一百五十里，龙门府西南三十里，新宁府西一百一十里，增城府东一百九十里，香山府南一百五十里，新会府西南二百三十里，三水府西南一百四十里，清远府北二十五里，连州府西北五百六十里，阳山州东北二百里，连山州西二百九十里，新安新设分东莞户五十六里。

韶[①]州府：曲江附郭，乐昌府西北八十里，仁化府东北八十里，乳源府西一百里，翁源府东南九十里，英德府西南二百二十里。

南雄府：保昌附郭，始兴府西一百一十里。

惠州府：归善附郭，博罗府西北三十里，长宁旧鸿雁洲，新分割归善、英德、翁源，永安分割归善、长乐，海丰府东北三百里，河源府北一百五十里，龙川府东北四百

① 韶，原作“韵”，今改。

里，长乐府东北四百八十里，兴宁府东北五百五十里，和平府东北二百七十里。

潮州府：海阳附郭，潮阳府南一百三十里，揭阳府西七十里，程乡府北五百里，饶平府东二百八十里，惠来府南一百一十里，大埔府东一百一十里，澄海府东南五十里，普宁府西南一百四十里，平远府西北三百六十里。

肇庆府：高要附郭，四会府北一百三十里，新兴府南一百四十里，阳江府南三百四十里，阳春府南二百四十里，高明府西南二百八十里，恩平府南二百七十里，广宁府西北八十五里，德庆州府西二百一十里，封川州西一百二十里，开建州西北三百十一里，罗定州即泷水县，东安即东山，西宁即西山。

高州府：茂名附郭，灵白府东北四十五里，信宜府北八十五里，化州府西南九十里，吴川州南七十里，石城州北二十里。

廉州府：合浦附郭，钦州府西一百四十里，灵山州北二百一十里。

雷州府：海康附郭，遂溪府北一百八十里，徐闻府南一百八十里。

琼州府：琼山附郭，澄迈府西六十里，安定府南八十里，文昌府东一百六十里，会同府东南二百九十里，乐会府东南三百五十里，临高府西一百八十里，儋州府西南三百七十里，万州府东南四百七十里，陵水州南六十里，崖州府南一千一百一十里，感恩州西北三百二十里。

广州羊城、南海：连长沙、桂阳，南海番禺、胥江，番禺熙安，崇化，顺德，东莞宝安、铁冈，增城东官，香山新会，新会岘江，清远中宿、横石，从化，龙门，新宁，三水，阳山，连山广泽。扬州南域，牛女分野。春秋为南越，名羊城，秦为南海。后赵佗据十六州为南越王，汉武帝讨平之，复为南海郡，又名交州，又名番阳。百粤山，连五岭。浮丘山，在府西，浮丘丈人得道之地。浮丘，即罗山朱明之门户，先传在水中若浮丘然，故名。白云山，在府北，尝有白云覆其上，为安期生飞升之所。番山、禺山，在府内。崖山，在新会县南海中，宋末帝昺驻跸于此，为元将所逼，丞相陆秀夫朝服袍带，抱帝赴海死。罗浮山，在增城、博罗二县之境。零丁洋，在香山县东，文天祥诗即此。达磨井，在府中，达磨给民下有黄金，凿井而得甘泉。贪泉，源出府西，即晋吴隐之饮而作诗处也。鲍姑井，在府内，晋鲍氏女，葛洪妻汲井处。女期井，在府北碧虚观前。慈元殿，宋帝昺作于崖山，以奉其母杨太后。五羊山，在海南县。赵佗城，在府西。任嚣墓，在城内，即秦太守传位于佗者。陆贾城，在城西，贾曾使南越，说佗称臣，诗云“南来作尉任嚣力，北向称臣陆贾功”是也。韩愈为阳山令，民爱之，以姓名子。《文武库》曰：广州府：《禹贡》荆州，天文轸度。总百粤，连五岭，扼巨海，带衡岳。广州路番州消海军，濒海，民殷阜。石门山，汉楼船将军杨仆讨南越驻兵。琵琶洲，闽浙入广中者泊此。湟溪关，阳山关。崖门山，崖山，海中延袤八十余里。宋末帝昺驻此，陆秀夫抱赴海死。时御舟一白鹇奋击哀鸣，堕水以殉，其视陈宜中辈，禽鸟不若。湟水，汉伏波将军讨南越，屯兵于此。南海，咸宁，常康，番禺，怀化，顺德，海南地。增城，东州地。新会，冈州，近海，清远，政宾，新宁，新会地。从化，番禺地。石岐，龙门，博罗地。三水，南海，高安，高要地。连州，桂阳地。阳山，含洭，连山，本桂阳地。广德，接湖广界。新安。

韶州始兴、韶阳：曲江良化、美蓉，乐昌平石，仁化曲江，乳源州头津，翁源洭州、滇阳，英德清阳。扬州域，牛女分野。春秋为百粤，战国属楚，吴名始兴，刘宋名广兴。唇齿江湘，咽喉交广。韶石，在府东北，相传舜巡狩，登此山石上奏乐，韶州之名亦以此。仙人石室，在乐昌县西，即七十二福地之一。唐张九龄，曲江人，府南有祠，府北有墓。唐卢能，新州人，传法于黄梅五祖忍大帅衣钵，在广州法性寺，号六祖。培按：人之信邪，何诞妄至此耶！称异端为祖，则信邪者即其孙矣；为大师，信邪者即其弟①矣。且称祖为五、六，其为祖不知尚有多少矣。竟出于文人之笔、地理之书，恬不为怪。人心之迷，乃如此耶！曲江，一名相江。须水、武水，抱城曲回。英石，出英德县，评云：“峰峦嵸秀，岩窦分明，无斧凿痕，有钟磬声。”云门山，在乳源。《文武库》曰：韶州府：《禹贡》荆州，天文轸度。秦南海，汉桂阳。北界湖广郴州桂阳县。界越之北门，多山岭。浈水，汉征南越，楼船入此。泷头水，宋潘美伐南汉，次泷头，刘钅长遣使请和，美疑有伏兵，挟钅长使速渡诸险，此②。曲江，韶阳，番州，始兴，乐昌，曲江地。梁化，仁化，锦石，乳源，曲江地。翁源，浈阳地。灵池，英德，浈阳地。英州。

南雄凌江：保昌浈昌，始兴斜阶。扬州域，牛女分野。战国属楚。东界江西赣州府信丰县，北界南安府大庾县。其俗婚娶以槟榔为礼。墨江水，在始兴。《文武库》曰：南雄府：秦属南海，汉桂阳、雄州，宋保昌、江陵。控带群蛮，襟会百粤，广处咽喉。大庾岭，名梅岭，张九龄开凿成路，通江西南安府。秦关，横浦关，浈水，保昌，始兴，始兴，正阶，南海郡。

① “弟”字下似脱“子”字。
② “此”字上似脱“即”字。

惠州梁化、龙川：归善欣乐、循州，博罗罗阳，海丰陆安，河源休吉，龙川雷乡，长乐兴宁，兴宁齐昌，和平新涮。扬州南域，女分野。北界江西赣州府龙南县。罗浮山，在博罗县西北，乃道书十六洞天之一。昔有山浮海来，与罗山合为一，故名。梅花村，罗浮飞云峰侧，苏轼贬此地，故居存焉。《文武库》曰：惠州府：汉南海郡，隋循州，唐海丰、祯州，宋博罗。东海潮，西汀赣，邻九连。丽江，文开祥率舟师出此。罗浮山，归善，博罗，梁化，博罗，罗浮，山阳，海丰，东官地。河源，龙川地。龙川，雷江，兴宁，龙川地。和平，本龙川地。长宁，永安。

潮州凤城：海阳揭阳，潮阳武宁，揭阳南康，程乡恭州，饶平三河，大埔，惠来。扬州域，牵牛分野。古闽越地，晋名义安，唐潮阳。北界福建汀州府上杭县。鳄溪，在府东。韩愈为刺史，作文以祭之，鳄徙六十里，即此。文公庙，在金山，苏轼有碑文。练江，潮阳。《文武库》曰：潮州府：秦汉南海、揭阳，晋义安，梁瀛州。闽南两粤之界，临海，揭阳山，兴宁、海丰之界。海阳，南海，三河，潮阳，灵山，练江，程乡，揭阳，梅州，饶平，揭阳地。大埔，惠来，武宁，潮阳，海丰界。澄海，新设三县。普宁，平远。

肇庆信安、苍梧：德庆端溪，高要瑞州、博林，四会始昌，新兴临允，阳春高凉、春州，阳江齐安，高明，恩平，泷水龙乡、端溪，封川广信，开建封阳。西界广西梧州府苍梧县①。扬州南域，牛女分野。古百粤地，又名端州。火耕水耨，椎髻跣足，以鸡骨占吉凶。石室山，在府北六里，南北有二门，号为神仙下都，李邕作记。六祖故居，在新兴东南，有夏院，乃六祖禁足之地。香山，在德庆，上多香草。端砚出高要羚羊峡，对山，岩石深紫莹润，扣之有声，鸲鹆眼为上。《文武库》曰：肇庆府：《禹贡》荆州，天文轸度。春秋百粤，秦南海，汉苍梧，刘宋绥建，梁高要，隋信安，唐端州、泷州，居广上游，据邕、桂、贺三江口，有总制幕府。海陵山，张世杰自崖山溃围而出，至此，山下飓风大作，溺死。高要，端州，四会，泷州，新兴，兴州，阳江，海安，西平，恩平，恩平，南恩，高明，清泰，广宁，德庆州，康州，封川，成州，开建，南靖。

高州高梁：化罗州，茂名桂林、合浦，电白海昌，信宜南服，吴川干水，石城廉江。古越地，牛女分野。其名高凉，汉为合浦郡。潘山，在府东，晋永嘉中有羽士潘茂名尝于此采药炼丹，茂名县以此得名。高凉山，在电白县西，群

---

① 此句似当在“分野”之下。

山森然，盛夏如秋。孔雀出高凉。《文武库》曰：高州府：《禹贡》荆州，天文轸度。秦南海，吴高兴、番山。北界梧州府岑溪县。临海，最饶阜。硇[①]州，在吴川南一百四十里，屹立海中，当南北道，乃雷化犬牙处，宋端宗尝驻此。茂名，瘴南，巴城，潘州，越裳，电白，高凉，良德，信宜，苍梧地。信义，窦江，化州，象郡，石龙，辨州，陵水，吴川，高凉地，罗州，石城，罗州。

廉州还珠：钦象郡，合浦合州，石康常乐，灵山南宾。古南粤地，翼轸分野。秦为象郡，汉名合浦，吴为珠官。唐贞观中改廉州，因郡大廉洞，故名。濒海而郡，凿山为城池，无耕稼，所资珠玑。珠母海，在府东南八十里巨海中，即古合浦也。廉江，在府北，即合浦江。钦江，在钦州东，源发洪牙山，南入于海。分茅岭，在钦州西南三百六十里，汉马援征交趾，立铜柱其下，与之分界。天涯亭，在钦州。海角亭，在府城南。还珠亭，在城东，合浦太守孟尝还珠处。《文武库》曰：廉州府：《禹贡》荆州，天文轸度。吴珠官[②]，刘宋越州，隋合州，宋太平，大山，还珠，大旱且兴军。西界广西上恩州，北界广西南宁府横州。大廉山，峙东巨海，凿山为城门，海滨采珠甲香为业，临海有珠利。分茅岭，马援立铜柱以表汉界，山顶产茅草，头南北异向，至今犹然。合浦，大廉，钦州，梁安州，灵山，合浦地。

雷州雷阳：海康徐闻，遂溪椹州、铁杷，徐闻齐康。古粤地，牛女分野。秦象郡，唐海康。地在炎荒，海通闽浙。雷公庙，在府西南，昔人尝造雷鼓、雷军置庙中，雷神取去。十贤堂，在西湖旁，祀寇准、苏轼、苏辙、秦观、李纲、王岩叟、任伯雨、李光、赵鼎、胡铨。《文武库》曰：雷州府：《禹贡》荆州，天文轸度。汉徐闻，隋合州、雷阳。极南倍热，临海苦。遂溪，徐闻，徐闻，杏磊。

琼州珠崖、儋耳：儋宜伦、昌化，万崖州、文昌，崖临振、宁远，琼山曾口、颜罗，澄迈苟中、通朝，定安南建，文昌紫贝，会同乐昌，乐会温泉，临高临机，昌化至来，陵水顺潮，感恩九龙。古越地，牛女分野。汉为珠崖，唐为琼山。海中四郡一岛，潮候不同，半月东流，半月西流，潮之大小随长短星，不系月之盛衰。知风草，丛生藤蔓，土人视节，知一岁风候，每一节一风，无则无风。五色雀[③]，在海南，常以两绛者为长，旱见则雨，潦见则霁。《文武库》曰：琼州府：《禹贡》扬州，天文斗度。汉武平南粤、珠崖、儋耳三郡，唐琼山。琼琯，名琼管洲，

① 硇，原误作“硐”，今改。
② 此处“官”，原作“宫”，今改。上“珠官”不误。
③ 雀，原作“崔”，今改。

在大海中。有诸黎，最称富饶。昆那山，建州，有兽似犬，人呼昆那山神，甚灵。昔黎人叛，神驱蜂御之，官兵得破贼，至今庙祀，凡祷辄应。琼山，玳瑁地。澄迈，通潮，定安，琼山，建州，文昌，平昌，会同，永丰，儋州，儋耳，万州，珠崖地。万安，陵水，顺潮，崖州，珠崖地。振州，吉阳。又《文武库》曰：罗定州：《禹贡》荆州，天文轸度。百粤，汉端溪，晋龙乡、平原，梁泷州，隋泷水，唐开阳，宋康州，明初改泷水县，属肇庆府，万历间升改，此因平罗旁叛寇名。直隶州。东安即东山西乡，西宁即西山大洞。

广 西 全 说

《居诸编》曰[①]：

桂林府：限一百十四日，东至湖广永州府道州界六百里，西至浔州府平南县界三百五十里，南至柳州府马平县界二百六十里，北至湖广宝庆府武冈州界三百八十里。自府治至京师七千四百六十二里，至南京四千三百里。粮十二万五千石零。

柳州府：限一百二十七日，东至平乐府修仁县界一百三十里，西至庆远府天河县界二百五十里，南至南宁府宣化县界四百里，北至桂林府古田县界一百五十里。自府治至京师七千七百三十二里，至南京四千五百六十五里。粮五万三千石零。

庆远府：限一百三十日，东至柳州府柳城县界七十里，西至利州界七百里，南至柳州府宾州界一百四十里，北至柳州府融县界九十里。自府治至京师一万一千里，至南京七千五百里。粮一万四千石零。

平乐府：限一百二十二日，东至广东广州府连山县界五百里，西至桂林府阳朔县界六十里，南至梧州府苍梧县界四百二十里，北至桂林府灌阳县界三百四十里。自府治至京师七千六百四十五里，至南京四千四百六十里。粮六万二千石零。

梧州府：限一百三十六日，东至广东肇庆府封川县界三十里，西至浔州府南平县界二百四十五里，南至广东高州府信宜县界一百八十里，北至平乐府贺县界一百七十里。自府治至京师八千二百六十里，至南京五千九十五里。粮一十万石零。

浔州府：限一百三十八日，东至梧州府藤县界一百六十五里，西至南宁府宣化县界五百一十八里，南至梧州府容县界一百八十八里，北至柳州府武

① 此句为李培语。

宣县界一百八十里。自府治至京师八千五百四十五里，至南京五千五百里。粮三万六千石零。

南宁府：限一百四十七日，东至柳州府宾州界一百二十里，西至太平府罗阳县界六十里，南至广东廉州府钦州界一百三十里，北至羁縻州溪两界七十里。自府治至京师九千二百七十里，至南京六千四百一十里。粮四万七千石零。

太平府：限一百五十九日，东至交趾界二百四十五里，西至陇州界二百里，南至江州界六十五里，北至向武州界三百里。自府治至京师一万四千二十五里，至南京六千九百八十里。编户三里。粮三千石零。

思明府：限一百六十日，东至广东钦州界三百里，西至交趾界一百三十里，南至思陵州界八十里，北至江州界四十里。自府治至京师九千五百二十七里，至南京六千二百六十里。土官知州，流官同知。

思恩军民府：限一百三十日，东至柳州府上林县界一百五十里，西至果化州界一百六十里，南至南宁武缘县界一百二十里，北至庆远府河池州界一百七十里。自府治至京师一万一千三百里，至南京七千五百里。编户二十里。

镇安府：限一百五十七日，东至向武州界八十里，西至交趾广原州界三百五十里，南至都康州界六十里，北至奉议州四十里。自府治至京师一万一千四百九十五里，至南京七千六百五十里。编户二里。

桂林府：临桂附郭，兴安府北一百三十里，灵川府西北五十二里，阳朔府南一百四十里，永宁州府西一百五十里，永福府西二百里，义宁府西北八十里，全州府东北二百五十里。

柳州府：马平附郭，洛容府东北一百三十里，罗城府西北一百九十里，柳城府北七十里，怀远州北三百一十里，融府西北二百五十里，来宾府南七十里，象州府东南一百二十里，武宣州南一百里，宾州府南三百里，迁江州西北一百里，上林州西八十五里。

庆远府：宜山附郭，天河府北九十里，忻城府南一百一十里，河池州府西二百一十里，思恩府南一百五十里，荔波府西北四百二十里，东兰州府西南四百二十里，那地州，南丹州。

平乐府：平乐附郭，恭城府西北一百里，富川府东北二百六十里，贺府东一百八十里，昭平分割平乐、富川、贺，荔浦府北一百二十里，修仁府东北一百四十里，永安州府南一百十里。

梧州府：苍梧附郭，藤府西六十里，容府西二百四十里，岑溪府西南二百九十里，怀集府东北一百五十里，郁林州府西北三百三十里，博白州西南七十里，北流州东四十五里，陆川州南七十里，兴业州北六十里。

浔州府：桂平附郭，平南府东一百三十里，贵府西一百四十里，武靖州府西一百二十里。

南宁府：宣化附郭，新宁州宣化中州之中，武缘州北八十里，隆安府北二百五十里，横州府东二百二十里，永淳州西六十里，上思州府西八十里。

太平府：太平州府城西北，镇远州城北，茗盈州府北，安平州府西北，思同州府东，养利州府北，万承州府东北，全茗州城东北，结安州府东北，龙英州府北，结伦州府东北，都结州城东北，上下冻州城东北，思城州城中，左州府东北，崇善府西北，罗阳府东，陀陵府西北，永康府东北。

思明府：思明州，上石西州，忠州，下石西州，凭祥州。

思恩军民府。

镇安府。

田州：限一百三十九日，东至南宁府界五百三十里，西至泗城州界一百一十里。自州治至京师一万一千三百三十里，至南京七千五百二十里。南至奉议州界一百里，北至庆远东兰州界二百五十里。

上林。

归顺州。

向武州：至京师一万九百四十五里，南京七千五百里。

都康州：至京师一万九百九十五里，南京七千五百五十里。

奉议州：至京师一万九百五十五里，南京七千五百一十里。

泗城州：至京师一万二千四十五里，南京七千八百里。

龙州：至京师一万五百六十里，南京七千一百一十五里。

利州：至京师一万一千四十五里，南京七千六百里。

江州：至京师一万四百四十五里，南京七千里。

自太平以下皆土官。

桂林始安、八桂：全洮阳，临桂析至，兴安临源，灵川始安，阳朔归义，永福理定，义宁灵川，古田纯化，理定，灌阳零陵。荆州域，翼轸分野。战国为楚越之交，秦名桂林，吴名始安。东控岭海，右扼蛮荒。桂山，在府东北。独秀山，宋始安太守颜正之读书之所。伏波山，在府东北，有马援试剑石。湘、漓二江，源出海阳山，源五里分为二，南为漓水，又名桂江。汉讨南越，戈船下濑将军，出零陵，下漓水，即此。行二百里，合癸水，之府城下，合相思江，入梧州界。北为湘水。宋范成大①云："桂山之奇，宜为天下第一峰。旁无延缘，平地崛然特立，玉笋瑶篸，森列无际，其怪且多"，诚为天下第一峰峦。岩洞甚多，不悉载。《文武库》曰：桂林府：天文轸度。吴八桂，唐建陵，宋静江。东界永州府道州，北界宝庆府武冈州。左控岭，右扼蛮，始②建国地，右江之咽喉。伏波岩，漓江滨，突起千丈，下洞可容二十余榻，洞旁奇石如林，马伏波试剑。镇南峰，宋狄青讨，侬智高，勒石岩之左。灵渠，秦始将戍五岭，命史禄凿渠通舟。汉马援南征，饷道出此。秦城，秦始筑，以限越。临桂，始安地。兴安，始安，灵州，大龙，永宁州，唐慕化，义宁，灵州地。全州，秦长沙，隋湘源。古田十里，简缺，理定，图缺。

平乐昭州：永安立山，平乐乐州、荔浦，恭城苍梧，富川富水、冯乘，贺临贺，荔浦蒙州，修仁建陵。荆州域，翼轸分野。东界广东广州府连山县。古百粤地，一名昭潭。居苍梧、始安之间，清湘、九疑犬牙相入，净梧、滩泷至此中分。临贺岭，在贺县境，即五岭之一。秦南有五岭：大庾、始安、临贺、桂阳、揭阳，是为五岭。昭潭冈，在府东，昭州以此名。漓江，在府南。平乐溪，在府东，流至昭潭，合漓江，平乐县以此得名。《文武库》曰：平乐府：天文轸度。秦桂林，汉苍梧，吴始安，唐昭州，宋昭潭。清湘多猺，滩泷中分。平乐，昭州，乐川，贺，临庆，贺州，荔浦，荔州，蒙川，修仁，晏州，永安州，昭平。俗茅茨竹户，峒民声音殊。

梧州苍梧、广信：郁林定州，苍梧猛林，藤威义，容台浦，岑溪永业，怀集游水，博白白州，北流合浦，陆川合平，兴业石南。荆州域，牛女分野。苍梧地，山连五岭。火山，在府南，隔江山上有火光，每三五夜一见。冰井，甚甘冽，元结饮之，作《漫泉铭》。都峤山，在容县南，道书为二十洞天。勾漏山，在北流县东北，山有宝圭洞，即道书二十二洞天。葛洪求为勾漏令炼丹，即此。

① 大，原作"文"，今改。
② 始，原作"姑"，今改。

杨妃井，在容县西，唐杨妃尝饮此水。杨贵妃，容州普宁县零陵里人，父维，母叶氏。妃有异质，都部署杨康求为女，时杨玄琰为长史，又从康求为女，携归京师，进入寿王宫，玄宗召为贵妃。绿珠井，在博白县西双角山下，梁氏女有美姿，石崇为交趾采访使，以珠三斛买之，梁氏之居旧井存焉，汲饮者必诞美女。山下有一水流，合容江，人呼为绿珠江。宋秦观贬雷州，放还，卒于藤州，今为藤县，以藤江得名。《文武库》曰：梧州府：《禹贡》扬州，天文牛度。百粤地，秦桂林，汉交州、九嶷。地总百粤，山连五岭，襟带湖湘，水陆冲要，西接八番，南连交趾。大江，汉武帝使驰义侯悉发夜郎，兵下牂牁江。歌罗楼城，隋李贤筑，屯师。容江，源出北流县峨石乡，东过藤、梧、广东番禺。大藤峡，苍梧，广信，藤，猛陵，藤州，感义，患寇。容，合浦地。宕昌，普宁，容州，岑溪，苍梧地。南仪，怀集，怀远，威州，郁林州，郁州，兴业，博白，合州地。陆川，温水，兴业，兴德。

南宁宣化：横横县、宁浦，上思迁隆，归德古邕，果化，宣化思龙，武缘蛮昌，隆安，永淳淳州。扬州南域，翼轸分野。南界广东廉州府钦州。百越地，晋名晋兴，唐名朗宁，宋名永宁。内制广源，外控交趾。马退山，在府北，柳子厚有《马退山茅亭记》，即此。驰奔云矗，亘数百里。昆仑关，在府东昆仑山，狄青破侬智高于此。八尺江，在城东南。《文武库》曰：南宁府：《禹贡》荆州，天文轸度。秦桂林，汉郁林，唐邕州。南濒海，西溪峒。铜柱，马援征交人，立铜柱于左江、右江界。横槎江，晋咸元间有枯槎扶疏，坚如铁石，睹其色类漆，黑光照人，或曰天河所流。宣化，领方地。邕州，横州，高梁，简阳，缘州，永淳，郁林，蛮州地。

浔州浔江：武靖大藤、崇姜，桂平尹州，平南猛陵，贵广郁。百粤地，翼轸分野。梁名桂平，唐名浔江，秦为桂林，汉为郁林、苍梧二郡。白石山，在府南，有岩洞，即道书第二十一洞天。通容县勾漏洞，葛洪往来其间。三国陆绩为吴郁林太守，舟轻不可渡，罢归，取石为重，人称其廉，号郁林石。南山，在贵县，有二十四峰。乌江，在平南。《文武库》曰：浔江府：《禹贡》益州，天文角度。南北限二江，过藤、梧入海。紫泉水，出郁江，有两派，自县门流下者必迁擢贤守，令生才子，自县上流下应僚属。桂平，布山，桂山，平南，武城，贵南，定郁，平定州，贵州。

太平丽江：太平瓠阳，思城并上，安平安山，养利历阳，万承万阳，左州左阳，全茗迮冈，镇远古陇，思同永宁，茗盈旧峒，龙英英山，结安旧峒，结伦那兜，都结渠望，上下冻冻江，崇善崇山，罗阳福利，陀陵骆陀，永康康山。古南粤地，其名丽江。汉属交趾郡，晋以来夷獠居之，唐为羁縻州，隶邕州都督地。《文武库》曰：太平府：百粤地，宋平岭南，立五寨，东界交趾武寨界。多猺夷土酋患。伏波岩，马援试剑有石。张文升曰："十六州皆土官世袭知州。"安平州，波州，思诚州，永宁，上下冻州，田州，青龙，陇茗。

柳州马平：象中溜，宾领方，马平潭中，洛容容县，罗城琳州，柳城龙城，怀远牂牁，融齐熙，来宾循德，武宣武仙，迁江邕州，上林澄州。八寨长官司，古百粤地，翼轸分野。陈名象郡，唐名龙城。柳宗元为柳州刺史。刘蕡墓，在城西。其俗孝弟。象山，在象州。《文武库》曰：柳州府：《禹贡》益州，天文参度。秦桂林，汉郁林，唐龙州，南昆，龙江。表里岭峤，控扼番峒。马平猺多。洛容，神女，猺獞，罗城，融水，柳城，龙州，怀远，夜郎地。融潭，中融州。融水，来宾，桂林，象州，象郡，阳寿，宾州，临浦，迁江，思唐，上林，本领方地，南方州。

庆远龙水：南丹观州，东兰绥南，宜山古阳，河池智州，天河古名，思恩带溪，忻城芝州，那地孚州，荔波，永定长官莫往乡，永顺长官述昆乡。百粤地，翼轸分野。唐名龙水。控扼蛮夷，岭南要害。天门拜相山，在城北。《文武库》曰：庆远府：汉交趾、日南二郡，唐粤州、宜州，宋宜阳。山猺最易生患。龙江，北经柳、象、浔、藤①、梧等州，江道如龙，名。宜山，龙水，宜阳，天河，宜州，南丹州，旧蛮峒，荔波，宋州，猺獞，东兰州，兰州，那地州地。

思明明江：思明太平，上石西永平，下石西，忠禄永顺，凭祥，百粤地，思恩古邕州，凤化。百粤地。《文武库》曰：思恩军民府：交趾郡，邕州，唐澄州止戈县地，右江道参将驻扎。武缘，乐昌，领方地。

镇安古冻。《文武库》曰：镇安府：《禹贡》益州，天文井度。宋镇安洞，建宣，古冻界，在向武，都康，奉议，西接交趾。

泗城州古勘：程程丑。百粤地。《文武库》曰：泗城州：古勘地，折银解，宾州出兵，输戍梧州。

利州阪丽：百粤地。

奉议州来安：百粤地。《文武库》曰：奉议州：旧来安，出兵，输戍梧州。

向武州向武：富劳武陵。百粤地。《文武库》曰：向武州：宋置界镇安、田州间，黄姓世袭，贡马，领县富劳。

---

① 此处"藤"，原作"籐"，今改。

都康州邕炉：百粤地。《文武库》同。

龙州龙江：百粤地。

江州江阳：罗白罗高，思陵谂削。百粤地。

上林长官司潺邕：古百粤地。

安隆长官司泗城：百粤地。《文武库》曰：归顺州：古顺江，断城，贡马，果化州，田宁府，正德年分割宣化、思龙之地，新设流官，直通云南、贵州、交趾，与思恩、南宁鼎峙，领县一：思龙。

云南全说

《居诸编》曰[①]：

云南府：限一百二十日，东至澄江府界一百八十里，南至澄江府河阳县界五百二十里，西至临安府广通县界三百五十里，北至寻甸军民府二百一十里。自府治至京师一万六百四十五里，至南京七千二百里。粮三万四千二百石零。

大理府：限一百三十四日，东至姚安府姚州界二百四十里，西至永昌府永平县界一百八十里，南至顺宁府界二百一十里，北至鹤庆府界一百二十里。自府治至京师一万一千四百五十里，至南京八千里。粮二万二千八百石零。

临安府：限一百二十六日，东至维摩州界二百四十里，西至元江府界一百八十里，南至宁远州界六百八十里，北至澄江府界二百里。自府治至京师一万九百九址里，至南京七千五百里。粮一万六千石零。

楚雄府：限一百二十七日，东至云南府禄丰县界二百里，西至景东府界三百八十里，南至沅江府界二百八十里，北至姚安府界一百九十里。自府治至京师一万一千二十里，至南京七千五百七十里。粮八千九百石零。

澄江府：限一百二十四日，东至广西府弥勒州界二百里，南至临安府宁州界九十里，西至云南府晋宁州界二十五里，北至云南府宜良县界五十五里。自府治至京师一万一千七百四十五里，至南京七千二百里。粮九千八百石零。

景东府：限一百三十七日，东至楚雄府楚雄县界三百二十里，西至大侯州界三百六十里，南至威远州界四百里，北至楚雄府定边县界二百里。自府治至京师一万一千六百里，至南京八千一百八十里。粮一万一千一石零。

广南府：限二百一十四日，东至广西泗城州界一百二十里，西至广西府维摩州界一百五十里，南至古器野界六十里，北至泗城州界二百四十里。自

① 此句为李培语。

府治至京师一万一千四百三十里，至南京七千九百九十里。粮一千石零。

广西府：限一百二十六日，东至广南府界四百五十里，南至临安府阿弥州界一百六十里，西至临安府宁州界一百八十里，北至曲靖府罗维州界五十里。自府治至京师一万九百六十五里，至南京七千五百二十里。粮二千一百七十石零。

镇沅府：限一百七十五日，东至者乐甸长官司界二百里，西至景东府界三千里，南至威远州界三十里，北至楚雄府南安州界三百里。自府治至京师一万二千四百五十里，至南京八千六百里。粮一百石。

永宁府：限一百八十日，东至四川行都司盐井卫界一十五里，西至丽江府宝山州界一百里，南至澜沧卫蒗渠州界一百五十里，北至西番界三百三十里。自府治至京师一万二千一百里，至南京八千六百六十里。①

顺宁府：限一百七十四日，东至蒙化府界一百八十里，西至湾②甸州界二百八十里，南至孟定府界四百七十里，北至永昌府永平县界四百二十里。自府治至京师一万一千六百二十里，至南京八千一百八十里。

曲靖军民府：限一百一十六日，东至普安州界三百七十里，西至寻甸府界一百四十里，南至广西府界一百六十里，北至四川镇雄府界二百九十里。自府治至京师一万三百五里，至南京六千八百六十里。粮三千三百石零。

姚安军民府：限一百三十日，东至武定府元谋县界三百二十里，南至楚雄府镇南州界一百二十里，西至大理府云南县界一百八十里，北至北胜州四百五十里。自府治至京师一万一千二百一十里，至南京七千七百六十五里。粮三千六百石。

鹤庆军民府：限一百三十八日，东至北胜州界五十里，西至丽江府界一百里，南至大理府邓川州界一百三十里，北至丽江府界七十里。自府治至京师一万一千六百九十里，至南京八千二百四十里。粮四千石零。

武定军民府：限一百三十七日，东至云南府富民县界一百五十里，西至楚雄府定远县界二百里，南至云南府罗次县界六十里，北至丽江府通安州界

---

① “永宁府”和“顺宁府”无税粮数目。

② 此处“湾”，原作“弯”，今改。

二百五十里。自府治至京师一万八百三十里，至南京七千三百九十里。粮二千五百石零。

寻甸军民府：限一百六十日，东至曲靖府沾益州界九十里，南至曲靖府马龙州界六十里，西至武定府一百五十里，北至四川东川府界一百一十里。自府治至京师一万五百一十里，至南京七千八十里。粮三千七百九十石零。

丽江军民府：限一百四十日，东至澜沧卫蒗渠州界一百八十里，西至西番二百里，南至鹤庆府七十里，北至永宁府界三百二十里。自府治至京师一万一千七百六十里，至南京八千三百里。粮二千一百石零。

元江军民府：限一百三十一日，东至临安府石屏州界一百一十里，西至思伦发者癸寨界三百里，南至临安府界二百一十里，北至新化州界二百里。自府治至京师一万一千二百八十五里，至南京七千八百四十里。粮一千九百三十石。

蒙化府：限一百二十八日，东至大理府赵州界三十八里，西至顺宁府界一百五十里，南至楚雄府定边县界六十里，北至大理府太和县界九十里。自府治至京师一万一千四百一十里，至南京七千九百七十里。粮四千八百石零。

永昌军民府：限一百四十日，东至蒙化府界三百六十里，南至湾甸州界二百七十里，西至腾冲卫界二百三十里，北至大理府云龙州界一百二十里。自府治至京师一万一千八百一十里，至南京八千三百六十五里。粮八千三百石零。

孟定府：限一百五十六日，编户五里，东至威远州界，南至木邦宣慰使司界，西至陇川宣抚司界，北至镇康州界。自府治东至布政司二十八程，转达于京师。

孟良府：限一百五十六日，东至车里宣慰使司界，南至八百大甸宣慰使司界，西至木邦定宣抚使司界，北至孟连州界。自府治东北至布政司二十八程，转达于京师。

云南府：昆明附郭，富民府西北九十里，宜良府东南二百五十里，嵩明州府东北一百二十里，晋宁州府东南一百里，归化州北二十里，呈贡州北六十里，安宁州府西南八十里，罗次州北九十里，禄丰州西一百八十里，昆阳州府南一百五十里，三泊州西北七十里，易门州西一百五十里。

大理府：太和附郭，赵州府南三十里，云南州南一百里，邓川州府北七十里，浪穹州南一十五里，宾川州府西九十里，云龙州府西六十里。

临安府：建水州附郭，石屏州府西五十里，阿迷州府北七十里，宁州府东五十里，通海县府西北一百五十里，河西府西北一百八十里，嶍峨府西北二百六十里，蒙自府东南一百五十里。

楚雄府：楚雄附郭，定边府西三百一十里，广通府东十里，定远府北一百二十里，碍嘉府南四百五十里，南安州府东南五十里，镇南州府北七十里。

澄江府：河阳附郭，江川府东南九十里，阳宗府北四十里，新兴州府西一百二十里，路南州府东一百三十里。

景东府。

广南府：富州府东二百里。

广西府：师宗州府北八十里，弥勒州府西九十里，维摩州府东南三百六十里。

镇沅府。

永宁府。

顺宁府。

曲靖军民府：南宁附郭，亦佐府东二百五十里，沾益州府东二百五十里，陆凉州府南一百二十里，马龙州府西北七十里，罗雄州府东南二百七十里。

姚安军民府：姚州附郭，大姚府北三十里。

鹤庆军民府：剑川州府西九十里，顺州府东一百二十里。

武定军民府：和曲州府西南三十里，元谋州西北一百七十里。

寻甸军民府。

丽江军民府：通安州附郭，宝山州府东二百四十里，兰州府西三百六十里，巨津州府西北三百里。

永昌军民府：保山附郭，永平府东北一百七十里，腾越州府西南三百一十里。腾冲州，新化州。

限一百七十五日，东至临安嶍峨界二百二十里，南至沅江界二百七十里，西至者乐长官司界三百四十里，北至楚雄南安界四百三十里。

威远州。

湾甸州。

镇康州。

大侯州。

北胜州。

澜沧卫军民指挥使司。

蒗渠州在卫北一百八十里。

云南滇国：晋宁昆州，安宁螳螂川，昆阳巨桥，嵩明枳硙，昆明滇池，富民西宁，宜良笼匡，罗次压磨，归化安江，呈贡晟贡，禄丰古禄，三泊那龙，易门湊门。梁州域，井鬼分野。汉属益州，蜀为建宁，晋为晋宁，唐宋为蒙氏、段氏所据，至明始入版图，周以前为徼外。西南夷，僰人、鸠、獠、僰、乌蛮诸种地。楚庄蹻略地。西至滇池，因王其地，号滇国。汉武遣将伐之，举国降，为置益州郡。接吐蕃，际黔巫。不鞍而骑，善用矛剑，勇捷喜斗，今渐文物矣。碧鸡山，在府南，西汉宣帝时，方士言益州有金马碧鸡，可祭而致，遣王褒往祀，至蜀而卒。滇池，在府南，一名昆明池，合盘龙江、黄龙溪为此池，汉武帝于长安凿池象之，以习水战。诸葛营，在宜良乡南小石岭，征孟获时尝营于此，有碑。《文武库》曰：云南府：天文觜度。周前为徼外西南夷，僰、鸠、獠僄、僰毒、獶㖼、乌蛮所居，汉宁晋，隋昆州、南诏，唐南宁，蒙氏立六诏。邻交趾诸国，富庶。小石岭，金马关，碧鸡关，昆明，昆州，富民，梨州，宜良，匡州，大池，晋宁州。滇国，呈贡镇，元安宁州，滇国，川漠，连然，罗次，吕村，元县，禄丰，甸白村，嵩明州，滇国，嵩盟，杨林，昆阳州，滇池，三泊，善阐地。

临安秀山：建水乌么，石屏石坪，阿迷阿宁，宁早龙，宁远，通海建水，河西西宗，蒙自目则，嶍峨僰蛮，纳楼茶甸，教化强现，王弄，亏容旧铁容，溪处，思陀官桂，左能思陀，落恐伴溪，安南褒古。梁州，井鬼分野。古句町国，汉属牂牁，一名通江，一名秀山。北抵澄江，西连楚雄，南邻交趾，为云南极边。《文武库》曰：临安府：天文参度。唐南诏，蒙氏置，通海，名通江，宋段氏曰秀山，元阿僰，东界维摩，宁海关，新平，通海，河西，宗州，嶍峨，益州，蒙自，建水州，石屏州，乌么蛮，阿迷州，宁州，益州，南宁，梨州，宁远州，图缺。

澄江阿阳：新兴清蛤，路南落蒙，阿阳么歩，江川碌云，阳宗强宗，邑市弥沙。梁州域，井鬼分野，古西南夷。《文武库》曰：澄江府：天文觜度。战国滇池，汉立俞元县，属益州，隋昆州，蒙氏，河阳，跨旸溥，倚涌拔，面抚仙，背罗藏，东界广西府弥勒州，南界临安府河阳。江川，异城，阳宗，么蛮，新兴州，滇国，西爨，路南州，昆州。

广南特磨：富安宁。依智高之裔居之。《文武库》曰：广南府：《禹贡》梁州，天文参度。东界广西泗城州，西界维摩州。牌头山，昔依智高据以为寨。富州，狮头寨，旧安宁州特磨地。

广西牂牁：师宗岩浪，弥勒吉输，维摩屈中。梁州界，滇东南境。《文武库》曰：广西府：天文参度。滇国，汉益州牂牁地，唐羁縻州，元置宣慰司，今改府，附蛮四寨十八守御千户所。师宗州，弥勒州，步么，徒蛮之裔，维摩州。

楚雄威楚：南安广通，镇南欠舍，楚雄安州，广通路赕，定远越嶲，定边南涧，碍嘉黑初。梁州界，井鬼分野。《文武库》曰：楚雄府：天文觜度。楚滇国地，汉益州，晋安州、汉僰。南瞰金齿，北距罗婺。东接昆若诸郡，西连大理属洱海道。罗平关，武英关，楚雄府，威楚，威州，广通，定远，髳州，定边，濮落蛮。碍嘉，本夷獠地，虚初，南安州，黑爨蛮居摩刍，镇南州，濮落蛮居蒙氏，石跛。镇沅威远：古西南夷极边地。《文武库》曰：镇沅府：《禹贡》梁州，天文井度。濮落杂蛮，南诏，唐时银生府，旧威远州，安不板寨，上官流经历。

大理南诏：赵姚州，邓川德源，宾川，云龙，太和理州，云南白子，浪穹剑浪。梁州域，井鬼分野。古哀牢夷，唐开元间号为南诏。点苍山，在府西，高千余仞，有峰十九，苍翠如玉。西洱海，在府东，古叶榆河也，源自邓州，合点苍山之十八川而汇于此，如人耳。《文武库》曰：大理府：天文柳度。昆①弥国，楚为哀牢，汉益州、叶榆，唐姚州、南诏，天宝时为蒙氏所据，元②改鄯阐都③，赵州，永昌，天水，段氏地。云南，匡州，龙首关，龙尾关，太和，邓川州，叶榆，浪穹，宾川州，叶榆，瘴，云龙州军民总管。

景东开南：唐蒙氏为银生府之地。《文武库》曰：景东府：《禹贡》梁州，天文井度。徼外荒僻之地，曰柘南。唐南诏蒙氏立银生府，旧濮落杂蛮所居，开南景董山。

蒙化沧江：汉益州地，其名阳瓜。《文武库》曰：蒙化府：《禹贡》雍州，天文柳度。唐姚州，自蒙氏细奴逻筑城，号蒙舍诏。阳瓜，北距点苍，襟带西洱，设流同知经历。云龙州，云龙甸。

永宁楼头。《文武库》曰：永宁府：《禹贡》梁州，天文觜度。楼头，赕地，答篮，南诏，蒙氏知土同流，有瘴。

---

① “昆”字上似脱“古”字。

② 元，原作“示”，今改。

③ “都”字下似脱“元帅府”。

顺宁蒲蛮。《文武库》曰：顺宁府：《禹贡》梁州，天文井度。蒲蛮，庆甸，把边山，甸尾村，上有关最隘。泮山险。猪山路通永昌。马市山，永平之路径县繇此险。

曲靖兴右：沾益西平，陆凉温河，马龙撒匡，罗雄塔敝，南宁味县，亦佐屈郎。梁州域，井鬼分野。《文武库》曰：曲靖府：天文井度。汉夜郎味县地，蜀汉兴古梁西爨，唐曲州、靖州，蒙氏据，曰石城，南宁段氏未弥部，元置宣慰司。白水关，宣威关，木容关，分水关，南宁，亦佐，宛温，盘州，沾益州，宛温地。陆凉州，平夷地，兴古，陆梁，马龙州，兴古，罗雄州，罗屏，兴古。

寻甸仁德。《文武库》曰：寻甸军民府：《禹贡》益州，天文参度。滇国地，昔僰剌蛮居此，后乌蛮夺之，蒙氏，元名仁德，西接中庆，东连曲靖。

姚安弄栋：姚知目，大姚青蛉。《文武库》曰：姚安府：《禹贡》梁州，天文觜度。滇国地，汉弄栋，属益州，唐姚州，附郭州，乌蛮要地，知流同推土。古青蛉郡，姚州，弄栋，大姚，青蛉县地。

武定罗婺：和曲巨簉，禄劝洪农，元谋华竹，南甸洟陬，石旧掌鳩。梁州界，井鬼分野。《文武库》曰：武定府：《禹贡》梁州，天文井度，滇国地。汉益州，隋昆州，唐戎州，知土同擒流。东頳缓，西姚褒，南安宁，北会州。

鹤庆鹤州：剑川义都，顺牛赕。东汉为永昌郡。《文武库》曰：鹤庆府：《禹贡》梁州，天文井度。唐时越析诏地。左丽江，右剑湖。曰鹤川，剑川州，浪穹，诏顺州，南诏，徒诸浪人居。

丽江丽水：通安越么，宝山郝龙，兰博南，巨津罗波，临西些么。滇国，梁州域，井鬼分野。汉为越雟。《文武库》曰：丽江府：天文井度。汉益州地，隋晋州。东丽水，西澜沧，南大理，北土蕃。横连千里，雄据九赕。知土同流，即六诏之一。雪山关，当吐蕃界。金沙江，白马寨，丘塘关，通安州，汉定笮，唐昆明，东即金沙，南剑州，西黑水，附郭，宝山州，汉祁龙县地，兰州，巨津州。

元江惠龙：西南夷极边之地。《文武库》曰：元江府：《禹贡》梁州，天文井度。唐南诏，属银生节度，西瞰澜沧，南距交趾。

永昌金齿：腾越，潞江，保山，永平博南，凤溪，施甸。梁州域。西南徼外之地，汉武帝置不韦县，属益州。《文武库》曰：永昌军民府：古哀牢国，东汉澜沧，唐南诏，宋段氏、高氏据，元置金齿宣抚司，改州，今改府。诸葛营土炖，周三十余丈，高六尺，随水上下，传旧旗台。清平关，山达关，潞江关，蒲关，关索寨，腾越州，古越赕，宋腾冲，保山，不韦地，永平，胜乡。

新化马龙。《文武库》曰：新化州：马龙、他郎，所据二甸，后阿僰诸部所居，绕山夹江。

北胜成纪。《文武库》曰：北胜州：两汉属白国，唐贞元中南诏，异牟寻始开其地，名北方赕，徙弥河，白蛮及罗落么些诸蛮实其地，号成偈赕，名剑羌善巨，地僻，外绕三关。

澜沧：蒗蕖。罗共。《文武库》曰：澜沧卫军民指挥使司：北胜州地，领州一：蒗渠州，名罗共赕。

孟养香柏城。《文武库》曰：孟养军民宣慰使司：云远路。

木邦孟都。《文武库》曰：木邦军民宣慰使司：孟邦，木邦，猛密。

老挝越裳。《文武库》曰：老挝军民宣慰使司：挝家，即古越裳。

缅甸江头。《文武库》曰：缅甸军民宣慰使司：有江头、太公、马来、安正国、蒲甘缅王五城，元置邦牙军。

八百大甸八百媳妇。《文武库》曰：八百大甸军民宣慰使司：八百媳妇。

南甸南宋。《文武库》曰：南甸宣抚司：元置南甸路。

于崖于赖。《文武库》曰：于崖宣抚司：于赖，赕僰夷居之，元置镇南路。

陇川麓川。《文武库》曰：陇川宣抚司：麓川地，僰夷所居。

镇康石赕。《文武库》曰：镇康州本黑僰所居，元置镇康路。

湾甸细赕。《文武库》曰：湾甸州，元属镇康路。

大侯孟佑。《文武库》曰：大侯州：白夷所居，元麓川路。

威远银生。《文武库》曰：威远州：南诏，濮落杂蛮居。

孟定景麻。《文武库》曰：孟定府：元置孟定路。

孟艮孟揹。《文武库》曰：孟艮府：永乐年附。

腾冲。《文武库》曰：腾冲军民指挥使司：永昌郡，西境即越赕，古金齿，又曰者乐甸长官司，荒夷地，唐马龙、他郎二甸，曰猛摩夷名者。岛隶，元江车里军民宣慰使司，元置彻里，蛮名车里。倭泥、貉獵、蒲剌、黑角诸蛮杂居。接界交趾，钮兀长官司也。兀芒市长官司，旧怒谋大枯赕，小枯赕，即芒施蛮。

贵州全说

《居诸编》曰[①]：

贵阳府：隆庆三年建，设在省城，限一百三十五日，东至龙里卫界九十里，南至广西泗城州界九十里，西至安顺州界七十里，北至旧程番府界四十里。自府治至京师七千七百三十里，至南京四千三百九十里。粮六千五百石。

思州府：限一百一十六日，东至湖广辰州府元州界九十里，西至镇远府界一百里，南至黎平府界、北至铜仁府界，俱二百二十里。自府治至京师七千七百二十里，至南京四千二百里。粮八百石零。

思南府：限一百一十二日，东至铜仁府界一百里，西至四川播州宣慰司界二百里，南至石阡府界四十里，北至四川涪州鼓水县界五百里。自府治至京师七千三百九十里，至南京四千四百里。粮一千八百石零。

镇远府：限一百一十八日，东至思州府、西至兴隆卫界，俱一百二十里，南至播州界六十里，北至石阡府界一百八十里。自府治至京师九千九百三十里，至南京四千四百里。粮八百石零。

石阡府：限一百一十五日，东至铜仁府提溪长官司界一百八十里，南至镇远府界一百七十里，西至四川播州界一百六十里，北至思南府木德江长官司界一百二十里。自府治至京师七千七百六十里，至南京四千里。粮八百五十石。

铜仁府：限一百一十三日，东至思州府施溪长官司界、南至黄道溪长官司界，俱七十里，西至思南府印江县界二百里，北至四川邑楼长官司界二十里。自府治至京师七千六百里，至南京四千二百七十里。粮一千一百七十石零。

黎平府：限一百五日，东至湖广靖州界二百四十里，西至镇远府邛水长

① 此句为李培语。

官司界三百六十里，南至广西柳州府罗次县界五百里，北至湖广辰州府沅州界四百里。自府治至京师六千二百里，至南京三千七百五十里。粮二千六百石零。

都匀府：限一百三十日，东至清平卫界五十里，西至平越卫界三十里，南至广西广远府南丹州界一百里，北至凯里安抚司界七十里。自府治至京师八千三百四十五里，至南京四千七百一十五里。粮四千九百石零。

思南府：婺川[①]府北一百四十里，印江府东三十里。

镇远府：镇远附郭，施秉府西南四十五里。

黎平府：永从府南六十里。

普安州。至京师八千四百里，至南京五千二百里。

永宁州。至京师八千一百里，南京四千八百里。

镇宁州。至京师八千一百里，南京四千八百里。

安顺州。至京师八千二百里，南京四千九百一十里。

都匀府：麻哈州，独山州府南一百五十里，宣慰使司八番，贵竹，水东，中曹蛮夷白阿、纳耸，青山，扎佐落邦，龙里，白纳茶山，底寨，乖西蛮夷，养龙坑宿澄，贵阳，韦番金石，方番河中，洪番永胜，卧龙番南宁，金石番太平，小龙番应天，大龙番，罗番遏鸾，卢山，上马桥，小程番，卢番，木官里，克度里，通州里。荆、梁二州南境，参井分野。本西南夷地。《文武库》曰：贵阳府：《禹贡》益州，天文参度。牂牁郡，旧属，长官司为贵竹，中曹，龙里，乖西蛮，水东，明初以霭翠，宋钦宣慰，木兰。箐山，延袤百余里，中有道，通水西毕节路，陆广河，当水西驿道置巡检司，以盘诘，领州二，县二，长官司十六，新贵，贵竹，贵定，金筑，定番州，广顺州。

镇远：镇远，施秉。长官司二，为邛水十五洞蛮夷。蛮夷桥，荆州南境。《文武库》曰：镇远府：《禹贡》益州，天文井度。大田溪洞，田祐恭领之，永乐中执田琛，改之。东沅水多苗，属都清道，而辰沅道得兼制，领县二，长官司三，镇远，金容，施秉，施江。

黎平：长官司十三，县一，为永从。荆州荒夷，翼轸之余，夜郎之旁，东连靖州，北达沅辰。《文武库》曰：黎平府：《禹贡》荆州，天文翼度。夜郎，汉牂牁，

① 川，原作“州”，今改。下“婺川”不误。

五代思州，宋元置长官司。东界湖广靖州，南界广西柳州罗城，北界辰州府沅州。多土司患。领县一，长官司十三。永从，牂牁地。

都匀：麻哈竼猪，独山，清平。长官司八。《文武库》曰：都匀府：《禹贡》益州，天文井度。西南夷地。北通平越，南抵南丹威镇关。领州二，县一，长官司八。清平，麻哈州，元竼猪寨，独山州，元独山长官司。

思州：长官司四，楚之黔中，唐名宁夷。《文武库》曰：思州府：《禹贡》益州，天文井度。秦黔中地，汉武陵，唐思州、宁夷。初置宣抚，田氏治。自龙泉坪徙居清江故地，其东界湖广辰州府沅州地。领长官四。

思南：长官司四，县二，婺川，印江，荆州荒裔，楚黔中。《文武库》曰：思南府：《禹贡》益州，天文井度。黔中、牂牁要路。西界四川播州，北界涪州彭水县。多蛮。水德江，思王城，汉牂牁守陈立据田邛，诏夜郎王将兵破立，安抚其地，土人至今思慕之。领县三，长官司四。安化，婺川，印江。

铜仁：长官司六，荆州南裔。《文武库》曰：铜仁府：《禹贡》益州，天文井度。北界四川，东连麻阳，西接思南，南抵思州。置大小江，领县一，长官司五。铜仁，附郭。

石阡：长官司四，荆州南裔。《文武库》曰：石阡府：《禹贡》益州，天文井度。唐夷州、义泉。西界播州，南通镇远，北距思南。乌江自播州流入境。领县一，长官司四。龙泉，义泉。

金筑：长官司三。

平越：长官司一。《文武库》曰：平越府：《禹贡》荆州，天文翼度。黔中，号黎峨里，繇卫升府。羊肠关，蹊径险仄。领县三，州一。瓮安，瓮安，湄潭，余庆，蛮落襟喉。黄平州，故属播州乐源郡。万历中繇所改州，扼云贵之门户。

龙里：长官司一。

清平：永宁。普市。威清。平坝。普定。安庄。安南。

安顺。《文武库》曰：安顺府：《禹贡》益州，天文参度。原为州，万历中改府，元习安州。普利，旧属云南普定路界。金筑，普安州，夜郎，牂牁地，汉兴古，唐西平，盘州。西界云南平夷卫，南界广南卫，北界贵州宣慰司永宁州荒夷地，南界广西泗城。长官司二。镇宁州，荒服，长官司二。

镇宁。

普安：梁州界，井鬼分野，古夜郎地。

永宁：古荒服地。

以上诸卫司，并西南夷也。

诗文辑佚

目　　录

题济南大明湖吕祖庙[①]

此泉曾饮胡儿马，未识先生记得不？背后青锋肯解我，定教血染大明湖。

左　园　诗[②]

瀛城西面驻风光，负郭园林似带长。画阁崚嶒临近堞，芳丛蓊郁映深隍。玲珑石壁青丝绕，烂熳花塍紫雾装。柏砌翠阴棋座稳，萝棚疏影茗铛香。马嘶春色归涉径，雀啃秋声在苇塘。看竹客来偏爱主，题蕉兴到欲呼觞。知章沽酒游常便，大令肩舆入不妨。梓泽繁华非可羡，平泉恬淡自堪藏。东君雅意能留饮，四季频寻醉月廊。

秋日孔将军筹幄燕集，豫约孙给谏携琴早至，同白吏部听吕明府弹。时在座者为张季超、杨截庵两广文、刘鹿邑向五、贾孝廉子才[③]

筹幄清闲华宴开，豫邀仙客抱琴来。博山香爇烟凝雾，焦尾弦调响隐雷。

---

① 辑自田桐《革命闲话·北方革命》，见《田桐集》，又见《林一厂日记》，原刊秦孝仪主编《太平杂志》第一卷。原文曰“山人题济南大明湖吕祖庙诗”云云。

② 辑自康熙《河间府志》卷二十二，题下注云：“在府西门外近濠左，会元公子印全园也。公子春日宴客，因赋此。”又见乾隆《河间县志·艺文志》，原文题“左园诗：国朝王余佑”。又见《古今图书集成·职方典》卷九十一《河间府部·艺文一》。似带长，《古今图书集成》作“似带凉”。醉月廊，乾隆《河间县志》作“醉月乡”。

③ 辑自传世《王介祺墨宝》长卷，见西泠印社2007年秋季印刷品拍卖会图录《中国书画古代作品专场（明代及明以前）》。孔将军即孔毅。王余佑岳父孔心学，字抱一，为鹿善继、孙奇逢弟子，孔毅为其子，王余佑妻弟。王余佑落籍献县，孔毅曾馈田二百亩相助。李兴祖《清故真隐申之王先生行状》云：“总戎孔公毅请参军事至瀛海，孔盖公之妻弟也。”李塨《五公山人王先生行略》云：“孔副戎公毅复馈田二顷”。刘炳《五公山人墓表》亦云：“孔副戎毅馈田二百亩”。

座尘徐挥帘影护，觥醪满泛管声催。银灯听彻回风曲，更欲新腔按谱裁。

步李颙若白桂花韵[①]

姮娥敲碎玉，飞屑作秋芳。粟落疑残霰，苞开呈淡妆。香沾裙带练，寒冒月宫霜。插鬓同娇面，披帏傲粉郎。

残　句[②]

灰画何年计得成。

绝　命　诗[③]

一天雷电收风雨，将使乾坤暗里行。尚有高灵护残喘，争留面目见诸生。

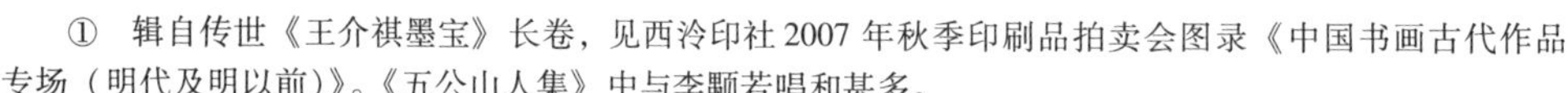

① 辑自传世《王介祺墨宝》长卷，见西泠印社2007年秋季印刷品拍卖会图录《中国书画古代作品专场（明代及明以前）》。《五公山人集》中与李颙若唱和甚多。

② 辑自李培《灰画集序》，原文曰“培此卷私欲名之曰《灰画集》，昔王五公山人诗有曰”云云。《甲申集》《五公山人集》未见，无题，仅存残句。

③ 辑自《李恕谷先生年谱》卷一甲子条，原文曰“王五公先生卒，寄其《绝命诗》至”云云。又见徐世昌《颜李师承记·五公山人传》，原文曰“而五公之卒，亦尝寄恕谷以所为《绝命诗》曰”云云。又见李塨《五公山人王先生行略》，原文曰：“至冬底，寝疾，作诗云”。又见刘炳《五公山人墓表》，原文曰：“寝疾，病，忽朗吟云”。又见李兴祖《清故真隐申之王先生行状》，原文曰“公当易箦前数日，犹强起作诗示门人”云云，文字有异，作：“一朝雷电收风雨，欲使江河逆处行。不是尼山护残喘，争留面目见诸生。”

爱竹轩先生记[①]

爱竹先生者，孙公，讳际昌，字名卿，瀛人也。自幼承父训苦学，试辄冠军。戊子乡试亚魁，乙未成进士。筮仕南阳，司理刑名，称平允。一岁，膺抚台荐，行取第一。授吏科给事中，旋升兵科。左右经裁，补浙江道御史。未及一载，又补户科，旋升刑科掌印。其为人刚介，朝野服之。事亲以孝称，父洪绪，赠如先生官，以乡贤陪祀圣庙。建白凡二十七疏，俱蒙俞旨，世祖甚重之。后以朝审奏请缓决，忤当事意，转临洮副使。一年，以不合上官归，杜门读书鼓琴以自乐，于世事无所与。母没小祥，墓产一芝，制台苗公为立碑纪其事。交河苏公尝称之曰："古君子也！"所居别院种竹数十竿，号爱竹轩，一尘不侵，图书蔽牖，人稀至其处。尝与上谷五公山人谈，杯酒分韵，意恬如也。山人题其居曰："此地岂容尘客到，就中或许野夫谭。"足见其志趣高迈云。每著作出，脍炙人口，求书作者户恒满焉。

祭先叔先兄文[②]

维崇祯十八年[③]五月十□□[④]，孝侄王余佑谨削木为主，题我叔神位于上，恭设于宅后小楼。此我叔平生寝处之所，即立此为祠，以长男配食，用表父子同难之义。伏冀我叔我兄来凭来依。谨陈辞以招之，曰：

嗟我叔之玉体兮，委弃而不得归兮。今我叔之英魂兮，不知游落于何所兮。想当年之义愤兮，魂魄应不散兮。若地下得见先帝兮，应唏嗟而增悲兮。都门之外，荒埃野草不可依栖兮，来返故居兮，不必恋遗骸兮。在天而为神

① 辑自康熙《河间府志》卷二十一，作者署名"王余佑"，小字注"五公山人"。又见乾隆《河间县志·艺文志》，原文题"爱竹轩先生记：国朝王余佑"，"一尘不侵"误作"一座不侵"。

② 辑自《王氏家谱事迹纪略》。抄本正文无标题，据目录补。

③ 崇祯无十八年，此处沿用明代年号。

④ 抄本原文空二格。

灵兮，与列宿争明兮。虽仇人之未得兮，佑将操刀而杀之兮，但不知其期兮。其为恶有几人兮，愿我叔之灵梦而告我兮。嗟此楼之中乃叔炼药迎仙之所兮，遗迹犹在兮。所陈者我叔之书，手泽尚存兮，不忍读兮，敬藏之兮。又有我兄之砚兮，亦设之兮。有《楚词》兮，是我兄平日与佑常诵兮，今具存兮。不忍起兮，聊以永念兮。泣尽以血兮，复何言兮。尚飨。

故从兄若谷王逸民传略[①]

兄讳余厚，字若谷，故从伯复婴公长子也。复婴公第进士，宰曲沃，擢吏部，以清白著，蚤卒。兄初婚，营丧竟，从伯母李继卒。兄奉事王父王母，以孝顺闻。迨王父母下世，丁承重艰，十余年间孤苦集蓼，未得应童子试，以故学成而知名最晚。然文彩风流，超超有云霞气，毫翰之精，人争慕之。比游泮水，已居然称名士，声动公卿矣。生平慷慨，好交游，见义必为。甲申，逆闯构难，同仲兄永言从家叔忠烈公振袂讨贼。破万金产，竖“义复国仇”一帜，移檄誓众，响震远迩，擒雄县伪令郝丕绩。时与同事马于议不合，遂隙散。清鼎定，弃家遨游数十年，不复顾青衿业矣。尝过太原诣傅青主，青主以“吏部佳公子”题之，相得甚欢。谒孙征君师于夏峰，征君多手书题赠。晚岁寓睢阳，无恒产，弄柔翰，饮浊醪，聊以永日而已。卒于睢阳旅舍，淡然无所遗恋也。片纸只字，世人竞得之。兄能诗，有《深山野人集》，余不多见。老犹好读书，遇佳帙，殷殷不置手。兄长子沃生，能文学，为诸生，人称美器，早卒。孙元裔，为诸生。次子徐生，早卒。季子亿，有孙，能读。少子蒙，能读书，有孙，兄所爱也。苦营兄丧，棺殓皆亲任之。旅榇未归也。

时康熙二十一年秋，弟余佑偶记于高阳寄食处。

① 辑自《王氏家谱事迹纪略》。

跋家若谷兄摹帖[①]

余舅弟夙好笔墨，自凝碧闻弦后，此道几如太液芙蓉矣。顷家若谷兄从中州携侄孙辈，竭蹶千余里省墓，过余旅舍，田生瑞斋置酌，令其摹比，不无钿蝉零落之慨。装成，聊题数字，用志岁月云。

① 辑自《王氏家谱事迹纪略》。

附录

目　　录

忆申之王先生隐居

栖遁衡门事事幽，忘机鱼鸟日彝犹。园堆怪石留云住，岩涌清泉带月留。写就鹅群堪一醉，赋成鹨鹈足千秋。意中林壑应相待，遮莫篮舆得共游。

寄申之王先生[①]

门掩松筠境最幽，检书烧烛几春秋。频将诗送长年恨，肯使杯空镇日愁。问字人来皆屈宋，坐花客到半应刘。君家不亚山阴道，乘兴还凭雪夜舟。

五公先生《文体适用》序[②]

甚矣，文之失实也！掇拾辞语，而茫不知其指归之所在。夫文者，所以宣志意、纪事绩、表德行也，非徒角夸丽、务富赡而以为能也。吾师五公山人恐世之流于此，故检历代古圣贤遗编，博汇成帙，名曰《文体适用》，而别为六十种，以启后学，名虽为文，其实则关乎政治伦常。使读者知作者之根源，身体而力行之，则凡日用行，一事有一文，一文有一体，体全而用著。兹选也，正所以宣古圣贤之志意，纪古圣贤之事绩，而表古圣贤之德行也。孔子曰："言以足志，文以足言"，学者解此，然后可以知指归之所在矣。

---

① 以上二诗均出自李兴祖《课慎堂文集》卷二《鬲津草》。又见《清诗纪事初编》卷六。

② 出自李兴祖《课慎堂文集》卷一。

清故真隐申之王先生行状[①]

呜呼，吾师殁几何时已逾年矣！乙丑春三月，师嗣君曙光自献陵跋履问状于余，求撰行状，为考功太常议谥及史馆编录，涕泣致词曰："先君幸全身节，宁忍后世无征？今具生平事实，敢乞吾子。吾子通家世谊，且知先君甚稔，幸勿辞。"余经年来，痛定思痛，有余憾，曷敢致文出入，曲笔欺天下后世，以昧吾师生平胸臆哉？

公讳余佑，字申之，一字介祺，别号五公山人，既殁，门人私谥文节。先生先世小兴州，八世祖宓姓，永乐初徙保定府新城县西马头，赘王氏，因姓王。父延善，号维婴，生子三。长余恪，季余严，公其仲也。伯父以崇祯庚午特用进士，为河南鲁山令，讳建善者，号恢婴，无子，公甫生即嗣焉。儿时质貌魁杰，有大人度，不好嬉戏。六岁授书，辄能成诵。稍长，从维婴公问学，才思骏发。十岁能属文，见者惊异。十六补博士弟子员，凡试必高等。左忠毅公甚奇之，以为文章继起，必为当代弘儒。是时，定兴太常鹿公倡道江村，公往谒，多有会心处，自是学识益弘博，故其为文雄健深厚。

应京兆试，不售。随恢婴公之任河南临邑，伤时政颓敝，以为食禄者当尽心报国，岂得因循模棱为身家计。条陈时弊数千言，劝恢婴公上之。拂当事意，调繁鲁山，以拒流寇为名，实欲抹煞忠臣义士。恢婴公处之裕如，公自是回里，悉散家产及宗族乡里贫乏交游。盖公素慕文文山、谢叠山、郑思肖之为人，师事容城孙征君启泰先生，贯穿典坟，留心政术，追慕古忠烈节义，矫尾厉角。语及朝政得失，天下治乱，辄容蹙色墨，恻然如疚痗在躬。孙征君器重之。

甲申，逆闯陷京师，向北痛泣者累月，谓时势如此，又焉用青襟为？并谢去弟子员。会从父恢婴公同兄翼之谋义举，不屈死。公乃仰天泣曰："吾叔死忠，奴仆死主，争先就义，无一屈辱者，我又何以自立于人间！"既而念恢

① 出自李兴祖《课慎堂文集》卷一。

婴公年老无依，不得已，同弟柔之走范阳道，下榻豫耿是经家。会田园如洗，乃奉二亲入易州五公山双峰村，变儒服为破衲黄冠。堂无楹桷，衣无纨绮，力作以奉二亲，一时贵显罕见其面。继以亲老缺养，借砚田供菽水，闲游嵩山、泰岱间。由是人争慕之，遐迩执贽问业者云集。遇人有急难，则罄囊助之，而慷慨悲歌时见乎言外。每每定省后，即披卷危坐，寒暑不辍。读书不事训诂，多别出新解。所与游，皆鹿门箕颍之俦。太原傅青主，于先生为石交。过范阳，执贽杜紫峰先生，上下今古，若聚一堂。弟柔之居河南，被诬，时年大饥，行装无托。公负担裹粮以从，赖友人力解得脱，其友爱之笃如此。

赴苏门省孙征君，欲卜居，未果。自兖州谒孔陵，登少陵台，俯仰山川，不胜禾黍之悲，一寄之于诗。值恢婴公丧，哀毁痛绝，丧制一遵古礼，不茹荤酒，不御房帏。无几，母曹孺人继亡，公更不欲生。复念孤身延宗祧门户，且素志未酬，强起视息，杜门不见客者累岁。后因总戎孔公毅请参军事至瀛海，孔盖公之妻弟也，时瀛海二千石王千峰折节下士，愿为布衣交，乞公重辑郡志。公辞不获，阅八月而成。千峰甚礼重之，于府南六十里傍献陵置书院，为生徒讲会所。又于城东二十里计置田二顷为饘粥资，因暂假焉。献陵当兵燹后，士多倚席不讲。公至，推诚导和，诱掖奖劝。于是横经鼓箧者接踵而至，数月间文风士气翕然一变。

虽闲居静处，而留心世务，以为天下无不可为之时，无不可用之人。尝吟“寒灰虽冷犹存火，石子将开竟吐莲”二语以自奋励，虽形神劳瘁，未尝告倦泊。紫峰先生殁，表墓立谥，甲乙纷纭，公一言而定，允恰乡评。语门人小子曰：“治世须才，有才则不难于治。”裒取古今人才，著《居诸编》，以示群弟子。兴祖辈正冀久侍几函，朝夕闻所未闻，讵意一病不起，回翔帝乡，呜呼痛哉！公当易箦前数日，犹强起作诗示门人：“一朝雷电收风雨，欲使江河逆处行。不是尼山护残喘，争留面目见诸生。”且梦中仿佛文字应酬，不及他事。

公奇伟有大志，时寄慨于歌诗，似苏子美；遇事无难易，勇于敢为，似尹师鲁；切指当世，贤愚善恶无所忌讳，似石守道。若夫君臣大义，民社阽危，欲以一身任之，独未得位行道，而竟赍志以殁，惜哉！

平生不事生产，不迩声色，和不狥人，介不绝俗。文宗两汉，字法二王，史子诸家，无所不贯。敏于才，援笔千言立就。揆古今成败，用兵得失，著《乾坤大略》十卷，及《茅檐款议》《诸葛阵图》《通鉴独观》《文体适用》，手辑杂抄文集等书，皆藏于家。燕居如老书生，衲衣角巾，低首徒步，未尝以学问盖人。及其卒也，发箧中书，丹铅俨然，标记错互，始知焚膏宿火，老而好学如此。生万历年月日①，卒于康熙甲子正月初九日②，享年七十。

元配孔氏，某公女。子二，长孚，即曙光，生员，娶上谷生员誉之王公女；次咸，继嗣翼之，十四殇。女二，长适易州生员经埏田公长子某；四适易州生员经埏田公子某。孙一，超宗。

兴祖固不文，谨条系排缵，而状其大略。昔苏子瞻状司马君实曰："非有关于治乱得失者，皆不载。"兴祖犹是志也。仰冀大人先生锡之鸿章，俾传不朽，佩德政，不独兴祖辈也，而公世世子孙衔泐，宁其有极！

五公山人王先生行略③

先生讳余佑，字申之，复字介祺。先世小兴州人，本姓宓，明初迁保定新城西马头村，赘王氏，因嗣其姓。八世生义烈公延善，是为先生父。三子，长余恪，季余严，先生中子也。甫诞，为后于伯父鲁山令建善。幼聪颖，读书过目不忘。十六岁补邑诸生，次年食廪饩，试辄冠军。娶邑人孔公心学女。游鹿忠节公善继门，茅元仪居其家著《武备志》者也。相见辄论忠节所传道术，及天下成败大机，以是学益进。鲁山公初任山西临县，先生从之，蒿目时艰，为父条奏数千言上当事，拂其意，调河南鲁山县。鲁山公命先生旋里，遂从容城孙征君奇逢学，慨然念天下多故，鱼烂瓦解，乃读孙吴书，散万金产招士。

甲申，李自成犯北京，端皇殉国。先生方较试易水，闻之，投笔驰归征君。征君曰："贼也，能擒则擒之。"先生遂决意讨贼，归谋之义烈公，与兄

---

① "年月日"原本空缺，李塨《五公山人王先生行略》云："生于万历四十四年十二月"。

② 正月初九日，《王氏家谱事迹纪略》作正月初七日。

③ 此文出自《王氏家谱事迹纪略》。

余恪、从兄吏部主事明善子余厚、余慎，弟余严，及雄县生员马于揭二旗，曰“仗义复仇”“诛贼报国”，传檄云：“生成佐命功，生固荣耀；死作忠义鬼，死亦芬芳。有愿为大行皇帝杀贼者，聚我旗下！”纠义旅千余，复雄县、新城、容城。擒雄县伪官郝丕绩等三人，斩之。开仓库犒师，声北擒逆成，而吴三桂以国师入矣。马于见九王，白其事，遂遁。先生同义烈公归西山，散众隐居。已而为怨家诬讼于朝，发羽林执义烈公入京。先生以后于鲁山，不得随。余恪自投刑部从父死，严集壮士殪仇家三十余口。是时，部文行天下，严缉先生等。乙酉，余厚被执于保定府，知府朱甲及易州道黄图安感其义，同为申奏曰：“王氏父子所破者，贼成之城池也；所诛者，贼成之伪令也。何辜以干法纪乎？我朝定鼎初，正当奖励忠义，以风天下，似不宜深构是狱。”朝廷允奏，令新城县仍收先生等入学，还所剿没产业。余厚、余严弃家，隐于河南。

先生招魂葬父兄于易州坎下村，遂奉鲁山公入五公山双峰，躬耕以供菽水，因自号五公山人。鲁山公夫妇相继卒，竭力葬，茹素六年。戊戌，率魏刺史一鳌等为孙征君修双峰书院，讲学其中。已而，从征君于苏门，研究数月。归，复从定兴杜越紫峰游。当是时，与河北宿儒隰崇岱、张罗喆、高鐈、吕申、管青阳、刁包、张翼星、陈鋐、王之徵、山西傅山等交，勉互进书，无所不窥。凡天文地理、兵农医卜诸学悉究及之，于是汇古人经济为《居诸编》，又集廿一史古帝王军国经世事，分为十卷，名曰《此书》。

其一卷序略曰：“帝王起兵，贵进取，贵疾速。进取则势张，疾速则机得，呼吸间耳，成败判焉，此之不可不知所向也。不观唐太宗之趋咸阳乎？进乃胜矣。不观黥布之归长沙乎？退乃败矣。”二卷序略曰：“所向既明，正道在所，不必言矣。然不得奇道以佐之，则不能取胜。项羽战章邯于巨鹿，而后高祖得以乘虚入关。锺会持姜维于剑阁，而后邓艾得以逾险入蜀。”三卷序略曰：“兵既深入，必猛战疾斗，一为所乘，鱼散鸟惊，无可救矣。汉光武之于昆阳，唐太宗之于霍邑，可以观也。”四卷序略曰：“孙膑之破庞涓以怯卒，韩信之破陈余以市人，李密之破张须陀以群盗。用寡以覆众，因弱而为强，善战之术固不止此，然当其事者断断乎于此二者求之。”五卷序略曰：“战胜略地，是有机焉。蹈之而动耳，不烦兵也。昔韩信灭魏破赵，威震天下，议取燕，李左车曰：‘众劳卒疲，其实难用。今以罢卒屯燕坚城之下，燕若不服，齐必据境以自强。为将军计，莫若按日休兵，北首燕路，而遣一辩士奉咫尺之书于燕，燕必不敢不听从。燕已从而东临齐，虽有智者，不知为齐计矣。’兵固先声而后实者，此之谓也。”六卷序略曰：“要害之地，我不得之，则形制势禁，于是反旗鸣鼓以试吾锋，霍然如探喉骨而拔胸块也。狄青之取昆仑，神矣。”七卷序略曰：“能取非难，取而能守之为难。泛守非难，守而能得其要之为难。南宋君臣守江非策，最为可笑。”八卷序略曰：“朝廷之上，置中书以综机务；疆埸之外，建专阃以总征伐。经理度支，抚御军民，适宽严之宜，得缓急之序。崇大体，立宏纲，破因循之旧格，布简快之新条。斯立国规模，不可以一事不周者也。”九卷序略曰：“百万之众，无食，不可一日支。屯田一着，所谓以人力而补天工也。”十卷序略曰：“克敌者，强其势，厚其力，谨其制，利其器，多方以惫之，乃万全之术也。”其言皆从来谈史家所未及。

是时，从学者接踵至。先生教之以忠孝务实，日夜指示不少倦。甲辰，出山设帐，高阳王作舟等受学焉。先生曰：“吾教不拘常科，游山玩水，汝父兄勿问，第课学问进益耳。”时与弟子检史联诗，班草寻花，时率之习步骑射。或求已射，先生笑曰：“若能去《四书》中‘射’字，吾即已之。”博陵颜习斋，素高伉，鲜所可，见先生辄愧服，遂以父道事之。是年著《通鉴独观》。己酉，易州于进士腾海敦请于家，设虹涧讲堂，为门人郝谦著《前箸集》。壬子，河间王太守奂请为布衣交。先生始以不见官长辞，既知其诚，乃往，为之修《河间志》，公八阅月而成。王太守雅重其道，助资置宅于献县，为教授生徒所。孔副戎公毅复馈田二顷，遂携妻子居之。门生吴瑾、牛德纯、刘铭及绛辈日夕请益不去，持卷轴求教者常填门。

先生自幼工书及文章声律，晚年为哭为笑，为愤为激，一寄于是。每顷刻书数十纸，作数十首立就。献当南北孔道，四方豪俊日有过从。或襆被寒士，或叱咤武夫，先生春风覆被，俱能致其倾倒。虽应接不给，挫荐典衣，一闻朋友急难，立纠合百金，豁如也。至自奉俭甚，啖糠芋，断蜀秫秸为箸。汲水瓮中，置于廷，冬月晨起则掬以靧面。钱千余嫁一女，娶一侄妇。府县诸长吏赠遗纳交者，多却之。壬戌，蠡县闫行人中宽安车迎至问学，同人广集，探奇析疑，各厌其心。数往来保、河诸处，门人齐爟、任凤翔等从之逾众。儿童野夫亦乐听车音，随而观之曰："王先生来矣！"

癸亥，安肃李兴祖投贽受业，下榻肃城。至冬底，寝疾，作诗云："一天雷电收风雨，将使乾坤暗里行。尚有高灵护残喘，争留面目见诸生。"语其子孚曰："昨有人送吾《首阳志》，是天启吾以首丘西山也，且汝祖墓，可朝夕焉。"即速行。弟子李兴祖、马负奇等随车后，先生回顾曰："好为之，吾在青山白云巅望诸子也。"至坎下，梦中喃喃曰："日月精明，乾坤洪大。"甲子正月，睁目而卒。朋友门人讣至，皆痛哭。会葬坎下，远者为位聚哭，共私谥曰庄誉先生。

先生身不满五尺，四十余须发皓然。病白癜疯，身面如傅粉，血系殷红，缕缕可数，惟左颧骨指顶许作苍色。野巾褐氅，丰姿飘逸，人望之如仙。至于谈忠孝经济，则两目电睒，声如洪钟。且精骑射技击，时而持兵器指画，须戟色飞，蹲身刺枪，一跃辄丈余，垂老不衰。方十余岁时，喉生乳蛾，医以竹管纳喉中，煅铁令红烙之，连烙七铁，神色怡然。盖义勇其天性云。乱后游河间，一千总延至家，无何云："下走有同僚，闻君至，欲来叩，不敢。"先生问："为谁？"曰："段明宇。"先生惊曰："明宇在耶？"立起寻至其居。明宇望而跽哭，先生亦哭，跽而掖之，因大哭不能起，坐客皆哭。明宇者，先生起义时帐下傔丁也，亡后落魄绿林，后招安，遂得武衔。先生所著复有《涌幢草》三十余卷，《万胜车》一卷，《兵民经络图》一卷，《诸葛八阵图》一卷，《文集》三十二卷，《十三刀法》一纸。

生于万历四十四年十二月，及其卒，得年六十九岁。男二，长子，文学，娶清苑生员王君延褒女；次咸，立为余恪嗣。女二，长适易州生员田君乼疆次子，早夭；次适易州生员田君乼亩三子醇，文学。孙一，超宗，聘献县生员刘铠女。孙女一，许聘新安平定州知州魏君一鳌孙克俭，文学。延褒、乼疆、乼亩、一鳌，皆征君弟子。铠，先生弟子。

去先生之五年，戊辰六月，先生子孚病，百余里呼塨至床前，强力匍匐曰："先子赍志而没，孚不才，无能阐扬，今将负不孝罪以死矣，愿以墓铭累吾子。"因出所缉行述与予。予怜其死而不忘先德也，辞谢不能，却受以归。思郭有道碑文非蔡邕不称，谢安卒时无巨笔，有碑无文，余小子何人，乃能以铭先生耶？矧先生卓行，述中遗漏者甚多，未得详考。无已，姑修其略而存之，以转求夫世之大人君子焉。

五公山人传[①]

五公山人，隐者也，隐于五公山，故号五公山人。山人王姓，名余佑，字介祺，保定之新城人。负王佐才，年七十不遇，卒。门人私谥曰文节先生。山人幼伟岸，有大志。初从定兴鹿太常善继游，既而受业于容城孙征君奇逢。学兵法，究当世之务。习骑射、击刺，无弗工。甲申国变，归隐。更与征君往来讲学，究经史，授生徒，教以忠孝，务实学，兼文武。远近从游至数百人。荐绅先生往往构讲堂，具安车，迎至受业。山人幅巾褐氅，须发皓白，数往来上谷、瀛海、嵩岱间。儿童野夫见其过，辄随观之，曰："王先生也!"争相慰藉。山人时停车，问劳而去。家贫甚。府县长吏求见，多不得。四方豪俊日造门，典衣剉荐接之，有急。更为措置，百数十金无难。

初，山人父延善，县诸生，尚义。天下乱，散万金产结客。三子，长曰余恪，次即山人，季曰余严。山人出继世父建善。建善以庚辰特用，知山西临县，调繁河南鲁山，遣山人归。会闯贼陷京师，山人父帅三子及从子余厚、余慎与雄县马于建义旗，传檄起兵讨贼，恢复雄县、新城、容城三县，擒伪官郝丕绩等数人，斩之。未几贼败，大清师入。山人父为仇家陷，执入京。余恪、严谋曰："父死，吾兄弟何面目视息人间？仲继世父，不可死，吾二人其死之!"乃赴难。夜驰至琉璃河，闻人唱《伍员出关曲》。余恪怃然曰："阿弟，误矣！吾二人俱死，谁复仇者？若壮，可复仇，我死之!"乃挥余严去，自赴京，大呼："我起义兵生员王某长子也，来赴死!"遂父子毕命燕市。余严归，帅壮士入仇家，歼其老幼男妇三十口无遗。于是急捕山人兄弟，会保定知府朱甲、易州道副使黄图安力为解，乃免。山人于是奉鲁山公隐于

---

① 王源《五公山人传》见于《居业堂文集》，《王氏家谱事迹纪略》亦有收录。兹据《王氏家谱事迹纪略》录文。

易之五公山。

山人学无不究，与太原傅山、同郡张罗喆、吕申诸子日相切劘，又执贽于定兴杜紫峰先生。尝汇古人经世事为《居诸篇》数卷，《此书》十卷，《万胜车图说》一卷，《兵民经络图》一卷，《诸葛八阵图》一卷，皆伯王大略、兵机利害也。又《十三刀法》一卷，《涌幢草》三十卷，《文集》三十二卷。其为文数千言立就，书法遒逸，而感慨激烈之致，一发于诗。与人和易，从容简谅。至论忠孝大节，谈兵述往事，目炯炯如电，声若洪钟。或持兵指画，须戟张，蹲身一跃丈许。驰马弯弓，矢无虚发。观者莫不震栗色动，啧啧曰："王先生，世才也！"乃隐居四十年，卒以不求闻达。死之时，甲子正月。又二十年癸未，宛平王源为之传。

又曰：予久知山人名，特不详其生平。后交李刚主，始闻其详。而今乃得读其遗书，抚卷流涕曰：此诸葛武乡之流也，天之生此人也，谓之何哉？既已生之，又老死之，天乎！吾不解其何意也？或谓文中子隐居教授，其造就之才皆足以安民济世，功何必自己出乎？乃吾观天之生才日下，固未见后进中有卓卓具体用如前人者，其或山人之门有不同欤？然诵其诗，读其书，苟能私淑于山人，以造就其才，则虽数十百年之久，固无异于亲炙之者也，山人又何憾焉？悲夫悲夫！予目望之矣。

五公山人纪略①

山人八世祖宓氏，嗣姓王氏，名余佑，字申之，号介祺，别号五公山人，明新城廪生。少有文武材。崇祯末，扼腕时事，著有《救焚拯溺》一疏，累数千言。后值闯逆犯阙，遂与其本生父讳延善，及同产兄讳余恪、弟余严，尽散其家资数千金起义。擒雄县伪官郝丕绩等三人，傅檄旁州县。时为河北第一义举。未几，父兄被执遇害。清鼎既定，余佑乃弃儒巾，奉其少所嗣父母，隐居于易之五公山，樵苏自给，屏绝人事。虽时至绝粮，亦未尝一诣非

① 张罗喆《五公山人纪略》，见《王氏家谱事迹纪略》。

类。贵家有招者，坚不赴。惟时出教授，以供甘旨而已。其所嗣父母即其伯父母也。居所嗣母之丧哀毁，三年不茹荤血。在山中十余年，常痛其本生父及同产兄之死也。深思大略，磨砺愈精。其较论古今大事，画为规模次第者，了如指掌，确然有定算，皆可思可循而不可易。其与人交，信义最笃，然广而不泛，常务以正言相救。遇豪俊有患难当急者，虽邂逅间，犹常捐食典衣以济之，尤不计家之有无，身之利害。盖其志耻以徒隐为高也。平生爱读书，其所为诗古文辞有壁立千仞之概，如其为人。口占千言，立就。尤好谈经济世务及兵略。所著有《甲申集》数卷、《居诸编》十卷、《茅檐款议》十卷，颇示己志。所师事孙征君、杜征君，皆器重之焉。

丁酉春清苑张罗喆十乡父撰

祭介祺王先生文[①]

康熙二十三年岁次甲子正月初九日，我师介祺王公卒于坎下正寝。时门人李兴祖入都，未得执手一诀，至二十四日自都回，乃设位中堂而哭焉。既而思服制，古人为师心丧三年，洙泗后未闻有行者。唐制，为座师齐衰三月，独宋苏轼于张方平行之。兴祖今现服斩衰，不敢更服，于是陈庶羞清酌，而为文以告曰：

呜呼我师，竟长逝耶！数固有定，理或难明，而实不能无疑于天也。天下之宜死而不死者何限，而独于我师夺之速耶？忆兴祖宦游无棣，闻我师风义，几欲负笈亲往，而鞅掌于簿书，乃修尺牍先致微忱。洎客岁夏六月，因先慈见背，乞我师合葬墓文，溽暑中驰诣项里，始得执弟子礼，躬侍函丈，朝夕服习，时日观摩。我师必指可宗可守，凡名教所关，大经大法，有疑未决、有难未释者，皆剖析明决，如医得录，如棋斯谱，莫不潜心敛志，佩服终身。且私谓兴曰："我得子，可谓弋获，如陆得愈，如欧得轼，长尔羽毛，

① 此文出自李兴祖《课慎堂文集》卷十四。

借以声价。”曾几何时，言犹在耳，而遽溘焉长逝也，呜呼痛哉！初谓我师道气深穆，自享长年，况仁者必寿，兴幸可常侍仗履，乃何以一染微疴，遂溘焉长逝耶！夫我师聪明正直，行为君子，道德仁义，志在生人，所恸者，学无所师，而蚩蚩之氓，不被吾师之化，才不见用，而庸庸之俗，不蒙吾师之教，独是二三栖衡乐泌之士，与之周旋旦夕，俯仰古今，而守先待后之思，竟付之溟漠之乡也，岂不痛哉！吾师性具曾闵，理抉程朱，经济如韩范，设使得位而展其蕴，其裨益斯人，宁有量耶？呜呼，吾师往矣！天若倾而卑，日若蔽而昏，使吾党有终身之戚。虽能记其言，想象其行事，而有疑未决、有难未释者，将于何而质之乎？呜呼痛哉，荒原漠漠，白日阴阴，临风哀诉，灵其有闻、其无闻耶？芜词薄奠，聊表鄙忱，幽明异路，生死一心。

祭庄誉义士文①

呜呼！阳九之际，乾坤尚赖先生哉！今日之天胡不吊，而促先生逝哉！

当闯祸之炎赫也，起三秦，炽荆豫，浸淫遍天下，如疾风之扫叶，如巨浪之摧圮，何地不颓？何人不靡？我三辅诸君子独标劲节，若张吏部死守上谷，若张进士罗辅杀贼无数，若义丰刁文孝斩衰奉大行主，若常山张石史丁伪擢而碎敕大骂，若张石卿、管青阳以诸生挂冠，若赵润伯以童子洁志。其他节比幼安，心拟思肖者，指不胜屈。然或力敌于僭伪之前，或守志于鼎革之后。至贼成伪帝，九有在握，而求其发指眦裂，提一旅之师，复大仇、问贼罪者，先生一家而已。

当端皇之殉社稷也，先生竖二旗于门曰：“诛贼报国”，“仗义复仇”，“有愿为大行皇帝复仇者，聚此旗下！”集义众千人，破贼城，发贼库，捉贼官，亦可谓夺贼之气矣。行檄海内云：“生成佐命勋，生固荣耀；死作忠义鬼，死亦芬芳。”志可谓强矣。惜贼已遁，未得亲枭其首祭告先皇耳。

---

① 颜元《祭庄誉义士文》见于《王氏家谱事迹纪略》，《习斋记余》亦有收录。兹据《王氏家谱事迹纪略》录文。题下有“甲子”二字。

某向与同人议上私谥，“胜敌志强曰庄”，“武而不遂曰庄”，或有当乎？已而怨家诬告，致令父子伯兄璧碎燕市，亦甚惨矣。犹幸朱郡守、黄道监辨章上请，白先生家忠义，蒙旨仍收新庠，给还剿没，则翁家可脱然无事矣。自是而峨冠古服，深山高蹈，诗文脍炙人口，记述富逾五车。刚主配谥，“状古述今曰誉”，宜其然矣。

某质性孤戾，最少可人，一谒先生于鄚口，再吊于双峰，又数叩于瀛郡，亦蒙先生累顾敝止，春风淑气，化我乖棱，巨量廓怀，荡我褊隔，伟识雄略，启我庸顽，使固陋之子不容不心折也。刁文孝捐客，石卿、公仪弃世，某所敬佩倚望如师如父者，独先生一人。气数赖以维持，士风赖以砥柱，后进赖以栽成，亦唯先生一人。

呜呼！天胡不吊而促之逝哉！天胡不吊而促之逝哉！愧兹不腆，匍匐哭临。闻先生之卒，睁目张口，尚有余衔也，神其容已乎？伏惟尚飨。

五公山人墓表[①]

五公山人者，庄誉先生隐居所自号也。生平忠孝大节，所以志也。先生讳余佑，字申之，复字介祺。先世宓姓，明初自小兴州迁保定新城之西马头，赘王氏，嗣其姓。八世至义烈公延善，生三子，长余恪，季余严，先生为中子，继伯父鲁山令建善后。颖慧绝人，读书过目不忘。十余岁病乳蛾，医纳管喉中，煅铁烙之，七烙而色不变，人惊为奇。十六岁入庠，次年食饩，每试辄冠军。慨然念古贤人杰士树德立功，学问必有渊源，乃游定兴鹿忠节公善继门。与其客著《武备志》者茅元仪讲忠节所传道术，及当世成败大机，学益进。

初，鲁山公任山西临县令，先生从，蒿目时艰，为父条奏数千言，上当事，拂其意，改调河南鲁山。先生归，又从容城孙征君奇逢学。念海内瓦解，遂专意《孙吴兵法》，散万金招士。

---

① 刘炳《五公山人墓表》，出自《王氏家谱事迹纪略》。

崇祯甲申，李自成犯京，端皇殉国。先生方较士易水，投笔驰归，过征君，呼曰："天下俱陷，若能擒贼乎?"应曰："诺。"即请命义烈公与诸昆弟余恪、余严、余厚、余慎，及雄邑诸生马于，揭"仗义复仇""诛贼报国"二旗于衢，传檄云："生成佐命功，生固荣耀；死为忠义鬼，死亦芬芳。愿为大行皇帝杀贼者，聚我旗下!"纠义旅千余人，连复雄县、新城、容城三邑，擒斩伪官郝丕绩等，开仓库犒师，声言北擒逆成。值吴三桂以国师入，乃止。马于往见九王，白其事以遁。先生亦从义烈公归西山，散众隐居矣。我朝定鼎，仇家诬讼于朝，发羽林执义烈公入京。先生以为鲁山公嗣，不得从。余恪投刑部从父死。余严鸩壮士，殪仇家三十余口。

时部文购先生等甚急，余厚被执。保定守朱甲、易州道黄图安同为申奏曰："王氏父子破贼城池，诛贼伪令，未干法纪。国家初基，正宜奖其忠义，风励天下，奈何深构是狱?"允之。诏令新城仍收先生等入学，复其产。余厚、余严弃家入河南。先生招魂葬父兄于易州西南乡水峪村望子山下，乃奉鲁山公入五公山之双峰，躬耕以养。既卒，营葬毕，茹素六年，自号五公山人。

先生益务力学，诏来者。戊戌，偕魏刺史一鳌修双峰书院，听征君讲学其中。旋从游于苏门，归与定兴杜越紫峰游。时河北宿儒隰崇岱、张罗喆、高鐍、吕申、管青阳、刁包、张翼星、陈鋐、王之徵、山西傅山等，俱集范阳，交勉互进，悉究天文地舆、兵农医卜诸书。因汇古人经济为《居诸编》，又搜辑廿一史军国经世奥义，次第之，皆从来谈史家所未及，名曰《此书》，凡十卷。甲辰，出山设帐高阳，偕弟子王作舟等检史联诗，班草寻花，洒然有春风沂水之意。博陵颜习斋素高伉，见先生辄父事之。是年著《通鉴独观》。己酉，于进士腾海为设虹涧讲堂，教门人郝谦等，著《前箸集》。壬子，河间王郡守奂重其道，延修郡志，为置宅献陵。孔副戎毅馈田二百亩，因携妻子居之。门人吴瑾、牛德醇、刘铭及绛辈晨夕请业，求教者日益众。

先生道艺无所不窥，自幼工书及声律，晚年歌哭啸傲，一于是焉发之。每顷刻扫数十纸，吟数十篇立就。而献陵当南北之冲，四方豪俊考德问业者，百舍重趼而至，或翩翩佳士，或赳赳武人，无不致其倾倒。先生性豪迈，遇朋友急难，立纠金粟助之，意豁如也。至所自奉，虽啖糠芋，隆冬掬冷水靧面，弗措于意。钱千余嫁一女，娶一侄妇。若府县长吏馈遗纳交者，概弗受。

先生身不满五尺，年四十余须眉皓然。尝病白癜风，身面如傅粉，血缕殷红可数，野巾褐氅，望如神仙中人。及谈忠孝经济，则双目电掣，声出如洪钟。且精骑射技击，时持兵指画，须戟色飞，蹲身刺枪，一跃丈余，至老不衰。壬戌，蠡吾阎行人中宽以安车迎至问学焉，时学人广集，随叩辄鸣，各厌其意。数往来保、河，门人齐爗、任凤翔等从之游。儿童父老乐听车音，争识曰："五公山人王先生也！"

癸亥冬，馆于肃城李兴祖家。寝疾，病，忽朗吟云："一天雷电收风雨，将使乾坤暗里行。尚有高陵护残喘，争留面目见诸生。"乃命长子孚曰："昨有人送《首阳志》，是天启吾首丘西山也，且傍汝祖墓，可速行。"门人李兴祖、马负奇辈随车，回顾曰："好为之，吾在青山白云巅望诸子也。"至坎下，梦中犹喃喃云："日月精明，乾坤洪大。"甲子正月七日，睁目而卒。朋友门人，远近毕至，痛哭会葬坎下，私谥曰庄誉。

先生所遗著作，复有《涌幢草》三十余卷，《万胜车》一卷，《兵民经络图》一卷，《诸葛八阵图》一卷，《文集》三十二卷，《十三刀法》一纸。生于万历四十四年，卒年六十有九。

配孔氏，邑人心学公女。男二：长孚，文学，娶清苑生员王君延褒女；次咸，立为余恪嗣。女二：长适易州生员田君迺疆次子，早卒；次适易州生员田君迺亩三子淳，文学。孙一，超宗，聘献县生员刘君铠女。女孙一，聘新安平定州知州魏君一鳌孙克俭，文学。延褒、迺疆、迺亩、一鳌，孙征君弟子。铠，先生弟子。

先生卒之五年，蠡吾李刚主先生塨既为之《行略》，而未遑表于其墓。乾隆十八年癸酉，其诸门人之子若孙虑久而就湮，述其先志，为购贞珉以表之。齐爗子□□问文于余，余惟先生即世，距今六十余年，大节在忠孝，道义在师友，经济在学问。叔孙穆子所谓不朽者，其在斯人欤！其在斯人欤！爰因《行略》而录其实。

任丘后学刘炳谨表

五公山人墓碑文[①]

五公山人，思之曾祖父也。讳余佑，字介祺，明季诸生。祖籍小兴州，宓姓。明初十世祖讳聚才迁居于新城西马头村，入赘王氏，遂嗣其姓。又九世而生山人。山人出自高祖义烈公延善，为后于伯高祖建善。生而聪敏，于书无所不读，尤精通武略。祖建善令鲁山，山人从。时闯寇肆毒河南，凡赴任者俱逡巡河上，公至，争相挽留。公曰："服官而畏死耶！"乃决意往。及至任所，四境荒凉，居民鲜少。山人乃奉鲁山公多方招集，动以大义，教以武勇，故常以数百人战贼数十万，蹶然而遁，且庇及邻邑。贼自是由河而陕而直，无一人撄其锋者，卒至国破君亡，良可慨也。山人乃奉鲁山归隐于易州之五公山，躬耕以奉菽水。以其暇举向所受业于鹿忠节公善继，与孙征君奇逢二先生，以及商确于茅元仪、隰崇岱、傅山等诸良友。与己身所阅历者，一一援古酌今，笔之成书。虽为类不一，要皆可以信今而传后，此山中事业也，因自号为五公山人。后双亲继没，营葬坎下，茹素六年。自是，远近迎请受业者日益众，而献士为尤笃，遂移家于献东之王三孝子庄。山人一生惟期为有用之学，不屑屑于章句，故一时受业者率多有所表见。后下榻于安肃门人李兴祖家，抱疾归坎下。殁，葬鲁山公墓侧，遵遗命也。届期门人故旧会葬者，无问遐迩，共私谥为庄誉先生。今已百年矣，献去坎下三百余里，家贫路远，守墓无人，恐为日益久，一坯之土卒湮没于荒烟乱石中，思之罪其何能赎，因即其闻于先生者，举其概以勒诸石，仁里诸君子倘蒙鉴察焉，俾存无坏，感且不朽。

乾隆四十七年岁次壬寅谷旦曾孙率元孙六世孙薰沐谨志

① 王九思《五公山人墓碑文》，出自《王氏家谱事迹纪略》。

申之王先生从祀乡贤呈文①

已故处士王某，德里出自新城，道风昭于献县。行同曾闵，人伦共奉，良模学俪，程朱世教，咸推雅范。孝思由至性，事庶母若亲存，定省依晨星夜月；友爱有深情，抚犹子如己出，恩勤浹棣萼荆花。长吏问政面造庐，干谒不事，此澹台之在武城；闭门挥使而却馈，淡泊常安，俪仲叔之逃安邑。守坚遗绢，介著辞韦，立品重轶南金，制行洁方白璧。况得江村之正派，守先待后，不异伏老传经；因续阙里之先型，成德达才，讵仅侯生问字。真铨采理窟，多士受其训者，俱为当世之真儒；善诱启灵源，一时游其门者，几尽天下之善士。微论英彦，化雨均沾；即及耕樵，闻风亦起。若其行清柳惠，固无惭百世之师；至于德重颜回，尤堪作四科之首。《独观》数卷，《论衡》再觏王充；《居诸》一编，"诗史"直追杜甫。兼以文词注百川之水，字字无非经纶；而且诗歌涌万斛之珠，言言皆归忠孝。凡所为空言实事，皆有功世道人心。查往例，以布衣从岁祀者，既有其人；援成规，以流寓配明禋者，更著于典。若无以发幽光于已往，其何以示激劝于将来。舆情允服，风化攸关。

献县绅衿举乡贤公禀②

献县阖县绅衿呈：为公举理学宿儒、崇祀乡贤、以表隐德、以励士风事，窃道宗洙泗，典坟重彬雅之儒；乡祀春秋，灌祝搜宏通之彦。惟功德有关于邦国，而蠲烝不问其见潜，王制攸关，人风式重。兹查国初王五公先生，名余佑，字介祺，明廪膳生。生自督亢，迁居乐寿。之无初识，挥毫赋土火之

---

① 出自李兴祖《课慎堂文集》卷六。

② 出自《王氏家谱事迹纪略》。抄本正文原无标题，据目录补。

炉；象勺既娴，竭志探丝弦之壁。远以濂洛关闽为学，长河赋星宿之源；近以江村夏峰为师，高掌授龙门之迹。搜奇破百万卷，堪号书厨；博古过三十车，不推经库。辞源倒海，流风云月露之华；著述连床，穷身世天人之旨。而乃自甘肥遁，早谢荣名。贫卧山间，阳子削榆而讲道；赁居庑下，桃椎曳索以吟诗。授艺传经，从而游者实多士；正心诚意，董其德者几千人。齐道广于太丘，独立清高之节；比守贞于仲叔，更宏道教之传。真所谓理学白眉，宿儒赤帜，而德潜于一己，功及于斯人者也。□等偕士民之公愿，思俎豆之生辉。羽翼圣经，虽未登孔庙而从祀；维持士纪，且欲入乡贤以并尊。昔唐张子容之祀献县乡贤也，以布衣；今朝孙征君之祀辉县乡贤也，以流寓。道堪齐驾，事可例行。谨公呈乞老师大人，转申老父台大人并各宪大人，准跻献县乡贤，则董子宅边别寄读书之里，毛公垒畔更瞻古传之存。不惟阐发幽香，顽懦因之而丕变；抑且恢张文教，政治于焉而有光矣。为此，理合公举，切切上叩。

王介祺先生实迹册[①]

先生学本程朱，具内圣外王之略，文章经济冠一时。少游鹿忠节公门，继为孙征君、杜征君高弟。著书数十种。事迹详《北学编》，献县、新城等《志》，洵一代伟人也。仅将其舆论佥同、昭然共传者开列于后：

一、先生忠义本于天性。明季闯逆犯阙，公年甫廿余，即能首举义旗，散产招募，同生父生员延善，同胞兄弟生员余恪、余严，及同堂兄生员余厚、余慎，雄县生员马于，新城守备胡斌等，复国仇，杀伪官，收复雄县、容城、新城、安州等处。传檄畿南，誓忠讨贼，有“生成佐命，死作忠魂”等语。当时起义者共宗之。

一、先生天性至孝，遇事能先意承志。佐父鲁山令招复乱民，奖励忠义。

① 出自《王氏家谱事迹纪略》。据《崇祠乡贤部覆文》“献县儒学李锺蔚、张兆鹏为移请转详事云云，计移送事实册八本”等语，本文撰写者为李锺蔚、张兆鹏。

身撄锋刃，转战贼巢中，三战三捷。又生擒伪宝丰令熊一鹏，杀之。归附者数郡。乱后，奉亲山居，躬耕以供菽水，朝夕承欢，无不备至。及两亲继殁，竭力营葬具，悉如礼。居丧勺饮不入，守制不茹荤者六年，人多感慕焉。

一、先生持身廉静，不乐交通贵显。惟闻朋友急难，立纠合百金，豁如也。至自奉俭甚，啖糠芋，断蜀秫秸为箸。汲水瓮水置于庭，冬月晨起则掬以靧面。钱仅千余嫁一女，娶一侄妇。府县诸长吏赠遗纳交者，多却之，无一介妄取者。

一、先生隐居五公山，绝口不言世事，足迹不履城市者二十年，因自号五公山人。惟是力耕以自养，闭户著书，学究天人。与河北宿儒刁蒙吉、魏莲陆、颜习斋、隰崇岱、吕申、高鐈、山右傅青主等，交相切磋，以圣贤之道相期许。晚年砥节愈纯，遂终身不仕。

一、先生聪颖过人，读书过目不忘，凡天文地理、兵农医卜诸书，无不穷究底蕴。后从学苏门，德行益粹。诗文、书法皆擅绝一时。纂修《河间府志》，微显阐幽，褒贬悉当，时称直笔焉。

一、先生遭世之乱，蒿目时艰，慨然以天下为己任。遂游鹿忠节门，与茅元仪等日讲韬略之学。于是汇古人经济为《居诸编》，又集古帝王军国经世之要，作《乾坤大略》，又名《茅檐款议》，复有《认理说》《通鉴独观》《涌幢草》《前箸集》《万胜车》《兵策略》《兵民经络图》《诸葛八阵图》《十三刀法》《文集》诸书，至诗文草稿三十七种。生平著述尚多，兵燹之后散亡大半，不能悉载。

一、先生忠义性成。每谈忠孝事，则目光电映，声若洪钟。村夫牧竖亦乐听其议论，或相感至泣下。且精骑射技击，时而持兵器指画，须戟色飞，蹲身刺枪，一跃辄丈余，垂老不衰。是亦人所难及者。

一、先生接物以宽，教人有序。设帐授生徒，因材而施，探奇析疑，各餍其心。不拘常科，惟以德行为本，忠孝须务实践，日夜指示无少倦。一时名士，如王作舟、郝谦、李兴祖、李刚主、马负奇辈，皆出其门。死之日，朋友门生皆痛哭会葬，远者为位聚哭，共私谥曰庄誉先生，又谥曰文节先生。

一、先生忠厚开基，孝友为政，上绍忠义于叔父，下垂仪型于子孙。是以二百余年以来，书香继世，诗礼传家。查现今嫡派列胶庠者十余人，如廪生王惺，增生王[illegible]，附生王愿、王[illegible]、王文炳、王文烺、王文熹等，无一人不安贫守分，祖训恪遵，足见公之教泽流长，永垂勿替。

崇祠乡贤部覆文[①]

献县儒学李锺蔚、张兆鹏为移请转详事云云，计移送事实册八本，印甘结八套，由儒学详县，由县详府，由府详省城修志局，又详道司院，并督抚，俱蒙批准。同治十三年十二月十二日，蒙总理省城修志局，直隶按察使司、布政使司、清河道批：据详已悉，仰即知照缴。光绪元年正月二十五日，蒙本府正堂胡转，蒙督宪、礼部咨开，礼科抄出直隶总督李□题前明廪生王余佑入祀乡贤一疏。于同治十三年八月初十日题，九月二十四日奉旨："饬部议奏，钦此。"礼部谨奏为议覆各官乡贤事，礼科抄出直隶总督李鸿章疏，称已故前明廪生王余佑性成忠孝，学本程朱，请入祀乡贤祠。奉旨："该部议奏，钦此。"钦遵到部，查例开崇祀乡贤。该督抚会同学政，每年八月前具题，应将事实册送部详核，于岁底汇题。应确核实迹，倘名实不能相副，及仅以人品学问空言誉美者，即行指驳。今该督抚详实查核等语。今该督抚送到事实册，内开：已故前明廪生王余佑，直隶献县人。明季闯逆之乱，首举义旗，收复容城等处，传檄畿南，誓忠讨贼，远近宗之。又佐父鲁山令招复乱民，奖劝忠义，身撄锋刃，转战有功。后奉亲山居，躬耕以供菽水，承欢备至。及居亲丧，勺饮不入，守制不茹荤者六年。隐五公山，足不履城市，不交通贵显。惟闻朋友急难，立措百金，豁如也。凡天文、地理、兵农等书，无不穷究底蕴。幼从鹿继善游，讲军国经世之要，后从学孙奇逢，德行益粹。晚年闭户著书，生徒就正，惟教以德行为本，忠孝务须实践。著有《居诸编》《认理说》《通鉴独观》等书。臣等公同查核所有该督抚等情，将王余佑入祀乡贤祠之处，系属名实相副，应请准其入祀乡贤祠。恭候命下，臣等部行文该督抚等遵行。所有臣等遵议缘由，仅援照成案，改题为奏。为此，谨奏

① 出自《王氏家谱事迹纪略》。抄本正文原无标题，据目录补。

请旨。

此折于同治十三年十二月二十七日具奏。本日奉旨："依议，钦此。"

新城请崇祠乡贤文[①]

保定新城县为申详事。光绪五年六月初二日，据卑县举人张其廷、王鉴、王希曾、张彬、王树珊、吴玉成、王毓芝、张蕙，贡生王嵒、王恕、陈际科、王锷、魏镇梁、王毓藻，廪生王惺、王毓正、刘培之、白锺元、王钰、吴濬，附生王镇、张树藩、王琏林，增生王廷楷、汤仪等，联名禀称，窃查新城县前明处士王余佑，品端学粹，望重士林，举等正拟呈请崇祀本邑乡贤。今闻献县业经具呈详，蒙题准部复，奉旨允准在案。惟查该处士王余佑，籍隶新城，寄居献县，既经奉旨崇祀新城，可否一并设位奉祀之处，理合禀请，转详示遵等情。据此，卑职覆查无异，拟合具文，详请宪台查核。俯赐批示祇遵，实为公便。除径详督宪外，为此备由具详，伏乞照详施行。

新城崇祀乡贤部覆文[②]

总理省城修志局，直隶按察使叶、布政使丁、清河道刘。献县知悉，光绪五年八月十二日，准布政司丁□移开，为移会事。光绪五年七月二十三日，蒙督宪李□批：据新城县具详，前明处士王余佑经献县详，蒙题准入祀乡贤。惟处士王余佑籍隶新城，可否一并设位奉祀，请示遵缘由。蒙批：查前明廪生王余佑，前据献县详，经题准部覆，入祀乡贤祠。兹据详，该廪生籍隶新城，寄居献县，请于新城乡贤祠一并入祀，自属可行。惟献县原详并未声明籍隶新城，仰布政司会同志书局查核明确，详覆饬遵，并声明请咨部立案缴

① 出自《王氏家谱事迹纪略》。抄本正文无标题，据目录补。
② 出自《王氏家谱事迹纪略》。

等因到司。蒙此，并据该县经详前来。除详批示外，似合抄详移会。为此，合咨烦照来文事理，祈即查核明确，移覆过司，以凭详办，望速施行等因。准此，合亟札饬札到该县，即将前明廪生是否一并设位崇祀该县，申覆来局。毋违。此札。

传　　单[①]

尝闻俎豆之事，宜待立言立德之贤。譬诸宫墙之中，必尊沐日浴月之彦，斯固理之当然，抑亦德所感应也。兹有王三孝子庄懋亭、秉侗、静轩王老兄台之七世祖讳余佑，字介祺，道号五公山人者，一代伟人，千秋介节，萃五百年圣贤之运，分英灵于泗水东山，建千万世忠孝之模，媲光华于曦轮皓魄。锦生花管，文章空冀北之群；绩懋霓旌，声望重斗南之价。伟业既隆于当世，享祀宜永于胶庠。前者披华摭实，公呈既上于学师；嗣后援古例今，题请遂蒙夫台宪。绿章甫奏，紫诏旋颁。奉旨：依议。性成忠孝，学本程朱，准入乡贤祠，岁时祭祀。纶音乍降，忭舞者讵止千万人；盛事奉行，光宠者直垂数百世。公议于四月廿八日午时送入泮宫，薄献芹藻。所愿文人学士，移履舄以来临；缙绅先生，整衣冠而偕往。则烝尝祠禴，皆由多士之致诚；而黍稷馨香，悉载诸公之明德矣。肃此预达，帖到书知。

崇祀乡贤祭文[②]

维光绪元年四月二十八日，献县教谕李锺蔚等，谨以牲醴之仪，致祭于皇清处士介祺王公之神曰：粤自熙朝将盛，胜国欲终，天地特生夫贤哲，廊庙弗任为股肱。俾怀奇以抱异，终坎坷于生平，遭时不遇，乃有先生。当夫

① 出自《王氏家谱事迹纪略》，撰文者刘成玉。

② 出自《王氏家谱事迹纪略》，撰文者卢世瑞。

师事杜君，客游忠节，以天下为已心，讲韬钤之秘决，经济必本乎文章，谋略不由于诡谲。迨夫随侍严君，中州守土，径满荆榛，途塞豺虎。乃练乡兵，爰勤招募，众志成城，义旗共树，士尽从风，师如时雨。既历险而出奇，亦远攻而近取，挥长戈于鲁阳，擒伪帅于城父，于是纳款归降者争趋而共附。及至闯逆犯顺，明社已墟，义兵再举，恢复是图。传畿南之羽檄，整冀北之车徒。遂歼酋帅，遂斩伪官，遂复新邑，遂夺雄关。洒血誓师，发“死作忠魂”之语；矢心报国，有“生成佐命”之言。讵料射影含沙，竟蓬鬼蜮，萋菲成文，陷阱终遇。幸覆盆之冤伸，更反兵之仇复。先生乃逍遥林壑，自事春耕，爰随二老，偕隐五公，菽水尽天伦之乐，诗书养性府之灵。读礼既终，寻师益切，委贽苏门，情殷立雪，详参朱陆之异同，博辨天人之论说。身豹隐以自甘，志龙潜而已决。迄今星霜易度，模范流芳，道以远而愈著，泽以久而弥彰。乡闾勤其吁请，朝廷重夫表扬。呜呼！发潜德之幽光，长享千秋俎豆；隆盛时之祀典，永传百世馨香也。尚飨。